Python for Finance

파이썬을 활용한 금융 분석 2판

O'REILLY®
한빛미디어
Hanbit Media, Inc.

지은이·옮긴이 소개

지은이 **이브 힐피시** Yves Hilpisch

이브 힐피시는 DX Analytics 금융 분석 라이브러리의 창시자이며, 금융 데이터 과학, 인공지능, 알고리즘 트레이딩 및 계산 금융을 위한 오픈소스 기술 사용에 중점을 둔 회사 The Python Quants(*http://home.tpq.io*), AI Machine(*http://aimachine.io*)의 설립자이자 최고 경영자다. 주요 저서로는 『Artificial Intelligence in Finance』(O'Reilly, 2020), 『Python for Algorithmic Trading』(O'Reilly, 2020), 『Python for Finance, 2e』(O'Reilly, 2018), 『Listed Volatility and Variance Derivatives』(Wiley Finance, 2017), 『Derivatives Analytics with Python』(Wiley Finance, 2015) 등이 있다. 한편 CQF(*https://www.cqf.com*)에서 컴퓨터 금융, 머신러닝 및 알고리즘 트레이딩을, htw saar 대학(*https://www.htwsaar.de*)에서는 데이터 과학을 강의하고 있다. 또한 금융 관련 파이썬 자격증을 취득할 수 있는 온라인 교육 프로그램의 책임자이기도 하다.

옮긴이 **김도형** https://www.datascienceschool.net

KAIST에서 자동 제어와 신호 처리를 전공, 박사 학위를 받았다. 박사 학위 과정 중에 처음 파이썬을 접했다. 이후 틈나는 대로 파이썬을 활용했으며 LG전자와 대우증권에서 파생상품 프라이싱 시스템, 금융 정보 모니터링 시스템, 알고리즘 트레이딩 시스템 등을 파이썬으로 구현했다. 현재는 코스콤에서 금융 관련 데이터 분석 시스템을 개발하고 있다.

옮긴이의 말

비단 금융 분야가 아니라도 실무에서 분석 업무를 하려면 눈앞의 문제를 이해하고 풀어내는 이론적 분석 능력뿐 아니라 이를 프로그램이나 시스템으로 구현하는 능력도 필수적이다. 이 두 가지 능력을 겸비하고자 하는 사람에게 파이썬은 최적의 선택이다. 금융 이론이나 알고리즘을 가장 빠르게 구현할 수 있고 분석 작업과 관련된 풍부한 라이브러리를 가지고 있기 때문이다.

지금까지 국내 금융 분야에서는 파이썬을 비롯한 오픈소스 기술을 사용하는 것을 다양한 이유로 거부해 왔다. 그러나 파이썬의 약진으로 이러한 분위기가 바뀌고 있다. 저자가 서문에서 인용한 바와 같이 해외의 많은 대형 투자은행이 파이썬을 기반으로 위험 관리 시스템이나 트레이딩 시스템을 구축하고 있다. 국내에서도 ELS^Equity-Linked Security^나 DLS^Derivative-Linked Security^와 같은 파생상품 업무를 제대로 다루기 위해서는 파이썬의 분석 라이브러리나 고성능 계산 시스템 구현 능력이 필수적이라는 것을 인식하기 시작했다.

이 책은 금융공학 이론이나 알고리즘을 설명하기 위한 전공 서적은 아니다. 이 책은 파이썬이라는 프로그래밍 언어가 어떤 방식으로 금융 분야에 전반적으로 활용될 수 있는지를 알려 주는 책이다. 따라서 파이썬 언어의 기초부터 금융 분석 작업의 핵심 그리고 최종 매매 시스템 구현까지를 모두 다루는 일종의 입문서나 쿡북^cook-book^에 가깝다. 금융 분야 현업 종사자나 금융공학을 공부하는 학생뿐 아니라 이 분야에 관심을 두고 개인적으로 공부하려는 많은 분들에게 이 책이 파이썬의 다양한 기능을 살펴볼 수 있는 더할 나위 없이 재미있는 경험이 될 수 있기를 바란다.

김도형

서문

이제 파이썬은 의심할 여지 없이 금융산업의 주요 전략적 기술 플랫폼 중 하나다. 필자가 2013년에 이 책의 초판을 쓰기 시작했을 때만 해도 많은 대화나 발표를 통해 파이썬이 금융 분야에서 타 언어나 플랫폼 대비 경쟁 우위를 가진다고 끊임없이 주장했다. 이제 이 주장은 더 이상 질문거리도 되지 않는다. 전 세계의 금융기관은 파이썬과 데이터 분석, 시각화, 머신러닝 패키지 생태계를 최대한 활용하려 하고 있다.

파이썬은 금융 분야를 넘어 전산학 전공에서도 기초 프로그래밍 수업용으로 자주 선택되는 언어다. 읽기 쉬운 문법과 멀티 패러다임 접근법뿐 아니라 인공지능(AI), 머신러닝(ML), 딥러닝(DL) 분야에서도 파이썬이 가장 많이 쓰이기 때문이다.

금융 그 자체도 새로운 시대에 들어서고 있다. 이 진화를 이끄는 두 가지 원동력 중 하나는 거의 모든 금융 데이터에 대해 프로그램을 사용한 실시간 접근, 그리고 **데이터 주도 금융**data-driven finance이 가능해졌기 때문이다. 수십 년 전에는 대부분의 매매 혹은 투자 결정이 트레이더나 포트폴리오 매니저들이 신문이나 개인적 대화를 통해 알게 된 것들에 기반하여 이루어졌다. 그다음으로 트레이더와 포트폴리오 매니저들의 책상에 컴퓨터와 전자 통신을 사용한 단말기가 놓였고 이를 통해 실시간 금융 데이터를 볼 수 있었다. 오늘날에는 개인이(아니라 팀이라도) 단 1분 전에 나온 금융 데이터조차 너무 방대해서 따라잡을 수 없게 되었다. 끊임없이 빨라지는 처리 속도와 계산 용량을 가진 기계만이 금융 데이터의 속도와 양을 따라잡을 수 있다. 이제 세계 주식 거래의 대부분은 트레이더가 아닌 알고리즘과 컴퓨터에 의해 이루어지고 있다는 뜻이다.

두 번째 원동력은 금융에서의 인공지능의 중요성이 커지고 있다는 점이다. 점점 더 많은 금융기관들이 작업, 매매, 투자 성능을 향상시키기 위해 머신러닝이나 딥러닝 알고리즘에 투자하고자 한다. 이러한 흐름을 역설하는 『Advances in financial machine learning』이라는 책이 2018년 초에 처음으로 출간되었고 더 많은 책이 출간되고 있다. 유연하며 조절 가능한 머신러닝과 딥러닝 알고리즘이 우아하지만 더 이상 데이터 주도 금융에서는 유용하지 않는 전통적 금융 이론을 대체하는 이른바 **인공지능 우선 금융**AI-first finance이 나타났다.

파이썬은 바로 이러한 금융 시대의 어려움을 해결할 수 있는 프로그래밍 언어이자 생태계다. 이 책에서는 딥러닝과 같은 지도 학습 및 비지도 학습용 머신러닝 알고리즘도 간단히 다루지만 주된 관심은 파이썬의 데이터 처리 및 분석 능력에 맞춰져 있다. 금융 분야에서 AI의 중요성을 제대로 설명하자면 또 다른 책 한 권을 써도 부족할 것이다. 하지만 대부분의 인공지능, 머신러닝, 딥러닝 기술은 대규모 데이터를 필요로 하기 때문에 데이터 주도 금융을 마스터하는 것이 우선이다.

이 책은 개정판이라기보다는 업그레이드에 가깝다. 예를 들어 알고리즘 트레이딩에 대한 내용으로 한 부(4부) 전체가 추가되었다. 이 주제는 최근 금융산업에서, 특히 개인 투자자들에게 있어 아주 인기가 높다. 또 이 책의 나머지 부분에 들어가기 전에 기본적인 파이썬 프로그래밍과 데이터 분석 주제를 다루는 한 부(2부)도 추가했다. 한편 초판의 몇몇 장은 완전히 삭제했다. 예를 들어 웹 기술이나 (플라스크 등의) 패키지를 다루는 장은 이와 관련한 전문 서적이 이미 많기 때문에 제외하기로 했다.

2판에서는 보다 금융과 관련되고 유용한 금융 데이터 과학, 알고리즘 트레이딩, 금융공학에 초점을 맞추려고 노력했다. 초판과 마찬가지로 이론적인 세부 사항이나 패키지의 특정 클래스, 메서드, 함수에 대한 세세한 인수 설명 같은 것보다는 큰 그림을 설명하고 구현할 수 있도록 하는 실용적 접근법을 택했다.

이 책은 파이썬 프로그래밍 소개서나 일반적인 금융 입문서가 아니라는 점을 강조하고자 한다. 이런 내용만 다루는 좋은 책들은 엄청나게 많다. 이 책은 이 두 가지 분야가 만나는 그 중간에 있다. 이 책은 독자들이 (반드시 파이썬이 아니라도) 프로그래밍에 대해 약간의 배경지식이 있고 어느 정도 금융 지식도 가지고 있다는 전제하에 쓰였으며 독자들은 이 책을 읽고 파이썬과 파이썬 생태계를 금융 분야에 적용하는 방법을 배우게 될 것이다.

이 책의 샘플 코드와 주피터 노트북은 필자의 Quant Platform에서 직접 실행할 수 있다. 웹사이트 주소는 *http://py4fi.pqp.io*이며 사용자 등록이 무료다.

필자의 회사(The Python Quants)와 필자는 금융 데이터 과학, 인공지능, 알고리즘 트레이딩, 금융공학에서 파이썬을 활용하기 위한 더 많은 자료를 제공한다. 다음 웹사이트에서 이러한 자료들을 찾을 수 있다.

- 필자의 회사 웹사이트(*https://home.tpq.io/*)
- 필자 개인 웹사이트(*https://home.tpq.io/hilpisch/*)
- 필자 회사의 파이썬 서적 웹사이트(*https://home.tpq.io/books/*)
- 필자 회사의 온라인 교육 웹사이트(*https://home.tpq.io/training/*)
- 자격증 교육 웹사이트(*https://home.tpq.io/certificates/pyalgo/*)

우리가 지난 몇 년 동안 만든 모든 것 중에서 가장 자랑스러운 것은 **알고리즘 트레이딩을 위한 파이썬 자격증 프로그램**Certificate Program in Python for Algorithmic Trading이다. 이 프로그램은 150시간의 생방송 및 녹화방송, 1200페이지의 문서, 5000라인의 파이썬 코드, 50개의 주피터 노트북을 제공한다. 매년 여러 기수가 제공되며 내용을 계속 갱신하고 향상시키고 있다. 이런 종류의 프로그램으로서는 첫 번째 온라인 프로그램으로 독일 자를란트 응용과학대학htw saar University of Applied Sciences과 협력하여 공식 대학 자격증을 취득할 수 있다.

또한 AI Machine(*https://aimachine.io*)이라는 프로젝트의 목표는 알고리즘 트레이딩 전략을 자동화하고 배포를 표준화하는 것이다. 이 프로젝트를 통해 우리가 이 분야에서 오랫동안 가르쳐 온 것들을 체계적이며 확장 가능한 방법으로 구현하고 알고리즘 트레이딩 분야의 많은 기회를 활용하고자 한다. 파이썬과 데이터 주도 금융, 인공지능 우선 금융 덕분에 우리 같은 작은 팀에서도 이러한 프로젝트가 가능하게 되었다.

초판의 서문은 다음처럼 끝맺었다.

> 파이썬이 금융산업에서 중요 기술로 자리 잡게 된 것을 정말 기쁘게 생각한다. 필자는 미래에 파생상품이나 위험 분석 혹은 고성능 컴퓨팅 분야에서 파이썬이 지금보다 더 중요한 역할을 하게 되리라 믿고 있다. 이 책이 금융산업 종사자, 연구원 그리고 금융 분야를 공부하는 학생들에게 금융이라는 흥미로운 분야의 어려운 문제들을 파이썬으로 해결해 나가는 데 도움이 될 수 있기를 바란다.

필자가 2014년에 이 글을 썼을 때는 파이썬이 금융 분야에서 얼마나 중요해질지 예측할 수 없었다. 지금은 그 기대와 희망을 훨씬 넘었기에 더할 나위 없이 기쁘다. 아마도 이 책의 초판이 여기에 조금이나마 기여했을 것이다. 이 세상의 오픈소스 개발자들에게 가장 큰 감사를 드린다. 그들 덕분에 파이썬의 성공 스토리는 계속될 것이다.

이브 힐피시

감사의 말

이 책을 현실로 만드는 데 도움을 준 모든 분께 감사를 표하고 싶다. 특히 기술 리뷰를 해준 Hugh Brown과 Jake VanderPlas를 포함하여 여러 가지로 원고를 향상시켜준 오라일리 편집부에 감사드린다. 이 책은 그들의 소중한 피드백과 많은 제안에 도움을 받았다. 나머지 오류들은 모두 저자의 탓이다.

10년 이상 저자의 곁에서 같이 일한 Michael Schwed에게 특히 감사드린다. 긴 세월 동안 그의 작업과 도움 그리고 파이썬에 대한 노하우로부터 많은 도움을 받았다.

또한 Refinitiv(예전 톰슨 로이터)의 Jason Ramchandani와 Jorge Santos에게도 내 작업과 오픈소스 커뮤니티에 대한 지속적인 지원에 감사드리고 싶다.

이 책도 초판과 같이 이 책을 사용한 수십 시간의 강연 및 수백 시간의 교육으로부터 도움을 많이 받았다. 참여자들의 여러 가지 피드백으로 교육 교재와 이 책의 여러 장을 향상시킬 수 있었다.

이 책의 초판을 쓰는 데 약 1년이 걸렸다. 그리고 2판을 쓰고 업그레이드하는데 역시 1년 정도가 걸렸는데 이 책의 주제에 대한 출장과 업무들로 인해 필자가 예상한 것보다 좀 길어졌다.

책을 쓰다 보면 많은 시간을 혼자 보내야 하고 가족들과 같이 있을 수 없다. 따라서 이 모든 것을 이해하고 지원해 준 Sandra, Lilli, Henry, Adolf, Petra 그리고 Heinz에게 감사한다.

이 책도 초판과 마찬가지로 나의 사랑스럽고 강인하고 열정적인 아내 Sandra에게 바친다. 그녀는 가족이 진정으로 무엇인가에 대한 새로운 의미를 나에게 주었다. 감사한다.

2018년 11월, 자를란트에서

이브 힐피시

예제 코드 활용

(주피터 노트북과 파이썬 스크립트 등의) 보조 자료는 *http://py4fi.pqp.io*에서 다운로드하여 사용할 수 있다. 이 책은 독자의 작업을 돕기 위한 것이다. 이 책과 함께 제공된 예제 코드는 독자의 프로그램과 문서에서 사용할 수 있다.

코드의 상당 부분을 고치지 않는 한 저자의 허락 없이 코드를 재사용할 수 있다. 예를 들어 허락 없이 이 책의 코드 일부분을 사용하는 프로그램을 작성하는 것도 가능하다. 예제가 담긴 CD-ROM을 배포하거나 판매하는 것은 오라일리의 허락이 필요하다. 이 책의 일부분이나 예제 코드를 인용하여 질문에 대답하는 것도 허락 없이 가능하다. 다만 이 책의 예제 코드의 상당 부분을 독자가 만든 상품의 문서에 포함하는 것은 허락을 필요로 한다.

반드시 포함해야 하는 것은 아니지만 이 책의 문헌 정보를 넣어주면 감사하겠다. 문헌 정보는 제목, 저자, 출판사 그리고 ISBN 코드를 포함한다. 예를 들어 "Python for Finance, 2nd Edition, by Yves Hilpisch (O'Reilly). Copyright 2019 Yves Hilpisch, 978-1-492-02433-0."이라고 하면 된다. 만약 예제 코드의 사용이 허락을 필요로 하는 것인지 아닌지 궁금하다면 *permissions@oreilly.com*으로 연락하면 된다.

CONTENTS

CHAPTER 2 파이썬 기반구조

PART II 파이썬 기초 정복

CHAPTER 3 자료형과 자료구조

CONTENTS

CHAPTER 4 NumPy를 사용한 수치 계산

CHAPTER 5 pandas를 사용한 데이터 분석

CHAPTER 6 객체지향 프로그래밍

CONTENTS

CONTENTS

CHAPTER 11 수학용 도구

CONTENTS

PART IV 알고리즘 트레이딩

CHAPTER 14 FXCM 트레이딩 플랫폼

CONTENTS

CHAPTER 16 매매 자동화

CONTENTS

PART V 파생상품 분석

CHAPTER 17 가치 평가 프레임워크

CHAPTER 18 금융 모형 시뮬레이션

CHAPTER 19 파생상품 가치 평가

CHAPTER 20 포트폴리오 가치 평가

CONTENTS

Part I

파이썬과 금융

1부는 금융 분야에서 파이썬을 사용하는 방법을 소개한다. 2개 장으로 구성되어 있다.

Part I

파이썬과 금융

1장 왜 금융 분석에 파이썬을 사용하는가

파이썬에 대한 일반적인 내용을 서술하고, 왜 파이썬이 금융산업이나 금융 데이터 분석과 같은 기술적 문제에 적합한지 자세히 설명한다.

2장 파이썬 기반구조

파이썬 기반구조에 관한 내용이다. 파이썬으로 금융 분석이나 금융 애플리케이션 개발을 시작하는 데 필요한 파이썬 환경을 다룰 때 중요한 사항들을 간략히 설명한다.

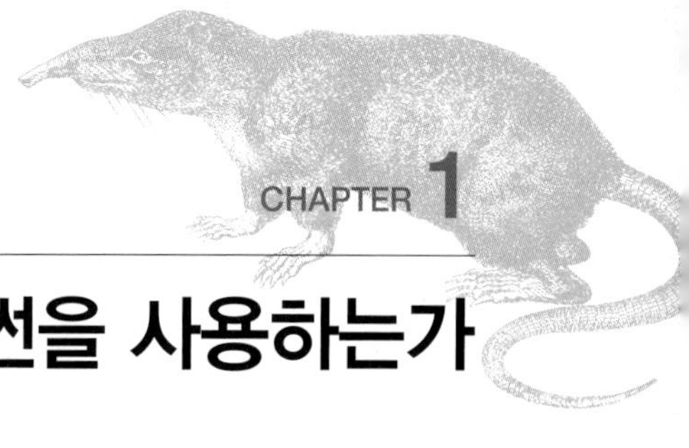

CHAPTER 1

왜 금융 분석에 파이썬을 사용하는가

은행은 본질적으로 테크놀로지 기업이다.

– 휴고 밴자이거Hugo Banziger

1.1 파이썬 소개

파이썬은 다양한 영역과 기술 분야에서 사용되고 있는 다목적 고수준 프로그래밍 언어다. 파이썬 공식 웹사이트에는 다음과 같이 설명하고 있다.

> 파이썬은 고수준의 객체지향 인터프리터 언어로 동적 의미 구조dynamic semantic를 가진다. 파이썬은 특히 고수준의 자료구조와 동적 타이핑, 동적 바인딩 특성이 있어 고속 애플리케이션 개발에 적합할 뿐 아니라 기존의 컴포넌트를 쉽게 연결할 수 있는 접착용glue 스크립트 언어로도 유용하다.
>
> 파이썬은 문법이 단순하고 배우기 쉬운 덕분에 코드 가독성이 높아 프로그램 유지보수 비용을 줄여준다. 파이썬이 프로그램 모듈화와 코드 재사용성이 높은 이유는 바로 모듈과 패키지 기능 덕분이다. 또한 파이썬 인터프리터와 방대한 표준 라이브러리는 대부분의 플랫폼상에서 소스 코드나 바이너리 형태로 무료로 구할 수 있으며 자유롭게 배포할 수 있다.

이러한 장점은 파이썬이 주요 프로그래밍 언어 중 하나로 자리 잡은 이유를 잘 설명한다. 오늘날 초보자부터 전문 개발자까지, 학교, 대학, 인터넷 회사, 기업, 금융 회사, 심지어 과학 영역에서도 파이썬을 두루 사용한다. 파이썬의 여러 가지 특징 중 중요한 것은 다음과 같다.

오픈소스

파이썬 자체와 라이브러리, 툴 대부분은 일반적으로 융통성 있는 오픈 라이선스에서 소스 코드가 공개된 채로 구할 수 있다.

인터프리터 언어

표준 CPython 구현은 파이썬 코드를 런타임 시에 실행 가능한 바이트 코드로 변환하는 인터프리터다.

멀티 패러다임

파이썬은 객체지향에서 명령형 프로그래밍, 함수형 프로그래밍, 절차적 프로그래밍에 이르기까지 여러 가지 프로그래밍 및 구현 패러다임을 지원한다.

다목적

파이썬은 대화형 방식으로 빠르게 코드 개발을 할 수 있을 뿐 아니라 대규모 애플리케이션 제작에도 사용할 수 있다. 또한 저수준의 시스템 기능 구현과 고수준의 해석 업무에 모두 이용 가능하다.

크로스 플랫폼

파이썬은 윈도우, 리눅스, 맥 등 주요 운영체제 대부분에서 사용할 수 있다. 데스크톱과 웹 애플리케이션 개발 모두에 쓰이며 초대형 클러스터나 최고 성능 서버에서부터 라즈베리파이(`http://www.raspberrypi.org`)와 같은 소형 디바이스에 이르기까지 다양한 플랫폼에서 사용할 수 있다.

동적 타입

파이썬의 데이터 타입은 다른 컴파일 언어처럼 정적으로 선언되는 것이 아니라 일반적으로 실행 중에 결정되는 동적 데이터 타입이다.

들여쓰기 인식

타 프로그래밍 언어와 다르게 파이썬은 괄호나 세미콜론으로 코드 블록을 표시하지 않고 들여쓰기를 사용한다.

가비지 컬렉션

파이썬에는 자동화된 가비지 컬렉션 기능이 있어서 프로그래머가 메모리를 관리할 필요가 없다.

이른바 '파이썬의 선(禪)Zen of Python'이라 불리는 파이썬 개선 제안 20Python Enhancement Proposal (PEP 20)은 파이썬의 문법과 파이썬이 어떤 것인가에 대한 가이드라인을 제시한다. 대화형 파이썬 셸에서 `import this` 명령을 사용하면 PEP 20을 볼 수 있다.

```
In [1]: import this
        The Zen of Python, by Tim Peters

        Beautiful is better than ugly.
        Explicit is better than implicit.
        Simple is better than complex.
        Complex is better than complicated.
        Flat is better than nested.
        Sparse is better than dense.
        Readability counts.
        Special cases aren't special enough to break the rules.
        Although practicality beats purity.
        Errors should never pass silently.
        Unless explicitly silenced.
        In the face of ambiguity, refuse the temptation to guess.
        There should be one-- and preferably only one --obvious way to do it.
        Although that way may not be obvious at first unless you're Dutch.
        Now is better than never.
        Although never is often better than *right* now.
        If the implementation is hard to explain, it's a bad idea.
        If the implementation is easy to explain, it may be a good idea.
        Namespaces are one honking great idea -- let's do more of those!
```

```
파이썬의 선, 팀 피터

아름다움은 추함보다 낫다.
명시적인 것은 암시적인 것보다 낫다.
```

```
단순한 것은 복잡한 것보다 낫다.
복잡한 것은 난잡한 것보다는 낫다.
중첩되지 않는 것이 중첩된 것보다 낫다.
촘촘하지 않은 것이 촘촘한 것보다 낫다.
가독성은 중요하다.
규칙을 깰 정도로 특별한 경우란 없다.
실용성이 순수성보다 중요할지라도.
오류는 조용히 넘어가면 안 된다.
그렇게 하라고 지시하지 않는 한.
모호한 경우에는 추측하고자 하는 유혹을 물리쳐라.
무언가를 하기 위해서는 하나의, 그리고 아마도 유일한 방법이 존재한다.
처음에는 잘 알 수 없겠지만.
지금 하는 것이 안 하는 것보다 낫다.
가끔은 아예 하지 않는 것이 지금 *당장* 하는 것보다 낫다.
구현 방법을 설명하기 어렵다면 좋지 않은 아이디어다.
구현 방법을 설명하기 쉽다면 좋은 아이디어일 수 있다.
이름공간은 굉장한 아이디어다. 많이 활용하자!
```

1.1.1 파이썬의 간략한 역사

일부 사람들에게는 파이썬이 생소할 수도 있지만 파이썬은 상당히 오래된 언어다. 파이썬 개발은 1980년대에 네덜란드 태생의 귀도 반 로섬Guido van Rossum에 의해 시작되었다. 귀도는 현재까지도 파이썬 개발에 활발히 참여하고 있다. 파이썬 커뮤니티는 그를 '자비로운 종신 독재자'로 인정해왔지만 귀도는 2018년 7월에 그 지위를 내려놓았다. 파이썬 개발의 단계별 변천사는 다음과 같다(*http://bit.ly/2DYWqCW*).

- **파이썬 0.9.0** - 1991년 발표(첫 번째 출시)
- **파이썬 1.0** - 1994년 출시
- **파이썬 2.0** - 2000년 출시
- **파이썬 2.6** - 2008년 출시
- **파이썬 2.7** - 2010년 출시
- **파이썬 3.0** - 2008년 출시
- **파이썬 3.1** - 2009년 출시
- **파이썬 3.2** - 2011년 출시
- **파이썬 3.3** - 2012년 출시

- **파이썬 3.4** - 2014년 출시
- **파이썬 3.5** - 2015년 출시
- **파이썬 3.6** - 2016년 출시
- **파이썬 3.7** - 2018년 6월 출시

파이썬을 처음 접하는 사람은 헷갈릴 수도 있는데 2008년 이후로 파이썬은 2.x와 3.x라는 두 개의 메이저 버전이 같이 개발, 제공되고 있으며 이 두 버전 모두 활발히 사용되고 있다.

이 글을 쓰는 시점에도 파이썬 2.6/2.7을 사용하는 엄청난 양의 코드가 개발되고 있기 때문에 한동안은 이런 상황이 계속되리라 생각한다. 이 책의 초판은 파이썬 2.7 기반이었지만 이번 판은 파이썬 3.7을 사용한다.

1.1.2 파이썬 생태계

단순한 프로그래밍 언어가 아닌 생태계로서 파이썬의 중요한 특징은 엄청난 수의 라이브러리와 툴이다. 라이브러리와 툴은 필요한 경우에 플롯 라이브러리처럼 '임포트import'해서 사용하거나 파이썬 개발 환경처럼 분리된 시스템 프로세스로 사용된다. 라이브러리 임포트란 현재 파이썬 인터프리터와 이름공간(또는 네임스페이스)에서 그 라이브러리를 사용할 수 있도록 하는 것이다.

파이썬은 처음부터 기본 인터프리터 기능을 확장하기 위한 **파이썬 표준 라이브러리**Python Standard Library와 함께 제공된다. 예를 들어 아무것도 임포트하지 않아도 기본 수학 연산을 할 수 있지만 기본으로 제공되는 `math` 라이브러리를 임포트하면 더 복잡한 수학 함수를 쓸 수 있다.

```
In [2]: 100*2.5+50
Out[2]: 300.0

In [3]: log(1)  ❶
        ---------------------------------------------------------------
        NameError                         Traceback (most recent call last)
        <ipython-input-3-74f22a2fd43b> in <module>
        ----> 1 log(1)  ❶

        NameError: name 'log' is not defined
```

```
In [4]: import math ❷

In [5]: math.log(1) ❷
Out[5]: 0.0
```

❶ 임포트하지 않으면 에러가 발생한다.

❷ math 라이브러리를 임포트한 뒤에 계산할 수 있다.

math는 표준 파이썬 라이브러리이므로 별도로 설치하지 않아도 사용할 수 있지만 이외에도 사용자가 선택적으로 설치할 수 있는 라이브러리가 많이 있으며 사용 방법은 표준 라이브러리와 같다. 이런 라이브러리는 웹에서 개별적으로 구할 수 있다. 그러나 모든 라이브러리의 상호 일관성을 위해서는 파이썬 패키지 관리자 사용을 권한다. 이 주제는 2장에서 다시 자세히 다루겠다.

지금까지의 코드 예제에는 IPython(*http://ipython.org*)과 Jupyter(*https://jupyter.org*)를 사용했다. 두 가지는 이 글을 쓰는 시점에 가장 인기 있는 파이썬용 대화형 개발 환경이다. IPython은 기능이 강화된 셸로 출발했지만 오늘날에는 프로파일링이나 디버깅같이 통합개발환경(IDE)에서 볼 수 있는 다양한 기능을 제공한다. IPython에서 제공하지 않는 기능은 Vim(*https://www.vim.org/*) 같은 고급 텍스트/코드 에디터에서 제공된다. 따라서 파이썬으로 개발할 때는 IPython과 각자 선호하는 텍스트/코드 에디터를 결합하여 기본 개발 도구로 사용하는 것이 일반적이다.

IPython은 개선된 명령행 히스토리와 쉬운 객체 검사를 제공하는 등 다양한 방법으로 표준 대화형 셸을 강화했다. 예를 들어 함수명을 입력하고 뒤에 '?'를 덧붙이면 그 함수의 도움말을 볼 수 있다('??'를 덧붙이면 더 많은 정보를 볼 수 있다).

IPython은 원래 셸과 브라우저 기반 노트북, 이렇게 두 가지 버전으로 나왔다. 노트북 버전이 유용하면서도 인기를 얻게 되자 주피터Jupyter라는 언어 독립적인 프로젝트로 발전했다. 이런 배경으로 인해 주피터 노트북Jupyter Notebook은 IPython의 장점 대부분을 이어 받으면서 시각화와 같은 추가적인 장점들이 더해졌다.

IPython 사용법에 대한 자세한 내용은 VanderPlas(2016) 1장을 참조하기 바란다.

1.1.3 파이썬 사용자 계층

파이썬은 소프트웨어 개발 전문가뿐만 아니라 특정 영역의 전문가와 과학기술 프로그램 개발자에게도 매력적이고 유용하다.

소프트웨어 개발 전문가professional software developer는 파이썬을 사용하여 대규모 애플리케이션을 효율적으로 제작할 수 있다. 파이썬은 거의 대부분의 프로그래밍 패러다임을 지원할 수 있는 강력한 개발 툴이다. 원론적으로는 어떤 일도 파이썬으로 다 해결할 수 있다. 전문 개발자들은 자신만의 프레임워크나 클래스를 만들고 또 파이썬의 기본과 체계를 잘 따르며 생태계를 만드는 데 앞장선다.

과학기술 프로그램 개발자scientific developer나 **특정 영역 전문가**domain expert는 보통 특정 라이브러리[1]나 프레임워크를 즐겨 사용한다. 그들은 자신만의 애플리케이션을 만들고, 시간을 들여 최적화하며 자신들의 특정한 요구를 충족시킬 수 있도록 파이썬 생태계를 변화시킨다. 이러한 그룹에 속하는 사용자들은 보통 대화형 파이썬 세션을 오래 사용하고, 새로운 시제품prototype 코드를 빠르게 제작하거나 자신들의 연구나 전문 영역의 자료를 탐구하고 시각화하는 일을 주로 한다.

파이썬은 특정 문제를 해결하는 데 강점을 보이는데 이런 문제를 해결해야 하는 분야의 **개발자**casual programmer들은 특히 파이썬을 즐겨 사용한다. 예를 들면 `matplotlib` 갤러리에서 시각화를 위한 파이썬 코드를 복사해서 자신의 필요에 따라 수정하여 사용하는 것이 전형적인 파이썬 사용 사례다.

마지막으로 중요한 파이썬 사용자들이 있다. 이제 막 프로그래밍에 입문하는 **프로그래밍 초보자**beginner programmer들이다. 파이썬은 최근 대학과 전문학교, 중고등학교에서 프로그래밍 입문용 언어로 인기가 있다.[2] 가장 큰 이유는 문법이 간단해서 개발자가 아닌 사람들도 익히고 이해하기가 쉽기 때문이다. 또 파이썬이 모든 종류의 프로그래밍 스타일을 지원한다는 점도 큰 장점이다.[3]

---

1 옮긴이_ 파이썬에서는 라이브러리라는 용어 대신 패키지라는 용어를 사용한다.
그러나 이 책에서는 저자가 두 가지 용어를 혼용하고 있으므로 그에 따라 번역하였다.

2 뉴욕시립대학교 버룩 칼리지(*http://mfe.baruch.cuny.edu*)의 금융공학 석사과정에서 쓰이는 주요 언어는 파이썬이다.
또한 이 책의 초판은 세계 여러 대학에서 파이썬을 사용한 금융 분석과 애플리케이션 개발을 가르치는 데 사용되고 있다.

3 파이썬을 이제 막 시작하는 개발자나 비개발자들은 *http://wiki.python.org/moin/BeginnersGuide*를 참고하자.
유용한 링크와 자료가 많다.

1.1.4 과학기술용 표준 라이브러리 모음

보통 과학기술용 표준 라이브러리 모음scientific stack이라고 부르는 특정 패키지 집합이 있다. 다른 것도 많지만 여기서는 중요한 것만 소개하겠다.

NumPy (*http://www.numpy.org*)

`NumPy`는 동일 또는 혼합 데이터 유형의 다차원 배열 객체를 지원한다. 또 이러한 배열 객체에 최적화된 함수와 메서드를 제공한다.

SciPy (*http://www.scipy.org*)

`SciPy`는 과학기술이나 금융 분야에서 필수적인 중요 표준 기능을 구현한 함수와 서브 라이브러리 모음이다. 예를 들어 큐빅 스플라인 보간법cubic spline interpolation이나 수치적분 등을 제공한다.

matplotlib (*http://www.matplotlib.org*)

가장 유명한 파이썬용 플롯, 시각화 라이브러리다. 2차원 및 3차원 시각화 기능을 제공한다.

pandas (*http://pandas.pydata.org*)

`pandas`는 `NumPy`를 기반으로 시계열이나 테이블 데이터를 다루고 분석하기 위한 다양한 클래스를 제공한다. `matplotlib`의 시각화 기능과 `PyTables`의 데이터 저장/질의 기능이 결합되어 있다.

scikit-learn (*http://scikit-learn.org*)

`scikit-learn`은 추정, 분류, 클러스터링 등 여러 가지 머신러닝 알고리즘을 위한 통일된 API를 제공하는 인기 있는 머신러닝 라이브러리다.

PyTables(*http://www.pytables.org*)

`PyTables`는 `HDF5` 자료 저장 패키지를 파이썬에서 사용할 수 있도록 한 래퍼wrapper 라이브러리다. `HDF5`는 계층형 데이터베이스/파일 형식에 기반한 최적화된 디스크 입출력 기능을 수행할 수 있도록 하는 패키지다.

특정 분야나 문제에 따라 추가적인 패키지가 필요할 수 있지만 이런 패키지들도 대체로 앞에서 소개한 기본 패키지들을 기반으로 만들어진 경우가 많다. 핵심적인 구성 요소는 NumPy의 ndarray 클래스와 pandas의 DataFrame 클래스다.

프로그래밍 언어로서만 파이썬을 보자면 파이썬 정도의 문법이나 정밀함을 갖춘 언어는 많다. 보통 루비Ruby를 파이썬과 많이 비교하는데 루비 공식 웹사이트(*http://www.ruby-lang.org*)에는 다음과 같은 설명이 있다.

> 단순함과 생산성에 초점을 맞춘 동적 오픈소스 언어. 자연스럽게 읽고 쉽게 쓸 수 있는 우아하고 간결한 문법을 가지고 있다.

파이썬을 사용하는 사람들 대부분은 루비를 묘사한 이 문장이 정확하게 파이썬과 일치한다는 점에 아마도 동의할 것이다. 그러나 파이썬과 루비 혹은 유사한 다른 언어와의 차이점은 지금까지 소개한 과학기술용 표준 패키지들이 파이썬에 있다는 점이다. 파이썬은 그 자체로 훌륭하고 간결한 언어일 뿐 아니라 과학기술 분야에서 많이 사용되는 매트랩Matlab이나 R을 대체하는 것도 가능하다. 물론 베테랑 웹 개발자나 시스템 관리자에게 필요한 다른 기능을 기본으로 제공하는 것은 말할 필요도 없다. 또한 파이썬은 R과 같은 특정 분야 언어와의 인터페이스가 쉽다. 따라서 문제는 파이썬을 사용하는가, 사용하지 않는가가 아니라 어떤 언어를 주된 언어로 할 것인가다.

1.2 금융에서 쓰이는 기술

파이썬이 어떤 것인지 이제 대강 감이 왔으리라 생각하고 금융에서 쓰이는 기술을 간단히 설명한다. 금융에서 쓰이는 기술이 무엇인지 알아야 왜 파이썬이 금융에서 중요한 역할을 하며 어떻게 미래의 금융산업에서 더욱 중요하게 사용될 것인지 이해할 수 있다.

원래 금융기관은 다른 산업보다 기술 자체를 중시하지 않았으며 일반 기업에서도 금융 기능을 물류 등의 다른 기업 기능에 비해 중요하게 여기지 않았다. 그러나 최근 은행과 헤지펀드 등의 금융기관은 기술 혁신과 규제에 자극을 받아 단순한 금융 중개 회사에서 '기술 기업'으로 진화하고 있다. 기술은 이제 국제적 금융기관에 경쟁 우위를 가져다줄 수 있는 중요한 자산이 되었다. 왜 이렇게 변화하였는지 이해하기 위해서는 약간의 기반 지식이 필요하다.

1.2.1 기술 분야 투자

은행과 금융기관은 매년 기술에 많은 돈을 쏟아붓는다. 다음 글을 보면 기술과 금융산업이 서로 중요한 역할을 한다는 것을 알 수 있다.

> 매사추세츠 프레이밍햄, 2018년 6월 14일 – 인터내셔널 데이터 코퍼레이션(IDC) 사의 금융 서비스 IT 투자 가이드의 새 자료에 따르면 전 세계 금융 서비스 회사가 정보기술에 투자하는 금액은 2018년 4400억 달러에서 2021년까지 약 5000억 달러가 될 것이다.
>
> – 인터내셔널 데이터 코퍼레이션

특히 은행과 다른 금융기관은 비즈니스 및 경영 모형을 디지털화하기 위한 경쟁에 돌입하고 있다.

> 북미에서 2017년에 은행이 신기술에 투자한 돈은 약 199억 달러에 이를 것으로 보고 있다.
>
> 은행들은 글로벌 시장에서 경쟁력을 높이고 온라인 및 모바일 기술에 관심이 있는 고객을 유인하기 위해 새로운 기술 솔루션을 개발하고 있다. 금융업 분야는 새로운 아이디어와 소프트웨어 솔루션을 가진 글로벌 핀테크 회사들에게 커다란 기회다.
>
> – 스태티스타

대형 다국적 은행은 기존의 시스템을 유지보수하고 새로운 시스템을 개발하고자 보통 수천 명의 개발자를 고용한다. 특히 기술 의존적인 대형 투자은행은 매년 수조 원의 예산을 기술 분야에 쏟아붓는다.

1.2.2 기술 발전으로 인한 변화

기술의 발전은 금융 분야의 혁신과 효율성 증대에도 기여했다. 특히 이 분야의 프로젝트는 디지털화를 목표로 이루어진다.

> 금융 서비스 산업은 지난 몇 년간 극적인 기술 기반의 변혁을 겪었다. 중역들은 IT 부서가 효율을 향상시키고 판을 뒤집을 혁신을 촉진하며 동시에 기존의 시스템을 계속 지원하면서 비용을 절감할 수 있기를 기대한다. 동시에 핀테크 스타트업들은 기존의 시스템에 구애받지 않고 새롭게 만들어낸 고객 친화적인 솔루션으로 기존 시장을 잠식하고 있다.
>
> – 프라이스워터하우스쿠퍼스PwC 2016년 19회 글로벌 CEO 서베이

효율성은 증가했지만 그에 대한 부작용으로 훨씬 더 복잡한 상품과 거래가 경쟁 우위를 차지했다. 또 이로 인해 위험이 증가하고 위험 관리, 감시, 규제가 더 어려워졌다. 2007년과 2008년의 금융 위기는 이러한 발전이 가져온 잠재적 위험을 잘 설명한다. 마찬가지로 알고리즘과 컴퓨터의 오작동 또한 금융 시장의 잠재적 위험군이라 할 수 있다. 이러한 위험이 가장 드라마틱하게 나타난 예가 2010년 5월에 발생한 이른바 **플래시 크래시**flash crash로 자동화된 주식 매도에 의해 특정 주식과 지수가 장중에 급격히 하락한 사건이다. 이와 관련하여 4부에서는 금융 상품의 알고리즘 트레이딩에 대한 주제를 다룬다.

1.2.3 진입 장벽으로써 기술과 전문인력

다른 모든 조건이 변하지 않는다는 가정하에 기술이 진보하면 비용은 감소한다. 금융기관은 시장 점유율을 늘리면서 현재의 지위를 유지하기 위해 기술에 막대한 투자를 하고 있다. 오늘날 금융의 특정 분야에서 활동하려면 숙련된 직원과 기술에 대규모 투자를 해야 한다. 파생상품 분석 분야를 예로 들어보자.

> 장외(파생상품) 가격결정 소프트웨어를 회사에서 자체적으로 개발하는 경우, 전체 파생상품 라이브러리를 개발, 유지보수하고 기능을 강화하는 소프트웨어 생명 주기software lifecycle에 걸쳐 약 2천 5백만 달러에서 3천 6백만 달러의 투자가 필요하다.
>
> – 쿠빌라스 딩, 셀렌트Celent 연구담당 이사(2010)

모든 기능을 갖춘 파생상품 분석 라이브러리를 개발하는 일은 비용과 시간이 많이 들 뿐만 아니라 이 일을 할 수 있는 전문인력을 충분히 확보할 필요도 있다. 또한 전문가는 작업에 필요한 적절한 툴과 기술을 갖춰야 한다. 파이썬 생태계의 발전으로 10년 전에 비해 이러한 일에 들어가는 노력과 비용이 크게 감소했다. 4부에서는 파생상품 분석 기능을 다룬다. 또한 파이썬과 표준 파이썬 패키지만으로 작지만 강력하고 유연한 파생상품 가격결정 라이브러리를 구현한다.

퀀트 헤지펀드로 유명했던 롱텀 캐피탈 매니지먼트(LTCM)도 기술과 전문인력의 중요성을 말해주는 또 다른 예다(안타깝지만 1990년대 후반에 망했다).

> 메리웨더는 코네티컷주 그리니치에서 LTCM 운영을 시작하고자 최신 컴퓨터 시스템을 구입하고

금융공학 팀을 고용하는 데 2천만 달러를 썼다. 이 투자 금액은 회사 하나가 아닌 산업 규모 하나의 위험 관리 수준이었다.

– 스캇 패터슨, 『퀀트』(다산북스, 2011) 저자(2010)

메리웨더가 수백만 달러를 투자해야 했던 성능의 컴퓨터는 오늘날에는 몇 천 달러에 구입하거나 더 유연한 시간당 요금 방식으로 클라우드 서비스에서 빌릴 수 있다. 2장에서는 파이썬으로 금융 분석, 애플리케이션을 개발 및 배포할 수 있는 클라우드 인프라스트럭처를 세우는 방법을 보인다. 이런 전문적 인프라스트럭처에 드는 비용은 월 몇 달러부터 시작한다. 그러나 예전에 비해 트레이딩, 가격결정, 위험 관리가 훨씬 복잡해지면서 이제 대형 금융기관의 IT 인프라스트럭처에는 수만 코어의 컴퓨팅 파워가 필요하게 되었다.

1.2.4 계속 증가하는 속도, 빈도, 정보의 크기

금융산업이 기술의 진보에 의해 영향을 받는 한 가지 측면은 바로 금융거래가 결정되고 집행되는 **속도**speed와 **빈도**frequency다. 마이클 루이스는 자신의 책 『플래시 보이즈』(비즈니스북스, 2014)에서 이른바 플래시 트레이딩flash trading이라는 엄청난 속도의 트레이딩에 대해 아주 자세히 다루고 있다.

사용할 수 있는 고빈도 정보가 증가하면 이에 실시간으로 대응하여 트레이딩할 필요가 있다. 그런데 트레이딩의 속도와 빈도가 증가하면 이번에는 또 정보의 크기가 증가한다. 이러한 방식으로 속도와 정보의 크기가 동시에 증가하면 구조적으로 금융거래의 평균 시간 스케일이 작아진다. 이런 경향은 이미 약 10년 전부터 시작되었다.

르네상스 테크놀로지 LLC의 메달리온 펀드는 초고속 컴퓨터와 시장의 극단적 변동성을 이용하는 방식으로 2008년도에 무려 80%의 수익률을 달성했다. 짐 사이먼스Jim Simons는 그 해 헤지펀드 중 최고의 성과를 올렸고 2천 5백만 달러라는 놀라운 연봉을 받았다.

– 스캇 패터슨(2010)

단일 주식의 30년치 일간 종가end-of-day 정보 개수는 약 7500개다. 오늘날의 금융 이론은 대부분 이 수준의 자료에 의존한다. 예를 들어 현대 포트폴리오 이론MPT, 자본 자산 가격결정 모형CAPM, VaR 위험 관리 모형 등은 모두 주식의 일간 가격 정보에 기반을 두고 있다.

그런데 애플 주식만 하더라도 한 시간 동안의 호가가 약 15000개로 30년간 종가 정보의 두 배 이상에 해당하는 정보다(1.4절을 참조하라). 이렇게 정보의 양이 늘어남에 따라 발생하는 문제를 살펴보자.

데이터 처리

주 7일 24시간 내내 엄청나게 많은 일이 발생하기 때문에 주식이나 다른 금융 계약의 종가 데이터만 처리하는 것은 충분하지 않다.

분석 속도

의사결정이 밀리초 단위 혹은 그보다 더 빠르게 이루어져야 하므로 대량의 데이터를 실시간으로 분석할 수 있는 분석 능력을 갖추어야 한다.

이론적 기반

전통적인 금융 이론과 개념은 완벽하지는 않아도 오랜 시간 동안 검증되어 왔다. 그러나 이러한 금융 이론이나 개념들이 오늘날 중요하게 여겨지는 밀리초나 마이크로초 스케일에서도 일관되게 적용되리라는 보장은 없다.

이러한 문제는 대체적으로 현대의 기술로만 풀 수 있다. 특히 놀라운 점은 기존 이론이 맞지 않는 원인이 금융 논리보다는 주문 흐름order flow이나 호가 스프레드bid-ask spread 등의 시장 미시 구조 요소를 이용한 초고속 매매 때문이라는 점이다.

1.2.5 실시간 분석 기능

금융산업에서 점점 중요성이 늘어나고 있는 분야가 하나 있는데 바로 **금융 정보 분석**이다. 이러한 현상은 금융산업에서 금융거래의 속도와 빈도, 정보의 크기가 빠른 속도로 증가하고 있는 것과 밀접한 관계가 있다. 실시간 분석은 이러한 추세에 금융산업이 대응하기 위한 방법이라고 볼 수 있다.

'실시간 금융 분석'이란 통찰을 얻거나 의사결정을 내리며 규제 사항을 준수하기 위한 목적으로 소프트웨어와 기술을 고도의 알고리즘과 결합하여 자료를 수집, 가공, 분석하는 것을 뜻한다.

은행 지점에서 판매하는 금융 상품의 가격결정 구조를 바꾸거나 투자은행의 복잡한 파생상품 포트폴리오 거래를 위한 대규모 신용평가조정CVA 모형의 일간 계산값이 변화하였을 때 판매에 어느 정도 영향을 미칠지 계산하는 것이 한 예다.

이러한 흐름으로 금융기관들은 다음과 같은 두 가지 큰 문제를 안게 되었다.

빅데이터

은행과 여타 금융기관은 '빅데이터'라는 말이 생기기도 전부터 방대한 양의 정보를 처리해야 했다. 그러나 시간이 지나면서 단일 분석 작업 동안 처리할 데이터의 양이 엄청나게 증가하여 더 많은 컴퓨팅 파워와 더 큰 메모리, 저장 용량이 필요하게 되었다.

실시간 운영

과거에는 의사결정자가 정기적으로 정해진 방식에 따라 계획을 짜거나 의사결정 및 위험 관리를 했다. 그러나 오늘날에는 이러한 일을 실시간으로 처리해야 할 필요성에 당면했다. 과거에는 백 오피스에서 야간 배치batch 작업을 통해 했을 일을 이제는 프런트 오피스에서 실시간으로 해야 한다.

여기에서 다시 한번 기술 발전과 금융/비즈니스 관행 간의 상호작용을 볼 수 있다. 현재의 분석 기능의 속도와 용량을 개선하려면 기술을 점점 개선해야 하는데 기술이 발달하면 이번에는 몇 년 전 혹은 몇 달 전에는 주어진 예산에서 불가능했던 새로운 분석 방법이 가능해진다.

분석 분야에서는 최근 CPU의 병렬처리 아키텍처와 GPGPU(범용 그래픽 프로세서)의 대규모 병렬처리 아키텍처 사용이 주목받고 있다. 현재 GPGPU의 코어 수는 1000개 이상인데 이 정도의 코어면 병렬처리로 인한 알고리즘의 혁신적인 변화가 가능한 정도다. 하지만 사용자들이 이러한 병렬처리 하드웨어의 파워를 이끌어낼 수 있는 새로운 프로그래밍 패러다임과 테크닉을 배워야 한다는 점이 여전한 걸림돌이다.

1.3 금융공학을 위한 파이썬

앞 절에서 살펴본 금융 분야의 기술적 특징을 정리하면 다음과 같다.

- 금융산업의 기술 비용
- 새로운 비즈니스와 혁신을 가능하게 하는 기술
- 금융산업의 진입 장벽으로써 기술과 전문인력
- 계속 증가하는 속도와 빈도, 정보의 크기
- 실시간 분석의 증가

이 절에서는 이러한 측면에서 파이썬이 문제를 해결하는 데 어떠한 도움을 줄 수 있는지 알아보고자 한다. 우선 가장 기본적인 단계로 프로그래밍 언어로서의 파이썬 문법을 살펴보자.

1.3.1 금융과 파이썬 문법

금융 분야에서 파이썬을 시작하는 사람들은 대부분 알고리즘 문제부터 다룬다. 과학자들이 미분방정식을 풀거나 적분을 계산하거나 자료를 시각화하는 것과 비슷하다. 보통 이 단계에서는 정식 개발 프로세스나 테스팅, 문서화, 배포와 같은 것은 신경 쓰지 않는다. 사람들이 파이썬에 빠져드는 시점이 바로 이 단계이다. 파이썬 문법이 과학 문제나 금융 알고리즘을 기술하는 데 쓰이는 수학적 문법과 유사하기 때문이다.

예를 들어, 유러피안 콜 옵션 가격을 몬테카를로 시뮬레이션을 통해 계산하는 간단한 금융 알고리즘을 이용하여 이러한 특징을 설명하고자 한다. 여기에서는 옵션의 기초 자산 위험 요인이 GBM 모형을 따르는 블랙-숄즈-머튼[BSM] 옵션 가격 모형을 사용한다.

가격결정에 사용하는 매개변수 값은 다음과 같다.

- 초기의 주가지수 $S_0 = 100$
- 유러피안 콜 옵션의 행사가 $K = 105$
- 만기 $T = 1$년
- 무위험 단기 이자율 $r = 5\%$
- 변동성 $\sigma = 20\%$

BSM 옵션 가격 모형에서 만기 주가지수는 [수식 1-1]과 같은 랜덤 변수다. 여기에서 z는 표준 정규분포를 따르는 랜덤 변수다.

수식 1-1 BSM 모형에서 만기 주가지수

$$S_T = S_0 \exp\left(\left(r - \frac{1}{2}\sigma^2\right)T + \sigma\sqrt{T}z\right)$$

몬테카를로 방법을 사용한 가격결정 알고리즘은 다음과 같다.

1. 표준정규분포에서 I개의 의사 난수pseudo-random number $z(i),\ i \in \{1, 2, ..., I\}$를 뽑는다.
2. 1에서 선택된 $z(i)$와 수식 [1-1]을 이용하여 만기에서의 지숫값 $S_T(i)$를 I개 계산한다.
3. 계산된 $S_T(i)$에 대해 수식 $h_T(i) = max(S_T(i) - K, 0)$을 이용하여 만기에서의 옵션 가격을 I개 계산한다.
4. [수식 1-2]의 몬테카를로 추정식을 사용하여 옵션의 현재 가치를 계산한다.

수식 1-2 유러피안 옵션 가치의 몬테카를로 추정식

$$C_0 \approx e^{-rT}\frac{1}{I}\sum_I h_T(i)$$

이제 이 문제와 알고리즘을 파이썬으로 바꿔야 한다. 다음과 같은 코드로 구현한다.

```
In [6]: import math
        import numpy as np  ❶

In [7]: S0 = 100.  ❷
        K=105.  ❷
        T=1.0  ❷
        r=0.05  ❷
        sigma = 0.2  ❷

In [8]: I = 100000  ❷

In [9]: np.random.seed(1000)  ❸
```

```
In [10]: z = np.random.standard_normal(I)  ❹

In [11]: ST = S0 * np.exp((r - sigma ** 2 / 2) * T + sigma * math.sqrt(T) * z)  ❺

In [12]: hT = np.maximum(ST - K, 0)  ❻

In [13]: C0 = math.exp(-r * T) * np.mean(hT)  ❼

In [14]: print('Value of the European call option: {:5.3f}.'.format(C0))  ❽
         Value of the European call option: 8.019.
```

❶ 여기에서는 메인 패키지로 NumPy를 사용한다.

❷ 모형과 시뮬레이션 매개변수 값을 정의한다.

❸ 난수 발생기의 초기 설정값을 고정한다.

❹ 표준정규분포 난수를 뽑는다.

❺ 만기 시점의 주가지수를 시뮬레이션한다.

❻ 만기 시점의 옵션 페이오프를 계산한다.

❼ 몬테카를로 방법으로 옵션 가치를 계산한다.

❽ 결괏값을 출력한다.

지금까지 작성한 코드에는 다음과 같은 세 가지 특징이 있다.

문법

매개변수 값을 지정하는 코드에서 볼 수 있듯이 파이썬 문법은 수학 문법과 유사하다.

수식 변환

모든 수학 또는 알고리즘 서술문은 일반적으로 **한 줄**의 파이썬 코드로 변환 가능하다.

벡터화

NumPy의 장점 중 하나는 벡터화 문법vectorized syntax인데, 이를 사용하면 10만 번의 계산을 코드 한 줄로 할 수 있다.

이 코드는 IPython이나 주피터 노트북 같은 대화형 개발 환경에서 사용할 수 있다. 그러나 재사용이 용이하도록 **모듈**module(또는 **스크립트**script) 형태로 만들 수도 있다. 모듈은 확장자가 `.py`이며 파이썬 코드 파일, 즉 텍스트 파일이다. 앞의 코드를 [예제 1-1]처럼 모듈로 작성해 `bsm_mcs_euro.py`라는 이름의 파일로 저장하자.

예제 1-1 bsm_mcs_eruo.py 유러피안 콜 옵션의 몬테카를로 가격결정

```
#
# 유러피안 콜 옵션의 몬테카를로 가격결정
# bsm_mcs_euro.py
#
# Python for Finance, 2nd ed.
# (c) Dr. Yves J. Hilpisch
#
import math
import numpy as np

# 매개변수 값
S0 = 100. # 초기 주가지수
K = 105. # 행사가
T = 1.0 # 만기까지 남은 시간(연)
r = 0.05 # 무위험 이자율
sigma = 0.2 # 변동성

I = 100000 # 시뮬레이션 횟수

# 가격결정 알고리즘
z = np.random.standard_normal(I) # 의사 난수

# 만기 시 주가지수
ST = S0 * np.exp((r - 0.5 * sigma ** 2) * T + sigma * math.sqrt(T) * z)
hT = np.maximum(ST - K, 0) # 만기 시 페이오프
C0 = math.exp(-r * T) * np.mean(hT) # 몬테카를로 추정식

# 결과 출력
print('Value of the European call option %5.3f.' % C0)
```

이 간단한 알고리즘 예제는 파이썬 문법이 대표 과학기술 언어인 영어와 수학을 잘 보완할 수 있음을 보여준다. 과학기술 언어인 영어와 수학, 파이썬은 각각 다음과 같은 특징을 가진다.

- **영어**는 과학이나 금융의 문제를 이야기하고 서술하기에 좋다.
- **수학**은 추상적 모델링, 알고리즘 등 기타 복잡한 문제를 상세하고 정확하게 기술하는 데 적합하다.
- **파이썬**은 추상적 모델링, 알고리즘 등 기타 복잡한 문제를 기술적으로 구현하기에 좋다.

TIP 수학과 파이썬 문법

파이썬만큼 수학 문법과 유사한 프로그래밍 언어는 없다. 수치 알고리즘을 수학적 표현에서 파이썬 구현으로 변환하는 것은 아주 단순한 작업이다. 따라서 파이썬은 금융 분야의 시제품 개발이나 본 개발, 유지보수에 아주 효율적이다.

몇몇 분야에서는 **의사코드**pseudo-code를 포함해 과학기술 언어를 네 가지로 분류하기도 한다. 의사코드의 역할은 수학적 표현법과의 유사성을 유지하면서 금융 알고리즘을 좀 더 프로그래밍 구현과 비슷하게 만드는 것이다. 따라서 의사코드로 표현할 때는 컴퓨터가 알고리즘을 어떻게 처리해야 할지를 추가로 고려해야 한다.

의사코드를 사용하는 이유는 알고리즘을 프로그래밍 언어로 구현하면 원래의 수학적 표현과 너무 달라지기 때문이다. (특히 컴파일러 기반의) 프로그래밍 언어 대부분은 구현에 필요한 기술적 요소들을 많이 포함하고 있어 구현된 코드가 원래의 수학 표현과 같다고 보기 힘들 정도로 달라진다.

파이썬은 문법이 수학과 비슷하므로 파이썬을 사용하면 마치 의사코드처럼 수학식을 프로그램으로 구현할 수 있다. 근래에는 파이썬을 사용하여 구현에 필요한 수고와 시간을 많이 줄일 수 있게 되었지만 그렇게 하려면 프로그래밍 언어가 가진 다양한 고수준의 개념을 사용해야 하므로 여러 가지 위험과 비용이 따를 수 있다. 다행히 다른 프로그래밍 언어가 처음부터 완벽한 구현과 코딩 관행을 사용해야 하는 것과 달리 파이썬은 필요할 때만 이러한 방식을 사용하는 것이 가능하다. 이런 의미에서 파이썬은 **고수준 추상화**high-level abstraction와 **엄격한 구현**rigorous implementation 모두에 최선인 언어다.

1.3.2 파이썬의 효율성과 생산성

파이썬의 유용성은 세 가지 측면에서 측정할 수 있다.

효율성

파이썬을 쓰면 얼마나 빠르게 결과를 얻을 수 있는가? 그 결과로 절감되는 시간과 비용은?

생산성

파이썬은 동일한 자원(사람, 자산 등)을 사용하여 무엇을 더 많이 이끌어낼 수 있는가?

품질

파이썬을 쓰면 다른 기술로 할 수 없는 무엇을 할 수 있는가?

이러한 측면을 살펴보는 것은 완전하지는 않아도 논의의 시작점이 될 수 있다.

빠른 결과 도출

파이썬의 효율성이 가장 두드러지는 분야가 대화형 자료 분석 작업이다. IPython이나 주피터 노트북 같은 툴을 쓰거나 pandas 등의 패키지를 사용하면 데이터 분석에 엄청나게 유용하다.

금융을 전공하는 학생이 S&P 지수를 주제로 석사 논문을 쓴다고 해보자. 우선 과거 주가 정보, 예를 들어 5년간의 주가 변동성에 대해 분석하여 기본적으로 쓰이는 모형 가정과 달리 변동성이 시간에 따라 달라지는 것을 보이고 싶다고 하자. 결과는 당연히 시각화하여 보여줄 수 있어야 한다. 그렇다면 이제 해야 할 일은 다음과 같다.

- 웹에서 지수 자료를 받는다.
- 로그 수익률의 연율화된annualized 이동 표준편차, 즉 변동성을 계산한다.
- 주가 자료와 계산 결과를 그림으로 그린다.

얼마 전까지도 이러한 작업은 전문 금융 분석가나 하는 일이었다. 하지만 지금은 금융공학을 전공하는 학생들도 쉽게 이런 문제를 풀 수 있다. 지금 바로 이 작업을 파이썬으로 해보자. 현재 단계에서는 파이썬 문법 같은 것은 일단 신경 쓰지 않아도 된다(문법은 다음 장에서 자세하게 설명하겠다).

```
In [16]: import numpy as np  ❶
         import pandas as pd  ❶
         from pylab import plt, mpl  ❷

In [17]: plt.style.use('seaborn')  ❷
         mpl.rcParams['font.family'] = 'serif'  ❷
         %matplotlib inline  ❷

In [18]: data = pd.read_csv('../../source/tr_eikon_eod_data.csv',
                            index_col=0, parse_dates=True)  ❸
         data = pd.DataFrame(data['.SPX'])  ❹
         data.dropna(inplace=True)  ❹
         data.info()  ❺

         <class 'pandas.core.frame.DataFrame'>
         DatetimeIndex: 2138 entries, 2010-01-04 to 2018-06-29
         Data columns (total 1 columns):
         .SPX    2138 non-null float64
         dtypes: float64(1)
         memory usage: 33.4 KB

In [19]: data['rets'] = np.log(data / data.shift(1))  ❻
         data['vola'] = data['rets'].rolling(252).std() * np.sqrt(252)  ❼

In [20]: data[['.SPX', 'vola']].plot(subplots=True, figsize=(10, 6));  ❽
```

❶ NumPy와 pandas를 임포트한다.

❷ matplotlib을 임포트하고 플롯 스타일을 설정한 후 주피터 노트북에서 볼 수 있도록 한다.

❸ pd.read_csv() 명령으로 CSV comma-separated values 형식으로 저장된 데이터셋을 읽어 들인다.[4]

❹ 데이터의 일부를 고르고 NaN not a number 값을 없앤다.

❺ 데이터셋의 메타정보를 보여준다.

❻ (루프를 사용하지 않는) 벡터화 방법으로 로그 수익률을 계산한다.

❼ 연율화된 변동성을 연속적으로 계산한다.

❽ 두 개의 시계열을 그린다.

4 옮긴이_ 데이터 파일은 원서 깃허브 레포에서 구할 수 있다. *https://github.com/yhilpisch/py4fi2nd/tree/master/source*

[그림 1-1]은 이 코드로 작업한 그래프 결과를 보여주고 있다. 단지 몇 줄의 코드로 금융 분석에서 흔히 마주치는 세 종류의 작업, 즉 자료 수집, 수학 계산, 결과의 시각화를 구현해 낸 것이다. 이 예제는 pandas 라이브러리를 써서 마치 부동소수점 연산을 하듯이 시계열 작업을 쉽게 구현하고 있다.

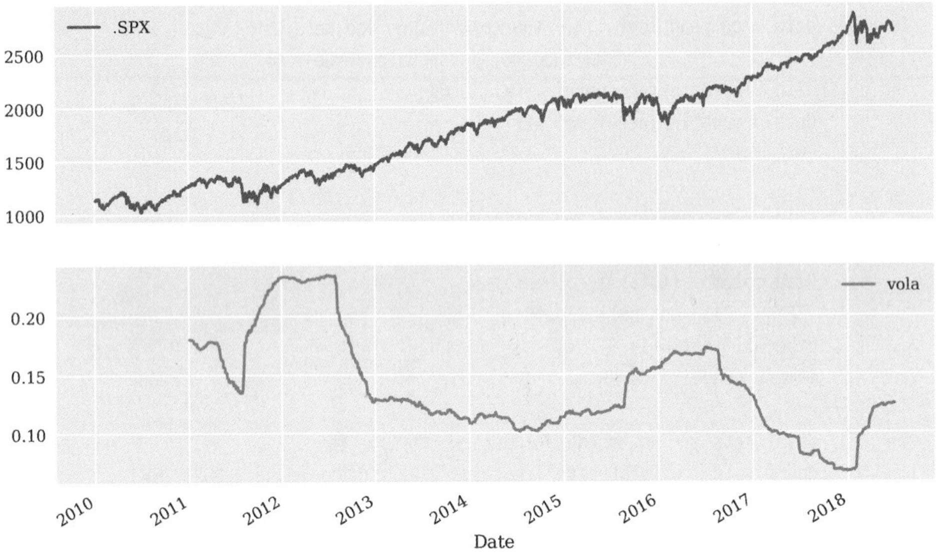

그림 1-1 S&P 500 종가와 연율화된 변동성

이 과정에서 볼 수 있듯이 전문 애널리스트가 파이썬 툴과 패키지를 제대로만 쓴다면 프로그래밍의 세세한 기술적 문제에 신경 쓰지 않고 문제의 본질적인 부분에 집중할 수 있다. 그 결과로 애널리스트는 빠르게 반응하고 올바른 결론을 실시간으로 도출하여 경쟁자보다 한 발 앞설 수 있는 것이다. 즉 파이썬 사용으로 인한 효율성 증가가 바로 측정 가능한 효과로 나타날 수 있다.

성능 개선 가능

파이썬의 문법이 간결하고 명확하기 때문에 상대적으로 다른 언어에 비해 효율적인 코딩이 가능하다는 점은 모두 인정하지만 인터프리터 언어라서 계산량이 많은 금융 분야 작업에서는 느릴 것이라는 선입견이 있다. 구현 방법에 따라 파이썬이 느릴 수 있다는 것은 사실이나 대부분의 응용 분야에서 성능을 향상시킬 수 있는 방법이 있다. 원리적으로 성능을 향상시킬 수 있는 세 가지 전략이 있다.

구현법과 패러다임

똑같이 파이썬을 쓴다고 해도 여러 가지 방법으로 같은 결과를 구할 수 있다. 그리고 방법이 다르면 성능도 달라진다. 단순히 (올바른 자료형의 사용, 벡터화를 통한 루프 사용 금지, pandas와 같은 특정 패키지의 사용 등) 적절한 구현법을 사용하는 것만으로도 성능을 상당히 향상시킬 수 있다.

컴파일

최근에는 중요한 함수를 미리 컴파일하여 성능을 개선한 패키지, 혹은 Cython이나 Numba와 같이 정적이나 동적으로 (실행 시나 호출 시에) 파이썬 코드를 머신 코드로 컴파일해서 실행 속도를 향상시킬 수 있는 패키지도 있다.

병렬화

특히 금융 분야의 많은 계산 작업은 병렬처리를 통해 성능을 향상시키는 것이 가능하다. 병렬처리 자체는 파이썬에 국한된 것이 아니지만 파이썬을 쓰면 쉽게 병렬처리를 구현할 수 있다.

> **TIP 파이썬을 사용한 고성능 컴퓨팅**
>
> 파이썬 그 자체는 고성능 컴퓨팅 기술이 아니지만 최신 고성능 기술을 쉽게 사용할 수 있는 최적의 플랫폼으로 발전해왔다. 즉, 고성능 컴퓨팅을 위한 **접착용**glue 언어가 되었다고 할 수 있다.

여기에서는 간단하지만 현실적인 예제를 들어 이 세 가지 성능 개선 전략을 살펴보기로 한다 (다음 장에서 보다 자세하게 설명한다). 금융 분석에서는 긴 숫자 배열을 다루는 복잡한 수학 연산을 자주 한다. 파이썬은 이 작업에 필요한 모든 것을 갖추고 있다.

```
In [21]: import math
         loops = 2500000
         a = range(1, loops)
         def f(x):
             return 3 * math.log(x) + math.cos(x) ** 2
         %timeit r = [f(x) for x in a]

         1.59 s ± 41.2 ms per loop (mean ± std. dev. of 7 runs, 1 loop each)
```

이 예제에서 함수 f()를 250만 번 실행하는 데 약 1.6초가 걸렸다. 같은 작업을 배열 연산에 최적화된(**미리 컴파일된**) NumPy 함수를 사용하여 구현할 수도 있다.

```
In [22]: import numpy as np
         a = np.arange(1, loops)
         %timeit r = 3 * np.log(a) + np.cos(a) ** 2

         87.9 ms ± 1.73 ms per loop (mean ± std. dev. of 7 runs, 10 loops each)
```

NumPy를 사용하면 실행 시간은 약 88밀리초로 줄어든다. 그런데 이런 작업에 더 최적화된 패키지가 있다. 바로 numexpr[numerical expressions]이다. numexpr은 ndarray 배열의 메모리 복사를 피하는 방법 등을 사용하여 NumPy 성능을 더 향상시킨다.

```
In [23]: import numexpr as ne
         ne.set_num_threads(1)
         f = '3 * log(a) + cos(a) ** 2'
         %timeit r = ne.evaluate(f)

         50.6 ms ± 4.2 ms per loop (mean ± std. dev. of 7 runs, 10 loops each)
```

numexpr을 쓰면 실행 시간은 약 50밀리초로 더 줄어든다. 그런데 numexpr은 병렬처리 기능을 자체적으로 갖추고 있어 멀티스레드로 실행할 수 있다.

```
In [24]: ne.set_num_threads(4)
         %timeit r = ne.evaluate(f)

         22.8 ms ± 1.76 ms per loop (mean ± std. dev. of 7 runs, 10 loops each)
```

네 개의 스레드를 병렬로 사용함으로써 실행 시간은 약 23밀리초까지 줄어든다. 약 90배의 성능 개선이다. 중요한 점은 근본적인 문제 해결 알고리즘을 바꾸지 않고, 컴파일이나 병렬처리를 위한 특별한 지식도 없이 이러한 성능 개선이 가능했다는 점이다. 비전문가도 이러한 기능이 있다는 것만 알면 쉽게 성능 개선을 할 수 있다.

이 예제는 파이썬이 제공하는 옵션을 사용하여 현재 존재하는 자원에서 더 많은 것을 끌어내는 방법, 즉 **생산성을 증가**시키는 방법을 알려준다. 모든 가능한 스레드를 병렬로 사용함으로써 세 배 빠른 계산이 가능하다.

1.3.3 시제품 제작에서 제품 생산까지

대화형 분석의 효율성과 성능은 파이썬의 분명한 장점이다. 이외에도 처음에는 잘 인식하지 못할 수도 있지만, 전략적으로 중요한 요소가 될 수 있는 파이썬의 특성이 한 가지 더 있다. 파이썬은 시제품 제작부터 본 제품 생산까지 연속해서 사용할 수 있다는 점이다. 잘 생각하면 이는 금융기관에 중요한 전략적 요소다.

오늘날 글로벌 금융기관의 개발 과정은 여전히 2단계로 나뉜다. 우선 모형 개발과 시제품 개발을 하는 **퀀트**quants, quantitative analysts라 불리는 금융공학자들이 있다. 그들은 매트랩이나 R과 같이 빠른 대화형 애플리케이션 개발을 선호한다. 이 단계에서는 성능이나 안정성, 예외 처리나 자료 접근 권한 분리 등은 중요하지 않다. 주안점은 알고리즘 혹은 전체 애플리케이션의 주요 기능을 보여줄 수 있는 시제품에 있다.

일단 시제품이 완성되면 IT 부서의 개발자들이 이를 이어받아 시제품 코드를 신뢰성 있고 유지보수 가능하며 성능 기준에 맞는 코드로 변환한다. 보통 이 단계에서는 성능과 배포에 필요한 요구사항을 맞추기 위해 C++이나 자바와 같은 컴파일 언어를 사용한다. 그리고 보통은 버전 관리 도구 등 전문 개발 도구와 제대로 된 개발 프로세스가 적용된다.

그런데 이렇게 2단계로 나뉜 개발 방식은 다음과 같이 원치 않는 결과를 가져온다.

비효율성

시제품의 코드는 재사용되지 않는다. 알고리즘은 두 번 구현되고 중복된 구현으로 시간과 자원이 낭비된다. 또 변환 과정에서 위험이 존재한다.

다양한 기술

다른 부서에서 다른 기술을 가지고 다른 프로그래밍 언어를 사용하여 같은 것을 개발하는 일도 있다. 즉, 개발뿐만 아니라 소통의 언어도 달라진다.

레거시 코드

다른 프로그래밍 언어, 다른 스타일로 구현된 코드를 유지보수해야 한다.

그러나 파이썬을 사용하면 최초의 대화형 시제품 개발 단계에서부터 신뢰성 있고 효율적으로 유지보수 가능한 최종 코드까지 연속적인 개발이 가능하다. 부서 간의 소통도 쉬워진다. 금융 애플리케이션 개발의 전 영역에서 단일 프로그래밍 언어를 사용하기 때문에 직원 교육도 일원화된다. 개발 단계마다 다른 기술을 써서 발생하는 비효율성과 중복도 사라진다. 파이썬은 전반적으로 금융 애플리케이션을 개발하고 알고리즘을 구현할 때 거의 모든 작업에 대해 일관된 프레임워크를 제공할 수 있다.

1.4 데이터 주도 금융과 인공지능 우선 금융

기본적으로 금융산업과 기술의 관계는 이 책의 초판이 나온 2014년에도 중요했고 이 책의 첫 장을 쓰고 있는 지금도 여전히 중요하다. 하지만 여기에서는 금융산업을 근본적으로 바꾸고 있는 두 가지 큰 흐름에 대해 이야기하고자 한다. 이 흐름은 지난 몇 년간 아주 명확해졌다.

1.4.1 데이터 주도 금융

현대 포트폴리오 이론, 자본 자산 가격결정 모형과 같은 가장 중요한 금융 이론은 1950년대와 1960년대까지 거슬러 올라간다. 하지만 이것들은 여전히 경제학, 재정학, 금융공학, 경영학과의 학생을 가르치는 초석이다. 그런데 이 이론들에 대한 경험적 기반이 빈약하고 종종 이론이 제시하는 것과 정반대의 증거가 나오기도 한다는 것을 알면 깜짝 놀랄 것이다. 이러한 이론들이 인기 있는 이유는 금융 시장이 움직이는 방식에 대해 사람들이 생각하는 것과 비슷해서 이해하기 쉽고 가정이 너무 단순하기는 해도 아주 우아한 수학적 이론들이 이를 떠받치고 있기 때문이다.

물리학과 같은 과학적 방법론은 실험이나 관찰과 같은 데이터에서 출발하여 이 데이터를 기반으로 검증할 수 있는 가정이나 이론을 만드는 것이다. 만약 검증 결과가 긍정적이면 가정과 이론을 더 발전시켜 연구 논문이나 출판물로 쓰게 된다. 검증 결과가 부정적이면 그 가정과 이론은 기각되며 데이터에 맞는 새로운 가정을 찾게 된다. 물리학 법칙은 시간이 지나도 변하지 않기 때문에 일단 어떤 법칙을 발견해서 검증하면 그 법칙은 운이 좋다면 영원히 지속된다.

정량적 금융의 역사는 이러한 과학적 방법론과 여러 가지 면에서 대치된다. 대부분의 경우 금융의 중요한 문제에 대한 우아한 답을 찾는 것을 목표로 아무것도 없는 상태에서 간단한 수학적 가정만 가지고 먼저 이론과 모형을 세운다. 금융에서 가장 많이 사용되는 가정은 금융 상품의 수익률이 정규분포를 띤다는 것과 우리가 관심을 가지는 값들이 선형 관계라는 것이다. 실제로는 금융 시장에서 이러한 일은 잘 발생하지 않기 때문에 앞서 이야기한 우아한 이론들에 대한 경험적 증거가 부족한 것은 놀라운 일이 아니다. 많은 금융 이론과 모형은 먼저 수학적으로 증명되고 발표된 다음 나중에 경험적으로 검증된다. 그 이유 중 하나는 1950년대부터 1970년대까지 금융 데이터가 부족했기 때문인데 지금은 금융을 공부하는 학부 과정 학생도 이런 데이터를 쉽게 구할 수 있다.

1990년대 중반부터 금융기관이 이러한 데이터를 쉽게 구할 수 있게 되었고 이제는 금융 관련 연구를 하거나 알고리즘 트레이딩을 하는 개인들도 틱 데이터 수준의 방대한 과거 데이터를 구하거나 스트리밍 서비스를 통해 실시간으로 틱 데이터를 받을 수 있다. 데이터 덕분에 우리는 과학적 방법론으로 돌아가 아이디어나 가정, 모형, 전략을 세우기 이전에 데이터부터 연구할 수 있게 되었다.

간단한 예로 파이썬과 아이콘Eikon 데이터 API[5]라는 유료 서비스를 이용하여 대규모 데이터를 받는 것이 얼마나 쉬운지 보여주고자 한다. 다음은 정규장 한 시간에 해당하는 애플의 주가 틱 데이터를 받는 예제다. 이 데이터는 약 15,000개의 호가와 거래량 정보로 이루어져 있다. 애플의 주가 기호는 원래 AAPL이지만 로이터 상품 기호Reuters Instrument Code(RIC)로는 AAPL.O이다.

```
In [26]: import eikon as ek  ❶

In [27]: data = ek.get_timeseries('AAPL.O', fields='*',
                                  start_date='2018-10-18 16:00:00',
                                  end_date='2018-10-18 17:00:00',
                                  interval='tick')  ❷

In [28]: data.info()  ❷

         <class 'pandas.core.frame.DataFrame'>
         DatetimeIndex: 35350 entries, 2018-10-18 16:00:00.002000 to 2018-10-18
          16:59:59.888000
         Data columns (total 2 columns):
```

5 옮긴이_ 로이터에서 판매하는 금융 정보 제공 서비스로 유료다. 따라서 이 예제는 유료 서비스를 사용하는 사람만 정상적으로 실행된다. 여기에서는 유료 서비스의 기능을 예로 들기 위한 것으로 이후에는 이러한 예제는 나오지 않는다.

```
VALUE      35285 non-null float64
VOLUME     35350 non-null float64
dtypes: float64(2)
memory usage: 828.5 KB
```

```
In [29]: data.tail()  ❸
Out[29]: AAPL.O                   VALUE  VOLUME
         Date
         2018-10-18 16:59:59.433  217.13   10.0
         2018-10-18 16:59:59.433  217.13   12.0
         2018-10-18 16:59:59.439  217.13  231.0
         2018-10-18 16:59:59.754  217.14  100.0
         2018-10-18 16:59:59.888  217.13  100.0
```

❶ 아이콘 데이터 API를 사용하려면 유료 가입을 하고 API 연결을 해야 한다.

❷ 애플사(AAPL.O) 주식의 틱 데이터를 받는다.

❸ 틱 데이터의 마지막 5개 행을 보여준다.

아이콘 데이터 API는 가격과 같은 정형 데이터뿐만 아니라 뉴스 기사와 같은 비정형 데이터도 제공한다. 다음 예제는 일부 뉴스 기사에 대한 메타정보를 읽어서 그 기사 중 하나의 전문을 받아 일부분을 출력한다.

```
In [30]: news = ek.get_news_headlines('R:AAPL.O Language:LEN',
                                      date_from='2018-05-01',
                                      date_to='2018-06-29',
                                      count=7)  ❶

In [31]: news  ❶
Out[31]:                               versionCreated  \
         2018-06-28 23:00:00.000 2018-06-28 23:00:00.000
         2018-06-28 21:23:26.526 2018-06-28 21:23:26.526
         2018-06-28 19:48:32.627 2018-06-28 19:48:32.627
         2018-06-28 17:33:10.306 2018-06-28 17:33:10.306
         2018-06-28 17:33:07.033 2018-06-28 17:33:07.033
         2018-06-28 17:31:44.960 2018-06-28 17:31:44.960
         2018-06-28 17:00:00.000 2018-06-28 17:00:00.000
                                                                      text \
         2018-06-28 23:00:00.000 RPT-FOCUS-AI ambulances and robot doctors: Chi...
         2018-06-28 21:23:26.526 Why Investors Should Love Apple's (AAPL) TV En...
```

```
        2018-06-28 19:48:32.627 Reuters Insider - Trump: We're reclaiming our ...
        2018-06-28 17:33:10.306 Apple v. Samsung ends not with a whimper but a...
        2018-06-28 17:33:07.033 Apple's trade-war discount extended for anothe...
        2018-06-28 17:31:44.960 Other Products: Apple's fast-growing island of...
        2018-06-28 17:00:00.000 Pokemon Go creator plans to sell the tech behi...
                                                                       storyId  \
        2018-06-28 23:00:00.000  urn:newsml:reuters.com:20180628:nL4N1TU4F8:6
        2018-06-28 21:23:26.526  urn:newsml:reuters.com:20180628:nNRA6e2vft:1
        2018-06-28 19:48:32.627  urn:newsml:reuters.com:20180628:nRTV1vNw1p:1
        2018-06-28 17:33:10.306  urn:newsml:reuters.com:20180628:nNRA6e1oza:1
        2018-06-28 17:33:07.033  urn:newsml:reuters.com:20180628:nNRA6e1pmv:1
        2018-06-28 17:31:44.960  urn:newsml:reuters.com:20180628:nNRA6e1m3n:1
        2018-06-28 17:00:00.000  urn:newsml:reuters.com:20180628:nL1N1TU0PC:3

                                sourceCode
        2018-06-28 23:00:00.000    NS:RTRS
        2018-06-28 21:23:26.526  NS:ZACKSC
        2018-06-28 19:48:32.627    NS:CNBC
        2018-06-28 17:33:10.306  NS:WALLST
        2018-06-28 17:33:07.033  NS:WALLST
        2018-06-28 17:31:44.960  NS:WALLST
        2018-06-28 17:00:00.000    NS:RTRS

In [32]: story_html = ek.get_news_story(news.iloc[1, 2])  ❷

In [33]: from bs4 import BeautifulSoup  ❸

In [34]: story = BeautifulSoup(story_html, 'html5lib').get_text()  ❹

In [35]: print(story[83:958])  ❺
         Jun 28, 2018 For years, investors and Apple AAPL have been beholden to
         the iPhone, which is hardly a negative since its flagship product is
         largely responsible for turning Apple into one of the world's biggest
         companies. But Apple has slowly pushed into new growth areas, with
         streaming television its newest frontier. So let's take a look at what
         Apple has planned as it readies itself to compete against the likes of
         Netflix NFLX and Amazon AMZN in the battle for the new age of
         entertainment.Apple's second-quarter revenues jumped by 16% to reach $61.14
         billion, with iPhone revenues up 14%. However, iPhone unit sales
         climbed only 3% and iPhone revenues accounted for over 62% of total Q2
         sales. Apple knows this is not a sustainable business model, because
         rare is the consumer product that can remain in vogue for decades. This
         is why Apple has made a big push into news,
```

❶ 일부 뉴스 기사에 대한 메타정보를 받는다.

❷ 뉴스 기사 하나에 대한 전체 문장을 HTML 문서로 받는다.

❸ BeautifulSoup라는 HTML 파싱 패키지를 임포트한다.

❹ 내용은 일반 문서(str 객체)로 추출한다.

❺ 뉴스 기사의 앞부분을 출력한다.

위의 두 예제는 간단하게 파이썬 패키지와 데이터 서비스를 사용하여 표준화되고 효율적인 방법으로 금융 분야의 정형 데이터와 비정형 데이터를 사용하는 방법을 보여준다. 대부분의 경우 개인들도 비슷한 데이터셋을 무료로 구할 수 있다. 14장에서 소개하고 16장에서 사용할 FXCM 그룹의 트레이딩 플랫폼이 그 예다. 데이터의 근원이 무엇이든 일단 파이썬 수준의 데이터를 구하면 파이썬 데이터 분석 생태계에 있는 강력한 도구들을 사용할 수 있다.

NOTE_ 금융을 주도하는 데이터

오늘날 금융을 주도하는 것은 데이터다. 가장 크고 성공적인 헤지펀드조차 자신들을 금융 주도가 아닌 데이터 주도 회사라고 한다. 큰 회사든 작은 회사든 혹은 개인이든 점점 더 많은 양의 데이터를 확보하고 있다. 파이썬은 데이터 API와 상호작용하고 그 데이터를 분석하는 데 있어 우선적으로 선택해야 하는 프로그래밍 언어다.

1.4.2 인공지능 우선 금융

프로그래밍 가능한 API로 대량의 금융 데이터를 얻을 수 있게 되면서 인공지능이나 머신러닝, 딥러닝 방법을 알고리즘 트레이딩과 같은 금융 문제에 적용하는 것이 훨씬 쉽고 유익한 상황이 되었다.

파이썬은 인공지능 세상의 일급 시민이라 할 정도로 인공지능 연구자들과 현업 기술자들이 모두 선택하는 언어다. 어떤 의미에서 금융과는 거리가 멀다고 여겨지는 다양한 분야의 발전으로 금융 분야도 혜택을 받게 되었다. 구글이 개발하고 유지보수하며 구글의 모회사인 알파벳 사가 자동 운전 차량을 제작, 판매하는 데 사용하는 딥러닝용 오픈소스 패키지인 텐서플로TensorFlow도 그중의 하나다.

텐서플로는 알고리즘 주식 매매 문제와 전혀 상관없어 보이지만 사실 금융 시장의 움직임을 예측하는데 사용할 수 있다. 15장에서 이와 관련된 여러 가지 예를 보인다.

머신러닝에서 가장 널리 쓰이는 파이썬 패키지 중 하나는 `scikit-learn`이다. 다음 코드는 머신러닝을 사용하여 선물 시장의 가격이 움직이는 방향을 예측하고 예측 결과를 알고리즘 트레이딩 전략에 활용하기 위한 것이다. 자세한 내용은 15장에서 설명할 것이므로 이 예제는 단순하게 만들었다. 우선 모든 특징 데이터(지연된 로그 수익률 데이터)를 임포트한다.

```
In [36]: import numpy as np
         import pandas as pd

In [37]: data = pd.read_csv('../../source/tr_eikon_eod_data.csv',
                            index_col=0, parse_dates=True)
         data = pd.DataFrame(data['AAPL.O'])  ❶
         data['Returns'] = np.log(data / data.shift())  ❷
         data.dropna(inplace=True)

In [38]: lags = 6

In [39]: cols = []
         for lag in range(1, lags + 1):
             col = 'lag_{}'.format(lag)
             data[col] = np.sign(data['Returns'].shift(lag))  ❸
             cols.append(col)
         data.dropna(inplace=True)
```

❶ 애플 주식(`AAPL.O`)의 과거 종가 데이터를 선택한다.

❷ 전체 데이터의 로그 수익률을 계산한다.

❸ 로그 수익률 데이터를 특정 방향(+1 또는 -1)으로 지연시킨 열을 포함한 데이터프레임을 만든다.

다음으로 **서포트 벡터 머신**support vector machine(SVM) 알고리즘 모형 객체를 만들고 모형을 훈련시킨 다음 예측을 하도록 한다.

[그림 1-2]는 이 예측에 기반한 매매 전략을 보여준다. 예측 결과에 따라 애플 주식을 매수 혹은 매도하면 단순히 매수를 유지하는 벤치마크 전략보다 우수한 성과를 보인다.

```
In [40]: from sklearn.svm import SVC

In [41]: model = SVC(gamma='auto')  ❶
```

```
In [42]: model.fit(data[cols], np.sign(data['Returns']))  ❷
Out[42]: SVC(C=1.0, cache_size=200, class_weight=None, coef0=0.0,
           decision_function_shape='ovr', degree=3, gamma='auto', kernel='rbf',
           max_iter=-1, probability=False, random_state=None, shrinking=True,
           tol=0.001, verbose=False)

In [43]: data['Prediction'] = model.predict(data[cols])  ❸

In [44]: data['Strategy'] = data['Prediction'] * data['Returns']  ❹

In [45]: data[['Returns', 'Strategy']].cumsum().apply(np.exp).plot(figsize=(10, 6)); ❺
```

❶ 모형 객체를 생성한다.

❷ 특징 데이터와 레이블 데이터(주가 방향)로 모형을 학습시킨다.

❸ 학습된 모형으로 예측한 결과를 매매 전략에 적용한다.

❹ 예측값으로 만든 매매 전략과 벤치마크 전략의 로그 수익률을 계산한다.

❺ 머신러닝 기반 매매 전략의 성과와 단순히 매수를 유지하는 벤치마크 투자의 성과를 그림으로 비교한다.

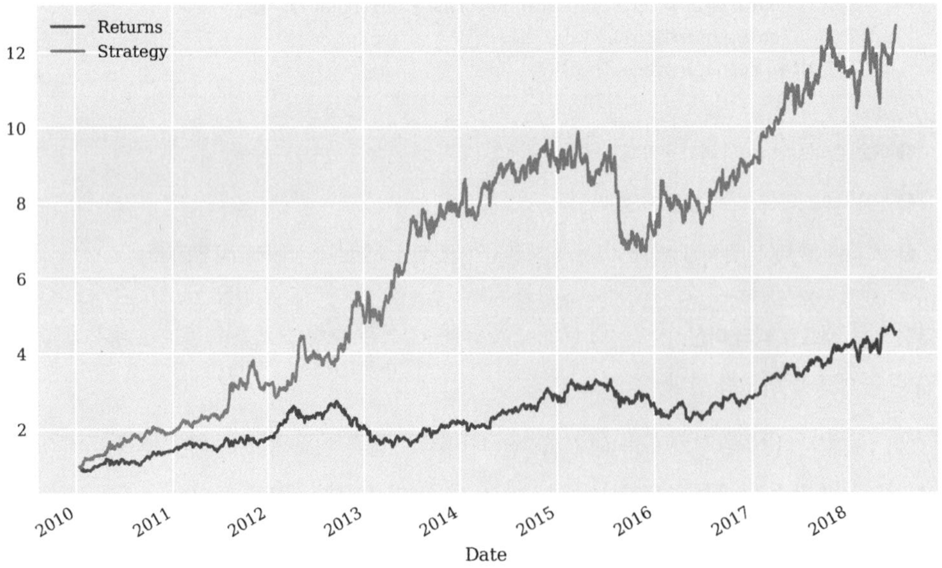

그림 1-2 애플 주식에 대한 머신러닝 기반의 알고리즘 트레이딩 전략과 패시브 벤치마크 투자의 비교

여기서 사용한 방법은 거래 비용을 감안하지 않고 훈련 데이터와 검증 데이터도 구분하지 않은 극히 단순한 방식이다. 단지 머신러닝 알고리즘을 금융 데이터에 바로 적용하는 예를 보이기 위한 기술적 응용에 지나지 않는다. 실제로는 여러 가지 중요한 사항들을 모두 고려해야 한다(López de Prado(2018) 참조).

NOTE_ 인공지능 우선 금융

인공지능은 다른 분야를 바꾼 것처럼 금융도 바꾸고 있다. 프로그래밍 가능한 API를 통해 대량의 금융 데이터를 얻을 수 있게 되면서 이러한 일이 가능해졌다. 인공지능, 머신러닝, 딥러닝의 기초적인 방법들을 13장에서 소개하고 15장과 16장에서는 알고리즘 트레이딩에 이를 적용해본다. 하지만 **인공지능 우선 금융**AI-first finance에 대해 모두 다루려면 책 한 권을 전부 그 내용으로 채워야 할 것이다.

금융 분야의 인공지능은 데이터 주도 금융의 자연스러운 확장이며 연구 측면에서 보나 실무적인 측면에서 보나 환상적이고 흥미진진한 분야다. 이 책은 여러 가지 측면에서 인공지능, 머신러닝, 딥러닝 방법들을 사용한다. 이 책의 부제목에서 이야기하는 것처럼 데이터 주도 금융에 필요한 근본적인 파이썬 기술에 초점을 맞출 것이다. 하지만 인공지능 우선 금융도 그에 못지않게 중요하게 다룬다.

1.5 마치며

언어로서의 파이썬 그리고 생태계로서의 파이썬은 금융산업 전반과 금융 분야에서 일하는 개인 모두에게 이상적인 기술 기반이다. 파이썬은 간결한 문법, 효율적 개발, 시제품과 완제품 개발에 모두 쓸 수 있다는 점 등 여러 가지 장점이 있다. 엄청나게 많은 파이썬 패키지와 라이브러리, 툴을 사용하면 데이터의 양이나 빈도, 준법 감시나 규정, 기술 측면에서 최근 금융 분야의 발전으로 인해 제기된 대부분의 문제에 대한 답을 찾을 수 있을 것이다. 파이썬은 대형 금융기관에서도 개발과 생산에 쓸 수 있을 정도로 강력하며 일관된 단일 프레임워크로 자리매김할 가능성이 생겼다.

또 파이썬은 인공지능과 머신러닝, 딥러닝에서 널리 쓰이는 프로그래밍 언어가 되었다. 따라서 최근 금융산업을 근본적으로 바꾸고 있는 두 가지 흐름, 즉 데이터 주도 금융과 인공지능 우선 금융에 가장 적합한 언어다.

1.6 참고 문헌

다음 책들은 이 장에서 이야기한 여러 가지 주제(파이썬 도구, 파생상품 분석, 머신러닝, 금융 분야 머신러닝)를 보다 자세히 다루고 있다.

- Hilpisch, Yves (2015). *Derivatives Analytics with Python*. Chichester, England: Wiley Finance.
- López de Prado, Marcos (2018). *Advances in Financial Machine Learning*. Hoboken, NJ: John Wiley & Sons.
- VanderPlas, Jake (2016). *Python Data Science Handbook*. Sebastopol, CA: O'Reilly.

알고리즘 트레이딩에 대해서는 필자의 회사에서 파이썬과 이 분야에 필요한 여러 기술에 초점을 맞추어 다양한 온라인 교육 프로그램을 제공하고 있다.

- *http://pyalgo.tpq.io*
- *http://certificate.tpq.io*

이 장에 나온 인용문들은 다음 문헌에서 인용했다.

- Ding, Cubillas (2010). "Optimizing the OTC Pricing and Valuation Infrastructure." Celent.
- Lewis, Michael (2014). *Flash Boys*. New York: W. W. Norton & Company.
- Patterson, Scott (2010). *The Quants*. New York: Crown Business.

CHAPTER 2

파이썬 기반구조

집을 지을 때는 적절한 목재를 선택해야 한다.

목수의 소양이란 잘 드는 연장을 갖추고 틈날 때마다 손질하는 것이다.

– 미야모토 무사시, 『오륜서』 중에서

파이썬을 처음 접하는 사람은 파이썬 설치가 단순하게 보일 것이다. 추가로 설치할 수 있는 수많은 라이브러리와 패키지도 마찬가지로 생각할 수 있다. 하지만 우선 파이썬 자체도 한 종류가 아니다. 파이썬에는 CPython, Jython, IronPython, PyPy 등 여러 가지 구현 방법이 있다. 그리고 파이썬 2.7과 3.x 버전의 세계로 나뉜다.[1]

버전을 결정한 후에도 여러 이유로 실제 설치에 어려움이 발생한다.

- (표준 CPython을 설치하면) 단지 인터프리터와 이른바 (기초적인 수학 연산만 가능한) **표준 라이브러리**만 딸려 온다.
- 추가적인 파이썬 패키지는 별도로 설치해야 한다. 이렇게 설치해야 하는 패키지가 수백 개가 넘을 수 있다.
- 비표준 패키지를 컴파일/빌드하려면 운영체제 등에 따른 조건이나 의존성 라이브러리 문제가 생긴다.
- 이런 의존성 문제를 풀고 버전 일관성을 유지하는 일은 번거롭고 시간이 많이 소모된다.
- 특정 패키지를 업데이트나 업그레이드하면 수많은 다른 패키지도 같이 컴파일해야 할 수도 있다.
- 하나의 패키지만 바꾸거나 교체하는 경우에도 여러 가지 문제가 발생할 수 있다.

1 이 책은 파이썬 3.7(이 책을 쓰는 시점에 가장 최신 버전이다)의 CPython을 기반으로 한다. 이 버전은 파이썬 중 가장 널리 쓰이는 버전이다.

다행스럽게도 이를 도와줄 수 있는 도구와 전략이 있다. 이번 장에서는 파이썬 설치를 돕는 다음과 같은 기술을 다룬다.

패키지 매니저

pip 또는 콘다conda와 같은 패키지 매니저는 파이썬 패키지를 설치, 업데이트, 제거하는 작업과 여러 패키지 버전의 일관성을 유지하는 것을 돕는다.

가상 환경 매니저

virtualenv 또는 콘다와 같은 가상 환경 매니저는 동시에 여러 가지 파이썬을 (예를 들어 하나의 컴퓨터에 파이썬 2.7과 3.7을 동시에 설치하거나 여러 가지 최신 패키지를 위험 부담 없이) 설치할 수 있도록 해준다.[2]

컨테이너

도커 컨테이너는 어떤 소프트웨어를 다루는 데 필요한 모든 것, 즉 코드와 실행 환경 그리고 시스템 도구를 포함하는 전체 파일 시스템을 의미한다. 예를 들어 맥 OS X나 윈도우 10 컴퓨터에서 도커 컨테이너를 사용하여 우분투 18.04 운영체제에 파이썬 3.7을 설치하고 이 위에 파이썬 코드를 실행할 수도 있다.

클라우드 인스턴스

금융 애플리케이션용 파이썬 코드 배포 시에는 일반적으로 고가용성high availability, 보안, 성능을 모두 만족시켜야 한다. 이러한 요구조건을 맞추려면 전문 컴퓨터와 저장 구조를 써야 하는데 최근에는 수가 적든 많든 상관없이 매력적인 조건에 강력한 클라우드 인스턴스를 사용할 수 있다. 장기간 전용 서버를 임대하는 것보다 클라우드 인스턴스(즉, 가상 서버)가 좋은 점 중 하나는 실제 사용한 시간에 비례하여 시간당 요금을 낸다는 점이다. 클라우드 인스턴스의 또 다른 장점은 필요하면 1~2분 만에 바로 쓸 수 있으므로 신속한 개발이나 확장에 좋다.

이 장은 다음과 같이 구성되었다.

---

2 pipenv라는 최신 프로젝트는 pip 패키지 매니저와 virtualenv 가상 환경 매니저의 기능을 같이 가진다.

- **2.1 패키지 매니저로서의 콘다**
  이 절에서는 파이썬 패키지 매니저인 콘다를 소개한다.
- **2.2 가상 환경 매니저로서의 콘다**
  이 절에서는 콘다를 가상 환경 매니저로 사용하는 방법을 소개한다.
- **2.3 도커 컨테이너 사용법**
  이 절에서는 컨테이너 기술인 도커에 대해 소개하고 파이썬 3.7이 설치된 우분투 기반의 컨테이너를 제작하는 것에 초점을 맞춘다.
- **2.4 클라우드 인스턴스 사용법**
  이 절에서는 클라우드에서 브라우저 기반의 강력한 파이썬 개발 도구인 주피터 노트북을 설치하고 사용하는 법을 보인다.

이 장의 목적은 전문적 기반구조 위에 파이썬과 수치 계산, 데이터 분석, 시각화 패키지를 올바르게 설치하는 것이다. 이 내용은 이후의 장에서 스크립트나 모듈의 형태로 상호작용이 가능한 금융 분석 코드를 구현하고 배포하기 위한 기반이 될 것이다.

2.1 패키지 매니저로서의 콘다

독립적으로 콘다만 설치할 수도 있지만 콘다를 패키지 관리자와 가상 환경 관리자로 사용하는 최소의 파이썬 배포판인 미니콘다Miniconda를 사용하여 설치하는 것이 효율적이다.

2.1.1 미니콘다 설치

미니콘다는 윈도우, 맥 OS X, 리눅스 운영체제를 모두 지원한다. 미니콘다 웹사이트(`https://docs.conda.io/en/latest/miniconda.html`)에서 각각의 운영체제용 설치 파일을 다운로드할 수 있다. 이제 보여줄 예제에서는 파이썬 3.7 64비트 버전을 내려받는다고 가정한다. 다음 예제에서는 우분투 기반의 도커 컨테이너에서 리눅스용 64비트 설치 파일을 `wget` 명령으로 받아서 미니콘다를 설치한다. 아래의 코드는 모든 리눅스나 맥 컴퓨터에서 거의 수정 없이 바로 동작할 것이다.

```
$ docker run -ti -h py4fi -p 11111:11111 ubuntu:latest /bin/bash

root@py4fi:/# apt-get update; apt-get upgrade -y
...
root@py4fi:/# apt-get install -y bzip2 gcc wget
...
root@py4fi:/# cd root
root@py4fi:~# wget \
> https://repo.continuum.io/miniconda/Miniconda3-latest-Linux-x86_64.sh \
> -O miniconda.sh
...
HTTP request sent, awaiting response... 200 OK
Length: 62574861 (60M) [application/x-sh]
Saving to: 'miniconda.sh'

miniconda.sh         100%[====================>]  59.68M  5.97MB/s     in 11s

2018-09-15 09:44:28 (5.42 MB/s) - 'miniconda.sh' saved [62574861/62574861]

root@py4fi:~# bash miniconda.sh

Welcome to Miniconda3 4.5.11

In order to continue the installation process, please review the license agreement.
Please, press ENTER to continue
>>>
```

엔터 키를 누르면 설치 과정이 시작된다.

```
...
Do you accept the license terms? [yes|no]
[no] >>> yes

Miniconda3 will now be installed into this location:
/root/miniconda3

  - Press ENTER to confirm the location
  - Press CTRL-C to abort the installation
  - Or specify a different location below

[/root/miniconda3] >>>
PREFIX=/root/miniconda3
installing: python-3.7. ...
```

```
...
installing: requests-2.19.1-py37_0 ...
installing: conda-4.5.11-py37_0 ...
installation finished.
```

라이선스를 확인하고 동의한 후에는 다시 yes를 입력해서 미니콘다가 설치될 위치를 정하고 PATH 환경변수에 미니콘다의 위치를 추가하도록 한다.

```
Do you wish the installer to prepend the Miniconda3 install location
to PATH in your /root/.bashrc ? [yes|no]
[no] >>> yes

Appending source /root/miniconda3/bin/activate to /root/.bashrc
A backup will be made to: /root/.bashrc-miniconda3.bak

For this change to become active, you have to open a new terminal.

Thank you for installing Miniconda3!
root@py4fi:~#
```

이제 파이썬과 콘다를 업그레이드할 수 있다.[3]

```
root@py4fi:~# export PATH="/root/miniconda3/bin/:$PATH"
root@py4fi:~# conda update -y conda python
...
root@py4fi:~# echo ". /root/miniconda3/etc/profile.d/conda.sh" >> ~/.bashrc
root@py4fi:~# bash
```

이렇게 간단한 과정을 거치면 파이썬과 콘다를 사용할 수 있다. 기본적으로 파이썬만 설치해도 SQLite3 데이터베이스 엔진 같은 몇 가지 패키지들이 함께 설치된다. 새로 셸을 띄워서 파이썬을 실행해보면 파이썬 설치 위치가 환경변수에 제대로 추가되었는지 확인할 수 있다.

```
root@py4fi:~# python
Python 3.7.0 (default, Jun 28 2018, 13:15:42)
[GCC 7.2.0] :: Anaconda, Inc. on linux
Type "help", "copyright", "credits" or "license" for more information.
```

3 미니콘다 설치 파일에 포함된 파이썬과 콘다는 최신 버전이 아닌 경우가 많다.

```
>>> print('Hello Python for Finance World.')
Hello Python for Finance World.
>>> exit()
root@py4fi:~#
```

2.1.2 콘다 기본 명령

콘다를 사용하면 쉽게 파이썬 패키지를 설치, 업데이트하고 제거할 수 있다. 다음은 콘다의 중요 기능에 대한 목록이다.

파이썬 x.x 버전 설치

```
conda install python=x.x
```

파이썬 업데이트

```
conda update python
```

패키지 설치

```
conda install $PACKAGE_NAME
```

패키지 업데이트

```
conda update $PACKAGE_NAME
```

패키지 제거

```
conda remove $PACKAGE_NAME
```

콘다 자체를 업데이트

```
conda update conda
```

패키지 검색

```
conda search $SEARCH_TERM
```

설치된 패키지 목록

```
conda list
```

예제로 이 기능을 사용하여 과학기술 작업에 가장 중요한 라이브러리 중 하나인 NumPy를 설치해보자. 인텔 프로세서를 장착한 컴퓨터에 설치하면 수치 연산을 가속하는 인텔 수학 커널 라이브러리Intel Math Kernel Library(mkl)를 포함하여 몇 가지 라이브러리를 자동으로 설치한다.[4]

```
root@py4fi:~# conda install numpy
Solving environment: done

## Package Plan ##

  environment location: /root/miniconda3

  added / updated specs:
    - numpy


The following packages will be downloaded:

    package                    |            build
    ---------------------------|-----------------
    mkl-2019.0                 |              117       204.4 MB
    intel-openmp-2019.0        |              117         721 KB
    Mkl_random-1.0.1           |  py37h4414c95_1         372 KB
    Libgfortran-ng-7.3.0       |      hdf63c60_0         1.3 MB
    numpy-1.15.1               |  py37h1d66e8a_0          37 KB
    Numpy-base-1.15.1          |  py37h81de0dd_0         4.2 MB
    blas-1.0                   |              mkl           6 KB
    Mkl_fft-1.0.4              |  py37h4414c95_1         149 KB
    ------------------------------------------------------------
                                           Total:       211.1 MB

The following NEW packages will be INSTALLED:

    blas:           1.0-mkl
    intel-openmp:   2019.0-117
    libgfortran-ng: 7.3.0-hdf63c60_0
```

4 `conda install numpy nomkl` 명령으로 `nomkl` 메타 패키지를 설치하면 `mkl` 라이브러리를 자동으로 설치하지 않는다.

```
    mkl:              2019.0-117
    mkl_fft:          1.0.4-py37h4414c95_1
    mkl_random:       1.0.1-py37h4414c95_1
    numpy:            1.15.1-py37h1d66e8a_0
    numpy-base:       1.15.1-py37h81de0dd_0

Proceed ([y]/n)? y

Downloading and Extracting Packages
mkl-2019.0           | 204.4 MB | ########################### | 100%
...
Numpy-1.15.1         |    37  KB | ########################### | 100%
numpy-base-1.15.1    |    4.2 MB | ########################### | 100%
...
root@py4fi:~#
```

여러 개의 패키지를 한번에 설치할 수도 있다. **-y** 플래그를 지정하면 모든 질문에 **yes**라고 대답한 것으로 간주한다.

```
root@py4fi:/# conda install -y ipython matplotlib pandas pytables scikit-learn \
> scipy
...
Pytables-3.4.4       |   1.5 MB | ############################ | 100%
kiwisolver-1.0.1     |    83 KB | ############################ | 100%
Icu-58.2             | 22.5 MB | ############################ | 100%
Preparing transaction: done
Verifying transaction: done
Executing transaction: done
root@py4fi:~#
```

설치가 끝나면 금융 분석에서 가장 중요한 다음 라이브러리들을 사용할 수 있다.

- IPython: 사용성을 개선한 파이썬 셸
- matplotlib: 파이썬의 표준 시각화 라이브러리
- NumPy: 수치 배열을 효율적으로 다루기 위한 라이브러리
- pandas: 테이블 또는 금융 시계열을 다루기 위한 라이브러리
- PyTables: HDF5 라이브러리에 대한 파이썬 래퍼wrapper
- scikit-learn: 머신러닝 및 관련 작업을 위한 라이브러리
- SciPy: 과학기술 클래스 및 함수 모음

이 라이브러리들은 일반적인 데이터 분석과 금융 분석 모두에 쓸 수 있는 기초적인 도구들을 제공한다. 다음 예제에서는 IPython과 NumPy를 사용하여 의사 난수pseudo-random number를 생성한다.

```
root@py4fi:~# ipython
Python 3.7.0 (default, Jun 28 2018, 13:15:42)
Type 'copyright', 'credits' or 'license' for more information
IPython 6.5.0 -- An enhanced Interactive Python. Type '?' for help.

In [1]: import numpy as np

In [2]: np.random.seed(100)

In [3]: np.random.standard_normal((5, 4))
Out[3]: array([[-1.74976547, 0.3426804 ,  1.1530358 , -0.25243604],
              [ 0.98132079, 0.51421884,  0.22117967, -1.07004333],
              [-0.18949583, 0.25500144, -0.45802699,  0.43516349],
              [-0.58359505, 0.81684707,  0.67272081, -0.10441114],
              [-0.53128038, 1.02973269, -0.43813562, -1.11831825]])

In [4]: exit

root@py4fi:~#
```

`conda list` 명령으로 어떤 패키지가 설치되었는지 확인할 수 있다.

```
root@py4fi:~# conda list
# packages in environment at /root/miniconda3:
#
# Name              Version        Build Channel
asn1crypto          0.24.0              py37_0
backcall            0.1.0               py37_0
blas                1.0                    mkl
blosc               1.14.4          hdbcaa40_0
bzip2               1.0.6           h14c3975_5
...
python              3.7.0           hc3d631a_0
...
wheel               0.31.1              py37_0
xz                  5.2.4           h14c3975_4
yaml                0.1.7           had09818_2
```

```
zlib                1.2.11              ha838bed_2
root@py4fi:~#
```

만약 어떤 패키지도 필요 없다면 conda remove 명령으로 제거할 수 있다.

```
root@py4fi:~# conda remove scikit-learn
Solving environment: done

## Package Plan ##

  environment location: /root/miniconda3

    removed specs:
      - scikit-learn

The following packages will be REMOVED:

    scikit-learn: 0.19.1-py37hedc7406_0

Proceed ([y]/n)? y

Preparing transaction: done
Verifying transaction: done
Executing transaction: done
root@py4fi:~#
```

콘다는 이런 패키지 매니저 기능만으로도 유용하지만 가상 환경 관리도 가능하기 때문에 파이썬 사용에 강력한 도구가 된다.

TIP 쉬운 패키지 관리

패키지를 설치, 업데이트, 제거하는 데 콘다를 사용하면 운영체제에 맞게 미리 패키지들이 제공되므로 개인 환경에 따라 다르게 소스 코드 패키지를 컴파일하거나 빌드할 필요가 없어서 매우 편리하다.

2.2 가상 환경 매니저로서의 콘다

여러분이 선택한 미니콘다 설치 파일 버전에 따라 미니콘다는 파이썬 2.7 혹은 3.7 버전을 설치하게 된다. 하지만 콘다가 제공하는 가상 환경 관리 기능을 사용하면 파이썬 2.7이 설치된 이후에도 파이썬 3.7을 같이 쓸 수 있도록 추가 설치하는 것이 가능하다. 이렇게 할 수 있도록 콘다는 다음 기능을 제공한다.

가상 환경 생성

```
conda create --name $ENVIRONMENT_NAME
```

가상 환경 활성화

```
conda activate $ENVIRONMENT_NAME
```

가상 환경 비활성화

```
conda deactivate $ENVIRONMENT_NAME
```

가상 환경 제거

```
conda env remove --name $ENVIRONMENT_NAME
```

환경 파일 생성

```
conda env export > $FILE_NAME
```

파일에서 가상 환경 생성

```
conda env create -f $FILE_NAME
```

모든 가상 환경 목록 출력

```
conda info --envs
```

간단한 예로 파이썬 2.7 버전이 설치된 py27이라는 이름의 가상 환경을 만들고 IPython을 설치한 다음에 파이썬 2.7 코드를 실행해서 동작하는지 확인해보자.

```
root@py4fi:~# conda create --name py27 python=2.7
Solving environment: done
```

```
## Package Plan ##

  environment location: /root/miniconda3/envs/py27

  added / updated specs:
    - python=2.7

The following NEW packages will be INSTALLED:

    ca-certificates: 2018.03.07-0
...
    python:          2.7.15-h1571d57_0
...
    zlib:            1.2.11-ha838bed_2

Proceed ([y]/n)? y

Preparing transaction: done
Verifying transaction: done
Executing transaction: done
#
# To activate this environment, use:
# > conda activate py27
#
# To deactivate an active environment, use:
# > conda deactivate
#

root@py4fi:~#
```

가상 환경을 활성화하면 프롬프트 앞에 (py27) 표시가 추가된다.

```
root@py4fi:~# conda activate py27
(py27) root@py4fi:~# conda install ipython
Solving environment: done...
Executing transaction: done
(py27) root@py4fi:~#
```

이제 파이썬 2.7 문법에 맞게 IPython을 사용해본다.

```
(py27) root@py4fi:~# ipython
Python 2.7.15 |Anaconda, Inc.| (default, May 1 2018, 23:32:55)
Type "copyright", "credits" or "license" for more information.

IPython 5.8.0 -- An enhanced Interactive Python.
?         -> Introduction and overview of IPython's features.
%quickref -> Quick reference.
help      -> Python's own help system.
object?   -> Details about 'object', use 'object??' for extra details.

In [1]: print "Hello Python for Finance World!"
Hello Python for Finance World!

In [2]: exit

(py27) root@py4fi:~#
```

이 예제에서 볼 수 있듯이 콘다를 가상 환경 관리자로 사용하면 다른 파이썬 버전을 같이 사용할 수 있다. 따라서 특정 패키지의 여러 가지 버전을 설치하는 것이 가능하다. 이렇게 해도 기본으로 설치된 파이썬이나 다른 가상 환경은 영향을 받지 않는다. `conda env list` 명령으로 모든 가상 환경 목록을 볼 수 있다.

```
(py27) root@py4fi:~# conda env list
# conda environments:
#
base                     /root/miniconda3
py27                  *  /root/miniconda3/envs/py27

(py27) root@py4fi:~#
```

때로는 여러 대의 컴퓨터에서 가상 환경에 대한 정보를 공유해야 할 때도 있다. 이때는 `conda env export` 명령으로 설치된 패키지 목록을 파일로 저장할 수 있다. 다만 이렇게 만든 YAML 파일에는 빌드 버전만 명시되어 있기 때문에 운영체제가 같을 때만 제대로 동작한다. 이때는 빌드 버전을 삭제하고 패키지 버전만 명시해도 된다.

```
(py27) root@py4fi:~# conda env export --no-builds > py27env.yml
(py27) root@py4fi:~# cat py27env.yml
name: py27
```

```
channels:
  - defaults
dependencies:
  - backports=1.0
...
  - python=2.7.15
...
  - zlib=1.2.11
prefix: /root/miniconda3/envs/py27

(py27) root@py4fi:~#
```

가상 환경은 실질적으로는 특정 디렉터리에 설치된 패키지들에 지나지 않는다.[5] 테스트가 끝나면 환경을 비활성화한 후에 conda env remove 명령으로 삭제할 수 있다.

```
(py27) root@py4fi:/# conda deactivate
root@py4fi:~# conda env remove -y --name py27

Remove all packages in environment /root/miniconda3/envs/py27:


## Package Plan ##

  environment location: /root/miniconda3/envs/py27

The following packages will be REMOVED:

    backports:                        1.0-py27_1
...
    zlib:                             1.2.11-ha838bed_2

root@py4fi:~#
```

콘다의 가상 환경 관리 기능에 대한 설명은 이것으로 마친다.

5 공식 문서에는 다음과 같이 설명되어 있다. 파이썬 가상 환경은 패키지를 전역적으로 사용하는 것이 아니라 특정 애플리케이션에서만 사용할 수 있도록 특정 위치에 설치하는 것이다.

> **TIP 쉬운 환경 관리**
>
> 콘다는 파이썬 패키지 관리뿐만 아니라 가상 환경 관리도 한다. 파이썬 버전이 다른 여러 가지 환경을 생성해서 서로 영향을 주지 않고 다양한 버전의 패키지를 사용할 수 있다. 또한 콘다를 사용하여 환경 정보를 공유하여 여러 대의 컴퓨터에서 같은 환경을 복제하여 사용할 수도 있다.

2.3 도커 컨테이너 사용법

도커 컨테이너docker container는 IT 세상을 크게 뒤흔들었다. 나온 지 얼마 되지 않은 기술임에도 거의 모든 소프트웨어 애플리케이션의 개발 및 배포에서 표준이 되었다.

이 책에서는 도커 컨테이너를 운영체제뿐만 아니라 파이썬 실행 환경, 파이썬 패키지, 그 밖의 시스템 및 개발 도구를 모두 포함하는 별도의 파일 시스템 정도로만 이해해도 충분하다. 도커 컨테이너는 윈도우 10이나 리눅스 기반의 클라우드 인스턴스에서도 실행될 수 있다.

이 절에서는 도커 컨테이너의 모든 세부 사항을 다루지 않는다. 도커 기술이 파이썬 배포에 미치는 영향만을 간단하게 설명할 것이다.[6]

2.3.1 도커 이미지와 컨테이너

설명에 들어가기 전에 도커의 두 가지 기본 개념을 구분하자. 첫 번째는 **도커 이미지**docker image로 파이썬으로 치면 클래스와 같다. 두 번째는 도커 컨테이너로 파이썬 객체에 해당한다.[7]

좀 더 기술적인 수준에서 도커 용어집을 찾으면 도커 이미지에 대한 정의는 다음과 같다(`https://docs.docker.com/engine/reference/glossary`).

> 도커 이미지는 컨테이너의 기반이다. 이미지는 루트 파일 시스템 변경 내역과 실행 인수를 컨테이너에서 사용할 수 있도록 순서대로 모아놓은 것이다. 이미지는 보통 위아래 형태의 층구조로 쌓여 있는 파일 시스템이다. 이미지는 상태를 가지고 있지 않으며 변경도 이루어지지 않는다.

---

6 도커 기술에 대한 자세한 소개는 Matthias and Kane(2015)을 참조한다.

7 이 설명으로 부족할 수 있지만 6장에서 더 명확하게 설명할 것이다.

마찬가지로 도커 용어집에는 파이썬 객체에 비유했던 도커 컨테이너에 대한 정의도 있다.

> 컨테이너는 도커 이미지의 런타임 객체다. 도커 컨테이너는 도커 이미지, 실행 환경 그리고 표준 명령어 집합으로 구성된다.

운영체제에 따라 도커 설치가 조금씩 다르다. 따라서 이 절에서는 설치에 대해 자세히 다루지 않는다. 더 자세한 설명은 도커 CE 페이지를 참조하기 바란다(*https://docs.docker.com/install/*).

2.3.2 우분투에서 파이썬 도커 이미지 제작

이 절에서는 우분투 최신 버전에 기반하여 미니콘다 설치와 몇몇 중요한 파이썬 패키지를 포함하는 도커 이미지를 만드는 법을 설명한다. 또한 리눅스 패키지 인덱스를 업데이트하고 필요한 리눅스 패키지를 설치한 뒤 몇 가지 시스템 도구도 추가로 설치한다. 이를 위해 두 가지 스크립트가 필요하다. 하나는 리눅스 수준에서 동작하는 배시bash 스크립트다.[8] 나머지 하나는 이미지 제작을 제어하는 **도커파일**dockerfile이다.

예제 2-1 파이썬과 추가 패키지를 설치하는 스크립트

```
#!/bin/bash
#
# Script to Install
# Linux System Tools and
# Basic Python Components
#
# Python for Finance, 2nd ed.
# (c) Dr. Yves J. Hilpisch
#
# 리눅스 일반
apt-get update # updates the package index cache
apt-get upgrade -y # updates packages
# installs system tools
apt-get install -y bzip2 gcc git htop screen vim wget
apt-get upgrade -y bash # upgrades bash if necessary
```

8 배시 스크립트에 대한 간결한 소개와 개괄은 Robbins(2016)을 참조하기 바란다(*https://www.gnu.org/software/bash*).

```
apt-get clean # cleans up the package index cache

# 미니콘다 설치
# 미니콘다 다운로드
wget https://repo.continuum.io/miniconda/Miniconda3-latest-Linux-x86_64.sh -O \
  Miniconda.sh
bash Miniconda.sh -b # installs it
rm -rf Miniconda.sh # removes the installer
export PATH="/root/miniconda3/bin:$PATH" # prepends the new path

# 파이썬 라이브러리 설치
conda update -y conda python # 콘다 및 파이썬 업데이트
conda install -y pandas # pandas 설치
conda install -y ipython # IPython 설치
```

[예제 2-2]의 도커파일은 [예제 2-1]의 배시 스크립트를 사용하여 새로운 도커 이미지를 만든다. 중요한 부분에는 주석을 달아놓았다.

예제 2-2 이미지 제작용 도커파일

```
#
# 최신 버전 우분투와 기본 파이썬을 설치해서
# 도커 이미지 제작
#
# Python for Finance, 2nd ed.
# (c) Dr. Yves J. Hilpisch
#
# 최신 우분투 버전
FROM ubuntu:latest

# 제작 관리자 정보
MAINTAINER yves

# 배시 스크립트 추가
ADD install.sh /

# 스크립트 권한 변경
RUN chmod u+x /install.sh

# 배시 스크립트 실행
RUN /install.sh
```

```
# 새 경로 추가
ENV PATH /root/miniconda3/bin:$PATH

# 컨테이너가 실행되면 파이썬 실행
CMD ["ipython"]
```

이 두 파일을 같은 디렉터리에 넣고 도커를 설치하면 도커 이미지를 만드는 것은 다음과 같이 아주 쉽다. 여기에서 태그 `py4fi:basic`은 이미지를 구분하는 데 사용한다. 이 태그는 나중에 이미지를 참조하여 컨테이너를 실행할 때 필요하다.

```
~/Docker$ docker build -t py4fi:basic.

...

Removing intermediate container 5fec0c9b2239
 ---> accee128d9e9
Step 6/7 : ENV PATH /root/miniconda3/bin:$PATH
 ---> Running in a2bb97686255
Removing intermediate container a2bb97686255
 ---> 73b00c215351
Step 7/7 : CMD ["ipython"]
 ---> Running in ec7acd90c991
Removing intermediate container ec7acd90c991
 ---> 6c36b9117cd2
Successfully built 6c36b9117cd2
Successfully tagged py4fi:basic
~/Docker$
```

`docker images` 명령으로 현재 도커 이미지 목록을 볼 수 있다. 새 이미지가 목록 가장 위에 있는 것을 볼 수 있다.

```
(py4fi) ~/Docker$ docker images
REPOSITORY      TAG         IMAGE ID        CREATED                 SIZE
py4fi           basic       f789dd230d6f    About a minute ago    1.79GB
ubuntu          latest      cd6d8154f1e1    9 days ago            84.1MB
(py4fi) ~/Docker$
```

이미지 `py4fi:basic`을 성공적으로 만들면 이 이미지로 도커 컨테이너를 실행시킬 수 있다. 다음 명령에서 `-ti` 인수는 `docker run` 명령으로 도커 컨테이너 실행 시 셸 프로세스를 대화형으로 실행하기 위한 옵션이다(자세한 것은 `docker run` 명령 참조 페이지 *https://docs.docker.com/engine/reference/run/*를 보라).

```
~/Docker$ docker run -ti py4fi:basic
Python 3.7.0 (default, Ju        n 28 2018, 13:15:42)
Type 'copyright', 'credits' or 'license' for more information
IPython 6.5.0 -- An enhanced Interactive Python. Type '?' for help.

In [1]: import numpy as np

In [2]: a = np.random.standard_normal((5, 3))

In [3]: import pandas as pd

In [4]: df = pd.DataFrame(a, columns=['a', 'b', 'c'])

In [5]: df
Out[5]:
          a         b         c
0 -1.412661 -0.881592  1.704623
1 -1.294977  0.546676  1.027046
2  1.156361  1.979057  0.989772
3  0.546736 -0.479821  0.693907
4 -1.972943 -0.193964  0.769500

In [6]:
```

IPython이 컨테이너에서 유일하게 실행되는 애플리케이션이기 때문에 IPython을 종료하면 컨테이너도 종료된다. 하지만 Ctrl+P와 Ctrl+Q 명령으로 잠시 컨테이너에서 **분리**detach할 수도 있다.

일단 컨테이너에서 분리한 후에는 `docker ps` 명령을 사용하여 현재 실행 중인 모든 컨테이너를 볼 수 있다.

```
~/Docker$ docker ps
CONTAINER ID    IMAGE           COMMAND        CREATED              STATUS
e815df8f0f4d    py4fi:basic     "ipython"      About a minute ago   Up About a minute
4518917de7dc    ubuntu:latest   "/bin/bash"    About an hour ago    Up About an hour
d081b5c7add0    ubuntu:latest   "/bin/bash"    21 hours ago         Up 21 hours
~/Docker$
```

다시 컨테이너에 붙이려면attach docker attach $CONTAINER_ID 명령을 실행한다. 여기에서 $CONTAINER_ID는 앞 몇 글자만 쳐도 된다.

```
~/Docker$ docker attach e815d

In [6]: df.info()
        <class 'pandas.core.frame.DataFrame'>
        RangeIndex: 5 entries, 0 to 4
        Data columns (total 3 columns):
        a     5 non-null float64
        b     5 non-null float64
        c     5 non-null float64
        dtypes: float64(3)
        memory usage: 200.0 bytes

In [7]: exit
~/Docker$
```

exit 명령은 IPython뿐만 아니라 도커 컨테이너도 종료한다. docker rm 명령으로 도커 컨테이너를 삭제할 수 있다.

```
~/Docker$ docker rm e815d
e815d
~/Docker$
```

마찬가지로 docker rmi 명령으로 더 이상 필요하지 않은 도커 이미지 py4fi:basic을 삭제할 수도 있다.

컨테이너는 상대적으로 가볍지만 이미지는 하나만으로도 상당히 많은 저장 용량을 차지할 수 있다. py4fi:basic 이미지의 경우 크기가 약 2GB에 달하므로 도커 이미지는 정기적으로 정리해야 한다.

```
~/Docker$ docker rmi 6c36b9117cd2
```

물론 도커 이미지를 여러 가지 응용 분야에서 사용할 때의 장점이 더 있지만 이 책의 목적상 파이썬을 알고리즘 트레이딩 등에 사용할 목적으로 완전히 분리된 컨테이너 환경에서 배포하는 법을 아는 것만으로 충분할 것이다.

TIP 도커 컨테이너의 장점

만약 도커 컨테이너를 아직도 사용하고 있지 않다면 반드시 사용하는 것을 고려해봐야 한다. 도커는 개인 컴퓨터에서 파이썬 코드를 배포하거나 개발할 때의 장점 외에도 원격 클라우드 인스턴스나 서버에서 알고리즘 트레이딩 코드를 배포할 때도 장점이 많다.

2.4 클라우드 인스턴스 사용법

이 절에서는 디지털오션DigitalOcean 클라우드 인스턴스에서 완벽한 파이썬 기반구조를 설치하는 법을 보인다. 아마존 웹 서비스(AWS)를 포함한 다양한 클라우드 서비스가 있지만 디지털오션은 사용법이 단순하고 **Droplet** 소형 인스턴스 요금이 저렴하기로 유명하다. 가장 작은 Droplet은 개발이나 탐색 목적에 충분한 크기지만 시간당 0.007달러, 한 달이면 5달러 정도다. 요금은 시간당 부가되므로 2시간 동안 Droplet을 사용한 후 삭제하면 0.014달러가 청구된다.[9]

이 절의 목적은 디지털오션에서 Droplet을 만들고 파이썬 3.7과 몇 가지 필요한 패키지(`NumPy`, `pandas` 등) 그리고 암호 및 SSLSecure Sockets Layer로 보호된 주피터 노트북 서버를 설치하는 것이다. 이렇게 설치된 주피터 노트북 서버는 일반 웹 브라우저로 접근할 수 있는 3가지 중요한 도구를 제공한다.

주피터 노트북

여러 가지 언어 커널을 선택하여 사용할 수 있는 인기 있는 대화형 개발 환경이다.

터미널

웹 브라우저로 접근 가능한 시스템 셸 구현. 중요한 시스템 관리 작업이나 `Vim`, `git` 같은 도구 사용이 가능하다.

에디터

브라우저 기반의 파일 에디터로 여러 가지 언어, 파일 유형에 대한 문법 강조 기능뿐만 아니라

9 *http://bit.ly/do_sign_up* 이 링크를 통해 새로 등록한 신규 사용자는 10달러 상당의 크레딧을 받을 수 있다.

텍스트 및 코드 편집 기능이 있다.

Droplet에 주피터 노트북을 설치하면 SSH Secure Shell로 클라우드 인스턴스에 로그인하지 않고도 웹 브라우저로 파이썬 개발과 배포를 할 수 있다.

이 절의 목적을 달성하려면 다음 파일이 필요하다.

서버 설치 스크립트

이 스크립트는 다른 파일들을 Droplet에 복사해서 Droplet에서 실행하는 데 필요한 절차를 제어한다.

파이썬 및 주피터 설치 스크립트

이 스크립트는 파이썬과 필요한 패키지 그리고 주피터 노트북을 설치하고 주피터 노트북 서버를 시작한다.

주피터 노트북 설정 파일

이 파일은 주피터 노트북 서버에 암호를 걸어놓는 것과 같은 설정에 필요한 파일이다.

RSA 공개키 및 개인키 파일

이 두 파일은 주피터 노트북 서버의 SSL 암호화에 필요하다.

다음 두 소절에서는 이 파일들을 역순으로 자세히 설명한다.

2.4.1 RSA 공개키와 개인키

아무 브라우저에서나 주피터 노트북 서버에 안전하게 연결하기 위해서는 RSA 공개키와 개인키를 사용한 SSL 인증서가 필요하다. 일반적으로 인증서는 인증기관 Certificate Authority(CA)이라는 곳에서 발급하지만 이 책에서는 자체적으로 만든 인증서로 충분하다.[10]

---

10 자체 발급 인증서를 사용하는 경우에는 웹 브라우저에 보안 경고 메시지가 나타난다.

RSA 키쌍을 만들 때 많이 사용하는 도구는 OpenSSL이다. 간단한 명령으로 주피터 노트북 서버에 필요한 인증서를 발급할 수 있다(사용자의 국가명이나 다른 정보를 입력해야 한다).

```
~/cloud$ openssl req -x509 -nodes -days 365 -newkey \
> rsa:1024 -out cert.pem -keyout cert.key
Generating a 1024 bit RSA private key
..++++++
.......++++++
writing new private key to 'cert.key'
```

명령을 실행하면 인증서 발급에 필요한 몇 가지 정보를 물어볼 것이다. 이를 DN[Distinguished Name]이라고 하는데 항목이 많지만 공란을 넣어도 되고 기본값이 있기도 하다. 만약 '.'을 입력하면 빈칸으로 남겨진다.

```
Country Name (2 letter code) [AU]:DE
State or Province Name (full name) [Some-State]:Saarland
Locality Name (eg, city) []:Voelklingen
Organization Name (eg, company) [Internet Widgits Pty Ltd]:TPQ GmbH
Organizational Unit Name (eg, section) []:Python for Finance
Common Name (e.g. server FQDN or YOUR name) []:Jupyter
Email Address []:team@tpq.io
~/cloud$ ls
cert.key    cert.pem
~/cloud$
```

생성된 두 파일 **cert.key**와 **cert.pem**을 Droplet에 복사해서 주피터 노트북 설정 파일에서 참조할 수 있도록 해야 한다. 설정 파일은 다음에 설명한다.

2.4.2 주피터 노트북 설정 파일

공개용 주피터 노트북 서버는 다음 링크의 문서에 따라 설정하면 된다(*http://bit.ly/2Ka0tfI*). 주피터 노트북은 암호 보호 기능이 있다. 우선 `notebook.auth` 서브패키지의 `passwd()` 명령으로 암호 해시코드를 생성한다. 다음 코드에서는 `'jupyter'`라는 암호에 대한 해시코드를 생성하는 법을 보인다.

```
~/cloud$ ipython
Python 3.7.0 (default, Jun 28 2018, 13:15:42)
Type 'copyright', 'credits' or 'license' for more information
IPython 6.5.0 -- An enhanced Interactive Python. Type '?' for help.

In [1]: from notebook.auth import passwd

In [2]: passwd('jupyter')
Out[2]: 'sha1:d4d34232ac3a:55ea0ffd78cc3299e3e5e6ecc0d36be0935d424b'

In [3]: exit
```

이 해시코드를 [예제 2-3]의 주피터 노트북 설정 파일에 넣는다. 이 설정 파일에서는 RSA 키 파일이 /root/.jupyter/ 디렉터리에 있다고 설정되어 있다.

예제 2-3 주피터 노트북 설정 파일

```
#
# 주피터 노트북 설정 파일
#
# Python for Finance, 2nd ed.
# (c) Dr. Yves J. Hilpisch
#
# SSL 암호화
# 다음 파일을 상황에 맞게 바꾼다.
c.NotebookApp.certfile = u'/root/.jupyter/cert.pem'
c.NotebookApp.keyfile = u'/root/.jupyter/cert.key'

# IP 주소와 포트
# IP 주소를 '*'로 하면 모든 아이피 주소를 바인딩한다.
c.NotebookApp.ip = '*'
# 서버 접속을 위한 포트를 고정한다.
c.NotebookApp.port = 8888

# 암호 보호
# 여기에서는 암호가 'jupyter'다. 해시코드를 강력한 암호로 교체한다.
c.NotebookApp.password = 'sha1:d4d34232ac3a:55ea0ffd78cc3299e3e5e6ecc0d36be0935d424b'

# 브라우저 옵션 없음
# 주피터가 웹 브라우저를 열지 않도록 한다.
c.NotebookApp.open_browser = False
```

CAUTION_ 주피터와 보안

주피터 노트북을 클라우드에 배포하면 웹 브라우저로 모든 개발 환경에 접근할 수 있기 때문에 기본적으로 여러 가지 보안 문제가 생긴다. 따라서 주피터 노트북 서버에 로그인 암호와 SSL 암호화 등의 보안을 적용하는 것이 아주 중요하다. 하지만 이는 보안의 시작일 뿐이다. 클라우드 인스턴스에서 무엇을 하는가에 따라 여러 가지 추가 보안을 적용할 것을 권장한다.

그다음 Droplet에 파이썬과 주피터 노트북을 설치한다.

2.4.3 파이썬 및 주피터 노트북 설치 스크립트

다음 배시 스크립트는 2.3절 '도커 컨테이너 사용법'에서 미니콘다로 도커 컨테이너에 파이썬을 설치했을 때와 비슷하게 파이썬을 설치한다. 하지만 [예제 2-4]의 스크립트는 주피터 노트북도 설치한다. 중요 부분에 주석으로 설명을 달았다.

예제 2-4 파이썬을 설치하고 주피터 노트북 서버를 실행하는 배시 스크립트

```
#!/bin/bash
#
# 리눅스 시스템 도구와
# 기본적인 파이썬 패키지
# 그리고 주피터 노트북 서버를
# 설치하기 위한 스크립트
#
# Python for Finance, 2nd ed.
# (c) Dr. Yves J. Hilpisch
#
# 리눅스 설치
apt-get update # 패키지 인덱스 캐시를 갱신한다.
apt-get upgrade -y # 패키지를 업데이트한다.
apt-get install -y bzip2 gcc git htop screen vim wget # 시스템 툴을 설치한다.
apt-get upgrade -y bash # 필요한 경우 bash를 업그레이드한다.
apt-get clean # 패키지 인덱스 캐시를 지운다.

# 미니콘다 설치
wget https://repo.continuum.io/miniconda/Miniconda3-latest-Linux-x86_64.sh -O \
  Miniconda.sh
bash Miniconda.sh -b # 미니콘다를 설치한다.
```

```
rm Miniconda.sh # 인스톨러를 삭제한다.

# 새로운 경로를 추가
export PATH="/root/miniconda3/bin:$PATH"

# 새 경로변수를 설정 파일에 추가
echo ". /root/miniconda3/etc/profile.d/conda.sh" >> ~/.bashrc
echo "conda activate" >> ~/.bashrc

# 파이썬 라이브러리 설치
# 사용 목적에 따라 다른 패키지도 설치할 수 있다.
conda update -y conda # conda 업데이트
conda create -y -n py4fi python=3.7 # 가상 환경 생성
source activate py4fi # 가상 환경 활성화
conda install -y jupyter # 웹 브라우저에 개발 환경 설치
conda install -y pytables # HDF5 저장 라이브러리 설치
conda install -y pandas # 데이터 분석 라이브러리 설치
conda install -y matplotlib # 표준 플롯 라이브러리 설치
conda install -y scikit-learn # 머신러닝 라이브러리 설치
conda install -y openpyxl # 엑셀 상호작용 라이브러리 설치
conda install -y pyyaml # YAML 파일 관리 패키지 설치

pip install --upgrade pip # pip 패키지 매니저 업그레이드
pip install cufflinks # plotly와 pandas가 결합된 라이브러리 설치

# 파일 복사 및 디렉터리 생성
mkdir /root/.jupyter
mv /root/jupyter_notebook_config.py /root/.jupyter/
mv /root/cert.* /root/.jupyter
mkdir /root/notebook
cd /root/notebook

# 주피터 노트북 가동
jupyter notebook --allow-root

# 주피터 노트북을 백그라운드에서 가동하는 경우
# jupyter notebook --allow-root &
```

다음 절에서는 이 스크립트를 Droplet에 복사하여 다른 스크립트에서 시작하는 부분을 설명한다.

2.4.4 Droplet 설치 스크립트

두 번째 배시 스크립트는 가장 짧은 Droplet 설치 파일이다(예제 2-5). 주된 작업은 다른 파일들을 Droplet에 복사하고 IP 주소를 매개변수로 받는 것이다. 마지막 줄에서는 `install.sh` 배시 스크립트를 실행하는데 이 스크립트는 주피터 노트북을 실행한다.

예제 2-5 Droplet 설치용 배시 스크립트

```
#!/bin/bash
#
# 디지털오션 Droplet과
# 기본적인 파이썬 패키지
# 그리고 주피터 노트북을 설치
#
# Python for Finance, 2nd ed.
# (c) Dr Yves J Hilpisch
#

# 매개변수로 IP 주소를 받는다.
MASTER_IP=$1

# 파일 복사
scp install.sh root@${MASTER_IP}:
scp cert.* jupyter_notebook_config.py root@${MASTER_IP}:

# 설치 스크립트 실행
ssh root@${MASTER_IP} bash /root/install.sh
```

준비가 모두 끝났으면 이제 실행해보자. 디지털오션에서 다음과 같은 사양으로 Droplet 인스턴스를 생성한다.

운영체제

우분투 18.10 x64(이 책의 집필 시점에 가장 최신 버전)

크기

1코어, 1GB, 25GB SSD(가장 작은 Droplet)

데이터 센터 리전

프랑크푸르트(필자가 독일에 있기 때문에)

SSH 키

암호 없이 로그인할 수 있도록 새로운 SSH 키 추가[11]

Droplet 이름

py4fi처럼 아무거나 원하는 이름

생성 버튼을 누르면 Droplet 생성 과정이 시작된다. 보통 1분 정도 걸린다. 생성이 끝나면 46.101.156.199 등의 IP 주소가 나온다. 이제 다음 명령으로 이 Droplet 인스턴스 설치를 시작한다.

```
(py3) ~/cloud$ bash setup.sh 46.101.156.199
```

이 과정은 몇 분이 걸릴 수 있다. 끝나면 다음과 같이 주피터 노트북 서버 메시지가 나온다.

```
The Jupyter Notebook is running at: https://[all ip addresses on your
system]:8888/
```

이제 아무 웹 브라우저에 다음 주소를 입력해서 실행되고 있는 주피터 노트북 서버에 연결한다. HTTPS 프로토콜을 사용해야 한다.

```
https://46.101.156.199:8888
```

보안 예외를 추가하는 과정을 거치면 주피터 노트북 로그인 화면에서 패스워드를 묻는다(예시 암호는 jupyter다). 로그인을 하면 웹 브라우저에서 주피터 노트북, 터미널 화면에서 IPython 또는 텍스트 파일 편집기를 사용하여 파이썬 개발을 시작할 수 있다. 파일 업로드나

11 도움말이 필요하면 "How to Add SSH Keys to Droplets" 또는 "How to Create SSH Keys with PuTTY on Windows"를 구글에 검색해보라.

삭제, 디렉터리 생성 등의 파일 관리 기능도 사용할 수 있다.

TIP 클라우드의 장점

디지털오션과 같은 클라우드 인스턴스와 주피터 노트북의 조합은 파이썬 개발자나 퀀트가 고급 계산 및 저장 인프라 스트럭처를 사용할 수 있게 해준다는 점에서 아주 강력한 조합이다. 전문적 클라우드 혹은 데이터 센터는 안전하고 항상 사용 가능한 가상 머신을 보장한다. 클라우드 인스턴스를 사용하면 장기 계약을 맺지 않고 시간당 비용을 지불하므로 탐색이나 개발 과정에서의 비용이 낮다.

2.5 마치며

파이썬은 이 책뿐만 아니라 세계 유수의 금융기관이 선택한 프로그래밍 언어이자 기술 플랫폼이다. 하지만 파이썬을 배포하는 일은 까다롭고 지루하며 신경 쓰이는 일이다. 최근에는 이러한 배포 문제를 해결할 수 있는 몇 가지 기술이 등장했다. 오픈소스인 콘다는 파이썬 패키지와 가상 환경을 관리해준다. 나아가 도커 컨테이너는 전체 파일 시스템과 실행 환경을 기술적으로 보호된 컨테이너 박스로 만들어준다. 여기에서 더 나아가 디지털오션과 같은 클라우드 서비스는 시간당 비용을 지불하여 안전하고 전문적으로 관리되는 데이터 센터를 수분 만에 사용할 수 있도록 해준다. 이러한 기술과 파이썬 3.7을 조합하면 쉽게 주피터 노트북 서버를 설치하여 금융공학에 사용되는 파이썬 프로젝트를 위한 개발 및 배포 환경을 만들 수 있다.

2.6 참고 문헌

파이썬 패키지 관리는 다음 자료를 참조한다.

- pip 패키지 관리자 페이지: *https://pypi.python.org/pypi/pip*
- 콘다 패키지 관리자 페이지: *http://conda.pydata.org*
- 파이썬 패키지 설치 페이지: *https://packaging.python.org/installing/*

가상 환경 관리는 다음 자료를 참조한다.

- virtualenv 환경 관리자 페이지: *https://pypi.python.org/pypi/virtualenv*

- 콘다 환경 관리자 페이지: *http://bit.ly/2KDObMM*
- pipenv 패키지 및 환경 관리자 페이지: *https://github.com/pypa/pipenv*

다음 자료는 도커 컨테이너의 정보다.

- 도커 홈페이지: *http://docker.com*
- Matthias, Karl, and Sean Kane (2015). *Docker: Up and Running*. Sebastopol, CA: O'Reilly.

배시 스크립트 언어에 대한 간결한 소개와 개괄은 다음 자료를 참조한다.

- Robbins, Arnold (2016). *Bash Pocket Reference*. Sebastopol, CA: O'Reilly.

공개용 주피터 노트북 서버를 안전하게 실행하는 방법은 주피터 노트북 문서를 참고한다.

- *http://bit.ly/2Ka0tfI*

주피터 노트북 서버를 여러 명이 사용할 수 있는 JupyterHub라는 허브도 있다.

- *https://jupyterhub.readthedocs.io/en/stable/*

10달러의 초기 자금을 계좌에 넣고 시작하려면 다음 페이지에서 등록한다(*http://bit.ly/do_sign_up*). 이 돈으로 가장 작은 인스턴스를 두 달 동안 사용할 수 있다.

Part II

파이썬 기초 정복

2부는 파이썬 프로그래밍 기초를 공부한다. 2부에서 다룰 것은 이후의 내용뿐만 아니라 일반적인 파이썬 프로그래밍에서 핵심적인 내용이다. 4개 장으로 구성되어 있다. 각 장은 나중에 독자가 관심 있는 부분을 찾아보기 쉽도록 특정한 주제로 구성되어 있다.

Part II

파이썬 기초 정복

3장 자료형과 자료구조

파이썬 자료형과 자료구조에 집중하여 설명한다.

4장 NumPy를 사용한 수치 계산

NumPy와 ndarray 클래스를 자세히 설명한다.

5장 pandas를 사용한 데이터 분석

pandas와 DataFrame 클래스를 자세히 설명한다.

6장 객체지향 프로그래밍

파이썬 객체지향 프로그래밍(OOP)을 설명한다.

CHAPTER 3

자료형과 자료구조

> 나쁜 프로그래머는 코드를 걱정한다.
>
> 좋은 프로그래머는 자료구조와 그 관계에 대해 걱정한다.
>
> – 리누스 토르발스Linus Torvalds

이 장에서는 파이썬의 기본적인 자료형과 자료구조를 소개한다.

기본 자료형

정수, 부동소수점, 문자열과 같은 파이썬의 기본적인 자료형을 소개한다.

기본 자료구조

리스트와 같은 파이썬의 기본적인 자료구조를 소개하고 제어구조 및 함수형 프로그래밍 방법론, 익명 함수를 설명한다.

만약 C나 매트랩과 같은 다른 프로그래밍 언어를 잘 알고 있다면 파이썬을 사용하면서 쉽게 차이점을 파악할 수 있을 것이다. 여기에서는 다음 장들에서 꼭 필요한 핵심만을 살펴보고자 한다.

정리하면 다음과 같은 자료형과 자료구조를 다룬다.

객체 유형	의미	사용
int	정수형 값	자연수
float	부동소수점 숫자	실수
bool	불리언 값	참 또는 거짓
str	문자열 객체	글자, 단어, 문서
tuple	불변 컨테이너	고정된 객체 집합, 레코드
list	가변 컨테이너	변화하는 레코드 집합
dict	가변 컨테이너	키-값 저장소
set	가변 컨테이너	유일한 객체 집합

3.1 기본 자료형

파이썬은 **동적 자료형**dynamically typed을 가진 언어다. 즉 실행 시에 파이썬 인터프리터가 객체의 자료형을 결정한다. 이와 달리 C와 같은 언어는 **정적 자료형**statically typed을 가지며 컴파일 이전에 이미 객체마다 자료형이 결정되어 있다.[1]

3.1.1 정수

정수형, 즉 `int`는 가장 기본적인 자료형이다.

```
In [1]: a = 10
        type(a)
Out[1]: int
```

`type` 함수는 표준 자료형과 사용자가 새로 생성한 클래스를 포함한 모든 객체의 자료형 정보를 보여준다. 사용자가 생성한 클래스라면 클래스 안에 저장한 정보에 기반하여 자료형 정보를

1 Cython 패키지(*http://www.cython.org*)를 사용하면 파이썬에서도 C처럼 정적 자료형과 컴파일 기능을 사용할 수 있다. 사실 Cython은 단순한 패키지가 아니라 파이썬과 C의 합성 언어다.

보여준다. '파이썬에서 모든 것은 객체다'라는 말이 있다. 이 말의 의미는 방금 우리가 생성한 정수형 객체와 같은 극히 간단한 객체조차도 내장 메서드를 가지고 있다는 말이다. 예를 들어 정수형 객체를 메모리상에서 표현하는 데 필요한 비트 수는 `bit_length()` 메서드를 호출해서 구할 수 있다.

```
In [2]: a.bit_length()
Out[2]: 4
```

숫자가 커질수록 객체에 필요한 비트 수가 커지는 것을 확인할 수 있다.

```
In [3]: a = 100000
        a.bit_length()
Out[3]: 17
```

클래스와 객체가 지닌 메서드의 수는 굉장히 많아서 메서드를 모두 외우는 것은 어렵다. IPython과 같이 진보된 형태의 파이썬 개발 환경에서는 탭 키[tab key]를 눌렀을 때 객체가 가진 메서드 등을 보여주는 자동 완성 기능이 있다. 객체 이름을 입력하고 점을 찍은 후 탭 키를 누르면 그 객체가 가진 메서드 목록이 나타난다. 파이썬 정수형의 특징은 크기 제한이 없다는 점이다. 예를 들어 구골(10의 백제곱)과 같은 큰 수도 파이썬에서는 문제없이 사용할 수 있다.

```
In [4]: googol = 10 ** 100
        googol
Out[4]: 1000000000000000000000000000000000000000000000000000000000000000000
        0000000000000000000000000000000000

In [5]: googol.bit_length()
Out[5]: 333
```

TIP 큰 정수

파이썬의 정수 크기는 제한이 없다. 파이썬 인터프리터는 숫자를 표시하기 위해 필요한 만큼의 비트/바이트를 얼마든지 사용할 수 있다.

정수의 산술 연산을 구현하는 것은 아주 쉽다.

```
In [6]: 1 + 4
Out[6]: 5

In [7]: 1 / 4
Out[7]: 0.25

In [8]: type(1 / 4)
Out[8]: float
```

3.1.2 부동소수점

마지막 표현식은 0.25라는 수학적으로 올바른 답을 반환한다.[2] 이 답은 부동소수점 자료형이다.

정수형 값에 `1.`이나 `1.0`과 같이 소수점을 붙이면 파이썬은 이를 부동소수점 객체로 인식한다. 부동소수점을 포함한 식은 일반적으로 부동소수점을 반환한다.[3]

```
In [9]: 1.6 / 4
Out[9]: 0.4

In [10]: type (1.6 / 4)
Out[10]: float
```

부동소수점은 유리수나 실수를 컴퓨터로 표현한 것이지만 정확한 값이 아니라 수치 오차가 있을 수 있으며 그 오차값도 기술적인 방식에 따라 달라질 수 있다. 다음 코드의 `b`를 예로 들면, 이런 부동소수점 객체는 항상 특정한 값 이하의 오차를 가진다. `b` 값에 `0.1`을 더해보면 이 점이 확실해진다.

```
In [11]: b = 0.35
         type(b)
Out[11]: float
In [12]: b + 0.1
Out[12]: 0.44999999999999996
```

---

2 파이썬 2.x에서는 내림 연산을 한다. 파이썬 3.x에서는 내림 연산을 할 때 내림 연산자(`//`)를 사용한다. 예를 들어 `3 // 4` 연산 결과는 `0`이다.

3 모든 부동소수점은 사실 객체이기 때문에 이 책에서는 부동소수점과 부동소수점 객체라는 용어를 혼용하여 사용한다. 다른 자료형도 마찬가지다.

이러한 오차가 발생하는 이유는 부동소수점이 내부적으로 이진법을 사용하기 때문이다.

예를 들어 0과 1 사이의 숫자는 $n = x/2 + y/4 + z/8 + \cdots$ 와 같은 형식으로 표현된다. 숫자에 따라서는 유한개의 분수의 합으로는 표현하지 못하는 무한수열이 될 수도 있다. 그러나 컴퓨터에서 사용할 수 있는 비트 수는 한정되어 있기 때문에 결과적으로는 부정확한 값을 가지게 된다. 값에 따라서는 운 좋게 유한개의 비트로 표현이 가능해서 정확한 값을 가질 수도 있다. 다음 예를 보자.

```
In [13]: c = 0.5
         c.as_integer_ratio()
Out[13]: (1, 2)
```

0.5는 이진법으로 표현할 수 있으므로 정확하게 저장할 수 있다. 그러나 0.35와 같은 숫자는 예상한 0.35 = 7/20과는 다른 결과가 나온다.

```
In [14]: b.as_integer_ratio()
Out[14]: (3152519739159347, 9007199254740992)
```

정밀도는 그 수를 표현하기 위해 사용된 비트 수에 따라 달라진다. 일반적으로 파이썬은 모든 플랫폼에서 부동소수점 내부 표현 방식으로 IEEE 754 배정도倍精度 표준을 사용한다.

이는 15자리 상대정확도를 가진다. 이 주제는 특히 금융 분야에서 중요하기 때문에 되도록이면 정확한 숫자 표현을 사용할 필요가 있다. 예를 들어 많은 숫자의 합계를 구하는 경우에 숫자 표현의 방식이나 정밀도에 따라 합계의 오차가 심각하게 커질 수도 있다.

`decimal` 모듈을 사용하면 부동소수점을 임의의 정밀도로 표시할 수 있다. 또 이러한 숫자를 다룰 때 발생하는 정밀도와 관련된 문제를 처리하기 위한 옵션도 있다.

```
In [15]: import decimal
         from decimal import Decimal

In [16]: decimal.getcontext()
Out[16]: Context(prec=28, rounding=ROUND_HALF_EVEN, Emin=-999999, Emax=999999,
          capitals=1, clamp=0, flags=[], traps=[InvalidOperation, DivisionByZero,
          Overflow])

In [17]: d = Decimal(1) / Decimal (11)
         d
Out[17]: Decimal('0.09090909090909090909090909091')
```

Context 객체의 속성값을 바꾸면 숫자 표현 정밀도를 바꿀 수 있다.

```
In [18]: decimal.getcontext().prec = 4  ❶

In [19]: e = Decimal(1) / Decimal (11)
         e
Out[19]: Decimal('0.09091')

In [20]: decimal.getcontext().prec = 50  ❷

In [21]: f = Decimal(1) / Decimal (11)
         f
Out[21]: Decimal('0.090909090909090909090909090909090909090909090909091')
```

❶ 디폴트보다 낮은 정밀도

❷ 디폴트보다 높은 정밀도

이런 방식으로 필요에 따라 주어진 문제에 맞게 정밀도를 조절하면 된다. 서로 다른 정밀도를 가진 부동소수점에 대해 산술 연산을 하는 것도 가능하다.

```
In [22]: g = d + e + f
         g
Out[22]: Decimal('0.27272818181818181818181818181819090909090909090909')
```

> **TIP 임의 정밀도 부동소수점**
>
> decimal 모듈은 임의 정밀도 부동소수점 객체를 제공한다. 금융 분야에서는 때때로 64비트 배정도 표준보다 높은 정밀도가 필요한 경우도 있을 수 있다.

3.1.3 불리언

프로그래밍에서는 (4 > 3, 4.5 ≤ 3.25 or (4 > 3) and (3 > 2)) 같은 비교나 논리 연산을 해서 True 혹은 False라는 값을 출력으로 얻는다. 이 값은 def, for, if와 같은 파이썬 키워드다. 파이썬의 전체 키워드 목록은 keyword 모듈을 사용해서 볼 수 있다.

```
In [23]: import keyword

In [24]: keyword.kwlist
Out[24]: ['False',
          'None',
          'True',
          'and',
          'as',
          'assert',
          'async',
          'await',
          'break',
          'class',
          'continue',
          'def',
          'del',
          'elif',
          'else',
          'except',
          'finally',
          'for',
          'from',
          'global',
          'if',
          'import',
          'in',
          'is',
          'lambda',
          'nonlocal',
          'not',
          'or',
          'pass',
          'raise',
          'return',
          'try',
          'while',
          'with',
          'yield']
```

True와 False는 **불리언 값**Boolean value을 뜻하는 bool 자료형이다. 다음 코드에서는 파이썬의 비교 연산자를 적용한 여러 가지 예를 보여준다.

```
In [25]: 4 > 3  ❶
Out[25]: True

In [26]: type(4 > 3)
Out[26]: bool

In [27]: type(False)
Out[27]: bool

In [28]: 4 >= 3  ❷
Out[28]: True

In [29]: 4 < 3  ❸
Out[29]: False

In [30]: 4 <= 3  ❹
Out[30]: False

In [31]: 4 == 3  ❺
Out[31]: False

In [32]: 4 != 3  ❻
Out[32]: True
```

❶ 크다.

❷ 크거나 같다.

❸ 작다.

❹ 작거나 같다.

❺ 같다.

❻ 같지 않다.

논리 연산을 불리언 객체에 적용하면 불리언 객체를 얻을 수 있다.

```
In [33]: True and True
Out[33]: True

In [34]: True and False
Out[34]: False

In [35]: False and False
Out[35]: False

In [36]: True or True
Out[36]: True

In [37]: True or False
Out[37]: True

In [38]: False or False
Out[38]: False

In [39]: not True
Out[39]: False

In [40]: not False
Out[40]: True
```

물론 두 가지 연산을 조합할 수도 있다.

```
In [41]: (4 > 3) and (2 > 3)
Out[41]: False

In [42]: (4 == 3) or (2 != 3)
Out[42]: True

In [43]: not (4 != 4)
Out[43]: True

In [44]: (not (4 != 4)) and (2 == 3)
Out[44]: False
```

불리언 값의 응용 분야는 `if`나 `while`과 같은 파이썬 키워드와 같이 코드 흐름을 제어하는 것이다(이 장 후반부에서 더 많은 예제를 볼 수 있다).

```
In [45]: if 4 > 3:  ❶
             print('condition true')  ❷
         condition true

In [46]: i = 0  ❸
         while i < 4:  ❹
             print('condition true, i = ', i)  ❺
                 i += 1  ❻
         condition true, i = 0
         condition true, i = 1
         condition true, i = 2
         condition true, i = 3
```

❶ 만약 조건이 참이면 다음에 오는 코드를 실행한다.

❷ 조건이 참일 때 이 코드가 실행된다.

❸ 매개변수 i를 0으로 초기화한다.

❹ 조건이 참이면 다음에 오는 코드를 계속 실행한다.

❺ 문자열과 매개변수 i의 값을 출력한다.

❻ 매개변수 값을 1만큼 증가시킨다. i += 1은 i = i + 1과 같은 뜻이다.

파이썬은 수치적으로 False 값에 0을 True 값에 1을 대응시킨다. 숫자를 불리언 객체로 바꿀 때는 bool() 함수를 사용한다. 0을 넣으면 False, 다른 숫자를 넣으면 True를 반환한다.

```
In [47]: int(True)
Out[47]: 1

In [48]: int(False)
Out[48]: 0

In [49]: float(True)
Out[49]: 1.0

In [50]: float(False)
Out[50]: 0.0

In [51]: bool(0)
Out[51]: False

In [52]: bool(0.0)
```

```
Out[52]: False

In [53]: bool(1)
Out[53]: True

In [54]: bool(10.5)
Out[54]: True

In [55]: bool(-2)
Out[55]: True
```

3.1.4 문자열

지금까지 배운 내용으로 정수와 부동소수점을 표현할 수 있게 되었다. 다음으로 다룰 파이썬의 기본 자료형은 글자를 표현하는 문자열인 str 자료형이다. 문자열 객체는 유용한 내장 메서드가 많다. 사실 종류나 크기에 상관없이 텍스트 파일을 다루는 일이라면 파이썬을 사용하는 것이 좋은 선택이다. 문자열 객체는 큰따옴표와 작은따옴표로 정의하거나 str() 함수를 사용하여 다른 자료형 객체를 문자열로 변환하여 만든다(str() 함수를 이용한 변환 시에는 객체가 가진 표준 방식이나 사용자가 정의한 방식으로 문자열이 생성된다).

```
In [56]: t = 'this is a string object'
```

여러 가지 문자열 메서드 중에서 첫 번째 글자만 대문자로 만드는 메서드를 사용해보자.

```
In [57]: t.capitalize()
Out[57]: 'This is a string object'
```

문자열을 단어별로 나누어 리스트 객체로 만들 수도 있다(리스트 객체에 대해서는 곧 설명할 것이다).

```
In [58]: t.split()
Out[58]: ['this', 'is', 'a', 'string', 'object']
```

특정한 단어가 처음으로 나타나는 위치(인덱스값)를 알아낼 수도 있어서 해당 단어를 검색할 수 있다.

```
In [59]: t.find('string')
Out[59]: 10
```

만약 찾으려는 단어가 문자열 객체 내에 없다면 이 메서드는 -1을 반환한다.

```
In [60]: t.find('Python')
Out[60]: -1
```

문자열 내의 특정한 글자를 치환하려면 replace() 메서드를 사용한다.

```
In [61]: t.replace(' ', '¦')
Out[61]: 'this¦is¦a¦string¦object'
```

때로는 문자열 앞뒤 특정 문자를 없애야 할 경우도 있다.

```
In [62]: 'http://www.python.org'.strip('htp:/')
Out[62]: 'www.python.org'
```

[표 3-1]은 문자열 객체가 가진 몇 가지 유용한 메서드 목록이다.

표 3-1 문자열 메서드 중 일부

메서드	인수	반환값/결과
capitalize	()	문자열의 첫 번째 문자를 대문자로 바꾼 문자열
count	(sub[, start[, end]])	문자열이 나타난 횟수
decode	([encoding[, errors]])	문자열을 디코딩한 결과
encode	([encoding[, errors]])	문자열을 인코딩한 결과
find	(sub[, start[, end]])	특정 문자열이 처음으로 나타난 위치
join	(seq)	시퀀스 seq의 문자열을 이어 붙인 문자열
replace	(old, new[, count])	문자열 old를 처음부터 count 수만큼 문자열 new로 치환
split	([sep[, maxsplit]])	문자열을 sep 구분자로 구분한 리스트

메서드	인수	반환값/결과
splitlines	([keepends])	문자열을 개행 구분자로 구분한 리스트 keepends 값이 True이면 개행 구분자를 남겨놓는다.
strip	(chars)	문자열 앞뒤에서 chars 글자를 없앤 문자열
upper	()	모든 문자를 대문자로 변환한 문자열

CAUTION_ 유니코드 문자열

이 책의 초판에서 사용한 파이썬 2.7과 2판에서 사용한 파이썬 3.7의 근본적인 차이는 문자열 객체의 인코딩과 디코딩과 유니코드의 도입이다(*http://bit.ly/1x41ytu*). 이번 장에서는 이 주제를 더 깊이 다루지 않는다. 이 책의 목적상 숫자 데이터나 영어를 포함하는 표준 문자열만 다루기 때문에 상관없다.

3.1.5 출력과 문자열 치환

문자열 객체나 다른 파이썬 객체의 문자열을 출력할 때는 보통 print() 함수를 사용한다.

```
In [63]: print('Python for Finance')  ❶
         Python for Finance

In [64]: print(t)  ❷
         this is a string object

In [65]: i = 0
         while i < 4:
             print(i)  ❸
             i += 1
         0
         1
         2
         3

In [66]: i = 0
         while i < 4:
             print(i, end='|')  ❹
             i += 1
         0|1|2|3|
```

❶ 문자열을 출력한다.

❷ 변수가 참조하는 문자열 객체를 출력한다.

❸ int 객체의 문자열 표현을 출력한다.

❹ 출력할 때 마지막 글자를 줄넘기기(\n)가 아닌 다른 값으로 지정한다.

파이썬은 강력한 문자열 치환 연산을 제공한다. 구식 방법으로는 % 연산자를 이용할 수 있고 신식 방법으로는 중괄호와 format() 연산을 사용할 수 있다. 두 방법 모두 많이 사용된다. 이 절에서는 모든 옵션을 설명하지는 않을 것이다. 다음 예제 코드를 통해 몇 가지 중요한 방법만 보인다. 우선 구식 방법을 사용한 예다.

```
In [67]: 'this is an integer %d' % 15  ❶
Out[67]: 'this is an integer 15'

In [68]: 'this is an integer %4d' % 15  ❷
Out[68]: 'this is an integer   15'

In [69]: 'this is an integer %04d' % 15  ❸
Out[69]: 'this is an integer 0015'

In [70]: 'this is a float %f' % 15.3456  ❹
Out[70]: 'this is a float 15.345600'

In [71]: 'this is a float %.2f' % 15.3456  ❺
Out[71]: 'this is a float 15.35'

In [72]: 'this is a float %8f' % 15.3456  ❻
Out[72]: 'this is a float 15.345600'

In [73]: 'this is a float %8.2f' % 15.3456  ❼
Out[73]: 'this is a float    15.35'

In [74]: 'this is a float %08.2f' % 15.3456  ❽
Out[74]: 'this is a float 00015.35'

In [75]: 'this is a string %s' % 'Python'  ❾
Out[75]: 'this is a string Python'

In [76]: 'this is a string %10s' % 'Python'  ❿
Out[76]: 'this is a string     Python'
```

❶ 정수형 값 치환

❷ 글자 수 고정

❸ 필요한 경우 앞에 0을 붙인다.

❹ 부동소수점 값 치환

❺ 소수점 고정

❻ 글자 수 고정

❼ 글자 수와 소수점 고정

❽ 글자 수와 소수점을 고정하고 필요한 경우 앞에 0을 붙인다.

❾ 문자열 치환

❿ 글자 수 고정

다음은 신식 방법으로 구현한 예다. 구식 방법과 비교하면 출력에서 약간의 차이가 있다.

```
In [77]: 'this is an integer {:d}'.format(15)
Out[77]: 'this is an integer 15'

In [78]: 'this is an integer {:4d}'.format(15)
Out[78]: 'this is an integer   15'

In [79]: 'this is an integer {:04d}'.format(15)
Out[79]: 'this is an integer 0015'

In [80]: 'this is a float {:f}'.format(15.3456)
Out[80]: 'this is a float 15.345600'

In [81]: 'this is a float {:.2f}'.format(15.3456)
Out[81]: 'this is a float 15.35'

In [82]: 'this is a float {:8f}'.format(15.3456)
Out[82]: 'this is a float 15.345600'

In [83]: 'this is a float {:8.2f}'.format(15.3456)
Out[83]: 'this is a float    15.35'

In [84]: 'this is a float {:08.2f}'.format(15.3456)
Out[84]: 'this is a float 00015.35'

In [85]: 'this is a string {:s}'.format('Python')
```

```
Out[85]: 'this is a string Python'

In [86]: 'this is a string {:10s}'.format('Python')
Out[86]: 'this is a string Python    '
```

문자열 치환은 while 문 등에서 데이터를 바꿔가면서 출력을 반복할 경우 특히 유용하다.

```
In [87]: i = 0
         while i < 4:
             print('the number is %d' % i)
             i += 1
         the number is 0
         the number is 1
         the number is 2
         the number is 3

In [88]: i = 0
         while i < 4:
             print('the number is {:d}'.format(i))
             i += 1
         the number is 0
         the number is 1
         the number is 2
         the number is 3
```

3.1.6 정규표현식

문자열 객체를 다루는 강력한 도구는 **정규표현식**regular expression이다. 파이썬은 re라는 정규표현식 모듈을 제공한다.

```
In [89]: import re
```

시계열이나 날짜/시간 정보를 가진 CSV 파일과 같은 큰 크기의 텍스트 파일이 있다고 하자. 보통 이런 파일의 날짜/시간 정보는 파이썬이 직접 해석하기는 힘들지만 정규표현식으로 기술하는 것은 가능하다. 예를 들어 다음과 같이 3개의 정수와 3개의 문자열로 표시된 날짜/시간 정보가 있다고 하자. 3개의 연속 큰따옴표를 사용하면 여러 줄에 걸친 문자열을 정의하는 것이 가능하다.

```
In [90]: series = """
         '01/18/2014 13:00:00', 100, '1st';
         '01/18/2014 13:30:00', 110, '2nd';
         '01/18/2014 14:00:00', 120, '3rd'
         """
```

다음 정규표현식을 쓰면 앞의 날짜/시간 부분만을 구분하여 기술하는 것이 가능하다.[4]

```
In [91]: dt = re.compile("'[0-9/:\s]+'") # 날짜/시간
```

정규표현식을 사용하여 날짜/시간 요소를 검색해보자. 일반적으로 문자열에 정규표현식을 사용하면 파싱 작업의 성능을 향상시킬 수 있다.

```
In [92]: result = dt.findall(series)
         result
Out[92]: ["'01/18/2014 13:00:00'", "'01/18/2014 13:30:00'", "'01/18/2014 14:00:00'"]
```

TIP 정규표현식

문자열을 파싱할 때는 정규표현식 사용을 고려하라. 성능과 편의성을 높일 수 있다.

정규표현식으로 찾은 문자열은 파이썬 datetime 객체로 변환할 수 있다(파이썬에서 시간과 날짜를 다루는 방법에 대해서는 [부록 A]를 참조한다). 문자열을 파싱해서 날짜/시간 정보를 알아낼 때는 구체적으로 어떻게 파싱해야 하는지를 지정해야 한다.

```
In [93]: from datetime import datetime
         pydt = datetime.strptime(result[0].replace("'", ""), '%m/%d/%Y %H:%M:%S')
         pydt
Out[93]: datetime.datetime(2014, 1, 18, 13, 0)

In [94]: print(pydt)
         2014-01-18 13:00:00
```

4 이 책에서 정규표현식을 더 자세히 다루기는 어렵다. 인터넷에 정규표현식과 파이썬에서 정규표현식을 사용하는 방법에 대한 정보가 이미 많다. 입문용으로는 『처음 시작하는 정규표현식: 언어와 플랫폼을 뛰어넘는 정규표현식을 만나다』(한빛미디어, 2013)을 참고해도 좋다.

```
In [95]: print(type(pydt))
         <class 'datetime.datetime'>
```

날짜/시간 정보는 금융 분야에서 중요하기 때문에 뒤에서 날짜/시간 정보를 다루는 datetime 객체와 메서드를 다시 자세히 설명한다.

3.2 기본 자료구조

보통 자료구조라고 하면 많은 수의 다양한 객체를 담을 수 있는 객체를 뜻한다. 파이썬이 기본으로 제공하는 자료구조는 다음과 같다.

튜플 tuple

불변 immutable 객체 모음. 사용할 수 있는 메서드 수가 적다.

리스트 list

가변 mutable 객체 모음. 많은 메서드를 제공한다.

사전 dict

딕셔너리라고도 한다. 키-값 쌍으로 이루어진 저장소 객체다.

집합 set

세트라고도 한다. 원소가 되는 객체가 중복되지 않으며, 순서가 없는 객체의 모음이다.

3.2.1 튜플

튜플은 고급 자료구조이지만 아주 단순하며 활용이 제한된다. 튜플을 만들려면 원소가 될 객체를 괄호 안에 넣으면 된다.

```
In [96]: t = (1, 2.5, 'data')
         type(t)
```

```
Out[96]: tuple
```

또는 괄호 없이 그냥 복수 개의 객체를 쉼표로 연결해도 된다.

```
In [97]: t = 1, 2.5, 'data'
         type(t)
Out[97]: tuple
```

파이썬의 다른 자료구조와 마찬가지로 튜플도 인덱스를 내장하고 있다. 인덱스를 사용하면 튜플에 속한 한 개 혹은 복수 개의 원소를 참조하는 것이 가능하다. 주의할 점은 파이썬에서는 인덱스가 0부터 시작(**0 기반 인덱스**)한다는 점이다. 따라서 세 번째 원소는 인덱스가 2다.

```
In [98]: t[2]
Out[98]: 'data'

In [99]: type(t[2])
Out[99]: str
```

TIP 0 기반 인덱스

매트랩과 같은 프로그래밍 언어와 달리 파이썬은 0 기반 숫자 체계를 사용한다. 따라서 튜플 객체의 첫 번째 원소의 인덱스값은 0이다.

튜플 객체가 제공하는 메서드는 `count()`와 `index()` 뿐이다. `count()`는 튜플 내에 특정한 객체가 몇 개나 있는지 세는 메서드이고, `index()`는 특정한 객체가 처음으로 나타나는 위치를 표시하는 인덱스값을 반환하는 메서드다.

```
In [100]: t.count('data')
Out[100]: 1

In [101]: t.index(1)
Out[101]: 0
```

튜플 객체는 불변immutable 객체로 한 번 정의하면 바꿀 수가 없기 때문에 유연성이 떨어진다.

3.2.2 리스트

리스트 자료형은 튜플보다 훨씬 유연하고 강력하다. 특히 금융공학 분야에서는 리스트 자료형을 사용하면 시장의 주식 가격 정보를 저장하거나 새로운 데이터를 추가하는 작업 등 많은 일을 쉽게 할 수 있다. 리스트 객체는 대괄호를 사용하여 정의한다. 리스트의 기본적인 기능은 튜플과 유사하다.

```
In [102]: l = [1, 2.5, 'data']
          l[2]
Out[102]: 'data'
```

list() 함수를 사용하여 리스트 객체를 생성하거나 다른 자료형 객체를 리스트로 변환할 수 있다. 다음은 앞의 예제에서 만든 튜플 객체를 리스트 객체로 바꾸는 코드다.

```
In [103]: l = list(t)
          l
Out[103]: [1, 2.5, 'data']

In [104]: type(l)
Out[104]: list
```

리스트 객체는 튜플 객체가 가진 기능을 기본으로 가지고 있을 뿐 아니라 여러 가지 메서드를 이용하여 확장하거나 축소하는 것도 가능하다. 다른 말로 문자열과 튜플 객체는 불변immutable 시퀀스 객체이며 한 번 정의하면 원소를 변경할 수 없지만, 리스트 객체는 가변mutable 시퀀스 객체로 원소를 변경할 수 있다. 리스트 객체를 다른 리스트 객체의 원소로 추가하는 것도 가능하다.

```
In [105]: l.append([4, 3])  ❶
          l
Out[105]: [1, 2.5, 'data', [4, 3]]

In [106]: l.extend([1.0, 1.5, 2.0])  ❷
          l
Out[106]: [1, 2.5, 'data', [4, 3], 1.0, 1.5, 2.0]

In [107]: l.insert(1, 'insert')  ❸
          l
```

```
Out[107]: [1, 'insert', 2.5, 'data', [4, 3], 1.0, 1.5, 2.0]

In [108]: l.remove('data')  ❹
          l
Out[108]: [1, 'insert', 2.5, [4, 3], 1.0, 1.5, 2.0]

In [109]: p = l.pop(3)  ❺
          print(l, p)
Out[109]: [1, 'insert', 2.5, 1.0, 1.5, 2.0] [4, 3]
```

❶ 리스트 끝에 원소를 추가한다.

❷ 리스트 자료형인 원소를 추가한다.

❸ 특정 인덱스 앞에 원소를 추가한다.

❹ 처음으로 나타나는 특정 원소를 삭제한다.

❺ 특정 인덱스의 원소를 삭제하고 그 값을 반환한다.

슬라이싱slicing은 자료 모음을 더 작은 자료 모음으로 나누는 작업을 말하며 다음과 같이 수행한다.

```
In [110]: l[2:5]
Out[110]: [2.5, 1.0, 1.5]
```

세 번째부터 다섯 번째 원소를 반환했다.

리스트 객체가 가진 몇 가지 유용한 메서드 목록을 요약하면 다음 [표 3-2]와 같다.

표 3-2 리스트 연산과 메서드 중 일부

메서드	인수	반환값/결과
l[i] = x	[i]	인덱스가 i인 원소를 x로 바꾼다.
l[i:j:k] = s	[i:j:k]	인덱스 i부터 j-1까지 k개 간격의 원소를 s로 바꾼다.
append	(x)	원소 x를 추가한다.
count	(x)	원소 x가 포함된 수를 센다.
del l[i:j:k]	[i:j:k]	인덱스 i부터 j-1까지 k개 간격의 원소를 삭제한다.
extend	(s)	s의 모든 원소를 주어진 리스트 객체의 원소로 추가한다.

메서드	인수	반환값/결과
index	(x[, i[, j]])	인덱스 i부터 j-1 사이인 원소 중 x값이 처음으로 나타나는 위치
insert	(i, x)	x를 인덱스 i 위치에 삽입
remove	(i)	인덱스 i 위치의 원소를 삭제
pop	(i)	인덱스 i 위치의 원소를 삭제하고 그 값을 반환
reverse	()	모든 원소의 위치를 뒤바꿈(반전)
sort	([cmp[, key[, reverse]]])	모든 원소를 재정렬

3.2.3 제어구조

파이썬의 **제어구조**control structure, 특히 반복문은 리스트 자료형과 함께 살펴보는 것이 가장 좋다. 다른 언어와 달리 파이썬에서는 대부분의 반복문이 특정한 리스트 객체에 기반하여 실행되기 때문이다.

다음 예를 보자. 리스트 객체 *l*의 인덱스 2부터 4까지의 원소에 대해 for 문이 실행되며 각 원소의 제곱을 출력한다. 두 번째 줄에 들여쓰기가 적용된 것을 주의해야 한다.

```
In [111]: for element in l[2:5]:
              print(element ** 2)
Out[111]: 6.25
          1.0
          2.25
```

이 방식은 일반적으로 사용하는 카운터 변수를 사용한 반복문 방식에 비해 유연성이 아주 높다. 파이썬에서도 카운터 변수를 사용하는 것이 불가능하지는 않지만 보통 range 객체로 생성한 카운터 변수용 리스트를 다음과 같이 사용하는 것이 일반적이다.

```
In [112]: r = range(0, 8, 1) ❶
          r
Out[112]: range(0, 8)

In [113]: type(r)
Out[113]: range
```

❶ range의 인수는 시작 숫자(이상), 종료 숫자(미만) 그리고 증가 단계다.

비교를 위해 카운터 변수용 리스트를 사용하여 반복문을 구현하면 다음과 같다.

```
In [114]: for i in range(2, 5):
              print(l[i] ** 2)
          6.25
          1.0
          2.25
```

TIP 리스트에 기반한 반복문

파이썬에서는 리스트 원소가 무엇이든 임의의 리스트 객체에 기반하여 반복문을 실행할 수 있다. 따라서 카운터 변수를 사용할 필요가 없다.

파이썬에서도 `if`, `elif`, `else`와 같은 조건 제어 구문을 사용할 수 있다. 사용법은 다른 프로그래밍 언어와 유사하다.

```
In [115]: for i in range(1, 10):
              if i % 2 == 0:  ❶
                  print("%d is even" % i)
              elif i % 3 == 0:
                  print("%d is multiple of 3" % i)
              else:
                  print("%d is odd" % i)
          1 is odd
          2 is even
          3 is multiple of 3
          4 is even
          5 is odd
          6 is even
          7 is odd
          8 is even
          9 is multiple of 3
```

❶ %는 나머지를 계산하는 연산이다.

`while` 문으로 흐름 제어를 할 수도 있다.

```
In [116]: total = 0
          while total < 100:
              total += 1
          print(total)
          100
```

파이썬만의 고유한 반복문 방식으로 **리스트 조건제시법**list comprehension이 있다. 새로운 리스트 객체를 만들 때 외부에서 반복문을 돌리면서 이미 존재하는 리스트 객체에 원소를 추가하거나 수정하는 것이 아니라 더 간결한 방식으로 반복문에 기반한 리스트를 직접 생성하는 방법이다.

```
In [117]: m = [i ** 2 for i in range(5)]
          m
Out[117]: [0, 1, 4, 9, 16]
```

리스트 조건제시법은 반복문을 외부에 명시적으로 만들지 않기 때문에 어떤 의미로는 코드 벡터화와 유사하다(코드 벡터화는 4장과 5장에서 자세히 다룬다).

3.2.4 함수형 프로그래밍

파이썬은 함수형 프로그래밍을 위한 `filter()`, `map()`, `reduce()`와 같은 도구를 제공한다. 이들을 사용하면 입력값에 대해 함수를 적용하는 작업을 효율적으로 할 수 있다. 우선 함수를 정의해보자. 입력 변수 `x`의 제곱을 출력하는 가장 간단한 함수 `f()`를 만들어본다.

```
In [118]: def f(x):
              return x ** 2
          f(2)
Out[118]: 4
```

물론 복수의 입출력 인수를 가지는 훨씬 더 복잡한 함수를 만드는 것도 가능하다. 다음 코드처럼 함수를 만든다.

```
In [119]: def even(x):
              return x % 2 == 0
          even(3)
Out[119]: False
```

이 함수는 불리언 값을 반환한다. map() 함수를 사용하면 리스트 객체의 모든 원소에 대해 각각 함수를 적용할 수 있다.

```
In [120]: list(map(even, range(10)))
Out[120]: [True, False, True, False, True, False, True, False, True, False]
```

map()에 들어가는 함수 인수를 직접 정의하지 않고 람다lambda 함수, 즉 **익명**anonymous **함수**를 사용할 수도 있다.

```
In [121]: list(map(lambda x: x ** 2, range(10)))
Out[121]: [0, 1, 4, 9, 16, 25, 36, 49, 64, 81]
```

filter() 함수로 리스트 객체에 함수를 적용할 수도 있다. 다음 예제에서 filter() 함수는 even() 함수의 반환값이 True가 되는 원소만을 뽑아서 만든 새로운 리스트를 반환한다.

```
In [122]: list(filter(even, range(15)))
Out[122]: [0, 2, 4, 6, 8, 10, 12, 14]
```

TIP 리스트 조건제시법, 함수형 프로그래밍, 익명 함수

되도록 파이썬 레벨에서는 반복문을 구현하지 말아야 한다. 리스트 조건제시법이나 map(), filter(), reduce()와 같은 함수형 프로그래밍 도구를 사용하면 반복문을 사용하지 않고 더 간결하며 읽기 좋은 코드를 만들 수 있다. 람다 익명 함수도 이를 위한 좋은 도구가 된다.

3.2.5 사전

사전dict 객체는 변환 가능한 사전형dictionary 자료 모음으로, 문자열 같은 키-값을 사용하여 값을 참조할 수 있는 이른바 키-값 자료 저장소다. 리스트 객체는 원소의 순서가 있고 정렬 가능하지만, 사전 객체는 원소의 순서도 없고 정렬도 불가능하다.[5] 다음 예제 코드를 보면 두 자료형의 차이를 쉽게 알 수 있다. 사전 객체를 만들 때는 중괄호 기호를 사용한다.

5 표준 사전 객체의 변형인 OrderedDict 서브클래스에서는 각 원소가 추가된 순서를 기억한다. 다음 문서를 참조하라. *https://docs.python.org/3/library/collections.html*

```
In [123]: d = {
              'Name' : 'Angela Merkel',
              'Country' : 'Germany',
              'Profession' : 'Chancelor',
              'Age' : 64
              }
          type(d)
Out[123]: dict

In [124]: print(d['Name'], d['Age'])
          Angela Merkel 64
```

사전 객체도 다양한 내장 메서드를 가진다.

```
In [125]: d.keys()
Out[125]: dict_keys(['Name', 'Country', 'Profession', 'Age'])

In [126]: d.values()
Out[126]: dict_values(['Angela Merkel', 'Germany', 'Chancelor', 64])

In [127]: d.items()
Out[127]: dict_items([('Name', 'Angela Merkel'), ('Country', 'Germany'),
                      ('Profession', 'Chancelor'), ('Age', 64)])

In [128]: birthday = True
          if birthday:
              d['Age'] += 1
          print(d['Age'])
          65
```

사전 객체에서 반복자 객체를 반환하는 메서드를 사용하면 리스트 객체와 같이 사전 객체를 기반으로 반복문을 실행할 수 있다.

```
In [129]: for item in d.items():
              print(item)
          ('Name', 'Angela Merkel')
          ('Country', 'Germany')
          ('Profession', 'Chancelor')
          ('Age', 65)

In [130]: for value in d.values():
```

```
    print(type(value))
<class 'str'>
<class 'str'>
<class 'str'>
<class 'int'>
```

사전 객체가 가진 몇 가지 연산과 메서드 목록을 다음 [표 3-3]에 나열했다.

표 3-3 사전 객체의 연산과 메서드 일부

메서드	인수	반환값/결과
d[k]	[k]	키 k에 대응하는 d의 원소
d[k] = x	[k]	x를 키 k에 대응하는 원소로 설정
del d[k]	[k]	키 k에 대응하는 d의 원소를 삭제
clear	()	모든 원소를 삭제
copy	()	복사본 생성
items	()	모든 키-값 쌍의 복사본
keys	()	모든 키의 복사본
values	()	모든 값의 복사본
popitem	(k)	키 k에 대응하는 d의 원소를 삭제하고 반환한다.
update	([e])	객체 e를 사용하여 원소를 갱신한다.

3.2.6 집합

이 장에서 다룰 마지막 자료구조는 집합set 객체다. 집합 이론은 수학과 금융 분야에서 중요한 초석이 되지만 실제로 집합 객체를 응용하는 경우는 많지 않다. 집합 객체는 중복되지 않고 순서가 존재하지 않는 여러 가지 객체의 모음이다.

```
In [131]: s = set(['u', 'd', 'ud', 'du', 'd', 'du'])
          s
Out[131]: {'d', 'du', 'u', 'ud'}

In [132]: t = set(['d', 'dd', 'uu', 'u'])
```

집합 객체를 이용하면 집합 이론에서 사용되는 연산을 쓸 수 있다. 예를 들어 두 집합의 합집합, 교집합, 차집합을 다음처럼 구할 수 있다.

```
In [133]: s.union(t)  ❶
Out[133]: {'d', 'dd', 'du', 'u', 'ud', 'uu'}

In [134]: s.intersection(t)  ❷
Out[134]: {'d', 'u'}

In [135]: s.difference(t)  ❸
Out[135]: {'du', 'ud'}

In [136]: t.difference(s)  ❹
Out[136]: {'dd', 'uu'}

In [137]: s.symmetric_difference(t)  ❺
Out[137]: {'dd', 'du', 'ud', 'uu'}
```

❶ s 또는 t에 속하는 원소의 집합: 합집합

❷ s와 t에 모두 속하는 원소의 집합: 교집합

❸ s에 속하고 t에 속하지 않는 원소의 집합: 차집합

❹ t에 속하고 s에 속하지 않는 원소의 집합: 차집합

❺ s와 t 둘 중 하나에만 속하는 원소의 집합

특히 리스트 객체에서 중복된 원소를 제거할 때 집합 객체를 활용할 수 있다.

```
In [138]: from random import randint
          l = [randint(0, 10) for i in range(1000)]  ❶
          len(l)  ❷
Out[138]: 1000

In [139]: l[:20]
Out[139]: [4, 2, 10, 2, 1, 10, 0, 6, 0, 8, 10, 9, 2, 4, 7, 8, 10, 8, 8, 2]

In [140]: s = set(l)
          s
Out[140]: {0, 1, 2, 3, 4, 5, 6, 7, 8, 9, 10}
```

❶ 0과 10 사이 임의의 정수를 1000개 생성한다.

❷ *l*의 원소 개수를 구한다.

3.3 마치며

기본 파이썬 인터프리터도 다양한 자료구조를 제공한다. 금융공학 관점에서는 다음과 같은 것들이 중요하다.

기본 자료형

금융에서는 정수, 부동소수점, 불리언, 문자열 자료형이 가장 기본이 되는 자료형이다.

기본 자료구조

튜플, 리스트, 사전, 집합 자료형은 금융에서 많이 응용된다. 특히 리스트 자료형은 가장 유연하며 많이 사용되는 자료형이다.

3.4 참고 문헌

이번 장에서는 금융공학 알고리즘이나 응용 분야에 도움이 되는 여러 가지 자료형과 자료구조를 살펴보았다. 하지만 이 내용은 어디까지나 파이썬 자료구조의 출발점에 불과하다. 여기에 더 깊게 공부할 수 있는 다양한 자료들이 있다. 파이썬 자료구조에 대한 공식 문서는 다음 링크에 있다.

- *https://docs.python.org/3/tutorial/datastructures.html*

이 장을 쓸 때 참고한 자료는 다음과 같다.

- Goodrich, Michael, et al. (2013). *Data Structures and Algorithms in Python*. Hoboken, NJ: John Wiley & Sons.

- Harrison, Matt (2017). *Illustrated Guide to Python 3*. CreateSpace Treading on Python Series.
- Ramalho, Luciano (2016). *Fluent Python*. Sebastopol, CA: O'Reilly.

정규표현식에 대한 입문 자료는 다음 책을 참조하기 바란다.

- Fitzgerald, Michael (2012). *Introducing Regular Expressions*. Sebastopol, CA: O'Reilly.

CHAPTER 4

NumPy를 사용한 수치 계산

컴퓨터는 쓸모없다. 그것들은 답만 줄 뿐이다.

—파블로 피카소Pablo Picasso

파이썬 인터프리터 자체도 다양한 자료구조를 제공하지만 NumPy와 다른 라이브러리를 사용하면 가치를 더할 수 있다. 이번 장에서는 균일 및 비균일 다차원 배열 객체와 코드 벡터화를 제공하는 NumPy에 초점을 맞춘다.

이번 장에서는 다음과 같은 내용을 다룬다.

객체 유형	의미	사용
ndarray (일반형)	n차원 배열 객체	대규모 수치 데이터 배열
ndarray (레코드)	2차원 배열 객체	열로 구성된 테이블 데이터

이 장의 구성은 다음과 같다.

데이터 배열

순수 파이썬 코드로 데이터 배열을 다루는 법을 알아본다.

정규 NumPy 배열

수치 데이터와 관계된 모든 데이터 처리에서 가장 중요한 정규 NumPy ndarray 클래스에 대한 핵심적인 절이다.

구조화 NumPy 배열

여러 열이 있는 테이블 데이터를 다루기 위한 구조화 (레코드) ndarray 객체에 대해 간단히 소개한다.

코드 벡터화

이 절에서는 코드 벡터화와 그 장점을 공부한다. 특정 시나리오에서 메모리 레이아웃memory layout의 중요성도 다룬다.

4.1 데이터 배열

3장에서 파이썬이 제공하는 여러 가지 유용하고 유연한 자료구조를 살펴보았다. 특히 리스트 객체는 유용한 특성이 많아 다양한 응용 분야에서 많이 활용되는 핵심 자료구조다. 이렇게 유연한 자료구조는 많은 메모리 사용이나 낮은 성능 등의 비용을 수반한다. 하지만 과학기술이나 금융 분야에서는 더 빠른 연산이 가능한 특별한 자료구조가 필요하다. 그중 하나가 바로 배열array이다. **배열**은 행row과 열column을 가진 기본 자료구조를 말한다.

이런 자료구조는 숫자가 아닌 다른 자료형에도 적용할 수 있지만 당분간은 숫자만 다룬다고 가정하겠다. 가장 단순한 경우는 수학적으로 **실수 벡터**vector of real numbers라고 부르는 1차원 배열이다. 실수는 내부적으로 부동소수점으로 표현된다. 1차원 배열은 하나의 열 혹은 행으로 구성된다. 더 일반적인 경우는 $i \times j$ 행렬을 나타내는 2차원 배열이다. 이를 고차원으로 확장하면 $i \times j \times k$ 3차원 배열 또는 더 나아가 $i \times j \times k \times l \times \cdots$ 크기의 다차원 배열이 된다.

선형대수나 벡터공간이론 등의 수학 이론을 보면 이러한 수학적 기본 구조가 얼마나 중요하게 쓰이는지 알 수 있다. 따라서 이러한 배열을 편리하고 효율적으로 다룰 수 있는 특별한 자료구조 클래스가 필요하다. NumPy 라이브러리와 ndarray 클래스가 바로 이런 목적으로 사용된다. 다음 절에서 ndarray 클래스를 소개하기 전에 이 절에서는 배열 대신 쓸 수 있는 두 가지 방법을 설명한다.

4.1.1 파이썬 리스트를 사용한 배열

우선 앞 절에서 배운 기본 자료형으로 배열을 구성해보자. 이 작업에 가장 적절한 것이 리스트 객체다. 리스트 객체는 그 자체로 1차원 배열로 쓸 수 있다.

```
In [1]: v = [0.5, 0.75, 1.0, 1.5, 2.0]  ❶
```

❶ 실수 원소를 가진 리스트 객체

리스트 객체는 또 다른 리스트 객체를 포함한 임의의 객체를 원소로 가질 수 있다. 따라서 중첩된 리스트 구조를 사용하면 2차원이나 다차원 배열도 쉽게 만들 수 있다.

```
In [2]: m = [v, v, v]  ❶
        m  ❷
Out[2]: [[0.5, 0.75, 1.0, 1.5, 2.0],
         [0.5, 0.75, 1.0, 1.5, 2.0],
         [0.5, 0.75, 1.0, 1.5, 2.0]]
```

❶ 리스트 객체를 원소로 가지는 리스트 객체

❷ 실수 행렬과 같다.

인덱싱으로 특정한 행을 선택하거나 이중 인덱싱으로 특정한 원소를 선택할 수도 있다(그러나 자료형과 자료구조 열을 선택하는 것은 쉽지 않다).

```
In [3]: m[1]
Out[3]: [0.5, 0.75, 1.0, 1.5, 2.0]

In [4]: m[1][0]
Out[4]: 0.5
```

중첩을 사용하면 더 복잡한 구조도 만들 수 있다.

```
In [5]: v1 = [0.5, 1.5]
        v2 = [1, 2]
        m = [v1, v2]
        c = [m, m]  ❶
        c
```

```
Out[5]: [[[0.5, 1.5], [1, 2]], [[0.5, 1.5], [1, 2]]]

In [6]: c[1][1][0]
Out[6]: 1
```

❶ 부동소수점 3차원 배열

방금 보여준 객체 조합 방식은 사실 참조 포인터를 사용한 방식이다. 무슨 의미인지 이해하려면 다음 코드를 살펴봐야 한다.

```
In [7]: v = [0.5, 0.75, 1.0, 1.5, 2.0]
        m = [v, v, v]
        m
Out[7]: [[0.5, 0.75, 1.0, 1.5, 2.0],
         [0.5, 0.75, 1.0, 1.5, 2.0],
         [0.5, 0.75, 1.0, 1.5, 2.0]]
```

이렇게 객체 v를 이용하여 객체 m을 구성하고 객체 v의 첫 번째 원소 값을 바꾸었을 때 객체 m이 어떻게 되는지 살펴보자.

```
In [8]: v[0] = 'Python'
        m
Out[8]: [['Python', 0.75, 1.0, 1.5, 2.0],
         ['Python', 0.75, 1.0, 1.5, 2.0],
         ['Python', 0.75, 1.0, 1.5, 2.0]]
```

이 문제를 해결하려면 copy 모듈의 deepcopy() 함수를 이용해야 한다.

```
In [9]: from copy import deepcopy
        v = [0.5, 0.75, 1.0, 1.5, 2.0]
        m = 3 * [deepcopy(v), ]  ❶
        m
Out[9]: [[0.5, 0.75, 1.0, 1.5, 2.0],
         [0.5, 0.75, 1.0, 1.5, 2.0],
         [0.5, 0.75, 1.0, 1.5, 2.0]]

In [10]: v[0] = 'Python'  ❷
         m  ❸
Out[10]: [[0.5, 0.75, 1.0, 1.5, 2.0],
```

```
         [0.5, 0.75, 1.0, 1.5, 2.0],
         [0.5, 0.75, 1.0, 1.5, 2.0]]
```

❶ 참조 포인터 대신에 실제 데이터를 복사한다.

❷ 원래 객체가 변화했다.

❸ 영향을 받지 않는다.

4.1.2 파이썬 array 클래스

파이썬에는 전용 배열 모듈이 있다. 이와 관련하여 파이썬 공식 문서(*https://docs.python.org/3/library/array.html*)에는 다음과 같이 나와 있다.

> 이 모듈은 문자열, 정수, 부동소수점 등의 기본 자료형의 배열을 표현하는 객체 유형을 정의한다.
>
> 배열은 리스트처럼 동작하는 시퀀스 자료형이지만 넣을 수 있는 자료형에 제한이 있다. 자료형은 객체를 생성할 때 한 글자로 된 자료형 코드를 써서 지정한다.

리스트 객체를 배열 객체로 만드는 다음 코드를 살펴보자.

```
In [11]: v = [0.5, 0.75, 1.0, 1.5, 2.0]

In [12]: import array

In [13]: a = array.array('f', v)  ❶
         a
Out[13]: array('f', [0.5, 0.75, 1.0, 1.5, 2.0])

In [14]: a.append(0.5)  ❷
         a
Out[14]: array('f', [0.5, 0.75, 1.0, 1.5, 2.0, 0.5])

In [15]: a.extend([5.0, 6.75])  ❷
         a
Out[15]: array('f', [0.5, 0.75, 1.0, 1.5, 2.0, 0.5, 5.0, 6.75])

In [16]: 2 * a  ❸
Out[16]: array('f', [0.5, 0.75, 1.0, 1.5, 2.0, 0.5, 5.0, 6.75, 0.5, 0.75, 1.0,
         1.5, 2.0, 0.5, 5.0, 6.75])
```

❶ 부동소수점 배열 객체를 만든다.

❷ 대부분의 작업은 리스트와 비슷하다.

❸ 스칼라곱을 할 수 있지만 원하는 결과와 달리 반복된 값이 나왔다.

객체에 다른 자료형 객체를 추가하려고 하면 TypeError가 발생한다.

```
In [17]: a.append('string')  ❶
         ---------------------------------------
         TypeErrorTraceback (most recent call last)
         <ipython-input-17-14cd6281866b> in <module>()
         ----> 1 a.append('string')  ❶
         TypeError: must be real number, not str

In [18]: a.tolist()  ❷
Out[18]: [0.5, 0.75, 1.0, 1.5, 2.0, 0.5, 5.0, 6.75]
```

❶ 부동소수점만 추가할 수 있다. 다른 데이터를 추가하면 에러가 발생한다.

❷ 하지만 이런 유연성이 필요하다면 리스트로 다시 변환할 수 있다.

array 클래스의 장점은 저장 및 읽기 기능이 내장되어 있다는 점이다.

```
In [19]: f = open('array.apy', 'wb')  ❶
         a.tofile(f)  ❷
         f.close()  ❸

In [20]: with open('array.apy', 'wb') as f:  ❹
             a.tofile(f)  ❹

In [21]: !ls -n arr*  ❺
         -rw-r--r--@ 1 503 20 32 Nov 7 11:46 array.apy
```

❶ 바이너리 데이터를 쓰기 위해 파일을 연다.

❷ 배열 데이터를 파일에 쓴다.

❸ 파일을 닫는다.

❹ with 문을 사용하여 같은 연산을 할 수 있다.

❺ 디스크에 파일이 있다는 것을 보인다.

데이터를 디스크에서 읽을 때도 자료형이 중요하다.

```
In [22]: b = array.array('f')  ❶

In [23]: with open('array.apy', 'rb') as f:  ❷
             b.fromfile(f, 5)  ❸

In [24]: b  ❹
Out[24]: array('f', [0.5, 0.75, 1.0, 1.5, 2.0])

In [25]: b = array.array('d')  ❹

In [26]: with open('array.apy', 'rb') as f:
             b.fromfile(f, 2)  ❺

In [27]: b  ❻
Out[27]: array('d', [0.0004882813645963324, 0.12500002956949174])
```

❶ 부동소수점으로 새 배열 객체를 만든다.

❷ 바이너리 데이터를 읽기 위해 파일을 연다.

❸ b 객체의 원소 다섯 개를 읽는다.

❹ 더블 자료형으로 새 배열 객체를 만든다.

❺ 두 개의 원소를 파일에서 읽는다.

❻ 자료형의 차이로 인해 다른 숫자가 들어갔다.

4.2 정규 NumPy 배열

앞서 보여준 바와 같이 리스트 객체를 사용해서 배열 구조를 만들 수 있다. 그러나 이 방식은 여러 가지 단점이 있는 데다 리스트 객체라는 것 자체가 원래 그런 목적으로 만든 것이 아니다. 리스트 자료형은 좀 더 일반적이고 광범위한 목적으로 사용되는 것이다. 배열을 잘 다루기 위해서는 이 목적에 특화된 새로운 클래스가 필요하다.

4.2.1 기초

이렇게 특화된 클래스가 바로 numpy.ndarray다. 이 클래스는 n차원 배열을 쉽고 효율적으로 다루기 위한 목적으로 만들어졌다. 이 클래스를 어떻게 사용하는지는 다음 예제를 보면 쉽게 알 수 있다.

```
In [28]: import numpy as np ❶

In [29]: a = np.array([0, 0.5, 1.0, 1.5, 2.0]) ❷
         a
Out[29]: array([0. , 0.5, 1. , 1.5, 2. ])

In [30]: type(a) ❷
Out[30]: numpy.ndarray

In [31]: a = np.array(['a', 'b', 'c']) ❸
         a
Out[31]: array(['a', 'b', 'c'], dtype='<U1')

In [32]: a = np.arange(2, 20, 2) ❹
         a
Out[32]: array([ 2, 4, 6, 8, 10, 12, 14, 16, 18])

In [33]: a = np.arange(8, dtype=np.float) ❺
         a
Out[33]: array([0., 1., 2., 3., 4., 5., 6., 7.])

In [34]: a[5:] ❻
Out[34]: array([5., 6., 7.])

In [35]: a[:2] ❻
Out[35]: array([0., 1.])
```

❶ numpy 패키지를 임포트한다.

❷ 부동소수점 리스트로 ndarray 객체를 생성한다.

❸ 문자열 리스트로 ndarray 객체를 생성한다.

❹ np.arange()는 range()와 비슷하게 동작한다.

❺ 하지만 dtype이라는 추가 인수를 받을 수 있다.

❻ 1차원 ndarray 객체에서는 인덱싱이 리스트와 같다.

numpy.ndarray 클래스의 가장 큰 특징은 다양한 내장 메서드가 있다는 점이다.

```
In [36]: a.sum()  ❶
Out[36]: 28.0

In [37]: a.std()  ❷
Out[37]: 2.29128784747792

In [38]: a.cumsum()  ❸
Out[38]: array([ 0., 1., 3., 6., 10., 15., 21., 28.])
```

❶ 모든 원소의 합을 계산한다.

❷ 모든 원소의 표준편차를 계산한다.

❸ 모든 원소의 누적합(인덱스 0부터 시작)을 계산한다.

또 다른 특징은 ndarray 객체에 대해 벡터화된 수학 연산이 가능하다는 점이다.

```
In [39]: l = [0., 0.5, 1.5, 3., 5.]
         2 * l  ❶
Out[39]: [0.0, 0.5, 1.5, 3.0, 5.0, 0.0, 0.5, 1.5, 3.0, 5.0]

In [40]: a
Out[40]: array([0., 1., 2., 3., 4., 5., 6., 7.])

In [41]: 2 * a  ❷
Out[41]: array([ 0., 2., 4., 6., 8., 10., 12., 14.])

In [42]: a ** 2  ❸
Out[42]: array([ 0., 1., 4., 9., 16., 25., 36., 49.])

In [43]: 2 ** a  ❹
Out[43]: array([ 1., 2., 4., 8., 16., 32., 64., 128.])

In [44]: a ** a  ❺
Out[44]: array([1.00000e+00, 1.00000e+00, 4.00000e+00, 2.70000e+01, 2.56000e+02,
         3.12500e+03, 4.66560e+04, 8.23543e+05])
```

❶ 리스트와 스칼라를 곱하면 원소를 반복한다.

❷ 하지만 ndarray는 올바른 스칼라곱을 구현한다.

❸ 각 원소의 제곱을 계산한다.

❹ 각 원소를 승수로 2의 제곱을 계산한다.

❺ 각 원소를 승수로 원소 값의 제곱을 계산한다.

유니버설 함수는 NumPy 패키지의 또 다른 특징이다. 이 함수는 파이썬 자료형뿐 아니라 ndarray 객체에도 똑같이 적용할 수 있다. 하지만 유니버설 함수를 파이썬 자료형에 적용하면 math 모듈을 사용할 때보다 성능이 감소한다는 것을 알아야 한다.

```
In [45]: np.exp(a)  ❶
Out[45]: array([1.00000000e+00, 2.71828183e+00, 7.38905610e+00, 2.00855369e+01,
                5.45981500e+01, 1.48413159e+02, 4.03428793e+02, 1.09663316e+03])

In [46]: np.sqrt(a)  ❷
Out[46]: array([0.        , 1.        , 1.41421356, 1.73205081, 2.        ,
                2.23606798, 2.44948974, 2.64575131])

In [47]: np.sqrt(2.5)  ❸
Out[47]: 1.5811388300841898

In [48]: import math  ❹

In [49]: math.sqrt(2.5)  ❹
Out[49]: 1.5811388300841898

In [50]: math.sqrt(a)  ❺
         ---------------------------------------
         TypeErrorTraceback (most recent call last)
         <ipython-input-50-b39de4150838> in <module>()
         ----> 1 math.sqrt(a)  ❺
         TypeError: only size-1 arrays can be converted to Python scalars

In [51]: %timeit np.sqrt(2.5)  ❻
         722 ns ± 13.7 ns per loop (mean ± std. dev. of 7 runs, 1000000 loops
          each)

In [52]: %timeit math.sqrt(2.5)  ❼
         91.8 ns ± 4.13 ns per loop (mean ± std. dev. of 7 runs, 10000000 loops
          each)
```

❶ 원소별로 지수함수를 계산한다.

❷ 원소별로 제곱근을 계산한다.

❸ 파이썬 부동소수점 자료형의 제곱근을 계산한다.

❹ 같은 연산을 math 모듈로 계산한다.

❺ math 모듈은 ndarray 객체에 바로 적용할 수 없다.

❻ 유니버설 함수 np.sqrt()를 파이썬 부동소수점 객체에 적용한다.

❼ math.sqrt() 함수보다 훨씬 느리다.

4.2.2 다차원

1차원에서 다차원으로 확장하는 것은 간단하다. 앞에서 보여준 모든 기능은 다차원에서도 일반적으로 쓸 수 있다. 특히 인덱싱 방법은 모든 차원의 배열에 일괄적으로 사용할 수 있다.

```
In [53]: b = np.array([a, a * 2])  ❶
         b
Out[53]: array([[ 0.,  1.,  2.,  3.,  4.,  5.,  6.,  7.],
                [ 0.,  2.,  4.,  6.,  8., 10., 12., 14.]])

In [54]: b[0]  ❷
Out[54]: array([0., 1., 2., 3., 4., 5., 6., 7.])

In [55]: b[0, 2]  ❸
Out[55]: 2.0

In [56]: b[:, 1]  ❹
Out[56]: array([1., 2.])

In [57]: b.sum()  ❺
Out[57]: 84.0

In [58]: b.sum(axis=0)  ❻
Out[58]: array([ 0.,  3.,  6.,  9., 12., 15., 18., 21.])

In [59]: b.sum(axis=1)  ❼
Out[59]: array([28., 56.])
```

❶ 1차원 배열을 사용하여 2차원 배열을 생성한다.

❷ 첫 번째 행을 선택한다.

❸ 첫 번째 행의 세 번째 원소를 선택하며 인덱스는 같은 괄호 안에서 쉼표로 분리한다.

❹ 두 번째 열을 선택한다.

❺ 모든 원소의 합을 계산한다.

❻ 첫 번째 축(열)의 합을 계산한다.

❼ 두 번째 축(행)의 합을 계산한다.

numpy.ndarray 객체를 만드는 방법은 여러 가지가 있는데 한 가지는 앞서 보인 바와 같이 np.array를 사용하는 방법이다. 다만 이 방법은 배열의 모든 원소 값을 이미 알고 있어야 한다는 단점이 있다. 처음에 특정한 원소 값이 없는 numpy.ndarray 객체를 만들고 나중에 코드를 실행하면서 각 원소의 값을 지정하는 방법을 원할 때는 다음과 같은 함수를 사용한다.

```
In [60]: c = np.zeros((2, 3), dtype='i', order='C')  ❶
         c
Out[60]: array([[0, 0, 0],
                [0, 0, 0]], dtype=int32)

In [61]: c = np.ones((2, 3, 4), dtype='i', order='C')  ❷
         c
Out[61]: array([[[1, 1, 1, 1],
                 [1, 1, 1, 1],
                 [1, 1, 1, 1]],
                [[1, 1, 1, 1],
                 [1, 1, 1, 1],
                 [1, 1, 1, 1]]], dtype=int32)

In [62]: d = np.zeros_like(c, dtype='f16', order='C')  ❸
         d
Out[62]: array([[[0., 0., 0., 0.],
                 [0., 0., 0., 0.],
                 [0., 0., 0., 0.]],
                [[0., 0., 0., 0.],
                 [0., 0., 0., 0.],
                 [0., 0., 0., 0.]]], dtype=float128)

In [63]: d = np.ones_like(c, dtype='f16', order='C')  ❸
         d
Out[63]: array([[[1., 1., 1., 1.],
                 [1., 1., 1., 1.],
                 [1., 1., 1., 1.]],
```

```
              [[1., 1., 1., 1.],
               [1., 1., 1., 1.],
               [1., 1., 1., 1.]]], dtype=float128)

In [64]: e = np.empty((2, 3, 2))  ❹
         e
Out[64]: array([[[0.00000000e+000, 0.00000000e+000],
                 [0.00000000e+000, 0.00000000e+000],
                 [0.00000000e+000, 0.00000000e+000]],
                [[0.00000000e+000, 0.00000000e+000],
                 [0.00000000e+000, 7.49874326e+247],
                 [1.28822975e-231, 4.33190018e-311]]])

In [65]: f = np.empty_like(c)  ❹
         f
Out[65]: array([[[ 0,         0,          0,          0],
                 [ 0,         0,          0,          0],
                 [ 0,         0,          0,          0]],
                [[ 0,         0,          0,          0],
                 [ 0,         0, 740455269, 1936028450],
                 [ 0, 268435456, 1835316017,       2041]]], dtype=int32)

In [66]: np.eye(5)  ❺
Out[66]: array([[1., 0., 0., 0., 0.],
                [0., 1., 0., 0., 0.],
                [0., 0., 1., 0., 0.],
                [0., 0., 0., 1., 0.],
                [0., 0., 0., 0., 1.]])

In [67]: g = np.linspace(5, 15, 12)  ❻
         g
Out[67]: array([ 5.        ,  5.90909091,  6.81818182,  7.72727273,  8.63636364,
                 9.54545455, 10.45454545, 11.36363636, 12.27272727, 13.18181818,
                14.09090909, 15.        ])
```

❶ 0을 원소로 갖는 ndarray 객체를 생성한다.

❷ 1을 원소로 갖는 ndarray 객체를 생성한다.

❸ 같은 동작이지만 다른 배열의 크기를 참조한다.

❹ 아무 값이나 들어 있는 배열을 생성한다(값은 메모리상태에 의존한다).

❺ 대각성분이 1인 정방행렬을 생성한다.

❻ 시작점, 끝점 그리고 원소의 개수를 지정하여 1차원 ndarray 객체를 생성한다.

이 함수들을 사용할 때는 다음과 같은 정보를 포함해야 한다.

shape

정수 혹은 정수의 시퀀스, 또는 원하는 형상을 가진 다른 `numpy.ndarray` 객체다.

dtype (옵션)

`numpy.dtype` 객체. 이 객체는 `numpy.ndarray` 객체의 자료형을 표현하기 위한 NumPy만의 특별한 자료형이다.

order (옵션)

메모리에 원소를 저장하는 순서. C면 C 언어와 같이 행 기반으로 저장하고 F면 포트란처럼 열 기반으로 저장한다.

리스트와 비교하면 NumPy의 `ndarray` 클래스가 배열에 특화되어 있다는 것이 명확하다.

- `ndarray` 객체는 축이라는 내장 차원을 가지고 있다.
- `ndarray` 객체는 불변이고 크기가 고정되어 있다.
- 전체 배열에 한 가지 자료형만 넣을 수 있다.

`order` 인수의 역할은 이 장 후반부에서 다시 살펴보자. `numpy.dtype` 객체 목록, 즉 NumPy에서 쓸 수 있는 기본 자료형을 정리하면 다음 [표 4-1]과 같다.

표 4-1 NumPy의 dtype 객체

dtype	설명	사용 예
b	불리언	b (참 혹은 거짓)
i	정수	i8 (64비트)
u	부호 없는 정수	u8 (64비트)
f	부동소수점	f8 (64비트)
c	복소수 부동소수점	c16 (128비트)
O	객체	O (객체에 대한 포인터)

dtype	설명	사용 예
S, a	문자열	S24 (24 글자)
U	유니코드 문자열	U24 (24 유니코드 글자)
V	기타	V12 (12바이트의 데이터 블록)

4.2.3 메타정보

모든 ndarray 객체는 몇 가지 유용한 속성이 있다.

```
In [68]: g.size  ❶
Out[68]: 12

In [69]: g.itemsize  ❷
Out[69]: 8

In [70]: g.ndim  ❸
Out[70]: 1

In [71]: g.shape  ❹
Out[71]: (12,)

In [72]: g.dtype  ❺
Out[72]: dtype('float64')

In [73]: g.nbytes  ❻
Out[73]: 96
```

❶ 원소의 개수

❷ 원소 하나에 사용된 바이트 수

❸ 차원의 수

❹ ndarray 객체의 형상

❺ 원소의 dtype(자료형)

❻ 사용된 메모리 총량

4.2.4 형태 변환과 크기 변환

ndarray 객체는 불변 객체지만 형태와 크기를 바꿀 수 있는 몇 가지 옵션이 있다. 형태를 바꾸는 것은 같은 데이터에 대한 뷰view만 바꾸는 것이나 크기를 바꾸는 것은 새로운 객체를 생성하는 것이다. 우선 형태 변환 예제를 살펴보자.

```
In [74]: g = np.arange(15)

In [75]: g
Out[75]: array([ 0, 1, 2, 3, 4, 5, 6, 7, 8, 9, 10, 11, 12, 13, 14])

In [76]: g.shape ❶
Out[76]: (15,)

In [77]: np.shape(g) ❶
Out[77]: (15,)

In [78]: g.reshape((3, 5)) ❷
Out[78]: array([[ 0,  1,  2,  3,  4],
                [ 5,  6,  7,  8,  9],
                [10, 11, 12, 13, 14]])

In [79]: h = g.reshape((5, 3)) ❸
         h
Out[79]: array([[ 0,  1,  2],
                [ 3,  4,  5],
                [ 6,  7,  8],
                [ 9, 10, 11],
                [12, 13, 14]])

In [80]: h.T ❹
Out[80]: array([[ 0, 3, 6,  9, 12],
                [ 1, 4, 7, 10, 13],
                [ 2, 5, 8, 11, 14]])

In [81]: h.transpose() ❹
Out[81]: array([[ 0, 3, 6,  9, 12],
                [ 1, 4, 7, 10, 13],
                [ 2, 5, 8, 11, 14]])
```

❶ 원래 ndarray 객체의 형상

❷ 2차원으로 형태 변환

❸ 새 객체를 생성한다.

❹ 새 객체의 전치 연산을 수행한다.

형태 변환을 할 때는 ndarray 객체 전체 원소의 개수가 변하지 않는다. 크기 변환을 할 때는 개수가 변한다. 작아지거나(다운사이징down-sizing) 커지거나(업사이징up-sizing) 한다. 크기 변환의 몇 가지 예를 들면 다음과 같다.

```
In [82]: g
Out[82]: array([ 0, 1, 2, 3, 4, 5, 6, 7, 8, 9, 10, 11, 12, 13, 14])

In [83]: np.resize(g, (3, 1))  ❶
Out[83]: array([[0],
                [1],
                [2]])

In [84]: np.resize(g, (1, 5))  ❶
Out[84]: array([[0, 1, 2, 3, 4]])

In [85]: np.resize(g, (2, 5))  ❶
Out[85]: array([[0, 1, 2, 3, 4],
                [5, 6, 7, 8, 9]])

In [86]: n = np.resize(g, (5, 4))  ❷
         n
Out[86]: array([[ 0,  1,  2,  3],
                [ 4,  5,  6,  7],
                [ 8,  9, 10, 11],
                [12, 13, 14,  0],
                [ 1,  2,  3,  4]])
```

❶ 2차원 다운사이징

❷ 2차원 업사이징

스택stack은 두 ndarray 객체를 가로 혹은 세로로 붙이는 특수한 연산이다. 하지만 연결되는 차원의 크기는 같아야 한다.

```
In [87]: h
Out[87]: array([[ 0,  1,  2],
```

```
             [ 3,  4,  5],
             [ 6,  7,  8],
             [ 9, 10, 11],
             [12, 13, 14]])

In [88]: np.hstack((h, 2 * h))  ❶
Out[88]: array([[ 0,  1,  2,  0,  2,  4],
                [ 3,  4,  5,  6,  8, 10],
                [ 6,  7,  8, 12, 14, 16],
                [ 9, 10, 11, 18, 20, 22],
                [12, 13, 14, 24, 26, 28]])

In [89]: np.vstack((h, 0.5 * h))  ❷
Out[89]: array([[ 0. ,  1. ,  2. ],
                [ 3. ,  4. ,  5. ],
                [ 6. ,  7. ,  8. ],
                [ 9. , 10. , 11. ],
                [12. , 13. , 14. ],
                [ 0. ,  0.5,  1. ],
                [ 1.5,  2. ,  2.5],
                [ 3. ,  3.5,  4. ],
                [ 4.5,  5. ,  5.5],
                [ 6. ,  6.5,  7. ]])
```

❶ 두 ndarray 객체의 가로 방향 스택

❷ 두 ndarray 객체의 세로 방향 스택

또 다른 특수 연산은 다차원 ndarray 객체를 1차원 객체로 펼치는 것이다. 펼치는 작업을 행 단위로 할지 열 단위로 할지 선택할 수 있다.

```
In [90]: h
Out[90]: array([[ 0,  1,  2],
                [ 3,  4,  5],
                [ 6,  7,  8],
                [ 9, 10, 11],
                [12, 13, 14]])

In [91]: h.flatten()  ❶
Out[91]: array([ 0, 1, 2, 3, 4, 5, 6, 7, 8, 9, 10, 11, 12, 13, 14])

In [92]: h.flatten(order='C')  ❶
```

```
Out[92]: array([ 0, 1, 2, 3, 4, 5, 6, 7, 8, 9, 10, 11, 12, 13, 14])

In [93]: h.flatten(order='F')  ❷
Out[93]: array([ 0, 3, 6, 9, 12, 1, 4, 7, 10, 13, 2, 5, 8, 11, 14])

In [94]: for i in h.flat:  ❸
             print(i, end=',')
         0,1,2,3,4,5,6,7,8,9,10,11,12,13,14,

In [95]: for i in h.ravel(order='C'):  ❹
             print(i, end=',')
         0,1,2,3,4,5,6,7,8,9,10,11,12,13,14,

In [96]: for i in h.ravel(order='F'):  ❹
             print(i, end=',')
         0,3,6,9,12,1,4,7,10,13,2,5,8,11,14,
```

❶ 펼치기 연산의 기본 순서는 열 순서다.

❷ 행 순서로 펼치기

❸ `flat` 반복자(열 순서)

❹ `ravel()` 메서드는 `flatten()` 메서드와 같다.

4.2.5 불리언 배열

일반적인 비교나 논리 연산은 다른 파이썬 자료형과 같이 `ndarray` 객체에 원소별로 작동할 수 있다. 결과는 불리언 배열로 나온다.

```
In [97]: h
Out[97]: array([[ 0,  1,  2],
                [ 3,  4,  5],
                [ 6,  7,  8],
                [ 9, 10, 11],
                [12, 13, 14]])

In [98]: h > 8  ❶
Out[98]: array([[False, False, False],
                [False, False, False],
                [False, False, False],
                [ True,  True,  True],
```

```
              [ True,  True,  True]])

In [99]: h <= 7  ❷
Out[99]: array([[ True,  True,  True],
              [ True,  True,  True],
              [ True,  True, False],
              [False, False, False],
              [False, False, False]])

In [100]: h == 5  ❸
Out[100]: array([[False, False, False],
               [False, False,  True],
               [False, False, False],
               [False, False, False],
               [False, False, False]])

In [101]: (h == 5).astype(int)  ❹
Out[101]: array([[0, 0, 0],
               [0, 0, 1],
               [0, 0, 0],
               [0, 0, 0],
               [0, 0, 0]])

In [102]: (h > 4) & (h <= 12)  ❺
Out[102]: array([[False, False, False],
               [False, False,  True],
               [ True,  True,  True],
               [ True,  True,  True],
               [ True, False, False]])
```

❶ 크다.

❷ 작거나 같다.

❸ 같다.

❹ 참과 거짓을 정수형 0과 1로 표현

❺ 4보다 크고 12보다 작거나 같다.

이렇게 나온 불리언 배열은 인덱싱이나 데이터 선택에 사용할 수 있다. 다만 연산을 하면 데이터가 펼쳐진다는 것에 주의하기 바란다.

```
In [103]: h[h > 8]  ❶
Out[103]: array([ 9, 10, 11, 12, 13, 14])

In [104]: h[(h > 4) & (h <= 12)]  ❷
Out[104]: array([ 5, 6, 7, 8, 9, 10, 11, 12])

In [105]: h[(h < 4) | (h >= 12)]  ❸
Out[105]: array([ 0, 1, 2, 3, 12, 13, 14])
```

❶ 8보다 큰 수를 출력한다.

❷ 8보다 크고 12보다 작거나 같은 수를 출력한다.

❸ 4보다 작거나 22보다 크거나 같은 수를 출력한다.

이런 종류의 도구 중 강력한 것이 `np.where()` 함수다. 이 함수는 조건이 참인지 거짓인지에 따라 연산이나 동작을 어떻게 할지 정의할 수 있다. `np.where()`를 적용한 결과는 원래의 배열과 같은 크기의 새로운 `ndarray` 객체가 된다.

```
In [106]: np.where(h > 7, 1, 0)  ❶
Out[106]: array([[0, 0, 0],
                 [0, 0, 0],
                 [0, 0, 1],
                 [1, 1, 1],
                 [1, 1, 1]])

In [107]: np.where(h % 2 == 0, 'even', 'odd')  ❷
Out[107]: array([['even',  'odd', 'even'],
                 [ 'odd', 'even',  'odd'],
                 ['even',  'odd', 'even'],
                 [ 'odd', 'even',  'odd'],
                 ['even',  'odd', 'even']], dtype='<U4')

In [108]: np.where(h <= 7, h * 2, h / 2)  ❸
Out[108]: array([[ 0. ,  2. ,  4. ],
                 [ 6. ,  8. , 10. ],
                 [12. , 14. ,  4. ],
                 [ 4.5,  5. ,  5.5],
                 [ 6. ,  6.5,  7. ]])
```

❶ 새 객체는 참이면 `1`, 거짓이면 `0`이다.

❷ 새 객체는 참이면 even, 거짓이면 odd이다.

❸ 새 객체는 참이면 h의 두 배, 거짓이면 h의 절반이다.

다른 장에서도 ndarray 객체의 여러 중요한 연산의 예제를 볼 수 있을 것이다.

4.2.6 속도 비교

단일 자료형을 가지지 않는 구조화 배열을 설명하기 전에 마지막으로 단일 자료형을 가진 보통의 NumPy 배열을 사용할 때 얻을 수 있는 성능 향상을 살펴보자.

간단한 예로 5000×5000 원소를 가진 행렬/배열을 표준정규분포 난수를 사용하여 생성하는 경우를 가정해보자. 우리는 이 배열의 모든 원소의 합을 구하고자 한다. 우선 NumPy를 쓰지 않고 순수 파이썬만으로 구현해본다. 이때 리스트 조건제시법과 람다 함수 등의 함수형 프로그래밍 메서드를 사용한다.

```
In [109]: import random
          I = 5000

In [110]: %time mat = [[random.gauss(0, 1) for j in range(I)] \
                        for i in range(I)]  ❶
          CPU times: user 17.1 s, sys: 361 ms, total: 17.4 s
          Wall time: 17.4 s

In [111]: mat[0][:5]  ❷
Out[111]: [-0.40594967782329183,
           -1.357757478015285,
            0.05129566894355976,
           -0.8958429976582192,
            0.6234174778878331]

In [112]: %time sum([sum(l) for l in mat])  ❸
          CPU times: user 142 ms, sys: 1.69 ms, total: 144 ms
          Wall time: 143 ms
Out[112]: -3561.944965714259

In [113]: import sys
          sum([sys.getsizeof(l) for l in mat])  ❹
Out[113]: 215200000
```

❶ 리스트 조건제시법을 사용한 행렬을 생성한다.

❷ 일반 난수를 선택한다.

❸ 리스트 조건제시법 내에서 합을 계산하고 다시 그 합을 계산한다.

❹ 모든 리스트 원소가 사용한 메모리의 합을 계산한다.

이번에는 같은 문제를 NumPy를 사용하여 풀어보자. 난수를 생성할 때에도 NumPy 부속 라이브러리인 numpy.random을 사용하여 바로 numpy.ndarray 형식의 난수를 생성한다.

```
In [114]: %time mat = np.random.standard_normal((I, I))  ❶
          CPU times: user 1.01 s, sys: 200 ms, total: 1.21 s
          Wall time: 1.21 s

In [115]: %time mat.sum()  ❷
          CPU times: user 29.7 ms, sys: 1.15 ms, total: 30.8 ms
          Wall time: 29.4 ms
Out[115]: -186.12767026606448

In [116]: mat.nbytes  ❸
Out[116]: 200000000

In [117]: sys.getsizeof(mat)  ❸
Out[117]: 200000112
```

❶ 표준정규분포 난수를 가지는 ndarray 객체를 생성한다. 약 14배 빠르다.

❷ ndarray 객체 모든 수의 합을 계산한다. 약 4.5배 빠르다.

❸ NumPy 방법은 데이터 이외의 메모리 오버헤드를 줄여주므로 메모리 사용도 적다.

TIP NumPy 배열 사용하기

NumPy의 배열 연산과 알고리즘을 사용하면 순수 파이썬 코드보다 간결하고 읽기 쉬운 코드를 만들 수 있으며 성능도 획기적으로 개선할 수 있다.

4.3 구조화 NumPy 배열

numpy.ndarray를 사용하면 여러 가지 장점이 있지만 단일 자료형 숫자 배열 연산에 특화되어 있어서 다양한 배열 기반 알고리즘이나 응용 분야에 사용하기 힘들 수 있다. 이 경우를 위해 NumPy에서는 각 열마다 다른 자료형을 사용할 수 있는 구조화 배열structured array과 recarray 레코드 객체(*http://bit.ly/2DHsXgn*)를 지원한다. 그런데 '각 열마다'라는 말은 무슨 의미일까? 다음과 같은 구조화 배열 객체를 생성해보자.

```
In [118]: dt = np.dtype([('Name', 'S10'), ('Age', 'i4'),
                         ('Height', 'f'), ('Children/Pets', 'i4', 2)])  ❶

In [119]: dt  ❶
Out[119]: dtype([('Name', 'S10'), ('Age', '<i4'), ('Height', '<f4'),
                ('Children/Pets', '<i4', (2,))])

In [120]: dt = np.dtype({'names': ['Name', 'Age', 'Height', 'Children/Pets'],
                         'formats':'O int float int,int'.split()})  ❷

In [121]: dt  ❷
Out[121]: dtype([('Name', 'O'), ('Age', '<i8'), ('Height', '<f8'),
                ('Children/Pets', [('f0', '<i8'), ('f1', '<i8')])])

In [122]: s = np.array([('Smith', 45, 1.83, (0, 1)),
                        ('Jones', 53, 1.72, (2, 2))], dtype=dt)  ❸

In [123]: s  ❸
Out[123]: array([('Smith', 45, 1.83, (0, 1)), ('Jones', 53, 1.72, (2, 2))],
                dtype=[('Name', 'O'), ('Age', '<i8'), ('Height', '<f8'),
                ('Children/Pets', [('f0', '<i8'), ('f1', '<i8')])])

In [124]: type(s)  ❹
Out[124]: numpy.ndarray
```

❶ 복합 dtype을 만든다.

❷ 동일한 결과를 만드는 다른 문법이다.

❸ 두 개의 레코드를 가지는 구조화 ndarray 객체를 생성한다.

❹ 객체 자료형은 여전히 ndarray다.

구조화 배열 객체를 생성하는 일은 SQL 데이터베이스 테이블을 생성하는 것과 아주 유사하다. 데이터베이스 테이블 생성 때와 마찬가지로 각 열의 이름과 자료형, 문자열의 최대 글자 수 같은 추가 정보를 지정해야 한다. 각 열은 이름으로 참조할 수 있다. 특정한 행, 즉 레코드를 선택하면 선택된 객체는 마치 사전 객체와 같이 쓸 수 있다. 다시 말해 키를 이용하여 값을 참조할 수 있다.

```
In [125]: s['Name']  ❶
Out[125]: array(['Smith', 'Jones'], dtype=object)

In [126]: s['Height'].mean()  ❷
Out[126]: 1.775

In [127]: s[0]  ❸
Out[127]: ('Smith', 45, 1.83, (0, 1))

In [128]: s[1]['Age']  ❹
Out[128]: 53
```

❶ 열을 이름으로 선택한다.

❷ 선택된 열에 대한 메서드를 호출한다.

❸ 레코드를 선택한다.

❹ 레코드 내의 필드를 선택한다.

요약하면 구조화 배열은 모든 원소가 같은 자료형인 일반 배열과 달리 각 열마다 다른 자료형을 사용할 수 있다. 이 경우 배열의 열은 SQL 데이터베이스 테이블의 열과 의미가 비슷하다.

구조화 배열의 장점은 열의 요소를 또 다른 다차원 배열 객체로 만들 수 있으며 기본 NumPy 자료형을 따르지 않아도 된다는 점이다.

TIP 구조화 배열

NumPy 라이브러리는 일반적인 배열 이외에 구조화 배열을 제공한다. 구조화 배열은 열마다 다른 자료형을 가진 복잡한 배열 기반 자료를 기술하고 처리할 수 있다. 파이썬에서 구조화 배열을 쓰면 numpy.ndarray 객체의 문법, 메서드, 연산 성능을 SQL 테이블과 같은 자료구조에 적용할 수 있다.

4.4 코드 벡터화

코드 벡터화는 코드를 더 간결하게 하고 실행 속도를 높이기 위한 전략이다. 기본 아이디어는 복잡한 객체에 연산이나 함수를 적용할 때 객체가 포함하는 원소 하나하나에 반복 적용하는 것이 아니라 객체 전체에 한번만 적용하는 것이다. 파이썬에서는 map(), filter()와 같은 도구로 벡터화를 할 수 있고 NumPy를 사용하면 좀 더 깊은 부분까지 벡터화가 가능하다.

4.4.1 기본적인 벡터화

앞에서 배운 대로 간단한 수학 연산은 바로 numpy.ndarray 객체에 적용할 수 있다. 예를 들어 다음과 같이 두 개의 NumPy 배열을 원소끼리 더할 수 있다.

```
In [129]: np.random.seed(100)
          r = np.arange(12).reshape((4, 3))  ❶
          s = np.arange(12).reshape((4, 3)) * 0.5  ❷

In [130]: r  ❶
Out[130]: array([[ 0,  1,  2],
                 [ 3,  4,  5],
                 [ 6,  7,  8],
                 [ 9, 10, 11]])

In [131]: s  ❷
Out[131]: array([[0. , 0.5, 1. ],
                 [1.5, 2. , 2.5],
                 [3. , 3.5, 4. ],
                 [4.5, 5. , 5.5]])

In [132]: r + s  ❸
Out[132]: array([[ 0. ,  1.5,  3. ],
                 [ 4.5,  6. ,  7.5],
                 [ 9. , 10.5, 12. ],
                 [13.5, 15. , 16.5]])
```

❶ 난수를 가지는 첫 번째 ndarray 객체

❷ 난수를 가지는 두 번째 ndarray 객체

❸ 원소별 벡터화 덧셈(루프 없음)

NumPy는 브로드캐스팅을 지원하는데 이것을 사용하면 두 개의 서로 다른 형상을 가진 객체를 조합할 수 있다. 우리는 이미 이 기능을 사용한 적이 있다. 다음 예제를 보자.

```
In [133]: r + 3
Out[133]: array([[ 3,  4,  5],
                 [ 6,  7,  8],
                 [ 9, 10, 11],
                 [12, 13, 14]])

In [134]: 2 * r
Out[134]: array([[ 0,  2,  4],
                 [ 6,  8, 10],
                 [12, 14, 16],
                 [18, 20, 22]])

In [135]: 2 * r + 3
Out[135]: array([[ 3,  5,  7],
                 [ 9, 11, 13],
                 [15, 17, 19],
                 [21, 23, 25]])
```

❶ 스칼라 덧셈을 하면 스칼라가 브로드캐스팅되어 모든 원소에 더해진다.

❷ 스칼라 곱셈을 하면 스칼라가 브로드캐스팅되어 모든 원소에 곱해진다.

❸ 선형 조합은 두 연산을 조합한 것이다.

두 객체의 형상이 다른 경우에도 어느 정도까지는 브로드캐스팅이 작동한다.

```
In [136]: r
Out[136]: array([[ 0,  1,  2],
                 [ 3,  4,  5],
                 [ 6,  7,  8],
                 [ 9, 10, 11]])

In [137]: r.shape
Out[137]: (4, 3)

In [138]: s = np.arange(0, 12, 4)  ❶
          s  ❶
Out[138]: array([0, 4, 8])
```

```
In [139]: r + s  ❷
Out[139]: array([[ 0,  5, 10],
                 [ 3,  8, 13],
                 [ 6, 11, 16],
                 [ 9, 14, 19]])

In [140]: s = np.arange(0, 12, 3)  ❸
          s  ❸
Out[140]: array([0, 3, 6, 9])

In [141]: r + s  ❹
          ---------------------------------------
          ValueErrorTraceback (most recent call last)
          <ipython-input-141-1890b26ec965> in <module>()
          ----> 1 r + s  ❹
          ValueError: operands could not be broadcast together
          with shapes (4,3) (4,)

In [142]: r.transpose() + s  ❺
Out[142]: array([[ 0, 6, 12, 18],
                 [ 1, 7, 13, 19],
                 [ 2, 8, 14, 20]])

In [143]: sr = s.reshape(-1, 1)  ❻
          sr
Out[143]: array([[0],
                 [3],
                 [6],
                 [9]])

In [144]: sr.shape  ❻
Out[144]: (4, 1)

In [145]: r + s.reshape(-1, 1)  ❻
Out[145]: array([[ 0,  1,  2],
                 [ 6,  7,  8],
                 [12, 13, 14],
                 [18, 19, 20]])
```

❶ 길이가 3인 새 1차원 ndarray 객체

❷ r 행렬과 s 벡터 객체를 바로 더할 수 있다.

❸ 길이가 4인 또 다른 1차원 ndarray 객체

❹ 새 s 객체는 원래 r 객체의 두 번째 차원과 길이가 다르다.

❺ r을 전치 연산하면 벡터화 덧셈이 가능하다.

❻ 아니면 s의 형상을 (4,1)로 바꿔도 된다.

일반적으로 사용자가 만든 파이썬 함수에서도 numpy.ndarray를 사용할 수 있다. 함수에서 배열을 마치 정수나 부동소수점처럼 사용하는 것도 가능하다. 다음 함수를 보자.

```
In [146]: def f(x):  ❶
              return 3 * x + 5

In [147]: f(0.5)  ❷
Out[147]: 6.5

In [148]: f(r)  ❸
Out[148]: array([[ 5,  8, 11],
                 [14, 17, 20],
                 [23, 26, 29],
                 [32, 35, 38]])
```

❶ 인수 x를 선형조합하는 간단한 파이썬 함수를 구현한다.

❷ 함수에 파이썬 부동소수점을 적용한다.

❸ 같은 함수에 ndarray 객체를 적용하면 벡터화 연산을 한다.

NumPy가 하는 일은 객체의 모든 원소에 대해 함수 f를 적용하는 것이다. 이런 방식으로 반복문을 사용하지 않고도 연산할 수 있다. 물론 반복문은 파이썬 수준에서 없어지는 것이고 실제로는 NumPy 내부로 위임된다. NumPy 내부에서는 numpy.ndarray 객체에 대한 반복문이 대부분 C로 쓰여져 있으며 성능이 최적화된 코드를 사용하므로 순수 파이썬 수준에 비해 속도가 매우 빨라진다. 이것이 바로 NumPy나 배열을 사용하는 경우에 성능 향상이 가능한 이유다.

4.4.2 메모리 레이아웃

numpy.zero() 함수로 다차원 ndarray 객체를 생성할 때는 메모리 레이아웃에 대한 인수를 추가로 설정할 수 있다. 이 인수가 지정하는 것은 배열의 각 원소가 메모리상에 저장되는 방식이다. 작은 배열을 다룰 때는 어떤 방식을 지정하더라도 큰 영향이 없지만 배열의 크기가 커지면 배열에 어떤 연산을 하느냐에 따라 성능이 달라진다(Eli Bendersky의 논문 「Memory Layout of Multi-Dimensional Arrays」을 참조하라. *http://bit.ly/2K8rujN*).

이제 과학기술 및 금융 분야에서 메모리 레이아웃 방식의 영향을 알아보기 위해 다음과 같은 다차원 ndarray 객체를 만들어보자.

```
In [149]: x = np.random.standard_normal((1000000, 5))  ❶

In [150]: y = 2 * x + 3  ❷

In [151]: C = np.array((x, y), order='C')  ❸

In [152]: F = np.array((x, y), order='F')  ❹

In [153]: x = 0.0; y = 0.0  ❺

In [154]: C[:2].round(2)  ❻
Out[154]: array([[[-1.75,  0.34,  1.15, -0.25,  0.98],
                  [ 0.51,  0.22, -1.07, -0.19,  0.26],
                  [-0.46,  0.44, -0.58,  0.82,  0.67],
                  ...,
                  [-0.05,  0.14,  0.17,  0.33,  1.39],
                  [ 1.02,  0.3 , -1.23, -0.68, -0.87],
                  [ 0.83, -0.73,  1.03,  0.34, -0.46]],
                 [[-0.5 ,  3.69,  5.31,  2.5 ,  4.96],
                  [ 4.03,  3.44,  0.86,  2.62,  3.51],
                  [ 2.08,  3.87,  1.83,  4.63,  4.35],
                  ...,
                  [ 2.9 ,  3.28,  3.33,  3.67,  5.78],
                  [ 5.04,  3.6 ,  0.54,  1.65,  1.26],
                  [ 4.67,  1.54,  5.06,  3.69,  2.07]]])
```

❶ 비대칭 2차원 ndarray 객체를 생성한다.

❷ 원래 객체 데이터의 선형조합

❸ C 순서 (행 방향) 2차원 ndarray 객체를 생성한다.

❹ F 순서 (열 방향) 2차원 ndarray 객체를 생성한다.

❺ 메모리 해제(가비지 컬렉션)

❻ C 객체의 원소 일부

이 두 가지 ndarray 객체에 기본적인 연산을 적용하여 속도 차이를 살펴보자.

```
In [155]: %timeit C.sum() ❶
          4.36 ms ± 89.3 µs per loop (mean ± std. dev. of 7 runs, 100 loops each)

In [156]: %timeit F.sum() ❶
          4.21 ms ± 71.4 µs per loop (mean ± std. dev. of 7 runs, 100 loops each)

In [157]: %timeit C.sum(axis=0) ❷
          17.9 ms ± 776 µs per loop (mean ± std. dev. of 7 runs, 100 loops each)

In [158]: %timeit C.sum(axis=1) ❸
          35.1 ms ± 999 µs per loop (mean ± std. dev. of 7 runs, 10 loops each)

In [159]: %timeit F.sum(axis=0) ❷
          83.8 ms ± 2.63 ms per loop (mean ± std. dev. of 7 runs, 10 loops each)

In [160]: %timeit F.sum(axis=1) ❸
          67.9 ms ± 5.16 ms per loop (mean ± std. dev. of 7 runs, 10 loops each)

In [161]: F = 0.0; C = 0.0
```

❶ 모든 원소의 합을 계산한다.

❷ 각 행의 합을 계산한다.

❸ 각 열의 합을 계산한다.

성능 결과는 다음과 같이 요약할 수 있다.

- 모든 원소를 더할 때는 메모리 레이아웃이 영향을 미치지 않는다.
- C-순서 객체를 더하는 것이 행 방향이든 열 방향이든 절대적으로 더 빠르다.
- C-순서 객체는 행 방향으로 더하는 것이 열 방향으로 더하는 것보다 빠르다.
- F-순서 객체는 열 방향으로 더하는 것이 행 방향으로 더하는 것보다 빠르다.

4.5 마치며

NumPy는 수치 계산을 위한 최적의 파이썬 패키지다. ndarray 클래스는 대규모 수치 데이터를 편리하고 효율적으로 다룰 수 있게 특별히 설계되었다. NumPy의 강력한 메서드와 유니버설 함수를 사용하여 벡터화 연산을 하면 파이썬 수준의 느린 반복문을 피할 수 있다. 이 장에 소개된 많은 방법들은 5장 pandas의 DataFrame 클래스에서도 사용된다.

4.6 참고 문헌

NumPy 웹사이트에는 유용한 자료가 많다.

- *http://www.numpy.org/*

다음은 NumPy에 관한 좋은 책들이다.

- McKinney, Wes (2017). *Python for Data Analysis*. Sebastopol, CA: O'Reilly.
- VanderPlas, Jake (2016). *Python Data Science Handbook*. Sebastopol, CA: O'Reilly.

CHAPTER 5

pandas를 사용한 데이터 분석

> 데이터! 데이터! 데이터! 진흙 없이는 벽돌을 만들 수 없어!
>
> —셜록 홈즈Sherlock Holmes

이 장은 테이블 데이터를 중심으로 데이터를 분석하는 라이브러리인 pandas를 다룬다. pandas는 그 자체로도 많은 유용한 클래스와 함수를 제공하지만 다른 패키지의 기능도 훌륭하게 활용하는 대단한 도구다. 데이터 분석 특히 금융 분석에 있어 편리하고 효율적인 작업을 가능하게 하는 사용자 인터페이스를 제공한다.

이 장은 다음과 같은 중요한 자료구조를 다룬다.

객체 유형	의미	사용처
`DataFrame`	인덱스가 있는 2차원 데이터 객체	열로 구성된 테이블 데이터
`Series`	인덱스가 있는 1차원 데이터 객체	단일 (시계열) 데이터

이 장은 다음과 같이 구성되어 있다.

DataFrame 클래스

이 절은 간단하고 작은 데이터를 사용해서 pandas의 `DataFrame` 클래스가 가지는 기본적인 특성과 기능을 살펴보는 것으로 시작한다. 그다음 NumPy `ndarray` 객체를 `DataFrame` 객체로 변환하는 법을 살펴본다.

기본적인 분석과 기본적인 시각화

기본적인 분석과 시각화 기능을 소개한다. 나중에 이 주제에 대해 더 자세히 다룰 것이다.

Series 클래스

열이 하나뿐인 DataFrame에 해당하는 Series 클래스를 다룬다.

GroupBy 연산

DataFrame의 장점 중 하나는 단일 혹은 복수 열을 기준으로 데이터를 그룹화할 수 있다는 것이다. 이 절에서는 pandas의 그룹화 기능을 살펴본다.

고급 선택법

DataFrame 객체에서 데이터를 선택하기 위해 복잡한 조건을 사용하는 방법을 설명한다.

병합concatenation, 조인join, 머지merge

여러 데이터를 붙여서 하나로 만드는 것은 데이터 분석에서 중요한 작업이다. pandas가 이 작업을 위해 어떤 것을 제공하는지 이 절에서 설명한다.

성능 측면

파이썬과 마찬가지로 pandas도 같은 일을 하는 여러 가지 옵션을 제공한다. 이 절에서는 이러한 작업의 성능 차이에 대해 간단히 살펴본다.

5.1 DataFrame 클래스

이 장과 pandas의 핵심은 DataFrame 클래스다. 이 클래스는 열 단위로 구성된 테이블 형태의 데이터를 효율적으로 다루기 위해 설계되었다. 이를 위해 DataFrame 클래스는 관계형 데이터베이스나 엑셀 스프레드시트와 비슷하게 행 단위로 인덱싱을 하거나 각 열에 이름을 붙일 수 있는 기능을 제공한다.

이 절에서는 pandas DataFrame 클래스의 기본적인 특징을 다룬다. 이 클래스는 아주 복잡하고 강력하기 때문에 여기에서는 그 기능의 일부만을 살필 것이다. 이어지는 다음 장에서 여러 예제를 통해 다양한 기능을 살펴볼 것이다.

5.1.1 DataFrame 클래스 다루기: 1단계

기본적으로 DataFrame 클래스는 SQL 데이터베이스나 스프레드시트처럼 레이블이 있는 데이터를 다루도록 설계되었다. 다음은 DataFrame 클래스를 생성하는 코드다.

```
In [1]: import pandas as pd ❶

In [2]: df = pd.DataFrame([10, 20, 30, 40], ❷
                          columns=['numbers'], ❸
                          index=['a', 'b', 'c', 'd']) ❹

In [3]: df ❺
Out[3]:    numbers
        a       10
        b       20
        c       30
        d       40
```

❶ pandas를 임포트한다.

❷ 데이터를 list 객체로 정의한다.

❸ 열 레이블을 지정한다.

❹ 인덱스 레이블을 지정한다.

❺ DataFrame의 데이터를 열 레이블 및 인덱스 레이블과 같이 보인다.

이 예제에서 DataFrame 클래스의 중요한 특징을 볼 수 있다.

- 데이터는 다른 형태와 자료형(리스트, 튜플, ndarray, 사전 객체 등이 후보가 된다)을 갖는다.
- 데이터는 열로 구성되며 각각 이름(레이블)을 가질 수 있다.
- 여러 가지 형식(숫자, 문자열, 시간 정보 등)의 인덱스를 붙일 수 있다.

DataFrame 객체로 작업하는 것은 일반적인 ndarray 객체를 다루는 것보다 편리하고 효율적이다. 동시에 계산 면에서도 ndarray보다 효율적이다. 다음 예제에서 DataFrame 객체로 여러 작업이 가능한 것을 알 수 있다.

```
In [4]: df.index ❶
Out[4]: Index(['a', 'b', 'c', 'd'], dtype='object')

In [5]: df.columns ❷
Out[5]: Index(['numbers'], dtype='object')

In [6]: df.loc['c'] ❸
Out[6]: numbers    30
        Name: c, dtype: int64

In [7]: df.loc[['a', 'd']] ❹
Out[7]:    numbers
        a       10
        d       40

In [8]: df.iloc[1:3] ❺
Out[8]:    numbers
        b       20
        c       30

In [9]: df.sum() ❻
Out[9]: numbers   100
        dtype: int64

In [10]: df.apply(lambda x: x ** 2) ❼
Out[10]:    numbers
         a       100
         b       400
         c       900
         d      1600

In [11]: df ** 2 ❽
Out[11]:    numbers
         a       100
         b       400
         c       900
         d      1600
```

❶ 인덱스 속성과 인덱스 객체

❷ 열 속성과 인덱스 객체

❸ 인덱스 c에 해당하는 값을 선택한다.

❹ 인덱스 a, d에 해당하는 값을 선택한다.

❺ 두 번째와 세 번째 인덱스에 해당하는 값을 선택한다.

❻ 열의 합을 계산한다.

❼ apply() 메서드로 제곱값 벡터를 계산한다.

❽ ndarray처럼 직접 벡터와 계산한다.

NumPy ndarray 객체와 달리 DataFrame 객체는 양방향으로 크기를 증가시킬 수 있다.

```
In [12]: df['floats'] = (1.5, 2.5, 3.5, 4.5)  ❶

In [13]: df
Out[13]:    numbers  floats
         a       10     1.5
         b       20     2.5
         c       30     3.5
         d       40     4.5

In [14]: df['floats']  ❷
Out[14]: a    1.5
         b    2.5
         c    3.5
         d    4.5
         Name: floats, dtype: float64
```

❶ 새 부동소수점 객체 열을 튜플로 제공한다.

❷ 새로운 열을 선택해서 데이터와 인덱스 레이블을 보인다.

DataFrame 객체를 사용해서 새로운 열을 정의할 수도 있다. 이 경우에는 인덱스가 자동으로 재배치된다.

```
In [15]: df['names'] = pd.DataFrame(['Yves', 'Sandra', 'Lilli', 'Henry'],
                                    index=['d', 'a', 'b', 'c'])  ❶

In [16]: df
Out[16]:    numbers  floats   names
         a       10     1.5  Sandra
```

```
b        20       2.5    Lilli
c        30       3.5    Henry
d        40       4.5    Yves
```

❶ 또 다른 새로운 열을 DataFrame 객체로 정의한다.

데이터를 추가하는 것도 비슷하다. 다만 다음 예제에서 보듯이 인덱스 정보가 손실되는 경우도 발생할 수 있다.

```
In [17]: df.append({'numbers': 100, 'floats': 5.75, 'names': 'Jil'},
                    ignore_index=True)  ❶
Out[17]:   numbers  floats   names
         0      10    1.50  Sandra
         1      20    2.50   Lilli
         2      30    3.50   Henry
         3      40    4.50    Yves
         4     100    5.75     Jil

In [18]: df = df.append(pd.DataFrame({'numbers': 100, 'floats': 5.75,
                         'names': 'Jil'}, index=['y',]))  ❷

In [19]: df
Out[19]:   numbers  floats   names
         a      10    1.50  Sandra
         b      20    2.50   Lilli
         c      30    3.50   Henry
         d      40    4.50    Yves
         y     100    5.75     Jil

In [20]: df = df.append(pd.DataFrame({'names': 'Liz'}, index=['z',]),
                         sort=False)  ❸

In [21]: df
Out[21]:   numbers  floats   names
         a      10    1.50  Sandra
         b      20    2.50   Lilli
         c      30    3.50   Henry
         d      40    4.50    Yves
         y     100    5.75     Jil
         z     NaN     NaN     Liz
```

```
In [22]: df.dtypes ❹
Out[22]: numbers    float64
         floats     float64
         names       object
         dtype: object
```

❶ 새로운 열을 사전 자료형으로 추가한다. 인덱스 정보는 손실된다.

❷ 인덱스 정보가 있는 DataFrame 객체로 새로운 열을 추가한다. 기존 인덱스 정보가 보존된다.

❸ 값이 누락된 DataFrame 객체를 추가하면 없는 값은 NaN이 된다.

❹ 구조화된 ndarray 객체와 마찬가지로 열마다 다른 dtype을 가진다.

누락된 값이 생겼음에도 대부분의 메서드는 여전히 잘 동작한다.

```
In [23]: df[['numbers', 'floats']].mean() ❶
Out[23]: numbers    40.00
         floats      3.55
         dtype: float64

In [24]: df[['numbers', 'floats']].std() ❷
Out[24]: numbers    35.355339
         floats      1.662077
         dtype: float64
```

❶ 지정한 두 열의 평균을 계산한다(NaN 값이 있는 행은 무시한다).

❷ 지정한 두 열의 표준편차를 계산한다(NaN 값이 있는 행은 무시한다).

5.1.2 DataFrame 클래스 다루기: 2단계

이제 표준정규분포 값이 있는 ndarray 기반 예제를 살펴보자. 이를 통해 시계열 데이터를 다루기 위해 DatetimeIndex 등의 고급 기능을 사용하는 방법을 탐구한다.

```
In [25]: import numpy as np

In [26]: np.random.seed(100)

In [27]: a = np.random.standard_normal((9, 4))
```

```
In [28]: a
Out[28]: array([[-1.74976547,  0.3426804 ,  1.1530358 , -0.25243604],
              [ 0.98132079,  0.51421884,  0.22117967, -1.07004333],
              [-0.18949583,  0.25500144, -0.45802699,  0.43516349],
              [-0.58359505,  0.81684707,  0.67272081, -0.10441114],
              [-0.53128038,  1.02973269, -0.43813562, -1.11831825],
              [ 1.61898166,  1.54160517, -0.25187914, -0.84243574],
              [ 0.18451869,  0.9370822 ,  0.73100034,  1.36155613],
              [-0.32623806,  0.05567601,  0.22239961, -1.443217  ],
              [-0.75635231,  0.81645401,  0.75044476, -0.45594693]])
```

앞 소절처럼 `DataFrame` 객체를 직접 만들 수도 있지만, `ndarray` 객체를 그대로 이용하고 (인덱스 등의) 메타정보만 더하는 방법이 더 나을 수도 있다. 금융공학이나 과학기술 분야에서 흔히 사용하는 방법이다. 다음 예제를 보자.

```
In [29]: df = pd.DataFrame(a)  ❶

In [30]: df
Out[30]:          0         1         2         3
         0 -1.749765  0.342680  1.153036 -0.252436
         1  0.981321  0.514219  0.221180 -1.070043
         2 -0.189496  0.255001 -0.458027  0.435163
         3 -0.583595  0.816847  0.672721 -0.104411
         4 -0.531280  1.029733 -0.438136 -1.118318
         5  1.618982  1.541605 -0.251879 -0.842436
         6  0.184519  0.937082  0.731000  1.361556
         7 -0.326238  0.055676  0.222400 -1.443217
         8 -0.756352  0.816454  0.750445 -0.455947
```

❶ `ndarray` 객체에서 `DataFrame` 객체를 생성한다.

[표 5-1]은 `DataFrame()` 함수가 가질 수 있는 매개변수 목록이다. 표에서 "array-like"는 `ndarray` 객체와 비슷한 리스트 등의 자료구조를 말한다. `Index`는 pandas `Index` 클래스 인스턴스다.

표 5-1 DataFrame() 함수의 매개변수

매개변수	형식	설명
data	ndarray/dict/DataFrame	데이터. 사전은 Series, ndarray, 리스트 포함 가능
index	Index/array-like	인덱스 레이블. 디폴트는 range(n)
columns	Index/array-like	열 레이블. 디폴트는 range(n)
dtype	dtype, default None	자료형. 없으면 유추
copy	bool, default None	입력에서 데이터를 복사할지 여부

앞 장에서 본 구조화 배열과 마찬가지로 DataFrame 객체의 열 레이블도 열 개수와 동일한 원소를 가지는 리스트로 정의한다. 즉 DataFrame의 속성도 쉽게 정의하거나 바꿀 수 있다는 뜻이다.

```
In [31]: df.columns = ['No1', 'No2', 'No3', 'No4']  ❶

In [32]: df
Out[32]:          No1       No2       No3       No4
         0 -1.749765  0.342680  1.153036 -0.252436
         1  0.981321  0.514219  0.221180 -1.070043
         2 -0.189496  0.255001 -0.458027  0.435163
         3 -0.583595  0.816847  0.672721 -0.104411
         4 -0.531280  1.029733 -0.438136 -1.118318
         5  1.618982  1.541605 -0.251879 -0.842436
         6  0.184519  0.937082  0.731000  1.361556
         7 -0.326238  0.055676  0.222400 -1.443217
         8 -0.756352  0.816454  0.750445 -0.455947

In [33]: df['No2'].mean()  ❷
Out[33]: 0.7010330941456459
```

❶ 열 레이블을 리스트로 정의한다.

❷ 이제 열을 선택하기가 쉬워졌다.

금융 시계열 데이터 분석을 효율적으로 하려면 시간 인덱스를 다룰 수 있어야 한다. 이것도 pandas의 장점 중 하나다. 예를 들어 우리가 가진 4개 열, 9개 행 데이터가 2019년 1월부터의 월간 데이터라고 하자.

다음 예제처럼 date_range() 함수로 DatetimeIndex 객체를 생성하면 된다.

```
In [34]: dates = pd.date_range('2019-1-1', periods=9, freq='M')  ❶

In [35]: dates
Out[35]: DatetimeIndex(['2019-01-31', '2019-02-28', '2019-03-31', '2019-04-30',
                        '2019-05-31', '2019-06-30', '2019-07-31', '2019-08-31',
                        '2019-09-30'],
                       dtype='datetime64[ns]', freq='M')
```

❶ DatetimeIndex 객체를 생성한다.

[표 5-2]는 date_range() 함수의 매개변수 목록이다.

표 5-2 date_range( ) 함수의 매개변수

매개변수	형식	설명
start	string/datetime	시작 날짜
end	string/datetime	종료 날짜
periods	integer/None	기간(start나 end 둘 중 하나가 None인 경우)
freq	string/DateOffset	빈도(5일 빈도로 날짜를 생성하는 경우 freq='5D' 설정)
tz	string/None	지역 시간대
normalize	bool, default None	시작 및 종료 시간을 자정으로 바꿈
name	string, default None	인덱스 레이블

다음 코드는 방금 만든 DatetimeIndex 객체를 인덱스로 붙여 시계열 데이터로 만드는 코드다.

```
In [36]: df.index = dates

In [37]: df
Out[37]:
                 No1       No2       No3       No4
2019-01-31 -1.749765  0.342680  1.153036 -0.252436
2019-02-28  0.981321  0.514219  0.221180 -1.070043
2019-03-31 -0.189496  0.255001 -0.458027  0.435163
2019-04-30 -0.583595  0.816847  0.672721 -0.104411
2019-05-31 -0.531280  1.029733 -0.438136 -1.118318
```

```
2019-06-30  1.618982  1.541605 -0.251879 -0.842436
2019-07-31  0.184519  0.937082  0.731000  1.361556
2019-08-31 -0.326238  0.055676  0.222400 -1.443217
2019-09-30 -0.756352  0.816454  0.750445 -0.455947
```

date_range() 함수로 DatetimeIndex 객체 만들 때 빈도로 여러 가지 값을 넣을 수 있다. [표 5-3]에 가능한 값을 나열했다.

표 5-3 date_range( ) 함수의 빈도 매개변수

기호	설명
B	주말이 아닌 평일
C	사용자 지정 평일(실험적 기능)
D	매일
W	매주
M	매월 마지막 날
BM	매월 마지막 평일
MS	매월 첫 날
BMS	매월 첫 평일
Q	매분기 마지막 날
BQ	매분기 마지막 평일
QS	매분기 첫 날
BQS	매분기 첫 평일
A	매년 마지막 날
BA	매년 마지막 평일
AS	매년 첫 날
BAS	매년 첫 평일
H	매시간
T	매분
S	매초
L	밀리초
U	마이크로초

어떤 경우에는 ndarray 형태로 된 원래 데이터에 접근해야 할 때도 있다. 이때는 values 속성으로 접근할 수 있다.

```
In [38]: df.values
Out[38]: array([[-1.74976547,  0.3426804 ,  1.1530358 , -0.25243604],
               [ 0.98132079,  0.51421884,  0.22117967, -1.07004333],
               [-0.18949583,  0.25500144, -0.45802699,  0.43516349],
               [-0.58359505,  0.81684707,  0.67272081, -0.10441114],
               [-0.53128038,  1.02973269, -0.43813562, -1.11831825],
               [ 1.61898166,  1.54160517, -0.25187914, -0.84243574],
               [ 0.18451869,  0.9370822 ,  0.73100034,  1.36155613],
               [-0.32623806,  0.05567601,  0.22239961, -1.443217  ],
               [-0.75635231,  0.81645401,  0.75044476, -0.45594693]])

In [39]: np.array(df)
Out[39]: array([[-1.74976547,  0.3426804 ,  1.1530358 , -0.25243604],
               [ 0.98132079,  0.51421884,  0.22117967, -1.07004333],
               [-0.18949583,  0.25500144, -0.45802699,  0.43516349],
               [-0.58359505,  0.81684707,  0.67272081, -0.10441114],
               [-0.53128038,  1.02973269, -0.43813562, -1.11831825],
               [ 1.61898166,  1.54160517, -0.25187914, -0.84243574],
               [ 0.18451869,  0.9370822 ,  0.73100034,  1.36155613],
               [-0.32623806,  0.05567601,  0.22239961, -1.443217  ],
               [-0.75635231,  0.81645401,  0.75044476, -0.45594693]])
```

TIP 배열과 데이터프레임

ndarray 객체로 DataFrame 객체를 만들 수 있다. 반대로 DataFrame 클래스의 values 속성이나 NumPy의 np.array() 함수를 사용하면 ndarray 객체를 얻을 수 있다.

5.2 기본적인 분석

NumPy ndarray 클래스처럼 pandas DataFrame 클래스에도 다양한 내장 메서드가 있다. 맛보기로 info() 메서드와 describe() 메서드를 살펴보자.

```
In [40]: df.info() ❶
         <class 'pandas.core.frame.DataFrame'>
```

```
DatetimeIndex: 9 entries, 2019-01-31 to 2019-09-30
Freq: M
Data columns (total 4 columns):
No1    9 non-null float64
No2    9 non-null float64
No3    9 non-null float64
No4    9 non-null float64
dtypes: float64(4)
memory usage: 360.0 bytes
```

```
In [41]: df.describe()  ❷
Out[41]:              No1       No2       No3       No4
         count  9.000000  9.000000  9.000000  9.000000
         mean  -0.150212  0.701033  0.289193 -0.387788
         std    0.988306  0.457685  0.579920  0.877532
         min   -1.749765  0.055676 -0.458027 -1.443217
         25%   -0.583595  0.342680 -0.251879 -1.070043
         50%   -0.326238  0.816454  0.222400 -0.455947
         75%    0.184519  0.937082  0.731000 -0.104411
         max    1.618982  1.541605  1.153036  1.361556
```

❶ 데이터, 열, 인덱스에 대한 메타정보를 제공한다.

❷ 각 열에 대한 유용한 통계를 제공한다.

추가로 열 방향 혹은 행 방향의 합계, 평균, 누적합계 등을 구할 수도 있다.

```
In [43]: df.sum()  ❶
Out[43]: No1   -1.351906
         No2    6.309298
         No3    2.602739
         No4   -3.490089
         dtype: float64

In [44]: df.mean()  ❷
         No1   -0.150212
         No2    0.701033
         No3    0.289193
         No4   -0.387788
         dtype: float64

In [45]: df.mean(axis=0)  ❷
```

```
Out[45]: No1   -0.150212
         No2    0.701033
         No3    0.289193
         No4   -0.387788
         dtype: float64

In [46]: df.mean(axis=1)  ❸
Out[46]: 2019-01-31   -0.126621
         2019-02-28    0.161669
         2019-03-31    0.010661
         2019-04-30    0.200390
         2019-05-31   -0.264500
         2019-06-30    0.516568
         2019-07-31    0.803539
         2019-08-31   -0.372845
         2019-09-30    0.088650
         Freq: M, dtype: float64

In [47]: df.cumsum()  ❹
Out[47]:                  No1       No2       No3       No4
         2019-01-31 -1.749765  0.342680  1.153036 -0.252436
         2019-02-28 -0.768445  0.856899  1.374215 -1.322479
         2019-03-31 -0.957941  1.111901  0.916188 -0.887316
         2019-04-30 -1.541536  1.928748  1.588909 -0.991727
         2019-05-31 -2.072816  2.958480  1.150774 -2.110045
         2019-06-30 -0.453834  4.500086  0.898895 -2.952481
         2019-07-31 -0.269316  5.437168  1.629895 -1.590925
         2019-08-31 -0.595554  5.492844  1.852294 -3.034142
         2019-09-30 -1.351906  6.309298  2.602739 -3.490089
```

❶ 열 방향 합계

❷ 열 방향 평균

❸ 행 방향 평균

❹ 열 방향 누적합계

DataFrame 객체는 NumPy 유니버설 함수도 이해한다.

```
In [48]: np.mean(df)  ❶
Out[48]: No1   -0.150212
         No2    0.701033
         No3    0.289193
```

```
No4   -0.387788
dtype: float6

In [49]: np.log(df)  ❷
Out[49]:
                 No1       No2       No3       No4
2019-01-31       NaN -1.070957  0.142398       NaN
2019-02-28 -0.018856 -0.665106 -1.508780       NaN
2019-03-31       NaN -1.366486       NaN -0.832033
2019-04-30       NaN -0.202303 -0.396425       NaN
2019-05-31       NaN  0.029299       NaN       NaN
2019-06-30  0.481797  0.432824       NaN       NaN
2019-07-31 -1.690005 -0.064984 -0.313341  0.308628
2019-08-31       NaN -2.888206 -1.503279       NaN
2019-09-30       NaN -0.202785 -0.287089       NaN

In [50]: np.sqrt(abs(df))  ❸
Out[50]:
                 No1       No2       No3       No4
2019-01-31  1.322787  0.585389  1.073795  0.502430
2019-02-28  0.990616  0.717091  0.470297  1.034429
2019-03-31  0.435311  0.504977  0.676777  0.659669
2019-04-30  0.763934  0.903796  0.820196  0.323127
2019-05-31  0.728890  1.014757  0.661918  1.057506
2019-06-30  1.272392  1.241614  0.501876  0.917843
2019-07-31  0.429556  0.968030  0.854986  1.166857
2019-08-31  0.571173  0.235958  0.471593  1.201340
2019-09-30  0.869685  0.903578  0.866282  0.67523

In [51]: np.sqrt(abs(df)).sum()  ❹
Out[51]: No1    7.384345
         No2    7.075190
         No3    6.397719
         No4    7.538440
         dtype: float6

In [52]: 100 * df + 100  ❺
Out[52]:
                   No1         No2         No3         No4
2019-01-31  -74.976547  134.268040  215.303580   74.756396
2019-02-28  198.132079  151.421884  122.117967   -7.004333
2019-03-31   81.050417  125.500144   54.197301  143.516349
2019-04-30   41.640495  181.684707  167.272081   89.558886
2019-05-31   46.871962  202.973269   56.186438  -11.831825
2019-06-30  261.898166  254.160517   74.812086   15.756426
2019-07-31  118.451869  193.708220  173.100034  236.155613
2019-08-31   67.376194  105.567601  122.239961  -44.321700
2019-09-30   24.364769  181.645401  175.044476   54.405307
```

❶ 열 방향 평균

❷ 원소별 자연로그값. 양수가 아니면 경고가 뜰 수 있지만 계산은 된다. 대신 NaN이 된다.

❸ 원소별 절댓값의 제곱

❹ ❸의 열 방향 평균값

❺ 수치 데이터의 선형변환

TIP NumPy 유니버설 함수

일반적으로 데이터가 모두 같은 수치 자료형이면 pandas DataFrame 객체에도 NumPy 유니버설 함수를 쓸 수 있다. 함수는 ndarray 객체에 적용된다.

pandas는 오류를 허용할 수 있다. 대신 수학적 계산이 불가능한 부분에 대해서는 결괏값으로 NaN을 반환한다. 그뿐만 아니라 불완전한 데이터도 완전한 것처럼 작업할 수 있다. 현실에서는 데이터가 불완전한 경우가 많기 때문에 아주 편리한 기능이라 할 수 있다.

5.3 기본적인 시각화

데이터가 DataFrame 객체에 저장되어 있으면 플롯은 보통 코드 한 줄로 끝난다(그림 5-1).

```
In [53]: from pylab import plt, mpl  ❶
         plt.style.use('seaborn')  ❶
         mpl.rcParams['font.family'] = 'serif'  ❶
         %matplotlib inline

In [54]: df.cumsum().plot(lw=2.0, figsize=(10, 6));  ❷
```

❶ 플롯 스타일을 설정한다.

❷ 4개 열의 누적합계를 라인 플롯으로 그린다.

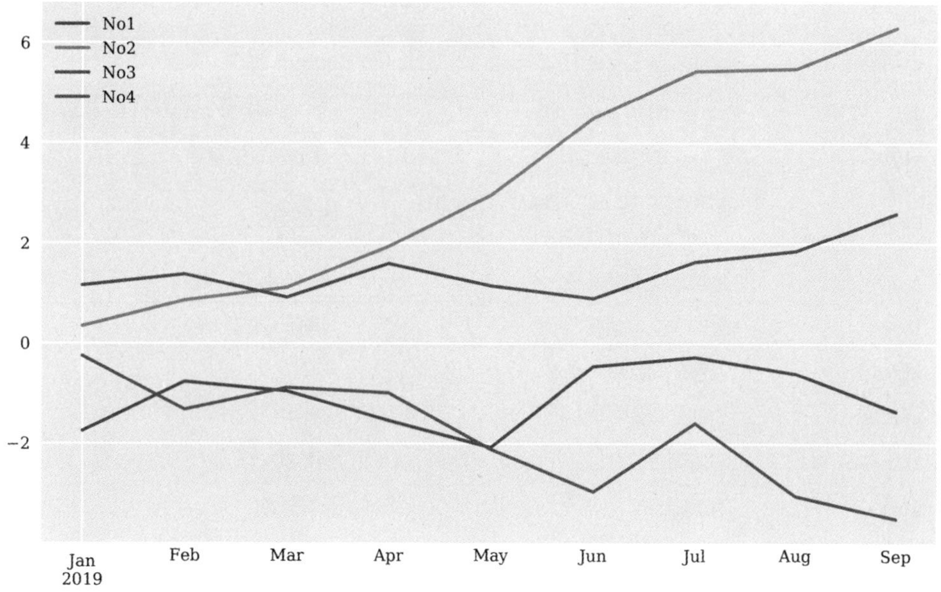

그림 5-1 DataFrame 객체의 라인 플롯

기본적으로 pandas는 DataFrame 객체를 그리기 위한 matplotlib(7장 참조) 기능을 포함하고 있다. [표 5-4]는 plot() 메서드의 매개변수 목록이다.

표 5-4 plot( ) 메서드의 매개변수

매개변수	형식	설명
x	레이블/위치, 디폴트 None	열 값이 x틱일 때 사용
y	레이블/위치, 디폴트 None	열 값이 y틱일 때 사용
subplots	불리언 값, 디폴트 False	서브플롯에 그림
sharex	불리언 값, 디폴트 True	x축 공유
sharey	불리언 값, 디폴트 False	y축 공유
use_index	불리언 값, 디폴트 True	인덱스를 x틱으로 사용
stacked	불리언 값, 디폴트 False	바 플롯을 누적하여 표시
sort_columns	불리언 값, 디폴트 False	열을 그리기 전에 알파벳 순으로 정렬
title	문자열, 디폴트 None	제목
grid	불리언 값, 디폴트 False	그리드 표시

매개변수	형식	설명
legend	불리언 값, 디폴트 True	범례 표시
ax	matplotlib axis 객체	플롯에 사용할 matplotlib axis 객체
style	문자열 또는 리스트/사전	각 열의 라인 플롯 스타일
kind	문자열(예: "line", "bar", "barh", "kde", "density")	플롯 유형
logx	불리언 값, 디폴트 False	x축에 로그값 사용
logy	불리언 값, 디폴트 False	y축에 로그값 사용
xticks	시퀀스, 디폴트 Index	x틱
yticks	시퀀스, 디폴트 Values	y틱
xlim	튜플/리스트	x축 경계
ylim	튜플/리스트	y축 경계
rot	정수, 디폴트 None	x틱 회전
secondary_y	불리언 값/시퀀스, 디폴트 False	두 번째 y축에 그림
mark_right	불리언 값, 디폴트 True	두 번째 y축 레이블링
colormap	문자열/colormap 객체, 디폴트 None	색상 맵
kwds	키워드	matplotlib에 전달할 옵션

다른 예로 같은 데이터의 바 플롯을 그릴 수 있다(그림 5-2).

```
In [55]: df.plot.bar(figsize=(10, 6), rot=15);  ❶
         # df.plot(kind='bar', figsize=(10, 6))  ❷
```

❶ plot.bar() 함수로 바 플롯을 표시한다.

❷ (다른 문법 사용) kind 매개변수로 플롯 유형을 변경한다.

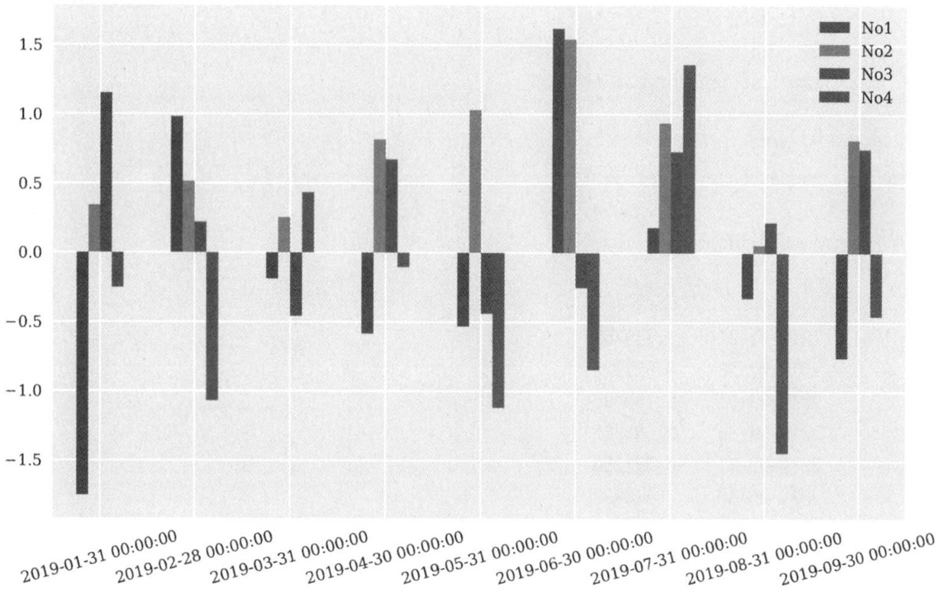

그림 5-2 DataFrame 객체의 바 플롯

5.4 Series 클래스

지금까지는 주로 pandas DataFrame 클래스를 다뤘다. Series는 pandas가 제공하는 또 다른 중요한 클래스다. Series는 데이터 열이 하나밖에 없다. 따라서 DataFrame 클래스의 특수한 경우로 볼 수 있으며 DataFrame의 모든 기능을 가지고 있지는 않다. Series 객체는 복수의 열이 있는 DataFrame 객체에서 하나의 열을 선택하면 얻을 수 있다.

```
In [56]: type(df)
Out[56]: pandas.core.frame.DataFrame

In [57]: S = pd.Series(np.linspace(0, 15, 7), name='series')

In [58]: S
Out[58]: 0     0.0
         1     2.5
         2     5.0
         3     7.5
         4    10.0
```

```
        5    12.5
        6    15.0
        Name: series, dtype: float64

In [59]: type(S)
Out[59]: pandas.core.series.Series

In [60]: s = df['No1']

In [61]: s
Out[61]: 2019-01-31   -1.749765
         2019-02-28    0.981321
         2019-03-31   -0.189496
         2019-04-30   -0.583595
         2019-05-31   -0.531280
         2019-06-30    1.618982
         2019-07-31    0.184519
         2019-08-31   -0.326238
         2019-09-30   -0.756352
         Freq: M, Name: No1, dtype: float64

In [62]: type(s)
Out[62]: pandas.core.series.Series
```

DataFrame 객체의 메서드 대부분은 Series 객체에서도 쓸 수 있다. 예를 들어 mean()과 plot() 메서드를 사용할 수 있다(그림 5-3).

```
In [63]: s.mean()
Out[63]: -0.15021177307319458

In [64]: s.plot(lw=2.0, figsize=(10, 6));
```

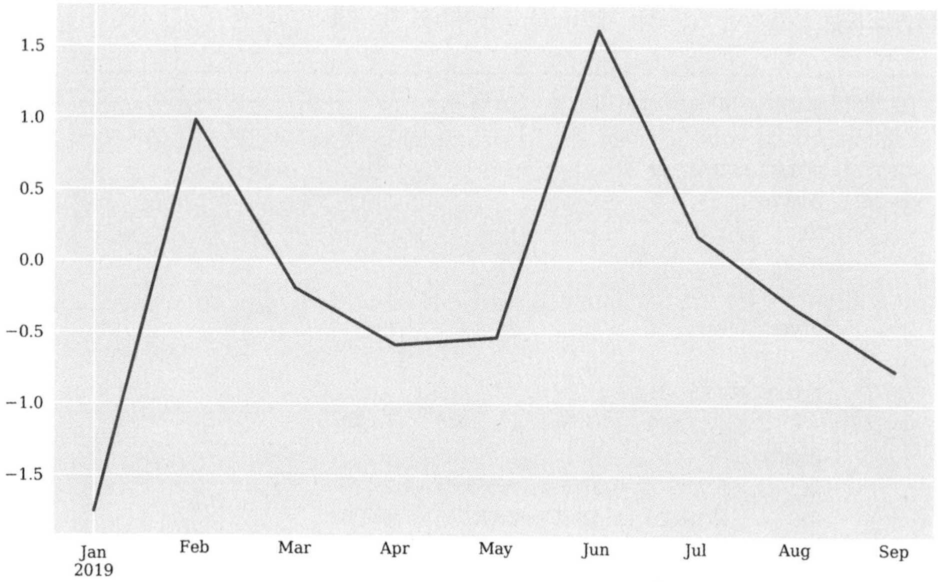

그림 5-3 Series 객체의 라인 플롯

5.5 GroupBy 연산

pandas는 강력하고 유연한 그룹화 기능을 가지고 있다. 이 기능은 SQL의 그룹화 기능이나 마이크로소프트 엑셀의 피벗테이블 기능과 유사하다.

예제 데이터를 그룹화하기 위해 각 데이터에 분기 정보를 추가하자.

```
In [65]: df['Quarter'] = ['Q1', 'Q1', 'Q1', 'Q2', 'Q2',
                          'Q2', 'Q3', 'Q3', 'Q3']
         df
Out[65]:                   No1       No2       No3       No4 Quarter
         2019-01-31 -1.749765  0.342680  1.153036 -0.252436      Q1
         2019-02-28  0.981321  0.514219  0.221180 -1.070043      Q1
         2019-03-31 -0.189496  0.255001 -0.458027  0.435163      Q1
         2019-04-30 -0.583595  0.816847  0.672721 -0.104411      Q2
         2019-05-31 -0.531280  1.029733 -0.438136 -1.118318      Q2
         2019-06-30  1.618982  1.541605 -0.251879 -0.842436      Q2
         2019-07-31  0.184519  0.937082  0.731000  1.361556      Q3
         2019-08-31 -0.326238  0.055676  0.222400 -1.443217      Q3
         2019-09-30 -0.756352  0.816454  0.750445 -0.455947      Q3
```

다음 코드는 분기 열을 기준으로 데이터를 그룹화하여 각 그룹에 대한 통계치를 출력한다.

```
In [66]: groups = df.groupby('Quarter')  ❶

In [67]: groups.size()  ❷
Out[67]: Quarter
         Q1    3
         Q2    3
         Q3    3
         dtype: int64

In [68]: groups.mean()  ❸
Out[68]:               No1       No2       No3       No4
         Quarter
         Q1      -0.319314  0.370634  0.305396 -0.295772
         Q2       0.168035  1.129395 -0.005765 -0.688388
         Q3      -0.299357  0.603071  0.567948 -0.179203

In [69]: groups.max()  ❹
Out[69]:               No1       No2       No3       No4
         Quarter
         Q1       0.981321  0.514219  1.153036  0.435163
         Q2       1.618982  1.541605  0.672721 -0.104411
         Q3       0.184519  0.937082  0.750445  1.361556

In [70]: groups.aggregate([min, max]).round(2)  ❺
Out[70]:          No1         No2         No3         No4
                  min   max   min   max   min   max   min   max
         Quarter
         Q1      -1.75  0.98  0.26  0.51 -0.46  1.15 -1.07  0.44
         Q2      -0.58  1.62  0.82  1.54 -0.44  0.67 -1.12 -0.10
         Q3      -0.76  0.18  0.06  0.94  0.22  0.75 -1.44  1.36
```

❶ 분기 열을 기준으로 그룹화

❷ 각 그룹의 데이터 수를 출력

❸ 각 그룹의 평균을 출력

❹ 각 그룹의 최댓값을 출력

❺ 각 그룹의 최솟값과 최댓값을 같이 출력

여러 개의 열을 그룹화할 수도 있다. 날짜 인덱스가 있는 달이 짝수인지 홀수인지 나타내는 열을 추가해보자.

```
In [71]: df['Odd_Even'] = ['Odd', 'Even', 'Odd', 'Even', 'Odd', 'Even',
                           'Odd', 'Even', 'Odd']

In [72]: groups = df.groupby(['Quarter', 'Odd_Even'])

In [73]: groups.size()
Out[73]: Quarter  Odd_Even
         Q1       Even        1
                  Odd         2
         Q2       Even        2
                  Odd         1
         Q3       Even        1
                  Odd         2
         dtype: int64

In [74]: groups[['No1', 'No4']].aggregate([sum, np.mean])
Out[74]:                        No1                 No4
                                sum      mean       sum      mean
         Quarter Odd_Even
         Q1      Even      0.981321  0.981321 -1.070043 -1.070043
                 Odd      -1.939261 -0.969631  0.182727  0.091364
         Q2      Even      1.035387  0.517693 -0.946847 -0.473423
                 Odd      -0.531280 -0.531280 -1.118318 -1.118318
         Q3      Even     -0.326238 -0.326238 -1.443217 -1.443217
                 Odd      -0.571834 -0.285917  0.905609  0.452805
```

이것으로 pandas의 DataFrame 객체 사용법에 대한 소개를 마친다. 다음 장에서 이 도구들을 진짜 금융 데이터에 적용해볼 것이다.

5.6 고급 선택법

열 값에 조건을 정하거나 이러한 조건들을 논리적으로 결합하여 데이터를 선택하는 경우가 많다. 다음 데이터를 보자.

```
In [75]: data = np.random.standard_normal((10, 2))  ❶
```

```
In [76]: df = pd.DataFrame(data, columns=['x', 'y'])  ❷

In [77]: df.info()  ❷
         <class 'pandas.core.frame.DataFrame'>
         RangeIndex: 10 entries, 0 to 9
         Data columns (total 2 columns):
         x    10 non-null float64
         y    10 non-null float64
         dtypes: float64(2)
         memory usage: 240.0 bytes

In [78]: df.head()  ❸
Out[78]:           x         y
         0  1.189622 -1.690617
         1 -1.356399 -1.232435
         2 -0.544439 -0.668172
         3  0.007315 -0.612939
         4  1.299748 -1.733096

In [79]: df.tail()  ❹
Out[79]:           x         y
         5 -0.983310  0.357508
         6 -1.613579  1.470714
         7 -1.188018 -0.549746
         8 -0.940046 -0.827932
         9  0.108863  0.507810
```

❶ 표준정규분포 난수로 구성된 ndarray 객체다.

❷ 동일한 난수로 구성된 DataFrame 객체다.

❸ head() 메서드로 첫 다섯 줄을 출력한다.

❹ tail() 메서드로 마지막 다섯 줄을 출력한다.

다음 코드는 파이썬의 비교 연산과 논리 연산을 두 열에 적용하는 예다.

```
In [80]: df['x'] > 0.5 ❶
Out[80]: 0     True
         1    False
         2    False
         3    False
         4     True
```

```
         5     False
         6     False
         7     False
         8     False
         9     False
         Name: x, dtype: bool

In [81]: (df['x'] > 0) & (df['y'] < 0)  ❷
Out[81]: 0      True
         1     False
         2     False
         3      True
         4      True
         5     False
         6     False
         7     False
         8     False
         9     False
         dtype: bool

In [82]: (df['x'] > 0) | (df['y'] < 0)  ❸
Out[82]: 0      True
         1      True
         2      True
         3      True
         4      True
         5     False
         6     False
         7      True
         8      True
         9      True
         dtype: bool
```

❶ x열의 값이 0.5보다 큰지 확인한다.

❷ x열의 값이 양수이고 y열의 값이 음수인지 확인한다.

❸ x열의 값이 양수이거나 y열의 값이 음수인지 확인한다.

결과로 나오는 불리언 값 Series 객체를 사용하면 더 복잡한 데이터(행) 선택이 가능하다. query() 메서드를 사용하여 조건을 문자열로 넣을 수도 있다.

```
In [83]: df[df['x'] > 0] ❶
Out[83]:           x         y
         0  1.189622 -1.690617
         3  0.007315 -0.612939
         4  1.299748 -1.733096
         9  0.108863  0.507810

In [84]: df.query('x > 0') ❶
Out[84]:           x         y
         0  1.189622 -1.690617
         3  0.007315 -0.612939
         4  1.299748 -1.733096
         9  0.108863  0.507810

In [85]: df[(df['x'] > 0) & (df['y'] < 0)] ❷
Out[85]:           x         y
         0  1.189622 -1.690617
         3  0.007315 -0.612939
         4  1.299748 -1.733096

In [86]: df.query('x > 0 & y < 0') ❷
Out[86]:           x         y
         0  1.189622 -1.690617
         3  0.007315 -0.612939
         4  1.299748 -1.733096

In [87]: df[(df.x > 0) | (df.y < 0)] ❸
Out[87]:           x         y
         0  1.189622 -1.690617
         1 -1.356399 -1.232435
         2 -0.544439 -0.668172
         3  0.007315 -0.612939
         4  1.299748 -1.733096
         7 -1.188018 -0.549746
         8 -0.940046 -0.827932
         9  0.108863  0.507810
```

❶ x열의 값이 0.5보다 큰 모든 행을 출력한다.

❷ x열의 값이 양수이고 y열의 값이 음수인 모든 행을 출력한다.

❸ x열의 값이 양수이거나 y열의 값이 음수인 모든 행을 출력(속성을 사용하여 열 값에 접근)한다.

DataFrame 객체에 직접 비교 연산자를 사용할 수도 있다.

```
In [88]: df > 0 ❶
Out[88]:        x      y
         0   True  False
         1  False  False
         2  False  False
         3   True  False
         4   True  False
         5  False   True
         6  False   True
         7  False  False
         8  False  False
         9   True   True

In [89]: df[df > 0] ❷
Out[89]:           x         y
         0  1.189622       NaN
         1       NaN       NaN
         2       NaN       NaN
         3  0.007315       NaN
         4  1.299748       NaN
         5       NaN  0.357508
         6       NaN  1.470714
         7       NaN       NaN
         8       NaN       NaN
         9  0.108863  0.507810
```

❶ DataFrame 객체의 어떤 값이 양수인지 확인한다.

❷ 양숫값을 모두 선택하고 다른 값은 NaN으로 대체한다.

5.7 병합, 조인, 머지

이 절에서는 두 개의 간단한 DataFrame 객체 데이터를 조합하는 여러 가지 방법을 살펴본다. 데이터는 다음과 같다.

```
In [90]: df1 = pd.DataFrame(['100', '200', '300', '400'],
                             index=['a', 'b', 'c', 'd'],
                             columns=['A',])
```

```
In [91]: df1
Out[91]:      A
         a  100
         b  200
         c  300
         d  400

In [92]: df2 = pd.DataFrame(['200', '150', '50'],
                            index=['f', 'b', 'd'],
                            columns=['B',])

In [93]: df2
Out[93]:      B
         f  200
         b  150
         d   50
```

5.7.1 병합

병합은 한 DataFrame의 행과 다른 DataFrame의 행을 합치는 것을 말한다. append() 메서드나 pd.concat() 함수를 사용한다. 인덱스가 어떻게 사용되는지 유심히 살펴보라.

```
In [94]: df1.append(df2, sort=False)  ❶
Out[94]:      A    B
         a  100  NaN
         b  200  NaN
         c  300  NaN
         d  400  NaN
         f  NaN  200
         b  NaN  150
         d  NaN   50

In [95]: df1.append(df2, ignore_index=True, sort=False)  ❷
Out[95]:      A    B
         0  100  NaN
         1  200  NaN
         2  300  NaN
         3  400  NaN
         4  NaN  200
         5  NaN  150
         6  NaN   50
```

```
In [96]: pd.concat((df1, df2), sort=False)  ❸
Out[96]:      A    B
         a  100  NaN
         b  200  NaN
         c  300  NaN
         d  400  NaN
         f  NaN  200
         b  NaN  150
         d  NaN   50

In [97]: pd.concat((df1, df2), ignore_index=True, sort=False)  ❹
Out[97]:      A    B
         0  100  NaN
         1  200  NaN
         2  300  NaN
         3  400  NaN
         4  NaN  200
         5  NaN  150
         6  NaN   50
```

❶ df2에 df1을 새 행으로 추가한다.

❷ 인덱스를 무시하고 같은 연산을 한다.

❸ 위 ❶번과 같은 연산을 한다.

❹ 위 ❷번과 같은 연산을 한다.

5.7.2 조인

두 데이터를 **조인**할 때는 DataFrame 객체의 순서가 영향을 미친다. 디폴트로 첫 번째 DataFrame 객체의 인덱스가 사용된다. 이러한 연산을 **좌측 조인** left join이라고 한다.

```
In [98]: df1.join(df2)  ❶
Out[98]:      A    B
         a  100  NaN
         b  200  150
         c  300  NaN
         d  400   50

In [99]: df2.join(df1)  ❷
Out[99]:      B    A
```

```
          f  200  NaN
          b  150  200
          d   50  400
```

❶ df1의 인덱스가 영향을 미친다.

❷ df2의 인덱스가 영향을 미친다.

총 4가지의 조인 방법이 있으며 각 방법마다 인덱스가 데이터에 미치는 영향이 다르다.

```
In [100]: df1.join(df2, how='left')  ❶
Out[100]:      A    B
          a  100  NaN
          b  200  150
          c  300  NaN
          d  400   50

In [101]: df1.join(df2, how='right')  ❷
Out[101]:      A    B
          f  NaN  200
          b  200  150
          d  400   50

In [102]: df1.join(df2, how='inner')  ❸
Out[102]:      A    B
          b  200  150
          d  400   50

In [103]: df1.join(df2, how='outer')  ❹
Out[103]:      A    B
          a  100  NaN
          b  200  150
          c  300  NaN
          d  400   50
          f  NaN  200
```

❶ 좌측 조인(Left join)이 디폴트 연산이다.

❷ 우측 조인(Right join)은 `df2.join(df1)`과 같다.

❸ 내부 조인(Inner join)은 두 인덱스에 모두 있는 값만 사용한다.

❹ 외부 조인(Outer join)은 두 인덱스에 있는 모든 값을 사용한다.

데이터가 없는 DataFrame 객체도 조인 연산이 가능하다. 이 경우에는 좌측 조인과 비슷하게 열이 순차적으로 생성된다.

```
In [104]: df = pd.DataFrame()

In [105]: df['A'] = df1  ❶

In [106]: df
Out[106]:       A
          a   100
          b   200
          c   300
          d   400

In [107]: df['B'] = df2  ❷

In [108]: df
Out[108]:       A     B
          a   100   NaN
          b   200   150
          c   300   NaN
          d   400    50
```

❶ df1를 A열로 생성한다.

❷ df2를 B열로 추가한다.

딕셔너리를 사용하여 데이터를 합치는 경우에는 외부 조인과 비슷하게 모든 열이 동시에 생성된다.

```
In [109]: df = pd.DataFrame({'A': df1['A'], 'B': df2['B']})  ❶

In [110]: df
Out[110]:       A     B
          a   100   NaN
          b   200   150
          c   300   NaN
          d   400    50
          f   NaN   200
```

❶ DataFrame 객체의 열을 사전 객체의 값으로 사용한다.

5.7.3 머지

조인 연산은 DataFrame 객체의 인덱스를 기반으로 하지만 머지 연산은 두 데이터가 공유하는 열을 기반으로 한다. 예를 들기 위해 DataFrame 객체에 새로운 열 C를 추가해보자.

```
In [111]: c = pd.Series([250, 150, 50], index=['b', 'd', 'c'])
          df1['C'] = c
          df2['C'] = c

In [112]: df1
Out[112]:      A      C
          a  100    NaN
          b  200  250.0
          c  300   50.0
          d  400  150.0

In [113]: df2
Out[113]:      B      C
          f  200    NaN
          b  150  250.0
          d   50  150.0
```

자동으로 공통 열 C에 대해 머지 연산이 실행된다. 외부 머지outer merge와 같은 다른 연산도 가능하다.

```
In [114]: pd.merge(df1, df2)  ❶
Out[114]:      A      C    B
          0  100    NaN  200
          1  200  250.0  150
          2  400  150.0   50

In [115]: pd.merge(df1, df2, on='C')  ❶
Out[115]:      A      C    B
          0  100    NaN  200
          1  200  250.0  150
          2  400  150.0   50

In [116]: pd.merge(df1, df2, how='outer')  ❷
Out[116]:      A      C    B
          0  100    NaN  200
          1  200  250.0  150
```

```
         2  300   50.0  NaN
         3  400  150.0   50
```

❶ 디폴트 머지는 C에 대해 실행한다.

❷ 모든 데이터를 출력하는 외부 머지도 가능하다.

다음 코드에서 보듯이 여러 가지 머지 연산도 가능하다.

```
In [117]: pd.merge(df1, df2, left_on='A', right_on='B')
Out[117]:      A    C_x    B  C_y
          0  200  250.0  200  NaN

In [118]: pd.merge(df1, df2, left_on='A', right_on='B', how='outer')
Out[118]:      A    C_x    B    C_y
          0  100    NaN  NaN    NaN
          1  200  250.0  200    NaN
          2  300   50.0  NaN    NaN
          3  400  150.0  NaN    NaN
          4  NaN    NaN  150  250.0
          5  NaN    NaN   50  150.0

In [119]: pd.merge(df1, df2, left_index=True, right_index=True)
Out[119]:      A    C_x    B    C_y
          b  200  250.0  150  250.0
          d  400  150.0   50  150.0

In [120]: pd.merge(df1, df2, on='C', left_index=True)
Out[120]:      A      C    B
          f  100    NaN  200
          b  200  250.0  150
          d  400  150.0   50

In [121]: pd.merge(df1, df2, on='C', right_index=True)
Out[121]:      A      C    B
          a  100    NaN  200
          b  200  250.0  150
          d  400  150.0   50

In [122]: pd.merge(df1, df2, on='C', left_index=True, right_index=True)
Out[122]:      A      C    B
          b  200  250.0  150
          d  400  150.0   50
```

5.8 성능 측면

앞에서 살펴본 예제를 통해 pandas를 사용하면 같은 목적을 달성할 수 있는 여러 가지 방법이 있다는 것을 알 수 있었다. 이 절에서는 두 열의 덧셈을 수행하는 여러 가지 방법의 성능을 비교한다. 우선 NumPy로 데이터를 생성해보자.

```
In [123]: data = np.random.standard_normal((1000000, 2))  ❶

In [124]: data.nbytes  ❶
Out[124]: 16000000

In [125]: df = pd.DataFrame(data, columns=['x', 'y'])  ❷

In [126]: df.info()  ❷
          <class 'pandas.core.frame.DataFrame'>
          RangeIndex: 1000000 entries, 0 to 999999
          Data columns (total 2 columns):
          #    Column  Non-Null  Count      Dtype
          0    x       1000000   non-null   float64
          1    y       1000000   non-null   float64
          dtypes: float64(2)
          memory usage: 15.3 MB
```

❶ 난수가 있는 ndarray 객체

❷ 난수가 있는 DataFrame 객체

그다음 여러 가지 방법으로 연산을 수행하고 성능을 측정한다.

```
In [127]: %time res = df['x'] + df['y']  ❶
          CPU times: user 7.35 ms, sys: 7.43 ms, total: 14.8 ms
          Wall time: 7.48 ms

In [128]: res[:3]
Out[128]: 0  0.387242
          1 -0.969343
          2 -0.863159
          dtype: float64

In [129]: %time res = df.sum(axis=1)  ❷
```

```
CPU times: user 130 ms, sys: 30.6 ms, total: 161 ms
Wall time: 101 ms

In [130]: res[:3]
Out[130]: 0  0.387242
          1 -0.969343
          2 -0.863159
          dtype: float64

In [131]: %time res = df.values.sum(axis=1)  ❸
          CPU times: user 50.3 ms, sys: 2.75 ms, total: 53.1 ms
          Wall time: 27.9 ms

In [132]: res[:3]
Out[132]: array([ 0.3872424 , -0.96934273, -0.86315944])

In [133]: %time res = np.sum(df, axis=1)  ❹
          CPU times: user 127 ms, sys: 15.1 ms, total: 142 ms
          Wall time: 73.7 ms

In [134]: res[:3]
Out[134]: 0  0.387242
          1 -0.969343
          2 -0.863159
          dtype: float64

In [135]: %time res = np.sum(df.values, axis=1)  ❺
          CPU times: user 49.3 ms, sys: 2.36 ms, total: 51.7 ms
          Wall time: 26.9 ms

In [136]: res[:3]
Out[136]: array([ 0.3872424 , -0.96934273, -0.86315944])
```

❶ 열(Series 객체)을 바로 더하는 것이 가장 빠르다.

❷ DataFrame 객체의 sum() 메서드를 호출하여 덧셈을 한다.

❸ ndarray 객체의 sum() 메서드를 호출하여 덧셈을 한다.

❹ DataFrame 객체에 np.sum() 함수를 사용하여 덧셈을 한다.

❺ ndarray 객체에 np.sum() 함수를 사용하여 덧셈을 한다.

마지막으로 eval() 함수와 apply() 함수를 사용한 방법도 테스트해보자.[1]

```
In [137]: %time res = df.eval('x + y')  ❶
          CPU times: user 25.5 ms, sys: 17.7 ms, total: 43.2 ms
          Wall time: 22.5 ms

In [138]: res[:3]
Out[138]: 0  0.387242
          1 -0.969343
          2 -0.863159
          dtype: float64

In [139]: %time res = df.apply(lambda row: row['x'] + row['y'], axis=1)  ❷
          CPU times: user 19.6 s, sys: 83.3 ms, total: 19.7 s
          Wall time: 19.9 s

In [140]: res[:3]
Out[140]: 0  0.387242
          1 -0.969343
          2 -0.863159
          dtype: float64
```

❶ eval() 메서드는 복잡한 수치 계산 전용 메서드로 열 레이블을 바로 사용할 수 있다.

❷ apply() 메서드는 마치 반복문처럼 파이썬 레벨에서 한 행씩 적용하므로 가장 느리다.

CAUTION_ 현명하게 선택하기

파이썬은 같은 결과를 얻는 여러 가지 방법을 제공한다. 어떤 방법을 사용해야 할지 모르는데 실행 시간이 중요할 때는 모든 방법을 비교해서 가장 빠른 방법을 찾아야 한다. 간단한 예제에서도 실행 시간은 몇 배 차이가 날 수 있다.

1 eval() 메서드를 사용하려면 numexpr 패키지가 설치되어 있어야 한다.

5.9 마치며

pandas는 데이터 분석을 위한 강력한 도구로 이른바 파이썬 데이터 기술 스택에서 가장 중요한 패키지다.

특히 DataFrame 클래스는 테이블 형태의 데이터를 다루는 데 적합하다. DataFrame 클래스의 연산은 대부분 벡터화되어 있으므로 코드를 간결하게 하고 성능을 향상시킨다. 또한 pandas는 NumPy와 달리 누락된 값이 있는 불완전한 데이터도 편리하게 다룰 수 있다. pandas와 DataFrame 클래스는 이 책의 나머지 장들에서 아주 중요한 역할을 한다. 필요할 때마다 pandas의 추가적인 기능들을 소개하겠다.

5.10 참고 문헌

pandas는 오픈소스 프로젝트로 온라인 문서와 PDF 버전을 다운로드 받을 수 있다.[2] pandas 공식 웹사이트는 이러한 문서 외에도 추가 자료를 제공한다.

- *http://pandas.pydata.org/*

NumPy와 pandas에 대한 참고 서적은 다음과 같다.

- McKinney, Wes (2017). *Python for Data Analysis. Sebastopol*, CA: O'Reilly.
- VanderPlas, Jake (2016). *Python Data Science Handbook*. Sebastopol, CA: O'Reilly.

2 이 책의 집필 시점에 PDF 버전의 쪽수는 2500쪽 이상이다.

CHAPTER 6

객체지향 프로그래밍

> 소프트웨어 공학의 목적은 복잡도를 생성하는 게 아니라 복잡도를 제어하는 것이다.
>
> –파멜라 제이브Pamela Zave

객체지향 프로그래밍은 오늘날 인기 있는 프로그래밍 패러다임의 하나다. 올바르게 사용하면 절차적 프로그래밍 등에 비해 많은 장점이 있다. 많은 경우 객체지향 프로그래밍은 금융 모델링이나 금융 알고리즘 구현에 아주 적합하다. 하지만 객체지향 프로그래밍의 일부 속성이나 패러다임 전반에 대한 비판도 만만치 않다. 이번 장에서는 중립적인 관점에서 객체지향 프로그래밍이 모든 문제에 대한 최선의 방법은 아니더라도 금융 분야의 프로그래머나 퀀트가 사용할 수 있는 중요한 도구라는 점을 설명한다. 객체지향 프로그래밍을 하려면 몇 가지 용어를 알아야 한다. 이 장에서 중요한 용어들은 다음과 같다.

클래스

일련의 객체에 대한 추상적 정의. 예를 들면 '인간'은 클래스다.

객체

클래스에 속하는 하나의 대상. 예를 들면 '산드라'는 '인간' 클래스의 객체다.

속성

클래스나 클래스의 객체가 가지고 있는 특징. 클래스면 클래스 속성, 객체면 객체 속성이라고 한다. 예를 들어 '포유류'는 '인간' 클래스의 속성이다. 성별이나 눈 색깔은 '인간' 클래스의 한 객체 속성이다.

메서드

클래스가 구현할 수 있는 연산. 예를 들면 '걷기'는 '인간' 클래스의 메서드 중 하나다.

인수

메서드가 받아들이는 값으로 실행에 영향을 미친다. '3 발자국'은 '걷기' 메서드의 인수가 될 수 있다.

객체화

추상 클래스에 기반해서 특정 객체를 생성하는 작업이다.

위에서 예로 든 '인간' 클래스를 간단한 파이썬 코드로 바꾸면 다음과 같다.

```
In [1]: class HumanBeing(object):  ❶
            def __init__(self, first_name, eye_color):  ❷
                self.first_name = first_name  ❸
                self.eye_color = eye_color  ❹
                self.position = 0  ❺
            def walk_steps(self, steps):  ❻
                self.position += steps  ❼
```

❶ 클래스 정의문. self는 클래스의 현재 객체를 뜻한다.

❷ 초기화에 호출되는 특별 메서드다.

❸ 이름 속성이 인수로 초기화된다.

❹ 눈 색깔 속성이 인수로 초기화된다.

❺ 위치 속성은 0으로 초기화된다.

❻ 걸음 수를 인수로 가지는 걷기 메서드를 정의한다.

❼ 걸음 수가 주어지면 위치를 바꾼다.

이 클래스 정의에 따라 새로운 파이썬 객체를 만들어 사용한다.

```
In [2]: Sandra = HumanBeing('Sandra', 'blue')  ❶

In [3]: Sandra.first_name  ❷
Out[3]: 'Sandra'

In [4]: Sandra.position  ❷
Out[4]: 0

In [5]: Sandra.walk_steps(5)  ❸

In [6]: Sandra.position  ❹
Out[6]: 5
```

❶ 객체화

❷ 속성값에 접근한다.

❸ 메서드 호출한다.

❹ 갱신된 위치 정보를 출력한다.

객체지향 프로그래밍은 인간에 친화적인 몇 가지 특성이 있다.

자연스러운 사고방식

객체지향 프로그래밍은 인간이 자동차나 금융 상품과 같은 현실세계의 객체 혹은 추상적인 객체에 대해 생각하는 것과 유사하므로 이러한 객체의 특성을 모델링할 때 적합하다.

복잡도 감소

객체지향 프로그래밍은 특성을 하나하나 모델링하므로 문제나 알고리즘의 복잡도를 줄이는 데 도움이 된다.

더 나은 사용자 인터페이스

객체지향 프로그래밍은 대체로 더 나은 사용자 인터페이스와 더 간결한 코드를 제공한다. 예를 들어 NumPy의 ndarray 클래스와 pandas의 DataFrame 클래스를 보면 명확하다.

파이썬스러운 모델링 방법

장단점과 별개로 객체지향 프로그래밍은 파이썬의 주된 프로그래밍 패러다임이다. 이는 "파이썬에서 모든 것은 객체다"라는 말이 나온 이유다. 객체지향 프로그래밍은 프로그래머가 표준 파이썬 클래스와 비슷하게 동작하는 사용자 정의 클래스를 만들 수 있게 한다.

다음은 객체지향 프로그래밍의 몇 가지 기술적 속성이다.

추상화

속성과 메서드를 사용하면 필요한 것에만 초점을 맞추어 추상적이고 유연한 모델을 만들 수 있다. 금융에서는 추상적인 방법으로 금융 상품을 모델링하는 클래스를 만들 수 있다. 이러한 클래스의 객체들은 구체적인 금융 상품이 되어 투자 은행에서 가공하고 판매할 수 있다.

모듈화

객체지향 프로그래밍은 코드를 여러 개의 모듈로 나누고 이를 연결하여 전체 코드를 구성할 수 있다. 예를 들어 주식을 기초 자산으로 하는 유러피안 옵션을 하나의 클래스로 만들 수도 있지만 기초 자산과 그 기초 자산에 기반하는 옵션, 이렇게 두 개의 클래스로 나눌 수도 있다.

상속

상속은 하나의 클래스가 가진 속성과 메서드를 다른 클래스에 전달하는 것을 말한다. 금융에서는 일반적인 금융 상품에서 시작하여 일반적인 파생상품, 유러피안 옵션, 유러피안 콜 옵션 순으로 상속받을 수 있다. 모든 클래스는 부모 클래스의 속성과 메서드를 이어받는다.

집합화

집합화aggregation는 독립적으로 존재할 수 있는 여러 개의 객체를 모아 하나의 객체로 만드는 것을 말한다. 유러피안 콜 옵션은 기초 자산이 되는 주식이나 관련된 단기 할인 이자율 등을 속성으로 가질 수 있다. 주식과 단기 이자율 속성은 물론 다른 객체에 의해서도 독립적으로 사용될 수 있다.

합성화

합성화composition는 집합화와 비슷하지만 각 객체가 독립적으로는 존재할 수 없다. 예를 들어 고정금리 현금흐름fixed leg과 변동금리 현금흐름floating leg을 가진 고객 맞춤형 이자율 스왑interest rate swap을 생각해보자. 이 두 개의 현금흐름leg은 스왑이라는 상품을 떠나서는 독립적으로 존재할 수 없다.

다형성

다형성polymorphism은 여러 가지 형태로 나타난다. 파이썬에서는 **덕 타이핑**duck typing이라 불리는 형태로 나타나는데, 이는 표준 연산이 어떤 객체를 다루고 있는지 정확히 알지 못하더라도 여러 가지 클래스와 객체에서 구현될 수 있다는 것을 의미한다. 예를 들면 금융 상품 클래스에서 객체(주식, 옵션, 스왑)의 구체적인 자료형을 몰라도 `get_current_price()`라는 메서드를 호출할 수 있다.

캡슐화

이 개념은 클래스 내부에서 데이터를 만들고 퍼블릭 메서드에 의해서만 접근할 수 있는 방식을 말한다. 주식을 모델링하는 클래스는 `current_stock_price`라는 속성을 가질 수 있다. 캡슐화를 하면 이 값은 `get_current_stock_price()` 메서드를 통해서만 얻을 수 있고 값 자체에 사용자가 바로 접근할 수는 없다. 이러한 방식을 사용하면 속성값을 의도치 않게 바꾸는 실수를 막을 수 있다. 하지만 파이썬 클래스에서는 데이터를 숨기는 데 제한이 있다.

이러한 특징들은 다음과 같이 두 가지 소프트웨어 엔지니어링 목표로 요약할 수 있다.

재사용성

상속과 다형성은 코드의 재사용성을 향상시키고 개발의 효율성과 프로그래머의 생산성을 증가시킨다. 코드 관리도 단순해진다.

중복 방지

동시에 중복이 거의 없는 코드를 작성할 수 있다. 반복되는 코드 작성을 피하고 디버깅과 테스트에 들어가는 노력을 덜 수 있을 뿐 아니라 전체 코드의 양도 감소한다.

이 장은 다음과 같이 구성된다.

파이썬 객체 소개

객체지향 프로그래밍 관점에서 파이썬 객체를 소개한다.

파이썬 클래스 기초

이 절에서는 파이썬 객체지향 프로그래밍에 필수적인 요소를 소개하고 금융 상품 및 포트폴리오 비중을 예로 들어 설명한다.

파이썬 데이터 모델

파이썬 데이터 모델의 중요 요소와 각 메서드의 역할을 설명한다.

6.1 파이썬 객체 소개

앞 장에서 살펴본 몇 가지 표준 파이썬 객체를 객체지향 프로그래밍 관점에서 살펴보는 것부터 시작한다.

6.1.1 정수형

우선 가장 단순한 정수형 객체를 살펴보자. 이렇게 간단한 파이썬 객체에도 객체지향 프로그래밍 원리가 존재한다.

```
In [7]: n = 5  ❶

In [8]: type(n)  ❷
Out[8]: int

In [9]: n.numerator  ❸
Out[9]: 5

In [10]: n.bit_length()  ❹
```

```
Out[10]: 3

In [11]: n + n  ❺
Out[11]: 10

In [12]: 2 * n  ❻
Out[12]: 10

In [13]: n.__sizeof__()  ❼
Out[13]: 28
```

❶ 신규 객체 n 생성

❷ 객체의 자료형

❸ 객체의 속성

❹ 객체의 메서드

❺ + 연산자 적용

❻ * 연산자 적용

❼ 사용된 메모리 바이트 수를 반환하는 특수 메서드 `__sizeof__()` 호출[1]

6.1.2 리스트

리스트 객체는 메서드가 더 많기는 해도 기본적인 원리는 같다.

```
In [14]: l = [1, 2, 3, 4]  ❶

In [15]: type(l)  ❷
Out[15]: list

In [16]: l[0]  ❸
Out[16]: 1

In [17]: l.append(10)  ❹

In [18]: l + l  ❺
```

1 파이썬의 특수 속성과 특수 메서드는 `__XYZ__()` 형식으로 두 개의 밑줄(underscore)이 앞뒤에 있다. 예로 든 `n.__sizeof__()`는 내부적으로 `import sys; sys.getsizeof(n)` 명령을 수행한다.

```
Out[18]: [1, 2, 3, 4, 10, 1, 2, 3, 4, 10]

In [19]: 2 * l  ❻
Out[19]: [1, 2, 3, 4, 10, 1, 2, 3, 4, 10]

In [20]: sum(l)  ❼
Out[20]: 20

In [21]: l.__sizeof__()  ❽
Out[21]: 104
```

❶ 신규 객체 l 생성

❷ 객체의 자료형

❸ 인덱싱으로 원소 선택

❹ 객체의 메서드

❺ + 연산자 적용

❻ * 연산자 적용

❼ 표준 파이썬 함수 sum() 적용

❽ 사용된 메모리 바이트 수를 반환하는 특수 메서드 __sizeof__() 호출

6.1.3 ndarray

정수형과 리스트 객체는 표준 파이썬 객체다. 하지만 NumPy의 ndarray 객체는 오픈소스 패키지에서 맞춤형 객체다.

```
In [22]: import numpy as np  ❶

In [23]: a = np.arange(16).reshape((4, 4))  ❷

In [24]: a
Out[24]: array([[ 0,  1,  2,  3],
                [ 4,  5,  6,  7],
                [ 8,  9, 10, 11],
                [12, 13, 14, 15]])

In [25]: type(a)  ❸
Out[25]: numpy.ndarray
```

❶ numpy 라이브러리 임포트

❷ 신규 객체 a 생성

❸ 객체의 자료형

ndarray 객체는 표준 객체가 아니지만 이 장의 뒷부분에서 설명할 파이썬 데이터 모델 덕분에 대부분의 경우 마치 표준 객체처럼 동작한다.

```
In [26]: a.nbytes  ❶
Out[26]: 64

In [27]: a.sum()  ❷
Out[27]: 120

In [28]: a.cumsum(axis=0)  ❸
Out[28]: array([[ 0,  1,  2,  3],
                [ 4,  6,  8, 10],
                [12, 15, 18, 21],
                [24, 28, 32, 36]], dtype=in32)

In [29]: a + a  ❹
Out[29]: array([[ 0,  2,  4,  6],
                [ 8, 10, 12, 14],
                [16, 18, 20, 22],
                [24, 26, 28, 30]])

In [30]: 2 * a  ❺
Out[30]: array([[ 0,  2,  4,  6],
                [ 8, 10, 12, 14],
                [16, 18, 20, 22],
                [24, 26, 28, 30]])

In [31]: sum(a)  ❻
Out[31]: array([24, 28, 32, 36])

In [32]: np.sum(a)   ❼
Out[32]: 120

In [33]: a.__sizeof__()  ❽
Out[33]: 112
```

❶ 객체의 속성

❷ 객체의 메서드(집계)

❸ 객체의 메서드(집계 없음)

❹ + 연산자 적용(덧셈)

❺ * 연산자 적용(곱셈)

❻ 표준 파이썬 함수 sum() 적용

❼ NumPy 유니버설 함수 np.sum() 적용

❽ 사용된 메모리 바이트 수를 반환하는 특수 메서드 __sizeof__() 호출

6.1.4 DataFrame

마지막으로 NumPy의 ndarray 객체와 유사하게 작동하는 pandas의 DataFrame 객체를 살펴본다. 먼저 ndarray 객체를 기반으로 DataFrame 객체를 만든다.

```
In [34]: import pandas as pd  ❶

In [35]: df = pd.DataFrame(a, columns=list('abcd'))  ❷

In [36]: type(df)  ❸
Out[36]: pandas.core.frame.DataFrame
```

❶ pandas 패키지 임포트

❷ 신규 객체 df 생성

❸ 객체의 자료형

그다음으로 속성, 메서드, 연산을 살펴본다.

```
In [37]: df.columns  ❶
Out[37]: Index(['a', 'b', 'c', 'd'], dtype='object')

In [38]: df.sum()  ❷
Out[38]: a    24
         b    28
         c    32
         d    36
         dtype: int64
```

```
In [39]: df.cumsum()  ❸
Out[39]:     a   b   c   d
         0   0   1   2   3
         1   4   6   8  10
         2  12  15  18  21
         3  24  28  32  36

In [40]: df + df  ❹
Out[40]:     a   b   c   d
         0   0   2   4   6
         1   8  10  12  14
         2  16  18  20  22
         3  24  26  28  30

In [41]: 2 * df  ❺
Out[41]:     a   b   c   d
         0   0   2   4   6
         1   8  10  12  14
         2  16  18  20  22
         3  24  26  28  30

In [42]: np.sum(df)  ❻
Out[42]: a   24
         b   28
         c   32
         d   36
         dtype: int64

In [43]: df.__sizeof__()  ❼
Out[43]: 192
```

❶ 객체의 속성

❷ 객체의 메서드(집계)

❸ 객체의 메서드(집계 없음)

❹ + 연산자 적용(덧셈)

❺ * 연산자 적용(곱셈)

❻ NumPy 유니버설 함수 np.sum() 적용

❼ 사용된 메모리 바이트 수를 반환하는 특수 메서드 __sizeof__() 호출

6.2 파이썬 클래스 기초

이 절은 파이썬에서 객체지향 프로그래밍을 하기 위한 중요 개념과 구체적인 문법을 다룬다. 기존 파이썬 자료형으로는 쉽고 효율적인 모델링이 어려운 객체 자료형을 모델링하기 위해 맞춤형 클래스를 만들 것이다. 이 과정에서 금융 상품을 예로 든다. 다음 두 줄의 코드로 새로운 파이썬 클래스를 만들 수 있다.

```
In [44]: class FinancialInstrument(object):  ❶
             pass  ❷

In [45]: fi = FinancialInstrument()  ❸

In [46]: type(fi)  ❹
Out[46]: __main__.FinancialInstrument

In [47]: fi  ❺
Out[47]: <__main__.FinancialInstrument at 0x116767278>

In [48]: fi.__str__()  ❺
Out[48]: '<__main__.FinancialInstrument object at 0x116767278>'

In [49]: fi.price = 100  ❻

In [50]: fi.price  ❻
Out[50]: 100
```

❶ 클래스를 정의한다.

❷ 이 위치에 구체적인 코드가 온다. 여기에서는 단순히 pass 키워드만 사용했다.

❸ 신규 객체 fi 생성

❹ 객체의 자료형

❺ 모든 파이썬 객체는 특수 속성과 특수 메서드를 가지고 있다.
여기에서는 문자열 표현을 반환하는 특수 메서드를 호출했다.

❻ 일반 속성이 아닌, 이른바 데이터 속성을 객체에서 바로 정의할 수 있다.

중요한 특수 메서드 중 하나는 `__init__`으로 객체의 초기화 시점에 호출된다. 이 메서드는 객체 자체를 `self`라는 이름의 인수로 받는다. 이외에도 다른 인수를 받을 수 있다.

```
In [51]: class FinancialInstrument(object):
             author = 'Yves Hilpisch'  ❶
             def __init__(self, symbol, price):  ❷
                 self.symbol = symbol  ❸
                 self.price = price  ❸

In [52]: FinancialInstrument.author  ❶
Out[52]: 'Yves Hilpisch'

In [53]: aapl = FinancialInstrument('AAPL', 100)  ❹

In [54]: aapl.symbol  ❺
Out[54]: 'AAPL'

In [55]: aapl.author  ❻
Out[55]: 'Yves Hilpisch'

In [56]: aapl.price = 105  ❼

In [57]: aapl.price  ❼
Out[57]: 105
```

❶ 클래스의 속성 정의(모든 객체가 상속받는다)

❷ 초기화 시점에 호출되는 특수 메서드 `__init__`

❸ 객체의 속성 정의(객체마다 개별적인 값을 가진다)

❹ 신규 객체 `aapl` 생성

❺ 객체의 속성

❻ 클래스의 속성

❼ 객체의 속성값을 바꾼다.

금융 상품의 가격은 정기적으로 바뀌지만 금융 상품의 기호는 바뀌지 않는다. 클래스 정의에서 캡슐화를 도입하기 위해 `get_price()`와 `set_price()`라는 두 개의 메서드를 추가하자. 다음 코드는 이전의 클래스 정의로부터 상속받는다.

```
In [58]: class FinancialInstrument(FinancialInstrument):  ❶
             def get_price(self):  ❷
                 return self.price  ❷
             def set_price(self, price):  ❸
```

```
            self.price = price ❹

In [59]: fi = FinancialInstrument('AAPL', 100) ❺

In [60]: fi.get_price() ❻
Out[60]: 100

In [61]: fi.set_price(105) ❼

In [62]: fi.get_price() ❻
Out[62]: 105

In [63]: fi.price ❽
Out[63]: 105
```

❶ 이전 클래스를 상속한 클래스로 정의한다.

❷ get_price() 메서드를 정의한다.

❸ set_price() 메서드를 정의한다.

❹ 인수로 객체 속성을 업데이트한다.

❺ 새로운 클래스 정의에 따른 fi 객체를 생성한다.

❻ get_price() 메서드를 호출하여 객체의 속성값을 읽는다.

❼ set_price() 메서드를 호출하여 객체의 속성값을 바꾼다.

❽ 객체의 속성에 직접 접근한다.

캡슐화는 데이터를 사용자로부터 숨기기 위한 것이다. 이 목적을 달성하기 위해서 getter/setter 메서드를 추가한다. 하지만 사용자가 직접 속성에 접근하여 조작하는 것을 막을 수는 없다. 이때는 **프라이빗**private **속성**을 사용해야 한다. 프라이빗 속성의 이름은 두 개의 밑줄로 시작한다.

```
In [64]: class FinancialInstrument(object):
             def __init__(self, symbol, price):
                 self.symbol = symbol
                 self.__price = price ❶
             def get_price(self):
                 return self.__price
             def set_price(self, price):
                 self.__price = price
```

```
In [65]: fi = FinancialInstrument('AAPL', 100)

In [66]: fi.get_price()  ❷
Out[66]: 100

In [67]: fi.__price  ❸
         ---------------------------------------------------------------------
         AttributeError Traceback (most recent call last)
         <ipython-input-67-bd62f6cadb79> in <module>
         ----> 1 fi.__price

         AttributeError: 'FinancialInstrument' object has no attribute '__price'

In [68]: fi._FinancialInstrument__price  ❹
Out[68]: 100

In [69]: fi._FinancialInstrument__price = 105  ❹

In [70]: fi.set_price(100)  ❺
```

❶ 가격을 프라이빗 속성으로 정의한다.

❷ get_price() 메서드는 가격을 반환한다.

❸ 속성에 직접 접근하려고 하면 오류가 발생한다.

❹ 클래스 이름 앞에 밑줄을 붙이고 이 문자열을 속성 이름 앞에 붙이면 속성에 직접 접근할 수 있다.

❺ 가격을 원래 값으로 설정한다.

CAUTION_ 파이썬에서의 캡슐화

파이썬 클래스에서도 프라이빗 속성과 이 속성을 다루는 메서드를 사용하여 캡슐화를 구현하는 것이 가능하지만 사용자가 절대로 접근할 수 없게 숨길 수는 없다. 이는 기술적 특징이라기보다는 공학적인 원리에 가깝다.

금융 상품의 포트폴리오 비중을 모델링하는 다른 클래스를 생각해보자. 두 개의 클래스를 집합화함으로써 이를 구현할 수 있다. PortfolioPosition 객체는 FinancialInstrument 객체를 속성값으로 사용한다. 여기에 position_size 속성을 추가하면 포지션 값을 계산할 수 있다.

```
In [71]: class PortfolioPosition(object):
             def __init__(self, financial_instrument, position_size):
                 self.position = financial_instrument  ❶
                 self.__position_size = position_size  ❷
             def get_position_size(self):
                 return self.__position_size
             def update_position_size(self, position_size):
                 self.__position_size = position_size
             def get_position_value(self):
                 return self.__position_size * \
                     self.position.get_price()  ❸

In [72]: pp = PortfolioPosition(fi, 10)

In [73]: pp.get_position_size()
Out[73]: 10

In [74]: pp.get_position_value()  ❸
Out[74]: 1000

In [75]: pp.position.get_price()  ❹
Out[75]: 100

In [76]: pp.position.set_price(105)  ❺

In [77]: pp.get_position_value()  ❻
Out[77]: 1050
```

❶ `FinancialInstrument` 객체를 사용하는 속성

❷ `PortfolioPosition` 클래스의 프라이빗 속성

❸ 속성값에 기반하여 포지션 값을 계산한다.

❹ 객체 속성을 통해 호출 가능한 함수를 바로 사용할 수 있다.

❺ 금융 상품의 가격을 업데이트한다.

❻ 업데이트된 가격에 기반하여 포지션 값을 새로 계산한다.

6.3 파이썬 데이터 모델

앞 절의 예제는 이른바 파이썬 데이터 모델 혹은 객체 모델(*https://docs.python.org/3/reference/datamodel.html*)의 몇 가지 특성을 보여주었다. 파이썬 데이터 모델을 사용하면 기초적인 파이썬 언어로 상호작용할 수 있는 클래스를 설계할 수 있다. 파이썬 데이터 모델은 다음과 같은 작업을 지원해야 한다(Ramalho (2015), p. 4 참조).

- 반복
- 컬렉션 다루기
- 속성 접근
- 연산자 오버로딩
- 함수와 메서드 호출
- 객체 생성과 제거
- 출력을 위한 문자 표현
- 콘텍스트

파이썬 데이터 모델은 아주 중요하므로 이 절에서는 파이썬 데이터 모델의 여러 가지 측면을 다루기로 한다. Ramalho(2015)의 예제를 조금 변형해서 사용한다. 이 예제는 3개의 원소를 가지는 유클리드 공간상의 `Vector` 클래스다. 우선 `__init__` 특수 메서드를 살펴보자.

```
In [78]: class Vector(object):
             def __init__(self, x=0, y=0, z=0):  ❶
                 self.x = x  ❶
                 self.y = y  ❶
                 self.z = z  ❶

In [79]: v = Vector(1, 2, 3)  ❷

In [80]: v  ❸
Out[80]: <__main__.Vector at 0x1167789e8>
```

❶ 세 개의 객체 속성(3차원 벡터)

❷ 신규 객체 v 생성

❸ 디폴트 문자열 표현

특수 메서드 __repr__는 맞춤형 문자열 표현을 정의할 수 있다.

```
In [81]: class Vector(Vector):
             def __repr__(self):
                 return 'Vector(%r, %r, %r)' % (self.x, self.y, self.z)

In [82]: v = Vector(1, 2, 3)

In [83]: v  ❶
Out[83]: Vector(1, 2, 3)

In [84]: print(v)  ❶
         Vector(1, 2, 3)
```

❶ 새로운 문자열 표현

abs()와 bool()은 표준 파이썬 함수다. Vector 클래스의 동작을 특수 메서드 __abs__와 __bool__로 정의한다.

```
In [85]: class Vector(Vector):
             def __abs__(self):
                 return (self.x ** 2 + self.y ** 2 +
                     self.z ** 2) ** 0.5  ❶
             def __bool__(self):
                 return bool(abs(self))

In [86]: v = Vector(1, 2, -1)  ❷

In [87]: abs(v)
Out[87]: 2.449489742783178

In [88]: bool(v)
Out[88]: True

In [89]: v = Vector()  ❸

In [90]: v  ❸
Out[90]: Vector(0, 0, 0)

In [91]: abs(v)
Out[91]: 0.0
```

```
In [92]: bool(v)
Out[92]: False
```

❶ 세 개의 속성에 기반하여 유클리드 놈을 계산한다.

❷ 0이 아닌 속성을 가지는 신규 벡터 객체

❸ 0 속성만 가지는 신규 벡터 객체

+ 연산자와 * 연산자는 대부분의 파이썬 객체에 적용할 수 있다. 이때의 동작은 특수 메서드 `__add__`와 `__mul__`로 정의한다.

```
In [93]: class Vector(Vector):
             def __add__(self, other):
                 x = self.x + other.x
                 y = self.y + other.y
                 z = self.z + other.z
                 return Vector(x, y, z)  ❶
             def __mul__(self, scalar):
                 return Vector(self.x * scalar,
                               self.y * scalar,
                               self.z * scalar)  ❶

In [94]: v = Vector(1, 2, 3)

In [95]: v + Vector(2, 3, 4)
Out[95]: Vector(3, 5, 7)

In [96]: v * 2
Out[96]: Vector(2, 4, 6)
```

❶ 이 경우에는 각각의 특수 메서드가 해당 클래스 객체를 반환한다.

또 다른 표준 파이썬 함수 `len()`은 객체에 포함된 원소의 개수를 반환한다. 이 함수를 호출하면 객체의 특수 메서드 `__len__`을 사용할 수 있다. 특수 메서드 `__getitem__`은 대괄호 기호를 사용하여 원소를 인덱싱할 수 있게 한다.

```
In [97]: class Vector(Vector):
             def __len__(self):
                 return 3  ❶
```

```
            def __getitem__(self, i):
                if i in [0, -3]: return self.x
                elif i in [1, -2]: return self.y
                elif i in [2, -1]: return self.z
                else: raise IndexError('Index out of range.')

In [98]: v = Vector(1, 2, 3)

In [99]: len(v)
Out[99]: 3

In [100]: v[0]
Out[100]: 1

In [101]: v[-2]
Out[101]: 2

In [102]: v[3]
          ------------------------------------------------------------------
          IndexError                       Traceback (most recent call last)
          <ipython-input-102-f998c57dcc1e> in <module>
          ----> 1 v[3]

          <ipython-input-97-b0ca25eef7b3> in __getitem__(self, i)
                7          elif i In [1, -2]: return self.y
                8          elif i In [2, -1]: return self.z
          ----> 9          else: raise IndexError('Index out of range.')
          IndexError: Index out of range.
```

➊ Vector 클래스의 모든 객체 크기는 3이다.

마지막으로 특수 메서드 __iter__는 객체의 원소마다 반복하는 동작을 정의한다. 이 연산이 정의된 객체를 **반복 가능**iterable 객체라고 한다. 모든 컬렉션과 컨테이너는 반복 가능하다.

```
In [103]: class Vector(Vector):
              def __iter__(self):
                  for i in range(len(self)):
                      yield self[i]

In [104]: v = Vector(1, 2, 3)

In [105]: for i in range(3):  ➊
```

```
        print(v[i]) ❶
    1
    2
    3

In [106]: for coordinate in v: ❷
        print(coordinate) ❷
    1
    2
    3
```

❶ 인덱스와 __getitem__를 사용한 간접 반복

❷ 클래스 객체와 __iter__을 사용한 직접 반복

TIP 파이썬 기능 강화하기

파이썬 데이터 모델을 사용하면 표준 파이썬 연산, 함수 등과 부드럽게 연결되는 클래스를 정의할 수 있다. 이처럼 파이썬은 새로운 클래스와 객체 자료형으로 자신을 강화할 수 있는 유연한 프로그래밍 언어다.

다음 절에서는 지금까지의 Vector 클래스 정의를 하나의 코드 블록으로 요약한다.

6.4 Vector 클래스

```
In [107]: class Vector(object):
              def __init__(self, x=0, y=0, z=0):
                  self.x = x
                  self.y = y
                  self.z = z
              def __repr__(self):
                  return 'Vector(%r, %r, %r)' % (self.x, self.y, self.z)

              def __abs__(self):
                  return (self.x ** 2 + self.y ** 2 + self.z ** 2) ** 0.5

              def __bool__(self):
                  return bool(abs(self))
```

```python
    def __add__(self, other):
        x = self.x + other.x
        y = self.y + other.y
        z = self.z + other.z
        return Vector(x, y, z)

    def __mul__(self, scalar):
        return Vector(self.x * scalar,
                      self.y * scalar,
                      self.z * scalar)

    def __len__(self):
        return 3

    def __getitem__(self, i):
        if i in [0, -3]: return self.x
        elif i in [1, -2]: return self.y
        elif i in [2, -1]: return self.z
        else: raise IndexError('Index out of range.')

    def __iter__(self):
        for i in range(len(self)):
            yield self[i]
```

6.5 마치며

이번 장에서는 객체지향 프로그래밍의 개념과 방법을 이론과 파이썬 예제를 통해 소개했다. 객체지향 프로그래밍은 파이썬의 주된 프로그래밍 패러다임이다. 이것은 복잡한 애플리케이션의 설계와 구현을 가능하게 하고, 유연한 파이썬 데이터 모델은 표준 파이썬 객체처럼 동작하는 맞춤형 객체를 만들 수 있게 해준다. 객체지향 프로그래밍에 대한 많은 비판이 있지만, 일정 수준 이상의 복잡한 문제가 주어졌을 때 객체지향 프로그래밍이 파이썬 프로그래머와 퀀트에게 강력한 도구가 된다는 것은 확실하다. 객체지향 프로그래밍은 5부에서 개발할 파생상품 가격 결정 패키지의 복잡성과 추상화 요구조건을 해결하는 유일한 프로그래밍 패러다임이다.

6.6 참고 문헌

다음은 일반적인 객체지향 프로그래밍과 파이썬에서의 객체지향 프로그래밍에 대한 온라인 자료들이다.

- Lecture Notes on Object-Oriented Programming(*http://bit.ly/2qLJU0S*)
- Object-Oriented Programming in Python(*http://bit.ly/2DKGZhB*)

책으로 출판된 파이썬 객체지향 프로그래밍 및 파이썬 데이터 모델 자료다.

- Ramalho, Luciano (2016). *Fluent Python*. Sebastopol, CA: O'Reilly.

Part III

금융 데이터 과학

3부는 금융 데이터 과학을 위한 기초적인 테크닉과 방법론 그리고 패키지에 대한 내용이다. 파이썬을 사용한 데이터 과학에서는 시각화와 같은 주제와 scikit-learn 등의 패키지가 모두 중요하다. 이런 의미에서 3부는 퀀트와 금융 분석가들이 금융 데이터 과학자가 되는데 필요한 파이썬 도구를 제공한다. 3부의 각 장도 2부처럼 각각 특정한 주제를 다루도록 구성했다. 독자들이 해당 주제에 대한 예제와 세부 사항을 찾아보는 참고서 역할을 할 수 있도록 했다.

Part III

금융 데이터 과학

CHAPTER 7

데이터 시각화

그림을 사용하라. 천 마디 말보다 낫다.

– 아서 브리즈먼Arthur Brisbane

이 장은 matplotlib 및 plotly 라이브러리의 기본적인 시각화 기능을 다룬다.

여러 가지 시각화 라이브러리가 있지만 matplotlib은 표준으로 확립되어 있고 다양한 경우에 잘 동작하며 신뢰할 만한 시각화 도구다. matplotlib은 표준 플롯을 쉽게 그릴 수 있을 뿐만 아니라 복잡한 플롯과 커스터마이징에도 자유로운 유연한 라이브러리다. 또한 NumPy와 pandas가 제공하는 자료구조와도 잘 연동된다.

matplotlib은 PNG, JPG 등 비트맵 형식 플롯만 생성할 수 있다. Data-Driven Documents (D3.js) 표준 등에 기반한 현대적인 웹 기술을 쓰면 특정 영역을 확대해서 보는 등의 상호작용이 가능한 플롯도 만들 수 있다. 파이썬으로 이런 D3.js 플롯을 쉽게 만들 수 있는 라이브러리가 plotly다. (Cufflinks라는 작은 추가 패키지는) plotly를 pandas DataFrame 객체 데이터와 긴밀하게 통합하며 캔들 스틱과 같은 인기 있는 금융 플롯도 만들 수 있다.

이번 장에서는 다음과 같은 주제를 다룬다.

정적 2차원 플롯

matplotlib을 소개하고 가장 단순한 플롯부터 시작하여 두 개의 척도 또는 다른 서브플롯이 있는 고급 플롯까지 전형적인 2D 플롯을 선보인다.

정적 3차원 플롯

matplotlib에 기반하여 특정 금융 분야에서 유용하게 쓰이는 몇 가지 3차원 플롯을 소개한다.

상호작용형 2차원 플롯

plotly와 Cufflinks를 사용하여 상호작용형 2차원 플롯을 만든다. 또 Cufflinks의 Quant Figure 기능을 이용하여 기술적 분석에서 사용되는 전형적인 금융 플롯에 대해서도 다룬다.

이 책이 파이썬과 matplotlib, plotly 시각화에 관한 완벽한 참고서는 아니지만 금융 분야에서 쓰이는 기본 기능과 중요 사항에 대해 될 수 있는 한 많은 예제를 준비했다. 이 장뿐만 아니라 뒤에서도 시각화와 관련된 다양한 예제들이 나온다. 예를 들어 8장은 pandas 라이브러리를 사용한 시계열 데이터를 어떻게 시각화하는지 더 자세히 설명한다.

7.1 정적 2차원 플롯

예제 데이터를 만들고 플롯을 그리기 전에 우선 필요한 라이브러리를 임포트하고 커스터마이징한다.

```
In [1]: import matplotlib as mpl  ❶

In [2]: mpl.__version__  ❷
Out[2]: '3.0.0'

In [3]: import matplotlib.pyplot as plt  ❸

In [4]: plt.style.use('seaborn')  ❹

In [5]: mpl.rcParams['font.family'] = 'serif'  ❺

In [6]: %matplotlib inline
```

❶ matplotlib을 mpl이라는 이름으로 임포트

❷ 사용하는 matplotlib 버전

❸ 메인 서브패키지를 plt라는 이름으로 임포트

❹ seaborn 플롯 스타일 설정

❺ 모든 플롯의 폰트를 serif로 설정

7.1.1 1차원 데이터

가장 기본적이고 강력한 플롯 명령은 plot 함수다. 이 함수는 두 가지 숫자 집합이 필요하다.

*x*값

x 좌표(가로축)의 값을 담고 있는 배열이나 리스트

*y*값

y 좌표(세로축)의 값을 담고 있는 배열이나 리스트

물론 *x*값과 *y*값의 개수는 같아야 한다. [그림 7-1]을 표시하는 다음 코드를 살펴보자.

```
In [7]: import numpy as np

In [8]: np.random.seed(1000)  ❶

In [9]: y = np.random.standard_normal(20)  ❷

In [10]: x = np.arange(len(y))  ❸
         plt.plot(x, y);  ❹
```

❶ 재현을 위해 난수 생성용 시드값을 고정한다.

❷ 난수(*y*값)를 생성한다.

❸ 정수(*x*값)를 생성한다.

❹ *x*, *y* 객체로 plt.plot() 함수를 호출한다.

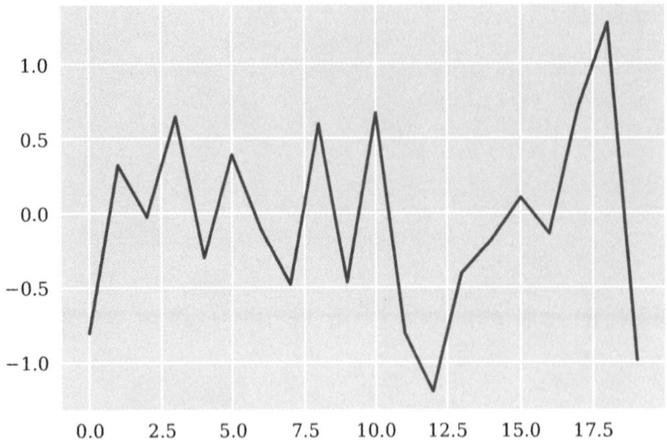

그림 7-1 주어진 *x*값과 *y*값 그리기

만약 `plot` 함수의 인수로 `ndarray` 객체를 넘기는 경우에는 `plot` 함수가 이를 감지하여 자동으로 처리하므로 *x*값에 대한 추가 정보를 제공하지 않아도 된다. 만약 *y*값만 있으면 인덱스값을 *x*값으로 사용한다. 따라서 다음 한 줄짜리 코드도 앞의 코드와 같은 그림을 그려준다(그림 7-2).

```
In [11]: plt.plot(y)
```

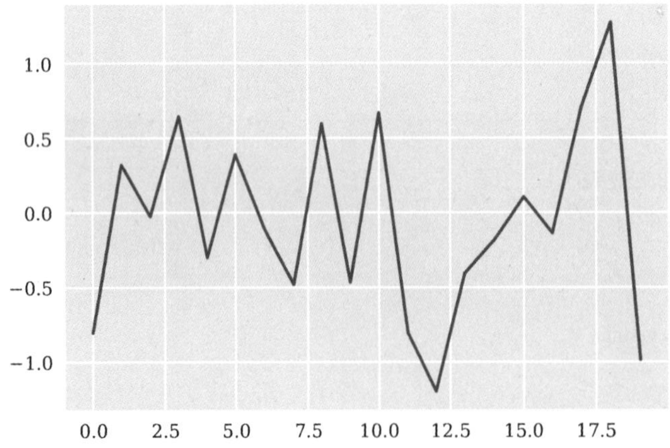

그림 7-2 1차원 배열 데이터로 그린 그림

TIP NumPy 배열과 matplotlib

NumPy ndarray 객체를 matplotlib 함수에 바로 넘길 수 있으며, 이때는 ndarray 객체에서 단순한 플롯을 위한 자료구조를 자동으로 파악할 수 있다. 하지만 너무 크거나 복잡한 배열을 인수로 사용하지 않도록 주의한다.

대부분의 ndarray 메서드는 결과로 ndarray 객체를 출력하기 때문에 객체에 한 개 이상의 함수를 호출하여 plot 함수로 넘기는 것도 가능하다. 앞의 예제에 사용된 ndarray 객체에 cumsum() 메서드를 호출하면 자료의 누적합계를 구하므로 그림 결과도 달라진다(그림 7-3).

```
In [12]: plt.plot(y.cumsum());
```

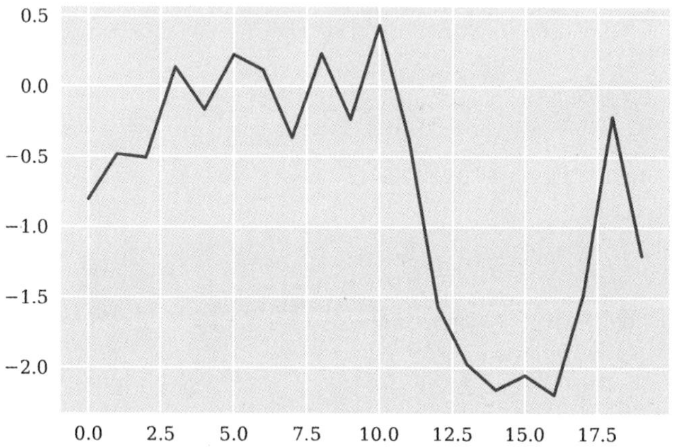

그림 7-3 1차원 배열의 메서드를 호출하여 그린 그림

기본으로 제공되는 플롯 스타일은 보고서나 출판물을 위한 일반적인 요구조건에 맞지 않는다. 예를 들어 사용하는 폰트를 레이텍LaTex 폰트와 호환되는 것으로 바꾸길 원할 수도 있고, 그림 축에 레이블을 붙이거나 가독성을 높이기 위해 그리드를 추가해야 할 수도 있다. 이런 점을 고려해 matplotlib에서는 스타일을 변경하기 위한 다양한 함수를 제공한다. 일부 함수는 쉽게 사용할 수 있고 일부는 사용하기 복잡할 수 있다. 예를 들어 축 또는 그리드와 레이블을 조정하는 함수는 사용하기 어렵지 않다(그림 7-4).

```
In [13]: plt.plot(y.cumsum())
         plt.grid(False)  ❶
         plt.axis('equal');  ❷
```

❶ 그리드를 그리지 않는다.

❷ 두 축의 스케일을 같게 한다.

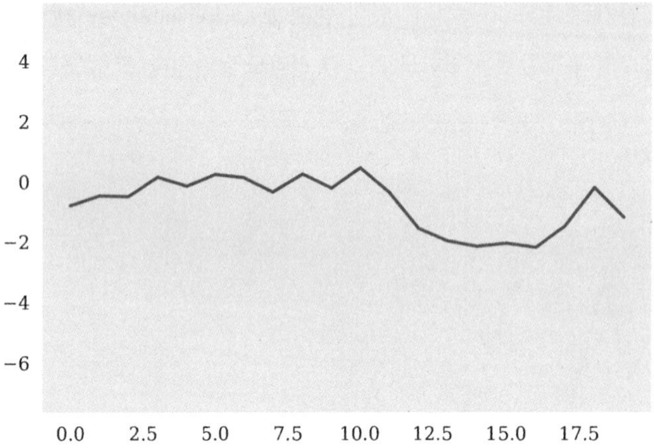

그림 7-4 그리드 없이 그린 그림

`plt.axis()` 함수의 다른 옵션을 [표 7-1]에 정리했다. 대부분은 문자열 인수로 넘겨야 한다.

표 7-1 plt.axis 옵션

인수	설명
인수가 없는 경우	현재 축의 한곗값을 반환한다.
`off`	축 선과 레이블을 없앤다.
`equal`	가로축과 세로축의 스케일을 같게 한다.
`scaled`	가로축과 세로축의 스케일이 같아지도록 크기 자체를 조정한다.
`tight`	모든 자료가 보이도록 축 범위를 조밀하게 조정한다.
`image`	모든 자료가 보이도록 축 범위를 자료의 극한값으로 조정한다.
`[xmin, xmax, ymin, ymax]`	주어진 리스트값으로 축 범위를 조정한다.

또한 plt.xlim() 명령과 plt.ylim() 명령을 사용하면 가로축과 세로축의 범위를 직접 설정할 수 있다. 다음 코드와 [그림 7-5]에서 확인할 수 있다.

```
In [14]: plt.plot(y.cumsum())
         plt.xlim(-1, 20)
         plt.ylim(np.min(y.cumsum()) - 1,
                  np.max(y.cumsum()) + 1);
```

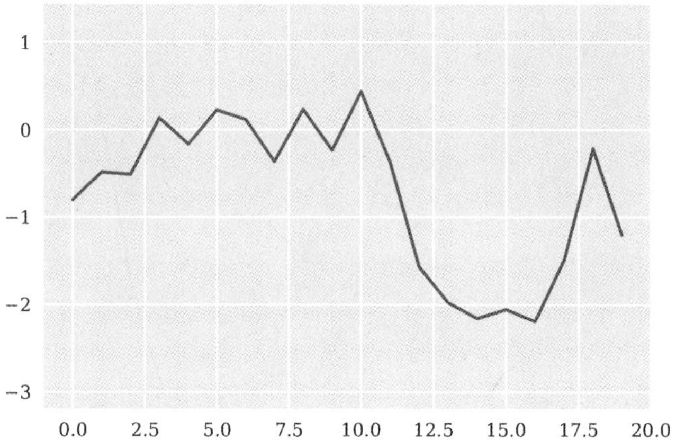

그림 7-5 축 범위를 변경한 그림

가독성을 위해 제목이나 x값 및 y값을 설명하는 레이블을 추가할 수 있다. 각각 plt.title(), plt.xlabel(), plt.ylabel() 명령을 사용한다. plot() 명령은 아무런 설정이 없다면 이산 데이터 값이 주어져도 연속된 선으로 그린다. 점을 그리는데 다른 스타일 옵션을 적용할 수도 있다. [그림 7-6]에서는 다음 코드에 따라 두께 1.5의 파란색 선 위에 빨간색 점을 그렸다.

```
In [15]: plt.figure(figsize=(10, 6))  ❶
         plt.plot(y.cumsum(), 'b', lw=1.5)  ❷
         plt.plot(y.cumsum(), 'ro')  ❸
         plt.xlabel('index')  ❹
         plt.ylabel('value')  ❺
         plt.title('A Simple Plot');  ❻
```

❶ 그림의 크기를 증가시킨다.

❷ 두께 1.5의 파란색으로 데이터를 그린다.

❸ 붉고 굵은 원으로 데이터를 그린다.

❹ *x*축 레이블을 붙인다.

❺ *y*축 레이블을 붙인다.

❻ 제목을 붙인다.

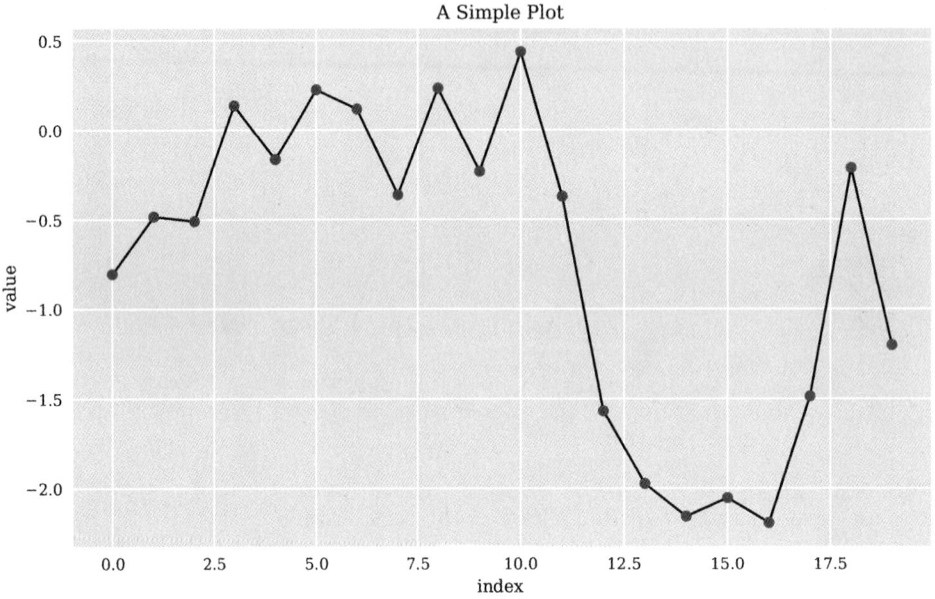

그림 7-6 레이블을 사용한 그림

`plt.plot()` 명령에서는 [표 7-2]와 같은 색깔 이름의 약자를 사용할 수 있다.

표 7-2 표준 색깔 약자

약자	색깔
b	파란색
g	초록색
r	빨간색
c	청록색(사이안)
m	자홍색(마젠타)

약자	색깔
y	노란색
k	검은색
w	흰색

`plt.plot()` 명령에서 선과 점의 스타일은 [표 7-3]에 정리된 기호를 사용하여 표시한다.

표 7-3 표준 스타일 글자

글자	표시
-	실선
--	대시선
-.	대시-점선
:	점선
.	점
,	픽셀
o	원
v	아래쪽 삼각형
^	위쪽 삼각형
<	왼쪽 삼각형
>	오른쪽 삼각형
1	아래쪽 삼각형
2	위쪽 삼각형
3	왼쪽 삼각형
4	오른쪽 삼각형
s	사각형
p	오각형
*	별
h	육각형 1
H	육각형 2
+	덧셈 기호

글자	표시
x	곱셈 기호
D	다이아몬드
d	가는 다이아몬드
|	브이라인Vline
_	에이치라인Hline

색깔 약자와 점/선 스타일 기호의 조합도 가능하다. 이런 방식으로 표시하면 여러 개의 다른 자료들을 잘 구별할 수 있다. 나중에 보겠지만 이렇게 지정된 플롯 스타일은 범례legend에도 반영된다.

7.1.2 2차원 데이터

1차원 데이터를 그리는 일은 특별한 경우고 일반적으로 데이터 집합은 여러 개로 분리된 하위 자료들의 모음으로 이루어져 있다. 이러한 데이터 집합을 다룰 때도 1차원 데이터와 같은 형태로 `matplotlib`을 사용하면 되지만 몇 가지 추가적인 고려를 해야 할 때도 있다. 예를 들어 두 개의 데이터 집합이 같은 *x*축 혹은 *y*축 축척scaling을 쓸 수 없을 수도 있다. 또 다른 예는 두 개의 자료를 서로 다른 방법으로, 예를 들어 하나는 선 플롯으로 그리고 다른 하나는 막대 플롯으로 시각화하고 싶은 경우다.

다음은 표준정규분포를 가지는 20×2 크기의 의사 난수를 `NumPy` `ndarray`로 생성하는 코드다. 생성된 배열에 대해 `cumsum()` 메서드를 호출하면 0번 축(첫 번째 차원)을 따라 누적합계를 구한다.

```
In [16]: y = np.random.standard_normal((20, 2)).cumsum(axis=0)
```

일반적으로 `plt.plot()`에는 2차원 배열도 인수로 넘길 수 있다. 이 명령은 자동으로 자료를 분석하여 담겨진 자료를 1번 축, 즉 두 번째 차원을 따라 두 개로 분리하고 [그림 7-7]과 같이 그려준다.

```
In [17]: plt.figure(figsize=(10, 6))
         plt.plot(y, lw=1.5)
         plt.plot(y, 'ro')
         plt.xlabel('index')
         plt.ylabel('value')
         plt.title('A Simple Plot');
```

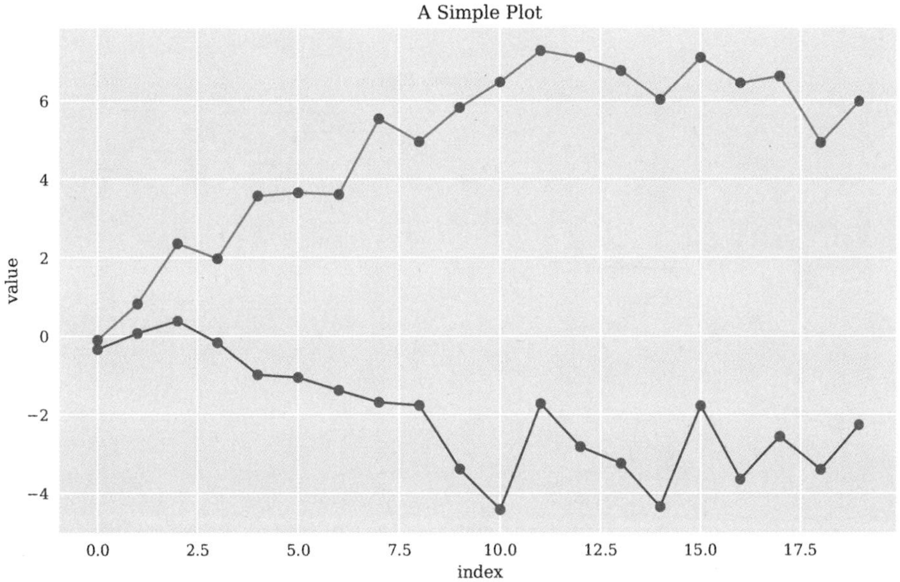

그림 7-7 자료가 두 개인 경우의 플롯

이 경우 가독성을 높이기 위해 추가로 주석 기호annotation를 달 수도 있다. 각 자료에 레이블을 붙이고 범례에 이를 나열할 수 있다. `plt.legend()` 명령은 범례의 위치를 지정하는 인수를 받는다. 인숫값이 `0`이면 범례에 의해 가려져서 보이지 않는 자료의 수가 최소가 되도록 최적의 범례 위치를 자동으로 계산한다. [그림 7-8]에서는 두 개의 자료를 범례와 같이 표시했다. [그림 7-8]을 생성하는 코드에서는 `ndarray` 객체를 한꺼번에 넘기지 않고 `y[:, 0]`, `y[:, 1]`과 같이 분리하여 레이블을 붙였다.

```
In [18]: plt.figure(figsize=(10, 6))
         plt.plot(y[:, 0], lw=1.5, label='1st') ❶
         plt.plot(y[:, 1], lw=1.5, label='2nd') ❶
```

```
plt.plot(y, 'ro')
plt.legend(loc=0)  ❷
plt.xlabel('index')
plt.ylabel('value')
plt.title('A Simple Plot');
```

❶ 데이터 부분집합에 대한 레이블을 정의한다.

❷ 최적의 위치에 범례를 붙인다.

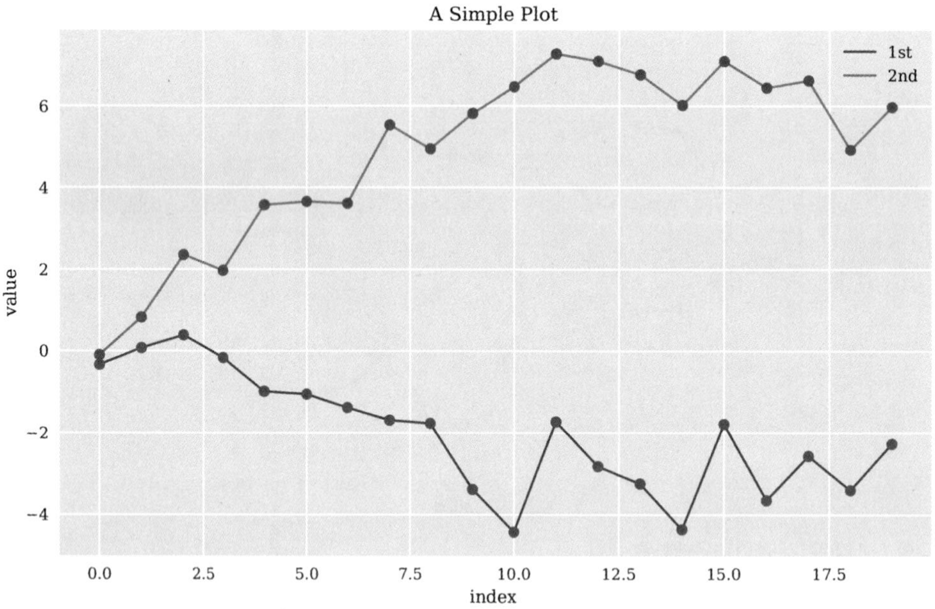

그림 7-8 레이블을 붙인 데이터 플롯

plt.legend()의 추가 위치 인수를 [표 7-4]에 표시했다.

표 7-4 plt.legend 옵션

loc 인수	설명
기본값	오른쪽 위
0	가능한 최적의 위치
1	오른쪽 위

loc 인수	설명
2	왼쪽 위
3	왼쪽 아래
4	오른쪽 아래
5	오른쪽
6	왼쪽 중앙
7	오른쪽 중앙
8	중앙 아래
9	중앙 위
10	중앙

동일한 금융 위험 요인을 여러 번 시뮬레이션하는 경우와 같이 비슷한 크기의 여러 데이터를 그릴 때는 하나의 *y*축을 써도 되지만, 크기가 전혀 다른 여러 데이터를 그릴 때는 하나의 *y*축만 써서는 시각적인 정보를 제대로 표시하기 힘들다. 예를 들어 위의 예제에서 데이터 하나를 100배 더 크게 하여 [그림 7-9]와 같이 다시 그려보자.

```
In [19]: y[:, 0] = y[:, 0] * 100  ❶

In [20]: plt.figure(figsize=(10, 6))
         plt.plot(y[:, 0], lw=1.5, label='1st')
         plt.plot(y[:, 1], lw=1.5, label='2nd')
         plt.plot(y, 'ro')
         plt.legend(loc=0)
         plt.xlabel('index')
         plt.ylabel('value')
         plt.title('A Simple Plot');
```

❶ 첫 번째 데이터만 크기 조정

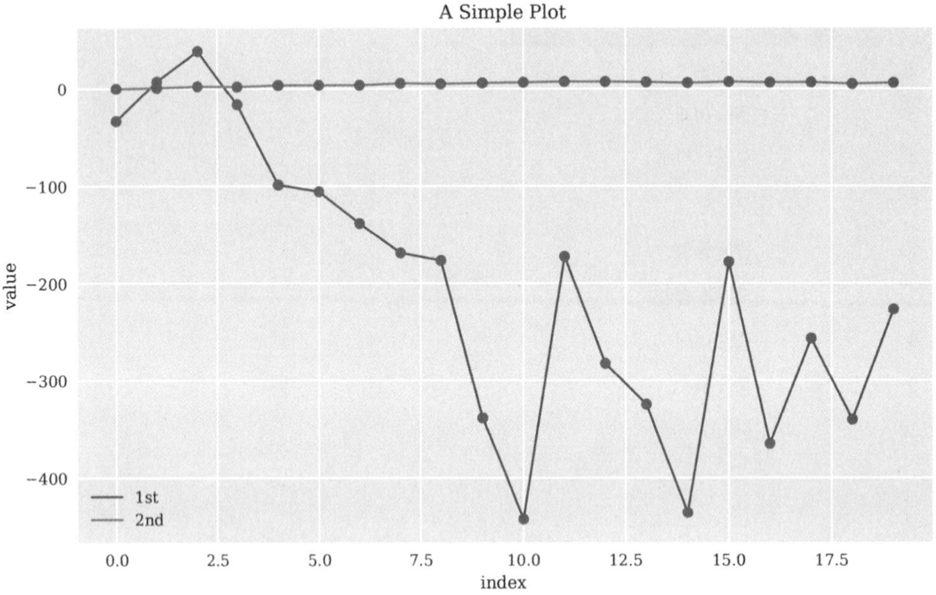

그림 7-9 크기가 다른 두 데이터를 같이 그린 경우

[그림 7-9]를 보면 알 수 있듯이 첫 번째 데이터는 시각적으로 읽을 만하지만 두 번째 데이터는 축척으로 인해 거의 직선으로 보인다. 다시 말해 두 번째 데이터의 정보는 '시각적으로 손실'된 상태다. 스케일링을 통해 데이터를 재조정하지 않고 이 문제를 해결하는 두 가지 방법이 있다.

- 두 개의 *y*축을 사용하는 방법 (좌/우)
- 두 개의 서브플롯subplot을 사용하는 방법 (좌/우 혹은 상/하)

우선 *y*축을 하나 더 사용하는 경우를 소개한다. [그림 7-10]을 보면 *y*축이 두 개다. 왼쪽의 *y*축은 첫 번째 자료를 위한 것이고, 오른쪽의 *y*축이 두 번째 데이터를 위한 것이다. 범례는 두 개가 존재하게 된다.

```
In [21]: fig, ax1 = plt.subplots()  ❶
         plt.plot(y[:, 0], 'b', lw=1.5, label='1st')
         plt.plot(y[:, 0], 'ro')
         plt.legend(loc=8)
         plt.xlabel('index')
         plt.ylabel('value 1st')
```

```
plt.title('A Simple Plot')
ax2 = ax1.twinx()  ❷
plt.plot(y[:, 1], 'g', lw=1.5, label='2nd')
plt.plot(y[:, 1], 'ro')
plt.legend(loc=0)
plt.ylabel('value 2nd');
```

❶ figure 객체와 axis 객체를 정의한다.

❷ *x*축을 공유하는 두 번째 axis 객체를 생성한다.

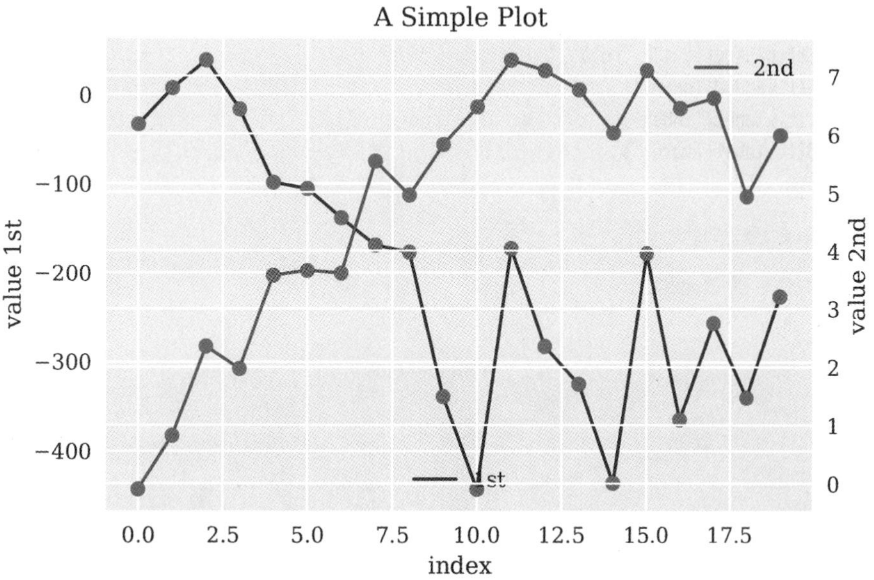

그림 7-10 두 개의 데이터와 두 개의 y축이 있는 경우

이 코드에서 중요한 부분은 축axis을 다루는 부분이다. 다음이 중요한 코드다.

```
fig, ax1 = plt.subplots()
ax2 = ax1.twinx()
```

`plt.subplots()` 함수를 사용하면 `figure`나 `subplot` 등의 하부 플롯 객체에 직접 접근할 수 있다. 이를 이용하면 첫 번째 서브플롯과 *x*축을 공유하는 두 번째 서브플롯을 생성할 수 있다. [그림 7-10]에 두 서브플롯을 겹쳐서 그렸다.

이제 두 서브플롯을 구분하는 경우를 생각해보자. 이 방식은 [그림 7-11]에서 볼 수 있듯이 두 개의 자료를 다루는 데 있어 자유도를 높여준다.

```
In [22]: plt.figure(figsize=(10, 6))
         plt.subplot(211)  ❶
         plt.plot(y[:, 0], lw=1.5, label='1st')
         plt.plot(y[:, 0], 'ro')
         plt.legend(loc=0)
         plt.ylabel('value')
         plt.title('A Simple Plot')
         plt.subplot(212)  ❷
         plt.plot(y[:, 1], 'g', lw=1.5, label='2nd')
         plt.plot(y[:, 1], 'ro')
         plt.legend(loc=0)
         plt.xlabel('index')
         plt.ylabel('value');
```

❶ 위쪽 서브플롯 1을 정의한다.

❷ 아래쪽 서브플롯 2를 정의한다.

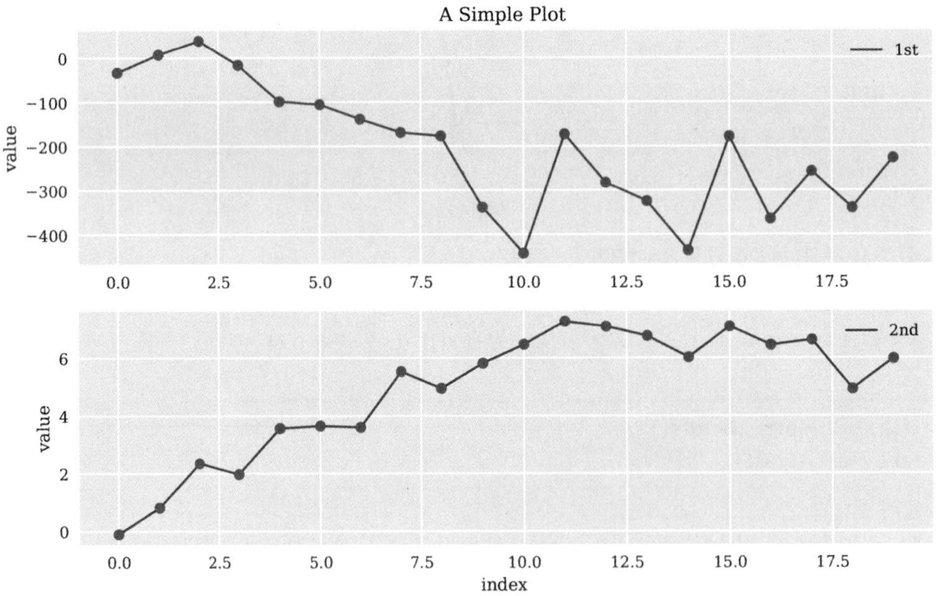

그림 7-11 두 개의 서브플롯을 가지는 경우

matplotlib figure 객체에 서브플롯을 넣으려면 특별한 좌표 시스템을 사용해야 한다. plt.subplot() 함수는 numrows, numcols, fignum이라는 3개의 숫자를 인수로 받는다(세 숫자는 쉼표로 분리해도 되고 그냥 붙여도 된다). numrows는 행[row]의 수, numcols는 열[column]의 수, fignum은 그중 몇 번째 서브플롯인지를 표시하는 수다. 서브플롯은 1부터 numrows x numcols까지의 수로 표시한다. 예를 들어 행과 열이 3개인 9개의 크기가 같은 서브플롯을 가진 그림에서 오른쪽 아래의 서브플롯은 plt.subplot(3, 3, 9)로 표시할 수 있다.

가끔 자료를 시각화하기 위해 두 개의 서로 다른 플롯 형식을 선택해야 할 때가 있다. 서브플롯 방식을 사용하면 matplotlib 라이브러리가 제공하는 다양한 플롯 유형을 임의로 선택하여 조합할 수 있다.[1]

[그림 7-12]는 선/포인트 플롯과 바 차트를 결합했다.

```
In [23]: plt.figure(figsize=(10, 6))
         plt.subplot(121)
         plt.plot(y[:, 0], lw=1.5, label='1st')
         plt.plot(y[:, 0], 'ro')
         plt.legend(loc=0)
         plt.xlabel('index')
         plt.ylabel('value')
         plt.title('1st Data Set')
         plt.subplot(122)
         plt.bar(np.arange(len(y)), y[:, 1], width=0.5,
                 color='g', label='2nd')  ❶
         plt.legend(loc=0)
         plt.xlabel('index')
         plt.title('2nd Data Set');
```

❶ 바 차트 생성

1 어떤 플롯 유형이 가능한지 살펴보려면 matplotlib 갤러리(*http://matplotlib.org/gallery.html*)를 둘러보면 된다.

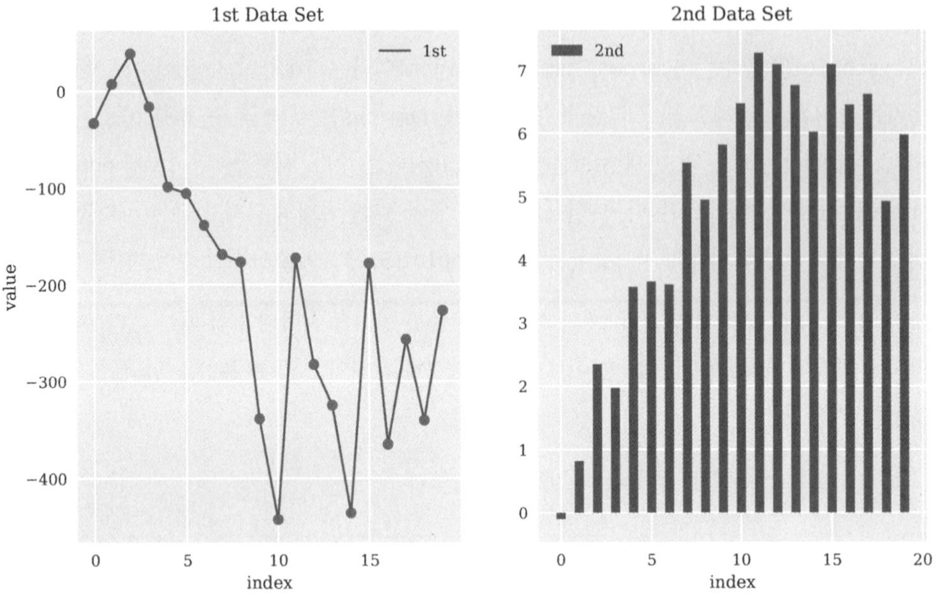

그림 7-12 선/포인트 플롯과 바 차트를 결합한 경우

7.1.3 기타 플롯 유형

금융 분야에서 2차원 플롯을 사용할 때는 대부분의 데이터가 시계열 데이터이므로 선과 점으로 이루어진 플롯이 가장 많이 쓰인다. 8장에서 금융 시계열 데이터에 대해 더 자세하게 다룬다. 여기에서는 2차원 자료인 경우만 고려하여 금융 분야에서 유용하게 사용되는 다른 시각화 방법을 살펴보자.

첫 번째는 **스캐터 플롯**(산점도)scatter plot으로 데이터 값 중 하나를 x값으로, 다른 값을 그에 대응하는 y값으로 간주하는 것이다. [그림 7-13]의 스캐터 플롯을 보자. 두 개의 금융 시계열 데이터 수익률을 동시에 보일 때 스캐터 플롯을 사용할 수 있다. 예제를 위해 스캐터 플롯용 자료를 다시 생성한다.

```
In [24]: y = np.random.standard_normal((1000, 2))  ❶

In [25]: plt.figure(figsize=(10, 6))
         plt.plot(y[:, 0], y[:, 1], 'ro')  ❷
```

```
        plt.xlabel('1st')
        plt.ylabel('2nd')
        plt.title('Scatter Plot');
```

❶ 대규모 난수 데이터를 생성한다.

❷ plt.plot() 함수로 스캐터 플롯을 생성한다.

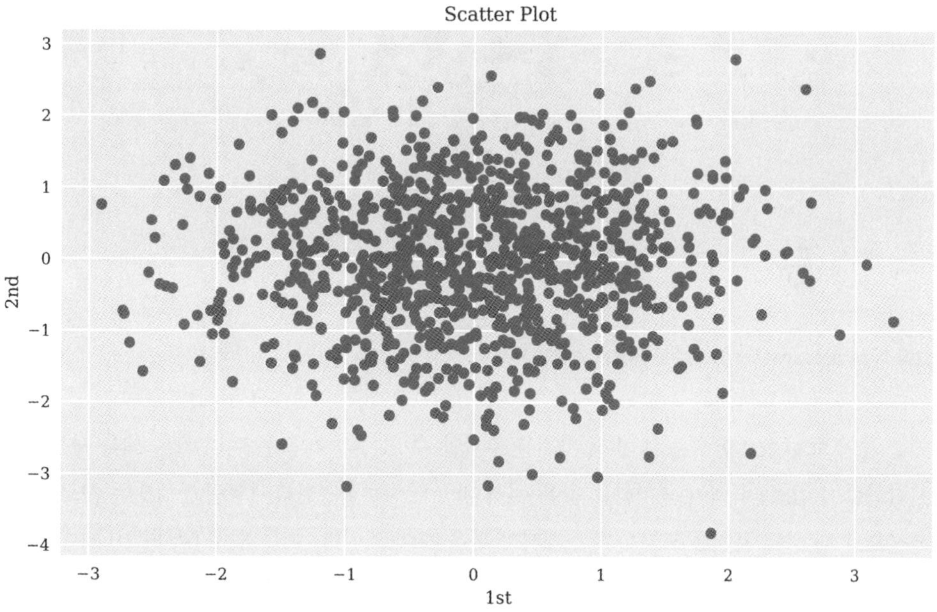

그림 7-13 plot 함수를 이용하여 그린 스캐터 플롯

matplotlib 라이브러리는 스캐터 플롯을 위한 별도의 scatter() 함수도 제공한다. 이 함수는 plot 함수와 기본적인 사용법은 같지만 몇 가지 추가적인 기능을 제공한다.

[그림 7-14]에서는 scatter() 함수를 이용하여 [그림 7-13]과 동일한 플롯을 그렸다.

```
In [26]: plt.figure(figsize=(10, 6))
         plt.scatter(y[:, 0], y[:, 1], marker='o')  ❶
         plt.xlabel('1st')
         plt.ylabel('2nd')
         plt.title('Scatter Plot');
```

❶ plt.scatter() 함수로 스캐터 플롯을 생성한다.

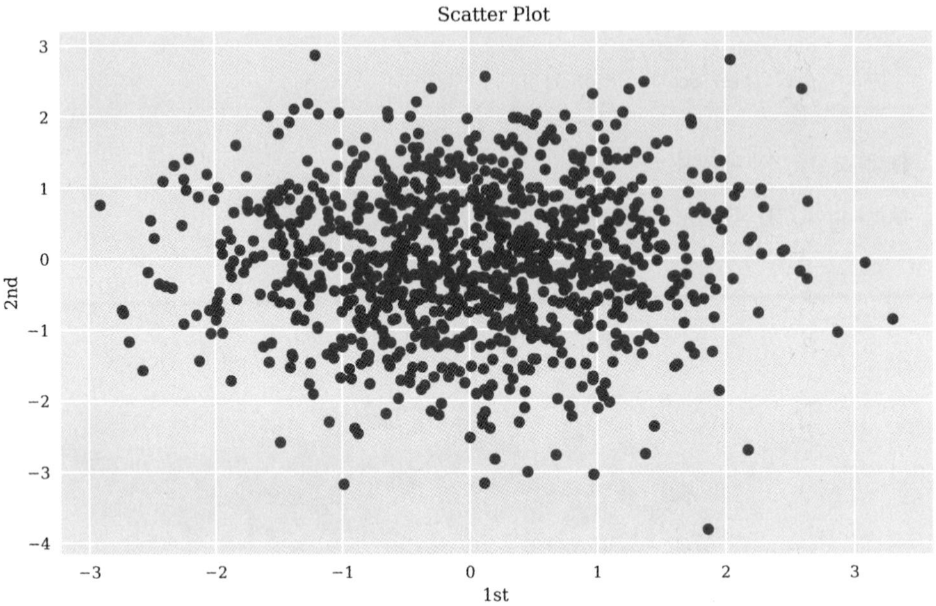

그림 7-14 plt.scatter() 함수를 이용한 스캐터 플롯

예를 들어 scatter 함수는 세 번째 차원을 추가할 수 있는데 이 값은 여러 가지 색을 사용하여 시각화할 수 있으며 색이 의미하는 값은 컬러 바color bar로 설명한다. [그림 7-15]는 서로 다른 색상으로 세 번째 차원을 묘사하는 스캐터 플롯을 보이고 있다. 이를 위해 0부터 10 사이의 정수를 가지는 세 번째 데이터를 임의로 생성했다.

```
In [27]: c = np.random.randint(0, 10, len(y))

In [28]: plt.figure(figsize=(10, 6))
         plt.scatter(y[:, 0], y[:, 1],
                     c=c,  ❶
                     cmap='coolwarm',  ❷
                     marker='o')  ❸
         plt.colorbar()
         plt.xlabel('1st')
         plt.ylabel('2nd')
         plt.title('Scatter Plot');
```

❶ 세 번째 데이터를 포함한다.

❷ 컬러 맵을 선택한다.

❸ 굵은 점 마커를 정의한다.

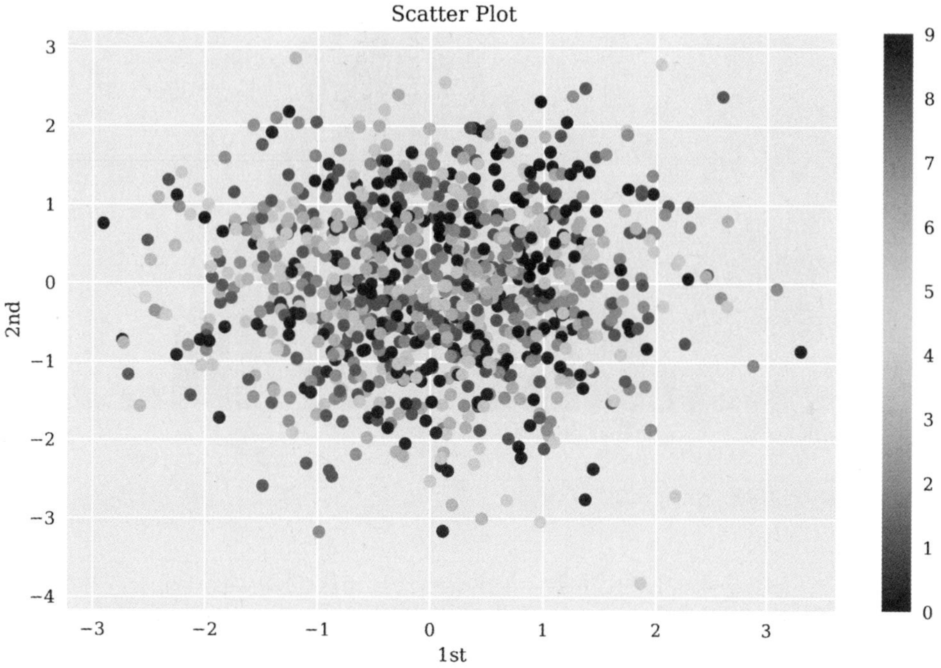

그림 7-15 세 번째 차원을 가지는 스캐터 플롯

다른 플롯 유형은 바로 **히스토그램**histogram으로, 주로 금융자산 수익률을 나타내는 데 사용된다. [그림 7-16]에서는 두 자료의 빈도를 같은 플롯에 붙여서 표시했다.

```
In [29]: plt.figure(figsize=(10, 6))
         plt.hist(y, label=['1st', '2nd'], bins=25)  ❶
         plt.legend(loc=0)
         plt.xlabel('value')
         plt.ylabel('frequency')
         plt.title('Histogram');
```

❶ `plt.hist()` 함수로 히스토그램을 생성한다.

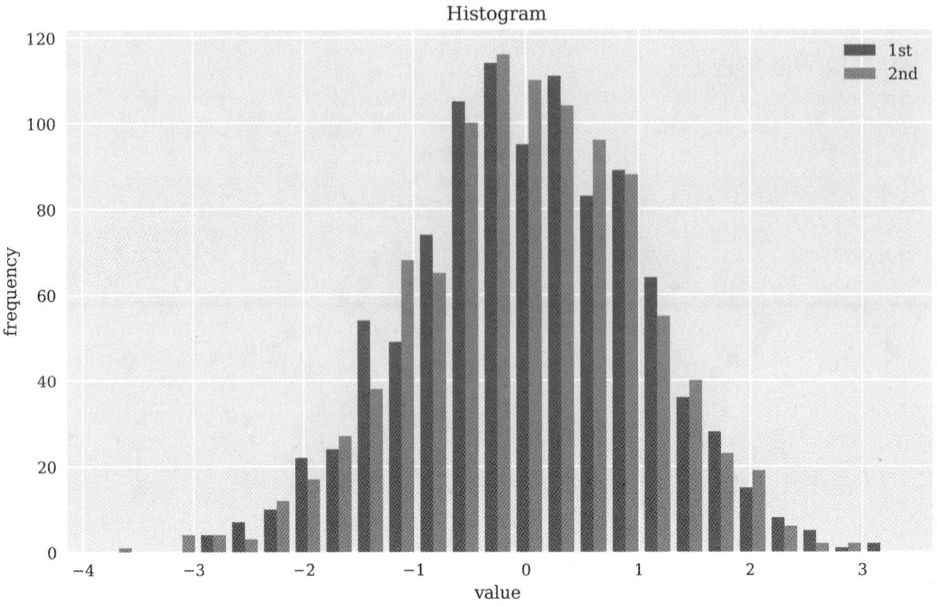

그림 7-16 두 개의 자료에 대한 히스토그램

히스토그램은 금융 분야에서 중요한 플롯 유형이므로 `plt.hist()` 함수에 대해 더 자세히 살펴본다. `plt.hist()`에서는 다음과 같은 인수가 지원된다.

```
plt.hist(x, bins=10, range=None, density=False, weights=None, cumulative=False,
bottom=None, histtype='bar', align='mid', orientation='vertical', rwidth=None,
log=False, color=None, label=None, stacked=False, hold=None, **kwargs)
```

[표 7-5]에서 `plt.hist()` 함수의 주요 인수를 설명한다.

표 7-5 `plt.hist()`의 인수

인수	설명
`x`	리스트 객체 혹은 ndarray 객체
`bins`	빈도 구분값의 수
`range`	빈도 구분값의 위아래 범위
`normed`	전체 값의 합이 1이 되도록 정규화하는지의 여부

인수	설명
weights	x값에 대한 가중치
cumulative	각 빈도 구분값이 하위 빈도 구분값을 누적하는지의 여부
histtype	옵션(문자열): bar, barstacked, step, stepfilled
align	옵션(문자열): left, mid, right
orientation	옵션(문자열): horizontal, vertical
rwidth	각 막대의 상대적인 폭
log	로그 스케일
color	각 자료의 색
label	레이블로 사용되는 문자열 혹은 문자열의 목록
stacked	여러 개의 자료를 쌓아올려서 표시하는지의 여부

[그림 7-17]에도 비슷한 플롯을 표시했다. 이번에는 두 자료를 히스토그램에 쌓아올려 그렸다.

```
In [30]: plt.figure(figsize=(10, 6))
         plt.hist(y, label=['1st', '2nd'], color=['b', 'g'],
                  stacked=True, bins=20, alpha=0.5)
         plt.legend(loc=0)
         plt.xlabel('value')
         plt.ylabel('frequency')
         plt.title('Histogram');
```

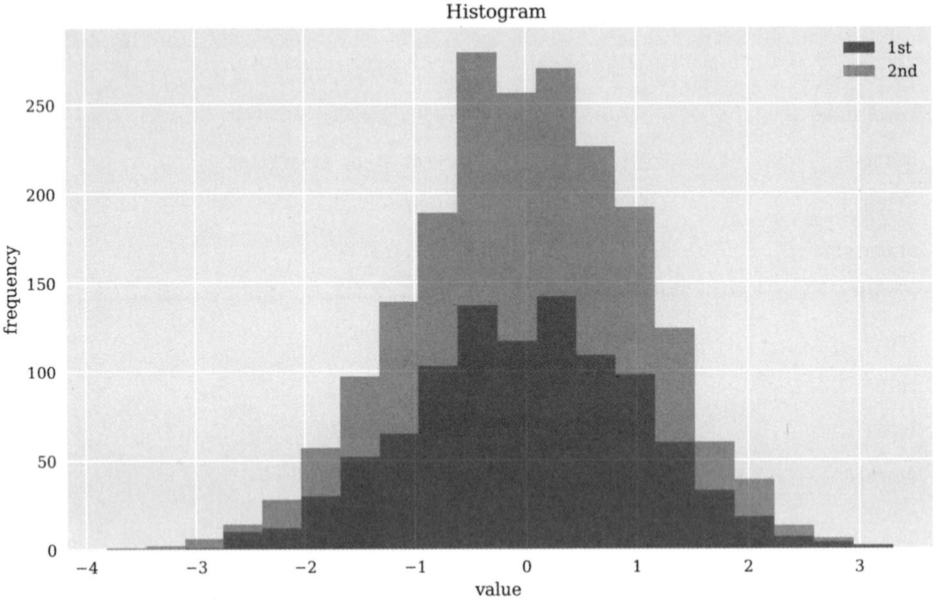

그림 7-17 두 자료의 히스토그램

또 하나의 유용한 플롯 유형은 **박스플롯**boxplot이다. 박스플롯은 히스토그램과 비슷하지만 많은 데이터 집합의 특성을 동시에 정확하게 나타낼 수 있다. [그림 7-18]이 박스플롯이다.

```
In [31]: fig, ax = plt.subplots(figsize=(10, 6))
         plt.boxplot(y)  ❶
         plt.setp(ax, xticklabels=['1st', '2nd'])  ❷
         plt.xlabel('data set')
         plt.ylabel('value')
         plt.title('Boxplot');
```

❶ `plt.boxplot()` 함수로 박스플롯을 생성한다.

❷ 개별 x 레이블을 설정한다.

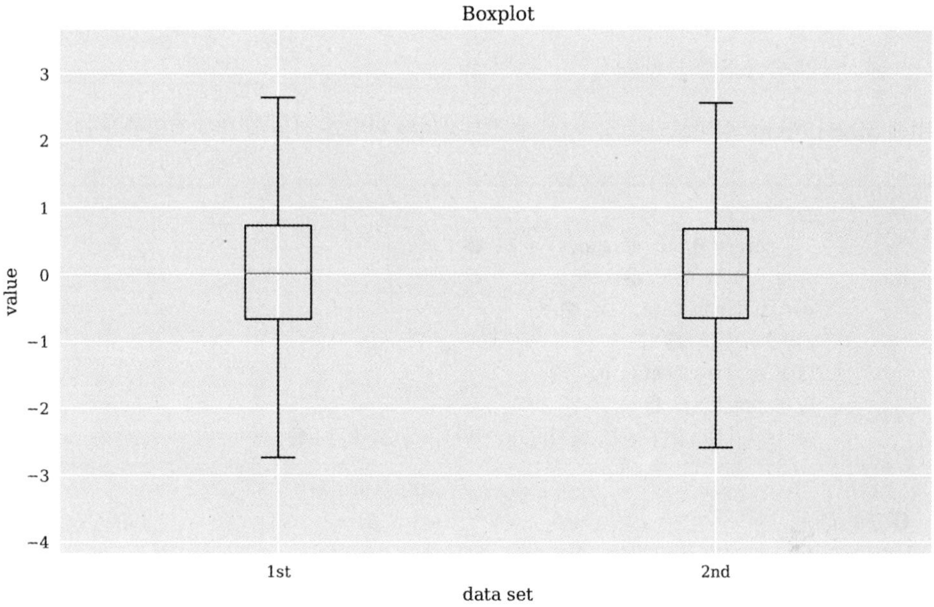

그림 7-18 두 자료에 대한 박스플롯

여기에서 `plt.setp` 함수는 플롯 객체의 속성을 설정하는 함수다. 예를 들어 다음과 같은 라인 플롯이 있다.

```
line = plt.plot(data, 'r')
```

이때 다음과 같은 코드를 이용하면 라인 스타일을 대시dashed로 변경할 수 있다.

```
plt.setp(line, linestyle='--')
```

이렇게 하면 플롯 객체(`matplotlib`에서는 아티스트artist 객체라고 한다)가 이미 생성된 이후에도 속성을 쉽게 변경할 수 있다.

이 절에서 소개할 마지막 예제는 `matplotlib` 갤러리에 있는 예제로 수학과 관련된 플롯이다. 이 플롯은 함수의 상한과 하한 사이의 면적이 해당 함수의 정적분값과 같다는 것을 설명한다. 예로 든 적분은 $\int_a^b f(x)dx$로 $f(x)=\frac{1}{2}e^x+1,\ a=\frac{1}{2},\ b=\frac{3}{2}$이다.

[그림 7-19]는 플롯 결과와 함께 matplotlib에서 수학식을 플롯에 포함시키기 위해 레이텍 LaTex을 사용할 수 있음을 보여준다.

아래 코드를 하나씩 살펴보기로 하자. 우선 적분하려는 함수와 적분 구간을 정의한다.

```
In [32]: def func(x):
             return 0.5 * np.exp(x) + 1  ❶
         a, b = 0.5, 1.5  ❷
         x = np.linspace(0, 2)  ❸
         y = func(x)  ❹
         Ix = np.linspace(a, b)  ❺
         Iy = func(Ix)  ❻
         verts = [(a, 0)] + list(zip(Ix, Iy)) + [(b, 0)]  ❼
```

❶ 함수 정의

❷ 적분 구간

❸ 함수를 그릴 x값

❹ 함수를 그릴 y값

❺ 적분 구간의 x값

❻ 적분 구간의 y값

❼ 다각형 그림 좌표를 나타내는 튜플 객체의 리스트

두 번째로 플롯을 그리고 여러 객체를 추가한다.

```
In [33]: from matplotlib.patches import Polygon
         fig, ax = plt.subplots(figsize=(10, 6))
         plt.plot(x, y, 'b', linewidth=2)  ❶
         plt.ylim(bottom=0)  ❷
         poly = Polygon(verts, facecolor='0.7', edgecolor='0.5')  ❸
         ax.add_patch(poly)  ❸
         plt.text(0.5 * (a + b), 1, r'$\int_a^b f(x)\mathrm{d}x$',
                  horizontalalignment='center', fontsize=20)  ❹
         plt.figtext(0.9, 0.075, '$x$')  ❺
         plt.figtext(0.075, 0.9, '$f(x)$')  ❺
         ax.set_xticks((a, b))  ❻
         ax.set_xticklabels(('$a$', '$b$'))  ❻
         ax.set_yticks([func(a), func(b)])  ❼
         ax.set_yticklabels(('$f(a)$', '$f(b)$'));  ❼
```

❶ 파란색 선으로 함숫값을 그린다.

❷ 가로축이 될 y 최솟값을 정의한다.

❸ 적분 영역을 회색 다각형으로 그린다.

❹ 플롯 내부에 적분 공식을 추가한다.

❺ 축 레이블을 추가한다.

❻ x 레이블을 추가한다.

❼ y 레이블을 추가한다.

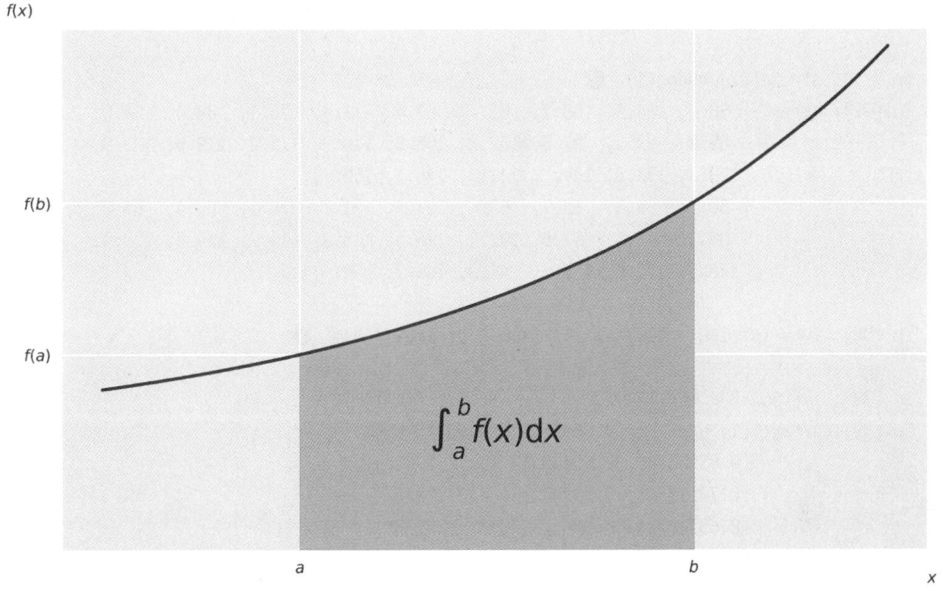

그림 7-19 지수함수의 적분 면적과 레이텍 레이블

7.2 정적 3차원 플롯

금융 분야에서는 3차원 플롯을 사용할 분야가 많지는 않다. 그러나 변동성 곡면은 일련의 만기와 행사가 조합에 대한 내재 변동성을 나타낸 것으로 3차원 플롯이 필요하다. 유러피안 콜 옵션의 가치 곡면과 베가 곡면은 [부록 B]를 참조한다. 여기에서는 변동성 곡면과 유사한 플롯을 인위적으로 그려본다. 일단 다음과 같은 경우를 고려한다.

- 행사가는 50에서 150 사이
- 만기는 0.5년에서 2.5년 사이

이를 그리면 2차원 좌표 시스템이 된다. NumPy의 np.meshgrid() 함수는 1차원 ndarray 객체 두 개에서 2차원 좌표를 생성한다.

```
In [34]: strike = np.linspace(50, 150, 24)  ❶

In [35]: ttm = np.linspace(0.5, 2.5, 24)  ❷

In [36]: strike, ttm = np.meshgrid(strike, ttm) ❸

In [37]: strike[:2].round(1)  ❸
Out[37]: array([[ 50. ,  54.3,  58.7,  63. ,  67.4,  71.7,  76.1,  80.4,  84.8,
           89.1,  93.5,  97.8, 102.2, 106.5, 110.9, 115.2, 119.6, 123.9,
          128.3, 132.6, 137. , 141.3, 145.7, 150. ],
         [ 50. ,  54.3,  58.7,  63. ,  67.4,  71.7,  76.1,  80.4,  84.8,
           89.1,  93.5,  97.8, 102.2, 106.5, 110.9, 115.2, 119.6, 123.9,
          128.3, 132.6, 137. , 141.3, 145.7, 150. ]])

In [38]: iv = (strike - 100) ** 2 / (100 * strike) / ttm  ❹

In [39]: iv[:5, :3]  ❹
Out[39]: array([[1.        , 0.76695652, 0.58132045],
         [0.85185185, 0.65333333, 0.4951989 ],
         [0.74193548, 0.56903226, 0.43130227],
         [0.65714286, 0.504     , 0.38201058],
         [0.58974359, 0.45230769, 0.34283001]])
```

❶ 행사가 값 ndarray 객체

❷ 만기 값 ndarray 객체

❸ (가짜) 내재 변동성 값

❹ 더미는 변동성 값 암시

다음 코드로 그린 플롯을 [그림 7-20]과 같이 나타낼 수 있다.

```
In [40]: from mpl_toolkits.mplot3d import Axes3D  ❶
         fig = plt.figure(figsize=(10, 6))
```

```
ax = fig.gca(projection='3d')  ❷
surf = ax.plot_surface(strike, ttm, iv, rstride=2, cstride=2,
                       cmap=plt.cm.coolwarm, linewidth=0.5,
                       antialiased=True)  ❸
ax.set_xlabel('strike')  ❹
ax.set_ylabel('time-to-maturity')  ❺
ax.set_zlabel('implied volatility')  ❻
fig.colorbar(surf, shrink=0.5, aspect=5);  ❼
```

❶ 3차원 플롯 기능 임포트. Axes3D는 직접 사용하지 않아도 임포트해야 한다.

❷ 3차원 플롯 캔버스 설정

❸ 3차원 플롯 생성

❹ *x*축 레이블 설정

❺ *y*축 레이블 설정

❻ *z*축 레이블 설정

❼ 컬러 바 생성

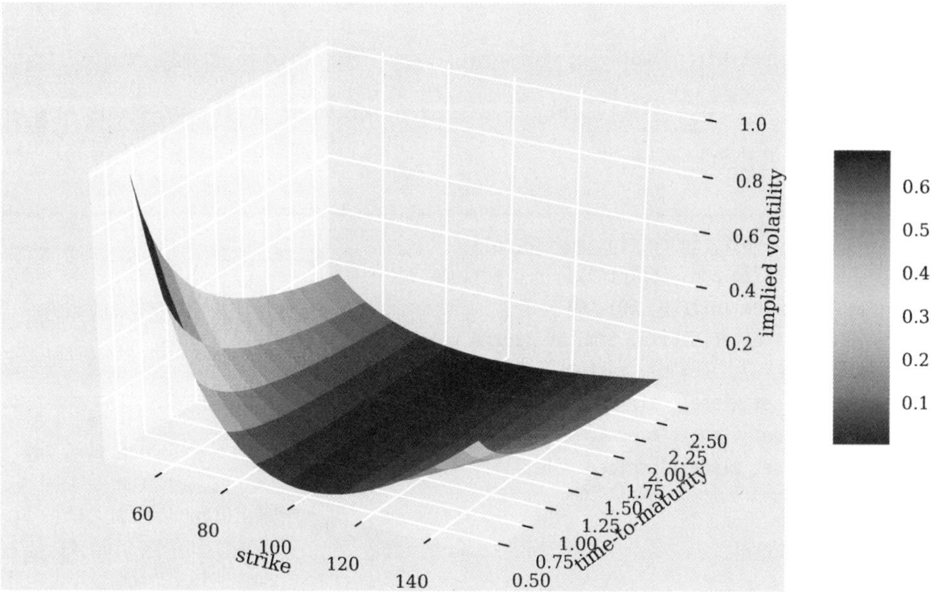

그림 7-20 (가짜) 내재 변동성에 대한 3차원 곡면 플롯

[표 7-6]은 plot_surface 함수의 인수 목록이다.

표 7-6 plot_surface 인수

인수	설명
X, Y, Z	2차원 배열 형식의 데이터 값
rstride	배열의 행 간격
cstride	배열의 열 간격
color	곡면 색깔
cmap	곡면에 사용될 컬러 맵
facecolors	개별 곡면 패치의 색
norm	값에서 색을 선택하는 데 사용되는 Normalize 객체
vmin	색으로 표시할 최솟값
vmax	색으로 표시할 최댓값
shade	그림자 표시 여부

2차원 플롯과 마찬가지로 라인 스타일은 점이나 삼각형 기호 등으로 대체할 수 있다. [그림 7-21]에서는 같은 자료를 3차원 스캐터 플롯으로 표시하고 view_init() 함수를 사용하여 바라보는 각도를 변경했다.

```
In [41]: fig = plt.figure(figsize=(10, 6))
         ax = fig.add_subplot(111, projection='3d')
         ax.view_init(30, 60)  ❶
         ax.scatter(strike, ttm, iv, zdir='z', s=25,
                    c='b', marker='^')  ❷
         ax.set_xlabel('strike')
         ax.set_ylabel('time-to-maturity')
         ax.set_zlabel('implied volatility');
```

❶ 바라보는 각도 설정

❷ 3차원 스캐터 플롯 생성

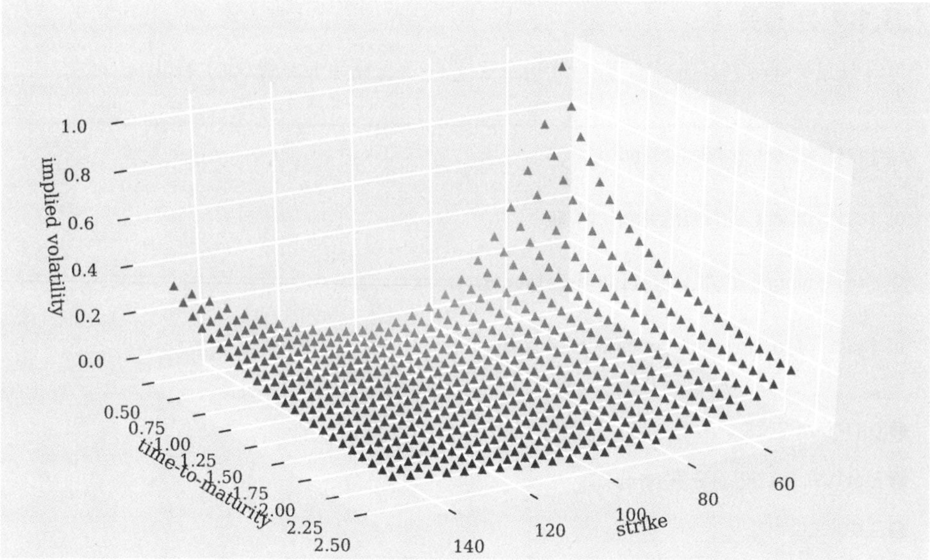

그림 7-21 (가짜) 내재 변동성에 대한 3차원 스캐터 플롯

7.3 상호작용형 2차원 플롯

`matplotlib`을 사용하면 정적인 비트맵 객체나 pdf 형식의 플롯을 만들 수 있다. 최근에는 D3.js 표준에 기반한 상호작용형 플롯을 생성하는 라이브러리도 많다. 이러한 플롯을 사용하면 확대 및 축소, 데이터 조사를 위한 호버hover 효과 등이 가능하다. 이런 플롯은 보통 웹페이지에 쉽게 넣을 수 있다.

`plotly`는 인기 있는 플랫폼이자 플롯 라이브러리다. 데이터 과학 전용으로 데이터 과학 커뮤니티에서 널리 쓰인다. 주요 장점은 파이썬 생태계와 밀접하게 통합되어 있고 특히 `pandas DataFrame` 객체 및 `Cufflinks` 패키지와 쉽게 연동하여 쓸 수 있다는 점이다.

일부 기능을 사용하려면 무료 계정이 필요하다. 일단 비밀번호를 인증하면 컴퓨터에 저장하여 영구적으로 사용할 수 있다. 자세한 내용은 "파이썬으로 plotly 시작하기" 안내서(*https://plot.ly/python/getting- started/*)를 참조하라.

이 절은 일부 기능에만 초점을 맞춘다. 주로 `Cufflinks`를 사용하여 `DataFrame` 객체에 저장된 자료를 상호작용형 플롯으로 만든다.

7.3.1 기본 플롯

주피터 노트북에서 사용하려면 몇 가지 임포트를 하고 노트북 모드를 켜야 한다.

```
In [42]: import pandas as pd

In [43]: import cufflinks as cf  ❶

In [44]: import plotly.offline as plyo  ❷

In [45]: plyo.init_notebook_mode(connected=True)  ❸
```

❶ Cufflinks 임포트

❷ plotly의 오프라인 플롯 기능을 임포트

❸ 노트북 모드 켜기

TIP 원격 렌더링과 로컬 렌더링

plotly를 사용하면 플롯을 plotly 서버에서 렌더링할 수 있는 옵션이 있다. 하지만 대량의 데이터를 사용할 때는 일반적으로 노트북 모드가 훨씬 빠르다. 하지만 스트리밍 서비스와 같은 특정 기능은 서버와 통신해야 사용할 수 있다.

이 예제도 난수를 사용한다. 난수는 DatetimeIndex을 가진 DataFrame 객체(시계열 데이터)에 저장된다.

```
In [46]: a = np.random.standard_normal((250, 5)).cumsum(axis=0)  ❶

In [47]: index = pd.date_range('2019-1-1',  ❷
                               freq='B',  ❸
                               periods=len(a))  ❹

In [48]: df = pd.DataFrame(100 + 5 * a,  ❺
                           columns=list('abcde'),  ❻
                           index=index)  ❼

In [49]: df.head()  ❽
```

```
Out[49]:                    a           b           c          d           e
         2019-01-01  109.037535   98.693865  104.474094  96.878857  100.621936
         2019-01-02  107.598242   97.005738  106.789189  97.966552  100.175313
         2019-01-03  101.639668  100.332253  103.183500  99.747869  107.902901
         2019-01-04   98.500363  101.208283  100.966242  94.023898  104.387256
         2019-01-07   93.941632  103.319168  105.674012  95.891062   86.547934
```

❶ 표준정규분포 난수

❷ DatetimeIndex 객체 시작일

❸ 평일business daily 주기

❹ 필요한 주기 개수

❺ 원 데이터의 선형변환

❻ 한 글자로 된 열 레이블

❼ DatetimeIndex 객체

❽ 데이터의 첫 다섯 줄

Cufflinks는 DataFrame 클래스에 df.iplot() 메서드를 추가한다. 이 메서드는 plotly를 백엔드로 써서 상호작용형 플롯을 만든다. 이 절의 모든 코드 예제는 상호작용형 플롯을 정적 비트맵으로 다운로드하는 옵션을 사용한다. 이렇게 하면 글 사이에 그림을 넣을 수 있다. 주피터 노트북 환경에서 만들어진 그림은 모두 상호작용형이다. [그림 7-22]는 다음 코드로 만든 것이다.

```
In [50]: plyo.iplot(  ❶
           df.iplot(asFigure=True),  ❷
           # image='png',  ❸
           filename='ply_01'  ❹
         )
```

❶ 오프라인(노트북 모드) 기능을 사용한다.

❷ asFigure=True 인수로 df.iplot() 메서드를 호출하면 로컬 플롯을 가능하게 한다.

❸ 이미지 옵션은 플롯의 정적 비트맵 버전도 제공한다.

❹ 저장할 비트맵의 파일 이름이 지정된다(파일 확장자는 자동으로 추가된다).

그림 7-22 시계열 데이터를 plotly, pandas, Cufflinks로 그린 라인 플롯

matplotlib이나 pandas의 플롯 기능처럼 사용자가 바꿀 수 있는 다양한 옵션이 있다(그림 7-23).

```
In [51]: plyo.iplot(
             df[['a', 'b']].iplot(asFigure=True,
                 theme='polar', ❶
                 title='A Time Series Plot', ❷
                 xTitle='date', ❸
                 yTitle='value', ❹
                 mode={'a': 'markers', 'b': 'lines+markers'}, ❺
                 symbol={'a': 'circle', 'b': 'diamond'}, ❻
                 size=3.5, ❼
                 colors={'a': 'blue', 'b': 'magenta'}, ❽
                 ),
             # image='png',
             filename='ply_02'
         )
```

❶ 테마(플롯 스타일) 선택

❷ 제목 추가

❸ x축 레이블 추가

❹ y축 레이블 추가

❺ 열별로 플롯 모드 정의

❻ 열별로 사용할 기호 정의

❼ 모든 기호의 크기를 고정

❽ 열별로 사용할 색상 정의

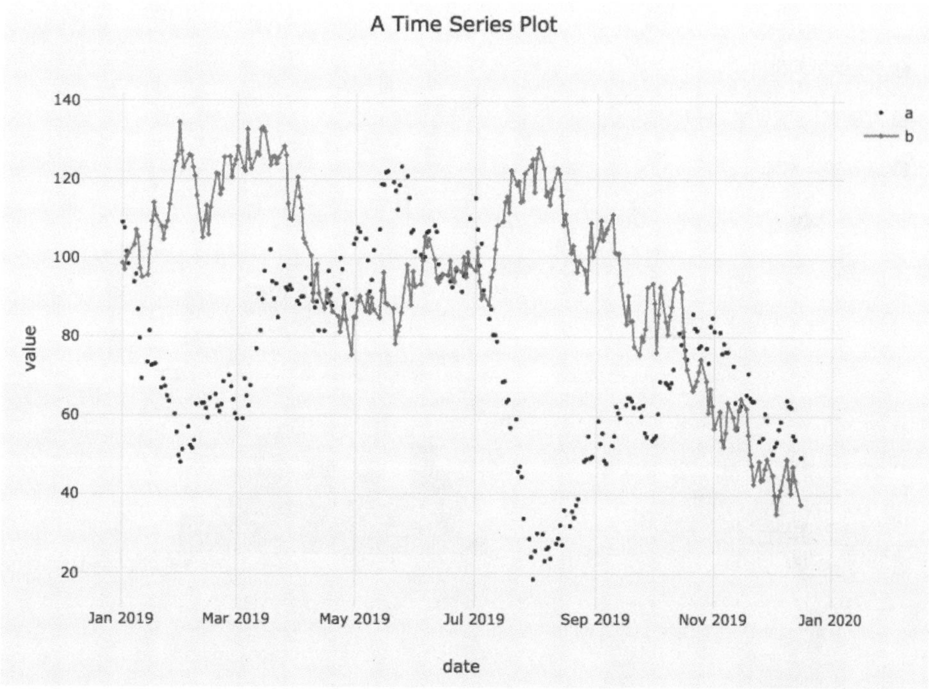

그림 7-23 사용자 맞춤형 DataFrame 객체의 두 열에 대한 플롯

`matplotlib`와 유사하게 `plotly`도 다양한 플롯 유형을 제공한다. `Cufflinks`를 통한 플롯 유형에는 `chart`, `scatter`, `bar`, `box`, `spread`, `ratio`, `heatmap`, `surface`, `histogram`, `bubble`, `bubble3d`, `scatter3d`, `scattergeo`, `ohlc`, `candle`, `pie`, `choropleth` 등이 있다.

다음 코드의 결과를 라인 플롯인 아닌 히스토그램으로 나타내면 [그림 7-24]와 같다.

```
In [52]: plyo.iplot(
             df.iplot(kind='hist',  ❶
                      subplots=True,  ❷
                      bins=15,  ❸
                      asFigure=True),
             # image='png',
             filename='ply_03'
         )
```

❶ 플롯 유형 지정

❷ 각 열마다 필요한 별도의 서브플롯

❸ bins 인수 지정

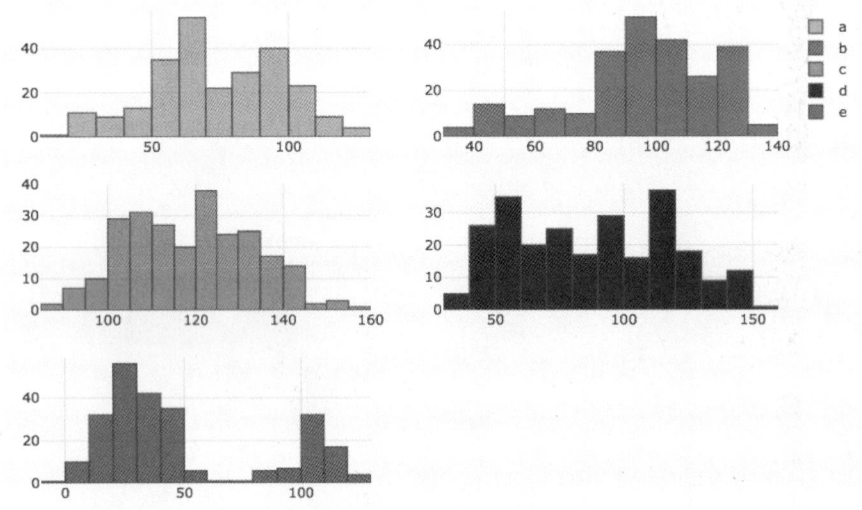

그림 7-24 DataFrame 객체의 각 열에 대한 히스토그램

7.3.2 금융 플롯

plotly, Cufflinks, pandas를 조합하면 금융 시계열 데이터를 그리는 데 아주 최고다. Cufflinks는 금융 플롯을 그리고 상대강도지수Relative Strength Index(RSI)와 같은 금융 차트 요소를 추가하는 특수 기능을 제공한다. 이를 위해 Cufflinks로 DataFrame 객체를 그릴 때처럼 그림을 그릴 QuantFig 객체를 만든다.

여기에서는 실제 금융 데이터인 EUR/USD 환율 시계열 데이터를 사용한다(FXCM Forex Capital Markets Ltd. 제공).

```
In [54]: raw = pd.read_csv('../../source/fxcm_eur_usd_eod_data.csv',
                           index_col=0, parse_dates=True)  ❶

In [55]: raw.info()  ❷
         <class 'pandas.core.frame.DataFrame'>
         DatetimeIndex: 1547 entries, 2013-01-01 22:00:00 to 2017-12-31 22:00:00
         Data columns (total 8 columns):
         BidOpen     1547 non-null float64
         BidHigh     1547 non-null float64
         BidLow      1547 non-null float64
         BidClose    1547 non-null float64
         AskOpen     1547 non-null float64
         AskHigh     1547 non-null float64
         AskLow      1547 non-null float64
         AskClose    1547 non-null float64
         dtypes: float64(8)
         memory usage: 108.8 KB

In [56]: quotes = raw[['AskOpen', 'AskHigh', 'AskLow', 'AskClose']]  ❸
         quotes = quotes.iloc[-60:]  ❹
         quotes.tail()  ❺
Out[56]:                      AskOpen  AskHigh   AskLow  AskClose
         2017-12-25 22:00:00  1.18667  1.18791  1.18467   1.18587
         2017-12-26 22:00:00  1.18587  1.19104  1.18552   1.18885
         2017-12-27 22:00:00  1.18885  1.19592  1.18885   1.19426
         2017-12-28 22:00:00  1.19426  1.20256  1.19369   1.20092
         2017-12-31 22:00:00  1.20092  1.20144  1.19994   1.20144
```

❶ CSV 파일에서 금융 데이터를 읽는다.

❷ 생성한 DataFrame 객체는 복수의 열과 1500개 이상의 행으로 구성된다.

❸ DataFrame 객체에서 4개의 열을 골라낸다(시고저종, OHLC Open-High-Low-Close).

❹ 일부 데이터 행만 시각화에 사용한다.

❺ quotes 데이터의 마지막 5행만 보인다.

초기화 과정에서 QuantFig 객체는 DataFrame 객체와 몇 가지 기본적인 사용자 인수를 받는다. 그다음 qf.iplot() 메서드를 사용하여 QuantFig 객체 qf에 저장된 데이터를 플롯한다(그림 7-25).

```
In [57]: qf = cf.QuantFig(
                 quotes,  ❶
                 title='EUR/USD Exchange Rate',  ❷
                 legend='top',  ❸
                 name='EUR/USD'  ❹
         )

In [58]: plyo.iplot(
             qf.iplot(asFigure=True),
             # image='png',
             filename='qf_01'
         )
```

❶ QuantFig 생성자에 DataFrame 객체를 넣는다.

❷ 그림 제목 추가

❸ 그림 위에 범례 추가

❹ 데이터 집합에 이름을 붙인다.

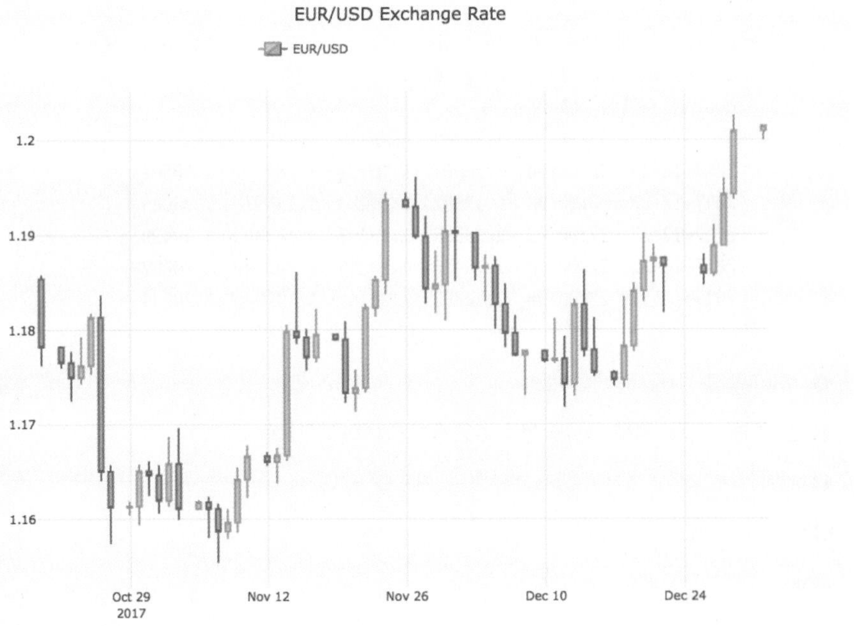

그림 7-25 EUR/USD 데이터에 대한 OHLC 플롯

QuantFig 객체에 있는 다양한 메서드를 사용하여 볼린저 밴드Bollinger bands와 같은 차트 요소를 추가한다(그림 7-26).

```
In [59]: qf.add_bollinger_bands(periods=15,  ❶
                                boll_std=2)  ❷

In [60]: plyo.iplot(qf.iplot(asFigure=True),
             # image='png',
             filename='qf_02'
         )
```

❶ 볼린저 밴드 기간 지정

❷ 볼린저 밴드 표준편차 지정

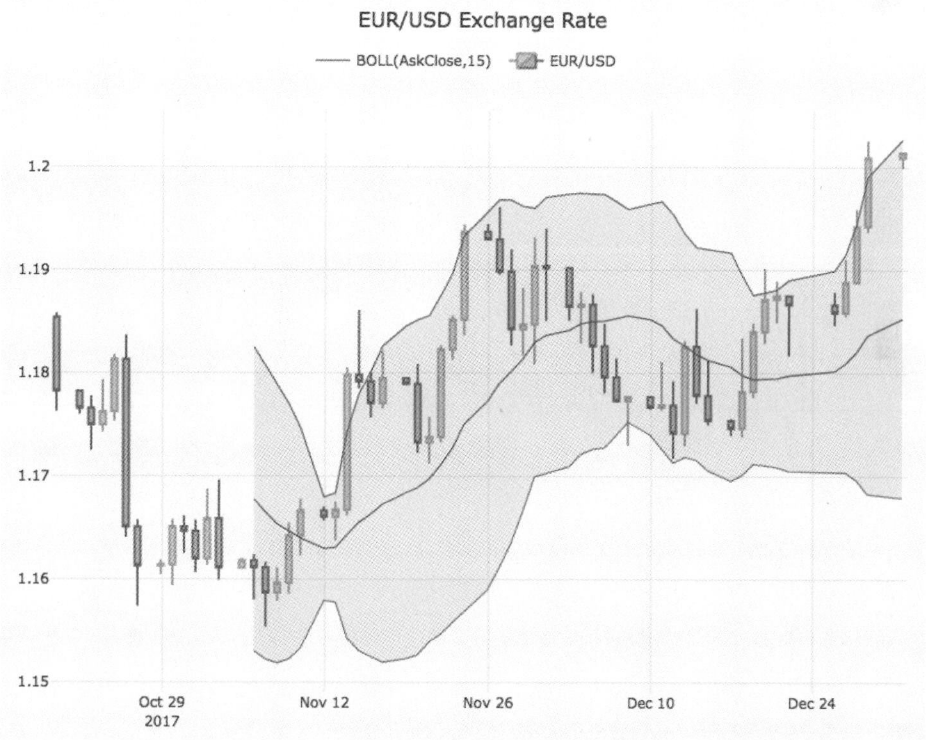

그림 7-26 볼린저 밴드가 추가된 EUR/USD 데이터 OHLC 플롯

RSI와 같은 금융지표는 서브플롯으로 추가한다(그림 7-27).

```
In [61]: qf.add_rsi(periods=14,      ❶
                    showbands=False)  ❷

In [62]: plyo.iplot(
             qf.iplot(asFigure=True),
             # image='png',
             filename='qf_03'
         )
```

❶ RSI 기간 변수 설정

❷ 위아래 밴드 미표시 설정

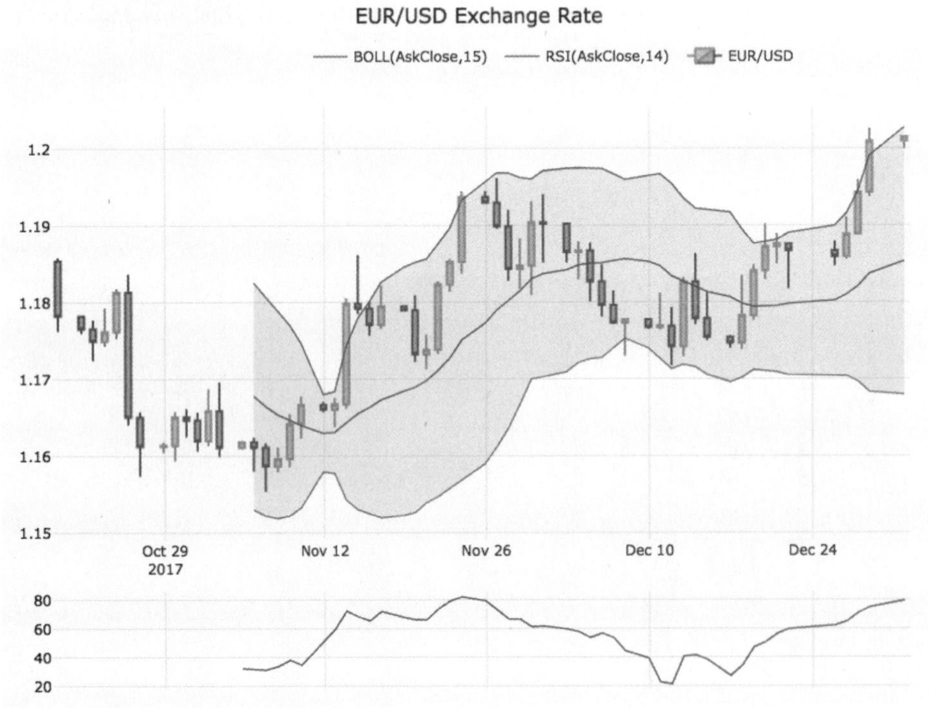

그림 7-27 볼린저 밴드와 RSI가 추가된 EUR/USD 데이터 OHLC 플롯

7.4 마치며

matplotlib 라이브러리는 파이썬 데이터 시각화에 관한 한 벤치마크이자 가장 많이 쓰이는 라이브러리다. matplotlib은 NumPy와 밀접하게 결합되어 있으며, 기본 사용 방법이 간단하고 쉽게 사용할 수 있다. 그러나 한편으로는 다소 복잡한 API를 제공하는 강력한 라이브러리이기도 하다. 따라서 이 책 한 장(章)으로 모든 기능을 살펴보는 것은 불가능하다.

이번 장에서는 금융 분야에서 유용할 만한 matplotlib 라이브러리의 기본적인 2차원과 3차원 플롯 기능을 소개했다. 이후의 장에서 이 기본적인 시각화 라이브러리를 어떻게 사용하는지에 대해 추가적인 예제들을 제공할 것이다.

이 장에서는 plotly와 Cufflinks도 다루었다. 이 두 패키지를 조합하면 DataFrame 객체에 메서드만 호출해도 쉽게 상호작용형 D3.js 플롯을 생성할 수 있다. 모든 기술적인 사항은 백엔드에서 처리한다. 또한 Cufflinks는 QuantFig 객체를 통해 일반적인 금융지표를 사용하여 전형적인 금융 플롯을 쉽게 생산하는 방법을 제공한다.

7.5 참고 문헌

matplotlib 라이브러리에 대해서는 다음 웹사이트를 참조하기 바란다.

- 라이브러리 홈페이지로 가장 좋은 출발점(*http://matplotlib.org*)
- 유용한 예제가 많은 갤러리(*http://matplotlib.org/gallery.html*)
- 2차원 플롯에 대한 소개 자료(*http://matplotlib.org/users/pyplot_tutorial.html*)
- 3차원 플롯에 대한 소개 자료(*http://matplotlib.org/mpl_toolkits/mplot3d/tutorial.html*)

가장 표준적인 방법은 갤러리를 참고해서 적절한 시각화 예제를 찾고 그 코드를 기반으로 시작하는 것이다. 일단 적당한 예제를 찾으면 바로 코딩을 시작할 수 있다.

plotly와 Cufflinks 패키지 자료도 대부분 온라인상에 있다.

- plotly 홈페이지(*https://plot.ly/*)
- 파이썬 plotly 시작하기 튜토리얼(*https://plot.ly/python/getting-started/*)
- Cufflinks GitHub 페이지(*https://github.com/santosjorge/cufflinks*)

CHAPTER 8

금융 시계열

> 시간은 모든 일이 한꺼번에 발생하지 않도록 한다.
>
> – 레이 커밍스Ray Cummings

금융 분야에서 보게 되는 가장 중요한 데이터 유형은 날짜나 시간으로 인덱스된 데이터인 금융 시계열 데이터다. 예를 들어 주식의 가격은 금융 시계열 데이터다. 마찬가지로 달러-유로 환율도 금융 시계열 데이터다. 하나의 환율값은 짧은 시간 동안 유지되고 이러한 값이 모이면 환율의 시계열 데이터가 된다.

시간을 중요 요소로 고려하지 않는 금융 분야는 존재하지 않는다. 물리학이나 다른 과학 분야에서도 마찬가지다. 파이썬에서 시계열 데이터를 다루기 위한 도구로 가장 많이 사용되는 것은 pandas 라이브러리다. pandas의 창시자 중 한 명인 웨스 맥키니Wes McKinney는 AQR 캐피탈 매니지먼트라는 대형 헤지펀드의 애널리스트로 일하면서 이 라이브러리를 개발하기 시작했다. 따라서 pandas는 그 근본부터 금융 시계열 데이터를 다루기 위해 설계된 것이라 해도 무방하다.

이 장은 CSV 형식으로 된 두 가지 금융 시계열 데이터에 기반하여 진행한다. 진행 순서는 다음과 같다.

금융 데이터

pandas를 사용하여 금융 시계열 데이터로 하는 기본적인 작업인 데이터 임포트, 요약 통계 도출, 시간에 따른 변동치 계산, 리샘플링resampling 등을 다룬다.

이동 통계

금융 분석에서 이동 통계rolling statistics는 중요한 역할을 한다. 이동 통계는 전체 데이터 집합에서 점점 앞으로 진행하면서 계산하는 정해진 일정 기간 동안의 통계를 말한다. 대표적인 예가 이동평균moving average이다. 이 절에서는 pandas가 이러한 통계 계산을 어떻게 지원하는지 설명한다.

상관관계 분석

S&P 500 지수와 VIX 변동성 지수라는 금융 시계열 데이터를 기반으로 하는 케이스 스터디를 다룬다. 이 두 가지 지수가 가진 특성과 음의 상관관계를 보인다.

고빈도 데이터

금융 분야에서 흔한 고빈도 데이터인 틱tick 데이터를 다룬다. pandas는 이러한 데이터를 조작하는 데도 강력하다.

8.1 금융 데이터

이 절에서는 CSV 파일 형식으로 컴퓨터에 저장된 금융 데이터를 다룬다. 기술적으로 이 파일은 각 행의 데이터가 쉼표로 구분된 텍스트 파일에 지나지 않는다. 데이터를 임포트하기 전에 몇 가지 패키지를 임포트하고 사용자 설정을 한다.

```
In [1]: import numpy as np
        import pandas as pd
        from pylab import mpl, plt
        plt.style.use('seaborn')
        mpl.rcParams['font.family'] = 'serif'
        %matplotlib inline
```

8.1.1 데이터 임포트

pandas는 다양한 형식(CSV, SQL, Excel 등)으로 저장된 데이터를 읽어 들이거나 출력할 수 있는 여러 가지 기능과 DataFrame 함수를 제공한다(자세한 내용은 9장 참조).

다음 코드는 pd.read_csv() 함수를 사용하여 CSV 파일에서 시계열 데이터를 임포트한다.[1]

```
In [2]: filename = '../../source/tr_eikon_eod_data.csv'  ❶

In [3]: f = open(filename, 'r')  ❷
        f.readlines()[:5]  ❷
Out[3]: ['Date,AAPL.O,MSFT.O,INTC.O,AMZN.O,GS.N,SPY,.SPX,.VIX,EUR=,XAU=,GDX,
        ,GLD\n',
         '2010-01-01,,,,,,,,,1.4323,1096.35,,\n',
         '2010-01-04,30.57282657,30.95,20.88,133.9,173.08,113.33,1132.99,20.04,
        ,1.4411,1120.0,47.71,109.8\n',
         '2010-01-05,30.625683660000004,30.96,20.87,134.69,176.14,113.63,1136.52,
        ,19.35,1.4368,1118.65,48.17,109.7\n',
         '2010-01-06,30.138541290000003,30.77,20.8,132.25,174.26,113.71,1137.14,
        ,19.16,1.4412,1138.5,49.34,111.51\n']

In [4]: data = pd.read_csv(filename,  ❸
                           index_col=0,  ❹
                           parse_dates=True)  ❺

In [5]: data.info()  ❻
        <class 'pandas.core.frame.DataFrame'>
        DatetimeIndex: 2216 entries, 2010-01-01 to 2018-06-29
        Data columns (total 12 columns):
        AAPL.O 2138 non-null float64
        MSFT.O 2138 non-null float64
        INTC.O 2138 non-null float64
        AMZN.O 2138 non-null float64
        GS.N   2138 non-null float64
        SPY    2138 non-null float64
        .SPX   2138 non-null float64
        .VIX   2138 non-null float64
        EUR=   2216 non-null float64
        XAU=   2211 non-null float64
        GDX    2138 non-null float64
        GLD    2138 non-null float64
        dtypes: float64(12)
        memory usage: 225.1 KB
```

1 이 파일은 톰슨 로이터 아이콘(Thomson Reuters Eikon) 데이터 API로 읽은 여러 가지 금융 상품의 일간 데이터다.

❶ 파일 경로와 이름 지정

❷ 처음 5행의 데이터 읽기

❸ 파일 이름

❹ 첫 열을 인덱스로 설정

❺ 인덱스값을 날짜 및 시간으로 인식

❻ 읽은 DataFrame 객체

이 시점에 금융 분석가는 데이터를 조사하거나 시각화하여 살펴볼 것이다(그림 8-1).

```
In [6]: data.head() ❶
Out[6]:
              AAPL.O MSFT.O INTC.O AMZN.O   GS.N    SPY    .SPX  .VIX \
    Date
    2010-01-01       NaN     NaN     NaN     NaN     NaN     NaN      NaN    NaN
    2010-01-04 30.572827 30.950  20.88 133.90 173.08 113.33 1132.99 20.04
    2010-01-05 30.625684 30.960  20.87 134.69 176.14 113.63 1136.52 19.35
    2010-01-06 30.138541 30.770  20.80 132.25 174.26 113.71 1137.14 19.16
    2010-01-07 30.082827 30.452  20.60 130.00 177.67 114.19 1141.69 19.06
              EUR=    XAU=   GDX    GLD
    Date
    2010-01-01 1.4323 1096.35   NaN    NaN
    2010-01-04 1.4411 1120.00 47.71 109.80
    2010-01-05 1.4368 1118.65 48.17 109.70
    2010-01-06 1.4412 1138.50 49.34 111.51
    2010-01-07 1.4318 1131.90 49.10 110.82

In [7]: data.tail() ❷
Out[7]:
              AAPL.O MSFT.O INTC.O  AMZN.O   GS.N    SPY    .SPX  .VIX \
    Date
    2018-06-25 182.17  98.39  50.71 1663.15 221.54 271.00 2717.07 17.33
    2018-06-26 184.43  99.08  49.67 1691.09 221.58 271.60 2723.06 15.92
    2018-06-27 184.16  97.54  48.76 1660.51 220.18 269.35 2699.63 17.91
    2018-06-28 185.50  98.63  49.25 1701.45 223.42 270.89 2716.31 16.85
    2018-06-29 185.11  98.61  49.71 1699.80 220.57 271.28 2718.37 16.09
              EUR=    XAU=   GDX    GLD
    Date
    2018-06-25 1.1702 1265.00 22.01 119.89
    2018-06-26 1.1645 1258.64 21.95 119.26
    2018-06-27 1.1552 1251.62 21.81 118.58
    2018-06-28 1.1567 1247.88 21.93 118.22
```

```
2018-06-29 1.1683 1252.25 22.31 118.65

In [8]: data.plot(figsize=(10, 12), subplots=True);  ❸
```

❶ 첫 5행을 읽는다.

❷ 마지막 5행을 읽는다.

❸ 복수 서브플롯으로 전체 데이터를 시각화한다.

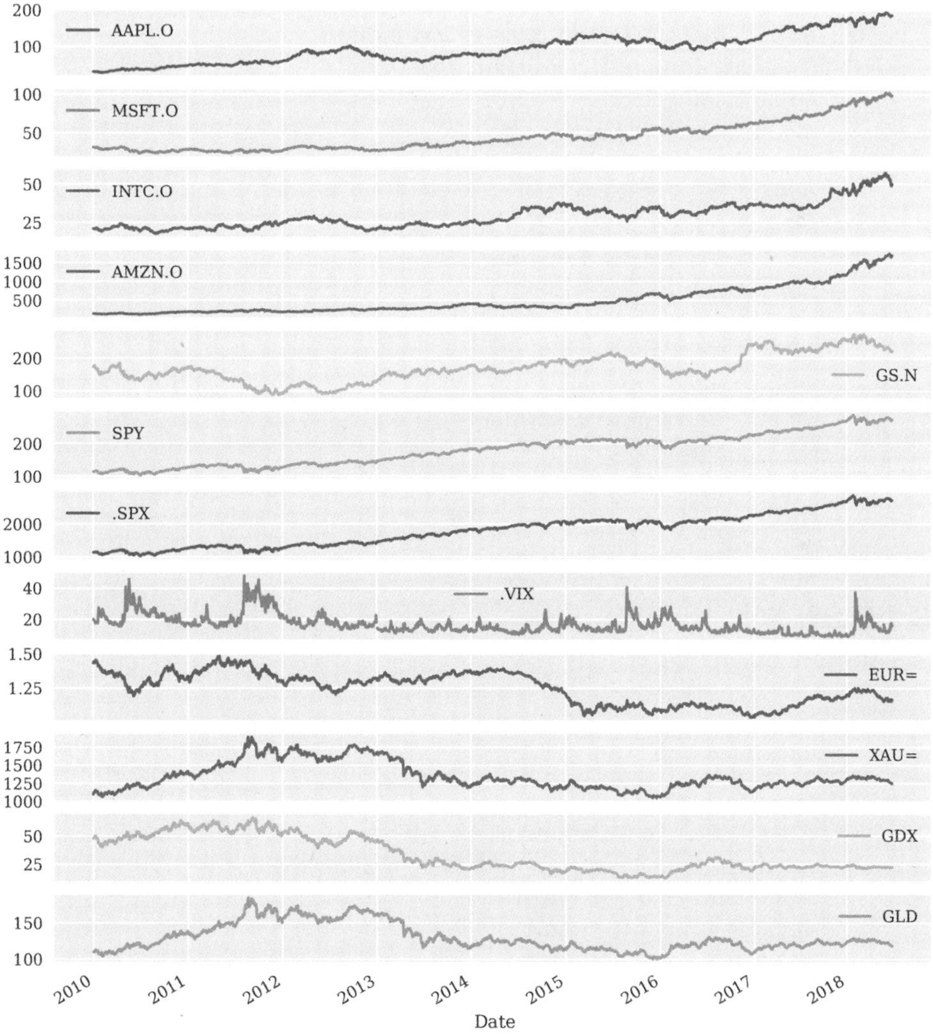

그림 8-1 금융 시계열 데이터 플롯

사용된 데이터는 톰슨 로이터(TR) 아이콘 데이터 API를 통해 얻었다. TR에서는 금융 상품을 **RIC**Reuters Instrument Code라는 심볼을 이용하여 표시한다. 각 금융 상품의 RIC는 다음과 같다.

```
In [9]: instruments = ['Apple Stock', 'Microsoft Stock',
            'Intel Stock', 'Amazon Stock', 'Goldman Sachs Stock',
            'SPDR S&P 500 ETF Trust', 'S&P 500 Index',
            'VIX Volatility Index', 'EUR/USD Exchange Rate',
            'Gold Price', 'VanEck Vectors Gold Miners ETF',
            'SPDR Gold Trust']

In [10]: for ric, name in zip(data.columns, instruments):
             print('{:8s} | {}'.format(ric, name))
         AAPL.O | Apple Stock
         MSFT.O | Microsoft Stock
         INTC.O | Intel Stock
         AMZN.O | Amazon Stock
         GS.N   | Goldman Sachs Stock
         SPY    | SPDR S&P 500 ETF Trust
         .SPX   | S&P 500 Index
         .VIX   | VIX Volatility Index
         EUR=   | EUR/USD Exchange Rate
         XAU=   | Gold Price
         GDX    | VanEck Vectors Gold Miners ETF
         GLD    | SPDR Gold Trust
```

8.1.2 요약 통계

금융 분석가가 취할 다음 단계는 서로 다른 요약 통계를 살펴봄으로써 전체 데이터에 대한 '감'을 얻는 것이다.

```
In [11]: data.info()  ❶
         <class 'pandas.core.frame.DataFrame'>
         DatetimeIndex: 2216 entries, 2010-01-01 to 2018-06-29
         Data columns (total 12 columns):
         AAPL.O 2138 non-null float64
         MSFT.O 2138 non-null float64
         INTC.O 2138 non-null float64
         AMZN.O 2138 non-null float64
         GS.N   2138 non-null float64
```

```
SPY     2138 non-null float64
.SPX    2138 non-null float64
.VIX    2138 non-null float64
EUR=    2216 non-null float64
XAU=    2211 non-null float64
GDX     2138 non-null float64
GLD     2138 non-null float64
dtypes: float64(12)
memory usage: 225.1 KB
```

```
In [12]: data.describe().round(2)  ❷
Out[12]:
         AAPL.O  MSFT.O  INTC.O  AMZN.O    GS.N     SPY    .SPX    .VIX \
count   2138.00 2138.00 2138.00 2138.00 2138.00 2138.00 2138.00 2138.00
mean      93.46   44.56   29.36  480.46  170.22  180.32 1802.71   17.03
std       40.55   19.53    8.17  372.31   42.48   48.19  483.34    5.88
min       27.44   23.01   17.66  108.61   87.70  102.20 1022.58    9.14
25%       60.29   28.57   22.51  213.60  146.61  133.99 1338.57   13.07
50%       90.55   39.66   27.33  322.06  164.43  186.32 1863.08   15.58
75%      117.24   54.37   34.71  698.85  192.13  210.99 2108.94   19.07
max      193.98  102.49   57.08 1750.08  273.38  286.58 2872.87   48.00
           EUR=    XAU=     GDX     GLD
count   2216.00 2211.00 2138.00 2138.00
mean       1.25 1349.01   33.57  130.09
std        0.11  188.75   15.17   18.78
min        1.04 1051.36   12.47  100.50
25%        1.13 1221.53   22.14  117.40
50%        1.27 1292.61   25.62  124.00
75%        1.35 1428.24   48.34  139.00
max        1.48 1898.99   66.63  184.59
```

❶ info() 함수로 DataFrame 객체에 대한 기본 정보를 출력한다.

❷ describe() 함수는 각 열의 표준 통계 데이터를 제공한다.

TIP 빠르게 살펴보기

pandas는 새로 읽은 금융 시계열 데이터의 전반적인 모습을 쉽게 살필 수 있는 info()나 describe() 등의 다양한 메서드를 제공한다. 이러한 메서드를 사용하면 데이터를 정상적으로 읽었는지 또는 DataFrame 객체가 DatetimeIndex 자료형 인덱스를 가지는지 쉽게 확인할 수 있다.

물론 통계 데이터를 사용자가 맞춤 설정할 수 있는 옵션도 있다.

```
In [13]: data.mean() ❶
Out[13]: AAPL.O       93.455973
         MSFT.O       44.561115
         INTC.O       29.364192
         AMZN.O      480.461251
         GS.N        170.216221
         SPY         180.323029
         .SPX       1802.713106
         .VIX         17.027133
         EUR=          1.248587
         XAU=       1349.014130
         GDX          33.566525
         GLD         130.086590
         dtype: float64

In [14]: data.aggregate([min, ❷
                         np.mean, ❸
                         np.std, ❹
                         np.median, ❺
                         max] ❻
         ).round(2)
Out[14]:
          AAPL.O  MSFT.O  INTC.O   AMZN.O    GS.N     SPY     .SPX   .VIX  EUR=  \
  min      27.44   23.01   17.66   108.61   87.70  102.20  1022.58   9.14  1.04
  mean     93.46   44.56   29.36   480.46  170.22  180.32  1802.71  17.03  1.25
  std      40.55   19.53    8.17   372.31   42.48   48.19   483.34   5.88  0.11
  median   90.55   39.66   27.33   322.06  164.43  186.32  1863.08  15.58  1.27
  max     193.98  102.49   57.08  1750.08  273.38  286.58  2872.87  48.00  1.48

             XAU=    GDX     GLD
  min     1051.36  12.47  100.50
  mean    1349.01  33.57  130.09
  std      188.75  15.17   18.78
  median  1292.61  25.62  124.00
  max     1898.99  66.63  184.59
```

❶ 평균

❷ 최솟값

❸ 평균

❹ 표준편차

❺ 중앙값

❻ 최댓값

aggregate() 메서드를 사용하면 사용자가 만든 함수도 쓸 수 있다.

8.1.3 시간에 따른 변화

통계 분석 방법은 절대적인 값보다 시간에 따른 변화에 기반하는 경우가 많다. 값의 차이, 퍼센트 변화율, 로그 수익률과 같이 시간에 따른 변화를 계산할 수 있는 방법이 있다. 우선 값의 차이부터 살펴보자.

```
In [15]: data.diff().head() ❶
Out[15]:
              AAPL.O  MSFT.O  INTC.O  AMZN.O  GS.N   SPY  .SPX  .VIX    EUR=  \
    Date
    2010-01-01      NaN     NaN     NaN     NaN   NaN   NaN   NaN   NaN     NaN
    2010-01-04      NaN     NaN     NaN     NaN   NaN   NaN   NaN   NaN  0.0088
    2010-01-05  0.052857   0.010   -0.01    0.79  3.06  0.30  3.53 -0.69 -0.0043
    2010-01-06 -0.487142  -0.190   -0.07   -2.44 -1.88  0.08  0.62 -0.19  0.0044
    2010-01-07 -0.055714  -0.318   -0.20   -2.25  3.41  0.48  4.55 -0.10 -0.0094

                 XAU=   GDX   GLD
    Date
    2010-01-01    NaN   NaN   NaN
    2010-01-04  23.65   NaN   NaN
    2010-01-05  -1.35  0.46 -0.10
    2010-01-06  19.85  1.17  1.81
    2010-01-07  -6.60 -0.24 -0.69

In [16]: data.diff().mean() ❷
Out[16]: AAPL.O    0.064737
         MSFT.O    0.031246
         INTC.O    0.013540
         AMZN.O    0.706608
         GS.N      0.028224
         SPY       0.072103
         .SPX      0.732659
```

```
.VIX     -0.019583
EUR=     -0.000119
XAU=      0.041887
GDX      -0.015071
GLD      -0.003455
dtype: float64
```

❶ diff() 메서드는 두 인덱스값 사이의 차이를 계산한다.

❷ 차잇값의 평균을 계산한다.

통계적 관점에서 절대적인 차잇값은 시계열 데이터의 스케일에 좌우되기 때문에 최적의 선택이 아니다. 따라서 퍼센트 변화를 계산하는 것을 선호한다. 다음 코드는 금융 관점에서 시계열 데이터의 퍼센트 변화율 혹은 퍼센트 수익률(단순 수익률)을 계산하여 각 열별로 평균값을 시각화한다(그림 8-2).

```
In [17]: data.pct_change().round(3).head()  ❶
Out[17]:
            AAPL.O  MSFT.O  INTC.O  AMZN.O   GS.N    SPY   .SPX   .VIX   EUR=  \
Date
2010-01-01     NaN     NaN     NaN     NaN    NaN    NaN    NaN    NaN    NaN
2010-01-04     NaN     NaN     NaN     NaN    NaN    NaN    NaN    NaN  0.006
2010-01-05   0.002   0.000  -0.000   0.006  0.018  0.003  0.003 -0.034 -0.003
2010-01-06  -0.016  -0.006  -0.003  -0.018 -0.011  0.001  0.001 -0.010  0.003
2010-01-07  -0.002  -0.010  -0.010  -0.017  0.020  0.004  0.004 -0.005 -0.007

              XAU=    GDX    GLD
Date
2010-01-01     NaN    NaN    NaN
2010-01-04   0.022    NaN    NaN
2010-01-05  -0.001  0.010 -0.001
2010-01-06   0.018  0.024  0.016
2010-01-07  -0.006 -0.005 -0.006

In [18]: data.pct_change().mean().plot(kind='bar', figsize=(10, 6));  ❷
```

❶ pct_change() 메서드는 두 인덱스값 사이의 퍼센트 변화율을 계산한다.

❷ 결과의 평균값을 바 차트로 시각화한다.

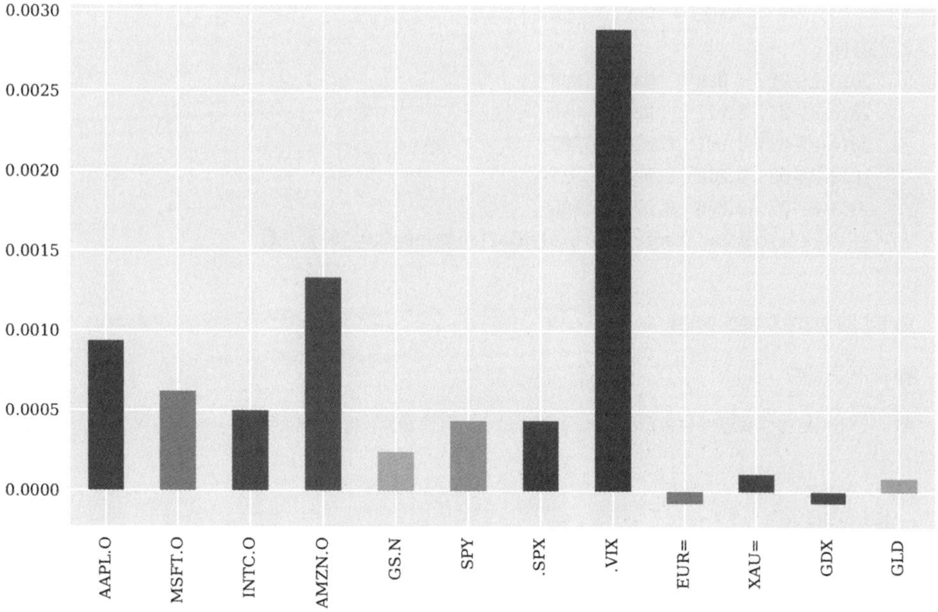

그림 8-2 퍼센트 변화율의 평균값 바 차트

퍼센트 수익률의 대체제로 로그 수익률을 쓸 수 있다. 로그 수익률이 금융공학적 관점에서 더 다루기 쉽기 때문에 선호한다.[2]

[그림 8-3]은 하나의 금융 시계열에 대한 누적 로그 수익률을 보인다. 이런 유형의 플롯은 보통 정규화를 한다.

```
In [19]: rets = np.log(data / data.shift(1))  ❶

In [20]: rets.head().round(3)  ❷
Out[20]:
            AAPL.O  MSFT.O  INTC.O  AMZN.O   GS.N    SPY   .SPX   .VIX   EUR=  \
Date
2010-01-01     NaN     NaN     NaN     NaN    NaN    NaN    NaN    NaN    NaN
2010-01-04     NaN     NaN     NaN     NaN    NaN    NaN    NaN    NaN  0.006
2010-01-05   0.002   0.000  -0.000   0.006  0.018  0.003  0.003 -0.035 -0.003
2010-01-06  -0.016  -0.006  -0.003  -0.018 -0.011  0.001  0.001 -0.010  0.003
2010-01-07  -0.002  -0.010  -0.010  -0.017  0.019  0.004  0.004 -0.005 -0.007
```

2 로그 수익률의 장점은 덧셈이 가능하다는 것이다. 퍼센트 수익률에서는 불가능하다.

```
                XAU=    GDX    GLD
Date
2010-01-01       NaN    NaN    NaN
2010-01-04     0.021    NaN    NaN
2010-01-05    -0.001  0.010 -0.001
2010-01-06     0.018  0.024  0.016
2010-01-07    -0.006 -0.005 -0.006
In [21]: rets.cumsum().apply(np.exp).plot(figsize=(10, 6)); ❸
```

❶ 벡터화 방법으로 로그 수익률 계산

❷ 결과 중 일부

❸ 시간에 따른 누적 로그 수익률 표시, 우선 cumsum() 함수를 호출하고 np.exp() 적용

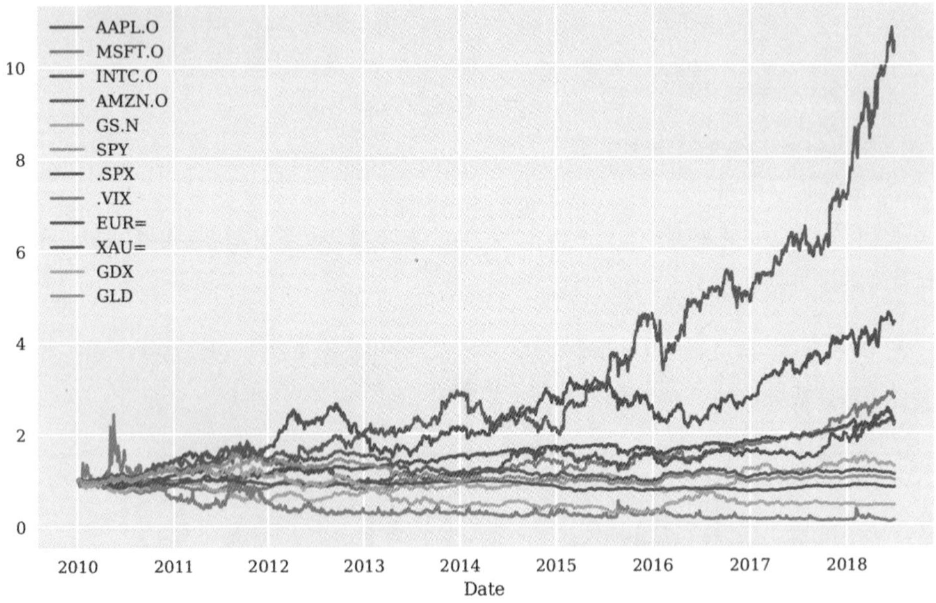

그림 8-3 시간에 따른 누적 로그 수익률

8.1.4 리샘플링

리샘플링Resampling은 시계열 분석에서 중요한 연산이다. 예를 들어 다운샘플링downsampling은 틱 데이터를 1분 간격의 시계열로 바꾸거나 일간 데이터를 주간 혹은 월간 데이터로 바꾼다(그림 8-4).

```
In [22]: data.resample('1w', label='right').last().head() ❶
Out[22]:
                AAPL.O  MSFT.O  INTC.O  AMZN.O    GS.N     SPY     .SPX   .VIX  \
 Date
 2010-01-03        NaN     NaN     NaN     NaN     NaN     NaN      NaN    NaN
 2010-01-10  30.282827   30.66   20.83  133.52  174.31  114.57  1144.98  18.13
 2010-01-17  29.418542   30.86   20.80  127.14  165.21  113.64  1136.03  17.91
 2010-01-24  28.249972   28.96   19.91  121.43  154.12  109.21  1091.76  27.31
 2010-01-31  27.437544   28.18   19.40  125.41  148.72  107.39  1073.87  24.62

               EUR=     XAU=    GDX     GLD
 Date
 2010-01-03  1.4323  1096.35    NaN     NaN
 2010-01-10  1.4412  1136.10  49.84  111.37
 2010-01-17  1.4382  1129.90  47.42  110.86
 2010-01-24  1.4137  1092.60  43.79  107.17
 2010-01-31  1.3862  1081.05  40.72  105.96

In [23]: data.resample('1m', label='right').last().head() ❷
Out[23]:
                AAPL.O   MSFT.O  INTC.O  AMZN.O    GS.N       SPY     .SPX  \
 Date
 2010-01-31  27.437544  28.1800   19.40  125.41  148.72  107.3900  1073.87
 2010-02-28  29.231399  28.6700   20.53  118.40  156.35  110.7400  1104.49
 2010-03-31  33.571395  29.2875   22.29  135.77  170.63  117.0000  1169.43
 2010-04-30  37.298534  30.5350   22.84  137.10  145.20  118.8125  1186.69
 2010-05-31  36.697106  25.8000   21.42  125.46  144.26  109.3690  1089.41

              .VIX    EUR=     XAU=    GDX      GLD
 Date
 2010-01-31  24.62  1.3862  1081.05  40.72  105.960
 2010-02-28  19.50  1.3625  1116.10  43.89  109.430
 2010-03-31  17.59  1.3510  1112.80  44.41  108.950
 2010-04-30  22.05  1.3295  1178.25  50.51  115.360
 2010-05-31  32.07  1.2305  1215.71  49.86  118.881

In [24]: rets.cumsum().apply(np.exp). resample('1m', label='right').last(
                              ).plot(figsize=(10, 6)); ❸
```

❶ 일단 데이터를 주간 데이터로 리샘플링

❷ 월간 데이터로 리샘플링

❸ 누적 로그 수익률을 플롯. 우선 cumsum() 메서드를 호출하고 np.exp() 적용 후 리샘플링

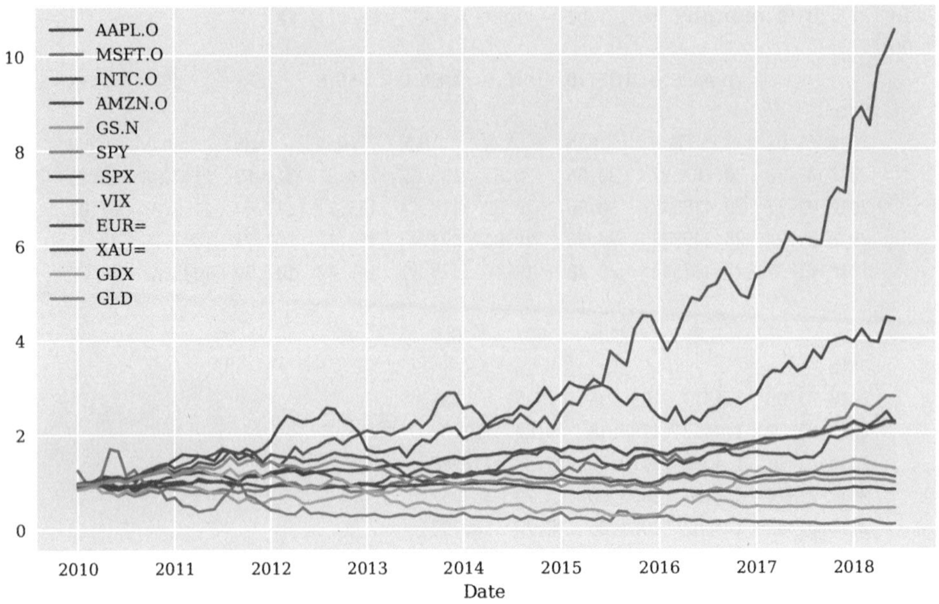

그림 8-4 리샘플링된 누적 로그 수익률(월간)

CAUTION_ 예측 편향 피하기

리샘플링을 할 때 **pandas**는 보통 구간의 왼쪽 값을 취한다. 금융공학적으로 일관성을 가지려면 구간의 오른쪽 인덱스값과 데이터의 마지막 값을 가져야 한다. 그렇지 않으면 예측 편향foresight bias이 발생한다.[3]

8.2 이동 통계

기술적 지표라고 불리는 이동 통계를 사용하는 것은 금융 분야의 오랜 관행이다. 이러한 이동 통계는 차티스트나 기술 투자자 등이 사용하는 기본 도구다. 이 절에서는 한 가지 금융 시계열만 대상으로 한다.

```
In [25]: sym = 'AAPL.O'
```

3 **예측 편향**(Foresight bias)이나 **완전 예측**(perfect foresight)은 금융 분석을 할 때 어떤 시점에서 구할 수 없는 데이터를 이용하는 것을 말한다. 이렇게 하면 매매 전략을 백테스팅할 때 좋은 결과가 나온다.

```
In [26]: data = pd.DataFrame(data[sym]).dropna()

In [27]: data.tail()
Out[27]:
                    AAPL.O
         Date
         2018-06-25 182.17
         2018-06-26 184.43
         2018-06-27 184.16
         2018-06-28 185.50
         2018-06-29 185.11
```

8.2.1 개요

pandas로 이동 통계를 계산하는 것은 쉽다.

```
In [28]: window = 20  ❶

In [29]: data['min'] = data[sym].rolling(window=window).min()  ❷

In [30]: data['mean'] = data[sym].rolling(window=window).mean()  ❸

In [31]: data['std'] = data[sym].rolling(window=window).std()  ❹

In [32]: data['median'] = data[sym].rolling(window=window).median()  ❺

In [33]: data['max'] = data[sym].rolling(window=window).max()  ❻

In [34]: data['ewma'] = data[sym].ewm(halflife=0.5,
                                      min_periods=window).mean()  ❼
```

❶ 윈도우(사용할 데이터 개수) 정의

❷ 이동 최솟값 계산

❸ 이동평균 계산

❹ 이동 표준편차 계산

❺ 이동 중앙값 계산

❻ 이동 최댓값 계산

❼ 반감기가 0.5인 지수가중 이동평균 계산

더 특수한 기술적 지표를 계산하려면 추가적인 패키지가 필요하다(7.3절에서 나온 `Cufflinks` 패키지 참조). 사용자가 만든 지표 계산을 `apply()` 메서드로 적용할 수도 있다. 다음 코드는 계산된 이동 통계 중 일부를 시각화한 것이다(그림 8-5).

```
In [35]: data.dropna().head()
Out[35]:
                    AAPL.O        min       mean       std     median        max  \
         Date
         2010-02-01  27.818544  27.437544  29.580892  0.933650  29.821542  30.719969
         2010-02-02  27.979972  27.437544  29.451249  0.968048  29.711113  30.719969
         2010-02-03  28.461400  27.437544  29.343035  0.950665  29.685970  30.719969
         2010-02-04  27.435687  27.435687  29.207892  1.021129  29.547113  30.719969
         2010-02-05  27.922829  27.435687  29.099892  1.037811  29.419256  30.719969

                      ewma
         Date
         2010-02-01  27.805432
         2010-02-02  27.936337
         2010-02-03  28.330134
         2010-02-04  27.659299
         2010-02-05  27.856947

In [36]: ax = data[['min', 'mean', 'max']].iloc[-200:].plot(
              figsize=(10, 6), style=['g--', 'r--', 'g--'], lw=0.8)  ❶
         data[sym].iloc[-200:].plot(ax=ax, lw=2.0);  ❷
```

❶ 세 가지 이동 통계의 마지막 200개 값을 플롯

❷ 원본 시계열 데이터도 플롯

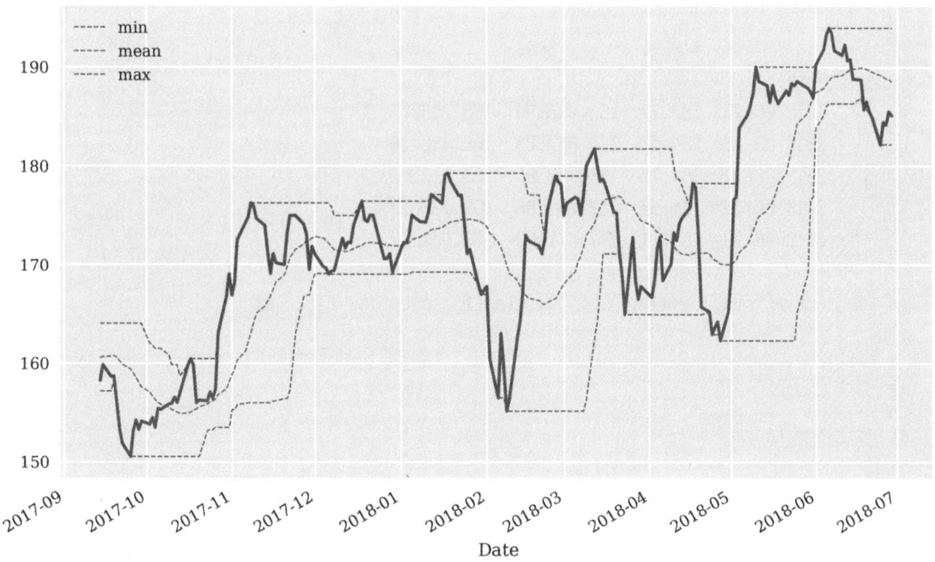

그림 8-5 최댓값, 평균, 최솟값에 대한 이동 통계

8.2.2 기술적 분석 예제

이동 통계는 회사의 금융 리포트나 재정 상태를 분석하는 기본적 분석fundamental analysis과 대비되는 기술적 분석technical analysis의 주요 도구다.

수십 년 전에 만들어진 기술적 분석 매매 방법의 하나가 이동평균 매매법이다. 기본 아이디어는 단기 이동평균선이 장기 이동평균선보다 올라갈 때 매수를 하고 반대 경우에 매도를 하는 것이다. 이 개념은 DataFrame 객체와 pandas로 정확하게 구현할 수 있다.

윈도우 매개변수가 있을 때 이에 해당하는 충분한 데이터가 있어야 이동 통계를 계산할 수 있다. [그림 8-6]에서 보듯이 단순 이동평균 시계열은 충분한 데이터가 있는 날부터 보인다.

```
In [37]: data['SMA1'] = data[sym].rolling(window=42).mean()  ❶

In [38]: data['SMA2'] = data[sym].rolling(window=252).mean()  ❷

In [39]: data[[sym, 'SMA1', 'SMA2']].tail()
```

```
Out[39]:
               AAPL.O        SMA1        SMA2
Date
2018-06-25   182.17  185.606190  168.265556
2018-06-26   184.43  186.087381  168.418770
2018-06-27   184.16  186.607381  168.579206
2018-06-28   185.50  187.089286  168.736627
2018-06-29   185.11  187.470476  168.901032

In [40]: data[[sym, 'SMA1', 'SMA2']].plot(figsize=(10, 6)); ❸
```

❶ 단기 이동평균선 계산

❷ 장기 이동평균선 계산

❸ 두 이동평균선과 주가를 시각화

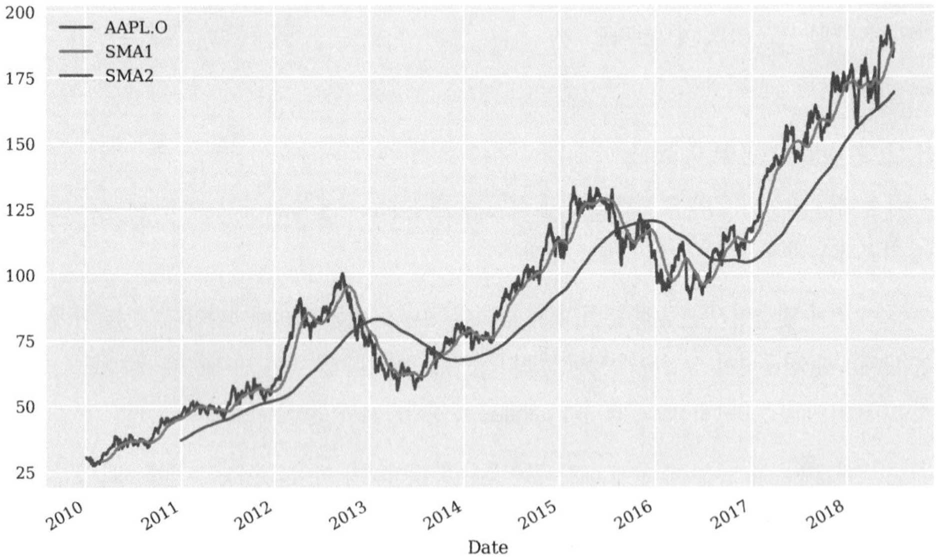

그림 8-6 애플 주가와 두 이동평균선

여기에서 이동평균선은 목적을 위한 수단에 불과하다. 이동평균선을 써서 매매 전략의 시점을 결정한다. [그림 8-7]에서는 1이라는 값으로 매수 포지션을, −1이라는 값으로 매도 포지션을 나타냈다. 포지션 변화는 두 개의 이동평균선이 교차하는 지점이다.

```
In [41]: data.dropna(inplace=True)  ❶

In [42]: data['positions'] = np.where(data['SMA1'] > data['SMA2'], ❷
                                      1,  ❸
                                      -1)  ❹

In [43]: ax = data[[sym, 'SMA1', 'SMA2', 'positions']].plot(figsize=(10, 6),
                                                   secondary_y='positions')
         ax.get_legend().set_bbox_to_anchor((0.25, 0.85));
```

❶ 완벽한 데이터만 보존

❷ 단기 이동평균선이 더 큰 경우

❸ 매수(1 표시)

❹ 매도(-1 표시)

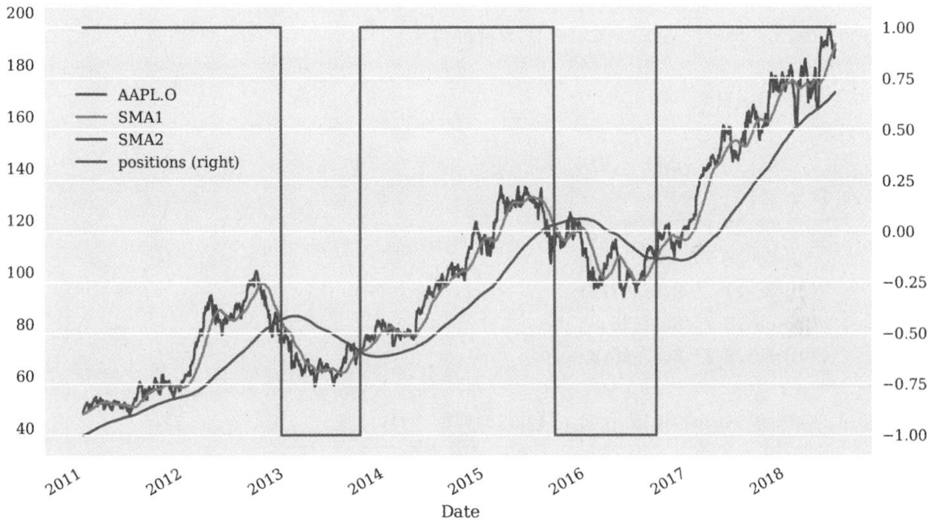

그림 8-7 애플 주가와 두 개의 이동평균선 그리고 포지션 정보

이 전략에 따르면 포지션이 변화할 때(이동평균선이 교차할 때) 매매가 발생하는데 매수나 매도의 시작과 종료가 한꺼번에 발생하므로 총 여섯 번의 매매를 하게 된다.

8.3 상관관계 분석

pandas를 사용하여 금융 시계열 분석을 하는 또 다른 예로 S&P 500 지수와 VIX 변동성 지수의 경우를 생각해보자. 일반적으로 S&P 500이 오르면 VIX는 떨어진다. 이 관계는 상관관계지 인과관계는 아니다. 이 절에서는 S&P 500과 VIX가 강한 음의 상관관계를 가진다는 것을 어떻게 통계학적으로 보이는지 설명한다.[4]

8.3.1 데이터

우리가 사용할 데이터는 [그림 8-8]에 보인 두 개의 금융 시계열이다.

```
In [44]: raw = pd.read_csv('../../source/tr_eikon_eod_data.csv',
                           index_col=0, parse_dates=True)  ❶

In [45]: data = raw[['.SPX', '.VIX']].dropna()

In [46]: data.tail()
Out[46]:
                      .SPX   .VIX
         Date
         2018-06-25 2717.07 17.33
         2018-06-26 2723.06 15.92
         2018-06-27 2699.63 17.91
         2018-06-28 2716.31 16.85
         2018-06-29 2718.37 16.09

In [47]: data.plot(subplots=True, figsize=(10, 6));
```

❶ (톰슨 로이터 아이콘 데이터 API로 얻은) 일간 데이터를 CSV 파일에서 읽는다.

4 강한 음의 상관관계를 가지는 이유는 금융 위기 시 주가지수가 하락하면 거래량이 증가하고 변동성이 같이 늘어나기 때문이다. 주가지수가 오르면 투자자는 다시 진정하고 급하게 매매할 요인이 없다는 사실을 알게 된다. 특히 매수 일변도의 투자자는 상승 추세를 더 이용하려고 한다.

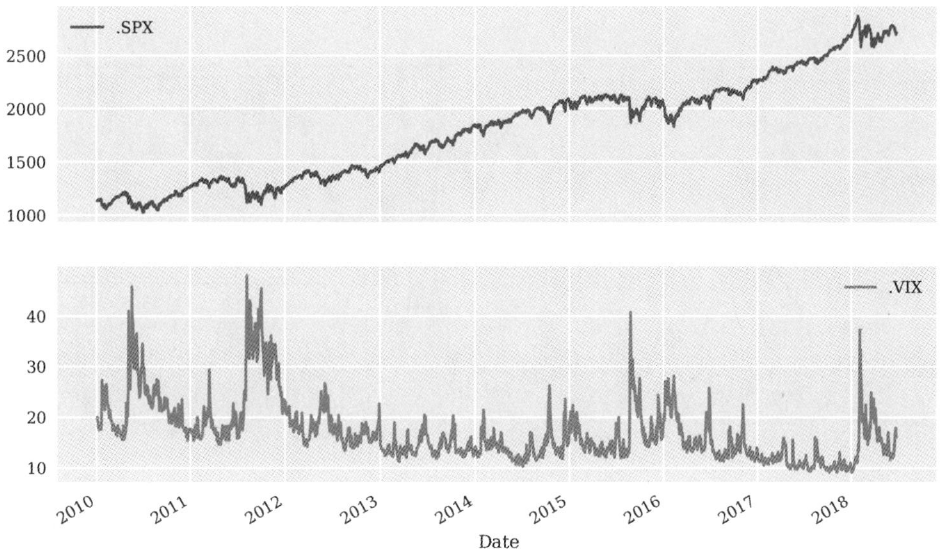

그림 8-8 S&P 500 지수와 VIX 변동성 지수 시계열 데이터(별도의 서브플롯)

두 시계열 데이터를 하나의 플롯으로 그리면 두 지수 간의 음의 상관관계가 시각적으로 더 명확해진다(그림 8-9).

```
In [48]: data.loc[:'2012-12-31'].plot(secondary_y='.VIX',
                                      figsize=(10, 6));  ❶
```

❶ `.loc[:DATE]` 메서드로 주어진 DATE까지의 데이터를 선택한다.

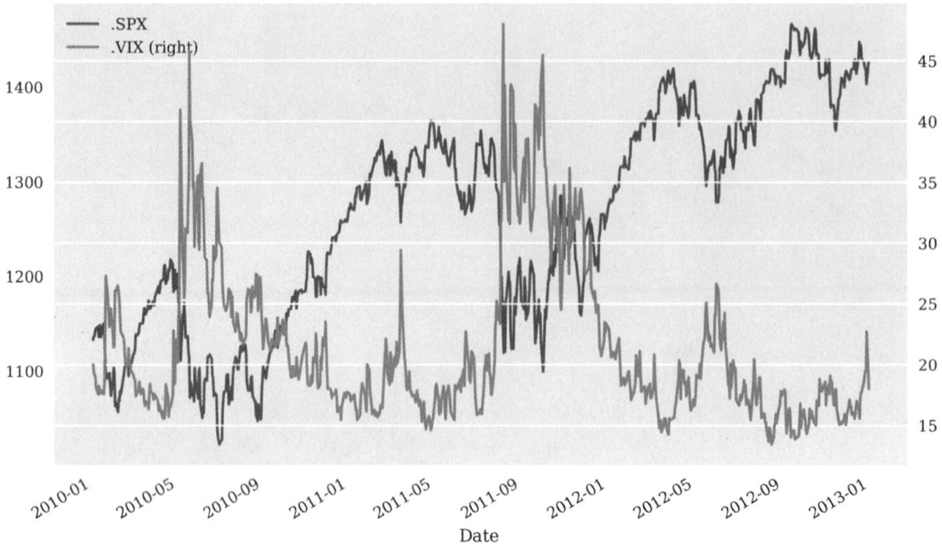

그림 8-9 S&P 500 지수와 VIX 변동성 지수 시계열 데이터(동일 플롯)

8.3.2 로그 수익률

이미 지적한 바와 같이 통계 분석은 절대적인 값이나 절대 변화량보다는 수익률을 기반으로 한다. 따라서 더 분석을 진행하기에 전에 로그 수익률을 계산한다. [그림 8-10]은 로그 수익률의 시간에 따른 변화를 나타낸다. 두 지수 모두에서 '변동성 클러스터'가 발생한다는 것을 알 수 있다. 일반적으로 주가지수의 변동성이 높은 시기에는 변동성 지수에도 같은 현상이 발생한다.

```
In [49]: rets = np.log(data / data.shift(1))

In [50]: rets.head()
Out[50]:
                    .SPX      .VIX
        Date
        2010-01-04       NaN       NaN
        2010-01-05 0.003111 -0.035038
        2010-01-06 0.000545 -0.009868
        2010-01-07 0.003993 -0.005233
        2010-01-08 0.002878 -0.050024

In [51]: rets.dropna(inplace=True)

In [52]: rets.plot(subplots=True, figsize=(10, 6));
```

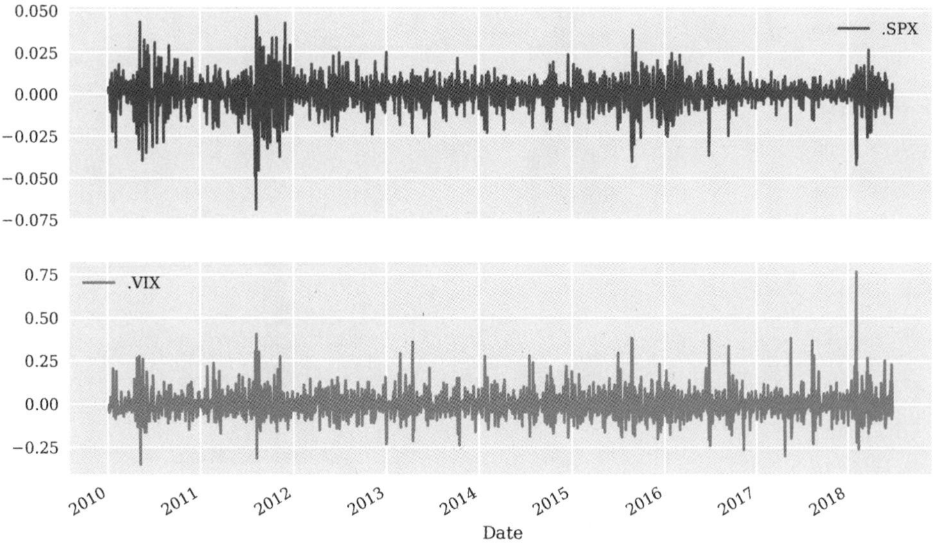

그림 8-10 S&P 500 지수와 VIX 변동성 지수의 시간에 따른 로그 수익률

이런 경우 pandas의 `scatter_matrix()` 플롯 함수가 시각화에 도움이 된다. 이 함수는 두 시계열의 로그 수익률을 그리면서 대각선에는 히스토그램이나 커널 밀도 추정치를 그릴 수 있다(그림 8-11).

```
In [53]: pd.plotting.scatter_matrix(rets,  ❶
                                    alpha=0.2,  ❷
                                    diagonal='hist',  ❸
                                    hist_kwds={'bins': 35},  ❹
                                    figsize=(10, 6));
```

❶ 그릴 데이터

❷ `alpha` 인수로 투명도 설정

❸ 대각선 부분에 그릴 것(히스토그램)

❹ 히스토그램 함수에 넣은 인수 키워드

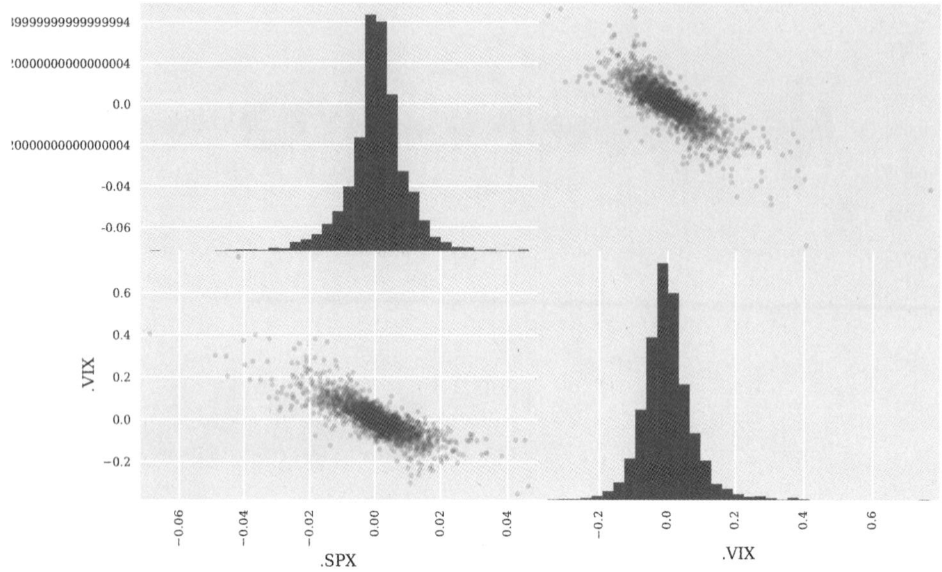

그림 8-11 scatter_matrix 명령으로 그린 S&P 500 지수와 VIX 변동성 지수

8.3.3 최소 자승 회귀법

준비를 마치면 최소 자승ordinary least-squares(OLS) 회귀법을 구현할 수 있다. [그림 8-12]는 로그 수익률의 스캐터 플롯과 각 점의 선형회귀선을 보이고 있다. 선형회귀선의 기울기는 음수로 두 지수가 음의 상관관계를 가진다는 특징을 보인다.

```
In [54]: reg = np.polyfit(rets['.SPX'], rets['.VIX'], deg=1)  ❶

In [55]: ax = rets.plot(kind='scatter', x='.SPX', y='.VIX', figsize=(10, 6))  ❷
         ax.plot(rets['.SPX'], np.polyval(reg, rets['.SPX']), 'r', lw=2);  ❸
```

❶ OLS 선형회귀 구현

❷ 로그 수익률의 스캐터 플롯

❸ 선형회귀선

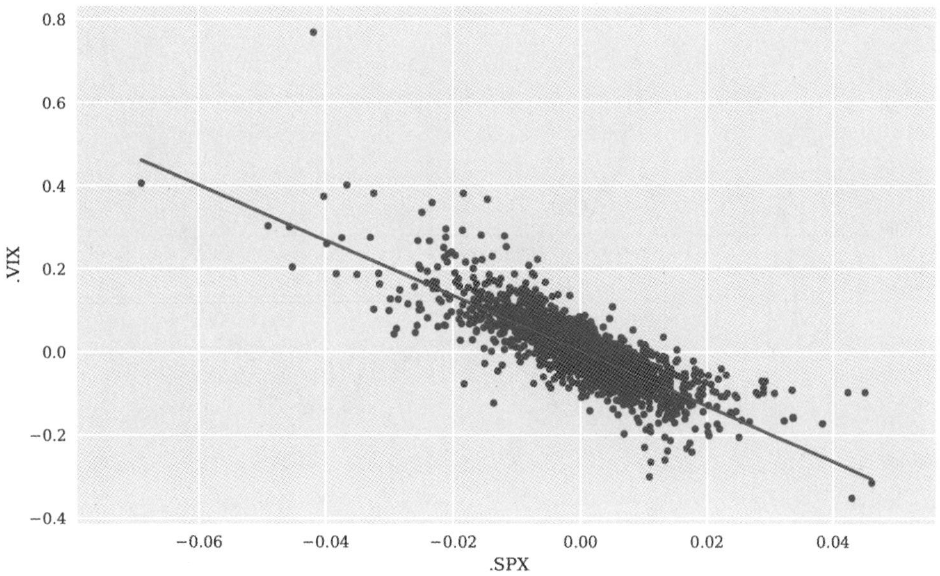

그림 8-12 S&P 500 지수와 VIX 변동성 지수의 로그 수익률 스캐터 플롯

8.3.4 상관관계

마지막으로 상관관계를 직접 측정한다. 두 가지 측정 방법을 고려하자. 하나는 전체 데이터에 대한 상관관계고 다른 하나는 고정된 시간 동안 윈도우를 가지며 변하는 이동 상관관계다. [그림 8-13]에 두 가지 음의 상관관계를 보이고 있다. 이 플롯은 S&P 500 지수와 VIX 변동성 지수가 강한 음의 상관관계를 가진다는 강력한 증거다.

```
In [56]: rets.corr()  ❶
Out[56]:
                .SPX      .VIX
         .SPX  1.000000 -0.804382
         .VIX -0.804382  1.000000

In [57]: ax = rets['.SPX'].rolling(window=252).corr(
                           rets['.VIX']).plot(figsize=(10, 6))  ❷
         ax.axhline(rets.corr().iloc[0, 1], c='r');  ❸
```

❶ 전체 DataFrame에 대한 상관관계 행렬

❷ 시간에 따라 변하는 이동 상관관계 플롯

❸ 수평선으로 전체 상관관계를 표시

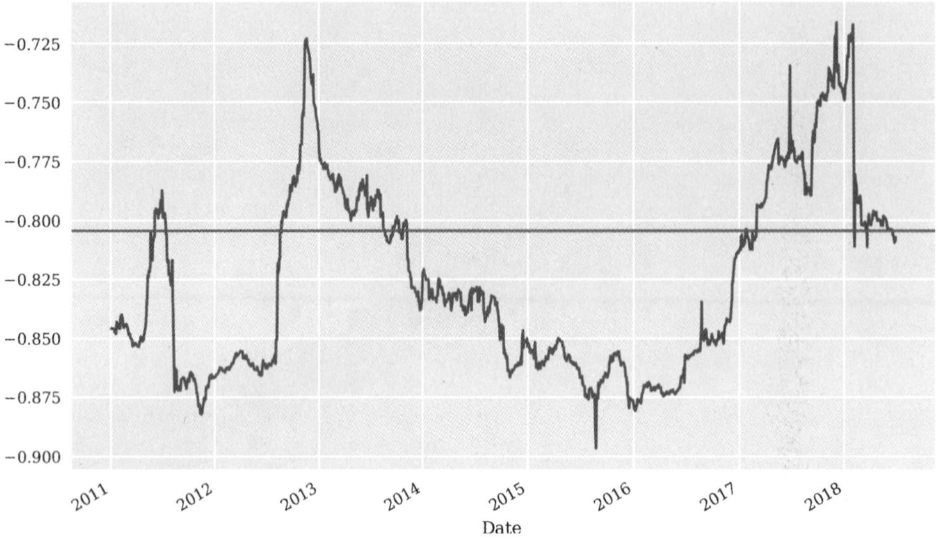

그림 8-13 S&P 500 지수와 VIX 변동성 지수의 상관관계(정적 상관관계와 이동 상관관계)

8.4 고빈도 데이터

이번 장에서는 pandas로 금융 시계열 데이터를 다룬다. 틱 데이터는 금융 시계열 데이터의 특수한 경우다. 지금까지 틱 데이터도 일간 데이터와 마찬가지로 다뤄왔다. pandas를 사용하면 이러한 큰 데이터를 임포트하는 것도 신속하게 할 수 있다. 실제로 이 데이터는 17,352개의 행으로 이루어져 있다(그림 8-14).

```
In [59]: %%time
         # data from FXCM Forex Capital Markets Ltd.
         tick = pd.read_csv('../../source/fxcm_eur_usd_tick_data.csv',
                            index_col=0, parse_dates=True)

         CPU times: user 1.07 s, sys: 149 ms, total: 1.22 s
         Wall time: 1.16 s

In [60]: tick.info()
         <class 'pandas.core.frame.DataFrame'>
         DatetimeIndex: 461357 entries, 2018-06-29 00:00:00.082000 to 2018-06-29
          20:59:00.607000
         Data columns (total 2 columns):
```

```
#  Column  Non-Null  Count     Dtype
0  Bid     461357    non-null  float64
1  Ask     461357    non-null  float64
dtypes: float64(2)
memory usage: 10.6 MB
```

```
In [61]: tick['Mid'] = tick.mean(axis=1)  ❶

In [62]: tick['Mid'].plot(figsize=(10, 6));
```

❶ 모든 데이터 행에 대한 중간가격 계산

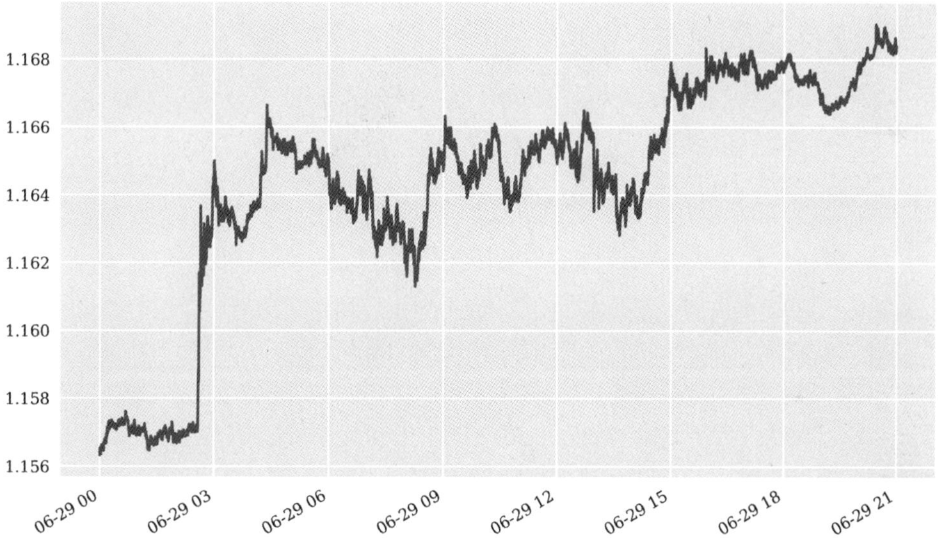

그림 8-14 EUR/USD 환율의 틱 데이터

틱 데이터를 다룰 때는 시계열 데이터를 리샘플링resampling할 필요가 있다. 다음 코드는 틱 데이터를 5분 간격으로 리샘플링하는 코드다(그림 8-15). 이런 데이터는 기술적 분석이나 알고리즘 트레이딩 전략을 백테스팅하는 데 사용된다.

```
In [63]: tick_resam = tick.resample(rule='5min', label='right').last()

In [64]: tick_resam.head()
```

```
Out[64]:
                          Bid      Ask       Mid
    2018-06-29 00:05:00 1.15649 1.15651 1.156500
    2018-06-29 00:10:00 1.15671 1.15672 1.156715
    2018-06-29 00:15:00 1.15725 1.15727 1.157260
    2018-06-29 00:20:00 1.15720 1.15722 1.157210
    2018-06-29 00:25:00 1.15711 1.15712 1.157115
```

```
In [65]: tick_resam['Mid'].plot(figsize=(10, 6));
```

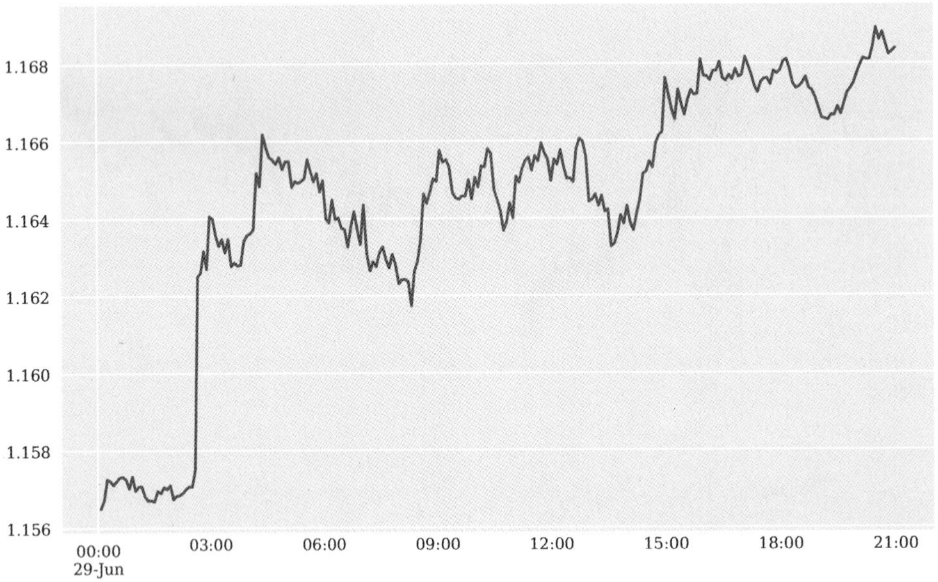

그림 8-15 EUR/USD 환율의 5분 데이터

8.5 마치며

이번 장에서는 금융 분야에서 가장 중요한 데이터 유형 중 하나인 시계열 데이터를 다루었다. pandas는 이러한 데이터를 다루는 강력한 패키지다. pandas를 쓰면 데이터 분석을 효율적으로 할 수 있을 뿐 아니라 시각화도 쉽다. 또한 다양한 데이터 소스에서 데이터를 읽어 들이거나 여러 가지 기술적 파일 형식으로 내보내는 것도 간단하다. 이러한 입출력에 대해서는 다음 장에서 설명한다.

8.6 참고 문헌

다음은 이 장에서 다룬 내용에 대한 참고 문헌이다.

- McKinney, Wes (2017). *Python for Data Analysis*. Sebastopol, CA: O'Reilly.
- VanderPlas, Jake (2016). *Python Data Science Handbook*. Sebastopol, CA: O'Reilly.

CHAPTER 9

입출력 작업

자료 없이 이론부터 펼치는 것은 중대한 잘못이다.

– 셜록 홈즈 Sherlock Holmes

분야를 막론하고 대부분의 데이터는 하드디스크(HDD)나 복합 저장장치(SSD) 같은 여러 형태의 영구 저장 장치에 저장되는 것이 일반적이다. 세월이 흐르면서 저장 용량은 점차 증가했지만 다행히 저장 단위당 비용은 계속 감소했다.

문제는 저장 데이터 크기가 컴퓨터의 메모리 크기보다 훨씬 빠른 속도로 증가했다는 점이다. 심지어 대형 컴퓨터에서도 마찬가지였다. 따라서 데이터를 단순히 하드디스크에 영구적으로 저장해야 할 뿐 아니라 부족한 메모리 용량을 보충하기 위해 데이터를 메모리와 하드디스크 사이에서 계속 이동할 필요가 생겼다.

입출력 작업은 금융이나 대규모 데이터를 다루는 응용 분야에서 가장 중요한 작업이다. 하드디스크와 메모리[1] 사이의 데이터 전송이 충분히 빠르지 않기 때문에 입출력 작업은 성능이 중요한 계산 작업에서 병목이 된다. 즉, 느린 입출력으로 인해 CPU가 노는 현상이 발생한다.

오늘날의 금융이나 기업 분석의 대부분은 페타스케일 규모의 빅데이터에 직면해 있지만 하나하나의 분석 작업은 보통 중간 정도 크기의 데이터를 다루게 된다. 다음은 이에 관한 최근 연구 결과를 인용하고 있다.

---

1 여기에서는 RAM과 프로세서 캐시를 구분하지 않는다. 메모리 아키텍처의 최적 활용법은 여기서 다루지 않는다.

> 우리의 결과나 다른 연구 결과를 보면 실제 대부분의 분석 작업은 100GB 이하의 입력을 다룬다. 그러나 하둡/맵리듀스 같이 인기 있는 하부구조들은 원래 페타스케일 규모의 처리를 위해 설계되었다.
>
> —Appuswamy et al.(2013)

하나의 금융 분석 작업은 보통 몇 GB 이하의 데이터를 처리하는데, 이 정도 크기가 파이썬이나 `NumPy`, `pandas`, `PyTables`와 같은 과학기술 라이브러리가 다루기에 가장 최적의 크기다. 이 정도 크기의 데이터는 메모리상에서 분석할 수 있기 때문에 최신 CPU나 GPU의 고속 성능을 기대할 수 있다. 그러나 이러한 데이터도 어쨌든 메모리로 읽어 들여야 하고 결과는 하드디스크에 써야 한다.

이번 장에서는 다음과 같은 주제를 다룬다.

기본 파이썬 입출력

파이썬에는 어떤 객체든 직렬화하여 디스크에 저장하고 반대로 디스크에서 이를 읽어 메모리로 옮길 수 있는 내장 함수가 있다. 또한 파이썬은 텍스트 파일이나 SQL 데이터베이스 작업에도 강하다. `NumPy`는 `ndarray` 객체를 고속으로 저장하고 읽는 전용 함수도 제공한다.

pandas를 이용한 입출력

`pandas` 라이브러리는 사용자 편의를 위해 여러 가지 포맷(CSV, JSON 등)으로 저장된 데이터를 읽고 쓰는 함수를 제공한다.

PyTables를 이용한 입출력

`PyTables`는 HDF5 표준(*`http://www.hdfgroup.org`*)을 사용하여 대규모 데이터 집합을 대상으로 빠른 입출력을 얻을 수 있다. 속도는 사용한 하드웨어에 의해서만 제한된다.

TsTables을 이용한 입출력

`TsTables`는 `PyTables` 기반으로 만들어졌고 시계열 데이터를 빠르게 저장하고 읽을 수 있다.

9.1 기본 파이썬 입출력

파이썬은 다양한 입출력 기능을 가지고 있다. 어떤 기능은 성능에, 다른 것은 유연성에 최적화되어 있다. 그렇기에 대화형 작업이든 대규모 작업이든 모두 가리지 않고 쉽게 사용할 수 있다.

9.1.1 객체를 디스크에 쓰기

문서화 작업 또는 다른 사람들과의 공유를 위해 파이썬 객체를 나중에 다시 사용할 수 있도록 저장하고 싶은 경우가 있다. 한 가지 방법은 `pickle` 모듈을 사용하는 것이다. 이 모듈은 대부분의 파이썬 객체를 직렬화할 수 있다. **직렬화**serialize는 객체를 바이트열로 변환하는 작업이고, **역직렬화**deserialize는 반대의 작업을 말한다.

우선 몇 가지 패키지를 임포트하고 플롯 설정을 하자.

```
In [1]: from pylab import plt, mpl
        plt.style.use('seaborn')
        mpl.rcParams['font.family'] = 'serif'
        %matplotlib inline
```

다음의 예제는 우선 의사 난수 데이터를 리스트 객체에 저장하는 것부터 시작한다.

```
In [2]: import pickle  ❶
        import numpy as np
        from random import gauss  ❷

In [3]: a = [gauss(1.5, 2) for i in range(1000000)]  ❸

In [4]: path = '/Users/yves/Temp/data/'  ❹

In [5]: pkl_file = open(path + 'data.pkl', 'wb')  ❺
```

❶ `pickle` 패키지 임포트

❷ 정규분포 난수를 생성하는 gauss 함수 임포트

❸ 난수로 구성된 리스트 생성

❹ 데이터를 저장할 파일 경로 지정

❺ 파일을 바이너리 모드(wb)로 열기

우리에게 필요한 두 가지 중요 함수는 객체를 쓰는 `pickle.dump()`와 이를 다시 메모리로 올리는 `pickle.load()` 함수다.

```
In [6]: %time pickle.dump(a, pkl_file) ❶
        CPU times: user 37.2 ms, sys: 15.3 ms, total: 52.5 ms
        Wall time: 50.8 ms

In [7]: pkl_file.close() ❷

In [8]: ll $path* ❸
        -rw-r--r-- 1 yves staff 9002006 Oct 19 12:11
        /Users/yves/Temp/data/data.pkl

In [9]: pkl_file = open(path + 'data.pkl', 'rb') ❹

In [10]: %time b = pickle.load(pkl_file) ❺
         CPU times: user 34.1 ms, sys: 16.7 ms, total: 50.8 ms
         Wall time: 48.7 ms

In [11]: a[:3]
Out[11]: [6.517874180585469, -0.5552400459507827, 2.8488946310833096]

In [12]: b[:3]
Out[12]: [6.517874180585469, -0.5552400459507827, 2.8488946310833096]

In [13]: np.allclose(np.array(a), np.array(b)) ❻
Out[13]: True
```

❶ 객체 a를 직렬화하여 파일에 저장

❷ 파일 닫기

❸ 디스크의 파일 크기 보이기

❹ 파일을 바이너리 읽기 모드로 열기

❺ 디스크에서 객체를 읽어서 역직렬화

❻ a와 b를 `ndarray` 객체로 변환하고 `np.allclose()` 함수로 둘이 같은 데이터임을 보이기

하나의 객체를 pickle로 저장하고 읽는 것은 꽤 간단한 일이다. 그런데 만약 객체가 두 개면 어떨까?

```
In [14]: pkl_file = open(path + 'data.pkl', 'wb')

In [15]: %time pickle.dump(np.array(a), pkl_file)  ❶
         CPU times: user 58.1 ms, sys: 6.09 ms, total: 64.2 ms
         Wall time: 32.5 ms

In [16]: %time pickle.dump(np.array(a) ** 2, pkl_file)  ❷
         CPU times: user 66.7 ms, sys: 7.22 ms, total: 73.9 ms
         Wall time: 39.3 ms

In [17]: pkl_file.close()

In [18]: ll $path*  ❸
         -rw-r--r-- 1 yves staff 16000322 Oct 19 12:11
         /Users/yves/Temp/data/data.pkl
```

❶ a 배열을 직렬화하여 저장

❷ a를 제곱한 배열을 직렬화하여 추가로 저장

❸ 파일 사이즈가 약 두 배가 되었다.

두 ndarray 객체를 도로 메모리로 읽어 들이려면 어떻게 해야 할까?

```
In [19]: pkl_file = open(path + 'data.pkl', 'rb')

In [20]: x = pickle.load(pkl_file)  ❶
         x[:4]
Out[20]: array([ 6.51787418, -0.55524005, 2.84889463, 5.94489175])

In [21]: y = pickle.load(pkl_file)  ❷
         y[:4]
Out[21]: array([42.48268383, 0.30829151, 8.11620062, 35.34173791])

In [22]: pkl_file.close()
```

❶ 처음 저장된 객체를 빼낸다.

❷ 두 번째로 저장된 객체를 빼낸다.

앞의 예제에서 pickle은 객체를 **FIFO**first in first out 순서로 저장하고 반환함을 알 수 있다. 여기에는 한 가지 문제가 있다. 사용자가 어떤 객체가 저장되어 있는지 알 수 있는 상위 정보가 없다는 점이다. 유용한 해결 방법은 직접 객체를 저장하지 않고 사전 객체에 다른 객체를 담아서 저장하는 것이다.

```
In [23]: pkl_file = open(path + 'data.pkl', 'wb')
         pickle.dump({'x': x, 'y': y}, pkl_file)  ❶
         pkl_file.close()

In [24]: pkl_file = open(path + 'data.pkl', 'rb')
         data = pickle.load(pkl_file)  ❷
         pkl_file.close()
         for key in data.keys():
             print(key, data[key][:4])
         x [ 6.51787418 -0.55524005 2.84889463 5.94489175]
         y [42.48268383 0.30829151 8.11620062 35.34173791]

In [25]: !rm -f $path*
```

❶ 두 ndarray 객체를 포함하는 사전 객체 저장

❷ 사전 객체 읽기

그러나 이 방법을 쓰면 모든 객체를 한 번에 쓰고 읽어야 한다. 편의성을 위해서 이 정도는 감수해야 한다.

CAUTION_ 호환성 문제

객체를 직렬화하는 데 pickle을 사용하는 것은 쉽다. 하지만 파이썬 패키지가 업그레이드되거나 새 버전이 나오면 옛날 버전에서 직렬화된 객체를 다룰 수 없게 될 수도 있다. 플랫폼이나 운영체제 간에 이러한 객체를 공유할 때도 문제가 발생할 수 있다. 따라서 다음 절에서 설명할 NumPy나 pandas가 내장한 읽기 및 쓰기 기능을 사용할 것을 권장한다.

9.1.2 텍스트 파일 읽고 쓰기

텍스트 처리는 파이썬의 강점이다. 사실 파이썬을 상업용이나 과학기술용으로 쓰는 많은 이들은 텍스트 처리 때문에 파이썬을 사용한다. 파이썬에서는 여러 가지 방법으로 문자열 객체와 텍스트 파일을 다룰 수 있다.

CSV 파일 형태로 저장해서 공유해야 할 대량의 데이터가 있다고 가정하자. 이 파일은 특별한 구조를 가지고 있긴 하지만 기본적으로는 일반 텍스트 파일이다. 다음 코드는 가짜 데이터 집합을 `ndarray` 객체로 만들고 `DatetimeIndex` 객체를 생성한 다음 두 개를 합쳐서 CSV 파일로 저장한다.

```
In [26]: import pandas as pd

In [27]: rows = 5000  ❶
         a = np.random.standard_normal((rows, 5)).round(4)  ❷

In [28]: a  ❷
Out[28]: array([[-0.0892, -1.0508, -0.5942, 0.3367, 1.508 ],
                [ 2.1046, 3.2623, 0.704 , -0.2651, 0.4461],
                [-0.0482, -0.9221, 0.1332, 0.1192, 0.7782],
                ...,
                [ 0.3026, -0.2005, -0.9947, 1.0203, -0.6578],
                [-0.7031, -0.6989, -0.8031, -0.4271, 1.9963],
                [ 2.4573, 2.2151, 0.158 , -0.7039, -1.0337]])

In [29]: t = pd.date_range(start='2019/1/1', periods=rows, freq='H') ❸

In [30]: t  ❸
Out[30]: DatetimeIndex(['2019-01-01 00:00:00', '2019-01-01 01:00:00',
                        '2019-01-01 02:00:00', '2019-01-01 03:00:00',
                        '2019-01-01 04:00:00', '2019-01-01 05:00:00',
                        '2019-01-01 06:00:00', '2019-01-01 07:00:00',
                        '2019-01-01 08:00:00', '2019-01-01 09:00:00',
                        ...
                        '2019-07-27 22:00:00', '2019-07-27 23:00:00',
                        '2019-07-28 00:00:00', '2019-07-28 01:00:00',
                        '2019-07-28 02:00:00', '2019-07-28 03:00:00',
                        '2019-07-28 04:00:00', '2019-07-28 05:00:00',
                        '2019-07-28 06:00:00', '2019-07-28 07:00:00'],
                        dtype='datetime64[ns]', length=5000, freq='H')
```

```
In [31]: csv_file = open(path + 'data.csv', 'w')  ❹

In [32]: header = 'date,no1,no2,no3,no4,no5\n'  ❺

In [33]: csv_file.write(header)  ❺
Out[33]: 25

In [34]: for t_, (no1, no2, no3, no4, no5) in zip(t, a): ❻
             s = '{},{},{},{},{},{}\n'.format(t_, no1, no2, no3, no4, no5)  ❼
             csv_file.write(s)  ❽

In [35]: csv_file.close()

In [36]: ll $path*
         -rw-r--r-- 1 yves staff 284757 Oct 19 12:11
         /Users/yves/Temp/data/data.csv
```

❶ 데이터 행의 개수 정의

❷ 난수로 이루어진 ndarray 객체 생성

❸ 적정한 길이의 (시간 간격) DatetimeIndex 객체 생성

❹ 쓸 파일 열기

❺ 헤더 행을 정의하고 첫 줄에 쓰기

❻ 데이터를 행 단위로 조합

❼ 문자열 생성

❽ 한 줄씩 쓰기(CSV 텍스트 파일 뒤에 붙이기)

반대로 데이터를 읽는 것은 다음과 같다. 우선 CSV 파일을 열고 파일 객체의 readline() 메서드로 내용을 한 줄씩 읽는다. readlines() 메서드로 모든 줄을 한 번에 읽을 수도 있다.

```
In [37]: csv_file = open(path + 'data.csv', 'r')  ❶

In [38]: for i in range(5):
             print(csv_file.readline(), end='')  ❷
         date,no1,no2,no3,no4,no5
         2019-01-01 00:00:00,-0.0892,-1.0508,-0.5942,0.3367,1.508
         2019-01-01 01:00:00,2.1046,3.2623,0.704,-0.2651,0.4461
         2019-01-01 02:00:00,-0.0482,-0.9221,0.1332,0.1192,0.7782
         2019-01-01 03:00:00,-0.359,-2.4955,0.6164,0.712,-1.4328
```

```
In [39]: csv_file.close()

In [40]: csv_file = open(path + 'data.csv', 'r')  ❶

In [41]: content = csv_file.readlines()  ❸

In [42]: content[:5]  ❹
Out[42]: ['date,no1,no2,no3,no4,no5\n',
          '2019-01-01 00:00:00,-0.0892,-1.0508,-0.5942,0.3367,1.508\n',
          '2019-01-01 01:00:00,2.1046,3.2623,0.704,-0.2651,0.4461\n',
          '2019-01-01 02:00:00,-0.0482,-0.9221,0.1332,0.1192,0.7782\n',
          '2019-01-01 03:00:00,-0.359,-2.4955,0.6164,0.712,-1.4328\n']

In [43]: csv_file.close()
```

❶ 읽기 모드로 파일 열기

❷ 내용을 한 줄씩 읽고 출력

❸ 한 번에 모든 내용 읽기

❹ 각 줄이 문자열인 리스트 객체로 결과를 출력

CSV 파일은 중요하고 자주 사용되므로 파이썬 표준 라이브러리에는 이 파일 형식을 다루는 `csv`라는 모듈이 있다. `csv` 모듈의 두 가지 읽기 도구 객체는 리스트의 리스트나 사전의 리스트를 반환한다.

```
In [44]: import csv

In [45]: with open(path + 'data.csv', 'r') as f:
             csv_reader = csv.reader(f)  ❶
             lines = [line for line in csv_reader]

In [46]: lines[:5]  ❶
Out[46]: [['date', 'no1', 'no2', 'no3', 'no4', 'no5'],
         ['2019-01-01 00:00:00', '-0.0892', '-1.0508', '-0.5942', '0.3367', '1.508'],
         ['2019-01-01 01:00:00', '2.1046', '3.2623', '0.704', '-0.2651', '0.4461'],
         ['2019-01-01 02:00:00', '-0.0482', '-0.9221', '0.1332', '0.1192', '0.7782'],
         ['2019-01-01 03:00:00', '-0.359', '-2.4955', '0.6164', '0.712', '-1.4328']]

In [47]: with open(path + 'data.csv', 'r') as f:
             csv_reader = csv.DictReader(f)  ❷
```

```
        lines = [line for line in csv_reader]

In [48]: lines[:3] ❷
Out[48]: [OrderedDict([('date', '2019-01-01 00:00:00'),
                       ('no1', '-0.0892'),
                       ('no2', '-1.0508'),
                       ('no3', '-0.5942'),
                       ('no4', '0.3367'),
                       ('no5', '1.508')]),
          OrderedDict([('date', '2019-01-01 01:00:00'),
                       ('no1', '2.1046'),
                       ('no2', '3.2623'),
                       ('no3', '0.704'),
                       ('no4', '-0.2651'),
                       ('no5', '0.4461')]),
          OrderedDict([('date', '2019-01-01 02:00:00'),
                       ('no1', '-0.0482'),
                       ('no2', '-0.9221'),
                       ('no3', '0.1332'),
                       ('no4', '0.1192'),
                       ('no5', '0.7782')])]

In [49]: !rm -f $path*
```

❶ `csv.reader()` 함수는 각 줄을 리스트 객체로 반환

❷ `csv.DictReader()` 함수는 각 줄을 특수 사전 객체인 `OrderedDict` 객체로 반환

9.1.3 SQL 데이터베이스 작업

파이썬은 거의 모든 종류의 SQL 데이터베이스와 NoSQL 데이터베이스 작업이 가능하다. 파이썬에서 기본으로 사용하는 데이터베이스는 SQLite3(*http://www.sqlite.org*)이며, 기본적인 SQL 데이터베이스 작업을 할 수 있다.[2]

```
In [50]: import sqlite3 as sq3
```

2 파이썬에서 연결할 수 있는 데이터베이스에 대해서는 다음 웹사이트를 참조한다(*https://wiki.python.org/moin/DatabaseInterfaces*). 관계형 데이터베이스를 직접 다루는 대신에 SQLAlchemy와 같은 객체-관계 연결도구(object relational mapper)가 유용하다. SQLAlchemy는 객체지향적이고 파이썬다운 더 많은 추상화 계층을 추가한다. 이렇게 하면 백엔드에서 다른 종류의 데이터베이스로 바꾸는 것이 쉬워진다.

```
In [51]: con = sq3.connect(path + 'numbs.db')  ❶

In [52]: query = 'CREATE TABLE numbs (Date date, No1 real, No2 real)' ❷

In [53]: con.execute(query)  ❸
Out[53]: <sqlite3.Cursor at 0x102655f10>

In [54]: con.commit()  ❹

In [55]: q = con.execute  ❺

In [56]: q('SELECT * FROM sqlite_master').fetchall()  ❻
Out[56]: [('table',
           'numbs',
           'numbs',
           2,
           'CREATE TABLE numbs (Date date, No1 real, No2 real)')]
```

❶ 데이터베이스 연결 열기(파일이 없으면 생성)

❷ 세 개의 열을 가지는 테이블을 생성하는 SQL 쿼리[3]

❸ 쿼리 실행

❹ 커밋

❺ con.execute() 메서드에 대한 단축어 지정

❻ 데이터베이스의 메타정보 읽기

이제 테이블을 포함한 데이터베이스 파일이 만들어지고 이 테이블에 데이터를 넣을 수 있다. 각 행은 datetime 객체와 두 개의 부동소수점 실수로 구성될 것이다.

```
In [57]: import datetime

In [58]: now = datetime.datetime.now()
         q('INSERT INTO numbs VALUES(?, ?, ?)', (now, 0.12, 7.3))  ❶
Out[58]: <sqlite3.Cursor at 0x102655f80>

In [59]: np.random.seed(100)

In [60]: data = np.random.standard_normal((10000, 2)).round(4)  ❷
```

3 SQLite3 언어에 대해서는 *https://www.sqlite.org/lang.html*을 참조하기 바란다.

```
In [61]: %%time
         for row in data:  ❸
             now = datetime.datetime.now()
             q('INSERT INTO numbs VALUES(?, ?, ?)', (now, row[0], row[1]))
         con.commit()
         CPU times: user 115 ms, sys: 6.69 ms, total: 121 ms
         Wall time: 124 ms

In [62]: q('SELECT * FROM numbs').fetchmany(4)  ❹
Out[62]: [('2018-10-19 12:11:15.564019', 0.12, 7.3),
          ('2018-10-19 12:11:15.592956', -1.7498, 0.3427),
          ('2018-10-19 12:11:15.593033', 1.153, -0.2524),
          ('2018-10-19 12:11:15.593051', 0.9813, 0.5142)]

In [63]: q('SELECT * FROM numbs WHERE no1 > 0.5').fetchmany(4)  ❺
Out[63]: [('2018-10-19 12:11:15.593033', 1.153, -0.2524),
          ('2018-10-19 12:11:15.593051', 0.9813, 0.5142),
          ('2018-10-19 12:11:15.593104', 0.6727, -0.1044),
          ('2018-10-19 12:11:15.593134', 1.619, 1.5416)]

In [64]: pointer = q('SELECT * FROM numbs')  ❻

In [65]: for i in range(3):
             print(pointer.fetchone())  ❼
         ('2018-10-19 12:11:15.564019', 0.12, 7.3)
         ('2018-10-19 12:11:15.592956', -1.7498, 0.3427)
         ('2018-10-19 12:11:15.593033', 1.153, -0.2524)

In [66]: rows = pointer.fetchall()  ❽
         rows[:3]
Out[66]: [('2018-10-19 12:11:15.593051', 0.9813, 0.5142),
          ('2018-10-19 12:11:15.593063', 0.2212, -1.07),
          ('2018-10-19 12:11:15.593073', -0.1895, 0.255)]
```

❶ numbs 테이블에 한 행 쓰기

❷ ndarray 객체 형태의 가짜 데이터 생성

❸ ndarray 객체 각 행에 대한 작업

❹ 테이블 각 행의 숫자 읽기

❺ No1 열에서 조건 추가

❻ 포인터 객체 정의

❼ 제너레이터 객체와 같은 역할

❽ 나머지 행 읽기

마지막으로 필요 없는 테이블 객체를 데이터베이스에서 삭제한다.

```
In [67]: q('DROP TABLE IF EXISTS numbs')  ❶
Out[67]: <sqlite3.Cursor at 0x1187a7420>

In [68]: q('SELECT * FROM sqlite_master').fetchall()  ❷
Out[68]: []

In [69]: con.close()  ❸

In [70]: !rm -f $path*  ❹
```

❶ 데이터베이스에서 테이블 제거

❷ 테이블 객체가 없음을 확인

❸ 데이터베이스 연결 닫기

❹ 데이터베이스 파일을 디스크에서 삭제

SQL 데이터베이스에 대한 내용은 너무 광범위하므로 이 장에서 모두 다룰 수 없다. 여기서 전하려는 기본 메시지는 다음과 같다.

- 파이썬은 어떤 데이터베이스 기술과도 잘 융합된다.
- 기본적인 SQL 문법은 사용하고자 하는 데이터베이스에 의해 결정된다.
  나머지는 파이썬 스타일에 따른다.

이 장 뒷부분에 SQLite3에 대한 예제가 더 있다.

9.1.4 NumPy 배열 읽고 쓰기

`NumPy`도 `ndarray` 객체를 읽고 쓰는 함수가 있다. 이 함수를 사용하면 `NumPy` `dtype`을 특정한 데이터베이스(예를 들어 SQLite3) 자료형으로 변환하는 수고를 덜어준다. 앞에서 보인 예제에서 SQL 대신 `NumPy`로 대체해보자. 저장할 `datetime` 객체 배열을 생성하기 위해 `pandas` 대신 `NumPy`의 `np.arange()` 함수를 사용한다.

```
In [71]: dtimes = np.arange('2019-01-01 10:00:00', '2025-12-31 22:00:00',
                            dtype='datetime64[m]')  ❶

In [72]: len(dtimes)
Out[72]: 3681360

In [73]: dty = np.dtype([('Date', 'datetime64[m]'),
                         ('No1', 'f'), ('No2', 'f')])  ❷

In [74]: data = np.zeros(len(dtimes), dtype=dty)  ❸

In [75]: data['Date'] = dtimes  ❹

In [76]: a = np.random.standard_normal((len(dtimes), 2)).round(4)  ❺

In [77]: data['No1'] = a[:, 0]  ❻
         data['No2'] = a[:, 1]  ❻

In [78]: data.nbytes  ❼
Out[78]: 58901760
```

❶ datetime 자료형인 ndarray 객체 생성

❷ 구조체 배열을 위한 특수 자료형 정의

❸ 특수 자료형 ndarray 객체 생성

❹ Date 열 채우기

❺, ❻ 가짜 데이터 집합으로 No1, No2 열 채우기

❼ 구조화 배열의 바이트 단위 크기 설정

ndarray 객체 저장은 최적화되어 있고 속도가 빠르다. 거의 60MB 데이터를 수분의 일 초만에 디스크에 저장할 수 있다. 480MB의 ndarray 데이터를 저장하는 데도 약 0.5초밖에 걸리지 않는다.[4]

```
In [79]: %time np.save(path + 'array', data)  ❶
         CPU times: user 37.4 ms, sys: 58.9 ms, total: 96.4 ms
         Wall time: 77.9 ms
```

4 이 시간은 여러 번 반복할 경우 컴퓨터의 CPU나 I/O 특성에 따라 달라질 수 있다.

```
In [80]: ll $path* ❷
         -rw-r--r-- 1 yves staff 58901888 Oct 19 12:11
         /Users/yves/Temp/data/array.npy

In [81]: %time np.load(path + 'array.npy')
         CPU times: user 1.67 ms, sys: 44.8 ms, total: 46.5 ms
         Wall time: 44.6 ms
Out[81]: array([('2019-01-01T10:00', 1.5131, 0.6973),
                ('2019-01-01T10:01', -1.722 , -0.4815),
                ('2019-01-01T10:02', 0.8251, 0.3019), ...,
                ('2025-12-31T21:57', 1.372 , 0.6446),
                ('2025-12-31T21:58', -1.2542, 0.1612),
                ('2025-12-31T21:59', -1.1997, -1.097 )],
                dtype=[('Date', '<M8[m]'), ('No1', '<f4'), ('No2', '<f4')])

In [82]: %time data = np.random.standard_normal((10000, 6000)).round(4) ❸
         CPU times: user 2.69 s, sys: 391 ms, total: 3.08 s
         Wall time: 2.78 s

In [83]: data.nbytes ❹
Out[83]: 480000000

In [84]: %time np.save(path + 'array', data) ❹
         CPU times: user 42.9 ms, sys: 300 ms, total: 343 ms
         Wall time: 481 ms

In [85]: ll $path* ❹
         -rw-r--r-- 1 yves staff 480000128 Oct 19 12:11
         /Users/yves/Temp/data/array.npy

In [86]: %time np.load(path + 'array.npy') ❹
         CPU times: user 2.32 ms, sys: 363 ms, total: 365 ms
         Wall time: 363 ms
Out[86]: array([[ 0.3066, 0.5951, 0.5826, ..., 1.6773, 0.4294, -0.2216],
                [ 0.8769, 0.7292, -0.9557, ..., 0.5084, 0.9635, -0.4443],
                [-1.2202, -2.5509, -0.0575, ..., -1.6128, 0.4662, -1.3645],
                ...,
                [-0.5598, 0.2393, -2.3716, ..., 1.7669, 0.2462, 1.035 ],
                [ 0.273 , 0.8216, -0.0749, ..., -0.0552, -0.8396, 0.3077],
                [-0.6305, 0.8331, 1.3702, ..., 0.3493, 0.1981, 0.2037]])

In [87]: !rm -f $path*
```

❶ 구조화된 ndarray 객체를 디스크에 저장한다.

❷ 디스크 사이즈는 메모리에 비해 크지 않다(바이너리 저장).

❸ 구조화된 ndarray 데이터를 디스크에서 읽는다.

❹ 정상적인 ndarray 객체

이 예제는 디스크 쓰기가 하드웨어 특성에 좌우된다는 것을 보여준다. 쓰기 속도가 집필 시점의 표준 SSD 속도인 초당 500MB 수준이기 때문이다.

어쨌든 이런 방식의 데이터 읽고 쓰기는 SQL 데이터베이스나 `pickle` 모듈 직렬화보다 빠른데 그 이유는 두 가지다. 우선 데이터가 주로 숫자고 두 번째로 `NumPy`가 바이너리 저장 방식을 사용해서 오버헤드가 거의 없기 때문이다. 물론 이 방식을 쓰면 SQL 데이터베이스의 기능을 사용할 수 없다. 이때는 9.3절에서 설명하는 `PyTables` 라이브러리가 도움이 된다.

9.2 pandas를 이용한 입출력

`pandas` 라이브러리의 강점 중 하나는 다음과 같은 여러 가지 데이터 포맷으로 쓰거나 읽을 수 있다는 점이다.

- CSV comma-separated value
- SQL Structured Query Language
- XLS/XSLX Microsoft Excel File
- JSON JavaScript Object Notation
- HTML HyperText Markup Language

[표 9-1]은 `pandas`와 `DataFrame` 클래스에서 입출력을 지원하는 모든 포맷의 목록이다. 함수의 인수 목록에 대해서는 `pandas` 문서를 참조한다.

표 9-1 pandas에서 지원하는 입출력 함수

포맷	입력	출력	설명
CSV	pd.read_csv()	.to_csv()	텍스트 파일
XLS/XLSX	pd.read_excel()	.to_excel()	스프레드시트
HDF	pd.read_hdf()	.to_hdf()	HDF5 데이터베이스
SQL	pd.read_sql()	.to_sql()	SQL 테이블
JSON	pd.read_json()	.to_json()	JavaScript Object Notation
MSGPACK	pd.read_msgpack()	.to_msgpack()	Portable binary format
HTML	pd.read_html()	.to_html()	HTML
GBQ	pd.read_gbq()	.to_gbq()	구글 Big Query 형식
DTA	pd.read_stata()	.to_stata()	Formats 104, 105, 108, 113–115, 117
Any	pd.read_clipboard()	.to_clipboard()	예) from HTML page
Any	pd.read_pickle()	.to_pickle()	파이썬 구조화 객체

테스트 케이스로 다시 대량의 부동소수점 숫자를 만든다.

```
In [88]: data = np.random.standard_normal((1000000, 5)).round(4)

In [89]: data[:3]
Out[89]: array([[ 0.4918, 1.3707, 0.137 , 0.3981, -1.0059],
                [ 0.4516, 1.4445, 0.0555, -0.0397, 0.44 ],
                [ 0.1629, -0.8473, -0.8223, -0.4621, -0.5137]])
```

테스트를 위해 다시 SQLite3를 사용하여 pandas를 쓰는 경우와 비교해본다.

9.2.1 SQL 데이터베이스 작업

이제 다음 SQLite3 관련 코드는 이해할 수 있을 것이다.

```
In [90]: filename = path + 'numbers'

In [91]: con = sq3.Connection(filename + '.db')
```

```
In [92]: query = 'CREATE TABLE numbers (No1 real, No2 real,\
                  No3 real, No4 real, No5 real)'  ❶

In [93]: q = con.execute
         qm = con.executemany

In [94]: q(query)
Out[94]: <sqlite3.Cursor at 0x1187a76c0>
```

❶ 5개의 실수 열이 있는 테이블 생성

한 ndarray 객체의 내용을 쓰기 위해 이번에는 executemany를 사용한다. 데이터를 읽고 작업하는 것은 이전과 같다. 쿼리 결과도 쉽게 시각화할 수 있다(그림 9-1).

```
In [95]: %%time
         qm('INSERT INTO numbers VALUES (?, ?, ?, ?, ?)', data)  ❶
         con.commit()
         CPU times: user 7.3 s, sys: 195 ms, total: 7.49 s
         Wall time: 7.71 s

In [96]: ll $path*
         -rw-r--r-- 1 yves staff 52633600 Oct 19 12:11
         /Users/yves/Temp/data/numbers.db

In [97]: %%time
         temp = q('SELECT * FROM numbers').fetchall()  ❷
         print(temp[:3])
         [(0.4918, 1.3707, 0.137, 0.3981, -1.0059), (0.4516, 1.4445, 0.0555,
          -0.0397, 0.44), (0.1629, -0.8473, -0.8223, -0.4621, -0.5137)]
         CPU times: user 1.7 s, sys: 124 ms, total: 1.82 s
         Wall time: 1.9 s

In [98]: %%time
         query = 'SELECT * FROM numbers WHERE No1 > 0 AND No2 < 0'
         res = np.array(q(query).fetchall()).round(3)  ❸
         CPU times: user 639 ms, sys: 64.7 ms, total: 704 ms
         Wall time: 702 ms

In [99]: res = res[::100]  ❹
         plt.figure(figsize=(10, 6))
         plt.plot(res[:, 0], res[:, 1], 'ro')  ❹
```

❶ 전체 데이터를 테이블에 한꺼번에 넣는다.

❷ 테이블에서 한 번에 모든 데이터를 읽는다.

❸ 일부 행을 읽어 ndarray 객체로 변형한다.

❹ 쿼리 결과를 플롯한다.

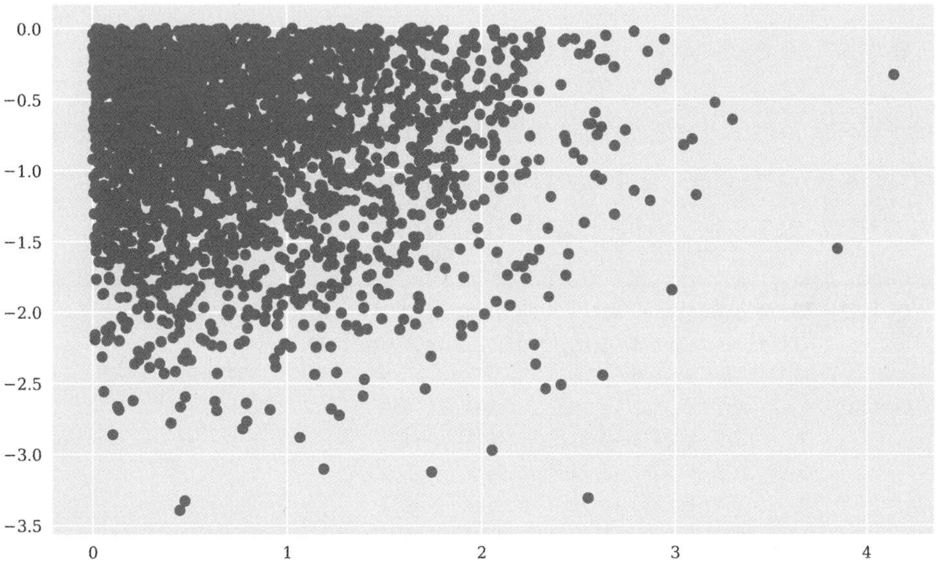

그림 9-1 쿼리 결과의 스캐터 플롯

9.2.2 SQL에서 pandas로

일반적으로 가장 효율적인 방법은 전체 테이블이나 쿼리 결과를 pandas로 한 번에 읽는 것이다. 전체 테이블을 메모리에 읽어 들일 수 있다면 쿼리 작업은 디스크 기반의 SQL 작업보다 훨씬 빠르게 실행될 수 있다.

전체 테이블을 pandas로 읽으면 NumPy 배열 객체를 읽을 때와 거의 비슷한 시간이 걸린다. 여기에서 성능상의 병목은 SQL 데이터베이스다.

```
In [100]: %time data = pd.read_sql('SELECT * FROM numbers', con) ❶
          CPU times: user 2.17 s, sys: 180 ms, total: 2.35 s
          Wall time: 2.32 s
```

```
In [101]: data.head()
Out[101]:        No1     No2     No3     No4     No5
          0  0.4918  1.3707  0.1370  0.3981 -1.0059
          1  0.4516  1.4445  0.0555 -0.0397  0.4400
          2  0.1629 -0.8473 -0.8223 -0.4621 -0.5137
          3  1.3064  0.9125  0.5142 -0.7868 -0.3398
          4 -0.1148 -1.5215 -0.7045 -1.0042 -0.0600
```

❶ 테이블의 모든 행을 읽고 data라는 이름의 DataFrame 객체에 넣는다.

이제 데이터가 메모리상에 존재하므로 훨씬 더 빠르게 분석할 수 있다. pandas는 속도 향상뿐 아니라 훨씬 복잡한 쿼리도 할 수 있다. 그렇다고 복잡한 관계형 데이터 구조에서 SQL을 완전히 대체할 수 있다는 것은 아니다. [그림 9-2]는 복합 조건을 가진 쿼리 결과다.

```
In [102]: %time data[(data['No1'] > 0) & (data['No2'] < 0)].head()  ❶
          CPU times: user 47.1 ms, sys: 12.3 ms, total: 59.4 ms
          Wall time: 33.4 ms
Out[102]:        No1     No2     No3     No4     No5
          2  0.1629 -0.8473 -0.8223 -0.4621 -0.5137
          5  0.1893 -0.0207 -0.2104  0.9419  0.2551
          8  1.4784 -0.3333 -0.7050  0.3586 -0.3937
          10 0.8092 -0.9899  1.0364 -1.0453  0.0579
          11 0.9065 -0.7757 -0.9267  0.7797  0.0863

In [103]: %%time
          q = '(No1 < -0.5 | No1 > 0.5) & (No2 < -1 | No2 > 1)'  ❷
          res = data[['No1', 'No2']].query(q)  ❷
          CPU times: user 95.4 ms, sys: 22.4 ms, total: 118 ms
          Wall time: 56.4 ms

In [104]: plt.figure(figsize=(10, 6))
          plt.plot(res['No1'], res['No2'], 'ro');
```

❶ 두 조건을 결합

❷ 네 조건을 결합

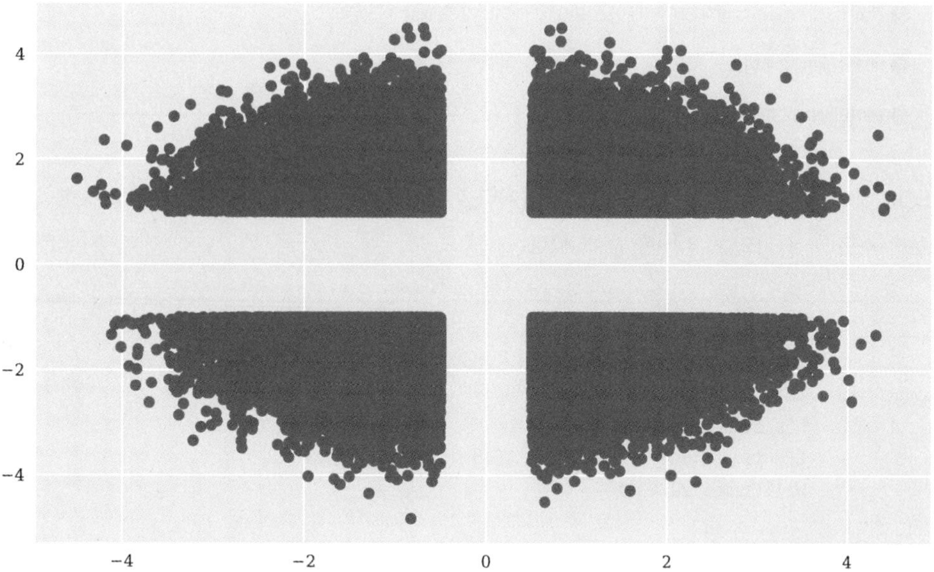

그림 9-2 쿼리 결과의 스캐터 플롯

예상한 대로 pandas가 SQL문을 복제할 수만 있다면 pandas로 메모리상에서 데이터를 분석하는 것이 훨씬 빠른데 이게 pandas의 유일한 장점은 아니다. pandas는 다음 절에서 설명할 PyTables와 밀접하게 통합되어 있다. pandas를 다음과 같이 PyTables와 결합하면 입출력 속도를 더 개선할 수 있다(PyTables는 다음 절에서 다룬다). 여기에서는 이러한 결합을 통해 I/O 연산 속도를 높일 수 있다는 것만 알면 된다. 다음 코드를 보자.

```
In [105]: h5s = pd.HDFStore(filename + '.h5s', 'w')  ❶

In [106]: %time h5s['data'] = data  ❷
          CPU times: user 46.7 ms, sys: 47.1 ms, total: 93.8 ms
          Wall time: 99.7 ms

In [107]: h5s  ❸
Out[107]: <class 'pandas.io.pytables.HDFStore'>
          File path: /Users/yves/Temp/data/numbers.h5s

In [108]: h5s.close()  ❹
```

❶ HDF5 데이터베이스를 쓰기 전용으로 연다. pandas가 HDFStore 객체를 생성한다.

❷ 전체 DataFrame 객체가 데이터베이스 파일에 바이너리 형태로 저장된다.

❸ HDFStore 객체 정보

❹ 데이터베이스 파일 닫기

SQL 테이블에서 전체 DataFrame으로 데이터를 쓰는 작업은 SQLite3로 같은 작업을 했을 때보다 빠르다. 읽기의 경우는 훨씬 더 빠르다.

```
In [109]: %%time
          h5s = pd.HDFStore(filename + '.h5s', 'r')  ❶
          data_ = h5s['data']  ❷
          h5s.close()  ❸
          CPU times: user 11 ms, sys: 18.3 ms, total: 29.3 ms
          Wall time: 29.4 ms

In [110]: data_ is data  ❹
Out[110]: False

In [111]: (data_ == data).all()  ❺
Out[111]: No1 True
          No2 True
          No3 True
          No4 True
          No5 True
          dtype: bool

In [112]: np.allclose(data_, data)  ❺
Out[112]: True

In [113]: ll $path*  ❻
          -rw-r--r-- 1 yves staff 52633600 Oct 19 12:11
          /Users/yves/Temp/data/numbers.db
          -rw-r--r-- 1 yves staff 48007240 Oct 19 12:11
          /Users/yves/Temp/data/numbers.h5s
```

❶ HDF5 데이터베이스를 읽기 전용으로 연다.

❷ DataFrame을 읽고 메모리에 저장

❸ 데이터베이스 파일 닫기

❹ 두 DataFrame 객체가 같은 객체인지 확인

❺ 하지만 동일한 데이터를 담고 있다.

❻ 바이너리 저장 방식은 SQL 테이블에 비해 오버헤드가 적다.

9.2.3 CSV 파일 작업

데이터를 교환할 때 가장 널리 쓰이는 포맷 중 하나가 CSV 포맷이다. 표준화 포맷이라고 할 수는 없지만 CSV 포맷은 데이터 분석이나 금융 분석을 하는 모든 플랫폼과 애플리케이션에서 처리 가능하다. 9.1.2절 텍스트 파일 읽고 쓰기에서 표준 파이썬 기능을 사용하여 CSV 파일로 데이터를 읽고 쓰는 법을 설명했다. pandas는 이 과정을 더 짧은 코드로 더 빠르고 편리하게 처리할 수 있다(그림 9-3).

```
In [114]: %time data.to_csv(filename + '.csv')  ❶
          CPU times: user 6.44 s, sys: 139 ms, total: 6.58 s
          Wall time: 6.71 s

In [115]: ll $path
          total 283672
          -rw-r--r-- 1 yves staff 43834157 Oct 19 12:11 numbers.csv
          -rw-r--r-- 1 yves staff 52633600 Oct 19 12:11 numbers.db
          -rw-r--r-- 1 yves staff 48007240 Oct 19 12:11 numbers.h5s

In [116]: %time df = pd.read_csv(filename + '.csv')  ❷
          CPU times: user 1.12 s, sys: 111 ms, total: 1.23 s
          Wall time: 1.23 s

In [117]: df[['No1', 'No2', 'No3', 'No4']].hist(bins=20, figsize=(10, 6))
```

❶ `.to_csv()` 메서드로 `DataFrame` 데이터를 디스크에 CSV 형식으로 쓴다.

❷ `pd.read_csv()` 메서드로 다시 메모리에 읽어서 새로운 `DataFrame` 객체를 생성한다.

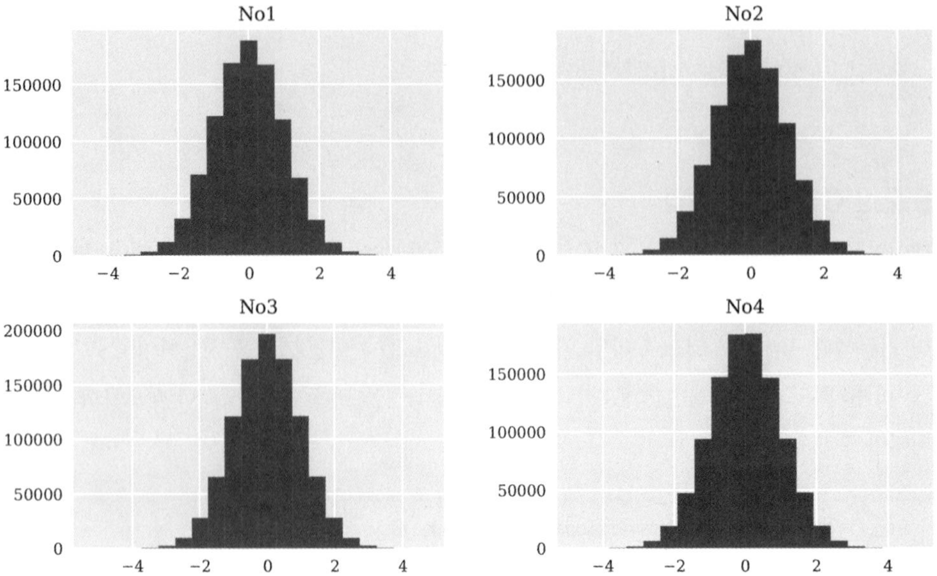

그림 9-3 선택한 열의 히스토그램

9.2.4 엑셀 파일 작업

다음 코드는 pandas로 엑셀 스프레드시트 형식을 읽고 쓰는 것을 보인다. 이 예제에서는 데이터를 100,000행으로 제한했다(그림 9-4).

```
In [118]: %time data[:100000].to_excel(filename + '.xlsx')  ❶
          CPU times: user 25.9 s, sys: 520 ms, total: 26.4 s
          Wall time: 27.3 s

In [119]: %time df = pd.read_excel(filename + '.xlsx', 'Sheet1')  ❷
          CPU times: user 5.78 s, sys: 70.1 ms, total: 5.85 s
          Wall time: 5.91 s

In [120]: df.cumsum().plot(figsize=(10, 6));

In [121]: ll $path*
          -rw-r--r-- 1 yves staff 43834157 Oct 19 12:11
          /Users/yves/Temp/data/numbers.csv
          -rw-r--r-- 1 yves staff 52633600 Oct 19 12:11
          /Users/yves/Temp/data/numbers.db
          -rw-r--r-- 1 yves staff 48007240 Oct 19 12:11
```

```
          /Users/yves/Temp/data/numbers.h5s
          -rw-r--r-- 1 yves staff 4032725 Oct 19 12:12
          /Users/yves/Temp/data/numbers.xlsx

In [122]: rm -f $path*
```

❶ `.to_excel()` 메서드를 사용하여 `DataFrame` 데이터를 디스크에 XLSX 형식으로 저장한다.

❷ `pd.read_excel()` 함수로 다시 메모리에 읽고 새 `DataFrame` 객체를 생성한다.

데이터를 가진 엑셀 스프레드시트를 생성하는 데는 시간이 좀 걸린다. 스프레드시트 구조가 가진 오버헤드 때문이다.

생성된 파일을 보면 DataFrame과 HDFStore를 조합한 경우가 가장 크기가 작은 것을 알 수 있다(뒤에서 설명하는 데이터 압축을 사용하면 크기를 더 줄일 수 있다). 같은 양의 데이터를 가진 CSV 파일(텍스트 파일)의 크기가 더 크다. 이는 CSV 파일로 작업할 때 속도가 느려지는 이유 중 하나다. 다른 이유는 CSV 파일이 오직 일반적인 텍스트 파일이기 때문이다.

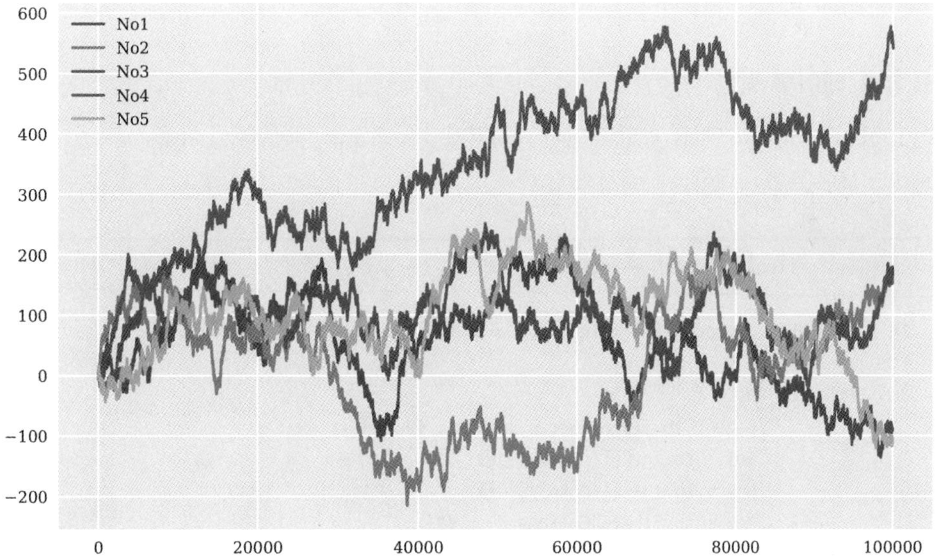

그림 9-4 선택한 열의 라인 플롯

9.3 PyTables를 이용한 입출력

PyTables는 HDF5 데이터베이스 파일 표준(*http://www.hdfgroup.org*)의 파이썬 바인딩이다. HDF5는 입출력 연산의 성능을 최적화하고 가용 하드웨어를 최대한 이용할 수 있도록 설계되어 있다. 이 라이브러리의 임포트 이름은 `tables`다. `pandas`와 마찬가지로 `PyTables`도 인메모리 분석 시 SQL 데이터베이스를 완전히 대체할 수는 없어도 그 간격을 메울 수 있는 몇 가지 기능이 있다. 예를 들어 `PyTables` 데이터베이스는 여러 개의 테이블을 가지고 있으며 압축, 인덱싱 그리고 대부분의 쿼리문을 지원한다. 또한 `NumPy` 배열을 효율적으로 저장할 수 있으며 배열과 유사한 나름의 자료구조를 가지고 있다.

그럼 임포트부터 시작하자.

```
In [123]: import tables as tb  ❶
          import datetime as dt
```

❶ 패키지 이름은 `PyTables`지만 임포트 이름은 `tables`다.

9.3.1 테이블 작업

`PyTables`는 SQLite3처럼 파일 기반의 데이터베이스 포맷을 제공한다.[5] 다음 코드는 데이터베이스 파일을 열어 테이블을 생성한다.

```
In [124]: filename = path + 'pytab.h5'

In [125]: h5 = tb.open_file(filename, 'w')  ❶

In [126]: row_des = {
              'Date': tb.StringCol(26, pos=1),  ❷
              'No1': tb.IntCol(pos=2),  ❸
              'No2': tb.IntCol(pos=3),  ❸
              'No3': tb.Float64Col(pos=4),  ❹
              'No4': tb.Float64Col(pos=5)  ❹
          }
```

5 많은 다른 데이터베이스는 서버-클라이언트 구조를 요구한다. 상호작용형 데이터 및 금융 분석에서는 파일 기반의 데이터베이스가 좀 더 편리하고 대부분의 목적에 충분하다.

```
In [127]: rows = 2000000

In [128]: filters = tb.Filters(complevel=0)  ❺

In [129]: tab = h5.create_table('/', 'ints_floats',  ❻
                                row_des,  ❼
                                title='Integers and Floats',  ❽
                                expectedrows=rows,  ❾
                                filters=filters)  ❿

In [130]: type(tab)
Out[130]: tables.table.Table

In [131]: tab
Out[131]: /ints_floats (Table(0,)) 'Integers and Floats'
            description := {
            "Date": StringCol(itemsize=26, shape=(), dflt=b'', pos=0),
            "No1": Int32Col(shape=(), dflt=0, pos=1),
            "No2": Int32Col(shape=(), dflt=0, pos=2),
            "No3": Float64Col(shape=(), dflt=0.0, pos=3),
            "No4": Float64Col(shape=(), dflt=0.0, pos=4)}
            byteorder := 'little'
            chunkshape := (2621,)
```

❶ HDF5 바이너리 저장 형식으로 데이터베이스 파일 열기

❷ 날짜 시간 정보를 위한 Date 열

❸ 정수 객체용 열 두 개

❹ 실수 객체용 열 두 개

❺ `Filters` 객체를 사용하여 압축 레벨 등을 지정

❻ 노드와 테이블의 이름

❼ 행 데이터 구조에 대한 설명

❽ 테이블 이름

❾ 예상 행 개수(최적화를 위해 필요)

❿ 사용할 `Filters` 객체

테이블에 숫자 데이터를 만들어 넣기 위해 두 개의 난수 `ndarray` 객체를 만들었다. 하나는 난수 정수, 다른 하나는 난수 실수를 가진다. 테이블에 데이터를 넣는 것은 간단한 파이썬 반복문

을 사용한다.

```
In [132]: pointer = tab.row ❶

In [133]: ran_int = np.random.randint(0, 10000, size=(rows, 2)) ❷

In [134]: ran_flo = np.random.standard_normal((rows, 2)).round(4) ❸

In [135]: %%time
          for i in range(rows):
              pointer['Date'] = dt.datetime.now() ❹
              pointer['No1'] = ran_int[i, 0] ❹
              pointer['No2'] = ran_int[i, 1] ❹
              pointer['No3'] = ran_flo[i, 0] ❹
              pointer['No4'] = ran_flo[i, 1] ❹
              pointer.append() ❺
          tab.flush() ❻
          CPU times: user 8.16 s, sys: 78.7 ms, total: 8.24 s
          Wall time: 8.25 s

In [136]: tab ❼
Out[136]: /ints_floats (Table(2000000,)) 'Integers and Floats'
            description := {
            "Date": StringCol(itemsize=26, shape=(), dflt=b'', pos=0),
            "No1": Int32Col(shape=(), dflt=0, pos=1),
            "No2": Int32Col(shape=(), dflt=0, pos=2),
            "No3": Float64Col(shape=(), dflt=0.0, pos=3),
            "No4": Float64Col(shape=(), dflt=0.0, pos=4)}
            byteorder := 'little'
            chunkshape := (2621,)

In [137]: ll $path*
          -rw-r--r-- 1 yves staff 100156248 Oct 19 12:12
          /Users/yves/Temp/data/pytab.h5
```

❶ 포인터 객체 생성

❷ 난수 정수를 가진 ndarray 객체 생성

❸ 난수 실수를 가진 ndarray 객체 생성

❹ datetime 객체와 두 개의 정수, 두 개의 실수를 행 단위로 쓰기

❺ 새 행 추가

❻ 모든 행을 플러시flush(영구적으로 커밋하기)

❼ 변동사항이 Table 객체에 반영

파이썬 루프를 사용하면 아주 느리다. 같은 결과를 내기 위해 성능이 더 좋고 파이썬다운 방법은 NumPy 구조체 배열을 사용하는 것이다. 전체 데이터를 구조체 배열로 지정한 다음에 테이블을 생성하면 한 줄의 코드로 끝난다. 이제 더 이상 행을 일일이 서술할 필요가 없다. PyTables는 데이터 자료형을 유추할 때 구조체 배열의 dtype 객체를 사용한다.

```
In [138]: dty = np.dtype([('Date', 'S26'), ('No1', '<i4'), ('No2', '<i4'),
                                         ('No3', '<f8'), ('No4', '<f8')])  ❶

In [139]: sarray = np.zeros(len(ran_int), dtype=dty)  ❷

In [140]: sarray[:4]  ❸
Out[140]: array([(b'', 0, 0, 0., 0.), (b'', 0, 0, 0., 0.), (b'', 0, 0, 0., 0.),
                 (b'', 0, 0, 0., 0.)],
          dtype=[('Date', 'S26'), ('No1', '<i4'), ('No2', '<i4'), ('No3', '<f8'),
                 ('No4', '<f8')])

In [141]: %%time
          sarray['Date'] = dt.datetime.now()  ❹
          sarray['No1'] = ran_int[:, 0]  ❹
          sarray['No2'] = ran_int[:, 1]  ❹
          sarray['No3'] = ran_flo[:, 0]  ❹
          sarray['No4'] = ran_flo[:, 1]  ❹
          CPU times: user 161 ms, sys: 42.7 ms, total: 204 ms
          Wall time: 207 ms

In [142]: %%time
          h5.create_table('/', 'ints_floats_from_array', sarray,
                          title='Integers and Floats',
                          expectedrows=rows, filters=filters)  ❺
          CPU times: user 42.9 ms, sys: 51.4 ms, total: 94.3 ms
          Wall time: 96.6 ms
Out[142]: /ints_floats_from_array (Table(2000000,)) 'Integers and Floats'
          description := {
          "Date": StringCol(itemsize=26, shape=(), dflt=b'', pos=0),
          "No1": Int32Col(shape=(), dflt=0, pos=1),
          "No2": Int32Col(shape=(), dflt=0, pos=2),
          "No3": Float64Col(shape=(), dflt=0.0, pos=3),
          "No4": Float64Col(shape=(), dflt=0.0, pos=4)}
```

```
            byteorder := 'little'
            chunkshape := (2621,)
```

❶ 특수 dtype 객체 정의

❷ 0으로 채워진 구조화 배열 생성

❸ ndarray 객체로 새로운 행 생성

❹ ndarray 객체의 열을 데이터로 채우기

❺ Table 객체를 생성하고 데이터로 채우기

아래 방식은 훨씬 빠르고 코드가 간결하면서도 같은 결과를 얻을 수 있다.

```
In [143]: type(h5)
Out[143]: tables.file.File

In [144]: h5  ❶
Out[144]: File(filename=/Users/yves/Temp/data/pytab.h5, title='', mode='w',
           root_uep='/', filters=Filters(complevel=0, shuffle=False,
           bitshuffle=False, fletcher32=False, least_significant_digit=None))
          / (RootGroup) ''
          /ints_floats (Table(2000000,)) 'Integers and Floats'
            description := {
            "Date": StringCol(itemsize=26, shape=(), dflt=b'', pos=0),
            "No1": Int32Col(shape=(), dflt=0, pos=1),
            "No2": Int32Col(shape=(), dflt=0, pos=2),
            "No3": Float64Col(shape=(), dflt=0.0, pos=3),
            "No4": Float64Col(shape=(), dflt=0.0, pos=4)}
            byteorder := 'little'
            chunkshape := (2621,)
          /ints_floats_from_array (Table(2000000,)) 'Integers and Floats'
            description := {
            "Date": StringCol(itemsize=26, shape=(), dflt=b'', pos=0),
            "No1": Int32Col(shape=(), dflt=0, pos=1),
            "No2": Int32Col(shape=(), dflt=0, pos=2),
            "No3": Float64Col(shape=(), dflt=0.0, pos=3),
            "No4": Float64Col(shape=(), dflt=0.0, pos=4)}
            byteorder := 'little'
            chunkshape := (2621,)

In [145]: h5.remove_node('/', 'ints_floats_from_array')  ❷
```

❶ 두 개의 Table 객체를 가진 File 객체 기술

❷ 동일한 데이터를 가진 두 번째 테이블 삭제

테이블 객체는 NumPy 구조화 배열과 대부분의 경우에 같은 방식으로 동작한다(그림 9-5).

```
In [146]: tab[:3]  ❶
Out[146]: array([(b'2018-10-19 12:12:28.227771', 8576, 5991, -0.0528, 0.2468),
                 (b'2018-10-19 12:12:28.227858', 2990, 9310, -0.0261, 0.3932),
                 (b'2018-10-19 12:12:28.227868', 4400, 4823, 0.9133, 0.2579)],
          dtype=[('Date', 'S26'), ('No1', '<i4'), ('No2', '<i4'), ('No3', '<f8'),
           ('No4', '<f8')])

In [147]: tab[:4]['No4']  ❷
Out[147]: array([ 0.2468, 0.3932, 0.2579, -0.5582])

In [148]: %time np.sum(tab[:]['No3'])  ❸
          CPU times: user 76.7 ms, sys: 74.8 ms, total: 151 ms
          Wall time: 152 ms
Out[148]: 88.8542999999997

In [149]: %time np.sum(np.sqrt(tab[:]['No1']))  ❸
          CPU times: user 91 ms, sys: 57.9 ms, total: 149 ms
          Wall time: 164 ms
Out[149]: 133349920.3689251

In [150]: %%time
          plt.figure(figsize=(10, 6))  ❹
          plt.hist(tab[:]['No3'], bins=30);
          CPU times: user 328 ms, sys: 72.1 ms, total: 400 ms
          Wall time: 456 ms
```

❶ 인덱싱으로 행 선택

❷ 인덱싱으로 열 값 선택

❸ NumPy 유니버설 함수 적용

❹ Table 객체의 열을 플롯

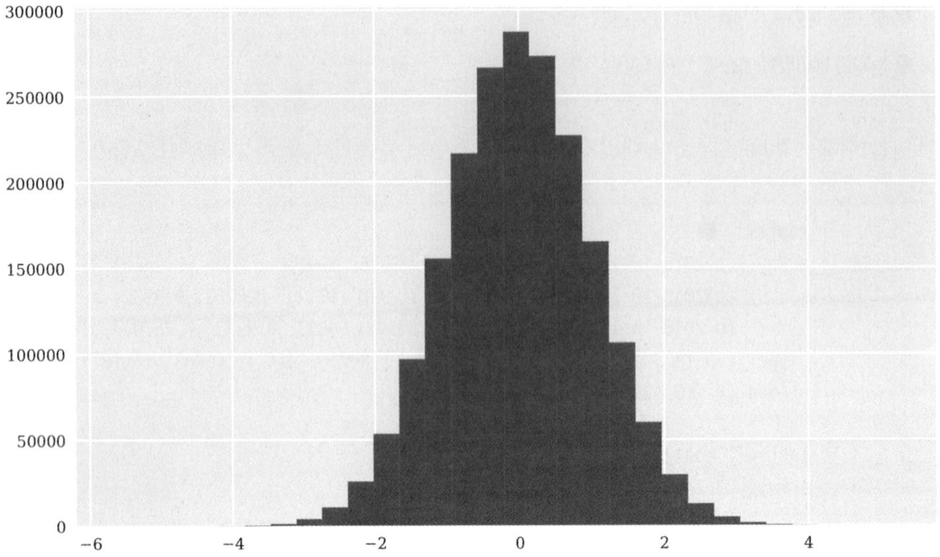

그림 9-5 열 데이터 히스토그램

PyTables도 SQL과 유사한 문장으로 데이터를 쿼리할 수 있는 도구를 다음 예제와 같이 제공한다. 결과는 [그림 9-6]에 표시했다. pandas 쿼리를 사용한 [그림 9-2]와 비교해보자.

```
In [151]: query = '((No3 < -0.5) | (No3 > 0.5)) & ((No4 < -1) | (No4 > 1))'   ❶

In [152]: iterator = tab.where(query)  ❷

In [153]: %time res = [(row['No3'], row['No4']) for row in iterator]  ❸
          CPU times: user 269 ms, sys: 64.4 ms, total: 333 ms
          Wall time: 294 ms

In [154]: res = np.array(res)  ❹
          res[:3]
Out[154]: array([[0.7694, 1.4866],
                 [0.9201, 1.3346],
                 [1.4701, 1.8776]])

In [155]: plt.figure(figsize=(10, 6))
          plt.plot(res.T[0], res.T[1], 'ro');
```

❶ 문자열 객체로 네 개의 조건이 결합된 쿼리 생성

❷ 쿼리문에 기반한 반복자 객체

❸ 쿼리 결과를 복합 리스트문으로 변환

❹ ndarray 객체로 변환

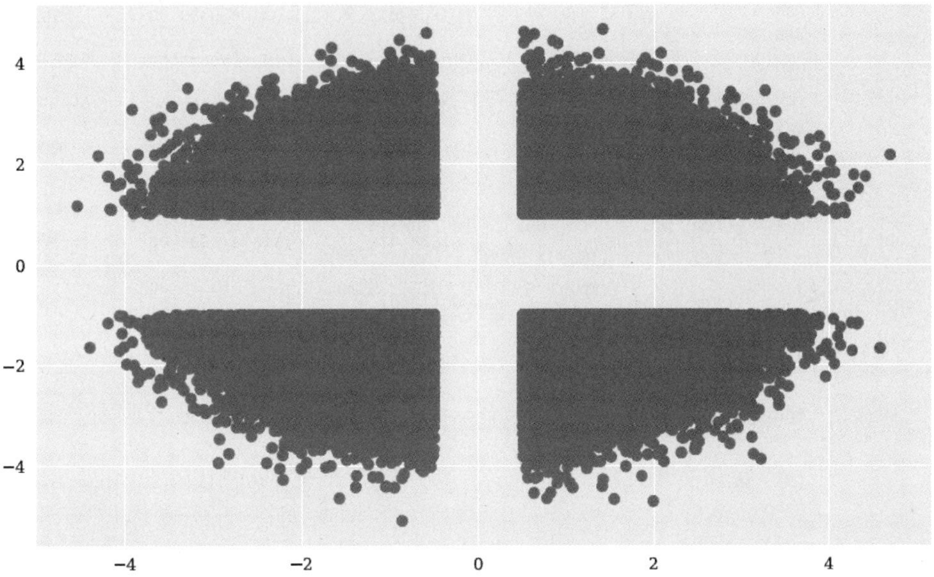

그림 9-6 열 데이터 스캐터 플롯

> **TIP 빠른 쿼리**
>
> pandas와 PyTables는 모두 SQL과 같은 복잡한 쿼리와 선택을 처리할 수 있으며 이러한 연산을 위한 속도 최적화가 되어 있다. 관계형 데이터베이스에 비하면 한계가 있기는 하지만 대부분의 수치 및 금융 애플리케이션에서는 크게 문제가 되지 않는다.

다음 예제에서 보이듯이 `PyTables` `Table` 객체에 저장된 데이터를 다루는 것은 문법이나 성능 면에서 NumPy 또는 pandas 객체 인메모리를 사용해 메모리상의 데이터를 다루는 듯한 느낌을 준다.

```
In [156]: %%time
          values = tab[:]['No3']
          print('Max %18.3f' % values.max())
          print('Ave %18.3f' % values.mean())
          print('Min %18.3f' % values.min())
          print('Std %18.3f' % values.std())
          Max                5.224
          Ave                0.000
          Min               -5.649
          Std                1.000
          CPU times: user 163 ms, sys: 70.4 ms, total: 233 ms
          Wall time: 234 ms

In [157]: %%time
          res = [(row['No1'], row['No2']) for row in
                  tab.where('((No1 > 9800) | (No1 < 200)) \
                          & ((No2 > 4500) & (No2 < 5500))')]
          CPU times: user 165 ms, sys: 52.5 ms, total: 218 ms
          Wall time: 155 ms

In [158]: for r in res[:4]:
              print(r)
          (91, 4870)
          (9803, 5026)
          (9846, 4859)
          (9823, 5069)

In [159]: %%time
          res = [(row['No1'], row['No2']) for row in
                  tab.where('(No1 == 1234) & (No2 > 9776)')]
          CPU times: user 58.9 ms, sys: 40.5 ms, total: 99.4 ms
          Wall time: 81 ms

In [160]: for r in res:
              print(r)
          (1234, 9841)
          (1234, 9821)
          (1234, 9867)
          (1234, 9987)
          (1234, 9849)
          (1234, 9800)
```

9.3.2 압축 테이블 작업

PyTables의 장점은 압축을 사용하는 방식이라는 점이다. PyTables는 압축을 사용하여 디스크 공간을 절약할 뿐 아니라 동시에 입출력 연산 성능도 개선할 수 있다. 어떻게 이것이 가능할까? CPU는 입출력 시스템이 병목 현상으로 지체되는 사이에 자료를 빠르게 압축하거나 해제할 수 있다. 따라서 압축으로 줄어든 데이터의 양만큼 발생한 입출력 속도 개선이 압축 연산으로 인한 속도 저하를 능가할 수 있다. 다음 예제는 SSD에서 작동하기 때문에 큰 속도 개선이 보이지 않지만 중요한 점은 압축 사용으로 인한 속도 저하가 거의 없다는 점이다.

```
In [161]: filename = path + 'pytabc.h5'

In [162]: h5c = tb.open_file(filename, 'w')

In [163]: filters = tb.Filters(complevel=5,  ❶
                               complib='blosc')  ❷

In [164]: tabc = h5c.create_table('/', 'ints_floats', sarray,
                                  title='Integers and Floats',
                                  expectedrows=rows, filters=filters)

In [165]: query = '((No3 < -0.5) | (No3 > 0.5)) & ((No4 < -1) | (No4 > 1))'

In [166]: iteratorc = tabc.where(query)  ❸

In [167]: %time res = [(row['No3'], row['No4']) for row in iteratorc]  ❹
          CPU times: user 300 ms, sys: 50.8 ms, total: 351 ms
          Wall time: 311 ms

In [168]: res = np.array(res)
          res[:3]
Out[168]: array([[0.7694, 1.4866],
                 [0.9201, 1.3346],
                 [1.4701, 1.8776]])
```

❶ complevel(압축 수준) 인수는 0(압축 없음)부터 9(최고 압축)까지의 값을 가진다.

❷ 성능 최적화된 Blosc 압축 엔진 사용

❸ 쿼리에 기반한 반복자 객체 생성

❹ 쿼리 결과 행을 복합 리스트문으로 변환

테이블을 생성하고 분석하는 데 걸리는 시간이 압축을 사용하지 않았을 때와 비교하면 약간 느려졌다. 읽기 속도는 어떻게 될까? 확인해보자.

```
In [169]: %time arr_non = tab.read() ❶
          CPU times: user 63 ms, sys: 78.5 ms, total: 142 ms
          Wall time: 149 ms

In [170]: tab.size_on_disk
Out[170]: 100122200

In [171]: arr_non.nbytes
Out[171]: 100000000

In [172]: %time arr_com = tabc.read() ❷
          CPU times: user 106 ms, sys: 55.5 ms, total: 161 ms
          Wall time: 173 ms

In [173]: tabc.size_on_disk
Out[173]: 41306140

In [174]: arr_com.nbytes
Out[174]: 100000000

In [175]: ll $path* ❸
          -rw-r--r-- 1 yves staff 200312336 Oct 19 12:12
          /Users/yves/Temp/data/pytab.h5
          -rw-r--r-- 1 yves staff 41341436 Oct 19 12:12
          /Users/yves/Temp/data/pytabc.h5

In [176]: h5c.close() ❹
```

❶ 압축되지 않는 Table 객체인 tab에서 읽는다.

❷ 압축된 Table 객체인 tabc에서 읽는다.

❸ 크기를 비교하면 압축된 테이블의 크기가 크게 줄었다.

❹ 데이터베이스 파일을 닫는다.

이 예제는 Table 객체를 압축해도 큰 속도 차이가 없다는 것을 보여준다. 하지만 파일의 크기는 데이터의 특성에 따라 크게 감소한다. 이렇게 하면 여러 가지 장점이 있다.

- 저장 비용 감소
- 백업 비용 감소
- 네트워크 트래픽 감소
- 네트워크 속도 개선(원격 서버의 데이터 저장 및 검색 속도 개선)
- I/O 병목을 줄여서 CPU 사용량 증가

9.3.3 배열 작업

파이썬 기본 입출력에 관한 절에서 이미 NumPy가 빠른 ndarray 객체 읽기 및 쓰기 기능을 가졌음을 살펴보았다. ndarray 객체를 읽고 쓸 때 PyTables도 아주 빠르고 효율적이다. 또한 PyTables은 계층적인 데이터베이스 구조를 가졌기 때문에 그에 따른 이점도 있다.

```
In [177]: %%time
          arr_int = h5.create_array('/', 'integers', ran_int)  ❶
          arr_flo = h5.create_array('/', 'floats', ran_flo)  ❷
          CPU times: user 4.26 ms, sys: 37.2 ms, total: 41.5 ms
          Wall time: 46.2 ms

In [178]: h5  ❸
Out[178]: File(filename=/Users/yves/Temp/data/pytab.h5, title='', mode='w',
           root_uep='/', filters=Filters(complevel=0, shuffle=False,
           bitshuffle=False, fletcher32=False, least_significant_digit=None))
           / (RootGroup) ''
           /floats (Array(2000000, 2)) ''
             atom := Float64Atom(shape=(), dflt=0.0)
             maindim := 0
             flavor := 'numpy'
             byteorder := 'little'
             chunkshape := None
           /integers (Array(2000000, 2)) ''
             atom := Int64Atom(shape=(), dflt=0)
             maindim := 0
             flavor := 'numpy'
             byteorder := 'little'
             chunkshape := None
           /ints_floats (Table(2000000,)) 'Integers and Floats'
             description := {
             "Date": StringCol(itemsize=26, shape=(), dflt=b'', pos=0),
```

```
              "No1": Int32Col(shape=(), dflt=0, pos=1),
              "No2": Int32Col(shape=(), dflt=0, pos=2),
              "No3": Float64Col(shape=(), dflt=0.0, pos=3),
              "No4": Float64Col(shape=(), dflt=0.0, pos=4)}
              byteorder := 'little'
              chunkshape := (2621,)

In [179]: ll $path*
          -rw-r--r-- 1 yves staff 262344490 Oct 19 12:12
          /Users/yves/Temp/data/pytab.h5
          -rw-r--r-- 1 yves staff 41341436 Oct 19 12:12
          /Users/yves/Temp/data/pytabc.h5

In [180]: h5.close()

In [181]: !rm -f $path*
```

❶ ran_int ndarray 객체 저장

❷ ran_flo ndarray 객체 저장

❸ 변동사항이 객체 서술에 반영

이런 객체를 HDF5 데이터베이스에 직접 쓰면 객체에 대한 루프를 돌려 Table 객체에 한 행씩 데이터를 쓰거나 구조화된 ndarray 객체를 사용하는 것보다 빠르다.

> **TIP HDF5 기반 데이터 저장**
>
> The HDF5 계층구조 데이터베이스 파일 형식은 구조화된 수치 및 금융 데이터에 있어서 관계형 데이터베이스의 훌륭한 대체제다. 두 데이터 모두 PyTables로 직접 다룰 수 있고 pandas 기능과 결합할 수 있으며 하드웨어가 허락하는 최고의 입출력 성능을 기대할 수 있다.

9.3.4 out-of-memory 연산

PyTables는 메모리보다 큰 배열의 연산을 구현 가능하게 해주는 out-of-memory 연산을 지원한다. 이를 위해 EArray 클래스에 기반한 다음과 같은 코드를 생각해보자. EArray 클래스 객체는 (행 방향으로) 증가할 수 있지만 열의 수는 고정되어 있다.

```
In [182]: filename = path + 'earray.h5'

In [183]: h5 = tb.open_file(filename, 'w')

In [184]: n = 500  ❶

In [185]: ear = h5.create_earray('/', 'ear',  ❷
                                 atom=tb.Float64Atom(),  ❸
                                 shape=(0, n))  ❹

In [186]: type(ear)
Out[186]: tables.earray.EArray

In [187]: rand = np.random.standard_normal((n, n))  ❺
          rand[:4, :4]
Out[187]: array([[-1.25983231, 1.11420699, 0.1667485 , 0.7345676 ],
                 [-0.13785424, 1.22232417, 1.36303097, 0.13521042],
                 [ 1.45487119, -1.47784078, 0.15027672, 0.86755989],
                 [-0.63519366, 0.1516327 , -0.64939447, -0.45010975]])

In [188]: %%time
          for _ in range(750):
              ear.append(rand)  ❻
          ear.flush()
          CPU times: user 814 ms, sys: 1.18 s, total: 1.99 s
          Wall time: 2.53 s

In [189]: ear
Out[189]: /ear (EArray(375000, 500)) ''
            atom := Float64Atom(shape=(), dflt=0.0)
            maindim := 0
            flavor := 'numpy'
            byteorder := 'little'
            chunkshape := (16, 500)

In [190]: ear.size_on_disk
Out[190]: 1500032000
```

❶ 열의 수 고정

❷ EArray 객체의 경로와 이름 지정

❸ 하나의 값에 대한 dtype 객체

❹ 객체의 크기(행 없음, 열 n개)

❺ 난수 ndarray 객체

❻ 반복하여 추가

데이터 모음aggregation을 하지 않는 out-of-memory 연산의 경우에는 같은 크기를 가진 또 다른 EArray 객체가 필요하다. PyTables는 수치 연산을 효율적으로 할 수 있는 특별한 모듈을 가지고 있다. Expr이라고 부르는 모듈이다. 이 모듈은 numexpr이라는 수치 연산 라이브러리를 기반으로 한다. 다음 코드는 Expr를 이용하여 [수식 9-1]에 있는 수치 연산을 한다.

수식 9-1 수치 연산의 예

$$y = 3\sin(x) + \sqrt{|x|}$$

결과는 출력용 EArray 객체에 저장된다. 연산은 청크chunk 단위로 실행된다.

```
In [191]: out = h5.create_earray('/', 'out',
                                 atom=tb.Float64Atom(),
                                 shape=(0, n))

In [192]: out.size_on_disk
Out[192]: 0

In [193]: expr = tb.Expr('3 * sin(ear) + sqrt(abs(ear))')  ❶

In [194]: expr.set_output(out, append_mode=True)  ❷

In [195]: %time expr.eval()  ❸
          CPU times: user 3.08 s, sys: 1.7 s, total: 4.78 s
          Wall time: 4.03 s
Out[195]: /out (EArray(375000, 500)) ''
            atom := Float64Atom(shape=(), dflt=0.0)
            maindim := 0
            flavor := 'numpy'
            byteorder := 'little'
            chunkshape := (16, 500)

In [196]: out.size_on_disk
Out[196]: 1500032000
```

```
In [197]: out[0, :10]
Out[197]: array([-1.73369462, 3.74824436, 0.90627898, 2.86786818,
           1.75424957,
          -0.91108973, -1.68313885, 1.29073295, -1.68665599, -1.71345309])

In [198]: %time out_ = out.read()  ❹
          CPU times: user 1.03 s, sys: 1.1 s, total: 2.13 s
          Wall time: 2.22 s

In [199]: out_[0, :10]
Out[199]: array([-1.73369462, 3.74824436, 0.90627898, 2.86786818,
           1.75424957,
          -0.91108973, -1.68313885, 1.29073295, -1.68665599, -1.71345309])
```

❶ 문자열 객체 기반의 연산식을 Expr 객체로 변환

❷ 출력을 out이라는 EArray 객체로 지정

❸ 연산 시작

❹ 전체 EArray를 메모리로 올림

전체 연산이 메모리 바깥에서 이루어진다는 점을 생각하면 표준 하드웨어에서 실행된 것치고 꽤 빠르다. 이 결과를 메모리 위에서 numexpr 모듈을 이용한 결과와 비교해보자. 빠르긴 하지만 그렇게 차이가 나지는 않는다.

```
In [200]: import numexpr as ne  ❶

In [201]: expr = '3 * sin(out_) + sqrt(abs(out_))'  ❷

In [202]: ne.set_num_threads(1)  ❸
Out[202]: 4

In [203]: %time ne.evaluate(expr)[0, :10]  ❹
          CPU times: user 2.51 s, sys: 1.54 s, total: 4.05 s
          Wall time: 4.94 s
Out[203]: array([-1.64358578, 0.22567882, 3.31363043, 2.50443549,
           4.27413965,
          -1.41600606, -1.68373023, 4.01921805, -1.68117412, -1.66053597])

In [204]: ne.set_num_threads(4)  ❺
Out[204]: 1
```

```
In [205]: %time ne.evaluate(expr)[0, :10]  ❻
          CPU times: user 3.39 s, sys: 1.94 s, total: 5.32 s
          Wall time: 2.96 s
Out[205]: array([-1.64358578, 0.22567882, 3.31363043, 2.50443549,
           4.27413965,
          -1.41600606, -1.68373023, 4.01921805, -1.68117412, -1.66053597])

In [206]: h5.close()

In [207]: !rm -f $path*
```

❶ 수치 연산을 인메모리 계산하는 모듈 임포트

❷ 수치 연산식 문자열

❸ 사용할 스레드를 1로 지정

❹ 1개의 스레드에 수치 연산 실행

❺ 스레드를 4로 지정

❻ 4개의 스레드에 수치 연산 실행

9.4 TsTables을 이용한 입출력

TsTables 패키지는 PyTables를 사용하여 시계열 데이터의 고성능 저장을 수행한다. 가장 많이 사용되는 경우는 '한 번 저장하고 여러 번 읽는 것'이다. 이는 시장에서 만들어진 실시간 데이터를 디스크에 저장한 후 나중에 사용하는 금융 분석에서의 전형적인 경우다. 이러한 방법으로 여러 가지 금융 시계열을 반복적으로 사용하여 다양한 매매 전략의 백테스팅을 하는 프로그램에 적용할 수 있다. 이때 가장 중요하는 것은 데이터를 빨리 읽을 수 있는 능력이다.

9.4.1 예제 데이터

지금까지와 마찬가지로 첫 번째로 해야 할 일은 `TsTables`의 장점을 보일 수 있을 정도로 큰 샘플 데이터를 생성하는 것이다. 다음 코드는 기하 브라운 운동 시뮬레이션(12장)을 기반으로 3개의 큰 금융 시계열 데이터를 생성한다.

```
In [208]: no = 5000000  ❶
          co = 3  ❷
          interval = 1. / (12 * 30 * 24 * 60)  ❸
          vol = 0.2  ❹

In [209]: %%time
          rn = np.random.standard_normal((no, co))  ❺
          rn[0] = 0.0  ❻
          paths = 100 * np.exp(np.cumsum(-0.5 * vol ** 2 * interval +
                  vol * np.sqrt(interval) * rn, axis=0))  ❼
          paths[0] = 100  ❽
          CPU times: user 869 ms, sys: 175 ms, total: 1.04 s
          Wall time: 812 ms
```

❶ 시간 개수

❷ 시계열 개수

❸ 연 단위 시간 간격

❹ 변동성

❺ 표준정규분포 난수

❻ 최초 난수를 0으로 고정

❼ 오일러 이산화Euler discretization 방식의 시뮬레이션

❽ 최초 값을 100으로 고정

TsTables 패키지는 pandas DataFrame 객체와 결합이 쉬우므로 데이터를 쉽게 변형할 수 있다(그림 9-7).

```
In [210]: dr = pd.date_range('2019-1-1', periods=no, freq='1s')

In [211]: dr[-6:]
Out[211]: DatetimeIndex(['2019-02-27 20:53:14', '2019-02-27 20:53:15',
                         '2019-02-27 20:53:16', '2019-02-27 20:53:17',
                         '2019-02-27 20:53:18', '2019-02-27 20:53:19'],
                         dtype='datetime64[ns]', freq='S')

In [212]: df = pd.DataFrame(paths, index=dr, columns=['ts1', 'ts2', 'ts3'])

In [213]: df.info()
          <class 'pandas.core.frame.DataFrame'>
```

```
DatetimeIndex: 5000000 entries, 2019-01-01 00:00:00 to 2019-02-27
20:53:19
Freq: S
Data columns (total 3 columns):
#    column    Dtype
0    ts1       float64
1    ts2       float64
2    ts3       float64
dtypes: float64(3)
memory usage: 152.6 MB
```

```
In [214]: df.head()
Out[214]:
                            ts1         ts2         ts3
          2019-01-01 00:00:00 100.000000 100.000000 100.000000
          2019-01-01 00:00:01 100.018443  99.966644  99.998255
          2019-01-01 00:00:02 100.069023 100.004420  99.986646
          2019-01-01 00:00:03 100.086757 100.000246  99.992042
          2019-01-01 00:00:04 100.105448 100.036033  99.950618
```

```
In [215]: df[::100000].plot(figsize=(10, 6));
```

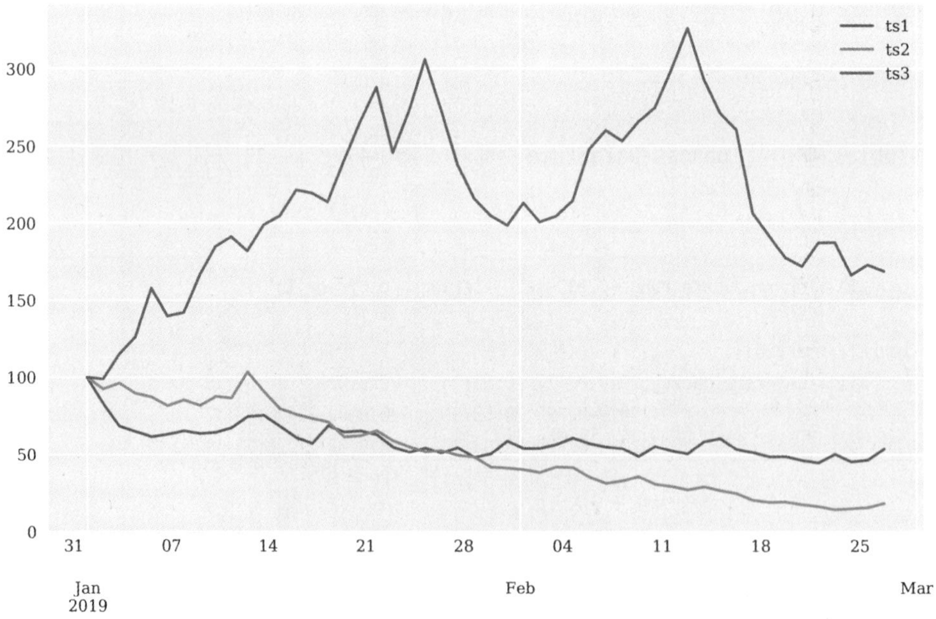

그림 9-7 금융 시계열 데이터

9.4.2 데이터 저장

TsTables는 임의의 위치에서 임의의 길이의 데이터를 빨리 읽을 수 있도록 금융 시계열 데이터를 특정한 청크chunk 기반의 구조로 만든다. 이렇게 하기 위해 TsTables는 PyTables 패키지에 create_ts() 함수를 추가한다. 테이블 열에 사용되는 자료형을 제공하기 위해 다음 코드에서는 PyTables의 tb.IsDescription 클래스에 기반한 메서드를 사용했다.

```
In [216]: import tstables as tstab

In [217]: class ts_desc(tb.IsDescription):
              timestamp = tb.Int64Col(pos=0)  ❶
              ts1 = tb.Float64Col(pos=1)  ❷
              ts2 = tb.Float64Col(pos=2)  ❷
              ts3 = tb.Float64Col(pos=3)  ❷

In [218]: h5 = tb.open_file(path + 'tstab.h5', 'w')  ❸

In [219]: ts = h5.create_ts('/', 'ts', ts_desc)  ❹

In [220]: %time ts.append(df)  ❺
          CPU times: user 1.36 s, sys: 497 ms, total: 1.86 s
          Wall time: 1.29 s

In [221]: type(ts)
Out[221]: tstables.tstable.TsTable

In [222]: ls -n $path
          total 328472
          -rw-r--r-- 1 501 20 157037368 Oct 19 12:13 tstab.h5
```

❶ 타임스탬프 열

❷ 수치 데이터 열

❸ 쓰기 전용으로 HDF5 데이터베이스 파일 열기

❹ ts_desc 객체 기반으로 TsTable 객체 생성

❺ TsTable 객체에 DataFrame 객체의 데이터 추가

9.4.3 데이터 읽기

TsTables로 데이터를 읽는 것은 하드웨어 성능에 의존하기는 하지만 아주 빠르다. 데이터를 메모리에 올리는 것도 마찬가지다. 편리하게도 TsTables는 DataFrame 객체를 반환한다(그림 9-8).

```
In [223]: read_start_dt = dt.datetime(2019, 2, 1, 0, 0)  ❶
          read_end_dt = dt.datetime(2019, 2, 5, 23, 59)  ❷

In [224]: %time rows = ts.read_range(read_start_dt, read_end_dt)  ❸
          CPU times: user 182 ms, sys: 73.5 ms, total: 255 ms
          Wall time: 163 ms

In [225]: rows.info()  ❹
          <class 'pandas.core.frame.DataFrame'>
          DatetimeIndex: 431941 entries, 2019-02-01 00:00:00 to 2019-02-05
            23:59:00
          Data columns (total 3 columns):
          ts1 431941 non-null float64
          ts2 431941 non-null float64
          ts3 431941 non-null float64
          dtypes: float64(3)
          memory usage: 13.2 MB

In [226]: rows.head()
Out[226]:                           ts1        ts2         ts3
          2019-02-01 00:00:00 52.063640 40.474580 217.324713
          2019-02-01 00:00:01 52.087455 40.471911 217.250070
          2019-02-01 00:00:02 52.084808 40.458013 217.228712
          2019-02-01 00:00:03 52.073536 40.451408 217.302912
          2019-02-01 00:00:04 52.056133 40.450951 217.207481

In [227]: h5.close()

In [228]: (rows[::500] / rows.iloc[0]).plot(figsize=(10, 6));
```

❶ 구간 시작 시점

❷ 구간 종료 시점

❸ ts.read_range() 함수는 해당 구간의 DataFrame 객체 반환

❹ DataFrame 객체에 수십만 개의 데이터가 존재

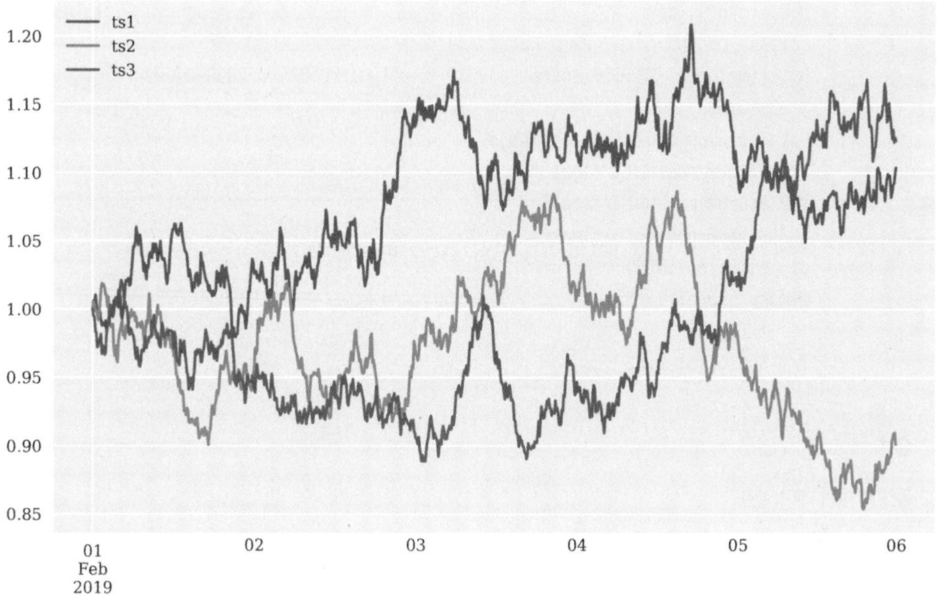

그림 9-8 특정 구간의 금융 시계열 데이터

`TsTables` 방식의 데이터 읽기 성능을 더 잘 보이기 위해 다음과 같이 1초 봉으로 이루어진 3일 간의 데이터를 100개의 청크로 나누어 읽는 벤치마크를 실시한다. 읽어 들인 `DataFrame`은 345,600개의 행을 가지고 있으며 읽는 데 10분의 1초가 걸린다.

```
In [229]: import random

In [230]: h5 = tb.open_file(path + 'tstab.h5', 'r')

In [231]: ts = h5.root.ts._f_get_timeseries()  ❶

In [232]: %%time
          for _ in range(100):  ❷
              d = random.randint(1, 24)  ❸
              read_start_dt = dt.datetime(2019, 2, d, 0, 0, 0)
              read_end_dt = dt.datetime(2019, 2, d + 3, 23, 59, 59)
              rows = ts.read_range(read_start_dt, read_end_dt)
              CPU times: user 7.17 s, sys: 1.65 s, total: 8.81 s
              Wall time: 4.78 s
```

```
In [233]: rows.info()  ❹
          <class 'pandas.core.frame.DataFrame'>
          DatetimeIndex: 345600 entries, 2019-02-04 00:00:00 to 2019-02-07
            23:59:59
          Data columns (total 3 columns):
          ts1 345600 non-null float64
          ts2 345600 non-null float64
          ts3 345600 non-null float64
          dtypes: float64(3)
          memory usage: 10.5 MB

In [234]: !rm $path/tstab.h5
```

❶ TsTable 객체 연결

❷ 반복하여 데이터 읽기

❸ 시작 날짜 값을 난수화

❹ 마지막 DataFrame 객체 읽기

9.5 마치며

SQL 관계형 데이터베이스는 개별 객체/테이블 간에 많은 관계를 보이는 복잡한 자료구조를 다룰 때 이점을 가진다. 반대로 어떤 상황에서는 순수한 NumPy ndarray 기반이나 pandas DataFrame 기반의 방식보다 성능이 떨어질 수도 있다.

금융이나 과학기술 분야의 많은 응용 영역에서는 배열 기반의 자료 모델링 방식이 성공적일 수 있다. 이 경우에는 NumPy 입출력 기능을 사용하거나 NumPy와 PyTables 기능을 조합하거나 또는 HDF5 기반의 저장소를 이용하는 pandas 기능을 사용하는 것이 성능 향상에 훨씬 도움이 된다. TsTables는 특히 금융 시계열 데이터를 한 번 쓰고 여러 번 읽는 경우에 효율적이다.

최근의 경향은 클라우드 기반의 솔루션(클라우드는 저가의 하드웨어로 이루어진 수많은 계산 노드로 이루어졌다)을 사용하는 것인데, 금융 분석을 할 때는 분석 기능에 중점을 두고 하드웨어 구조를 구성해야 한다는 점을 주의 깊게 고려해야 한다. 마이크로소프트의 최근 연구는 이 점을 강조하고 있다.

> 우리는 이런 종류의 작업에서는 단일 '스케일업' 서버가 성능, 비용, 전력 및 서버 밀도 면에서 클러스터와 같거나 더 낫다고 주장한다.
>
> –Appuswamy et al.(2013)

회사나 연구소, 자료 분석에 관계된 모든 사람은 특정한 작업을 어떻게 수행해야 하는지를 먼저 분석하고 다음과 같은 관점에서 하드웨어와 소프트웨어 구조를 결정해야 한다.

스케일 아웃

표준 CPU와 상대적으로 낮은 메모리가 장착된 다수의 저가 노드를 가진 클러스터를 사용하는 경우

스케일 업

다수의 코어를 가진 CPU, GPU, TPU 그리고 대량의 메모리가 장착된 소수의 강력한 서버를 사용하는 경우

하드웨어를 스케일 업하고 적절하게 구현하는 방식은 성능을 크게 향상시킬 수 있다. 다음 장에서 이에 대해 다룬다.

9.6 참고 문헌

이 장의 서두와 결론에서 인용된 논문은 금융 분석에 필요한 하드웨어 구조에 대해 생각할 수 있는 좋은 출발점이 된다.

- Appuswamy, Raja, et al. (2013). "Nobody Ever Got Fired for Buying a Cluster". Microsoft Technical Report. *http://research.microsoft.com/apps/pubs/default.aspx?id=179615*.

다음 웹사이트는 이 장에서 다룬 주제에 대한 다양하고 중요한 정보를 제공한다.

- *http://docs.python.org/3/library/pickle.html*
  pickle을 사용한 파이썬 객체 직렬화에 대해서는 이 문서를 참고한다.
- *http://docs.scipy.org/doc/numpy/reference/routines.io.html*
  NumPy의 입출력 기능은 SciPy 웹사이트에서 전반적으로 설명하고 있다.
- *http://pandas.pydata.org/pandas-docs/stable/io.html*
  pandas의 입출력 기능에 대한 설명은 이 온라인 문서에서 볼 수 있다.
- *http://www.pytables.org*
  PyTables 홈페이지는 튜토리얼과 자세한 문서를 모두 제공한다.
- TsTables에 대한 더 자세한 정보는 깃허브 페이지에 있다.

TsTables 레포의 깃 포크git fork는 *http://github.com/yhilpisch/tstables*이다. pip install git+git://github.com/yhilpisch/tstables 명령을 사용하면 이 포크를 설치할 수 있다. 이 포크를 쓰면 새 버전의 pandas나 다른 파이썬 패키지와 호환성이 유지된다.

CHAPTER 10

파이썬 성능 개선

성과에 부응하기 위해 기대를 낮추면 안 된다.

기대에 부응하기 위해 성과 수준을 높여야 한다.

—랄프 마스턴 Ralph Marston

파이썬은 상대적으로 느린 프로그래밍 언어고 금융 분야에서 사용되는 계산량이 많은 작업에 적합하지 않다는 것은 오래된 편견이다. 파이썬은 인터프리터 언어고 특히 반복 작업에서 느린데 금융 알고리즘에는 반복 작업이 많이 쓰이니 금융 알고리즘 구현에 적합하지 않다는 논리다. 다시 말해 C 또는 C++ 같은 컴파일 언어가 반복 작업 실행이 빠르고 금융 알고리즘 구현에 적합하다고 주장한다.

물론 파이썬 코드 실행 속도가 느리거나 여러 가지 응용 분야에 적합하지 않을 수도 있다. 이 장에서는 금융 분야에서 만나게 되는 전형적인 작업이나 알고리즘에서 어떻게 속도를 개선할 수 있는지 살펴본다. 또 적절한 자료구조를 선택하는 법, 올바른 패러다임을 선택하는 법 그리고 좋은 성능 개선 패키지를 사용하는 법을 보인다. 파이썬은 사실 컴파일 등이 가능한 프로그래밍 언어이기 때문에 컴파일 언어와도 경쟁할 수 있다.

이 장에서는 코드 속도 개선을 위한 다음과 같은 방법론을 소개한다.

벡터화

지금까지 많이 언급된 기능 중 하나인 파이썬의 벡터화 기능을 사용한다.

동적 컴파일

Numba 패키지를 사용하면 LLVM 기술을 이용하여 순수 파이썬 코드를 동적으로 컴파일할 수 있다.

정적 컴파일

Cython은 파이썬 패키지는 아니지만 파이썬과 C를 결합한 복합 언어다. Cython을 쓰면 정적 자료형 선언을 통해 변경된 코드를 정적으로 컴파일할 수 있다.

멀티프로세싱

파이썬 멀티프로세싱 모듈을 사용하면 쉽고 간단하게 코드를 병렬로 실행할 수 있다.

이 장에서 소개하는 주제는 다음과 같다.

반복문

파이썬 반복문 속도를 개선하는 방법을 소개한다.

알고리즘

피보나치 수 생성과 같이 성능 평가에 흔히 사용되는 표준 수학 알고리즘을 다룬다.

이항트리

아주 널리 쓰이는 이항 옵션 가격결정 모형은 좀 더 복잡한 금융 알고리즘과 관련된 흥미 있는 케이스 스터디가 가능한 금융 모형이다.

몬테카를로 시뮬레이션

마찬가지로 몬테카를로 시뮬레이션도 금융 분야에서 가치 평가나 위험 관리에 많이 사용된다. 계산량이 막대하기 때문에 오랫동안 C나 C++ 언어의 영역으로 여겨졌다.

재귀적 pandas 알고리즘

금융 시계열 데이터에 기반한 재귀적 알고리즘의 속도를 높일 수 있는 방법을 설명한다. 특히 지수가중 이동평균exponentially weighted moving average(EWMA)을 계산하는 알고리즘을 여러 방법으로 구현한다.

10.1 반복문

이 절에서는 파이썬 반복문 문제를 해결한다. 작업 목표는 간단하다. 대량의 난수를 만들고 그 난숫값의 평균을 반환하는 함수를 만든다. 실행 속도는 `%time`과 `%timeit` 매직 명령으로 측정한다.

10.1.1 파이썬

일단 천천히 돌아가는 버전부터 살펴보자. 순수 파이썬으로 이런 함수를 만들면 `average_py()` 처럼 된다.

```
In [1]: import random

In [2]: def average_py(n):
            s = 0  ❶
            for i in range(n):
                s += random.random()  ❷
            return s / n  ❸

In [3]: n = 10000000  ❹

In [4]: %time average_py(n)  ❺
        CPU times: user 1.82 s, sys: 10.4 ms, total: 1.83 s
        Wall time: 1.93 s
Out[4]: 0.5000590124747943

In [5]: %timeit average_py(n)  ❻
        1.31 s ± 159 ms per loop (mean ± std. dev. of 7 runs, 1 loop each)

In [6]: %time sum([random.random() for _ in range(n)]) / n  ❼
        CPU times: user 1.55 s, sys: 188 ms, total: 1.74 s
        Wall time: 1.74 s
Out[6]: 0.49987031710661173
```

❶ s 변숫값 초기화

❷ 0과 1 사이의 균일 분포 난수를 s에 포함

❸ 평균값 반환

❹ 루프의 반복 횟수 정의

❺ 함수를 한 번 실행하는 시간

❻ 함수를 여러 번 실행하는 시간

❼ 함수 대신 복합 리스트문 사용

이 경우의 속도가 다른 방법론에 대한 기준 벤치마크 속도가 된다.

10.1.2 NumPy

NumPy의 강점은 벡터화 기능이다. 형식적으로 파이썬 수준의 루프는 없어지고 더 깊은 단계에서 NumPy를 제공하는 최적화되고 컴파일된 루프를 사용한다.[1] average_np() 함수가 이런 방식을 사용한다.

```
In [7]: import numpy as np

In [8]: def average_np(n):
            s = np.random.random(n)  ❶
            return s.mean()  ❷

In [9]: %time average_np(n)
        CPU times: user 180 ms, sys: 43.2 ms, total: 223 ms
        Wall time: 224 ms
Out[9]: 0.49988861556468317

In [10]: %timeit average_np(n)
         128 ms ± 2.01 ms per loop (mean ± std. dev. of 7 runs, 10 loops each)

In [11]: s = np.random.random(n)
         s.nbytes  ❸
Out[11]: 80000000
```

1 NumPy는 인텔 Math Kernel Library(MKL)와 같은 수학 전용 라이브러리를 사용한다.

❶ 난수를 한 번에 발생(파이썬 루프 없음)

❷ 평균값 반환

❸ 생성된 ndarray 객체에 사용된 바이트 수

거의 10배 정도 엄청나게 속도가 개선되었다. 하지만 대신 메모리 사용량이 높아지는 대가를 치러야 한다. NumPy가 컴파일 레이어에서 처리하는 데이터를 미리 할당하기 때문이다. 따라서 순차적으로 데이터를 처리할 수 있는 방법은 없다. 알고리즘이나 문제에 따라서는 이렇게 늘어난 메모리가 과다하게 커질 수도 있다.

CAUTION_ 벡터화와 메모리

NumPy로 벡터화한 코드를 짜면 문법이 간단해지고 속도도 개선되기 때문에 매력적이다. 그러나 이러한 개선은 더 많은 메모리 사용이라는 비용을 요구한다.

10.1.3 Numba

Numba(*https://numba.pydata.org*)는 LLVM을 사용하여 순수 파이썬 코드를 동적으로 컴파일하는 패키지다. 지금과 같이 간단한 경우에는 아주 쉽게 동적 컴파일을 할 수 있다. 이렇게 만든 average_nb()는 파이썬에서 바로 호출할 수 있다.

```
In [12]: import numba

In [13]: average_nb = numba.jit(average_py)  ❶

In [14]: %time average_nb(n)  ❷
         CPU times: user 204 ms, sys: 34.3 ms, total: 239 ms
         Wall time: 278 ms
Out[14]: 0.4998865391283664

In [15]: %time average_nb(n)  ❸
         CPU times: user 80.9 ms, sys: 457 µs, total: 81.3 ms
         Wall time: 81.7 ms
Out[15]: 0.5001357454250273
```

```
In [16]: %timeit average_nb(n) ❸
         75.5 ms ± 1.95 ms per loop (mean ± std. dev. of 7 runs, 10 loops each)
```

❶ Numba 함수 생성

❷ 실행 시간에 컴파일이 되므로 약간의 오버헤드가 있을 수 있다.

❸ 두 번째 실행 시에는 속도가 빠르다.

순수 파이썬과 Numba를 결합하면 NumPy보다 빠르고 메모리 효율성 문제도 해결할 수 있다. 또한 간단한 경우에는 프로그래밍에 들어가는 부담도 없다.

NOTE_ 공짜 점심은 없다

사용 편의성을 고려하고 파이썬 코드와 컴파일된 코드의 성능을 비교해보면 Numba를 활용하는 것이 마치 마법처럼 느껴질 수 있다. 하지만 Numba를 사용하는 것이 적절하지 않고 성능 개선이 미비하거나 아예 성능을 개선할 수 없는 경우도 많다.

10.1.4 Cython

Cython은 파이썬 코드를 정적으로 컴파일한다. 하지만 성능을 많이 개선하려면 코드를 고쳐야 하기 때문에 사용 방법이 Numba처럼 단순하지 않다. 일단 다음에 나온 Cython 함수 average_cy1()를 보자. 여기에서는 사용하는 변수에 대해 정적으로 자료형을 선언했다.

```
In [17]: %load_ext Cython

In [18]: %%cython -a
         import random ❶
         def average_cy1(int n): ❷
             cdef int i ❷
             cdef float s = 0 ❷
             for i in range(n):
                 s += random.random()
             return s / n
Out[18]: <IPython.core.display.HTML object>

In [19]: %time average_cy1(n)
         CPU times: user 695 ms, sys: 4.31 ms, total: 699 ms
         Wall time: 711 ms
```

```
Out[19]: 0.49997106194496155

In [20]: %timeit average_cy1(n)
         752 ms ± 91.1 ms per loop (mean ± std. dev. of 7 runs, 1 loop each)
```

❶ random 모듈을 Cython 내에서 임포트

❷ 변수 n, i, s에 대해 정적 자료형 선언

어느 정도 속도 개선이 있지만 NumPy 버전만큼은 아니다. Numba 버전만큼 하려고 해도 어느 정도 Cython 최적화가 필요하다.

```
In [21]: %%cython
         from libc.stdlib cimport rand  ❶
         cdef extern from 'limits.h':  ❷
             int INT_MAX  ❷
         cdef int i
         cdef float rn
         for i in range(5):
             rn = rand() / INT_MAX  ❸
             print(rn)
         0.6792964339256287
         0.934692919254303
         0.3835020661354065
         0.5194163918495178
         0.8309653401374817

In [22]: %%cython -a
         from libc.stdlib cimport rand  ❶
         cdef extern from 'limits.h':  ❷
             int INT_MAX  ❷
         def average_cy2(int n):
             cdef int i
             cdef float s = 0
             for i in range(n):
                 s += rand() / INT_MAX  ❸
             return s / n
Out[22]: <IPython.core.display.HTML object>

In [23]: %time average_cy2(n)
         CPU times: user 78.5 ms, sys: 422 µs, total: 79 ms
         Wall time: 79.1 ms
```

```
Out[23]: 0.500017523765564

In [24]: %timeit average_cy2(n)
         65.4 ms ± 706 µs per loop (mean ± std. dev. of 7 runs, 10 loops each)
```

❶ 난수 생성기를 C에서 임포트

❷ 난수 스케일링에 필요한 상수를 임포트

❸ 스케일링된 구간 (0,1) 사이의 균일 분포 난수 추가

좀 더 최적화된 Cython 버전인 average_cy2() 함수는 Numba 버전보다는 빠르다. 하지만 여전히 많은 노력이 들어간다. NumPy 버전과 비교하면 Cython은 원래 루프 버전의 메모리 효율성도 가지고 있다.

TIP Cython = Python + C

Cython은 성능 개선을 위해 개발자가 원하는 만큼 코드를 수정할 수 있다. 예를 들어 처음에는 순수 파이썬 버전에서 시작해 조금씩 코드에 C를 추가할 수 있다. 적절한 인수를 사용하여 컴파일 단계 자체를 최적화하는 것도 가능하다.

10.2 알고리즘

이 절에서는 앞 절에서 익힌 성능 개선 방법을 몇 가지 잘 알려진 수학 문제와 알고리즘에 적용해본다. 이 알고리즘들은 성능 벤치마크에 자주 사용된다.

10.2.1 소수 확인

소수Prime numbers는 이론 수학뿐만 아니라 응용 전산학이나 암호학에서도 중요한 역할을 한다. 소수는 1보다 큰 자연수 중에서 약수가 1과 자기 자신뿐인 수를 말한다. 소수인지 아닌지를 증명하는 일이 어렵기 때문에 큰 소수를 찾는 일은 쉽지 않다. 유일한 방법은 약수 중에 1이 아닌 수가 있는지 아닌지 확인하는 것뿐이다.

파이썬

어떤 수가 소수인지 확인하는 알고리즘 구현법은 다양하다. 다음 파이썬 코드는 알고리즘 관점에서 최적은 아니지만 꽤 효율적인 방법이다. 하지만 큰 소수에 대해서는 실행 시간이 길어진다.

```
In [25]: def is_prime(I):
             if I % 2 == 0: return False  ❶
             for i in range(3, int(I ** 0.5) + 1, 2):  ❷
                 if I % i == 0: return False  ❸
             return True  ❹

In [26]: n = int(1e8 + 3)  ❺
         n
Out[26]: 100000003

In [27]: %time is_prime(n)
         CPU times: user 35 µs, sys: 0 ns, total: 35 µs
         Wall time: 39.1 µs
Out[27]: False

In [28]: p1 = int(1e8 + 7)  ❺
         p1
Out[28]: 100000007

In [29]: %time is_prime(p1)
         CPU times: user 776 µs, sys: 1 µs, total: 777 µs
         Wall time: 787 µs
Out[29]: True

In [30]: p2 = 100109100129162907  ❻

In [31]: p2.bit_length()  ❻
Out[31]: 57

In [32]: %time is_prime(p2)
         CPU times: user 22.6 s, sys: 44.7 ms, total: 22.6 s
         Wall time: 22.7 s
Out[32]: True
```

❶ 숫자가 짝수면 False를 바로 반환

❷ 3부터 해당 숫자의 제곱근보다 1 큰 수까지 반복

❸ 약수를 발견하면 바로 False 반환

❹ 약수를 발견하지 못하면 True 반환

❺ 소수가 아니거나 작은 소수에 대해서는 빠르다.

❻ 큰 소수는 더 긴 실행 시간을 요구한다.

Numba

is_prime() 함수의 알고리즘에 루프 구조가 있기 때문에 Numba로 동적 컴파일을 할 수 있다. 코딩 부담은 적지만 성능 개선이 상당하다.

```
In [33]: is_prime_nb = numba.jit(is_prime)

In [34]: %time is_prime_nb(n)  ❶
         CPU times: user 87.5 ms, sys: 7.91 ms, total: 95.4 ms
         Wall time: 93.7 ms
Out[34]: False

In [35]: %time is_prime_nb(n)  ❷
         CPU times: user 9 µs, sys: 1e+03 ns, total: 10 µs
         Wall time: 13.6 µs
Out[35]: False

In [36]: %time is_prime_nb(p1)
         CPU times: user 26 µs, sys: 0 ns, total: 26 µs
         Wall time: 31 µs
Out[36]: True

In [37]: %time is_prime_nb(p2)  ❸
         CPU times: user 1.72 s, sys: 9.7 ms, total: 1.73 s
         Wall time: 1.74 s
Out[37]: True
```

❶ is_prime_nb() 함수 첫 호출에는 컴파일 부담이 있다.

❷ 두 번째 호출부터는 속도 개선이 눈에 띈다.

❸ 더 큰 소수에 대한 성능 개선이 크다.

Cython

Cython 사용법도 어렵지 않다. 자료형 선언을 하지 않고 Cython을 사용하기만 해도 코드 속도를 개선할 수 있다.

```
In [38]: %%cython
         def is_prime_cy1(I):
             if I % 2 == 0: return False
             for i in range(3, int(I ** 0.5) + 1, 2):
                 if I % i == 0: return False
             return True

In [39]: %timeit is_prime(p1)
         394 µs ± 14.7 µs per loop (mean ± std. dev. of 7 runs, 1000 loops each)

In [40]: %timeit is_prime_cy1(p1)
         243 µs ± 6.58 µs per loop (mean ± std. dev. of 7 runs, 1000 loops each)
```

하지만 정적 자료형 선언을 하면 진짜 성능 개선이 이루어진다. Cython 버전은 Numba 버전보다 속도가 빠르다.

```
In [41]: %%cython
         def is_prime_cy2(long I):  ❶
             cdef long i  ❶
          if I % 2 == 0: return False
          for i in range(3, int(I ** 0.5) + 1, 2):
              if I % i == 0: return False
          return True

In [42]: %timeit is_prime_cy2(p1)
         87.6 µs ± 27.7 µs per loop (mean ± std. dev. of 7 runs, 10000 loops each)

In [43]: %time is_prime_nb(p2)
         CPU times: user 1.68 s, sys: 9.73 ms, total: 1.69 s
         Wall time: 1.7 s
Out[43]: True

In [44]: %time is_prime_cy2(p2)
         CPU times: user 1.66 s, sys: 9.47 ms, total: 1.67 s
         Wall time: 1.68 s
Out[44]: True
```

❶ 두 변수 I와 i에 대한 정적 자료형 선언

멀티프로세싱

지금까지는 모든 최적화 노력이 순차적 실행 코드를 대상으로 이루어졌다. 소수를 확인하는 경우에는 동시에 여러 개의 수를 확인할 수도 있다. multiprocessing 모듈을 사용하면 코드 실행 속도를 더 빠르게 할 수 있다. 이 모듈은 여러 개의 파이썬 프로세스를 만들고 병렬도 실행시킨다. 사용 방법도 간단하고 단순하다. 먼저 mp.Pool 객체에 여러 개의 프로세스를 설정한 후 확인하려는 소수들을 넘겨주기만 하면 된다.

```
In [45]: import multiprocessing as mp

In [46]: pool = mp.Pool(processes=4)  ❶

In [47]: %time pool.map(is_prime, 10 * [p1])  ❷
         CPU times: user 1.52 ms, sys: 2.09 ms, total: 3.61 ms
         Wall time: 9.73 ms
Out[47]: [True, True, True, True, True, True, True, True, True, True]

In [48]: %time pool.map(is_prime_nb, 10 * [p2])  ❷
         CPU times: user 13.9 ms, sys: 4.8 ms, total: 18.7 ms
         Wall time: 10.4 s
Out[48]: [True, True, True, True, True, True, True, True, True, True]

In [49]: %time pool.map(is_prime_cy2, 10 * [p2])  ❷
         CPU times: user 9.8 ms, sys: 3.22 ms, total: 13 ms
         Wall time: 9.51 s
Out[49]: [True, True, True, True, True, True, True, True, True, True]
```

❶ mp.Pool 객체에 여러 개의 프로세스를 만든다.

❷ 함수에 넣을 소수의 리스트 객체를 만들어 넣는다.

성능 개선이 엄청나다는 것을 눈으로 확인할 수 있다. is_prime() 함수는 큰 수 p2에서 20초 이상이 걸렸었다. 4개의 프로세스로 병렬 실행을 하면 p2보다 10배 큰 수도 is_prime_nb() 함수와 is_prime_cy2() 함수를 사용했을 때 10초가 안 걸린다.

TIP 병렬 프로세싱

같은 유형의 다른 문제를 여러 개 풀어야 하는 경우에는 병렬 프로세싱을 고려해야 한다. 코어가 많고 메모리가 충분한 강력한 하드웨어에서는 효과가 아주 클 수 있다. multiprocessing 모듈은 파이썬 표준 라이브러리라 사용하기도 쉽다.

10.2.2 피보나치 수

피보나치 수와 수열은 간단한 알고리즘으로 계산할 수 있다. 1 두 개로 시작해서 다음 피보나치 수는 앞선 수 두 개의 합이 된다. 따라서 수열은 1, 1, 2, 3, 5, 8, 13, 21, … 과 같아진다. 여기에서는 재귀적인 방법과 반복적인 방법, 두 가지 구현법을 분석해본다.

재귀 알고리즘

일반적인 파이썬 루프와 마찬가지로 파이썬에서 재귀함수 구현은 보통 느리다. 더군다나 최종 결과에 이르기까지 자기 자신 함수를 아주 많이 호출해야 한다. `fib_rec_py1()` 함수는 이러한 구현법을 보인다. 이 경우에 Numba는 실행 속도를 개선할 수 없다. 하지만 Cython에서는 정적 자료형 선언만 해도 큰 속도 향상을 보인다.

```
In [50]: def fib_rec_py1(n):
             if n < 2:
                 return n
             else:
                 return fib_rec_py1(n - 1) + fib_rec_py1(n - 2)

In [51]: %time fib_rec_py1(35)
         CPU times: user 6.55 s, sys: 29 ms, total: 6.58 s
         Wall time: 6.6 s
Out[51]: 9227465

In [52]: fib_rec_nb = numba.jit(fib_rec_py1)

In [53]: %time fib_rec_nb(35)
         CPU times: user 3.87 s, sys: 24.2 ms, total: 3.9 s
         Wall time: 3.91 s
Out[53]: 9227465

In [54]: %%cython
         def fib_rec_cy(int n):
             if n < 2:
                 return n
             else:
                 return fib_rec_cy(n - 1) + fib_rec_cy(n - 2)

In [55]: %time fib_rec_cy(35)
         CPU times: user 751 ms, sys: 4.37 ms, total: 756 ms
```

```
        Wall time: 755 ms
Out[55]: 9227465
```

재귀 알고리즘의 큰 문제는 중간 결과를 캐싱하지 않고 다시 계산한다는 것이다. 이 문제를 해결하는 데 중간 결과를 캐싱하기 위한 데코레이터를 사용할 수 있다. 이렇게 하면 속도가 몇 배로 향상된다.

```
In [56]: from functools import lru_cache as cache

In [57]: @cache(maxsize=None)  ❶
         def fib_rec_py2(n):
             if n < 2:
                 return n
             else:
                 return fib_rec_py2(n - 1) + fib_rec_py2(n - 2)

In [58]: %time fib_rec_py2(35)  ❷
         CPU times: user 64 µs, sys: 28 µs, total: 92 µs
         Wall time: 98 µs
Out[58]: 9227465

In [59]: %time fib_rec_py2(80)  ❷
         CPU times: user 38 µs, sys: 8 µs, total: 46 µs
         Wall time: 51 µs
Out[59]: 23416728348467685
```

❶ 중간 결과를 캐싱

❷ 이 경우에는 엄청난 속도 향상 가능

반복 알고리즘

*n*번째 피보나치 수를 계산하는 알고리즘이 반드시 재귀적일 필요는 없다. 다음 코드는 순수 파이썬으로 반복적 구현을 한 것이다. 재귀적 구현에 캐싱을 더한 것보다 빠르다. 이 경우에는 Numba도 속도 개선이 가능하다. 하지만 여전히 Cython 버전이 가장 빠르다.

```
In [60]: def fib_it_py(n):
             x, y = 0, 1
             for i in range(1, n + 1):
                 x, y = y, x + y
```

```
        return x

In [61]: %time fib_it_py(80)
         CPU times: user 19 µs, sys: 1e+03 ns, total: 20 µs
         Wall time: 26 µs
Out[61]: 23416728348467685

In [62]: fib_it_nb = numba.jit(fib_it_py)

In [63]: %time fib_it_nb(80)
         CPU times: user 57 ms, sys: 6.9 ms, total: 63.9 ms
         Wall time: 62 ms
Out[63]: 23416728348467685

In [64]: %time fib_it_nb(80)
         CPU times: user 7 µs, sys: 1 µs, total: 8 µs
         Wall time: 12.2 µs
Out[64]: 23416728348467685

In [65]: %%cython
         def fib_it_cy1(int n):
             cdef long i
             cdef long x = 0, y = 1
             for i in range(1, n + 1):
                 x, y = y, x + y
             return x

In [66]: %time fib_it_cy1(80)
         CPU times: user 4 µs, sys: 1e+03 ns, total: 5 µs
         Wall time: 11 µs
Out[66]: 23416728348467685
```

속도가 충분이 빨라졌는데도 예를 들어 150번째 피보나치 수가 아닌 80번째 피보나치 수를 계산하는 이유가 궁금할 것이다. 문제는 자료형이다. 파이썬은 기본적으로 아주 큰 수를 다룰 수 있지만 컴파일된 버전에서는 그렇지 않다. 하지만 Cython에서는 64비트 부동소수점이 허락하는 가장 큰 수보다도 더 큰 수를 다룰 수 있는 특별한 자료형을 쓸 수 있다.

```
In [67]: %%time
         fn = fib_rec_py2(150)  ❶
         print(fn)  ❶
         9969216677189303386214405760200
```

```
        CPU times: user 361 µs, sys: 115 µs, total: 476 µs
        Wall time: 430 µs

In [68]: fn.bit_length()  ❷
Out[68]: 103

In [69]: %%time
         fn = fib_it_nb(150)  ❸
         print(fn)  ❸
         6792540214324356296
         CPU times: user 270 µs, sys: 78 µs, total: 348 µs
         Wall time: 297 µs

In [70]: fn.bit_length()  ❹
Out[70]: 63

In [71]: %%time
         fn = fib_it_cy1(150)  ❸
         print(fn)  ❸
         6792540214324356296
         CPU times: user 255 µs, sys: 71 µs, total: 326 µs
         Wall time: 279 µs

In [72]: fn.bit_length()  ❹
Out[72]: 63

In [73]: %%cython
         cdef extern from *:
         ctypedef int int128 '__int128_t'  ❺
         def fib_it_cy2(int n):
             cdef int128 i  ❺
             cdef int128 x = 0, y = 1  ❺
             for i in range(1, n + 1):
                 x, y = y, x + y
             return x

In [74]: %%time
         fn = fib_it_cy2(150)  ❻
         print(fn)  ❻
         9969216677189303386214405760200
         CPU times: user 280 µs, sys: 115 µs, total: 395 µs
         Wall time: 328 µs

In [75]: fn.bit_length()  ❻
```

```
Out[75]: 103
```

❶ 파이썬 버전이 빠르고 정확

❷ 결과로 나온 정수가 103비트 수준

❸ Numba와 Cython 버전이 더 빠르지만 부정확

❹ 64비트 정수형 객체의 제한으로 인한 오버플로 문제가 원인

❺ 128비트 정수형 객체를 임포트하여 사용

❻ Cython 버전 fib_it_cy2() 함수는 빠르고 정확

10.2.3 원주율

이 절에서 분석할 마지막 알고리즘은 몬테카를로 시뮬레이션Monte Carlo Simulation에 기반하여 원주율(π)의 값을 계산하는 것이다.[2] 기본적인 아이디어는 원의 면적 A가 공식 $A = \pi r^2$으로 주어진다는 것이다. 따라서 $\pi = A/r^2$이다. 반지름 $r = 1$인 단위원의 경우에는 $\pi = A$가 된다. 알고리즘의 기본 아이디어는 −1부터 1까지의 좌표 (x, y)에서 난수 점을 시뮬레이션하는 것이다. 양쪽 길이가 2이므로 정사각형의 면적은 정확하게 4다. 같은 중심을 가지는 단위원과 이 사각형 면적의 비율을 몬테카를로 시뮬레이션으로 구한다. 즉 사각형 내부의 점의 개수를 세고 단위원 내부의 점의 개수를 세어서 나눈다. 시뮬레이션 결과는 [그림 10-1]과 같다.

```
In [76]: import random
         import numpy as np
         from pylab import mpl, plt
         plt.style.use('seaborn')
         mpl.rcParams['font.family'] = 'serif'
         %matplotlib inline

In [77]: rn = [(random.random() * 2 - 1, random.random() * 2 - 1)
               for _ in range(500)]

In [78]: rn = np.array(rn)
         rn[:5]
Out[78]: array([[ 0.45583018, -0.27676067],
              [-0.70120038, 0.15196888],
```

2 이 예제는 Code Review Stack Exchange에서 영감을 받았다.

```
           [ 0.07224045, 0.90147321],
           [-0.17450337, -0.47660912],
           [ 0.94896746, -0.31511879]])
```

```
In [79]: fig = plt.figure(figsize=(7, 7))
         ax = fig.add_subplot(1, 1, 1)
         circ = plt.Circle((0, 0), radius=1, edgecolor='g', lw=2.0,
                           facecolor='None')  ❶
         box = plt.Rectangle((-1, -1), 2, 2, edgecolor='b', alpha=0.3)  ❷
         ax.add_patch(circ)  ❶
         ax.add_patch(box)  ❷
         plt.plot(rn[:, 0], rn[:, 1], 'r.')  ❸
         plt.ylim(-1.1, 1.1)
         plt.xlim(-1.1, 1.1)
```

❶ 단위원 그림

❷ 변의 길이가 2인 정사각형을 그림

❸ 난수 점을 균일하게 그림

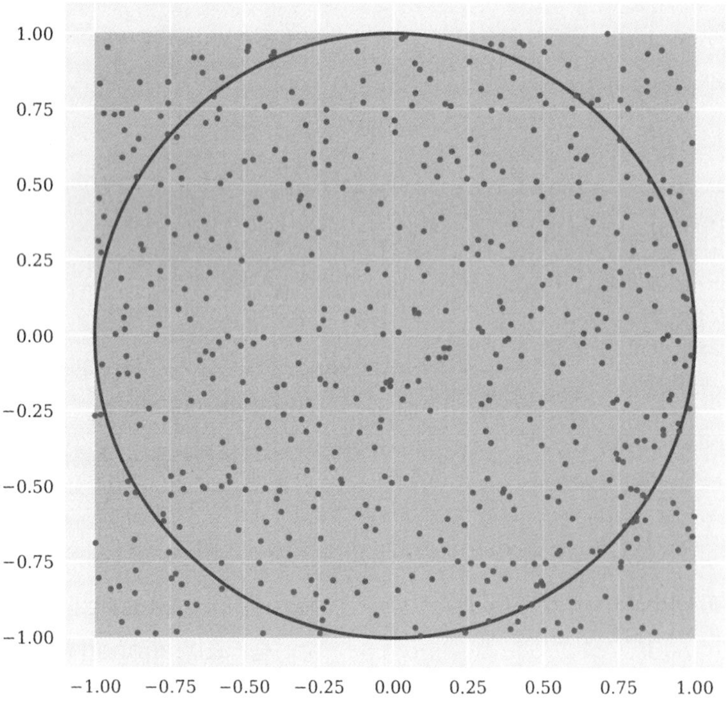

그림 10-1 단위원과 길이 2의 정사각형에 균일하게 분포된 난수 점

이 알고리즘을 NumPy로 구현하면 간결하지만 메모리를 많이 차지한다. 전체 실행 시간은 약 1초다.

```
In [80]: n = int(1e7)

In [81]: %time rn = np.random.random((n, 2)) * 2 - 1
         CPU times: user 450 ms, sys: 87.9 ms, total: 538 ms
         Wall time: 573 ms

In [82]: rn.nbytes
Out[82]: 160000000

In [83]: %time distance = np.sqrt((rn ** 2).sum(axis=1))  ❶
         distance[:8].round(3)
         CPU times: user 537 ms, sys: 198 ms, total: 736 ms
         Wall time: 651 ms
Out[83]: array([1.181, 1.061, 0.669, 1.206, 0.799, 0.579, 0.694, 0.941])

In [84]: %time frac = (distance <= 1.0).sum() / len(distance)  ❷
         CPU times: user 47.9 ms, sys: 6.77 ms, total: 54.7 ms
         Wall time: 28 ms

In [85]: pi_mcs = frac * 4  ❸
         pi_mcs  ❹
Out[85]: 3.1413396
```

❶ 원점에서 점까지의 거리(유클리드 놈)

❷ 단위원과 거리의 비율

❸ 정사각형 면적 4와 원 면적 추정, 즉 원주율

mcs_pi_py() 함수는 for 루프를 사용하여 메모리를 절약하는 방식으로 몬테카를로를 구현한 파이썬 함수다. 이 경우에는 난수가 스케일되어 있지 않고 실행 시간은 NumPy 버전보다 길다. Numba 버전은 NumPy 버전보다 빠르다.

```
In [86]: def mcs_pi_py(n):
             circle = 0
             for _ in range(n):
                 x, y = random.random(), random.random()
                 if (x ** 2 + y ** 2) ** 0.5 <= 1:
```

```
                circle += 1
        return (4 * circle) / n

In [87]: %time mcs_pi_py(n)
         CPU times: user 5.47 s, sys: 23 ms, total: 5.49 s
         Wall time: 5.43 s
Out[87]: 3.1418964

In [88]: mcs_pi_nb = numba.jit(mcs_pi_py)

In [89]: %time mcs_pi_nb(n)
         CPU times: user 319 ms, sys: 6.36 ms, total: 326 ms
         Wall time: 326 ms
Out[89]: 3.1422012

In [90]: %time mcs_pi_nb(n)
         CPU times: user 284 ms, sys: 3.92 ms, total: 288 ms
         Wall time: 291 ms
Out[90]: 3.142066
```

정적 자료형 선언만 한 단순한 Cython 버전은 파이썬 버전보다 빠르지 않다. 하지만 C의 난수 생성 기능을 사용하면 훨씬 속도를 향상시킬 수 있다.

```
In [91]: %%cython -a
         import random
         def mcs_pi_cy1(int n):
             cdef int i, circle = 0
             cdef float x, y
             for i in range(n):
                 x, y = random.random(), random.random()
                 if (x ** 2 + y ** 2) ** 0.5 <= 1:
                     circle += 1
             return (4 * circle) / n
Out[91]: <IPython.core.display.HTML object>

In [92]: %time mcs_pi_cy1(n)
         CPU times: user 1.15 s, sys: 8.24 ms, total: 1.16 s
         Wall time: 1.16 s
Out[92]: 3.1417132

In [93]: %%cython -a
         from libc.stdlib cimport rand
```

```
        cdef extern from 'limits.h':
            int INT_MAX
        def mcs_pi_cy2(int n):
            cdef int i, circle = 0
            cdef float x, y
            for i in range(n):
                x, y = rand() / INT_MAX, rand() / INT_MAX
                if (x ** 2 + y ** 2) ** 0.5 <= 1:
                    circle += 1
            return (4 * circle) / n
Out[93]: <IPython.core.display.HTML object>

In [94]: %time mcs_pi_cy2(n)
         CPU times: user 170 ms, sys: 1.45 ms, total: 172 ms
         Wall time: 172 ms
Out[94]: 3.1419388
```

NOTE_ 알고리즘 유형

이 절에서 분석한 알고리즘들은 금융 알고리즘과 직접 연관되어 있지는 않다. 하지만 간단하고 이해하기 쉽다는 장점이 있다. 또한 금융 분야에서 보게 되는 전형적인 알고리즘 문제들도 이런 간단한 맥락에서 논의할 수 있다.

10.3 이항트리

옵션 가치를 평가할 때 인기 있는 수치해석 방법은 콕스Cox, 로스Ross, 루빈스타인Rubinstein이 1979년에 만든 이항 옵션 가치 모형이다. 이 방법은 자산의 미래가치를 트리 형태로 표현하는 방법이다. 이 모형에서는 블랙-숄즈-머튼Black-Scholes-Merton 모형처럼 지수나 주식 같은 위험 자산과 채권 같은 무위험 자산을 가정한다.

현재 시점에서 옵션 만기까지의 상대적인 시간 구간을 길이 Δt라는 동일한 구간으로 나눈다. 시간 s 시점의 주가 수준을 S_s라 하고 $t = s + \Delta t$ 시점에서의 주가 수준을 $S_t = S_s \times m$이라 한다. 여기에서 m은 u, d 값 중 하나이며 u, d는 다음과 같이 정의한다. $0 < d < e^{r\Delta t} < u = e^{\sigma\sqrt{\Delta t}}$, $u = \frac{1}{d}$이고 r은 무위험 단기 이자율로 상수다.

10.3.1 파이썬

다음 코드는 모형의 매개변수 값에 기반하여 트리를 생성하는 파이썬 구현이다.

```
In [95]: import math

In [96]: S0 = 36.  ❶
         T = 1.0  ❷
         r = 0.06  ❸
         sigma = 0.2  ❹

In [97]: def simulate_tree(M):
             dt = T / M  ❺
             u = math.exp(sigma * math.sqrt(dt))  ❻
             d = 1 / u  ❻
             S = np.zeros((M + 1, M + 1))
             S[0, 0] = S0
             z = 1
             for t in range(1, M + 1):
                 for i in range(z):
                     S[i, t] = S[i, t-1] * u
                     S[i+1, t] = S[i, t-1] * d
                 z += 1
             return S
```

❶ 위험 자산의 초깃값

❷ 이항트리 시뮬레이션의 시간 구간

❸ 상수 이자율

❹ 상수 변동성

❺ 시간 구간의 길이

❻ 상승 및 하락 움직임 비율을 나타내는 값

전형적인 트리 플롯에서 보이는 것과 달리 상승 움직임을 ndarray 객체에서 옆으로 놓게 되면 ndarray의 크기를 크게 줄일 수 있다.

```
In [98]: np.set_printoptions(formatter={'float':
                                         lambda x: '%6.2f' % x})
```

```
In [99]: simulate_tree(4)  ❶
Out[99]: array([[ 36.00, 39.79, 43.97, 48.59, 53.71],
                [ 0.00, 32.57, 36.00, 39.79, 43.97],
                [ 0.00, 0.00, 29.47, 32.57, 36.00],
                [ 0.00, 0.00, 0.00, 26.67, 29.47],
                [ 0.00, 0.00, 0.00, 0.00, 24.13]])

In [100]: %time simulate_tree(500)  ❷
          CPU times: user 148 ms, sys: 4.49 ms, total: 152 ms
          Wall time: 154 ms
Out[100]: array([[ 36.00, 36.32, 36.65, ..., 3095.69, 3123.50, 3151.57],
                 [ 0.00, 35.68, 36.00, ..., 3040.81, 3068.13, 3095.69],
                 [ 0.00, 0.00, 35.36, ..., 2986.89, 3013.73, 3040.81],
                 ...,
                 [ 0.00, 0.00, 0.00, ..., 0.42, 0.42, 0.43],
                 [ 0.00, 0.00, 0.00, ..., 0.00, 0.41, 0.42],
                 [ 0.00, 0.00, 0.00, ..., 0.00, 0.00, 0.41]])
```

❶ 구간이 4개인 트리

❷ 구간이 500개인 트리

10.3.2 NumPy

약간의 트릭을 쓰면 이 이항트리를 완전히 벡터화된 형태의 NumPy로 생성할 수 있다.

```
In [101]: M = 4

In [102]: up = np.arange(M + 1)
          up = np.resize(up, (M + 1, M + 1))  ❶
          up
Out[102]: array([[0, 1, 2, 3, 4],
                [0, 1, 2, 3, 4],
                [0, 1, 2, 3, 4],
                [0, 1, 2, 3, 4],
                [0, 1, 2, 3, 4]])

In [103]: down = up.T * 2  ❷
          down
Out[103]: array([[0, 0, 0, 0, 0],
                 [2, 2, 2, 2, 2],
```

```
             [4, 4, 4, 4, 4],
             [6, 6, 6, 6, 6],
             [8, 8, 8, 8, 8]])

In [104]: up - down  ❸
Out[104]: array([[ 0, 1, 2, 3, 4],
                 [-2, -1, 0, 1, 2],
                 [-4, -3, -2, -1, 0],
                 [-6, -5, -4, -3, -2],
                 [-8, -7, -6, -5, -4]])

In [105]: dt = T / M

In [106]: S0 * np.exp(sigma * math.sqrt(dt) * (up - down))  ❹
Out[106]: array([[ 36.00, 39.79, 43.97, 48.59, 53.71],
                 [ 29.47, 32.57, 36.00, 39.79, 43.97],
                 [ 24.13, 26.67, 29.47, 32.57, 36.00],
                 [ 19.76, 21.84, 24.13, 26.67, 29.47],
                 [ 16.18, 17.88, 19.76, 21.84, 24.13]])
```

❶ 전체 상승 움직임을 나타내는 ndarray 객체

❷ 전체 하락 움직임을 나타내는 ndarray 객체

❸ 순수 상승 및 하락 움직임을 나타내는 ndarray 객체

❹ 4개의 시간 구간용 트리

NumPy의 경우에는 코드가 비교적 간단하다. 하지만 더 중요한 것은 NumPy 벡터화로 인해 많은 메모리를 사용하지 않고도 속도를 향상시킬 수 있다는 것이다.

```
In [107]: def simulate_tree_np(M):
              dt = T / M
              up = np.arange(M + 1)
              up = np.resize(up, (M + 1, M + 1))
              down = up.transpose() * 2
              S = S0 * np.exp(sigma * math.sqrt(dt) * (up - down))
              return S

In [108]: simulate_tree_np(4)
Out[108]: array([[ 36.00, 39.79, 43.97, 48.59, 53.71],
                 [ 29.47, 32.57, 36.00, 39.79, 43.97],
                 [ 24.13, 26.67, 29.47, 32.57, 36.00],
```

```
            [ 19.76, 21.84, 24.13, 26.67, 29.47],
            [ 16.18, 17.88, 19.76, 21.84, 24.13]])

In [109]: %time simulate_tree_np(500)
          CPU times: user 8.72 ms, sys: 7.07 ms, total: 15.8 ms
          Wall time: 12.9 ms
Out[109]: array([[ 36.00, 36.32, 36.65, ..., 3095.69, 3123.50, 3151.57],
            [ 35.36, 35.68, 36.00, ..., 3040.81, 3068.13, 3095.69],
            [ 34.73, 35.05, 35.36, ..., 2986.89, 3013.73, 3040.81],
            ...,
            [ 0.00, 0.00, 0.00, ..., 0.42, 0.42, 0.43],
            [ 0.00, 0.00, 0.00, ..., 0.41, 0.41, 0.42],
            [ 0.00, 0.00, 0.00, ..., 0.40, 0.41, 0.41]])
```

10.3.3 Numba

이 금융 알고리즘은 Numba 동적 컴파일을 통한 최적화에 매우 적합해야 한다. 그리고 실제로 NumPy 버전보다도 큰 성능 향상이 관찰된다. 이로 인해 이 Numba 버전은 원래 파이썬 버전보다 수십 배 빨라졌다.

```
In [110]: simulate_tree_nb = numba.jit(simulate_tree)

In [111]: simulate_tree_nb(4)
Out[111]: array([[ 36.00, 39.79, 43.97, 48.59, 53.71],
            [ 0.00, 32.57, 36.00, 39.79, 43.97],
            [ 0.00, 0.00, 29.47, 32.57, 36.00],
            [ 0.00, 0.00, 0.00, 26.67, 29.47],
            [ 0.00, 0.00, 0.00, 0.00, 24.13]])

In [112]: %time simulate_tree_nb(500)
          CPU times: user 425 µs, sys: 193 µs, total: 618 µs
          Wall time: 625 µs
Out[112]: array([[ 36.00, 36.32, 36.65, ..., 3095.69, 3123.50, 3151.57],
            [ 0.00, 35.68, 36.00, ..., 3040.81, 3068.13, 3095.69],
            [ 0.00, 0.00, 35.36, ..., 2986.89, 3013.73, 3040.81],
            ...,
            [ 0.00, 0.00, 0.00, ..., 0.42, 0.42, 0.43],
            [ 0.00, 0.00, 0.00, ..., 0.00, 0.41, 0.42],
            [ 0.00, 0.00, 0.00, ..., 0.00, 0.00, 0.41]])
```

```
In [113]: %timeit simulate_tree_nb(500)
          559 µs ± 46.1 µs per loop (mean ± std. dev. of 7 runs, 1000 loops each)
```

10.3.4 Cython

이전과 마찬가지로 Cython을 사용하여 속도를 향상하려면 코드를 고쳐야 한다. 다음 버전은 주로 정적 자료형 선언을 사용하고 일반 파이썬 임포트에 비해 성능이 좋은 다른 임포트를 한 것이다.

```
In [114]: %%cython -a
          import numpy as np
          cimport cython
          from libc.math cimport exp, sqrt
          cdef float S0 = 36.
          cdef float T = 1.0
          cdef float r = 0.06
          cdef float sigma = 0.2
          def simulate_tree_cy(int M):
              cdef int z, t, i
              cdef float dt, u, d
              cdef float[:, :] S = np.zeros((M + 1, M + 1),
                                            dtype=np.float32)  ❶
              dt = T / M
              u = exp(sigma * sqrt(dt))
              d = 1 / u
              S[0, 0] = S0
              z = 1
              for t in range(1, M + 1):
                  for i in range(z):
                      S[i, t] = S[i, t-1] * u
                      S[i+1, t] = S[i, t-1] * d
                  z += 1
              return np.array(S)
Out[114]: <IPython.core.display.HTML object>
```

❶ 속도에 영향을 미치는 ndarray 객체를 C 배열로 선언

Cython 버전은 실행 시간이 Numba 버전에 비해 약 30% 단축된다.

```
In [115]: simulate_tree_cy(4)
Out[115]: array([[ 36.00, 39.79, 43.97, 48.59, 53.71],
                 [ 0.00, 32.57, 36.00, 39.79, 43.97],
                 [ 0.00, 0.00, 29.47, 32.57, 36.00],
                 [ 0.00, 0.00, 0.00, 26.67, 29.47],
                 [ 0.00, 0.00, 0.00, 0.00, 24.13]], dtype=float32)

In [116]: %time simulate_tree_cy(500)
          CPU times: user 2.21 ms, sys: 1.89 ms, total: 4.1 ms
          Wall time: 2.45 ms
Out[116]: array([[ 36.00, 36.32, 36.65, ..., 3095.77, 3123.59, 3151.65],
                 [ 0.00, 35.68, 36.00, ..., 3040.89, 3068.21, 3095.77],
                 [ 0.00, 0.00, 35.36, ..., 2986.97, 3013.81, 3040.89],
                 ...,
                 [ 0.00, 0.00, 0.00, ..., 0.42, 0.42, 0.43],
                 [ 0.00, 0.00, 0.00, ..., 0.00, 0.41, 0.42],
                 [ 0.00, 0.00, 0.00, ..., 0.00, 0.00, 0.41]],
                dtype=float32)

In [117]: %timeit S = simulate_tree_cy(500)
          363 µs ± 29.5 µs per loop (mean ± std. dev. of 7 runs, 1000 loops each)
```

10.4 몬테카를로 시뮬레이션

몬테카를로 시뮬레이션은 계산 금융학에서 빠질 수 없는 수치적 도구이며 현대의 컴퓨터가 등장하기 전부터 사용되어 왔다. 은행이나 다른 금융기관은 가격결정을 하거나 위험 관리를 하는데 몬테카를로 시뮬레이션을 사용한다. 이 방법은 금융에서 가장 유연하고 강력한 방법 중 하나지만 가장 계산량이 많은 방법이기도 하다. 그래서 몬테카를로 시뮬레이션을 구현하는 데 파이썬은 (최소한 실무 응용 분야에서는) 적절한 프로그래밍 언어가 아니라고 여겨져 왔다.

이 절에서는 기하 브라운 운동에 대한 몬테카를로 시뮬레이션을 분석한다. 기하 브라운 운동은 주가나 지수의 움직임을 모형화하는 확률 과정으로 널리 사용된다.

무엇보다 블랙–숄즈–머튼 옵션 가격결정 이론은 이 확률 과정에 기반하고 있다. 이 이론은 옵션의 기초 자산인 주식의 가격이 [수식 10–1]에서 보여주는 확률적 미분방정식stochastic differential equation을 따른다고 가정한다. 이 식에서 S_t는 t 시점의 기초 자산의 가격, r은 상수로 무위험 이자율, σ 역시 상수로 순간 변동성, Z_t는 브라운 운동을 의미한다.

수식 10-1 블랙-숄즈-머튼 확률적 미분방정식(기하 브라운 운동)

$$dS_t = rS_t dt + \sigma S_t dZ_t$$

이 확률적 미분방정식을 동일한 시간 구간으로 나누어 오일러 이산화 방식Euler discretization scheme를 하면 [수식 10-2]와 같다.

여기에서 z는 표준정규분포 난수다. 시뮬레이션 전체 시간(평가 대상 옵션의 만기일)이 T고 구간 길이가 $\Delta t \equiv \frac{T}{M}$인 M개의 시간 구간으로 나누었다.

수식 10-2 블랙-숄즈-머튼 이산방정식(오일러 방식)

$$S_t = S_{t-\Delta t} \exp\left(\left(r - \frac{\sigma^2}{2}\right)\Delta t + \sigma\sqrt{\Delta t} z\right)$$

유러피안 콜 옵션에 대한 몬테카를로 추정치를 [수식 10-3]에 나타냈다. 여기에서 S_T는 만기 T까지의 주가 시뮬레이션 값으로 I개의 경로로 시뮬레이션했다($i = 1, 2, \cdots, I$).

수식 10-3 유러피안 콜 옵션에 대한 몬테카를로 추정치

$$C_0 = e^{-rT} \frac{1}{I} \sum_I \max\left(S_T\left(i\right) - K, 0\right)$$

10.4.1 파이썬

우선 [수식 10-2]에 따라 몬테카를로 시뮬레이션을 구현한 파이썬 함수는 `mcs_simulation_py()`다. 이 함수는 `ndarray` 객체에 대해 파이썬 루프를 구현했기 때문에 복합적인 방법이라 할 수 있다. 이렇게 하면 앞에서처럼 `Numba`로 코드를 동적 컴파일하기 쉬워진다. 마찬가지로

이때의 실행 속도를 벤치마크 기준으로 놓는다. 시뮬레이션에 따르면 유러피안 풋 옵션의 가치도 계산된다.

```
In [118]: M = 100  ❶
          I = 50000  ❷

In [119]: def mcs_simulation_py(p):
              M, I = p
              dt = T / M
              S = np.zeros((M + 1, I))
              S[0] = S0
              rn = np.random.standard_normal(S.shape)  ❸
              for t in range(1, M + 1):  ❹
                  for i in range(I):  ❹
                      S[t, i] = S[t-1, i] * math.exp((r - sigma ** 2 / 2) * dt +
                                          sigma * math.sqrt(dt) * rn[t, i])  ❹
             return S

In [120]: %time S = mcs_simulation_py((M, I))
          CPU times: user 5.55 s, sys: 52.9 ms, total: 5.6 s
          Wall time: 5.62 s

In [121]: S[-1].mean()  ❺
Out[121]: 38.22291254503985

In [122]: S0 * math.exp(r * T)  ❻
Out[122]: 38.22611567563295

In [123]: K = 40.  ❼

In [124]: C0 = math.exp(-r * T) * np.maximum(K - S[-1], 0).mean()  ❽

In [125]: C0  ❽
Out[125]: 3.860545188088036
```

❶ 이산화 시간 구간의 개수

❷ 시뮬레이션할 경로의 개수

❸ 벡터화 방법으로 구한 난수 집합

❹ 오일러 방식 시뮬레이션에 기반한 중첩 루프 구현

❺ 시뮬레이션에 기반한 만기 값의 평균

❻ 만기 값의 이론적 기댓값

❼ 유러피안 풋 옵션의 행사가

❽ 옵션에 대한 몬테카를로 추정치

[그림 10-2]는 (유러피안 풋 옵션) 만기 시점의 시뮬레이션 결괏값 히스토그램이다.

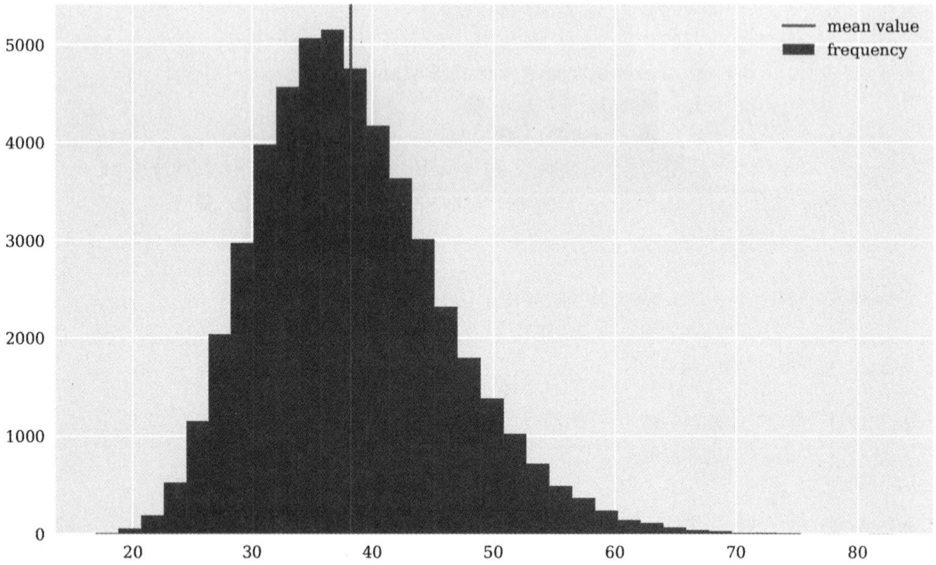

그림 10-2 시뮬레이션된 만기 값 분포의 빈도

10.4.2 NumPy

`NumPy` 버전인 `mcs_simulation_np()` 함수도 크게 다르지 않다. 여전히 시간 구간을 돌아가는 하나의 파이썬 루프를 사용한다. 경로에 대한 차원은 벡터화된 코드를 사용한다. 이렇게 하면 이전 버전보다 약 20배 빠르다.

```
In [127]: def mcs_simulation_np(p):
              M, I = p
              dt = T / M
              S = np.zeros((M + 1, I))
```

```
    S[0] = S0
    rn = np.random.standard_normal(S.shape)
    for t in range(1, M + 1):  ❶
        S[t] = S[t-1] * np.exp((r - sigma ** 2 / 2) * dt +
                sigma * math.sqrt(dt) * rn[t])  ❷
    return S

In [128]: %time S = mcs_simulation_np((M, I))
          CPU times: user 252 ms, sys: 32.9 ms, total: 285 ms
          Wall time: 252 ms

In [129]: S[-1].mean()
Out[129]: 38.235136032258595

In [130]: %timeit S = mcs_simulation_np((M, I))
          202 ms ± 27.7 ms per loop (mean ± std. dev. of 7 runs, 1 loop each)
```

❶ 시간 구간에 대한 루프

❷ 오일러 방식으로 모든 경로를 한 번에 처리하는 벡터화된 NumPy 코드

10.4.3 Numba

이제는 Numba를 이런 알고리즘에 쉽게 적용하여 속도를 개선할 수 있다는 점이 더 이상 놀랍지 않다. Numba 버전인 mcs_simulation_nb() 함수는 NumPy 버전보다 조금 빠르다.

```
In [131]: mcs_simulation_nb = numba.jit(mcs_simulation_py)

In [132]: %time S = mcs_simulation_nb((M, I))  ❶
          CPU times: user 673 ms, sys: 36.7 ms, total: 709 ms
          Wall time: 764 ms

In [133]: %time S = mcs_simulation_nb((M, I))  ❷
          CPU times: user 239 ms, sys: 20.8 ms, total: 259 ms
          Wall time: 265 ms

In [134]: S[-1].mean()
Out[134]: 38.22350694016539

In [135]: C0 = math.exp(-r * T) * np.maximum(K - S[-1], 0).mean()
```

```
In [136]: C0
Out[136]: 3.8303077438193833

In [137]: %timeit S = mcs_simulation_nb((M, I))  ❷
          248 ms ± 20.6 ms per loop (mean ± std. dev. of 7 runs, 1 loop each)
```

❶ 첫 번째 함수 호출에는 컴파일 부담이 있다.

❷ 두 번째 호출부터는 컴파일 부담이 없다.

10.4.4 Cython

놀라운 일은 아니지만 Cython을 쓰면 코드 속도를 높이는 데 추가적인 노력이 필요하다. 하지만 속도 향상 자체는 그렇게 크지 않다. Cython 버전인 mcs_simulation_cy() 함수는 NumPy 또는 Numba 버전에 비해 약간 느리다. 다른 요소보다 시뮬레이션 결과를 ndarray 배열로 바꾸는 데 시간이 필요하다.

```
In [138]: %%cython
          import numpy as np
          cimport numpy as np
          cimport cython
          from libc.math cimport exp, sqrt
          cdef float S0 = 36.
          cdef float T = 1.0
          cdef float r = 0.06
          cdef float sigma = 0.2
          @cython.boundscheck(False)
          @cython.wraparound(False)
          def mcs_simulation_cy(p):
              cdef int M, I
              M, I = p
              cdef int t, i
              cdef float dt = T / M
              cdef double[:, :] S = np.zeros((M + 1, I))
              cdef double[:, :] rn = np.random.standard_normal((M + 1, I))
              S[0] = S0
              for t in range(1, M + 1):
                  for i in range(I):
                      S[t, i] = S[t-1, i] * exp((r - sigma ** 2 / 2) * dt +
                                sigma * sqrt(dt) * rn[t, i])
```

```
        return np.array(S)

In [139]: %time S = mcs_simulation_cy((M, I))
          CPU times: user 237 ms, sys: 65.2 ms, total: 302 ms
          Wall time: 271 ms

In [140]: S[-1].mean()
Out[140]: 38.241735841791574

In [141]: %timeit S = mcs_simulation_cy((M, I))
          221 ms ± 9.26 ms per loop (mean ± std. dev. of 7 runs, 1 loop each)
```

10.4.5 멀티프로세싱

몬테카를로 시뮬레이션은 병렬화에 적합한 작업이다. 한 가지 방법은 10만 개의 경로를 10개의 프로세스에 나누어 병렬적으로 시뮬레이션하는 것이다. 또 다른 방법은 경로 자체는 동일하게 하고 다른 금융 상품을 동시에 가치 평가하는 것이다. 전자의 경우는 일정한 수의 분리된 프로세스에서 대량의 경로를 병렬적으로 시뮬레이션하는 것으로 다음 코드에 설명되어 있다. 이 코드도 `multiprocessing` 모듈을 사용한다. 시뮬레이션할 경로의 전체 개수 I를 I/p $(p > 0)$ 개수로 나눈다. 작업이 완료되면 결과는 `np.hstack()` 명령으로 하나의 `ndarray` 객체에 넣는다. 이 방식은 지금까지 설명한 어떤 버전의 코드에도 적용할 수 있다. 이 코드에서 사용한 매개변수 값의 경우에는 병렬화로 인한 성능 개선이 눈에 띄지 않는다.

```
In [142]: import multiprocessing as mp

In [143]: pool = mp.Pool(processes=4)  ❶

In [144]: p = 20  ❷

In [145]: %timeit S = np.hstack(pool.map(mcs_simulation_np,
                                  p * [(M, int(I / p))]))
          288 ms ± 10.2 ms per loop (mean ± std. dev. of 7 runs, 1 loop each)

In [146]: %timeit S = np.hstack(pool.map(mcs_simulation_nb,
                                  p * [(M, int(I / p))]))
          258 ms ± 8.69 ms per loop (mean ± std. dev. of 7 runs, 1 loop each)
```

```
In [147]: %timeit S = np.hstack(pool.map(mcs_simulation_cy,
                                          p * [(M, int(I / p))]))
          274 ms ± 11.9 ms per loop (mean ± std. dev. of 7 runs, 1 loop each)
```

❶ 병렬화용 Pool 객체

❷ 시뮬레이션을 나눌 조각의 개수

> **TIP 멀티프로세싱 전략**
>
> 금융에는 병렬화에 적합한 알고리즘들이 많다. 코드를 병렬화하기 위한 전략 자체도 여러 가지다.
>
> 몬테카를로 시뮬레이션은 단일 머신이나 복수의 머신에서 병렬화하기 쉬운 좋은 예다. 그리고 몬테카를로 시뮬레이션 알고리즘 자체도 하나의 시뮬레이션을 복수의 프로세스에 병렬화할 수 있다.

10.5 재귀적 pandas 알고리즘

이 절에서는 조금 특별한, 금융 분석에서 중요한 주제를 다룬다. pandas DataFrame 객체에 저장된 금융 시계열에 재귀적 함수를 구현하는 것이다. pandas 자체가 DataFrame 객체에 대한 복잡한 벡터화 연산을 허용하지만 어떤 종류의 재귀적 알고리즘은 벡터화해서 구현하기가 어렵기 때문에 금융 분석가들은 DataFrame 객체에 느린 파이썬 루프를 적용하곤 한다. 이 예제에서는 **지수가중 이동평균**exponentially weighted moving average(EWMA)이라고 부르는 것을 간단한 형태로 구현하겠다.

금융 시계열 S_t, $t \in \{0, \cdots, T\}$에 대한 지수가중 이동평균은 [수식 10-4]에 나타나 있다.

수식 10-4 지수가중 이동평균(EWMA)

$$EWMA_0 = S_0$$

$$EWMA_t = \alpha \cdot S_t + (1-\alpha) \cdot EWMA_{t-1},\ t \in \{1, \cdots, T\}$$

수식이 단순하고 구현법도 간단하지만 이 알고리즘은 코드가 느려진다.

10.5.1 파이썬

우선 금융 상품의 금융 시계열 데이터를 가진 DataFrame 객체의 DatetimeIndex에 대해 반복 작업을 하는 파이썬 버전을 생각해보자(8장 참조). [그림 10-3]은 금융 시계열과 EWMA 시계열이다.

```
In [148]: import pandas as pd

In [149]: sym = 'SPY'

In [150]: data = pd.DataFrame(pd.read_csv('../../source/tr_eikon_eod_data.csv',
                                index_col=0, parse_dates=True)[sym]).dropna()

In [151]: alpha = 0.25

In [152]: data['EWMA'] = data[sym]  ❶

In [153]: %%time
          for t in zip(data.index, data.index[1:]):
              data.loc[t[1], 'EWMA'] = (alpha * data.loc[t[1], sym] +
                                        (1 - alpha) * data.loc[t[0], 'EWMA'])  ❷
          CPU times: user 588 ms, sys: 16.4 ms, total: 605 ms
          Wall time: 591 ms

In [154]: data.head()
Out[154]:                SPY        EWMA
          Date
          2010-01-04 113.33 113.330000
          2010-01-05 113.63 113.405000
          2010-01-06 113.71 113.481250
          2010-01-07 114.19 113.658438
          2010-01-08 114.57 113.886328

In [155]: data[data.index > '2017-1-1'].plot(figsize=(10, 6));
```

❶ EWMA 열 초기화

❷ 파이썬 루프에 기반하여 알고리즘 구현

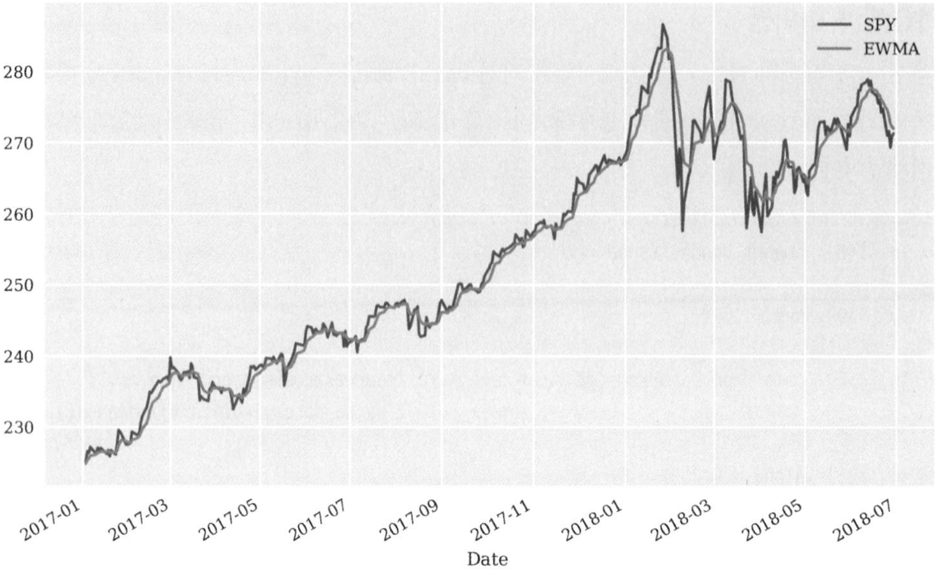

그림 10-3 EWMA를 포함한 금융 시계열

이제 좀 더 일반적인 파이썬 함수 ewma_py()를 고려한다. 이 함수는 원본 금융 시계열 데이터 ndarray 객체나 열에 바로 적용할 수 있다.

```
In [156]: def ewma_py(x, alpha):
              y = np.zeros_like(x)
              y[0] = x[0]
              for i in range(1, len(x)):
                  y[i] = alpha * x[i] + (1-alpha) * y[i-1]
              return y

In [157]: %time data['EWMA_PY'] = ewma_py(data[sym], alpha)  ❶
          CPU times: user 33.1 ms, sys: 1.22 ms, total: 34.3 ms
          Wall time: 33.9 ms

In [158]: %time data['EWMA_PY'] = ewma_py(data[sym].values, alpha)  ❷
          CPU times: user 1.61 ms, sys: 44 µs, total: 1.65 ms
          Wall time: 1.62 ms
```

❶ 함수를 Series 객체(열)에 직접 적용

❷ 함수를 원본 데이터를 가진 ndarray 객체에 적용

이 방식은 코드 실행 속도를 20배에서 100배까지 개선한다.

10.5.2 Numba

알고리즘 구조상 Numba를 적용하면 좀 더 속도 개선을 할 수 있다. 그리고 실제로 ndarray 버전에 적용한 함수 ewma_nb()에서는 속도 개선이 가능했다.

```
In [159]: ewma_nb = numba.jit(ewma_py)

In [160]: %time data['EWMA_NB'] = ewma_nb(data[sym], alpha)  ❶
          CPU times: user 269 ms, sys: 11.4 ms, total: 280 ms
          Wall time: 294 ms

In [161]: %timeit data['EWMA_NB'] = ewma_nb(data[sym], alpha)  ❶
          30.9 ms ± 1.21 ms per loop (mean ± std. dev. of 7 runs, 10 loops each)

In [162]: %time data['EWMA_NB'] = ewma_nb(data[sym].values, alpha)  ❷
          CPU times: user 94.1 ms, sys: 3.78 ms, total: 97.9 ms
          Wall time: 97.6 ms

In [163]: %timeit data['EWMA_NB'] = ewma_nb(data[sym].values, alpha)  ❷
          134 µs ± 12.5 µs per loop (mean ± std. dev. of 7 runs, 10000 loops each)
```

❶ 함수를 Series 객체(열)에 직접 적용

❷ 함수를 원본 데이터를 가진 ndarray 객체에 적용

10.5.3 Cython

Cython 버전 ewma_cy() 함수도 이 경우에는 Numba 버전만큼 빠르진 않지만 역시 속도 개선이 가능하다.

```
In [164]: %%cython
          import numpy as np
          cimport cython
          @cython.boundscheck(False)
          @cython.wraparound(False)
          def ewma_cy(double[:] x, float alpha):
```

```
        cdef int i
        cdef double[:] y = np.empty_like(x)
        y[0] = x[0]
        for i in range(1, len(x)):
            y[i] = alpha * x[i] + (1 - alpha) * y[i - 1]
        return y

In [165]: %time data['EWMA_CY'] = ewma_cy(data[sym].values, alpha)
          CPU times: user 2.98 ms, sys: 1.41 ms, total: 4.4 ms
          Wall time: 5.96 ms

In [166]: %timeit data['EWMA_CY'] = ewma_cy(data[sym].values, alpha)
          1.29 ms ± 194 µs per loop (mean ± std. dev. of 7 runs, 1000 loops each)
```

이 마지막 예제는 비표준적인 알고리즘을 구현하는 데에도 여러 가지 방법이 가능하다는 것을 보이고 있다. 모든 방법의 결과는 같다. 하지만 성능 특성은 저마다 다르다. 실행 시간의 경우 0.1ms 부터 500ms까지 약 5000배의 차이가 난다.

NOTE_ 최고와 빨리

알고리즘을 파이썬 프로그래밍 언어로 번역하는 것은 보통 아주 쉽다. 하지만 성능 측면에서 불필요하게 느린 형태로 알고리즘을 구현하기도 쉽다. 상호작용적인 금융 분석에서는 빨리 만들 수 있는 방법, 즉 가장 빠르지 않거나 메모리를 많이 소모하는 방법이라도 괜찮다. 하지만 생산 단계에 사용하는 금융 애플리케이션에서는 최고의 방법을 찾아서 구현해야 한다. 이렇게 하려면 연구도 필요하고 형식적인 벤치마킹도 필요하다.

10.6 마치며

파이썬 생태계는 코드의 성능을 향상시키는 여러 가지 방법을 제공한다.

패러다임

어떤 종류의 파이썬 패러다임은 특정 문제에 대해 다른 것보다 성능이 뛰어나다. 예를 들어 대부분의 경우에 벡터화는 더 간결한 코드를 만들 뿐만 아니라 속도도 빠른 패러다임이다(때로는 메모리를 더 많이 필요로 할 수 있다).

패키지

여러 가지 다른 유형의 문제에 대해 다양한 패키지가 구비되어 있으므로 문제에 적합한 패키지를 사용하면 훨씬 뛰어난 성능을 이끌어 낼 수 있다. 좋은 예가 `ndarray` 클래스와 `pandas DataFrame` 클래스를 `NumPy` 패키지와 같이 사용하는 것이다.

컴파일

`Numba`나 `Cython`과 같이 파이썬 코드를 동적 혹은 정적으로 컴파일하는 강력한 패키지를 사용하면 금융 알고리즘의 속도를 빠르게 할 수 있다.

병렬화

`multiprocessing`과 같은 파이썬 패키지를 사용하면 파이썬 코드를 쉽게 병렬화할 수 있다. 이 장의 예제에서는 단일 머신에 대한 병렬화만 살펴봤지만, 파이썬 생태계는 클러스터 병렬화 기술도 제공한다.

이 장에 소개된 성능 개선 방법의 큰 장점은 구현하기 쉽다는 것이고, 추가 노력이 많이 들지 않는다는 것이다. 즉, 최신 패키지만 있으면 성능 개선은 식은 죽 먹기다.

10.7 참고 문헌

이 장에 소개된 성능 개선 패키지들에 대한 다양한 웹 문서가 있다.

- *http://cython.org* 사이트는 Cython 패키지와 컴파일러 프로젝트 홈페이지다.
- `multiprocessing` 모듈에 대한 문서는 *https://docs.python.org/3/library/multiprocessing.html*에 있다.
- Numba에 대한 정보는 *http://github.com/numba/numba* 사이트와 *https://numba.pydata.org* 사이트에 있다.

이 장에서 참고한 책은 다음과 같다.

- Gorelick, Misha, and Ian Ozsvald (2014). *High Performance Python*. Sebastopol, CA: O'Reilly.
- Smith, Kurt (2015). *Cython*. Sebastopol, CA: O'Reilly.

CHAPTER 11

수학용 도구

> 수학자들은 현대의 수도자들이다.
>
> – 빌 가에데Bill Gaede

80년대와 90년대, 월스트리트에 이른바 '로켓 과학자'라는 사람들이 등장하면서 금융은 응용 수학의 한 분야로 진화했다. 초기의 금융 분야 연구 논문들은 수식이나 방정식이 거의 없었지만, 현재는 주로 수식과 방정식이 대부분이고 이를 설명하기 위한 약간의 문장이 있을 뿐이다. 이 장에서는 금융 분야에 유용한 수학적 도구를 소개한다. 이 주제에 대한 수많은 참고 서적이 있기 때문에 여기서 세세한 배경지식까지는 설명하지 않겠다. 이 장은 파이썬에서 어떻게 이러한 도구와 테크닉을 사용할 수 있는가에 초점을 맞춘다. 이 장의 주제는 다음과 같다.

근사법

금융 분야에서 가장 흔히 사용되는 수치 방법 중의 하나인 회귀법과 보간법이 있다.

최적화

많은 금융 분야(옵션 가격 계산 시 모형 캘리브레이션과 관련하여)에서 최적화 도구를 필요로 한다.

적분

금융 파생상품의 가치 평가는 대부분 적분 계산으로 귀결된다.

심볼릭 연산

파이썬은 SymPy라는 연립방정식 계산 등이 가능한 강력한 심볼릭 연산 도구를 제공한다.

11.1 근사화

우선 라이브러리를 임포트한다.

```
In [1]: import numpy as np
        from pylab import plt, mpl

In [2]: plt.style.use('seaborn')
        mpl.rcParams['font.family'] = 'serif'
        %matplotlib inline
```

이 장의 주요 예제 함수는 다음과 같이 삼각함수와 선형 항의 합으로 구성된다.

```
In [3]: def f(x):
            return np.sin(x) + 0.5 * x
```

핵심은 이 함수를 주어진 구간에서 회귀법regression과 보간법interpolation으로 근사화하는 것이다. 우선 근삿값이 어떤 형태를 가져야 하는지 살펴보기 위해 그래프를 그려보자. 관심 구간은 $[-2\pi, 2\pi]$다. [그림 11-1]은 고정 구간에서 linspace() 함수를 사용하여 그렸다. 여기서 create_plot() 함수는 같은 유형의 플롯을 여러 번 그리기 위한 보조 함수다.

```
In [4]: def create_plot(x, y, styles, labels, axlabels):
            plt.figure(figsize=(10, 6))
            for i in range(len(x)):
                plt.plot(x[i], y[i], styles[i], label=labels[i])
                plt.xlabel(axlabels[0])
                plt.ylabel(axlabels[1])
            plt.legend(loc=0)

In [5]: x = np.linspace(-2 * np.pi, 2 * np.pi, 50)  ❶

In [6]: create_plot([x], [f(x)], ['b'], ['f(x)'], ['x', 'f(x)'])
```

❶ 플롯과 계산에 사용되는 x값

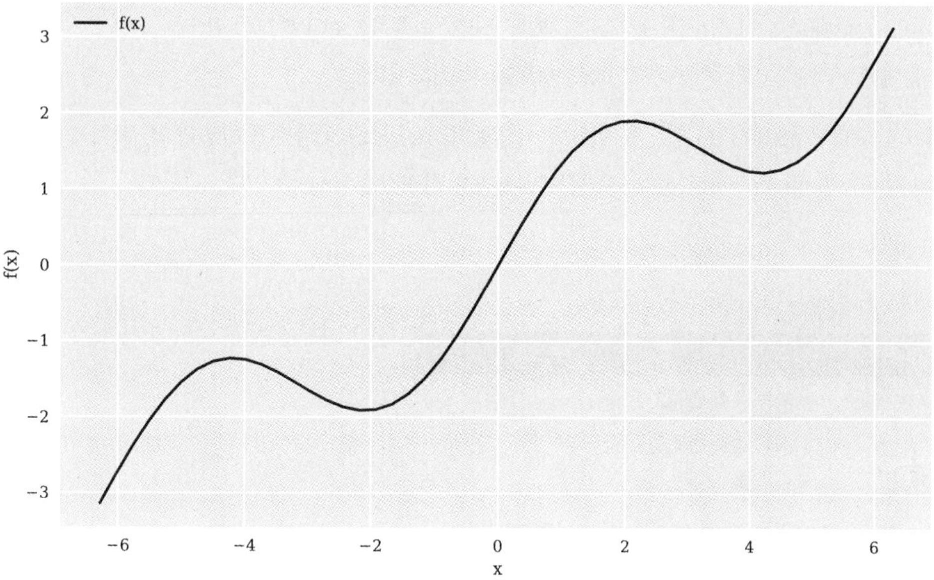

그림 11-1 예제 함수 플롯

11.1.1 회귀법

회귀법은 함수 근사의 경우 효율적인 방법으로 일차원뿐만 아니라 다차원 함수의 근사도 가능하다. 회귀에 필요한 수치적 방법은 쉽게 구현하고 빠르게 실행할 수 있다. 회귀법은 기본적으로 기저 함수 집합 b_d, $(d \in \{1, \cdots, D\})$와 [수식 11-1]에 따라 기저 함수를 조합하기 위한 최적 매개변수 $\alpha_1^*, \cdots, \alpha_D^*$를 찾는 작업이다.

[수식 11-1]에서 y_i는 $i \in \{1, \cdots, I\}$에 대해 $y_i \equiv f(x_i)$를 만족하는 점을 뜻한다. 함수 혹은 통계적 관점에서 x_i는 독립 변수, y_i는 종속 변수로 생각할 수 있다.

수식 11-1 회귀법의 최적화 문제

$$\min_{\alpha_1, \ldots, \alpha_D} \frac{1}{I} \sum_{i=1}^{I} \left(y_i - \sum_{d=1}^{D} \alpha_d \cdot b_d \left(x_i \right) \right)^2$$

단항식 기저 함수

가장 간단한 경우는 기저 함수로 $b_1 = 1$, $b_2 = x$, $b_3 = x^2$, $b_4 = x^3$, …와 같이 단항식을 사용하는 경우다. NumPy는 이 경우에 대해 최적 매개변수를 결정하는 polyfit() 함수와 주어진 입력 값에 대해 근찻값을 계산하는 함수 polyval()을 가지고 있다.

[표 11-1]에 polyfit() 함수의 인수를 나열했다. polyfit() 함수가 반환한 최적 회귀계수 p가 주어지면 np.polyval(p, x)로 좌표 x에 대한 회귀값을 구할 수 있다.

표 11-1 polyfit() 함수의 인수

인수	설명
x	x 좌표 (독립 변숫값)
y	y 좌표 (종속 변숫값)
deg	회귀 다항식의 차수
full	True면 추가적인 진단 정보를 반환한다.
w	y 좌표에 적용할 가중치
cov	True면 공분산행렬도 반환한다.

polyfit과 polyval 함수를 다음과 같이 deg=1로 사용하면 선형회귀가 된다. 회귀 추정값이 ry 배열에 저장되면 [그림 11-2]와 같이 회귀 결과를 원래 함수와 비교할 수 있다. 당연하게도 선형회귀를 쓰면 예제 함수의 sin 부분을 설명할 수 없다.

```
In [7]: res = np.polyfit(x, f(x), deg=1, full=True)  ❶

In [8]: res  ❷
Out[8]: (array([ 4.28841952e-01, -1.31499950e-16]),
         array([21.03238686]),
         2,
         array([1., 1.]),
         1.1102230246251565e-14)

In [9]: ry = np.polyval(res[0], x)  ❸

In [10]: create_plot([x, x], [f(x), ry], ['b', 'r.'],
                     ['f(x)', 'regression'], ['x', 'f(x)'])
```

❶ 선형회귀 단계

❷ 최종 결과: 회귀 모수, 잔차, 실질 랭크, 특잇값 그리고 조건수

❸ 회귀 모수를 사용하여 계산한 값

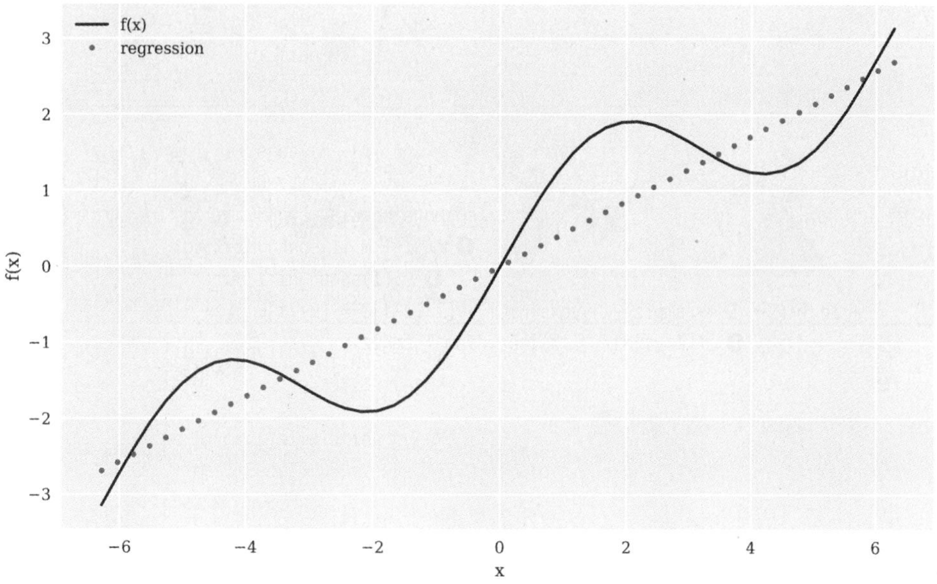

그림 11-2 선형회귀

예제 함수의 `sin` 부분을 설명하기 위해서는 고차식이 필요하다. 다음으로는 5차까지의 단항식을 기저 함수로 사용한다. 회귀 결과는 [그림 11-3]과 같이 원래 함수에 훨씬 더 가까운 형태가 된다. 그렇지만 여전히 완벽하지는 않다.

```
In [11]: reg = np.polyfit(x, f(x), deg=5)
         ry = np.polyval(reg, x)

In [12]: create_plot([x, x], [f(x), ry], ['b', 'r.'],
                     ['f(x)', 'regression'], ['x', 'f(x)'])
```

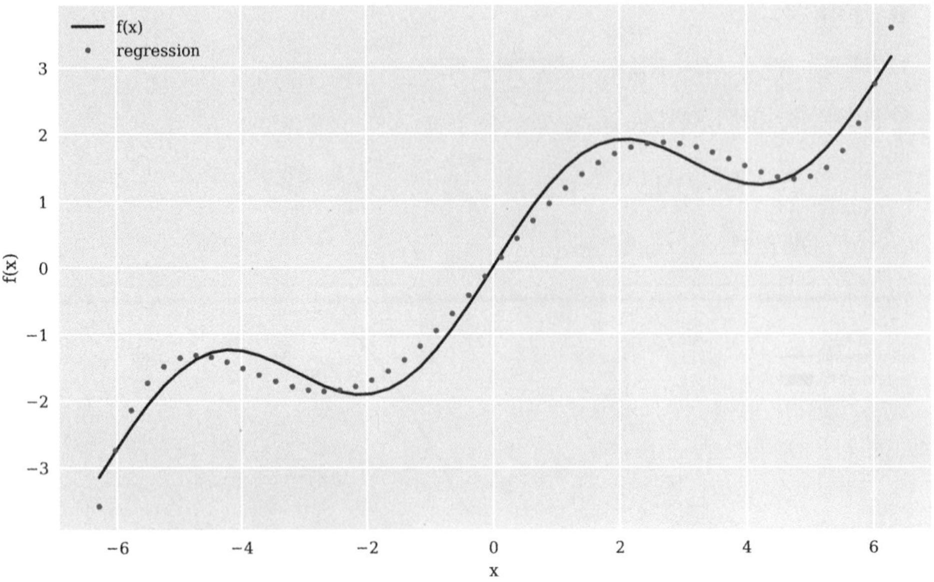

그림 11-3 5차까지의 단항식을 사용한 회귀 결과

마지막으로 7차까지의 단항식을 사용하여 예제 함수를 근사했다. 이때의 결과는 [그림 11-4]에 표시했는데 원래 함수와 아주 유사하다.

```
In [13]: reg = np.polyfit(x, f(x), 7)
         ry = np.polyval(reg, x)

In [14]: np.allclose(f(x), ry)  ❶
Out[14]: False

In [15]: np.mean((f(x) - ry) ** 2)  ❷
Out[15]: 0.0017769134759517689

In [16]: create_plot([x, x], [f(x), ry], ['b', 'r.'],
                     ['f(x)', 'regression'], ['x', 'f(x)'])
```

❶ 함수와 회귀 결과가 비슷한지 비교

❷ 주어진 함숫값과 회귀 결과의 **평균제곱오차** mean squared error(MSE) 계산

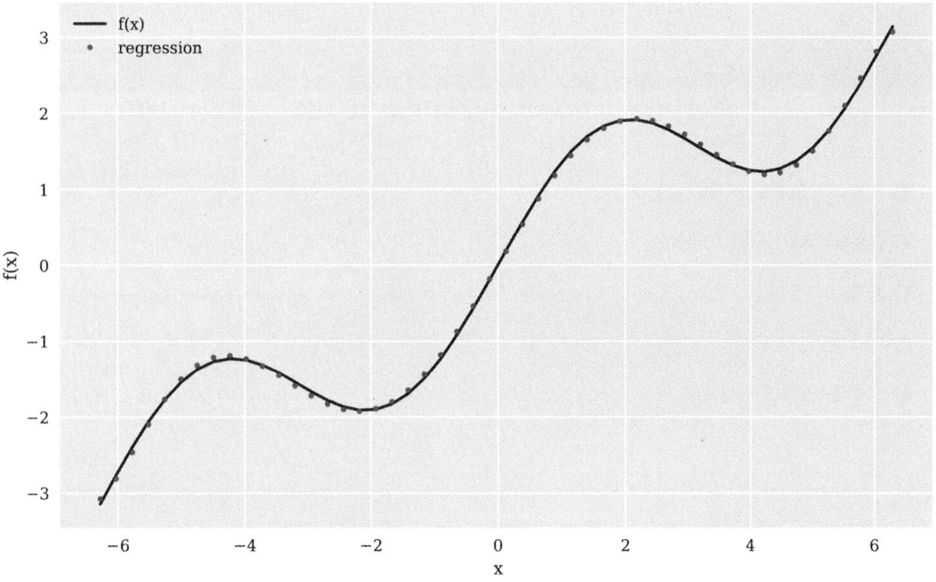

그림 11-4 7차까지의 단항식을 사용한 회귀 결과

개별 기저 함수

일반적으로 근사화하고자 하는 함수에 대해 알고 있는 지식을 사용하여 더 적합한 기저 함수를 선택하면 회귀 결과를 향상시킬 수 있다. 주어진 예제의 경우 (NumPy ndarray 객체를 사용한) 행렬 방법으로 정의한 개별 기저 함수를 사용할 수 있다. 만약 단순히 기저 함수로 3차까지의 단항식을 사용한다면 기저 함숫값은 다음과 같이 행렬로 표시할 수 있다(그림 11–5). 여기에서 중요한 함수는 `np.linalg.lstsq()`이다.

```
In [17]: matrix = np.zeros((3 + 1, len(x)))  ❶
         matrix[3, :] = x ** 3  ❷
         matrix[2, :] = x ** 2  ❷
         matrix[1, :] = x  ❷
         matrix[0, :] = 1  ❷

In [18]: reg = np.linalg.lstsq(matrix.T, f(x), rcond=None)[0]  ❸

In [19]: reg.round(4)  ❹
Out[19]: array([ 0. , 0.5628, -0. , -0.0054])
```

```
In [20]: ry = np.dot(reg, matrix)  ❺

In [21]: create_plot([x, x], [f(x), ry], ['b', 'r.'],
                     ['f(x)', 'regression'], ['x', 'f(x)'])
```

❶ 기저 함숫값(행렬)용 ndarray 객체

❷ 상수부터 3차까지의 기저 함숫값

❸ 회귀분석 단계

❹ 최적 회귀분석 모수

❺ 함수에 대한 회귀분석 추정값

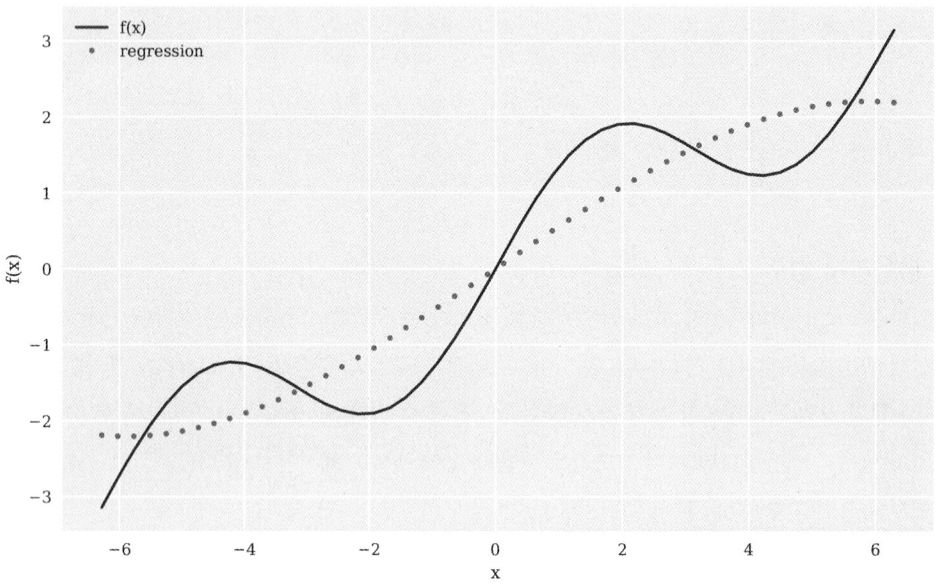

그림 11-5 개별 기저 함수를 사용한 회귀

[그림 11−5]의 결과는 단항식을 이용한 이전의 결과에 비해 나아지지 않았다. 이번에는 예제 함수에 대해 우리가 알고 있는 지식을 사용해보자. 우리는 함수에 sin이 포함되어 있다는 것을 알고 있기 때문에 기저 함수 집합에 사인 함수를 포함할 수 있다. 가장 간단한 방법으로 기저 함수 중 가장 고차인 단항식을 사인 함수로 바꿔보자. 이제는 숫자와 [그림 11−6]이 보여주듯이 회귀 결과가 완벽하다.

```
In [22]: matrix[3, :] = np.sin(x)  ❶

In [23]: reg = np.linalg.lstsq(matrix.T, f(x), rcond=None)[0]

In [24]: reg.round(4)  ❷
Out[24]: array([0. , 0.5, 0. , 1. ])

In [25]: ry = np.dot(reg, matrix)

In [26]: np.allclose(f(x), ry) ❸
Out[26]: True

In [27]: np.mean((f(x) - ry) ** 2)  ❸
Out[27]: 3.404735992885531e-31

In [28]: create_plot([x, x], [f(x), ry], ['b', 'r.'],
                     ['f(x)', 'regression'], ['x', 'f(x)'])
```

❶ 예제 함수에 대한 지식을 이용한 새 기저 함수

❷ 최적 회귀 모숫값이 원래 모숫값과 같다.

❸ 회귀분석 결과가 완벽히 일치한다.

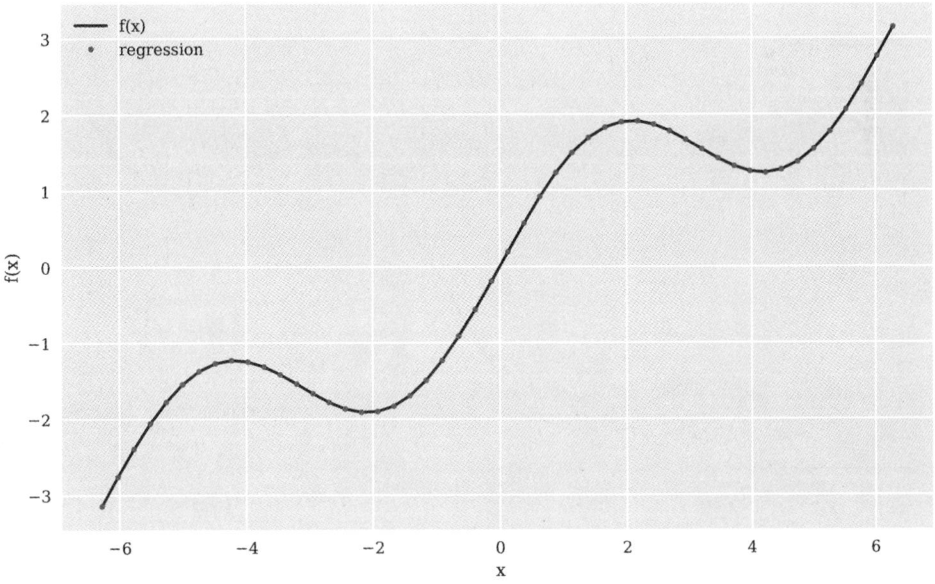

그림 11-6 사인 기저 함수를 사용한 회귀 결과

잡음이 있는 데이터

회귀법은 시뮬레이션뿐만 아니라 부정확한 측정으로 얻은 데이터에도 적용할 수 있다. 설명을 위해 독립 변수와 측정값에 잡음이 있는 데이터를 생성해보자. 계산 방법은 이전과 같다. [그림 11-7]을 보면 회귀 결과가 잡음이 있는 데이터보다는 원래 함수에 더 가까운 형태임을 알 수 있다. 즉, 회귀법은 어느 정도 잡음을 소거하는 특성을 가진다.

```
In [29]: xn = np.linspace(-2 * np.pi, 2 * np.pi, 50)  ❶
         xn = xn + 0.15 * np.random.standard_normal(len(xn))  ❷
         yn = f(xn) + 0.25 * np.random.standard_normal(len(xn))  ❸

In [30]: reg = np.polyfit(xn, yn, 7)
         ry = np.polyval(reg, xn)

In [31]: create_plot([x, x], [f(x), ry], ['b', 'r.'],
                     ['f(x)', 'regression'], ['x', 'f(x)'])
```

❶ 새로운 x값

❷ x값에 잡음 추가

❸ y값에 잡음 추가

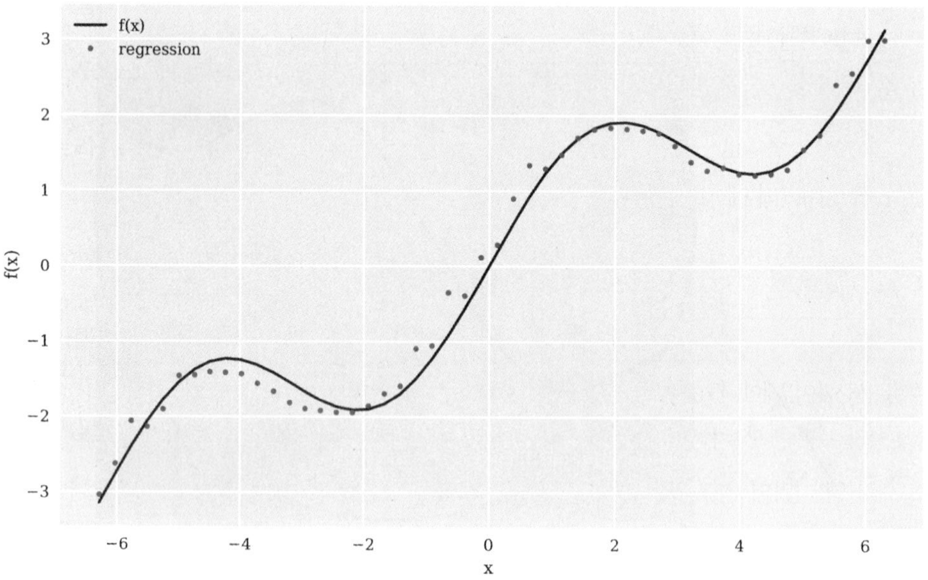

그림 11-7 잡음이 있는 데이터의 회귀 결과

정렬되지 않은 데이터

회귀법의 또 다른 특성은 정렬되지 않은 데이터에도 적용할 수 있다는 점이다. 지금까지의 데이터는 모두 정렬된 x 데이터를 기반으로 하였으나 사실 그럴 필요는 없다. 설명을 위해 독립변수를 다음과 같이 무작위로 생성한다. 이 경우에는 원 자료를 시각화하는 것만으로는 구조를 파악하기가 어렵다.

```
In [32]: xu = np.random.rand(50) * 4 * np.pi - 2 * np.pi  ❶
         yu = f(xu)

In [33]: print(xu[:10].round(2))  ❶
         print(yu[:10].round(2))  ❶
         [-4.17 -0.11 -1.91 2.33 3.34 -0.96 5.81 4.92 -4.56 -5.42]
         [-1.23 -0.17 -1.9 1.89 1.47 -1.29 2.45 1.48 -1.29 -1.95]

In [34]: reg = np.polyfit(xu, yu, 5)
         ry = np.polyval(reg, xu)

In [35]: create_plot([xu, xu], [yu, ry], ['b.', 'ro'],
         ['f(x)', 'regression'], ['x', 'f(x)'])
```

❶ x값 난수화

잡음이 있는 데이터와 마찬가지로 회귀 방법은 관측점의 순서에 영향을 받지 않는다. [수식 11-1] 최적화 문제의 구조를 살펴보면 이 사실이 명확하다. [그림 11-8]의 회귀 결과에서도 이를 확인할 수 있다.

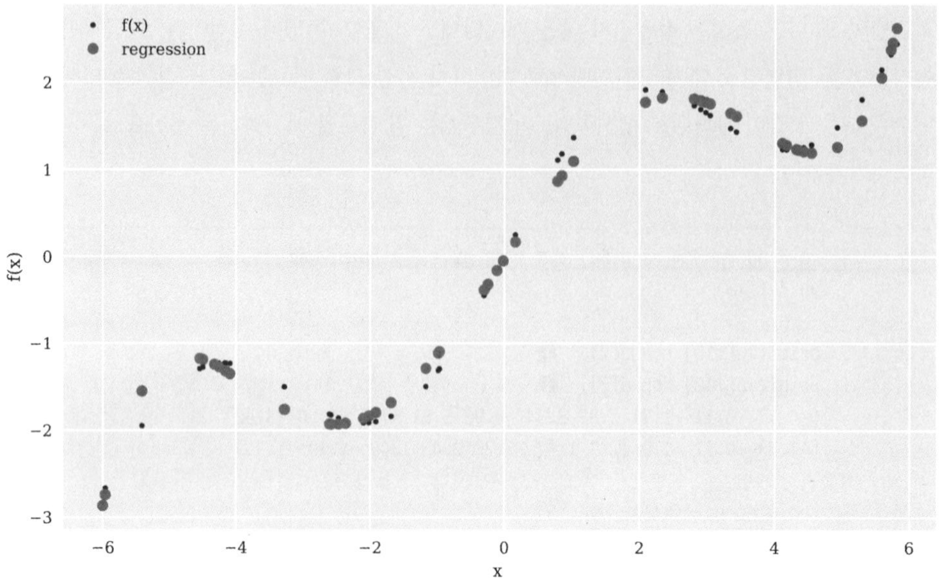

그림 11-8 정렬되지 않은 데이터의 회귀 결과

다차원 데이터

최소 자승 회귀법의 또 다른 장점은 별다른 수정 없이 다차원 데이터에도 쓸 수 있다는 점이다. 예제로 다음과 같은 함수 fm()을 정의한다.

```
In [36]: def fm(p):
             x, y = p
             return np.sin(x) + 0.25 * x + np.sqrt(y) + 0.05 * y ** 2
```

이 함수를 시각화하려면 독립 변수의 2차원 **그리드**grid가 필요하다. 이렇게 X, Y, Z에 들어간 독립 변수와 종속 변수 그리드에 기반하여 [그림 11-9]와 같이 함수 fm()의 형태를 그린다.

```
In [37]: x = np.linspace(0, 10, 20)
         y = np.linspace(0, 10, 20)
         X, Y = np.meshgrid(x, y)  ❶

In [38]: Z = fm((X, Y))
         x = X.flatten()  ❷
```

```
        y = Y.flatten()  ❷

In [39]: from mpl_toolkits.mplot3d import Axes3D  ❸

In [40]: fig = plt.figure(figsize=(10, 6))
         ax = fig.gca(projection='3d')
         surf = ax.plot_surface(X, Y, Z, rstride=2, cstride=2,
                                cmap='coolwarm', linewidth=0.5,
                                antialiased=True)
         ax.set_xlabel('x')
         ax.set_ylabel('y')
         ax.set_zlabel('f(x, y)')
         fig.colorbar(surf, shrink=0.5, aspect=5)
```

❶ 1차원 ndarray 객체에서 2차원 ndarray 객체(그리드)를 생성한다.

❷ 2차원 ndarray 객체를 1차원 ndarray로 만든다.

❸ 3차원 플롯 기능을 임포트한다.

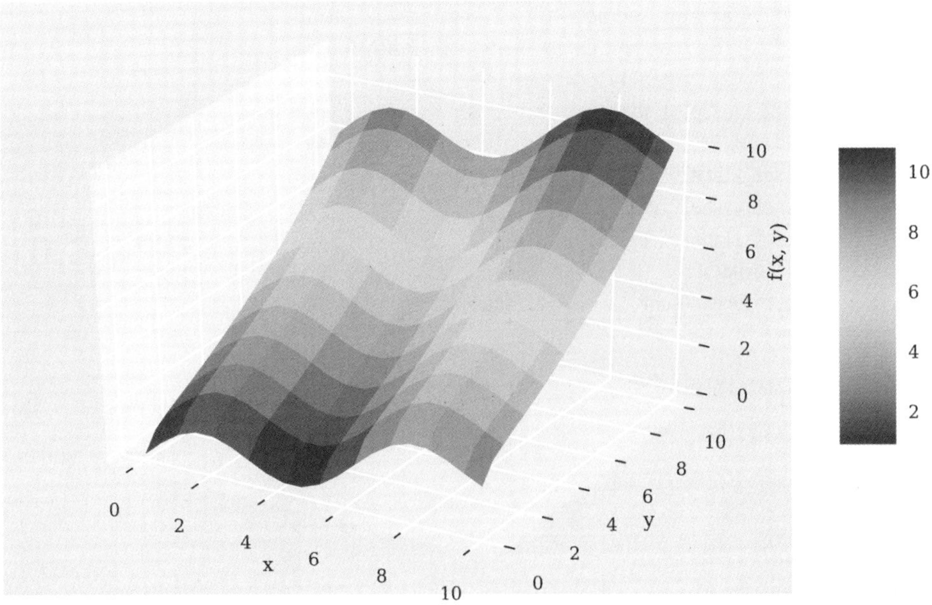

그림 11-9 두 개의 인수를 가진 함수

잘된 회귀 결과를 얻기 위해 우리가 예제 함수 fm()에 대해 알고 있는 정보를 사용하여 np.sin() 함수와 np.sqrt() 함수를 포함하는 기저 함수 집합을 만든다. [그림 11-10]에서 완벽한 회귀 결과를 볼 수 있다.

```
In [41]: matrix = np.zeros((len(x), 6 + 1))
         matrix[:, 6] = np.sqrt(y)  ❶
         matrix[:, 5] = np.sin(x)  ❷
         matrix[:, 4] = y ** 2
         matrix[:, 3] = x ** 2
         matrix[:, 2] = y
         matrix[:, 1] = x
         matrix[:, 0] = 1

In [42]: reg = np.linalg.lstsq(matrix, fm((x, y)), rcond=None)[0]

In [43]: RZ = np.dot(matrix, reg).reshape((20, 20))  ❸

In [44]: fig = plt.figure(figsize=(10, 6))
         ax = fig.gca(projection='3d')
         surf1 = ax.plot_surface(X, Y, Z, rstride=2, cstride=2,
                     cmap=mpl.cm.coolwarm, linewidth=0.5,
                     antialiased=True)  ❹
         surf2 = ax.plot_wireframe(X, Y, RZ, rstride=2, cstride=2,
                                   label='regression')  ❺
         ax.set_xlabel('x')
         ax.set_ylabel('y')
         ax.set_zlabel('f(x, y)')
         ax.legend()
         fig.colorbar(surf, shrink=0.5, aspect=5)
```

❶ y 인수용 np.sqrt() 함수

❷ x 인수용 np.sin() 함수

❸ 회귀분석 결과를 그리드 구조로 변환

❹ 원래 함수 플롯

❺ 회귀분석 결과 플롯

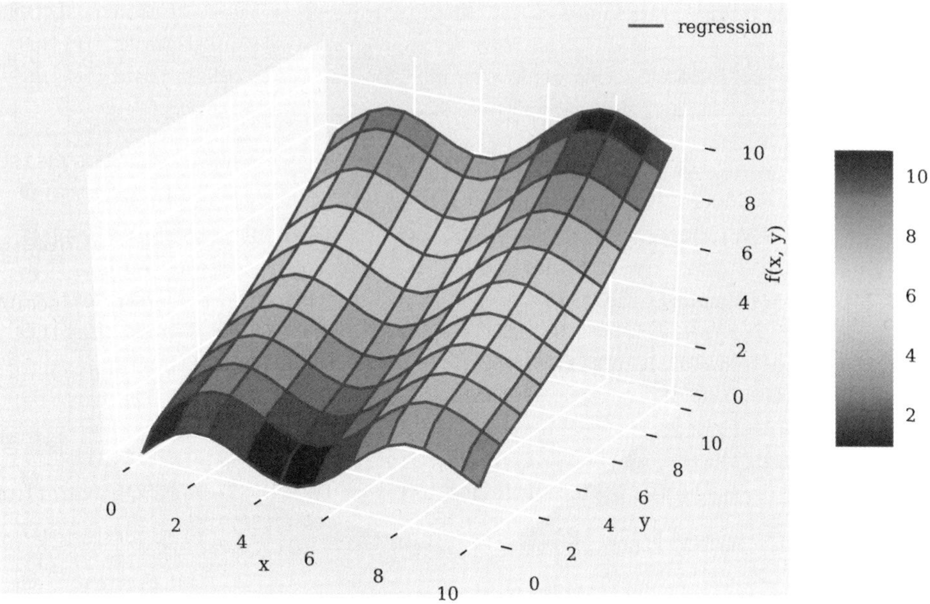

그림 11-10 두 개의 인수를 가진 함수의 회귀 결과

TIP 회귀법

최소 자승 회귀법은 간단한 함수의 근사부터 잡음이 있거나 정렬되지 않은 함수의 근사까지 다양하게 응용할 수 있다. 이 방법은 1차원 함수뿐만 아니라 다차원 함수에도 적용 가능하다. 어디에 응용하든 기저에 깔린 수학적 방법론은 거의 동일하다.

11.1.2 보간법

회귀법과 달리 **보간법**interpolation은 수학적으로 훨씬 더 복잡하고 다차원에 적용하기 어렵다. 보간법은 x 차원의 정렬된 관측점이 주어졌을 때 두 개의 이웃하는 관측점 사이의 자료를 계산하는 보간 함수를 만드는 것이다. 보간 함수는 관측점 자체도 정확하게 재현해야 하고 각 관측점에서 연속 미분 가능한 함수continuously differentiable function여야 한다. 연속 미분 가능하기 위해서는 보간 함수가 최소 3차 이상, 즉 큐빅 스플라인 함수cubic spline function여야 한다. 그러나 이 방법론 자체는 2차 보간 함수나 1차 선형 보간 함수의 경우에도 적용 가능하다. 다음 코드는 선형 스플라인 보간을 구현한 것이다. 결과는 [그림 11-11]에 그렸다.

```
In [45]: import scipy.interpolate as spi ❶

In [46]: x = np.linspace(-2 * np.pi, 2 * np.pi, 25)

In [47]: def f(x):
             return np.sin(x) + 0.5 * x

In [48]: ipo = spi.splrep(x, f(x), k=1) ❷

In [49]: iy = spi.splev(x, ipo) ❸

In [50]: np.allclose(f(x), iy) ❹
Out[50]: True

In [51]: create_plot([x, x], [f(x), iy], ['b', 'ro'],
                     ['f(x)', 'interpolation'], ['x', 'f(x)'])
```

❶ SciPy에서 필요한 서브패키지 임포트

❷ 선형 스플라인 보간 구현

❸ 보간된 값 유도

❹ 보간된 값이 원래 함숫값과 비슷한지 확인

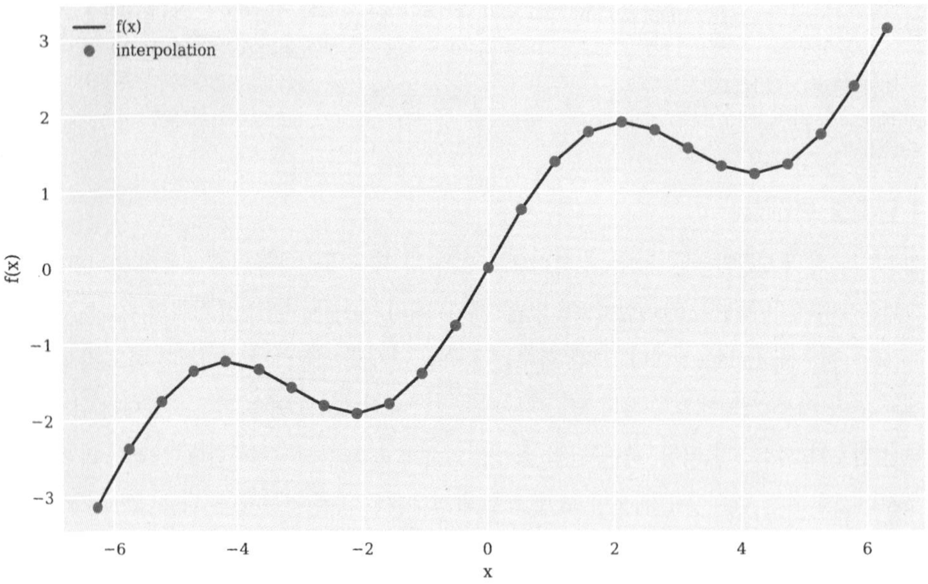

그림 11-11 선형 스플라인 보간(전체 데이터)

보간 방법은 x축 방향으로 정렬된 자료를 사용한다는 점만 빼면 회귀 방법과 유사하다. 다만 여기에서는 polyfit()과 polyval() 함수 대신 splrep()과 splev() 함수를 각각 사용한다. [표 11-2]에 splrep() 함수의 주요 인수를 나열했다.

표 11-2 splrep( ) 함수의 인수

인수	설명
x	(정렬된) x 좌표 (독립 변숫값)
y	(x 방향으로 정렬된) y 좌표 (종속 변숫값)
w	y 좌표에 적용할 가중치
xb, xe	적용 구간, 기본값은 [x[0], x[-1]]
k	스플라인 함수의 차수 ($1 \leq k \leq 5$)
s	스무딩 팩터(숫자가 커질수록 부드러워진다)
full_output	True인 경우 추가적인 출력이 반환된다.
quiet	True면 메시지를 출력하지 않는다.

[표 11-3]에는 splev 함수의 주요 인수를 나열했다.

표 11-3 splev( ) 함수의 인수

인수	설명
x	(정렬된) x 좌표 (독립 변숫값)
tck	splrep 함수가 반환한 (knots, coefficients, degree) 값
der	미분 차수(0이면 함수, 1이면 1차 도함수)
ext	x가 범위 밖인 경우의 행동(0이면 외삽, 1이면 0값, 2이면 ValueError 예외)

스플라인 보간법은 금융 분야에서 독립 변숫값을 관측할 수 없을 경우의 종속 변숫값을 추정할 때 종종 사용된다. 이제 더 작은 구간에서 선형 스플라인을 사용하였을 경우에 보간된 값을 자세히 살펴보자. [그림 11-12]에서는 두 관측점 사이를 선형으로 보간한 경우를 보인다. 응용 분야에 따라서는 이 정도의 정확도로 부족할 수 있다. 또 보간된 함수가 관측점 위치에서 연속

미분이 아니라는 점도 명확하다.

```
In [52]: xd = np.linspace(1.0, 3.0, 50)  ❶
         iyd = spi.splev(xd, ipo)

In [53]: create_plot([xd, xd], [f(xd), iyd], ['b', 'ro'],
                     ['f(x)', 'interpolation'], ['x', 'f(x)'])
```

❶ 구간의 수를 늘리고 간격을 더 작게 한다.

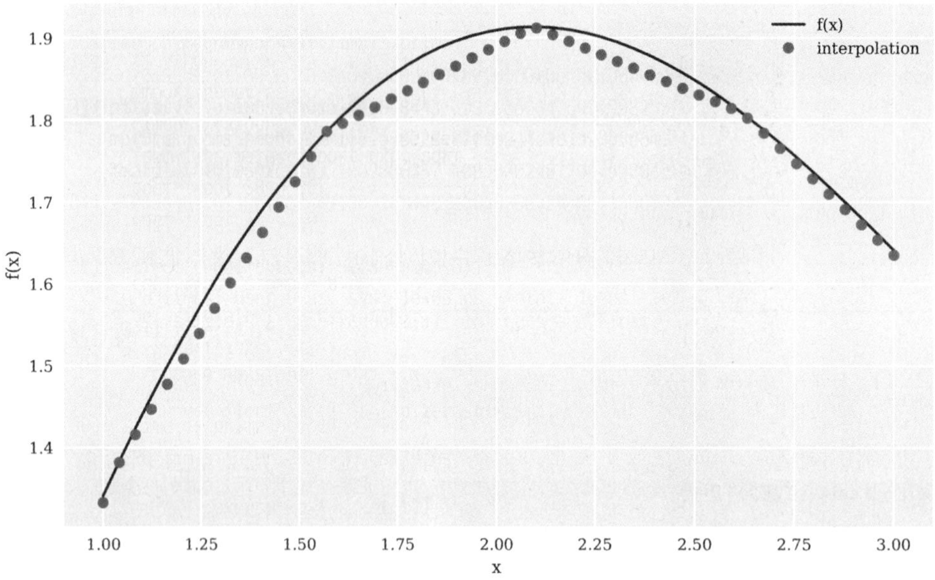

그림 11-12 선형 스플라인 보간(일부 데이터)

이번에는 3차 큐빅 스플라인을 사용하여 예제를 다시 풀어보자(그림 11-13).

```
In [54]: ipo = spi.splrep(x, f(x), k=3)  ❶
         iyd = spi.splev(xd, ipo)  ❷

In [55]: np.allclose(f(xd), iyd)  ❸
Out[55]: False

In [56]: np.mean((f(xd) - iyd) ** 2)  ❹
Out[56]: 1.1349319851436892e-08
```

```
In [57]: create_plot([xd, xd], [f(xd), iyd], ['b', 'ro'],
                     ['f(x)', 'interpolation'], ['x', 'f(x)'])
```

❶ 전체 데이터에 대한 3차 스플라인 보간

❷ 더 작은 구간에 대해 결과 적용

❸ 보간 결과가 완벽하지는 않다.

❹ 하지만 이전보다 개선되었다.

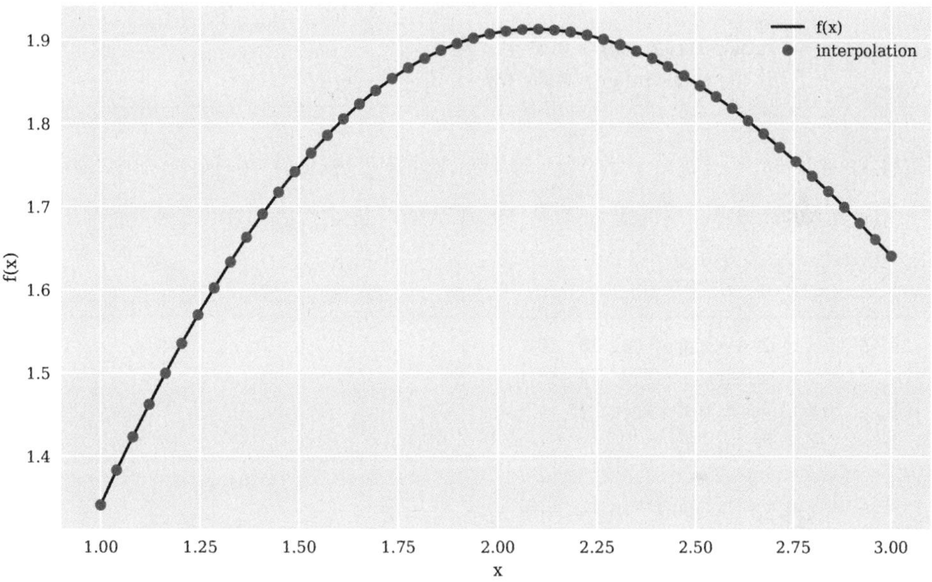

그림 11-13 3차 스플라인 보간(일부 데이터)

> **TIP 보간법**
>
> 스플라인 보간법을 적용하면 최소 자승 회귀법보다 더 정확한 근사 결과를 얻을 수 있다. 그러나 보간법을 사용하려면 데이터가 정렬되어 있어야 하고 잡음이 없어야 하며 다차원 문제에는 적용할 수 없다. 또한 계산량이 더 많기 때문에 어떤 경우에는 회귀법보다 훨씬 계산 시간이 오래 걸릴 수 있다.

11.2 최적화

금융이나 경제 분야에서는 **최적화**convex optimization가 중요한 역할을 한다. 예를 들면 옵션 가격 계산을 위해 시장 데이터를 기반으로 인수 교정calibration을 하거나 대리인의 효용 함수를 최적화하는 경우 등이다.

우리가 최적화하려는 함수의 예로 다음과 같이 정의된 함수 fm()이 있다고 하자.

```
In [58]: def fm(p):
             x, y = p
             return (np.sin(x) + 0.05 * x ** 2
                   + np.sin(y) + 0.05 * y ** 2)
```

[그림 11-14]에서 주어진 x, y 구간에서의 함수 형태를 볼 수 있다. 여기서 이 함수가 여러 개의 국소 최소점이 있다는 것을 알 수 있다. 이 그림만으로는 전역 최소점이 존재하는지 알기 힘들지만 존재하는 것처럼 보인다.

```
In [59]: x = np.linspace(-10, 10, 50)
         y = np.linspace(-10, 10, 50)
         X, Y = np.meshgrid(x, y)
         Z = fm((X, Y))

In [60]: fig = plt.figure(figsize=(10, 6))
         ax = fig.gca(projection='3d')
         surf = ax.plot_surface(X, Y, Z, rstride=2, cstride=2,
                                cmap='coolwarm', linewidth=0.5,
                                antialiased=True)
         ax.set_xlabel('x')
         ax.set_ylabel('y')
         ax.set_zlabel('f(x, y)')
         fig.colorbar(surf, shrink=0.5, aspect=5)
```

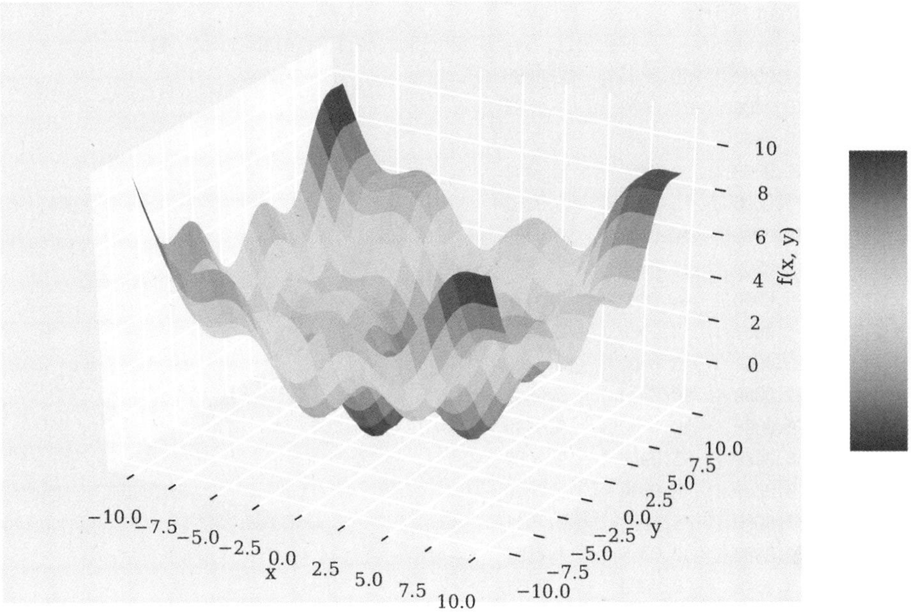

그림 11-14 선형 스플라인 보간 결과

11.2.1 전역 최적화

이제 전역 최소화 방법과 국소 최소화 방법을 구현해보자. 우리가 사용할 함수 sco.brute()와 sco.fmin()은 SciPy 라이브러리의 하위 라이브러리인 scipy.optimize에 있다.

최적화 과정을 수행할 때 일어나는 일들을 더 자세히 살펴보기 위해 인숫값과 함숫값을 출력하도록 원래의 함수를 고친다. 이제 다음 코드에서 보듯이 최적화 과정에서 발생하는 일들을 추적할 수 있게 되었다.

```
In [61]: import scipy.optimize as sco  ❶

In [62]: def fo(p):
             x, y = p
             z = np.sin(x) + 0.05 * x ** 2 + np.sin(y) + 0.05 * y ** 2
             if output == True:
                 print('%8.4f | %8.4f | %8.4f' % (x, y, z))  ❷
             return z
```

```
In [63]: output = True
         sco.brute(fo, ((-10, 10.1, 5), (-10, 10.1, 5)), finish=None)  ❸
         -10.0000 ¦ -10.0000 ¦  11.0880
         -10.0000 ¦ -10.0000 ¦  11.0880
         -10.0000 ¦  -5.0000 ¦   7.7529
         -10.0000 ¦   0.0000 ¦   5.5440
         -10.0000 ¦   5.0000 ¦   5.8351
         -10.0000 ¦  10.0000 ¦  10.0000
          -5.0000 ¦ -10.0000 ¦   7.7529
          -5.0000 ¦  -5.0000 ¦   4.4178
          -5.0000 ¦   0.0000 ¦   2.2089
          -5.0000 ¦   5.0000 ¦   2.5000
          -5.0000 ¦  10.0000 ¦   6.6649
           0.0000 ¦ -10.0000 ¦   5.5440
           0.0000 ¦  -5.0000 ¦   2.2089
           0.0000 ¦   0.0000 ¦   0.0000
           0.0000 ¦   5.0000 ¦   0.2911
           0.0000 ¦  10.0000 ¦   4.4560
           5.0000 ¦ -10.0000 ¦   5.8351
           5.0000 ¦  -5.0000 ¦   2.5000
           5.0000 ¦   0.0000 ¦   0.2911
           5.0000 ¦   5.0000 ¦   0.5822
           5.0000 ¦  10.0000 ¦   4.7471
          10.0000 ¦ -10.0000 ¦  10.0000
          10.0000 ¦  -5.0000 ¦   6.6649
          10.0000 ¦   0.0000 ¦   4.4560
          10.0000 ¦   5.0000 ¦   4.7471
          10.0000 ¦  10.0000 ¦   8.9120
Out[63]: array([0., 0.])
```

❶ SciPy에서 필요한 서브패키지 임포트

❷ output = True로 하여 정보 출력

❸ 최적화

이 결과에 따르면 최적 인숫값은 x = y = 0이고 이때의 함숫값은 0이다. 이 값이 전역 최소점처럼 보인다. 하지만 여기에서는 각 인숫값에 대한 조사 간격을 5로 느슨하게 사용했다. 이 값을 조정하면 더 자세히 조사할 수 있다. 다음 코드에서 이전의 결과가 최적해가 아님을 보여준다.

```
In [64]: output = False
         opt1 = sco.brute(fo, ((-10, 10.1, 0.1), (-10, 10.1, 0.1)), finish=None)
```

```
In [65]: opt1
Out[65]: array([-1.4, -1.4])

In [66]: fm(opt1)
Out[66]: -1.7748994599769203
```

이제 최적 인숫값은 x = y = -1.4고 전역 최소화 지점에서의 함숫값은 −1.7749다.

11.2.2 국소 최적화

방금 구한 전역 최적화 결과를 기반으로 국소 최적화를 진행하고자 한다. 함수 sco.fmin()은 최소화하려는 함수와 시작 인숫값을 입력으로 받는다. 추가로 인수나 함숫값의 허용오차 수준을 정의하거나 반복 계산 최대 횟수를 정할 수도 있다. 국소 최적화는 결과를 개선해준다.

```
In [67]: output = True
         opt2 = sco.fmin(fo, opt1, xtol=0.001, ftol=0.001,
                         maxiter=15, maxfun=20) ❶
           -1.4000 ¦ -1.4000 ¦ -1.7749
           -1.4700 ¦ -1.4000 ¦ -1.7743
           -1.4000 ¦ -1.4700 ¦ -1.7743
           -1.3300 ¦ -1.4700 ¦ -1.7696
           -1.4350 ¦ -1.4175 ¦ -1.7756
           -1.4350 ¦ -1.3475 ¦ -1.7722
           -1.4088 ¦ -1.4394 ¦ -1.7755
           -1.4438 ¦ -1.4569 ¦ -1.7751
           -1.4328 ¦ -1.4427 ¦ -1.7756
           -1.4591 ¦ -1.4208 ¦ -1.7752
           -1.4213 ¦ -1.4347 ¦ -1.7757
           -1.4235 ¦ -1.4096 ¦ -1.7755
           -1.4305 ¦ -1.4344 ¦ -1.7757
           -1.4168 ¦ -1.4516 ¦ -1.7753
           -1.4305 ¦ -1.4260 ¦ -1.7757
           -1.4396 ¦ -1.4257 ¦ -1.7756
           -1.4259 ¦ -1.4325 ¦ -1.7757
           -1.4259 ¦ -1.4241 ¦ -1.7757
           -1.4304 ¦ -1.4177 ¦ -1.7757
           -1.4270 ¦ -1.4288 ¦ -1.7757
          Warning: Maximum number of function evaluations has been exceeded.
```

```
In [68]: opt2
Out[68]: array([-1.42702972, -1.42876755])

In [69]: fm(opt2)
Out[69]: -1.7757246992239009
```

❶ 국소 최적화

대부분의 최적화 문제에서 국소 최솟값을 구하기 전에 전역 최소화를 할 것을 권장한다. 그 이유는 국소 최소화 알고리즘이 일단 어떤 국소 최소점에 빠져버리게 되면 더 나은 국소 최솟값이나 전역 최솟값을 찾아내지 못하기 때문이다. 다음 예는 시작 인숫값을 x = y = 2로 하는 경우에 찾아낸 최솟값이 0보다 커지는 것을 보여준다.

```
In [70]: output = False
         sco.fmin(fo, (2.0, 2.0), maxiter=250)
         Optimization terminated successfully.
                  Current function value: 0.015826
                  Iterations: 46
                  Function evaluations: 86
Out[70]: array([4.2710728 , 4.27106945])
```

11.2.3 제약 조건이 있는 최적화

지금까지는 제약 조건이 없는 최적화 문제를 고려했다. 그러나 경제 혹은 금융 관련 최적화 문제는 한 개 이상의 제약 조건을 가지는 경우가 많다. 이러한 제약 조건들은 등식이나 부등식의 형태로 주어진다.

간단한 예로 두 개의 위험 주식에 투자하는 투자자의 기대 효용함수를 최대화하는 효용함수 최대화 문제를 생각해보자. 두 위험 주식은 모두 현재 시점에 $q_a = q_b = 10$달러의 비용을 요구한다. 1년 후 이 주식들은 상태 u에서는 각각 15달러와 5달러의 가치를, 상태 d에서는 각각 5달러와 12달러의 가치를 가진다. 각 상태가 나올 확률은 같다. 두 경우의 주식 가치를 벡터로 표시한 값을 각각 r_a와 r_b라고 하자.

투자자가 가지고 있는 예산은 $w_0 = 100$달러고 미래의 주식 가치에서 얻을 수 있는 효용은 효용함수 $u(w)=\sqrt{w}$ 로 표시한다. 여기에서 w는 달러로 표시된 미래의 자산 가치의 합이다. [수식 11-2]는 이 문제를 최대화 문제 형태로 나타낸 것으로 a, b는 각 주식의 보유 주식 수다.

수식 11-2 기대 효용 최대화 문제 (1)

$$\begin{aligned} \max_{a,b} \mathbf{E}\left(u\left(w_1\right)\right) &= p\sqrt{w_{1u}} + (1-p)\sqrt{w_{1d}} \\ w_1 &= a \cdot r_a + b \cdot r_b \\ w_0 &\geq a \cdot q_a + b \cdot q_b \\ a, b &\geq 0 \end{aligned}$$

주어진 수치 가정을 사용하면 앞의 문제는 [수식 11-3]과 같아진다. 기대 효용함수의 부호를 반대로 하여 최소화 문제로 만들었다.

수식 11-3 기대 효용 최대화 문제 (2)

$$\begin{aligned} \min_{a,b} -\mathbf{E}\left(u\left(w_1\right)\right) &= -\left(0.5 \cdot \sqrt{w_{1u}} + 0.5 \cdot \sqrt{w_{1d}}\right) \\ w_{1u} &= a \cdot 15 + b \cdot 5 \\ w_{1d} &= a \cdot 5 + b \cdot 12 \\ 100 &\geq a \cdot 10 + b \cdot 10 \\ a,b &\geq 0 \end{aligned}$$

이 문제를 푸는 데는 `scipy.optimize.minimize()` 함수를 사용한다. 이 함수는 최소화하고자 하는 함수와 제약 조건이 되는 등식, 부등식을 사전 객체를 원소로 가지는 리스트 객체 형태로 받고, 인수의 범위를 튜플 객체를 원소로 가지는 튜플 객체 형태로 받는다.[1] [수식 11-3]은 다음과 같은 코드로 바꿀 수 있다.

```
In [71]: import math
In [72]: def Eu(p): ❶
             s, b = p
             return -(0.5 * math.sqrt(s * 15 + b * 5) +
                      0.5 * math.sqrt(s * 5 + b * 12))
```

1 minimize 함수의 자세한 사용법은 이 문서를 참조한다. *http://bit.ly/using_minimize*

```
In [73]: cons = ({'type': 'ineq',
                  'fun': lambda p: 100 - p[0] * 10 - p[1] * 10}) ❷

In [74]: bnds = ((0, 1000), (0, 1000))  ❸

In [75]: result = sco.minimize(Eu, [5, 5], method='SLSQP',
                               bounds=bnds, constraints=cons)  ❹
```

❶ 기대 효용을 최대화하기 위해 최소화하는 함수

❷ dict 객체 형태의 부등식 제한 조건

❸ 경계 조건 인수

❹ 제약 조건이 있는 최적화

result 객체는 모든 관련 정보를 담고 있다. 최소화 함숫값을 얻으려면 부호를 반대로 해야 한다.

```
In [76]: result
Out[76]:      fun: -9.700883611487832
              jac: array([-0.48508096, -0.48489535])
          message: 'Optimization terminated successfully'
             nfev: 16
              nit: 5
             njev: 5
           status: 0
          success: True
                x: array([8.02547122, 1.97452878])

In [77]: result['x']  ❶
Out[77]: array([8.02547122, 1.97452878])

In [78]: -result['fun']  ❷
Out[78]: 9.700883611487832

In [79]: np.dot(result['x'], [10, 10])  ❸
Out[79]: 99.99999999999999
```

❶ 최적 인숫값 (최적 포트폴리오)

❷ 최적해의 음수 값

❸ 예산 제약 조건에 걸려서 모든 자산이 투자된다.

11.3 적분

특히 가치 평가나 옵션 가격결정에서 적분은 중요한 수학 도구다. 파생상품의 위험 중립 가치는 일반적으로 위험 중립 척도하에서 최종 가치를 할인한 값의 기댓값으로 표현된다. 기댓값은 이산 확률 문자에서는 합계로 계산하고, 연속 확률 문제에서는 적분 문제가 된다. `scipy.integrate` 라이브러리는 여러 가지 수치적분 계산을 위한 다양한 함수를 제공한다. 예제 함수는 근사화에서 사용한 것이다.

```
In [80]: import scipy.integrate as sci

In [81]: def f(x):
             return np.sin(x) + 0.5 * x
```

적분 구간은 `[0.5, 9.5]`고 [수식 11-4]의 정적분이다.

수식 11-4 예제 함수 적분

$$\int_{0.5}^{9.5} f(x)dx = \int_{0.5}^{9.5} \sin(x) + \frac{x}{2} dx$$

다음 코드는 적분을 계산하기 위한 파이썬 객체들을 정의한다.

```
In [82]: x = np.linspace(0, 10)
         y = f(x)
         a = 0.5  ❶
         b = 9.5  ❷
         Ix = np.linspace(a, b)  ❸
         Iy = f(Ix)  ❹
```

❶ 좌측 적분 극한

❷ 우측 적분 극한

❸ 적분 구간값

❹ 적분 함숫값

```
In [83]: from matplotlib.patches import Polygon

In [84]: fig, ax = plt.subplots(figsize=(10, 6))
         plt.plot(x, y, 'b', linewidth=2)
         plt.ylim(bottom=0)
         Ix = np.linspace(a, b)
         Iy = f(Ix)
         verts = [(a, 0)] + list(zip(Ix, Iy)) + [(b, 0)]
         poly = Polygon(verts, facecolor='0.7', edgecolor='0.5')
         ax.add_patch(poly)
         plt.text(0.75 * (a + b), 1.5, r"$Äint_a^b f(x)dx$",
                  horizontalalignment='center', fontsize=20)
         plt.figtext(0.9, 0.075, '$x$')
         plt.figtext(0.075, 0.9, '$f(x)$')
         ax.set_xticks((a, b))
         ax.set_xticklabels(('$a$', '$b$'))
         ax.set_yticks([f(a), f(b)]);
```

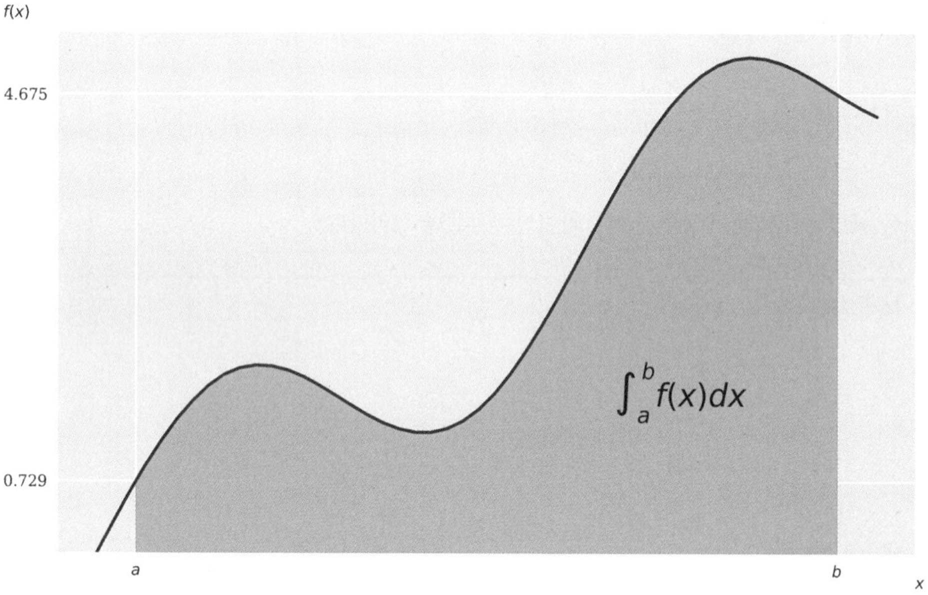

그림 11-15 함수의 적분값을 회색 면적으로 시각화[2]

2 이런 유형의 플롯에 대해서는 7장을 참조한다.

11.3.1 수치적분

scipy.integrate 서브패키지는 주어진 수학 함수를 구간 내에서 수치적으로 정적분하기 위한 다양한 함수를 가지고 있다. 예를 들어 sci.fixed_quad() 함수는 **가우스 구적법**fixed Gaussian quadrature을, sci.quad() 함수는 **적응 구적법**adaptive quadrature을, sci.romberg() 함수는 **롬베르크 적분법**Romberg integration을 사용하여 정적분값을 계산한다.

```
In [85]: sci.fixed_quad(f, a, b)[0]
Out[85]: 24.366995967084602

In [86]: sci.quad(f, a, b)[0]
Out[86]: 24.374754718086752

In [87]: sci.romberg(f, a, b)
Out[87]: 24.374754718086713
```

list나 ndarray 객체를 통해 함숫값을 입력받는 정적분 함수도 있다. 예를 들어 **사다리꼴법**trapezoidal rule을 사용하는 sci.trapz() 함수, **심슨 방법**Simpson's rule을 사용하는 sci.simps() 함수 등이다.

```
In [88]: xi = np.linspace(0.5, 9.5, 25)

In [89]: sci.trapz(f(xi), xi)
Out[89]: 24.352733271544516

In [90]: sci.simps(f(xi), xi)
Out[90]: 24.37496418455075
```

11.3.2 시뮬레이션을 사용한 적분 계산

몬테카를로 시뮬레이션으로 옵션과 파생상품의 가치를 평가(12장 참조)하는 것은 시뮬레이션으로 정적분을 계산할 수 있기 때문이다. 정적분 구간 사이에 있는 임의의 x값들을 생성하여 이 값들에 대해 함숫값을 계산하고 이들의 평균값을 구하면 적분 구간에 대한 함수의 평균값을 구한 것과 같다. 이 평균값을 적분 구간의 길이와 곱하여 적분 구간에 대한 정적분값을 추정한다.

다음 코드는 몬테카를로 시뮬레이션에서 사용한 난수 x값의 개수가 증가할수록 몬테카를로 시뮬레이션으로 추정한 적분값이 실제 적분값으로 (단조감소하지는 않지만) 수렴하는 것을 알 수 있다. 사실 난수의 개수가 크지 않아도 추정치는 충분히 정답에 가까워진다.

```
In [91]: for i in range(1, 20):
             np.random.seed(1000)
             x = np.random.random(i * 10) * (b - a) + a  ❶
             print(np.mean(f(x)) * (b - a))
         24.804762279331463
         26.522918898332378
         26.265547519223976
         26.02770339943824
         24.99954181440844
         23.881810141621663
         23.527912274843253
         23.507857658961207
         23.67236746066989
         23.679410416062886
         24.424401707879305
         24.239005346819056
         24.115396924962802
         24.424191987566726
         23.924933080533783
         24.19484212027875
         24.117348378249833
         24.100690929662274
         23.76905109847816
```

❶ 반복할 때마다 난수 x값의 개수가 증가

11.4 심볼릭 연산

이전 절에서는 주로 수치 계산을 다루었다면 이번 절에서는 금융공학의 다양한 분야에 응용 가능한 **심볼릭**symbolic **연산**을 소개한다. 이를 위해 SymPy라는 심볼릭 연산용 라이브러리가 사용된다.

11.4.1 심볼릭 연산 기초

SymPy는 몇 가지 새로운 객체 클래스를 도입한다. 가장 기본적인 클래스는 Symbol 클래스다.

```
In [92]: import sympy as sy

In [93]: x = sy.Symbol('x')  ❶
         y = sy.Symbol('y')  ❶

In [94]: type(x)
Out[94]: sympy.core.symbol.Symbol

In [95]: sy.sqrt(x)  ❷
Out[95]: sqrt(x)

In [96]: 3 + sy.sqrt(x) - 4 ** 2  ❸
Out[96]: sqrt(x) - 13

In [97]: f = x ** 2 + 3 + 0.5 * x ** 2 + 3 / 2  ❹

In [98]: sy.simplify(f)  ❺
Out[98]: 1.5*x**2 + 4.5
```

❶ 작업할 심볼 정의

❷ 심볼에 함수 적용

❸ 심볼을 사용한 수치 표현식

❹ 심볼로 정의된 함수

❺ 단순화한 함수

이 코드는 지금까지의 계산과 큰 차이를 보인다. x는 특정한 수칫값이 없지만 Symbol 객체이기 때문에 SymPy를 쓰면 x의 제곱근을 정의할 수 있다. 즉, sy.sqrt(x)는 수학식의 일부가 될 수 있다. SymPy는 수학식을 자동으로 단순화한다. 같은 방법으로 Symbol 객체를 사용하여 임의의 함수도 정의할 수 있다. 이 함수를 파이썬 함수와 혼동하면 안 된다.

SymPy는 수학식을 세 가지 형태로 표현한다.

- 레이텍 기반
- 유니코드 기반
- 아스키 기반

예를 들어 IPython 노트북에서는 레이텍 표현이 시각적으로 좋은 선택이다. 여기에서는 별도의 출력 기법을 쓰지 않는 가장 단순한 방식인 아스키 방식을 사용하겠다.

```
In [99]: sy.init_printing(pretty_print=False, use_unicode=False)

In [100]: print(sy.pretty(f))
               2
          1.5*x  + 4.5

In [101]: print(sy.pretty(sy.sqrt(x) + 0.5))
            ___
          \/ x  + 0.5
```

여기에서 더 이상 자세히 나가지는 않겠다. SymPy는 이외에도 다양한 함수를 제공한다. 예를 들어 π를 수치적으로 계산할 수도 있다. 다음 코드는 π를 400,000 자릿수까지의 문자열로 나타낸 뒤 앞 40자리를 표시한다. 원한다면 이 숫자 중에 자신의 생일이 있는지 조사할 수도 있다.

```
In [102]: %time pi_str = str(sy.N(sy.pi, 400000)) ❶
          CPU times: user 400 ms, sys: 10.9 ms, total: 411 ms
          Wall time: 501 ms

In [103]: pi_str[:42] ❷
Out[103]: '3.1415926535897932384626433832795028841971'

In [104]: pi_str[-40:] ❸
Out[104]: '8245672736856312185020980470362464176198'

In [105]: %time pi_str.find('061072') ❹
          CPU times: user 115 µs, sys: 1e+03 ns, total: 116 µs
          Wall time: 120 µs
Out[105]: 80847
```

❶ π의 400,000 자릿수에 대한 문자열 반환

❷ 처음 40자리

❸ 마지막 40자리

❹ 생년월일 문자열 검색

11.4.2 방정식

SymPy의 장점은 $x^2 - 1 = 0$과 같은 방정식을 풀 수 있다는 점이다. 보통 SymPy는 주어진 수식이 0일 때의 방정식을 대상으로 해를 찾는다. 따라서 $x^2 - 1 = 3$과 같은 방정식을 구하려면 다음과 같이 풀어야 한다. 물론 SymPy는 $x^3 + 0.5x^2 - 1 = 0$ 같이 훨씬 더 복잡한 수식도 풀 수 있다. SymPy는 복수 개의 인자를 가진 함수나 복소수도 다룰 수 있다. 예를 들어 $x^2 + y^2 = 0$과 같은 방정식도 풀 수 있다.

```
In [106]: sy.solve(x ** 2 - 1)
Out[106]: [-1, 1]

In [107]: sy.solve(x ** 2 - 1 - 3)
Out[107]: [-2, 2]

In [108]: sy.solve(x ** 3 + 0.5 * x ** 2 - 1)
Out[108]: [0.858094329496553, -0.679047164748276 - 0.839206763026694*I,
           -0.679047164748276 + 0.839206763026694*I]

In [109]: sy.solve(x ** 2 + y ** 2)
Out[109]: [{x: -I*y}, {x: I*y}]
```

11.4.3 적분

SymPy의 또 다른 장점은 적분과 미분이 가능하다는 점이다. 수치적분과 시뮬레이션 적분에서 사용한 예제 함수를 다시 사용하여 이번에는 심볼릭 연산 결과와 수치적으로 정확한 값을 유도한다. 우선 적분 구간에 대한 심볼이 필요하다.

```
In [110]: a, b = sy.symbols('a b')  ❶

In [111]: I = sy.Integral(sy.sin(x) + 0.5 * x, (x, a, b))  ❷

In [112]: print(sy.pretty(I))  ❷
            b
            /
           |
           |  (0.5*x + sin(x)) dx
           |
          /
          a
```

```
In [113]: int_func = sy.integrate(sy.sin(x) + 0.5 * x, x)  ❸

In [114]: print(sy.pretty(int_func))  ❸
                2
          0.25*x  - cos(x)

In [115]: Fb = int_func.subs(x, 9.5).evalf()  ❹
          Fa = int_func.subs(x, 0.5).evalf()  ❹

In [116]: Fb - Fa  ❺
Out[116]: 24.3747547180867
```

❶ 적분 구간용 심볼 객체

❷ 적분 객체 정의와 출력

❸ 부정적분 유도 및 출력

❹ .subs() 메서드와 .evalf() 메서드로 극한값 계산

❺ 적분의 수칫값

이 적분은 심볼릭 정적분을 사용하여 풀 수도 있다.

```
In [117]: int_func_limits = sy.integrate(sy.sin(x) + 0.5 * x, (x, a, b))  ❶

In [118]: print(sy.pretty(int_func_limits))  ❶
                  2         2
          - 0.25*a  + 0.25*b  + cos(a) - cos(b)

In [119]: int_func_limits.subs({a : 0.5, b : 9.5}).evalf()  ❷
Out[119]: 24.3747547180868

In [120]: sy.integrate(sy.sin(x) + 0.5 * x, (x, 0.5, 9.5))  ❸
Out[120]: 24.3747547180867
```

❶ 심볼릭 적분 연산

❷ dict 객체와 대치를 사용한 수치적 적분 연산

❸ 한 번에 수치적으로 적분 연산

11.4.4 미분

부정적분 함수를 다시 미분하면 원래의 함수가 된다. 심볼릭 부정적분으로 구한 결과에 sy.diff() 함수를 적용하여 이를 확인해보자.

```
In [121]: int_func.diff()
Out[121]: 0.5*x + sin(x)
```

미분을 사용하여 이전에 살펴본 최적화 문제의 정확한 해를 유도하고자 한다. 이를 위해 해당 함수를 다음과 같이 심볼릭 정의하고 편미분을 유도한 뒤 해를 찾는다.

전역 최소화를 위한 필요조건은 두 개의 편미분값이 모두 0이 되어야 한다는 것이다. 아까 살펴본 바와 같이 알고리즘적으로나 수학 원리적으로 심볼릭 해가 존재한다는 보장은 없다. 그러나 이전에 최적화 문제에서 나온 결과를 시작점으로 두 방정식을 수치적으로 풀 수는 있다.

```
In [122]: f = (sy.sin(x) + 0.05 * x ** 2
               + sy.sin(y) + 0.05 * y ** 2)  ❶

In [123]: del_x = sy.diff(f, x)   ❷
          del_x  ❷
Out[123]: 0.1*x + cos(x)

In [124]: del_y = sy.diff(f, y)  ❷
          del_y  ❷
Out[124]: 0.1*y + cos(y)

In [125]: xo = sy.nsolve(del_x, -1.5)  ❸
          xo  ❸
Out[125]: -1.42755177876459

In [126]: yo = sy.nsolve(del_y, -1.5)  ❸
          yo  ❸
Out[126]: -1.42755177876459

In [127]: f.subs({x : xo, y : yo}).evalf()  ❹
Out[127]: -1.77572565314742
```

❶ 함수의 심볼릭 버전

❷ 두 개의 편미분을 유도하고 출력

❸ 해에 대한 초깃값과 결과로 나온 최적값

❹ 전역 최소점의 함숫값

만약 우리가 이러한 값을 이용하지 않고 임의의 값을 시작점으로 사용하면 전역 최소점이 아닌 국소 최소점에 빠질 수도 있다.

```
In [128]: xo = sy.nsolve(del_x, 1.5)  ❶
          xo
Out[128]: 1.74632928225285

In [129]: yo = sy.nsolve(del_y, 1.5)  ❶
          yo
Out[129]: 1.74632928225285

In [130]: f.subs({x : xo, y : yo}).evalf()  ❷
Out[130]: 2.27423381055640
```

❶ 해에 대한 임의의 초깃값

❷ 국소 최소점의 함숫값

이 결과는 편미분값이 0인 조건이 필요조건이지만 충분조건은 아님을 보여준다.

> **TIP 심볼릭 연산**
>
> 파이썬으로 수학을 풀이할 때는 항상 SymPy를 사용한 심볼릭 연산을 염두에 두어야 한다. 특히 상호대화형 금융 분석 시에는 심볼릭 연산이 훨씬 효율적인 방식일 수 있다.

11.5 마치며

이 장에서는 금융과 관련된 몇 가지 수학적인 주제와 도구를 다루었다. 예를 들어 함수 근사는 이자율 곡선 보간이나 아메리칸 옵션 가치 계산을 위한 회귀 기반 몬테카를로 분석 등의 여러 가지 금융 분야에서 중요하다. 최적화 기법도 금융 분야에서 자주 사용된다. 예를 들면 옵션 가격결정 모형의 인자들을 시장 호가나 내재 변동성 등에 맞추는 경우 최적화가 사용된다.

수치적분은 옵션 및 파생상품의 가격결정 시 빠질 수 없는 요소다. 옵션 가치 계산은 확률 프로세스의 위험 중립 확률 측도를 구한 다음, 단순히 옵션의 최종 가치를 그 확률 척도하에 현재가로 할인하여 기대치를 구하는 것일 뿐이다. 12장에서는 몇 가지 유형의 확률 프로세스를 위험 중립 척도에서 시뮬레이션하는 것을 다룬다.

마지막으로 SymPy를 사용한 심볼릭 연산을 소개했다. 적분, 미분, 방정식과 같은 다양한 수학 연산에서 심볼릭 연산은 아주 유용하고 효율적인 도구가 될 수 있다.

11.6 참고 문헌

이 장에서 사용한 파이썬 라이브러리에 대한 추가 정보는 다음 웹사이트에서 찾을 수 있다.

- 이 장에서 사용된 NumPy 함수에 대해서는 NumPy 도서를 참고하기 바란다(*http://docs.scipy.org/doc/numpy/reference/*).
- 최적화와 수치해를 찾는 문제는 SciPy 문서 중 scipy.optimize를 참고하기 바란다(*http://docs.scipy.org/doc/scipy/reference/optimize.html*).
- scipy.integrate를 사용한 적분은 "Integration and ODEs"를 참고하기 바란다(*http://docs.scipy.org/doc/scipy/reference/integrate.html*).
- SymPy 웹사이트(*http://sympy.org*)는 자세한 설명과 풍부한 예제를 제공한다.

다음은 수학적 주제를 다룬 추천할 만한 참고 문헌이다.

- Brandimarte, Paolo (2006). *Numerical Methods in Finance and Economics*, 2nd ed., Hoboken, NJ: John Wiley & Sons.

CHAPTER 12

확률 과정

예측이라는 것은 저절로 되지 않는다. 그렇다고 불가능한 일은 아니다.

– 라힐 파루프Raheel Parooq

오늘날 **확률 과정**stochastic process은 금융공학 분야에서 가장 중요한 수학 및 수치해석 분야다. 현대 금융공학의 초기라 할 수 있는 1970년대와 1980년대, 금융공학 연구의 가장 큰 목표는 주어진 특정한 금융공학 모형하에서 옵션 가격을 계산하는 닫힌 형태closed-form의 공식을 구하는 것이었다. 이 목표는 최근 급격히 바뀌었는데 그 이유는 금융 상품 하나의 가치를 계산하는 것뿐만 아니라 전체 파생상품 북[1]을 일관되게 평가하는 일이 중요해졌기 때문이다. 또한 금융기관 전체의 위험을 VaR[2] 혹은 CVA[3]등의 위험 측정 방법을 사용하여 일관되게 측정하기 위해서는 금융기관 전체 혹은 거래 상대방의 북을 모두 한꺼번에 고려해야 한다. 이런 방대한 작업은 더 유연하고 효율적인 수치해석 방법으로만 풀 수 있다. 따라서 일반적인 확률 과정과 몬테카를로 시뮬레이션이 중요하다.

이 장에서는 파이썬 관점에서 다음과 같은 주제를 소개한다.

1 옮긴이_ '복수'의 금융 상품 운용 혹은 위험 관리 목적으로 하나의 집합으로 묶어서 취급하는 것을 실무에서 '북(Book)'이라고 한다. 여기에서는 그냥 '북'이라고 표기한다.

2 Value-at-Risk의 약자로, 특정한 상황에서 계산된 위험 금액을 뜻한다. 이 단어는 실무나 규정에서도 번역되지 않고 사용되므로 이 책에서도 VaR로 표기한다. 보통 '바'라고 읽는다.

3 Credit Value Adjustment의 약자로, 거래 상대방의 신용도 하락으로 인한 손실 위험을 추가로 고려한 위험 금액을 의미한다. 이 단어도 실무나 규정에서도 번역되지 않고 사용되므로 이 책에서도 CVA로 표기한다.

난수 생성

난수를 생성하는 것은 모든 시뮬레이션 작업의 근간이다. 소볼Sobol 수열에 기반한 준-난수quasi random number가 점점 많이 사용되고 있지만 아직은 일반적인 의사 난수pseudo random number가 여전히 이 분야의 기준이다.

시뮬레이션

금융공학에서 가장 중요한 두 개의 시뮬레이션 작업은 확률 변수random variable의 시뮬레이션과 확률 과정의 시뮬레이션이다.

가치 평가

파생상품 가치 평가는 크게 특정한 행사일을 가지는 유러피안 방식과 특정한 행사 기간을 가지는 아메리칸 방식으로 나뉜다. 특정한 복수의 날짜에 행사가 가능한 버뮤다Bermudan 방식의 상품도 존재한다.

위험 측도

시뮬레이션은 VaR, CVaR, CVA 등의 위험 측도를 계산하는 용도에도 잘 맞는다.

12.1 난수 생성

이 장에서는 난수[4]를 생성하기 위해 numpy.random 서브패키지에서 제공되는 함수를 사용한다.

```
In [1]: import math
        import numpy as np
        import numpy.random as npr  ❶
        from pylab import plt, mpl

In [2]: plt.style.use('seaborn')
        mpl.rcParams['font.family'] = 'serif'
```

4 실제로는 모두 의사 난수지만 편의상 '난수'라고 부르겠다.

```
%matplotlib inline
```

❶ NumPy에서 난수 생성용 서브패키지 임포트

예를 들어 rand() 함수는 구간 $[0,1)$ 사이의 난수를 함수 인수에서 정한 형태로 반환한다. 반환 객체는 ndarray 객체다. 이 숫자들을 실제 필요한 구간의 숫자로 변환하는 것은 쉽다. 예를 들어 구간 $[a,b)=[5,10)$ 사이의 난수를 생성하고 싶다면 npr.rand() 함수가 반환한 숫자를 다음과 같이 변환한다. NumPy 브로드캐스팅 기능 덕분에 다차원에서도 동작한다.

```
In [3]: npr.seed(100)  ❶
        np.set_printoptions(precision=4)  ❶

In [4]: npr.rand(10)  ❷
Out[4]: array([0.5434, 0.2784, 0.4245, 0.8448, 0.0047, 0.1216, 0.6707, 0.8259,
               0.1367, 0.5751])

In [5]: npr.rand(5, 5)  ❸
Out[5]: array([[0.8913, 0.2092, 0.1853, 0.1084, 0.2197],
               [0.9786, 0.8117, 0.1719, 0.8162, 0.2741],
               [0.4317, 0.94  , 0.8176, 0.3361, 0.1754],
               [0.3728, 0.0057, 0.2524, 0.7957, 0.0153],
               [0.5988, 0.6038, 0.1051, 0.3819, 0.0365]])

In [6]: a = 5.  ❹
        b = 10.  ❺
        npr.rand(10) * (b - a) + a  ❻
Out[6]: array([9.4521, 9.9046, 5.2997, 9.4527, 7.8845, 8.7124, 8.1509, 7.9092,
               5.1022, 6.0501])

In [7]: npr.rand(5, 5) * (b - a) + a  ❼
Out[7]: array([[7.7234, 8.8456, 6.2535, 6.4295, 9.262 ],
               [9.875 , 9.4243, 6.7975, 7.9943, 6.774 ],
               [6.701 , 5.8904, 6.1885, 5.2243, 7.5272],
               [6.8813, 7.964 , 8.1497, 5.713 , 9.6692],
               [9.7319, 8.0115, 6.9388, 6.8159, 6.0217]])
```

❶ 재현을 위한 시드값 고정 및 출력 자릿수 설정

❷ 균일분포 난수 1차원 ndarray 객체

❸ 균일분포 난수 2차원 ndarray 객체

❹ 하한

❺ 상한

❻ 구간 변환

❼ 2차원 변환

[표 12-1]에 간단한 난수를 생성하는 함수를 정리했다.[5]

표 12-1 간단한 난수를 생성하는 함수

함수	인수	설명
rand	d0,d1,…,dn	주어진 형태로 난수 생성
randn	d0,d1,…,dn	표준정규분포의 샘플 생성
randint	low[,high,size]	low(포함)부터 high(미포함)까지 무작위 정수 생성
random_integers	low[,high,size]	low(포함)부터 high(포함)까지 무작위 정수 생성
random_sample	[size]	[0.0, 1.0) 구간의 float형 난수
random	[size]	[0.0, 1.0) 구간의 float형 난수
randf	[size]	[0.0, 1.0) 구간의 float형 난수
sample	[size]	[0.0, 1.0) 구간의 float형 난수
choice	a[,size,replace,p]	주어진 1차원 배열에서 무작위 샘플 채취
bytes	length	무작위 바이트

[표 12-1]의 함수 중 몇 가지를 선택하여 난수를 생성하고 시각화해보자. [그림 12-1]은 두 가지 연속 분포와 두 가지 이산 분포 샘플 생성 결과다.

```
In [8]: sample_size = 500
        rn1 = npr.rand(sample_size, 3)  ❶
        rn2 = npr.randint(0, 10, sample_size)  ❷
        rn3 = npr.sample(size=sample_size)  ❶
        a = [0, 25, 50, 75, 100]  ❸
        rn4 = npr.choice(a, size=sample_size)  ❸
```

5 *https://numpy.org/doc/stable/reference/random/index.html* 참조

```
In [9]: fig, ((ax1, ax2), (ax3, ax4)) = plt.subplots(nrows=2, ncols=2,
                                                     figsize=(10, 8))
        ax1.hist(rn1, bins=25, stacked=True)
        ax1.set_title('rand')
        ax1.set_ylabel('frequency')
        ax2.hist(rn2, bins=25)
        ax2.set_title('randint')
        ax3.hist(rn3, bins=25)
        ax3.set_title('sample')
        ax3.set_ylabel('frequency')
        ax4.hist(rn4, bins=25)
        ax4.set_title('choice');
```

❶ 균일분포 난수

❷ 주어진 구간에 대한 난수

❸ 유한 개의 원소를 가지는 `list` 객체에서 무작위로 선택된 값

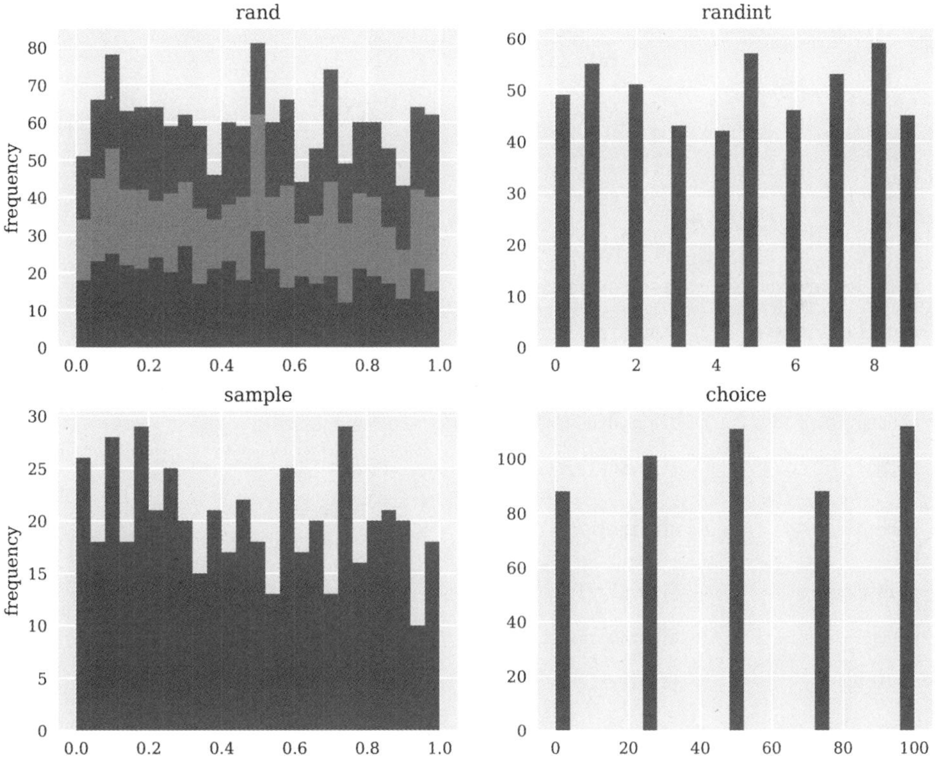

그림 12-1 간단한 난수의 히스토그램

[표 12-2]에는 특정한 확률 분포를 따르는 난수 함수를 나열했다.[6]

표 12-2 확률 분포 법칙을 따르는 난수를 생성하는 함수

함수	인수	설명
beta	a,b[,size]	구간 [0,1]의 베타beta 분포
binomial	n,p[,size]	이항binomial 분포
chisquare	df[,size]	카이 제곱chi-square 분포
dirichlet	alpha[,size]	디리클레Dirichlet 분포
exponential	[scale,size]	지수exponential 분포
f	dfnum,dfden[,size]	F 분포
gamma	shape[,scale,size]	감마gamma 분포
geometric	p[,size]	기하geometric 분포
gumbel	[loc,scale,size]	검벨gumbel 분포
hypergeometric	ngood,nbad,nsample[,size]	초기하hypergeometric 분포
laplace	[loc,scale,size]	라플라스Laplace 또는 이중지수double exponential 분포
logistic	[loc,scale,size]	로지스틱logistic 분포
lognormal	[mean,sigma,size]	로그 정규log-normal 분포
logseries	p[,size]	로그 계열logarithmic series 분포
multinomial	n,pvals[,size]	다항multinomial 분포
multivariate_normal	mean,cov[,size]	다변량 정규multivariate normal 분포
negative_binomial	n,p[,size]	음이항negative binomial 분포
noncentral_chisquare	df,nonc[,size]	비중심 카이 제곱noncentral chi-square distribution 분포
noncentral_f	dfnum,dfden,nonc[,size]	비중심 F 분포
normal	[loc,scale,size]	가우시안 정규Gaussian normal 분포
pareto	a[,size]	제2종 파레토Pareto 분포 또는 특정 형태의 로맥스Lomax 분포
poisson	[lam,size]	포아송Poisson 분포
power	a[,size]	양의 지수 a-1을 가지는 power 분포
rayleigh	[scale,size]	레일리Rayleigh 분포

6 *http://docs.scipy.org/doc/numpy/reference/routines.random.html* 참조

함수	인수	설명
standard_cauchy	[size]	코시Cauchy 분포
standard_exponential	[size]	표준지수분포
standard_gamma	shape[,size]	표준감마분포
standard_normal	[size]	표준정규분포(평균 = 0, 표준편차 = 1)
standard_t	df[,size]	표준 스튜던트Student's t 분포
triangular	left,mode,right[,size]	삼각 분포
uniform	[low,high,size]	균일 분포
vonmises	mu,kappa[,size]	폰 미제스von Mises 분포
wald	mean,scale[,size]	왈드Wald 분포 또는 역 가우시안inverse Gaussian 분포
weibull	a[,size]	베이불Weibull 분포
zipf	a[,size]	지프Zipf 분포

금융공학에서 표준정규분포를 사용하는 것에 대해서는 이견이 많지만, 표준정규분포는 분석이나 수치해석 분야에서 필수불가결한 도구고 가장 많이 사용되는 분포다. 많은 금융공학 모형이 직간접적으로 정규분포나 로그 정규분포에 의지하고 있다는 것이 첫 번째 이유고, (로그) 정규분포 가정이 없는 다른 많은 금융공학 모형도 시뮬레이션 목적에서는 정규분포를 사용하여 근사화할 수 있다는 것이 또 하나의 이유다. 예시를 위해 [그림 12-2]에 다음 분포를 그렸다.

- 평균이 0이고 표준편차가 1인 표준정규분포
- 평균이 100이고 표준편차가 20인 정규분포
- 0.5 자유도를 가진 카이 제곱 분포
- 람다 계수가 1인 포아송 분포

[그림 12-2]는 앞의 세 가지 연속 분포와 한 가지 이산 분포(포아송 분포)의 시각화 결과를 나타낸다. 포아송 분포는 외부 쇼크나 금융 상품 가격의 갑작스러운 변화 등 드물게 발생하는 사건의 발생 분포를 시뮬레이션한다. 이를 생성하는 코드는 다음과 같다.

```
In [10]: sample_size = 500
         rn1 = npr.standard_normal(sample_size)  ❶
         rn2 = npr.normal(100, 20, sample_size)  ❷
         rn3 = npr.chisquare(df=0.5, size=sample_size)  ❸
```

```
        rn4 = npr.poisson(lam=1.0, size=sample_size)  ❹

In [11]: fig, ((ax1, ax2), (ax3, ax4)) = plt.subplots(nrows=2, ncols=2,
                                                      figsize=(10, 8))
        ax1.hist(rn1, bins=25)
        ax1.set_title('standard normal')
        ax1.set_ylabel('frequency')
        ax2.hist(rn2, bins=25)
        ax2.set_title('normal(100, 20)')
        ax3.hist(rn3, bins=25)
        ax3.set_title('chi square')
        ax3.set_ylabel('frequency')
        ax4.hist(rn4, bins=25)
        ax4.set_title('Poisson');
```

❶ 표준정규분포 난수

❷ 정규분포 난수

❸ 카이 제곱 분포 난수

❹ 포아송 분포 난수

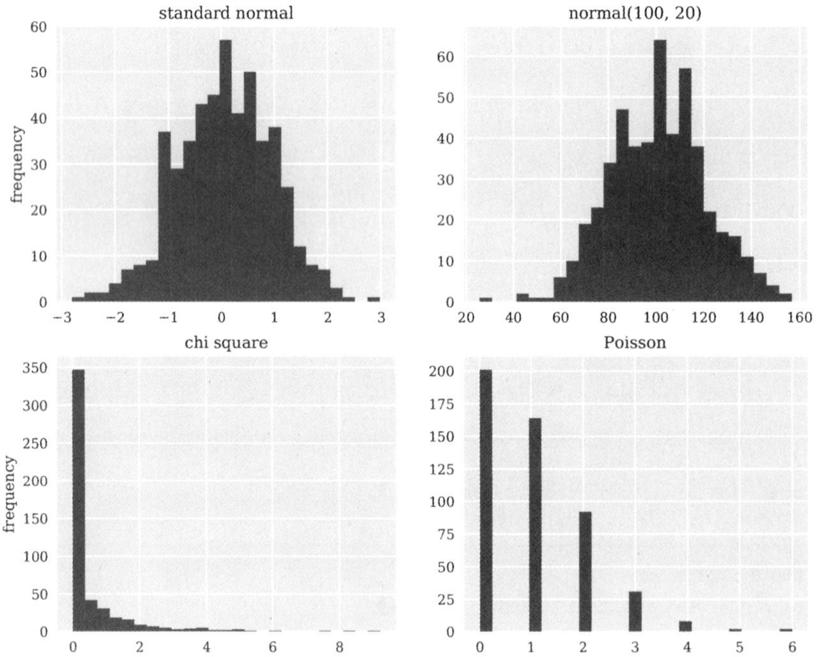

그림 12-2 여러 가지 분포에 대한 난수의 히스토그램

TIP NumPy와 난수

이 절에서는 파이썬으로 의사 난수를 생성할 때 NumPy가 강력하고 필수적인 도구라는 것을 알 수 있었다. 작든 크든 난수 `ndarray` 객체를 생성하는 것이 편리하고 강력하다.

12.2 시뮬레이션

몬테카를로 시뮬레이션은 금융공학에서 가장 중요하고 널리 쓰이는 수치해석 방법 중 하나다. 그 이유는 몬테카를로 시뮬레이션이 적분 등의 수학식이나 금융 파생상품의 가치를 계산할 때 가장 유연한 수치해석 방법론이기 때문이다. 하지만 유연한 대신 상대적으로 계산 부담은 크다. 하나의 값을 추정하기 위해 수백, 수천 혹은 수백만의 복잡한 계산을 해야 한다.

12.2.1 확률 변수

예를 들어 옵션 가격결정을 위해 블랙-숄즈-머튼 모형을 사용하면 미래의 특정 시점 T에서의 주가 S_T를 현 시점의 주가 S_0와 [수식 12-1]로 계산할 수 있다.

수식 12-1 블랙-숄즈-머튼 모형에서 미래의 주가 시뮬레이션

$$S_T = S_0 \exp\left(\left(r - \frac{1}{2}\sigma^2\right)T + \sigma\sqrt{T}z\right)$$

변수와 매개변수의 의미는 다음과 같다.

S_T

날짜 T에서의 주가

r

무위험 단기 이자율

σ

주가 S에 대한 고정 변동성(수익률의 표준편차)

z

표준정규분포를 따르는 확률 변수

이 간단한 금융공학 모형은 다음과 같이 인수화하여 시뮬레이션할 수 있다. 이 시뮬레이션 코드의 출력 결과는 [그림 12-3]과 같다.

```
In [12]: S0 = 100  ❶
         r = 0.05  ❷
         sigma = 0.25  ❸
         T = 2.0  ❹
         I = 10000  ❺
         ST1 = S0 * np.exp((r - 0.5 * sigma ** 2) * T +
                 sigma * math.sqrt(T) * npr.standard_normal(I))  ❻

In [13]: plt.figure(figsize=(10, 6))
         plt.hist(ST1, bins=50)
         plt.xlabel('index level')
         plt.ylabel('frequency');
```

❶ 최초 주가

❷ 상수 무위험 단기 이자율

❸ 상수 변동성

❹ 연 단위 만기

❺ 시뮬레이션 개수

❻ 벡터화 표현식으로 나타낸 시뮬레이션. 이산화 방식은 `npr.standard_normal()` 함수 사용

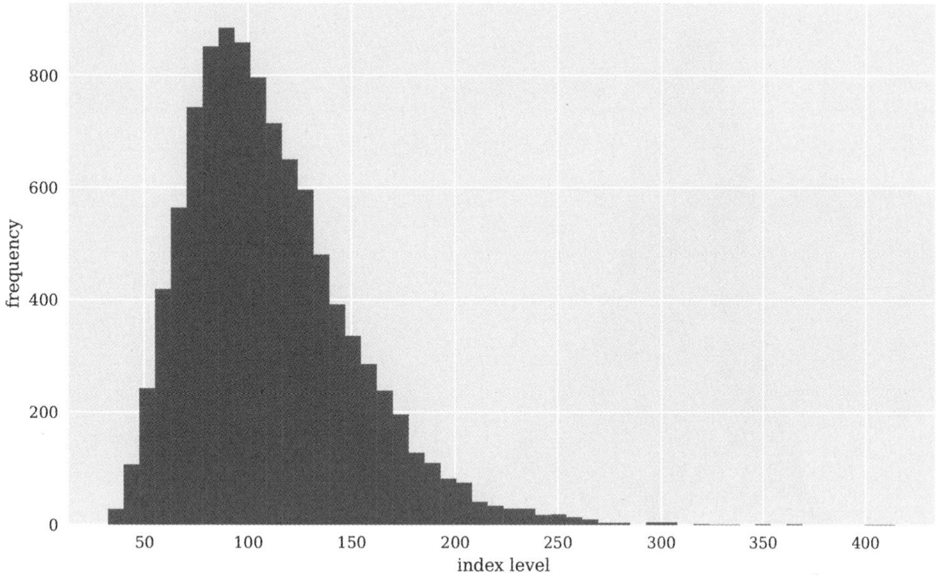

그림 12-3 npr.standard_normal() 함수로 시뮬레이션한 기하 브라운 운동 모형

[그림 12-3]은 [수식 12-1]에서 로그 정규분포로 정의된 확률 변수의 분포를 보여준다. npr.lognormal() 함수를 써서 정규분포 대신 로그 정규분포를 직접 사용해보자. 함수를 사용하려면 평균과 표준편차 인수를 넣어야 한다.

```
In [14]: ST2 = S0 * npr.lognormal((r - 0.5 * sigma ** 2) * T,
                                  sigma * math.sqrt(T), size=I)  ❶

In [15]: plt.figure(figsize=(10, 6))
         plt.hist(ST2, bins=50)
         plt.xlabel('index level')
         plt.ylabel('frequency');
```

❶ 벡터화 표현식으로 나타낸 시뮬레이션이다. 이산화 방식은 npr.lognormal() 함수를 사용한다.

결과는 [그림 12-4]에서 확인할 수 있다.

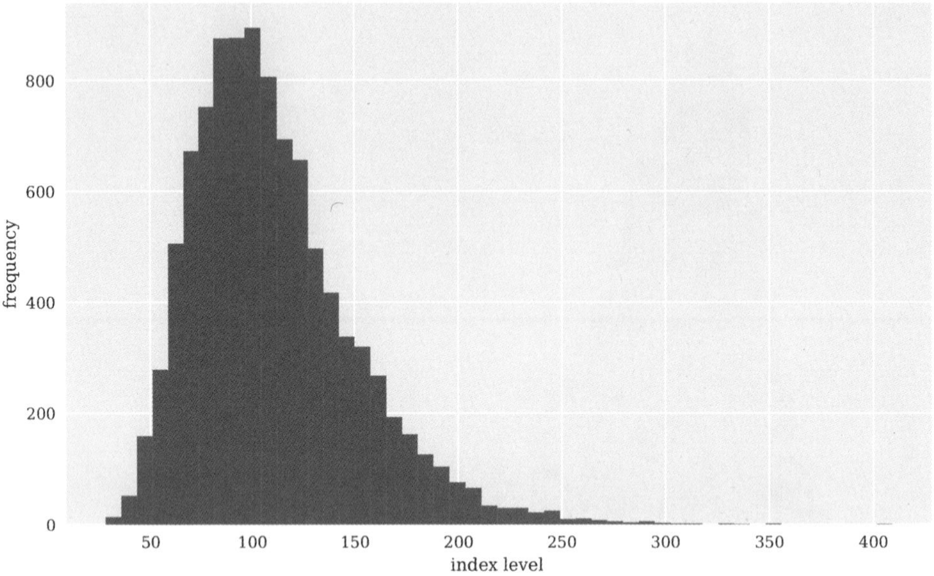

그림 12-4 npr.lognormal() 함수로 시뮬레이션한 기하 브라운 운동 모형

[그림 12-3]과 [그림 12-4]의 모양을 보면 서로 닮았다. 그렇다면 통계 모멘트를 비교하여 두 분포가 같다는 것을 증명해보자. 시뮬레이션 결과의 통계 특성을 비교하기 위해 scipy.stats 서브패키지와 print_statistics()라는 보조 함수를 사용한다.

```
In [16]: import scipy.stats as scs

In [17]: def print_statistics(a1, a2):
             ''' 선택된 통계값을 출력

             인수
             ==========
             a1, a2: ndarray 객체
             시뮬레이션에서 나온 결과 객체
             '''
             sta1 = scs.describe(a1)  ❶
             sta2 = scs.describe(a2)  ❶
             print('%14s %14s %14s' %
                 ('statistic', 'data set 1', 'data set 2'))
             print(45 * "-")
             print('%14s %14.3f %14.3f' % ('size', sta1[0], sta2[0]))
             print('%14s %14.3f %14.3f' % ('min', sta1[1][0], sta2[1][0]))
```

```
        print('%14s %14.3f %14.3f' % ('max', sta1[1][1], sta2[1][1]))
        print('%14s %14.3f %14.3f' % ('mean', sta1[2], sta2[2]))
        print('%14s %14.3f %14.3f' % ('std', np.sqrt(sta1[3]),
                                      np.sqrt(sta2[3])))
        print('%14s %14.3f %14.3f' % ('skew', sta1[4], sta2[4]))
        print('%14s %14.3f %14.3f' % ('kurtosis', sta1[5], sta2[5]))

In [18]: print_statistics(ST1, ST2)
              statistic     data set 1     data set 2
         ---------------------------------------------
                   size      10000.000      10000.000
                    min         32.327         28.230
                    max        414.825        409.110
                   mean        110.730        110.431
                    std         40.300         39.878
                   skew          1.122          1.115
               kurtosis          2.438          2.217
```

❶ scs.describe() 함수는 데이터에 대한 중요 통계를 반환

두 시뮬레이션 결과의 통계치가 분명히 유사하다. 약간의 차는 시뮬레이션에서 발생한 **샘플링 오차** sampling error다. 연속 확률 과정을 이산화하는 과정에서 발생한 **이산화 오차** discretization error라는 유형의 오차도 일반적으로는 발생할 수 있지만, 이 경우에는 시뮬레이션의 정적인 특성상 이산화 오차가 없다.

12.2.2 확률 과정

확률 과정은 단순하게 말하면 확률 변수의 수열이다. 따라서 확률 과정을 시뮬레이션한다는 것은 확률 변수를 반복해서 시뮬레이션하는 것과 유사하다고 할 수 있다. 다만 각 단계의 샘플이 독립적이지 않고 이전의 결과들에 의존한다는 차이점이 있다. 금융에서 사용되는 대부분의 확률 과정은 미래 값이 바로 전의 과거 값에만 의존하고 그보다 더 과거의 값이나 전체 경로에는 의존하지 않는 **마코프** Markov **특성**을 가지는 확률 과정이다. 이러한 확률 과정을 **무기억성** memoryless **확률 과정**이라고도 한다.

기하 브라운 운동 모형

이제 [수식 12-2]의 확률 미분방정식stochastic differential equation(SDE)을 따르는 동적인 형태의 블랙-숄즈-머튼 모형을 생각해보자. 이 확률 미분방정식을 **기하 브라운 운동**geometric Brownian motion이라고 부르고, 이 식에서 Z_t는 표준 브라운 운동 과정의 값을 나타낸다. S_t 값은 로그 정규분포를 따르고, 수익률 $\frac{dS_t}{S_t}$는 정규분포를 따른다.

수식 12-2 블랙-숄즈-머튼 모형의 확률 미분방정식

$$dS_t = rS_t dt + \sigma S_t dZ_t$$

[수식 12-2]의 확률 미분방정식은 오일러 방식Euler scheme으로 정확히 이산화discretization할 수 있다.[7] 이 방법은 [수식 12-3]과 같이 나타낸다. 여기에서 Δt는 고정된 시간 이산화 간격이고, z_t는 정규분포를 따르는 확률 변수다.

수식 12-3 블랙-숄즈-머튼 모형을 따르는 동적인 주가 시뮬레이션

$$S_t = S_{t-\Delta t} \exp\left(\left(r - \frac{1}{2}\sigma^2\right)\Delta t + \sigma\sqrt{\Delta t} z_t\right)$$

이를 파이썬과 NumPy 코드로 바꾸는 일은 간단하다. 주가 시뮬레이션 결과가 로그 정규분포를 따르는 것을 [그림 12-5]에서 다시 확인할 수 있다.

```
In [19]: I = 10000 ❶
         M = 50 ❷
         dt = T / M ❸
         S = np.zeros((M + 1, I)) ❹
         S[0] = S0 ❺
         for t in range(1, M + 1):
             S[t] = S[t - 1] * np.exp((r - 0.5 * sigma ** 2) * dt +
                     sigma * math.sqrt(dt) * npr.standard_normal(I)) ❻
```

7 옮긴이_ 확률 미분방정식은 연속적인 시간에 기반하므로 컴퓨터에서 이를 시뮬레이션하려면 아주 작은 시간 간격으로 나누어 계산할 필요가 있다. 이를 '**시간-이산화**(time-discretization)' 혹은 간단히 '**이산화**(discretization)'라고 한다.

```
In [20]: plt.figure(figsize=(10, 6))
         plt.hist(S[-1], bins=50)
         plt.xlabel('index level')
         plt.ylabel('frequency');
```

❶ 시뮬레이션 경로의 개수

❷ 이산화 시간 구간의 개수

❸ 연 단위 시간 길이

❹ 주가 수준 2차원 ndarray 객체

❺ 초기 시간 $t = 0$에서의 주가

❻ 반-벡터화 표현식으로 나타낸 시뮬레이션, 루프는 시간 $t = 1$에서 $t = T$까지의 반복

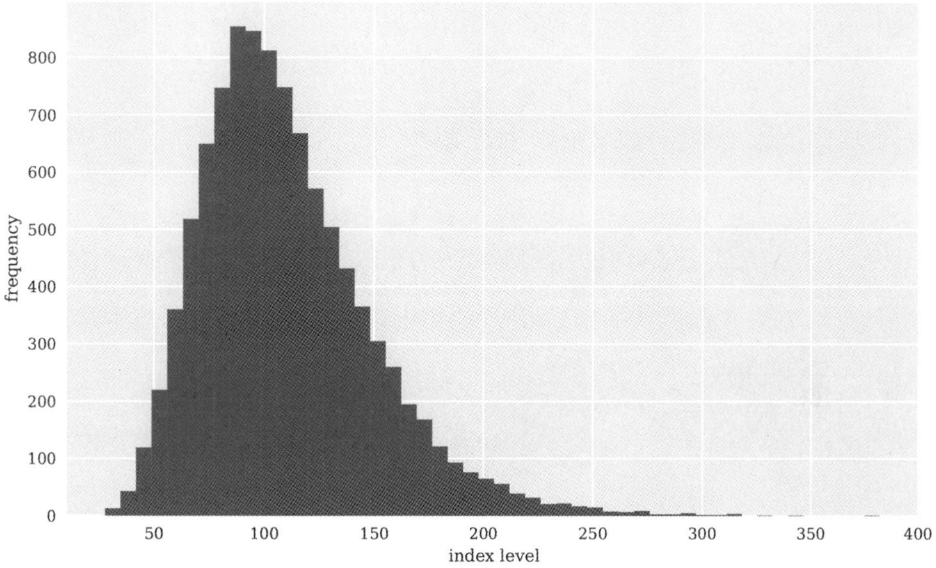

그림 12-5 동적 시뮬레이션 만기에서의 기하 브라운 운동값

결과의 통계치도 정적 시뮬레이션 방식에서 나온 값과 거의 일치한다. [그림 12-6]을 보면 시뮬레이션 경로 중 10개만 보인다.

```
In [21]: print_statistics(S[-1], ST2)
              statistic     data set 1     data set 2
         ---------------------------------------------
                   size      10000.000      10000.000
                    min         27.746         28.230
                    max        382.096        409.110
                   mean        110.423        110.431
                    std         39.179         39.878
                   skew          1.069          1.115
               kurtosis          2.028          2.217

In [22]: plt.figure(figsize=(10, 6))
         plt.plot(S[:, :10], lw=1.5)
         plt.xlabel('time')
         plt.ylabel('index level');
```

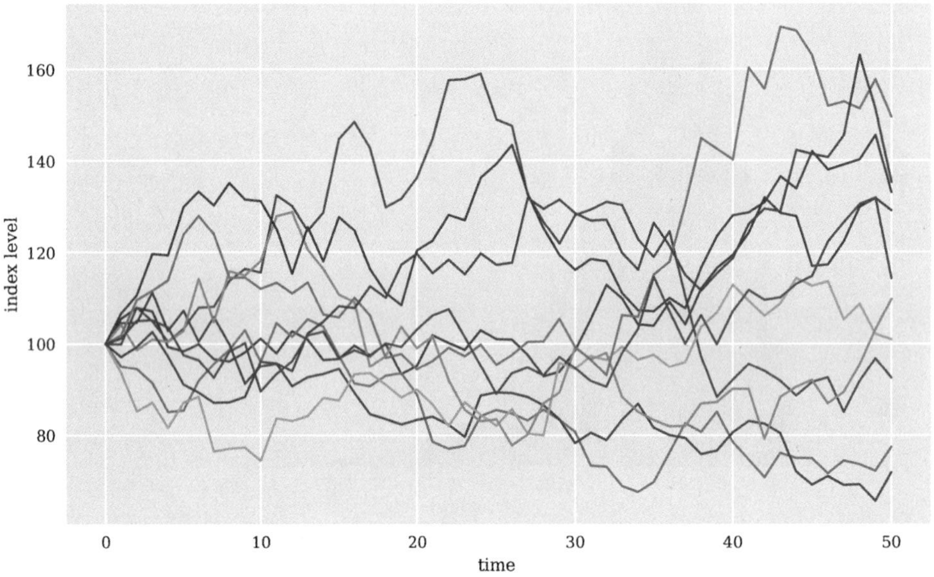

그림 12-6 기하 브라운 운동 동적 시뮬레이션 경로

동적 시뮬레이션을 사용하면 [그림 12-6]처럼 경로를 시각화할 수 있을 뿐만 아니라 아메리칸/버뮤다 옵션처럼 페이오프가 경로 의존적인 옵션의 가격도 계산할 수 있다. 즉, 모든 동적 특성을 고려할 수 있다.

제곱근 확산 모형

금융공학에서 중요한 또 하나의 확률 과정은 단기 이자율이나 변동성 모형에 사용되는 **평균 회귀 과정**mean-reverting process이다. 평균 회귀 과정에서 가장 널리 사용되는 모형은 콕스-잉거솔-로스Cox-Ingersoll-Ross(1985)가 제안한 **제곱근 확산**square-root diffusion 모형이다. [수식 12-4]는 이에 해당하는 확률 미분방정식이다.

수식 12-4 제곱근 확산 확률 미분방정식

$$dx_t = \kappa\left(\theta - x_t\right)dt + \sigma\sqrt{x_t}dZ_t$$

각 변수와 인수는 다음과 같은 의미를 가진다.

x_t

시간 t에서의 확률 과정 값

κ

평균 회귀계수

θ

확률 과정의 장기 평균

σ

고정 변동성

Z_t

표준 브라운 운동

x_t가 카이 제곱 분포를 따른다는 사실은 잘 알려져 있다. 그러나 앞서 말한 바와 같이 많은 금융공학 모형이 이산화가 가능하고 정규분포로 근사화가 가능하다. 오일러 방식은 기하 브라운 운

동 모형에만 정확히 적용 가능하고 대부분의 다른 확률 과정에서는 편향 오차를 가진다.

제곱근 확산 모형에 대해서도 정확한 이산 방법이 존재하기는 하지만(잠시 후에 다룬다) 오일러 방식을 사용하는 쪽이 계산상 장점이 많다. $s = t - \Delta t$와 $x^+ \equiv \max(x,0)$로 정의하면 [수식 12-5]와 같이 오일러 방식을 적용할 수 있다. 이 방식은 관련 문헌인 Hilpisch(2015)에서 **풀 트렁케이션**full truncation **이산화 방식**이라고 불린다.[8]

수식 12-5 제곱근 확산 모형의 오일러 이산화

$$\tilde{x}_t = \tilde{x}_s + \kappa(\theta - \tilde{x}_s^+)\Delta t + \sigma\sqrt{\tilde{x}_s^+}\sqrt{\Delta t}z_t$$
$$\tilde{x}_t = \tilde{x}_s^+$$

제곱근 확산 모형은 x_t 값이 항상 양수로 유지된다는 현실적이고 편리한 특성을 가진다. 하지만 단순 오일러 방식으로 이산화하면 음수가 될 가능성이 생기기 때문에 원래의 시뮬레이션 값에서 양수만을 취하는 방식을 사용한다. 따라서 시뮬레이션 코드에도 확률 과정의 값을 저장하기 위해 하나가 아닌 두 개의 `ndarray` 객체가 필요하다. [그림 12-7]에 시뮬레이션 결과를 히스토그램으로 보여준다.

```
In [23]: x0 = 0.05  ❶
         kappa = 3.0  ❷
         theta = 0.02  ❸
         sigma = 0.1  ❹
         I = 10000
         M = 50
         dt = T / M

In [24]: def srd_euler():
             xh = np.zeros((M + 1, I))
             x = np.zeros_like(xh)
             xh[0] = x0
             x[0] = x0
             for t in range(1, M + 1):
                 xh[t] = (xh[t - 1] +
```

8 옮긴이_ Lord, Roger, Remmert Koekkoek, and Dick Van Dijk (2008). “A comparison of biased simulation schemes for stochastic volatility models.” *Tinbergen Institute Discussion Paper*, No. 06–046/4.

```
                    kappa * (theta - np.maximum(xh[t - 1], 0)) * dt +
                    sigma * np.sqrt(np.maximum(xh[t - 1], 0)) *
                    math.sqrt(dt) * npr.standard_normal(I))  ❺
        x = np.maximum(xh, 0)
        return x
    x1 = srd_euler()

In [25]: plt.figure(figsize=(10, 6))
         plt.hist(x1[-1], bins=50)
         plt.xlabel('value')
         plt.ylabel('frequency');
```

❶ (단기 이자율) 초깃값

❷ 평균 회귀계수

❸ 장기 평균값

❹ 변동성

❺ 오일러 방식을 사용한 시뮬레이션

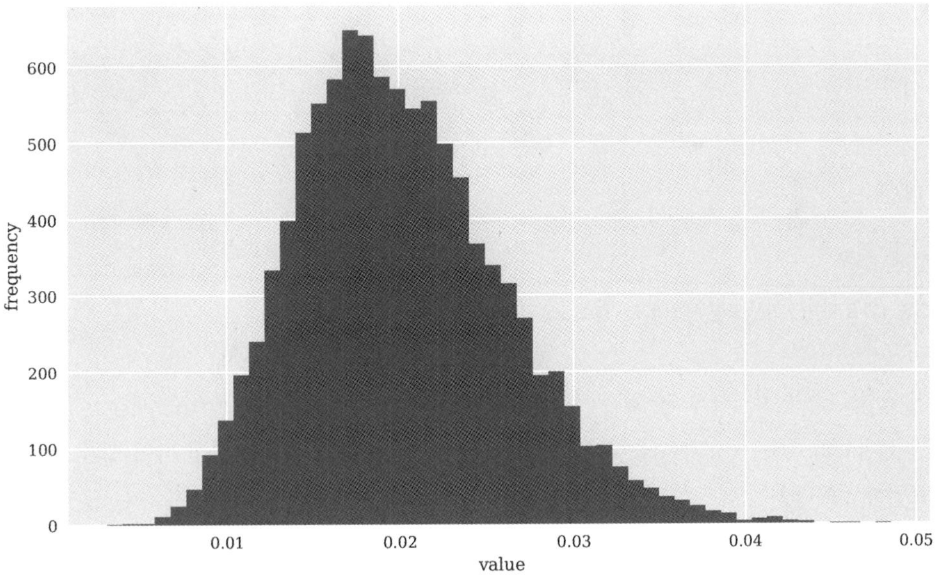

그림 12-7 제곱근 확산 모형 시뮬레이션 결과에 따른 만기 값(오일러 방식)

[그림 12-8]에는 처음 10개의 시뮬레이션 경로를 보여준다. 현재 값이 장기 평균 $\theta = 0.02$보다 높기 때문에 ($x_0 > \theta$) 표류 경향drift이 음수가 되고 장기 평균으로 수렴하는 것을 볼 수 있다.

```
In [26]: plt.figure(figsize=(10, 6))
         plt.plot(x1[:, :10], lw=1.5)
         plt.xlabel('time')
         plt.ylabel('index level');
```

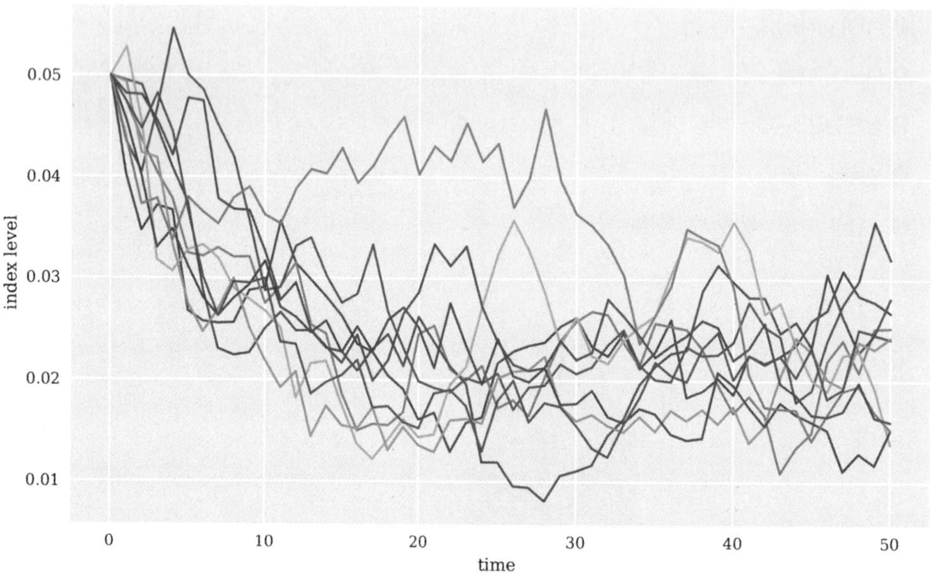

그림 12-8 제곱근 확산 모형 시뮬레이션 경로(오일러 방식)

이 확률 과정을 완벽하게 이산화 시뮬레이션하면 다음과 같다. [수식 12-6]은 제곱근 확산 모형을 자유도 $df = \frac{4\theta\kappa}{\sigma^2}$와 비중심 인수 $nc = \frac{4\kappa e^{-\kappa\Delta t}}{\sigma^2\left(1-e^{-\kappa\Delta t}\right)}x_s$를 가진 비중심 카이 제곱 분포로 표현한 것이다.[9]

9 옮긴이_ 자세한 모형은 다음 논문을 참조한다.

- Cox, John, Jonathan Ingersoll, and Stephen Ross (1985). "A Theory of the Term Structure of Interest Rates." *Econometrica*, Vol. 53, No. 2, pp. 385–407.
- Broadie, Mark, and Özgür Kaya (2006). "Exact Simulation of Stochastic Volatility and Other Affine Jump Diffusion Processes." *Operations Research*, Vol. 54, No. 2, pp. 217–231.

수식 12-6 제곱근 확산 모형의 정확한 이산화

$$x_t = \frac{\sigma^2\left(1-e^{-\kappa\Delta t}\right)}{4\kappa}\chi_d'^2\left(\frac{4\kappa e^{-\kappa\Delta t}}{\sigma^2\left(1-e^{-\kappa\Delta t}\right)}x_s\right)$$

이 이산화 과정을 파이썬으로 구현하면 복잡해지긴 하지만 여전히 간결한 형태다. [그림 12-9]는 정확한 이산화 방식에 따른 시뮬레이션 결과 히스토그램이다.

```
In [27]: def srd_exact():
             x = np.zeros((M + 1, I))
             x[0] = x0
             for t in range(1, M + 1):
                 df = 4 * theta * kappa / sigma ** 2  ❶
                 c = (sigma ** 2 * (1 - np.exp(-kappa * dt))) / (4 * kappa) ❶
                 nc = np.exp(-kappa * dt) / c * x[t - 1]  ❶
                 x[t] = c * npr.noncentral_chisquare(df, nc, size=I)  ❶
             return x
             x2 = srd_exact()

In [28]: plt.figure(figsize=(10, 6))
         plt.hist(x2[-1], bins=50)
         plt.xlabel('value')
         plt.ylabel('frequency');
```

❶ npr.noncentral_chisquare() 함수를 사용한 정확한 이산화 과정

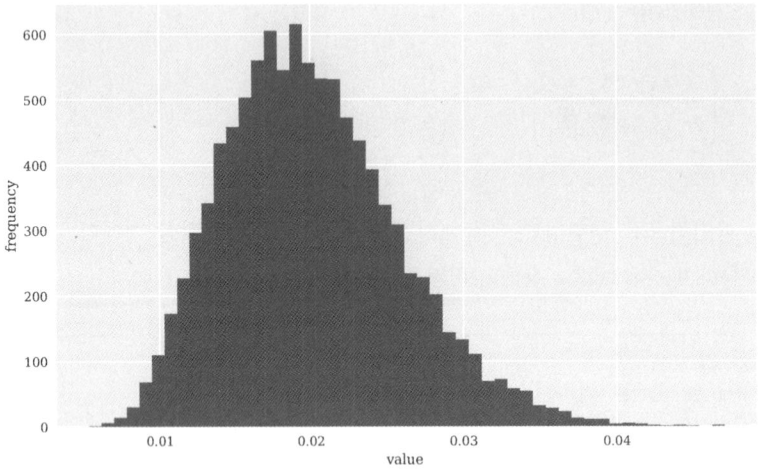

그림 12-9 제곱근 확산 모형 시뮬레이션 결과에 따른 만기 값(정확한 이산화 방식)

[그림 12-10]에서 전과 같이 10개의 시뮬레이션 경로를 볼 수 있다. 마찬가지로 음의 표류 경향과 θ로 수렴하는 것을 볼 수 있다.

```
In [29]: plt.figure(figsize=(10, 6))
         plt.plot(x2[:, :10], lw=1.5)
         plt.xlabel('time')
         plt.ylabel('index level');
```

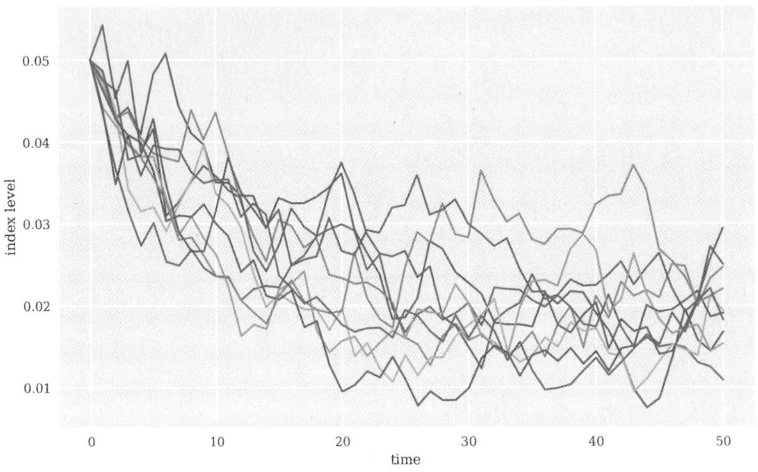

그림 12-10 제곱근 확산 모형 시뮬레이션 경로(정확한 이산화 방식)

이산화 방식에 따른 차이를 살펴보면 편향 오차를 지닌 오일러 방식도 통계치만 봤을 때는 괜찮은 성능을 보이고 있다.

```
In [30]: print_statistics(x1[-1], x2[-1])
              statistic     data set 1     data set 2
         ---------------------------------------------
                   size      10000.000      10000.000
                    min          0.003          0.005
                    max          0.049          0.047
                   mean          0.020          0.020
                    std          0.006          0.006
                   skew          0.529          0.532
               kurtosis          0.289          0.273

In [31]: I = 250000
         %time x1 = srd_euler()
         CPU times: user 1.62 s, sys: 184 ms, total: 1.81 s
         Wall time: 1.08 s

In [32]: %time x2 = srd_exact()
         CPU times: user 3.29 s, sys: 39.8 ms, total: 3.33 s
         Wall time: 1.98 s

In [33]: print_statistics(x1[-1], x2[-1])
         x1 = 0.0; x2 = 0.0
              statistic     data set 1     data set 2
         ---------------------------------------------
                   size     250000.000     250000.000
                    min          0.002          0.003
                    max          0.071          0.055
                   mean          0.020          0.020
                    std          0.006          0.006
                   skew          0.563          0.579
               kurtosis          0.492          0.520
```

실행 속도 면에서는 비중심 카이 제곱 분포에서 직접 샘플링하는 방식이 표준정규분포를 이용하는 것보다 계산상 부담이 크다. 정확한 이산화 방법은 오일러 방식을 이용한 경우에 비해 약 2배의 시간이 걸린다.

확률적 변동성 모형

블랙–숄즈–머튼 모형의 최대 단순 가정 중 하나는 변하지 않는 변동성이다. 그러나 일반적으로 변동성은 고정되어 있지도 않고 결정론적이지 않은 확률적인 값이다. 1990년대 금융공학 모형의 가장 큰 진전은 이른바 **확률적 변동성 모형**stochastic volatility model을 도입한 것이다. 이 중 인기 있는 모형 가운데 하나는 [수식 12–7]에 보인 헤스톤Heston 모형(1993)이다.

수식 12-7 헤스톤 모형의 확률 미분방정식

$$dS_t = rS_t dt + \sqrt{v_t} S_t dZ_t^1$$
$$dv_t = \kappa_v \left(\theta_v - v_t\right) dt + \sigma_v \sqrt{v_t} dZ_t^2$$
$$dZ_t^1 dZ_t^2 = \rho$$

각 변수와 인수의 의미는 기하 브라운 운동 모형이나 제곱근 확산 모형의 설명에서 쉽게 유추할 수 있을 것이다. 인수 ρ는 두 표준 브라운 운동 Z_t^1, Z_t^2의 순간 상관계수instantaneous correlation를 나타낸다. 상관계수를 통해 시장이 하락할 때 변동성이 증가하고 시장이 상승할 때 변동성이 감소하는 이른바 **레버리지 효과**leverage effect를 설명하는 것이 가능하다.

이 모형에 대해 다음과 같은 인숫값을 가정한다. 두 확률 과정의 상관관계를 구하려면 상관계수 행렬correlation matrix에 대한 숄레스키 분해Cholesky decomposition가 필요하다.

```
In [34]: S0 = 100.
         r = 0.05
         v0 = 0.1  ❶
         kappa = 3.0
         theta = 0.25
         sigma = 0.1
         rho = 0.6  ❷
         T = 1.0

In [35]: corr_mat = np.zeros((2, 2))
         corr_mat[0, :] = [1.0, rho]
         corr_mat[1, :] = [rho, 1.0]
         cho_mat = np.linalg.cholesky(corr_mat)  ❸
```

```
In [36]: cho_mat ❸
Out[36]: array([[1. , 0. ],
                [0.6, 0.8]])
```

❶ 초기의 순간 변동성값

❷ 두 브라운 운동의 고정 상관계수

❸ 행렬의 숄레스키 분해

확률 과정 시뮬레이션을 시작하기에 앞서 시뮬레이션에 사용될 난수를 미리 생성한다. 집합 0은 주가의 확률 과정, 집합 1은 변동성의 확률 과정에 사용한다. 제곱근 확산 모형에 기반한 변동성 과정에 대해서는 상관관계를 고려한 오일러 이산화 방식을 사용한다.

```
In [37]: M = 50
         I = 10000
         dt = T / M

In [38]: ran_num = npr.standard_normal((2, M + 1, I)) ❶

In [39]: v = np.zeros_like(ran_num[0])
         vh = np.zeros_like(v)

In [40]: v[0] = v0
         vh[0] = v0

In [41]: for t in range(1, M + 1):
             ran = np.dot(cho_mat, ran_num[:, t, :]) ❷
             vh[t] = (vh[t - 1] +
                      kappa * (theta - np.maximum(vh[t - 1], 0)) * dt +
                      sigma * np.sqrt(np.maximum(vh[t - 1], 0)) *
                      math.sqrt(dt) * ran[1]) ❸

In [42]: v = np.maximum(vh, 0)
```

❶ 3차원 난수 데이터 생성

❷ 관련 있는 난수만 고르고 숄레스키 행렬로 변환

❸ 오일러 방식을 사용한 경로 시뮬레이션

주가 과정도 마찬가지로 상관관계를 고려하고 기하 브라운 운동에 대해 정확한 형태의 오일러 방식으로 이산화한다. [그림 12-11]은 주가와 변동성 두 확률 과정을 시뮬레이션한 결과 히스토그램이다.

```
In [43]: S = np.zeros_like(ran_num[0])
         S[0] = S0
         for t in range(1, M + 1):
             ran = np.dot(cho_mat, ran_num[:, t, :])
             S[t] = S[t - 1] * np.exp((r - 0.5 * v[t]) * dt +
                             np.sqrt(v[t]) * ran[0] * np.sqrt(dt))

In [44]: fig, (ax1, ax2) = plt.subplots(1, 2, figsize=(10, 6))
         ax1.hist(S[-1], bins=50)
         ax1.set_xlabel('index level')
         ax1.set_ylabel('frequency')
         ax2.hist(v[-1], bins=50)
         ax2.set_xlabel('volatility');
```

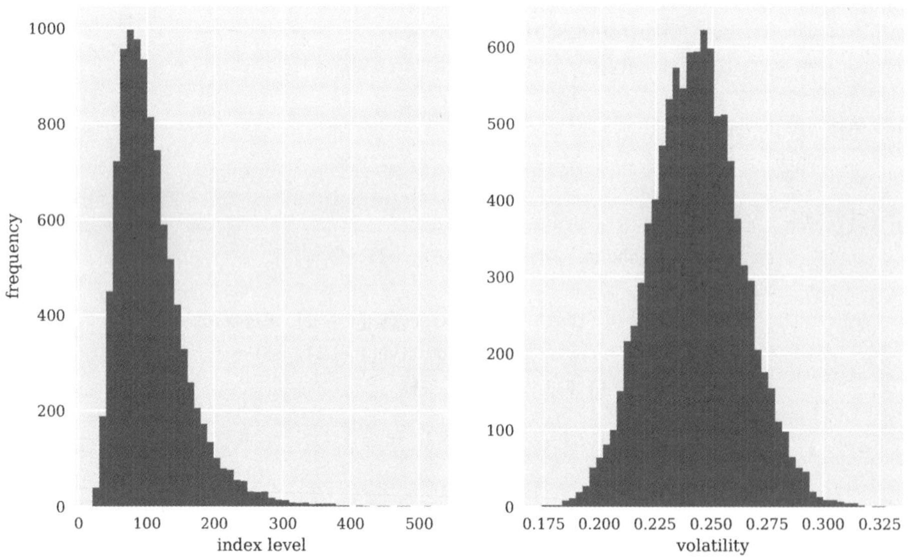

그림 12-11 확률적 변동성 모형의 시뮬레이션 결과에 따른 만기 값

이 코드를 보면 왜 제곱근 확산 모형에 오일러 방식을 사용하는 것이 좋은지 알 수 있다. 오일러 방식을 사용하면 표준정규분포를 사용하므로 샘플 생성 시 **상관관계를 간단하고 일관적으로 적**

용할 수 있다. 만약 주가 과정에는 오일러 방식을 사용하고 변동성 과정에는 비중심 카이 제곱에 기반한 방식을 사용한다면 상관관계를 일관성 있게 적용하기 어렵다.

각 확률 과정의 시뮬레이션 경로를 10개씩 살펴보면(그림 12-12), 변동성 과정은 양의 표류 경향을 보이며 θ = 0.25로 수렴한다.

```
In [45]: print_statistics(S[-1], v[-1])
              statistic     data set 1     data set 2
         ---------------------------------------------
                   size      10000.000      10000.000
                    min         20.556          0.174
                    max        517.798          0.328
                   mean        107.843          0.243
                    std         51.341          0.020
                   skew          1.577          0.124
               kurtosis          4.306          0.048

In [46]: fig, (ax1, ax2) = plt.subplots(2, 1, sharex=True,
                                        figsize=(10, 6))
         ax1.plot(S[:, :10], lw=1.5)
         ax1.set_ylabel('index level')
         ax2.plot(v[:, :10], lw=1.5)
         ax2.set_xlabel('time')
         ax2.set_ylabel('volatility');
```

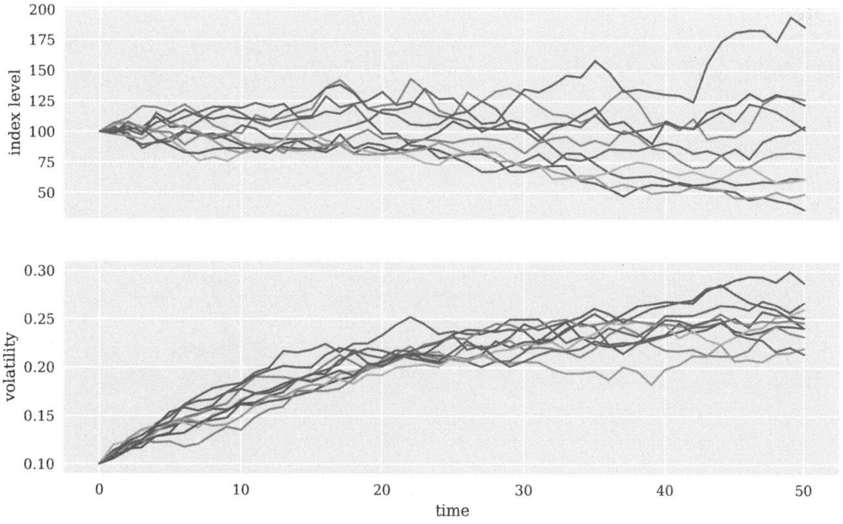

그림 12-12 확률적 변동성 모형의 시뮬레이션 경로

마지막으로 두 자료의 통계치를 살펴보면 주가 과정은 최댓값이 기하 브라운 운동 모형보다 큰 것을 알 수 있다. 이는 다른 조건은 같은데 변동성이 고정되지 않고 지속적으로 증가하였기 때문이다.

점프 확산

확률적 변동성과 레버리지 효과는 대다수의 시장에서 관찰할 수 있는 특징적인 현상이다. 시장에서 볼 수 있는 또 하나의 특징은 자산 가격이나 변동성이 점프하는 현상이다. 1976년 머튼은 로그 정규분포에 점프 요인을 더하여 블랙-숄즈-머튼 모형을 개선한 점프 확산jump diffusion 모형을 발표했다. 이 모형의 위험 중립 확률 미분방정식은 [수식 12-8]과 같다.

수식 12-8 점프 확산 모형의 확률 미분방정식

$$dS_t = \left(r - r_j\right) S_t dt + \sigma S_t dZ_t + J_t S_t dN_t$$

각 변수와 인수의 의미는 다음과 같다.

S_t

시간 t에서의 주가

r

고정 무위험 단기 이자율

$r_J \equiv \lambda \cdot \left(e^{\mu_J + \delta^2/2} - 1\right)$

점프의 위험 중립성을 보존하기 위한 표류계수 수정항

σ

S의 고정 변동성

Z_t

표준 브라운 운동

J_t
시간 t에서의 점프, 다음과 같은 분포를 가진다.

$$\log(1+J_t) \approx \mathbf{N}\left(\log(1+\mu_J)-\frac{\delta^2}{2},\delta^2\right)$$

여기에서 $\mathbf{N}$은 표준정규분포의 누적 분포 함수다.

N_t
점프 강도 λ를 가지는 포아송 과정

[수식 12-9]는 점프 확산 모형의 오일러 이산화 결과다. z_t^n는 표준정규분포, y_t는 인수 λ를 가지는 포아송 분포다.

수식 12-9 점프 확산 모형의 오일러 이산화

$$S_t = S_{t-\Delta t}\left(e^{\left(r-r_J-\sigma^2/2\right)\Delta t+\sigma\sqrt{\Delta t}z_t^1}+\left(e^{\mu_J+\delta z_t^2}-1\right)y_t\right)$$

주어진 이산화 과정을 따르고 다음과 같은 인숫값을 적용한다.

```
In [47]: S0 = 100.
         r = 0.05
         sigma = 0.2
         lamb = 0.75  ❶
         mu = -0.6  ❷
         delta = 0.25  ❸
         rj = lamb * (math.exp(mu + 0.5 * delta ** 2) - 1)  ❹

In [48]: T = 1.0
         M = 50
         I = 10000
         dt = T / M
```

❶ 점프 강도

❷ 평균 점프 크기

❸ 점프 변동성

❹ 표류계수 수정치

점프 확산 모형을 시뮬레이션하려면 세 개의 독립적인 난수 집합이 필요하다. [그림 12-13]을 보면 점프로 인한 두 번째 피크(두 개의 최고점 분포)가 있는 것을 볼 수 있다.

```
In [49]: S = np.zeros((M + 1, I))
         S[0] = S0
         sn1 = npr.standard_normal((M + 1, I))  ❶
         sn2 = npr.standard_normal((M + 1, I))  ❶
         poi = npr.poisson(lamb * dt, (M + 1, I))  ❷
         for t in range(1, M + 1, 1):
             S[t] = S[t - 1] * (np.exp((r - rj - 0.5 * sigma ** 2) * dt +
                                sigma * math.sqrt(dt) * sn1[t]) +
                                (np.exp(mu + delta * sn2[t]) - 1) *
                                poi[t])  ❸
            S[t] = np.maximum(S[t], 0)

In [50]: plt.figure(figsize=(10, 6))
         plt.hist(S[-1], bins=50)
         plt.xlabel('value')
         plt.ylabel('frequency');
```

❶ 표준정규분포 난수

❷ 포아송 분포 난수

❸ 정확한 오일러 방식에 따른 시뮬레이션

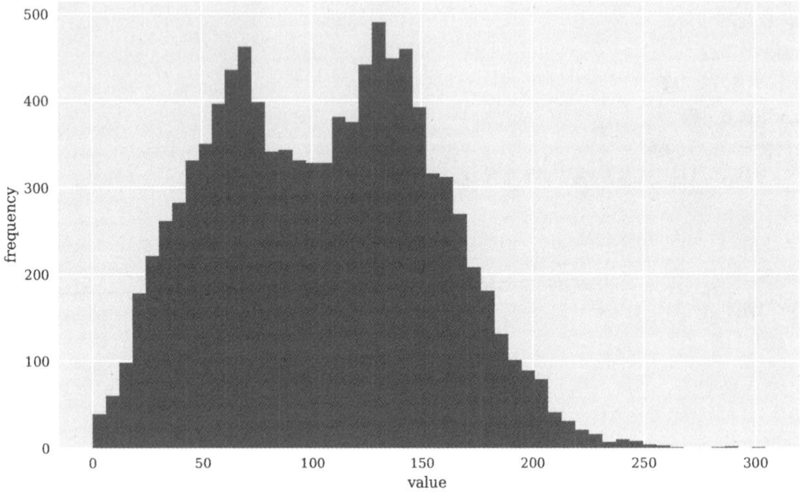

그림 12-13 점프 확산 모형 시뮬레이션 결과의 만기 값

주가가 아래쪽으로 점프하는 현상은 [그림 12-14]에 보인 10개의 시뮬레이션 경로에서도 볼 수 있다.

```
In [51]: plt.figure(figsize=(10, 6))
         plt.plot(S[:, :10], lw=1.5)
         plt.xlabel('time')
         plt.ylabel('index level');
```

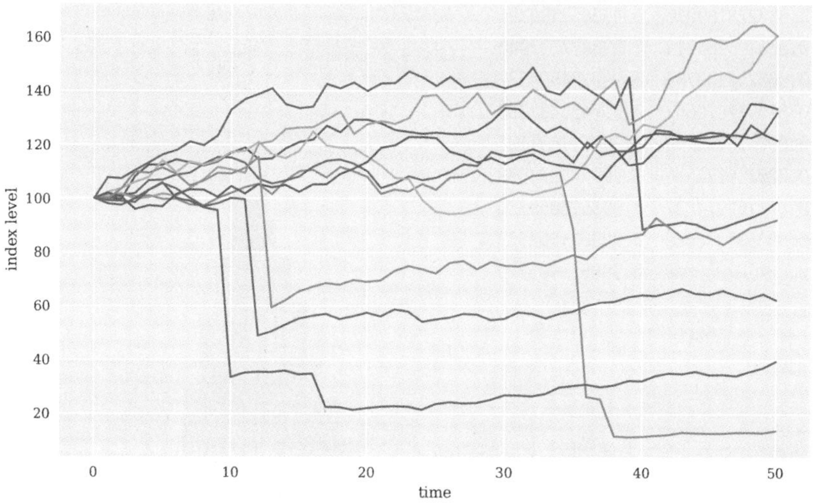

그림 12-14 점프 확산 모형의 시뮬레이션 경로

12.2.3 분산 감소

지금까지 우리가 사용한 파이썬 함수는 **의사 난수**를 생성하고 샘플의 수도 계속 달라지기 때문에 결과로 나온 숫자들이 우리가 기대하거나 원했던 통계적 특성을 충분하게 보이지 않을 수 있다. 예를 들어 평균이 0이고 표준편차가 1인 표준정규분포를 만들려고 할 때 실제 생성된 난수들이 어떤 통계치를 보이는지 살펴보자. 정확한 비교를 위해 난수 생성기의 시드값seed value을 고정시킨다.

```
In [52]: print('%15s %15s' % ('Mean', 'Std. Deviation'))
         print(31 * '-')
         for i in range(1, 31, 2):
```

```
    npr.seed(100)
    sn = npr.standard_normal(i ** 2 * 10000)
    print('%15.12f %15.12f' % (sn.mean(), sn.std()))
          Mean  Std. Deviation
------------------------------
 0.001150944833  1.006296354600
 0.002841204001  0.995987967146
 0.001998082016  0.997701714233
 0.001322322067  0.997771186968
 0.000592711311  0.998388962646
-0.000339730751  0.998399891450
-0.000228109010  0.998657429396
 0.000295768719  0.998877333340
 0.000257107789  0.999284894532
-0.000357870642  0.999456401088
-0.000528443742  0.999617831131
-0.000300171536  0.999445228838
-0.000162924037  0.999516059328
 0.000135778889  0.999611052522
 0.000182006048  0.999619405229

In [53]: i ** 2 * 10000
Out[53]: 8410000
```

결과를 보면 샘플 숫자가 클수록 통계치가 나아지는 것을 알 수 있다.[10] 하지만 난수의 수가 8백만 개가 넘는 가장 큰 샘플에서도 우리가 원하는 수준에는 도달하지 못했다.

다행스럽게도 표준정규분포의 처음 두 모멘트값을 개선하고 어렵지 않게 구현할 수 있는 분산 감소variance reduction 방법이 존재한다. 첫 번째 방법은 **대조 변수**antithetic variates를 사용하는 것이다. 이 방법은 난수를 원하는 수의 절반만 생성하고 생성된 숫자의 부호를 반대로 한 난수를 추가로 포함하는 방법이다. 예를 들어, 난수 생성기에 해당하는 파이썬 함수가 0.5를 만들면 −0.5를 난수 집합에 포함하는 것이다.[11] 이 방법을 쓰면 평균값이 정확하게 0이 된다.

NumPy에서는 `np.concatenate()` 함수로 구현할 수 있다. 다음 코드는 위 예제를 이 방법으로 다시 구현한 것이다.

10 대수의 법칙(law of large numbers)에 따른다.

11 이 방법은 우리가 계속 사용할 표준정규분포 확률 변수처럼 중간값이 0인 대칭 확률 변수에만 적용할 수 있다.

```
In [54]: sn = npr.standard_normal(int(10000 / 2))
         sn = np.concatenate((sn, -sn))  ❶

In [55]: np.shape(sn)  ❷
Out[55]: (10000,)

In [56]: sn.mean()  ❸
Out[56]: 2.842170943040401e-18

In [57]: print('%15s %15s' % ('Mean', 'Std. Deviation'))
         print(31 * "-")
         for i in range(1, 31, 2):
             npr.seed(1000)
             sn = npr.standard_normal(i ** 2 * int(10000 / 2))
             sn = np.concatenate((sn, -sn))
             print("%15.12f %15.12f" % (sn.mean(), sn.std()))
                    Mean  Std. Deviation
         -------------------------------
          0.000000000000  1.009653753942
         -0.000000000000 1.000413716783
          0.000000000000 1.002925061201
         -0.000000000000 1.000755212673
          0.000000000000 1.001636910076
         -0.000000000000 1.000726758438
         -0.000000000000 1.001621265149
          0.000000000000 1.001203722778
         -0.000000000000 1.000556669784
         -0.000000000000 1.000113464185
         -0.000000000000 0.999435175324
         -0.000000000000 0.999356961431
         -0.000000000000 0.999641436845
         -0.000000000000 0.999642768905
         -0.000000000000 0.999638303451
```

❶ 두 ndarray 객체 합치기

❷ 원하는 수의 난수 생성

❸ 결과적으로 평균이 0(부동소수점 오차 내)

이미 눈치챘겠지만 이 방법을 쓰면 1차 모멘트를 정확하게 맞출 수 있다. 하지만 이 방법은 2차 모멘트인 표준편차에는 영향을 미치지 않는다. **모멘트 정합** moment matching이라고 부르는 다른 분산 감소 방법을 쓰면 1차와 2차 모멘트를 같이 수정할 수 있다.

```
In [58]: sn = npr.standard_normal(10000)

In [59]: sn.mean()
Out[59]: -0.001165998295162494

In [60]: sn.std()
Out[60]: 0.991255920204605

In [61]: sn_new = (sn - sn.mean()) / sn.std()  ❶

In [62]: sn_new.mean()
Out[62]: -2.3803181647963357e-17

In [63]: sn_new.std()
Out[63]: 0.9999999999999999
```

❶ 1차와 2차 모멘트를 한 번에 수정

모든 난수에서 샘플 평균을 빼고 샘플 표준편차로 나누면 우리가 원하던 바와 같이 표준정규분포의 1차와 2차 모멘트를 거의 정확하게 만족시키는 난수의 집합을 구할 수 있다.

다음은 각각의 분산 감소 방법을 이용하여 표준정규분포를 따르는 난수를 생성하는 함수다.

```
In [64]: def gen_sn(M, I, anti_paths=True, mo_match=True):
             ''' Function to generate random numbers for simulation.

             인수
             ==========
             M: int
                 number of time intervals for discretization
             I: int
                 number of paths to be simulated
             anti_paths: boolean
                 use of antithetic variates
             mo_math: boolean
                 use of moment matching
             '''
             if anti_paths is True:
                 sn = npr.standard_normal((M + 1, int(I / 2)))
                 sn = np.concatenate((sn, -sn), axis=1)
             else:
                 sn = npr.standard_normal((M + 1, I))
```

```
    if mo_match is True:
        sn = (sn - sn.mean()) / sn.std()
    return sn
```

NOTE_ 벡터화와 시뮬레이션

NumPy를 사용한 벡터화는 파이썬에서 몬테카를로 시뮬레이션 알고리즘을 구현하는 자연스럽고 간결하며 효율적인 방법이다. 하지만 NumPy 벡터화는 일반적으로 메모리 사용량이 크다. 이를 대체하는 방법에 대해서는 10장을 참조한다.

12.3 가치 평가

몬테카를로 시뮬레이션의 가장 중요한 응용은 옵션, 파생상품, 하이브리드 상품 등의 **조건부 청구권**contingent claims의 가치를 평가하는 것이다. 쉽게 말하면 조건부 청구권의 가치는 위험 중립 또는 마틴게일 측도risk-neutral(martingale) measure하에서 기대 페이오프를 할인한 것과 같다. 위험 중립 측도는 주식, 지수 등의 모든 위험 요인이 무위험 단기 이자율에 따라 증가하도록 하여 할인된 확률 과정이 마틴게일이 되게 하는 확률 측도다. 자산 가격결정 기본 정리fundamental theorem of asset pricing에 따르면 위험 중립 측도의 존재는 무위험 차익 거래의 부존재absence of arbitrage와 같다.

금융 옵션은 지정된 금융 상품을 특정한 만기일(유러피안 옵션) 또는 특정한 기간 동안(아메리칸 옵션) 행사가라는 주어진 가격에 사거나(콜 옵션) 팔(풋 옵션) 수 있는 권리를 가진다. 우선 가치 평가 면에서 더 간단한 유러피안 옵션부터 살펴보자.

12.3.1 유러피안 옵션

유러피안 콜 옵션의 만기 페이오프는 $h(S_T) \equiv \max(S_T - K, 0)$로 주어진다. 여기에서 S_T는 만기에서의 주가고 T는 만기, K는 행사가다. 만약 (기하 브라운 운동 등의) 관련 확률 과정에 대한 위험 중립 측도가 존재한다면(이를 완전 시장이 존재한다고 한다) 이 옵션의 가격은 [수식 12-10]에 의해 주어진다.

수식 12-10 위험 중립 기댓값을 사용한 가격결정

$$C_0 = e^{-rT}\mathbf{E}_0^Q\left(h\left(S_T\right)\right) = e^{-rT}\int_0^\infty h\left(s\right)q\left(s\right)ds$$

11장에서 몬테카를로 시뮬레이션을 이용한 적분의 수치 계산에 대해 대략적으로 다루었다. 그 방법은 [수식 12-10]에도 적용할 수 있다. [수식 12-11]은 유러피안 옵션을 몬테카를로 방식으로 추정하는 방법이다. $\tilde{S}_T^i$는 시뮬레이션된 만기 주가다.

수식 12-11 위험 중립 몬테카를로 추정법

$$\tilde{C}_0 = e^{-rT}\frac{1}{I}\sum_{i=1}^{I}h\left(\tilde{S}_T^i\right)$$

다음과 같은 기하 브라운 운동 인숫값이 주어졌을 때 행사가를 인수로 받아 가치를 계산하는 gbm_mcs_stat() 함수를 만든다. 여기에서는 만기 주가만 시뮬레이션한다. 행사가 K = 105인 경우를 계산해보자.

```
In [65]: S0 = 100.
         r = 0.05
         sigma = 0.25
         T = 1.0
         I = 50000

In [66]: def gbm_mcs_stat(K):
             ''' 몬테카를로 시뮬레이션에 의한 유러피안 콜 옵션의 가치 평가

             인수
             ==========
             K: float
                 (양의) 옵션 행사가

             반환값
             =======
             C0: float
                 유러피안 콜 옵션의 현재 추정 가치
             '''
             sn = gen_sn(1, I)
```

```
        # 만기에서의 지수 수준 시뮬레이션
        ST = S0 * np.exp((r - 0.5 * sigma ** 2) * T
                 + sigma * math.sqrt(T) * sn[1])
        # 만기에서의 페이오프 계산
        hT = np.maximum(ST - K, 0)
        # 몬테카를로 시뮬레이션 계산
        C0 = math.exp(-r * T) * np.mean(hT)
        return C0

In [67]: gbm_mcs_stat(K=105.)  ❶
Out[67]: 10.044221852841922
```

❶ 유러피안 콜 옵션에 대한 몬테카를로 추정치

그다음은 동적인 시뮬레이션 방식으로 유러피안 풋 옵션의 가치를 평가한다. gbm_mcs_dyna() 함수로 이 알고리즘을 구현한다. 그리고 행사가가 같은 콜 옵션과 풋 옵션의 가격 추정치를 비교한다.

```
In [68]: M = 50  ❶

In [69]: def gbm_mcs_dyna(K, option='call'):
        ''' 몬테카를로 시뮬레이션에 의한 유러피안 옵션의 가치 평가

        인수
        ==========
        K: float
            (양의) 옵션 행사가
        option : string
            가치를 평가할 옵션의 유형 ('call', 'put')

        반환값
        =======
        C0: float
            옵션의 현재 가치 추정치
        '''
        dt = T / M
        # 지수 수준의 시뮬레이션
        S = np.zeros((M + 1, I))
        S[0] = S0
        sn = gen_sn(M, I)
        for t in range(1, M + 1):
```

```
        S[t] = S[t - 1] * np.exp((r - 0.5 * sigma ** 2) * dt
                + sigma * math.sqrt(dt) * sn[t])
    # 옵션 유형에 따른 페이오프 계산
    if option == 'call':
        hT = np.maximum(S[-1] - K, 0)
    else:
        hT = np.maximum(K - S[-1], 0)
    # 몬테카를로 시뮬레이션 계산
    C0 = math.exp(-r * T) * np.mean(hT)
    return C0
```

```
In [70]: gbm_mcs_dyna(K=110., option='call')  ❷
Out[70]: 7.950008525028434

In [71]: gbm_mcs_dyna(K=110., option='put')  ❸
Out[71]: 12.629934942682004
```

❶ 이산화 시간 구간의 개수

❷ 유러피안 **콜 옵션**의 몬테카를로 추정치

❸ 유러피안 **풋 옵션**의 몬테카를로 추정치

문제는 이렇게 시뮬레이션 방식으로 계산한 값이 블랙-숄즈-머튼 가치 평가 공식으로 계산한 벤치마크값과 얼마나 일치하는가다. 이를 알아보기 위해 `bsm_functions.py` 모듈(12.5절 참조)의 블랙-숄즈-머튼 해석 공식을 사용하여 다양한 행사가에 대한 상대적인 옵션 가격을 계산한다.

먼저 정적인 시뮬레이션 방식을 사용하여 구한 값을 해석해와 비교한다.

```
In [72]: from bsm_functions import bsm_call_value

In [73]: stat_res = []  ❶
         dyna_res = []  ❶
         anal_res = []  ❶
         k_list = np.arange(80., 120.1, 5.)  ❷
         np.random.seed(100)

In [74]: for K in k_list:
```

```
        stat_res.append(gbm_mcs_stat(K))  ❸
        dyna_res.append(gbm_mcs_dyna(K))  ❸
        anal_res.append(bsm_call_value(S0, K, T, r, sigma))  ❸
```

```
In [75]: stat_res = np.array(stat_res)  ❹
         dyna_res = np.array(dyna_res)  ❹
         anal_res = np.array(anal_res)  ❹
```

❶ 결과를 담기 위한 빈 list 객체 생성

❷ 행사가 범위에 대한 ndarray 객체 생성

❸ 모든 행사가에 대한 옵션 가치를 시뮬레이션/계산

❹ list 객체를 ndarray 객체로 변환

[그림 12-15]의 결과를 보면 모든 오차가 절댓값 1% 이하다. 음의 오차와 양의 오차가 모두 존재한다.

```
In [76]: plt.figure(figsize=(10, 6))
         fig, (ax1, ax2) = plt.subplots(2, 1, sharex=True, figsize=(10, 6))
         ax1.plot(k_list, anal_res, 'b', label='analytical')
         ax1.plot(k_list, stat_res, 'ro', label='static')
         ax1.set_ylabel('European call option value')
         ax1.legend(loc=0)
         ax1.set_ylim(bottom=0)
         wi = 1.0
         ax2.bar(k_list - wi / 2, (anal_res - stat_res) / anal_res * 100, wi)
         ax2.set_xlabel('strike')
         ax2.set_ylabel('difference in %')
         ax2.set_xlim(left=75, right=125);
Out[76]: <Figure size 720x432 with 0 Axes>
```

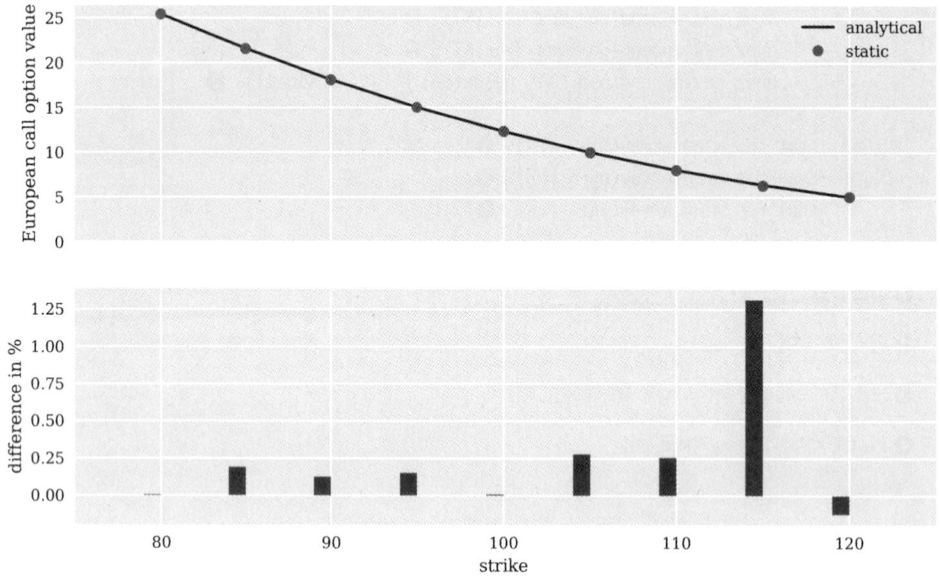

그림 12-15 정적 몬테카를로 방식과 해석해의 비교

동적인 시뮬레이션 결과에 대해 같은 방식으로 [그림 12-16]에 표시했다. 여기에서도 모든 오차가 1% 이하고 양과 음의 오차가 모두 존재한다. 일반적으로 몬테카를로 추정치의 품질은 시간 간격의 수 M과 시뮬레이션 경로의 수 I를 바꾸어 조절할 수 있다.

```
In [77]: fig, (ax1, ax2) = plt.subplots(2, 1, sharex=True, figsize=(10, 6))
         ax1.plot(k_list, anal_res, 'b', label='analytical')
         ax1.plot(k_list, dyna_res, 'ro', label='dynamic')
         ax1.set_ylabel('European call option value')
         ax1.legend(loc=0)
         ax1.set_ylim(bottom=0)
         wi = 1.0
         ax2.bar(k_list - wi / 2, (anal_res - dyna_res) / anal_res * 100, wi)
         ax2.set_xlabel('strike')
         ax2.set_ylabel('difference in %')
         ax2.set_xlim(left=75, right=125);
```

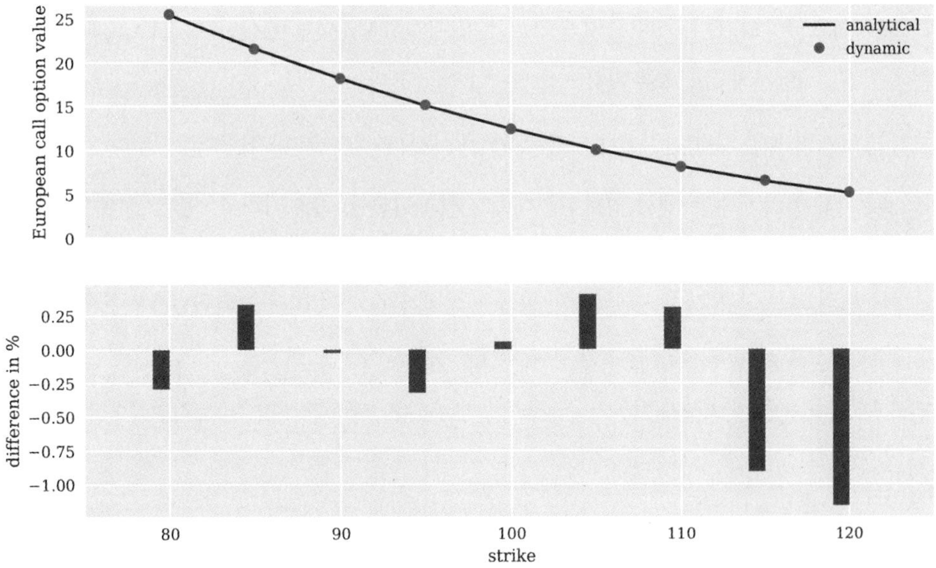

그림 12-16 동적 몬테카를로 방식과 해석해의 비교

12.3.2 아메리칸 옵션

아메리칸 옵션을 평가하는 것은 유러피안 옵션보다 더 복잡하다. 이 경우에는 옵션 가치 계산과 관련하여 **최적 정지 문제**optimal stopping problem를 풀어야 한다. [수식 12-12]는 아메리칸 옵션의 가치 평가 수식이다. 이 문제는 시뮬레이션상에서 이산 시간 그리드를 사용하여 풀 수 있다. 이렇게 하면 사실 아메리칸 옵션이 아니라 특정 그리드 점에서 행사가 가능한 버뮤다 옵션 문제를 푸는 셈이지만 시간 그리드의 간격을 좁히면 아메리칸 옵션으로 수렴한다.

수식 12-12 아메리칸 옵션 가격 계산을 위한 최적 정지 문제

$$V_0 = \sup_{\tau \in \{0, \Delta t, 2\Delta t, ..., T\}} e^{-rT} \mathbf{E}_0^Q \left(h_\tau \left(S_\tau \right) \right)$$

다음에 설명하는 알고리즘은 Longstaff and Schwartz(2001)의 논문에 나온 **최소 자승 몬테카를로**least-squares Monte Carlo(LSM) 방법이다. 특정한 시간 t에 아메리칸(혹은 버뮤다) 옵션의 가치는

$V_t(s) = \max\left(h_t(s), C_t(s)\right)$와 같이 주어진다. 여기에서 $C_t(s) = \mathbf{E}_t^Q\left(e^{-r\Delta t}V_{t+\Delta t}\left(S_{t+\Delta t}\right) \mid S_t = s\right)$는 주가 $S_t = s$에서의 옵션 **보유 가치**continuation value라고 한다.

주가를 M개의 동일 시간 간격 Δt로 시뮬레이션한 경로가 있다고 하자.

$Y_{t,i} \equiv e^{-r\Delta t}V_{t+\Delta t,i}$는 시간 t에서 경로 i에 대해 시뮬레이션한 보유 가치다. 이 값을 계산하려면 다음 시간 단계의 보유 가치를 모든 주가에 대해 알아야 한다. 최소 자승 몬테카를로 방법은 같은 시간대의 모든 보유 가치 시뮬레이션 값을 계산하기 위해 최소 자승 회귀법을 사용한다.

기저 함수 집합 b_d, $d = 1,\cdots,D$가 주어지면 보유 가치는 $\hat{C}_{t,i} = \sum_{d=1}^{D}\alpha_{d,t}^{*} \cdot b_d\left(S_{t,i}\right)$와 같이 회귀분석으로 주어진다. 여기에서 회귀 인수 α^*는 [수식 12-13]에 따른 최소 자승 회귀법으로 구한다.

수식 12-13 아메리칸 옵션 가치 계산을 위한 최소 자승 회귀법

$$\min_{\alpha_{1,t},\ldots,\alpha_{D,t}} \frac{1}{I}\sum_{i=1}^{I}\left(Y_{t,i} - \sum_{d=1}^{D}\alpha_{d,t} \cdot b_d\left(S_{t,i}\right)\right)^2$$

함수 gbm_mcs_amer()에 아메리칸 콜 옵션과 풋 옵션 가치를 계산하기 위한 LSM 알고리즘을 구현했다.[12]

```
In [78]: def gbm_mcs_amer(K, option='call'):
             ''' LMS 알고리즘을 이용한 몬테카를로 시뮬레이션을 이용한
             아메리칸 옵션의 가치 평가

             인수
             ==========
             K : float
                 (양의) 옵션 행사가
             option : string
                 가치 평가할 옵션의 유형 ('call', 'put')

            반환값
            =======
            C0 : float
```

12 알고리즘 세부 사항은 Hilpisch(2015)를 참조한다.

```
    옵션의 현재 가치 추정치
'''
dt = T / M
df = math.exp(-r * dt)
# 지수 수준의 시뮬레이션
S = np.zeros((M + 1, I))
S[0] = S0
sn = gen_sn(M, I)
for t in range(1, M + 1):
    S[t] = S[t - 1] * np.exp((r - 0.5 * sigma ** 2) * dt
            + sigma * math.sqrt(dt) * sn[t])
# 옵션 유형에 따른 페이오프 계산
if option == 'call':
    h = np.maximum(S - K, 0)
else:
    h = np.maximum(K - S, 0)
# LMS 알고리즘
V = np.copy(h)
for t in range(M - 1, 0, -1):
    reg = np.polyfit(S[t], V[t + 1] * df, 7)
    C = np.polyval(reg, S[t])
    V[t] = np.where(C > h[t], V[t + 1] * df, h[t])
# 몬테카를로 시뮬레이션에 의한 추정치
C0 = df * np.mean(V[1])
return C0
```

```
In [79]: gbm_mcs_amer(110., option='call')
Out[79]: 7.721705606305352

In [80]: gbm_mcs_amer(110., option='put')
Out[80]: 13.609997625418051
```

유러피안 옵션 가치는 아메리칸 옵션 가치의 하한lower bound이 된다. 두 옵션 가치의 차이는 **조기 행사 프리미엄**early exercise premium이라 부른다. 다음 코드에서 여러 가지 행사가에 따른 유러피안 옵션과 아메리칸 옵션의 가치를 비교하여 조기 행사 프리미엄을 추정했다. 이 분석에는 풋 옵션을 사용했다.[13]

```
In [81]: euro_res = []
         amer_res = []
```

13 여기에서는 배당을 고려하지 않았기 때문에 콜 옵션에는 조기 행사 프리미엄이 존재하지 않는다.

```
In [82]: k_list = np.arange(80., 120.1, 5.)

In [83]: for K in k_list:
             euro_res.append(gbm_mcs_dyna(K, 'put'))
             amer_res.append(gbm_mcs_amer(K, 'put'))

In [84]: euro_res = np.array(euro_res)
         amer_res = np.array(amer_res)
```

[그림 12-17]을 보면 행사가에 따라 조기 행사 프리미엄이 10%까지도 올라가는 것을 볼 수 있다.

```
In [85]: fig, (ax1, ax2) = plt.subplots(2, 1, sharex=True, figsize=(10, 6))
         ax1.plot(k_list, euro_res, 'b', label='European put')
         ax1.plot(k_list, amer_res, 'ro', label='American put')
         ax1.set_ylabel('call option value')
         ax1.legend(loc=0)
         wi = 1.0
         ax2.bar(k_list - wi / 2, (amer_res - euro_res) / euro_res * 100, wi)
         ax2.set_xlabel('strike')
         ax2.set_ylabel('early exercise premium in %')
         ax2.set_xlim(left=75, right=125);
```

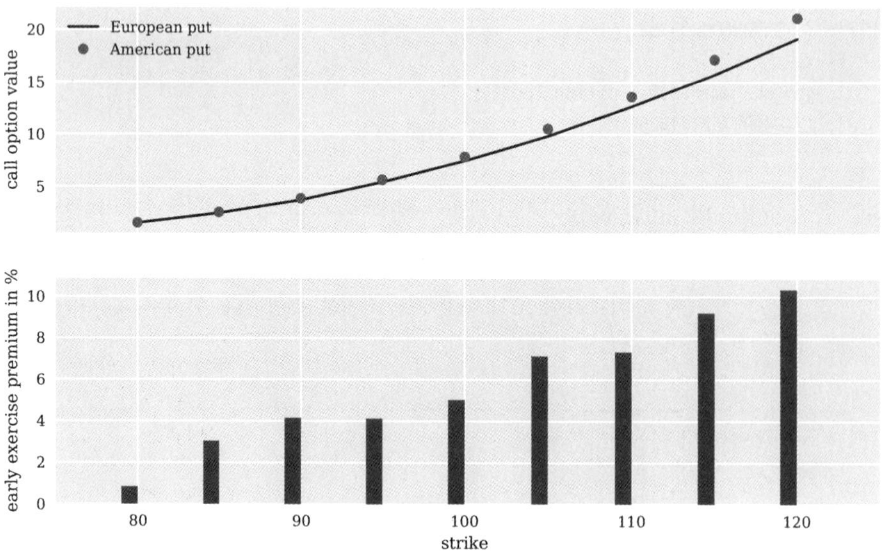

그림 12-17 유러피안 옵션과 몬테카를로 방식으로 계산한 아메리칸 옵션 비교

12.4 위험 측도

가치 평가 이외에 확률 과정 시뮬레이션의 중요한 응용 분야 중 하나는 **위험 관리**risk management다. 이 절에서는 오늘날 금융산업에서 가장 널리 쓰이는 두 가지 위험 측도를 계산/추정하는 법을 설명한다.

12.4.1 VaR

VaRValue-at-Risk는 가장 널리 사용되며 또한 가장 논란이 많은 위험 측도다. 직관적이기 때문에 실무에서는 사랑받지만, 이론적 기반 특히 다음에 설명할 **테일 리스크**tail risk를 제대로 파악하지 못한다는 점에서 많은 비판을 받는다. VaR를 한마디로 설명하면 어떤 확률적인 신뢰도하에서 특정 시간 내에 발생할 수 있는 화폐(달러, 유로, 엔 등)로 환산한 포트폴리오나 단일 포지션의 손실 가능 금액을 말한다.

만약 지금 백만 달러짜리 주식 포지션의 99% 신뢰도 30일(1개월) VaR 값이 5만 달러라면, 30일 동안의 이 포지션에서 이후에 발생할 수 있는 손실은 99%의 확률로 5만 달러를 넘지 않는다는 의미다. 이는 30일 기간 내의 손실이 절대로 5만 달러를 넘지 않는다는 말이 아니다. 단지 5만 달러 이상의 손실을 볼 확률이 1%라는 의미일 뿐이다.

다음과 같은 인수를 가지는 블랙-숄즈-머튼 모형에 기반하여 $T = 30/365$(30일)라는 미래의 주가를 시뮬레이션해보자. VaR 값을 추정하려면 시뮬레이션상의 손익을 현재 가치와 비교하여 가장 큰 손실부터 가장 큰 수익까지 순서대로 정렬한다. [그림 12-18]은 시뮬레이션 성과 히스토그램이다.

```
In [86]: S0 = 100
         r = 0.05
         sigma = 0.25
         T = 30 / 365.
         I = 10000

In [87]: ST = S0 * np.exp((r - 0.5 * sigma ** 2) * T +
                     sigma * np.sqrt(T) * npr.standard_normal(I))  ❶

In [88]: R_gbm = np.sort(ST - S0)  ❷
```

```
In [89]: plt.figure(figsize=(10, 6))
         plt.hist(R_gbm, bins=50)
         plt.xlabel('absolute return')
         plt.ylabel('frequency');
```

❶ 기하 브라운 운동의 만기 값 시뮬레이션

❷ 시뮬레이션의 손익 계산 및 정렬

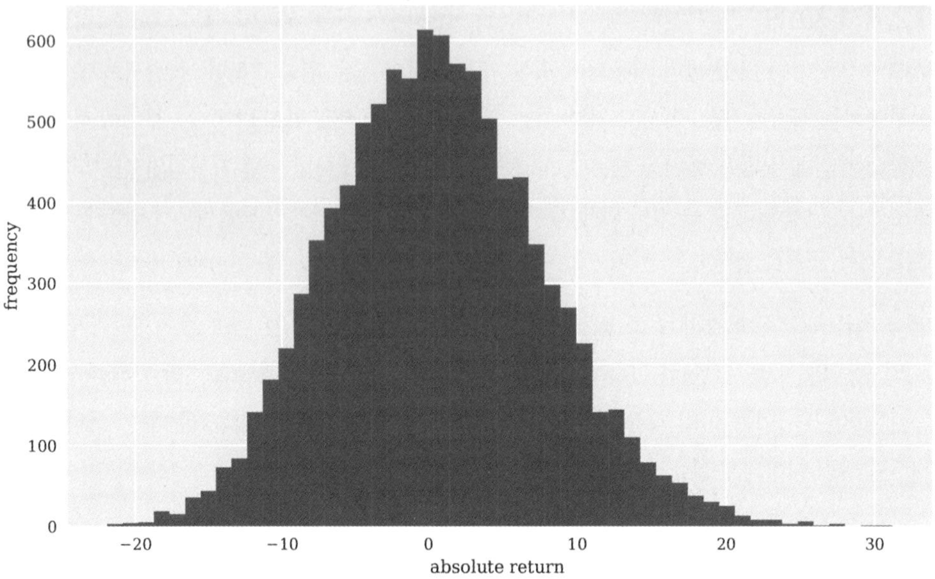

그림 12-18 기하 브라운 운동 모형의 수익 분포

정렬된 결과를 담은 `ndarray` 객체만 있으면 나머지 작업은 `scs.scoreatpercentile()` 함수에 맡기면 된다.

우리가 추가로 해야 할 일은 관심 있는 백분위수percentiles를 정하고 넘겨주는 것뿐이다. 리스트 객체 `percs`의 값 `0.1`은 100% − 0.1% = 99.9% 신뢰도를 의미한다. 신뢰도 99.9%를 지닌 30일 VaR 값은 이 경우 18.8이다. 만약 신뢰도가 90%라면 이 값은 8.5가 된다.

```
In [91]: percs = [0.01, 0.1, 1., 2.5, 5.0, 10.0]
         var = scs.scoreatpercentile(R_gbm, percs)
         print('%16s %16s' % ('Confidence Level', 'Value-at-Risk'))
```

```
print(33 * '-')
for pair in zip(percs, var):
    print('%16.2f %16.3f' % (100 - pair[0], -pair[1]))
Confidence Level    Value-at-Risk
---------------------------------
           99.99           21.814
           99.90           18.837
           99.00           15.230
           97.50           12.816
           95.00           10.824
           90.00            8.504
```

두 번째 예제로 머튼의 점프 확산 모형을 동적으로 시뮬레이션한다. 이 경우에는 점프 요인이 음수이므로 [그림 12-19]에 보인 것처럼 시뮬레이션 손익은 양봉bimodal 분포와 유사한 모습을 보인다. 정규분포 관점에서 보면 상당한 좌측 **팻 테일**fat tail을 가진다.

```
In [92]: dt = 30. / 365 / M
         rj = lamb * (math.exp(mu + 0.5 * delta ** 2) - 1)

In [93]: S = np.zeros((M + 1, I))
         S[0] = S0
         sn1 = npr.standard_normal((M + 1, I))
         sn2 = npr.standard_normal((M + 1, I))
         poi = npr.poisson(lamb * dt, (M + 1, I))
         for t in range(1, M + 1, 1):
             S[t] = S[t - 1] * (np.exp((r - rj - 0.5 * sigma ** 2) * dt
                                + sigma * math.sqrt(dt) * sn1[t])
                                + (np.exp(mu + delta * sn2[t]) - 1)
                                * poi[t])
             S[t] = np.maximum(S[t], 0)

In [94]: R_jd = np.sort(S[-1] - S0)

In [95]: plt.figure(figsize=(10, 6))
         plt.hist(R_jd, bins=50)
         plt.xlabel('absolute return')
         plt.ylabel('frequency');
```

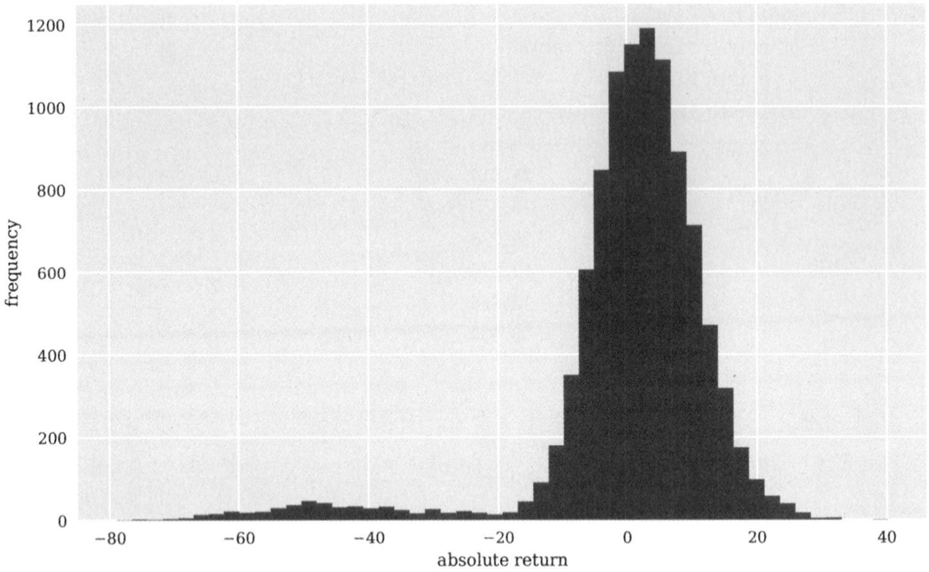

그림 12-19 점프 확산 모형의 수익 분포

이 시뮬레이션 결과에서 90% 신뢰도를 가진 30일 VaR 값은 이전의 결과와 거의 동일하다. 하지만 99% 신뢰도의 VaR 값은 기하 브라운 운동 모형의 **세 배** 이상이다(70 대 18.8).

```
In [96]: percs = [0.01, 0.1, 1., 2.5, 5.0, 10.0]
         var = scs.scoreatpercentile(R_jd, percs)
         print('%16s %16s' % ('Confidence Level', 'Value-at-Risk'))
         print(33 * '-')
         for pair in zip(percs, var):
             print('%16.2f %16.3f' % (100 - pair[0], -pair[1]))
         Confidence Level    Value-at-Risk
         ---------------------------------
                    99.99           76.520
                    99.90           69.396
                    99.00           55.974
                    97.50           46.405
                    95.00           24.198
                    90.00            8.836
```

이 결과는 표준적인 VaR 측도로 금융 시장에서 종종 발생하는 테일 리스크를 포착하지 못하는 문제를 보여준다.

이 점을 더 설명하기 위해 두 경우를 시각적으로 비교했다. [그림 12-20]에서 VaR 측도는 전혀 다른 신뢰 구간을 보인다.

```
In [97]: percs = list(np.arange(0.0, 10.1, 0.1))
         gbm_var = scs.scoreatpercentile(R_gbm, percs)
         jd_var = scs.scoreatpercentile(R_jd, percs)

In [98]: plt.figure(figsize=(10, 6))
         plt.plot(percs, gbm_var, 'b', lw=1.5, label='GBM')
         plt.plot(percs, jd_var, 'r', lw=1.5, label='JD')
         plt.legend(loc=4)
         plt.xlabel('100 - confidence level [%]')
         plt.ylabel('value-at-risk')
         plt.ylim(ymax=0.0);
```

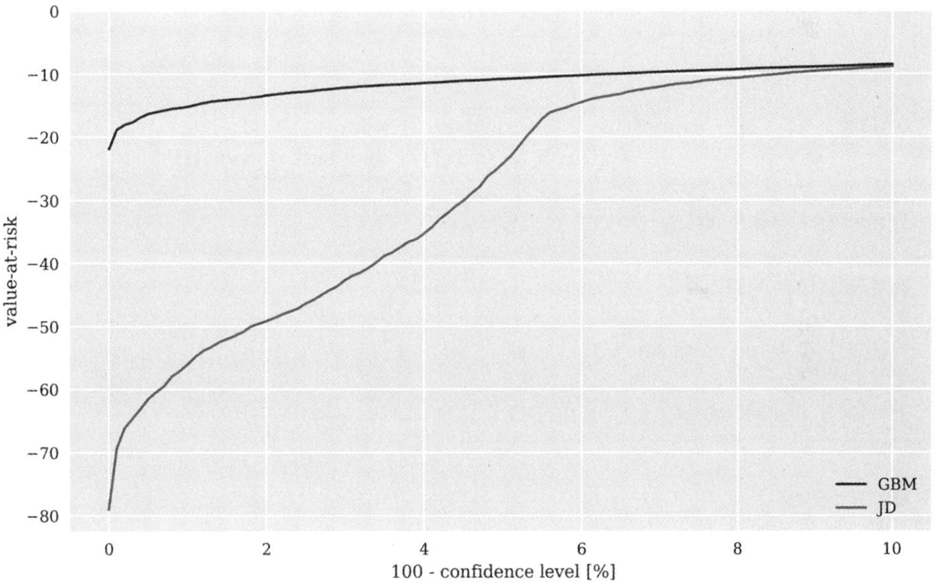

그림 12-20 기하 브라운 운동 모형과 점프 확산 모형의 VaR 비교

12.4.2 CVA

또 다른 위험 측도는 신용 VaR에서 파생된 CVA^credit value adjustment^다. 신용 VaR는 거래 상대방이 이행의무를 다하지 않을 수 있는 가능성(예를 들면 거래 상대방의 파산 가능성)을 고려한 위험 측도다. 파산의 경우 **부도 확률**probability of default과 **손실 수준**loss level의 두 가지 가정이 필요하다.

좀 더 구체적으로 다음과 같은 인수를 가지는 블랙-숄즈-머튼 모형을 다시 생각해보자. 가장 단순한 경우로 손실 수준 L과 거래 상대방의 1년 부도 확률 p가 고정되어 있다고 한다. 부도 시나리오는 포아송 분포를 이용하여 다음과 같이 생성한다. 이때 부도는 한 번만 발생할 수 있다.

```
In [99]: S0 = 100.
         r = 0.05
         sigma = 0.2
         T = 1.
         I = 100000

In [100]: ST = S0 * np.exp((r - 0.5 * sigma ** 2) * T
                           + sigma * np.sqrt(T) * npr.standard_normal(I))

In [101]: L = 0.5  ❶

In [102]: p = 0.01  ❷

In [103]: D = npr.poisson(p * T, I)  ❸

In [104]: D = np.where(D > 1, 1, D)  ❹
```

❶ 손실 수준 정의

❷ 부도 확률 정의

❸ 부도 사건 시뮬레이션

❹ 값을 1로 제한

부도가 발생하지 않은 경우 위험 중립 측도하에 미래의 주가지수는 해당 자산의 현재 가치와 같아야 한다(수치적으로 발생하는 오차는 제외). 이 가정하에서 신용 VaR는 다음과 같이 계산한다.

```
In [105]: math.exp(-r * T) * np.mean(ST)  ❶
Out[105]: 99.94767178982691

In [106]: CVaR = math.exp(-r * T) * np.mean(L * D * ST)  ❷
          CVaR  ❷
Out[106]: 0.4883560258963962

In [107]: S0_CVA = math.exp(-r * T) * np.mean((1 - L * D) * ST)  ❸
          S0_CVA  ❸
Out[107]: 99.45931576393053

In [108]: S0_adj = S0 - CVaR  ❹
          S0_adj  ❹
Out[108]: 99.5116439741036
```

❶ 시간 T에서 시뮬레이션된 평균 할인 자산 가치

❷ CVaR은 부도 시 평균 할인 미래 손실

❸ 시간 T에서 시뮬레이션된 평균 할인 자산 가치(부도 손실을 감안하여 조정)

❹ 시뮬레이션된 CVaR로 조정된 자산의 현재 가격

이 시뮬레이션 예에서는 신용 위험에 의한 손실이 약 1,000회 발생하는데, 이는 전체 10만 개의 시뮬레이션 경로 중 처음 가정했던 부도 확률 1%와 일치한다. [그림 12-21]에는 부도로 인한 손실의 분포를 보인다. 물론 대부분의 경우(10만 개 중 99,000개)에는 부도로 인한 손실이 없다.

```
In [109]: np.count_nonzero(L * D * ST)  ❶
Out[109]: 978

In [110]: plt.figure(figsize=(10, 6))
          plt.hist(L * D * ST, bins=50)
          plt.xlabel('loss')
          plt.ylabel('frequency')
          plt.ylim(ymax=175);
```

❶ 부도 사건, 즉 손실 사건의 개수

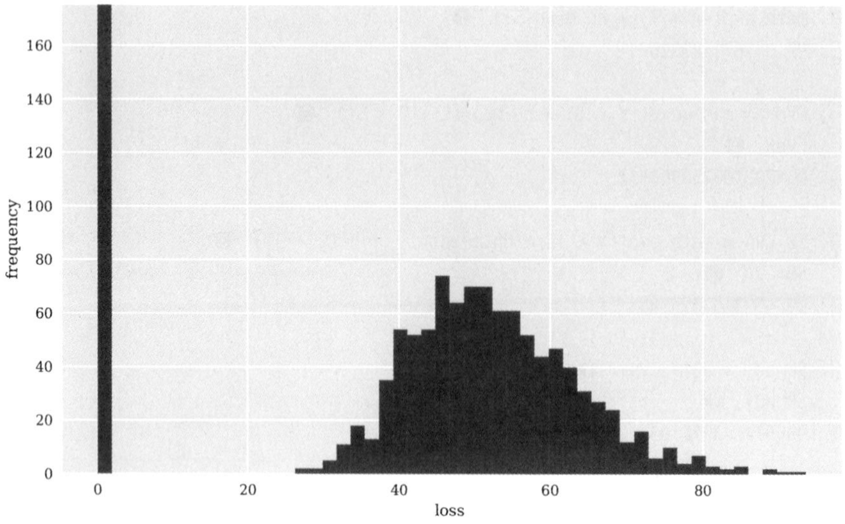

그림 12-21 위험 중립하에서 부도로 인한 손실 분포 시뮬레이션

이 경우 유러피안 콜 옵션의 가치를 계산하면 행사가가 100인 콜 옵션의 경우 약 10.4다. 같은 가정하에 부도 확률과 손실 수준을 고려한 신용 VaR 값은 약 5센트다.

```
In [111]: K = 100.
          hT = np.maximum(ST - K, 0)

In [112]: C0 = math.exp(-r * T) * np.mean(hT) ❶
          C0 ❶
Out[112]: 10.396916492839354

In [113]: CVaR = math.exp(-r * T) * np.mean(L * D * hT) ❷
          CVaR ❷
Out[113]: 0.05159099858923533

In [114]: C0_CVA = math.exp(-r * T) * np.mean((1 - L * D) * hT) ❸
          C0_CVA ❸
Out[114]: 10.34532549425012
```

❶ 유러피안 콜 옵션에 대한 몬테카를로 추정 가치

❷ CVaR는 부도 사건이 있을 때 미래 손실의 할인 평균액

❸ 유러피안 콜 옵션에 대한 몬테카를로 추정 가치(부도 사건으로 인한 손실 조정)

자산 자체의 경우와 비교하면 옵션의 가치 평가는 약간 다른 특성을 보인다. 자산의 경우에는 부도로 인한 손실이 1,000회 이상이었는데 옵션의 경우 500회가 약간 넘을 뿐이다. 이는 옵션의 만기 페이오프가 그 자체로 0이 될 확률이 높기 때문이다. [그림 12-22]를 보면 옵션에 대한 신용 VaR는 자산 자체의 경우와는 전혀 다른 분포를 보인다.

```
In [115]: np.count_nonzero(L * D * hT)  ❶
Out[115]: 538

In [116]: np.count_nonzero(D)  ❷
Out[116]: 978

In [117]: I - np.count_nonzero(hT)  ❸
Out[117]: 44123

In [118]: plt.figure(figsize=(10, 6))
          plt.hist(L * D * hT, bins=50)
          plt.xlabel('loss')
          plt.ylabel('frequency')
          plt.ylim(ymax=350);
```

❶ 부도로 인한 손실의 수

❷ 부도의 수

❸ 부도로 옵션 가치가 없어지는 경우의 수

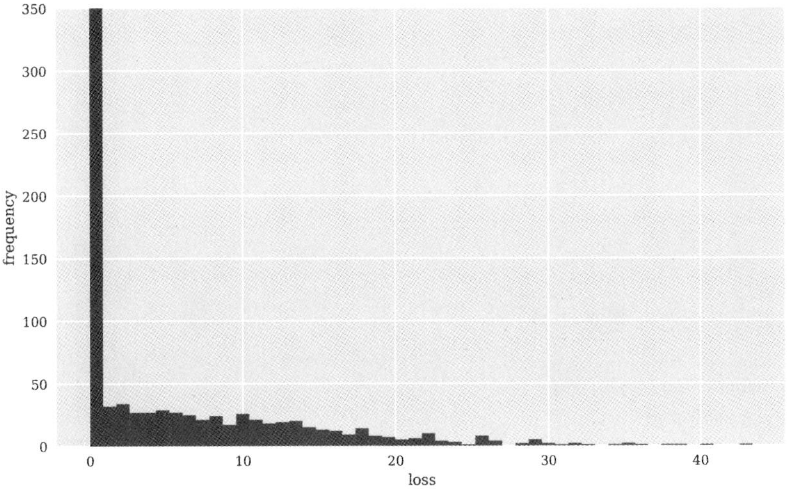

그림 12-22 위험 중립하에서 부도로 인한 손실(콜 옵션의 경우)

12.5 파이썬 스크립트

다음 스크립트는 유러피안 콜 옵션에 대한 블랙-숄즈-머튼 모형과 관련된 중요 함수를 구현한 것이다. 모형의 자세한 내용은 Black and Scholes(1973) 및 Merton(1973) 문헌을 참조한다. 파이썬 클래스에 기반한 다른 구현은 [부록 B]에 수록했다.

```
#
# 블랙-숄즈-머튼 모형에 의한
# 유러피안 콜 옵션의 가치 평가
# (베가함수와 내재 변동성 추정 포함)
# bsm_functions.py
#
# (c) Dr. Yves J. Hilpisch
# Python for Finance, 2nd ed.
#


def bsm_call_value(S0, K, T, r, sigma):
    ''' BMS 모형에 의한 유러피안 콜 옵션의 가치 평가
    해석적 공식

    인수
    ==========
    S0: float
        초기 주가/지수 수준
    K: float
        행사가
    T: float
        만기 (연수로 계산)
    r: float
        고정 단기 무위험 이자율
    sigma: float
        변동성

    반환값
    =======
    value: float
        유러피안 콜 옵션의 현재 가치
    '''
    from math import log, sqrt, exp
    from scipy import stats
```

```
    S0 = float(S0)
    d1 = (log(S0 / K) + (r + 0.5 * sigma ** 2) * T) / (sigma * sqrt(T))
    d2 = (log(S0 / K) + (r - 0.5 * sigma ** 2) * T) / (sigma * sqrt(T))
    # stats.norm.cdf --> 정규분포의 누적분포함수
    value = (S0 * stats.norm.cdf(d1, 0.0, 1.0) -
             K * exp(-r * T) * stats.norm.cdf(d2, 0.0, 1.0))
    return value


def bsm_vega(S0, K, T, r, sigma):
    ''' BSM 모형에 따른 유러피안 옵션의 베가

    인수
    ==========
    S0: float
        초기 주가/지수 수준
    K: float
        행사가
    T: float
        만기 (연수로 계산)
    r: float
        고정 단기 무위험 이자율
    sigma: float
        변동성

    반환값
    =======
    vega: float
        BSM 공식의 변동성에 대한 편미분, 즉 베가
    '''
    from math import log, sqrt
    from scipy import stats

    S0 = float(S0)
    d1 = (log(S0 / K) + (r + 0.5 * sigma ** 2) * T) / (sigma * sqrt(T))
    vega = S0 * stats.norm.pdf(d1, 0.0, 1.0) * sqrt(T)
    return vega

# 내재 변동성 함수

def bsm_call_imp_vol(S0, K, T, r, C0, sigma_est, it=100):
    ''' BSM 모형에 따른 유러피안 콜 옵션의 내재 변동성
```

```
    인수
    ==========
    S0: float
        초기 주가/지수 수준
    K: float
        행사가
    T: float
        만기 (연수로 계산)
    r: float
        고정 단기 무위험 이자율
    sigma_est: float
        내재 변동성의 추정치
    it: integer
        반복 횟수

    반환값
    =======
    simga_est: float
        수치적으로 추정한 내재 변동성
    '''
    for i in range(it):
        sigma_est -= ((bsm_call_value(S0, K, T, r, sigma_est) - C0) /
                      bsm_vega(S0, K, T, r, sigma_est))
    return sigma_est
```

12.6 마치며

이 장에서는 금융공학에서 몬테카를로 시뮬레이션을 응용하는 방법을 다루었다. 특히 여러 가지 분포에 따른 준-난수를 생성하는 방법을 살펴봤다. 그다음 금융공학 분야에서 중요한 확률 변수와 확률 과정을 시뮬레이션했다. 이 장에서 자세히 다룬 두 가지는 유러피안 옵션과 아메리칸 옵션의 가치 평가와 VaR, CVA와 같은 위험 측도의 추정 방법이다.

몬테카를로 시뮬레이션으로 아메리칸 옵션을 계산하는 것과 같이 계산량이 요구되는 작업에는 NumPy를 사용하는 것이 좋다는 것도 알 수 있었다. 이는 NumPy의 함수나 클래스가 C로 구현되어 순수 파이썬 코드보다 속도가 빠르기 때문이다. NumPy 사용의 또 다른 이점은 벡터화 연산에 따른 코드 가독성 및 간결성이다.

12.7 참고 문헌

금융공학에서 몬테카를로 시뮬레이션을 도입한 최초의 논문은 다음과 같다.

- Boyle, Phelim (1977). "Options: A Monte Carlo Approach." *Journal of Financial Economics*, Vol. 4, No. 4, pp. 322–338.

이 장에서 참고한 논문은 다음과 같다(16장도 참고한다).

- Black, Fischer and Myron Scholes (1973). "The Pricing of Options and Corporate Liabilities." *Journal of Political Economy*, Vol. 81, No. 3, pp. 638–659.
- Cox, John, Jonathan Ingersoll, and Stephen Ross (1985). "A Theory of the Term Structure of Interest Rates." *Econometrica*, Vol. 53, No. 2, pp. 385–407.
- Heston, Steven (1993). "A Closed-From Solution for Options with Stochastic Volatility with Applications to Bond and Currency Options." *The Review of Financial Studies*, Vol. 6, No. 2, 327–343.
- Merton, Robert (1973). "Theory of Rational Option Pricing." *Bell Journal of Economics and Management Science*, Vol. 4, pp. 141–183.
- Merton, Robert (1976). "Option Pricing When the Underlying Stock Returns Are Discontinuous." *Journal of Financial Economics*, Vol. 3, No. 3, pp. 125–144.

다음 책들은 이 장의 모든 주제에 대해 심도 있게 다룬다(Glasserman의 책은 구현에 대한 세부적인 부분은 다루지 않는다).

- Glasserman, Paul (2004). *Monte Carlo Methods in Financial Engineering*. New York: Springer.
- Hilpisch, Yves (2015). *Derivatives Analytics with Python*. Chichester, England: Wiley Finance.

몬테카를로 시뮬레이션으로 아메리칸 옵션을 평가하는 효율적인 방법은 한 세기가 지나서야 발표되었다.

- Longstaff, Francis, and Eduardo Schwartz (2001). "Valuing American Options by Simulation: A Simple Least Squares Approach." *Review of Financial Studies*, Vol. 14, No. 1, pp. 113–147.

신용 위험에 대한 방대하고 세부적인 내용은 다음 책에서 다루어진다.

- Duffie, Darrell and Kenneth Singleton (2003). *Credit Risk - Pricing, Measurement, and Management*. Princeton, NJ: Princeton University Press.

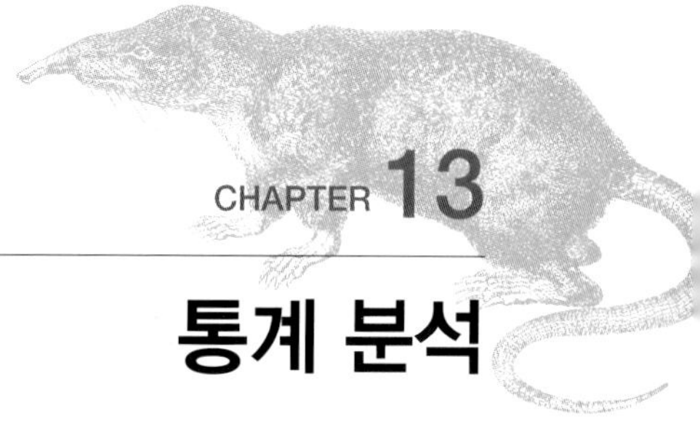

CHAPTER 13

통계 분석

진실만 제외하고 무엇이든 통계로 증명할 수 있다.

—조지 캐닝George Canning

통계학은 방대한 분야이며 금융에 있어 통계학 도구와 그 결과는 필수불가결한 요소다. 이로 인해 금융산업에서는 R과 같은 통계학 분야의 프로그래밍 언어가 인기 있다. 통계학 모형이 더 정교하고 복잡할수록 사용하기 쉽고, 성능 좋은 계산 도구를 가지는 것이 더욱 중요하다. 그렇기 때문에 이 책의 한 장에서 통계학의 방대함과 풍요로움을 제대로 보여주는 것은 불가능하다. 따라서 다른 장과 마찬가지로 이 장에서도 파이썬을 사용할 때 중요하거나 좋은 출발점을 제공하는 몇 가지 선택된 주제에만 초점을 맞춘다.

여기에서는 네 가지 주제를 다룬다.

정규성 검정

평균-분산 포트폴리오 이론mean-variance portfolio theory(MPT)이나 자본 자산 가격결정 모형capital asset pricing model(CAPM)과 같은 많은 중요한 금융 모형들은 증권 수익률이 정규분포라고 가정한다. 따라서 이 장에서는 주어진 시계열의 수익률에 대한 정규성을 검정하는 몇 가지 방법을 소개한다.

포트폴리오 최적화

금융 분야에서 통계학의 큰 성공 중 하나는 현대 포트폴리오 이론modern portfolio theory(MPT)이다.

1950년 초 해리 마코위츠Harry Markowitz의 선구자적 업적으로 시작된 이 이론은 금융 시장에서 투자와 관계된 주관적, 경험적 판단을 엄밀한 수학적, 통계적 방법론으로 대체했다. 이런 의미에서 현대 포트폴리오 이론은 금융 분야 최초의 진정한 정량적 방법론이다.

베이즈 통계학

베이즈 통계는 통계학에 확률의 주관적 척도와 이를 갱신한다는 개념을 도입했다. 선형회귀에 이를 응용하면 회귀 인숫값(예를 들어 회귀선의 절편과 경사)을 하나의 추정치로 보는 대신에 이에 대한 통계적인 분포를 고려한다. 베이즈 방법론은 현대 금융공학에서 중요하고 인기 있는 방법론이며 이 장에서는 몇 가지 고급 베이즈 방법론을 소개한다.

머신러닝

머신러닝(통계적 학습)은 고급 통계 방법에 기반한 인공지능의 한 분야다. 통계 자체와 마찬가지로 머신러닝도 데이터 집합에서 배우고 학습한 것에 기반하여 예측하는 다양한 방법론과 모형을 제공한다. 머신러닝은 크게 지도 학습supervised learning과 비지도 학습unsupervised learning으로 구분된다. 알고리즘으로 풀 수 있는 문제의 유형도 추정이나 분류 등으로 달라질 수 있다. 이 장에서는 지도 학습 중 분류 문제에 대한 예제를 제공한다.

이 장에서는 날짜와 시간 정보를 많이 다룬다. 파이썬, NumPy, pandas에서 날짜와 시간 정보를 다루는 방법에 대해서는 [부록 A]를 참조한다.

13.1 정규성 검정

정규분포는 금융에서 가장 중요한 분포라고 할 수 있으며 금융 이론을 구성하는 중요한 통계 요소 중 하나다. 다음과 같은 금융 이론들은 모두 주식 시장의 수익률이 정규분포를 이룬다는 사실에 기반하고 있다.[1]

1 또 하나의 중요한 가정은 선형성(linearity)이다. 예를 들어 금융 시장에서는 일반적으로 주식의 수요와 가격 간에 선형적인 관계를 가정한다. 달리 말하면 시장의 유동성(liquidity)이 완벽하여 수요가 변하더라도 금융 상품의 단위 가격에 영향을 미치지 않는다고 가정한다.

포트폴리오 이론

주식 수익률이 정규분포를 이루면 최적 포트폴리오를 선택하는 문제는 각 주식의 평균 수익률mean return과 수익률의 분산variance of the returns(변동성) 그리고 각 주식 사이의 공분산covariance만을 고려하는 투자 결정 문제로 귀착된다.

자본 자산 가격결정 모형

주식 수익률이 정규분포를 이루면 개별 주식의 가격과 전체 시장 지수의 관계는 베타(β)라 불리는 개별 주식과 시장 지수의 공통 움직임을 설명하는 측도로 간단히 표현할 수 있다.

효율적 시장 가설

효율적 시장은 얻을 수 있는 '모든' 정보가 가격에 반영되어 있는 시장을 말한다. 여기에서 '모든'이란 말은 넓은 의미로 정보가 모든 시장 참여자에게 공개되어 있다는 의미일 수도 있고, 좁은 의미로 그 정보를 알고 있는 일부의 시장 참여자가 존재한다는 의미일 수도 있다. 효율적 시장 가설이 맞다면 주식 가격은 무작위로 움직이게 되며 수익률은 정규분포를 이루게 된다.

옵션 가격결정 모형

브라운 운동은 주식이나 다른 자산의 가격 움직임을 묘사하는 가장 표준적인 모형이다. 유명한 블랙-숄즈-머튼 옵션 가격결정 공식은 주식의 움직임에 대해 정규분포 수익률을 발생시키는 기하 브라운 운동 모형을 사용한다.

위에서 제시한 것은 금융에서 정규분포 가정의 중요성을 보여주는 수많은 예의 일부일 뿐이다.

13.1.1 벤치마크 자료 분석

보다 자세한 분석을 위한 기초 작업으로 금융 모형에 사용되는 기본 확률 과정 중 하나인 기하 브라운 운동부터 시작한다. 기하 브라운 운동 경로 S의 특성은 다음과 같다.

로그 정규분포 수익률

두 시간 $0 < s < t$ 사이의 로그 수익률 $\log \frac{S_t}{S_s} = \log S_t - \log S_s$는 정규분포를 이룬다.

로그 정규분포값

임의의 시간 $t > 0$에서 S_t의 값은 로그 정규분포log-normally를 이룬다.

이후의 분석을 위해 scipy.stats(*http://docs.scipy.org/doc/scipy/reference/stats.html*)와 *statsmodels.api*(*http://statsmodels.sourceforge.net/stable/*)를 포함한 몇 가지 파이썬 라이브러리를 임포트한다.

```
In [1]: import math
        import numpy as np
        import scipy.stats as scs
        import statsmodels.api as sm
        from pylab import mpl, plt

In [2]: plt.style.use('seaborn')
        mpl.rcParams['font.family'] = 'serif'
        %matplotlib inline
```

이제부터 기하 브라운 운동의 몬테카를로 표본을 생성하는 함수 gen_paths()를 사용한다(12장 참조).

```
In [3]: def gen_paths(S0, r, sigma, T, M, I):
            ''' 기하 브라운 운동에 대한 몬테카를로 경로를 생성

            인수
            ==========
            S0: float
                초기 주가/지수 수준
            r: float
                고정 단기 이자율
            sigma: float
                고정 변동성
            T: float
                최종 시간
            M: int
                시간 구간의 개수
            I: int
                시뮬레이션 경로의 개수

            반환값
```

```
    =======
    paths: ndarray, shape (M + 1, I)
        주어진 인수로 시뮬레이션한 경로
    '''
    dt = T / M
    paths = np.zeros((M + 1, I))
    paths[0] = S0
    for t in range(1, M + 1):
        rand = np.random.standard_normal(I)
        rand = (rand - rand.mean()) / rand.std()  ❶
        paths[t] = paths[t - 1] * np.exp((r - 0.5 * sigma ** 2) * dt +
            sigma * math.sqrt(dt) * rand)  ❷
    return paths
```

❶ 1차 및 2차 모멘트 매칭

❷ 기하 브라운 운동에 대한 벡터화된 오일러 이산화

다음은 몬테카를로 시뮬레이션 입력 변수의 한 예다. 이 값을 gen_paths() 함수에 입력하여 시간 구간을 50으로 나눈 경로를 250,000개 생성한다. [그림 13-1]에 시뮬레이션 경로 중 10개를 보이고 있다.

```
In [4]: S0 = 100.  ❶
        r = 0.05  ❷
        sigma = 0.2  ❸
        T = 1.0  ❹
        M = 50  ❺
        I = 250000  ❻
        np.random.seed(1000)

In [5]: paths = gen_paths(S0, r, sigma, T, M, I)

In [6]: S0 * math.exp(r * T)  ❼
Out[6]: 105.12710963760242

In [7]: paths[-1].mean()  ❼
Out[7]: 105.12645392478755

In [8]: plt.figure(figsize=(10, 6))
        plt.plot(paths[:, :10])
        plt.xlabel('time steps')
        plt.ylabel('index level');
```

❶ 시뮬레이션 과정의 초깃값

❷ 고정 단기 이자율

❸ 고정 변동성

❹ 연 단위 시간

❺ 시간 구간의 수

❻ 시뮬레이션 경로의 수

❼ 시뮬레이션의 기댓값과 평균

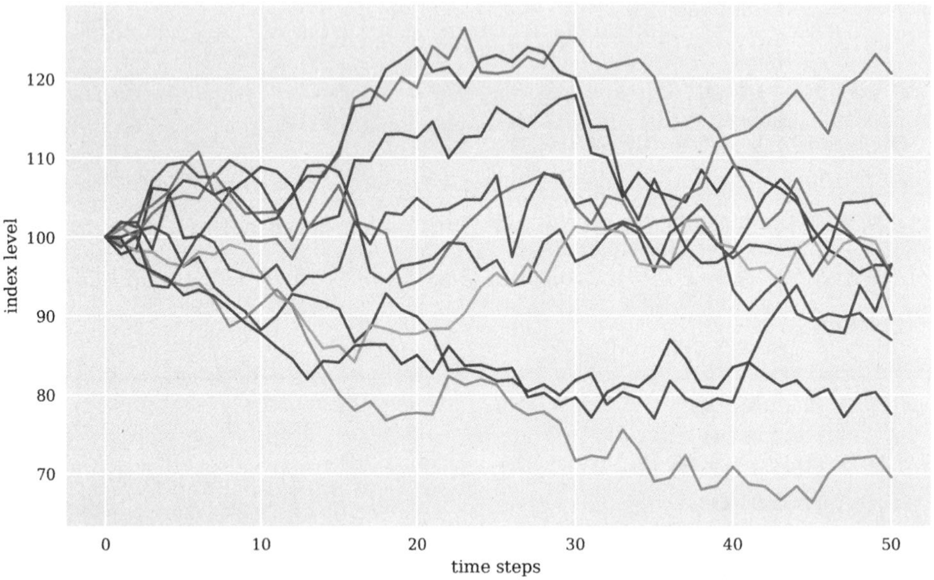

그림 13-1 10개의 기하 브라운 운동 시뮬레이션 경로

우리의 관심사는 로그 수익률의 분포다. 다음 코드와 같이 로그 수익률을 담은 ndarray 객체를 만든다. 하나의 시뮬레이션 경로와 로그 수익률을 보면 다음과 같다.

```
In [9]: paths[:, 0].round(4)
Out[9]: array([100.    ,  97.821 ,  98.5573, 106.1546, 105.899 ,  99.8363,
               100.0145, 102.6589, 105.6643, 107.1107, 108.7943, 108.2449,
               106.4105, 101.0575, 102.0197, 102.6052, 109.6419, 109.5725,
               112.9766, 113.0225, 112.5476, 114.5585, 109.942 , 112.6271,
               112.7502, 116.3453, 115.0443, 113.9586, 115.8831, 117.3705,
```

```
       117.9185, 110.5539, 109.9687, 104.9957, 108.0679, 105.7822,
       105.1585, 104.3304, 108.4387, 105.5963, 108.866 , 108.3284,
       107.0077, 106.0034, 104.3964, 101.0637,  98.3776,  97.135 ,
        95.4254,  96.4271,  96.3386])

In [10]: log_returns = np.log(paths[1:] / paths[:-1])

In [11]: log_returns[:, 0].round(4)
Out[11]: array([-0.022 ,  0.0075,  0.0743, -0.0024, -0.059 ,  0.0018,  0.0261,
                 0.0289,  0.0136,  0.0156, -0.0051, -0.0171, -0.0516,  0.0095,
                 0.0057,  0.0663, -0.0006,  0.0306,  0.0004, -0.0042,  0.0177,
                -0.0411,  0.0241,  0.0011,  0.0314, -0.0112, -0.0095,  0.0167,
                 0.0128,  0.0047, -0.0645, -0.0053, -0.0463,  0.0288, -0.0214,
                -0.0059, -0.0079,  0.0386, -0.0266,  0.0305, -0.0049, -0.0123,
                -0.0094, -0.0153, -0.0324, -0.0269, -0.0127, -0.0178,  0.0104,
                -0.0009])
```

이 값들은 금융 시장에서 흔히 볼 수 있다. 양수는 투자 수익을 의미하고 음수는 손실을 뜻한다.

다음의 print_statistics() 함수는 scipy.stats 라이브러리의 scs.describe() 함수를 이용하여 만든 것이다. 이 함수는 주어진 과거 혹은 시뮬레이션된 데이터의 평균^mean, 왜도^skewness, 첨도^kurtosis 등의 통계를 읽기 쉬운 형태로 출력한다.

```
In [13]: def print_statistics(array):
             ''' 선택한 통계를 출력
             인수
             ==========
             array: ndarray
             통계를 생성할 대상 객체
             '''
             sta = scs.describe(array)
             print('%14s %15s' % ('statistic', 'value'))
             print(30 * '-')
             print('%14s %15.5f' % ('size', sta[0]))
             print('%14s %15.5f' % ('min', sta[1][0]))
             print('%14s %15.5f' % ('max', sta[1][1]))
             print('%14s %15.5f' % ('mean', sta[2]))
             print('%14s %15.5f' % ('std', np.sqrt(sta[3])))
             print('%14s %15.5f' % ('skew', sta[4]))
             print('%14s %15.5f' % ('kurtosis', sta[5]))

In [14]: print_statistics(log_returns.flatten())
```

```
statistic           value
------------------------------
     size  12500000.00000
      min        -0.15664
      max         0.15371
     mean         0.00060
      std         0.02828
     skew         0.00055
 kurtosis         0.00085

In [15]: log_returns.mean() * M + 0.5 * sigma ** 2  ❶
Out[15]: 0.05000000000000005

In [16]: log_returns.std() * math.sqrt(M)  ❷
Out[16]: 0.20000000000000015
```

❶ 이토 항[2] 수정 후의 연율화된 평균 로그 수익률

❷ 연율화된 변동성. 로그 수익률의 연율화된 표준편차

전체 12,500,000개의 데이터가 대부분 +/- 0.15 사이에 있음을 알 수 있다. 또한 평균 수익률과 표준편차를 연율화하면 0.05, 0.2가 되는 것을 예상할 수 있다(1년을 50개의 구간으로 나누었기 때문에 연율화하기 위해서는 평균값에 50을, 표준편차에는 $\sqrt{50}$ 을 곱한다). 모멘트가 잘 맞는 이유는 난수를 생성할 때 분산 감소 방법을 썼기 때문이다.

[그림 13-2]에서는 시뮬레이션된 로그 수익률 분포와 주어진 `r`, `sigma` 값에 대한 정규분포의 확률 밀도 함수를 비교했다. 사용된 함수는 `scipy.stats` 라이브러리의 `norm.pdf()` 함수다. 명확하게 일치하는 것을 확인할 수 있다.

```
In [17]: plt.figure(figsize=(10, 6))
         plt.hist(log_returns.flatten(), bins=70, density=True,
                  label='frequency', color='b')
         plt.xlabel('log return')
         plt.ylabel('frequency')
         x = np.linspace(plt.axis()[0], plt.axis()[1])
         plt.plot(x, scs.norm.pdf(x, loc=r / M, scale=sigma / np.sqrt(M)),
                  'r', lw=2.0, label='pdf')  ❶
```

2 확률 및 이토 미적분(Itô calculus)에 대해서는 Glasserman(2004)을 참조한다.

```
        plt.legend();
```

❶ 구간 길이에 맞춰진 확률 밀도 함수 플롯

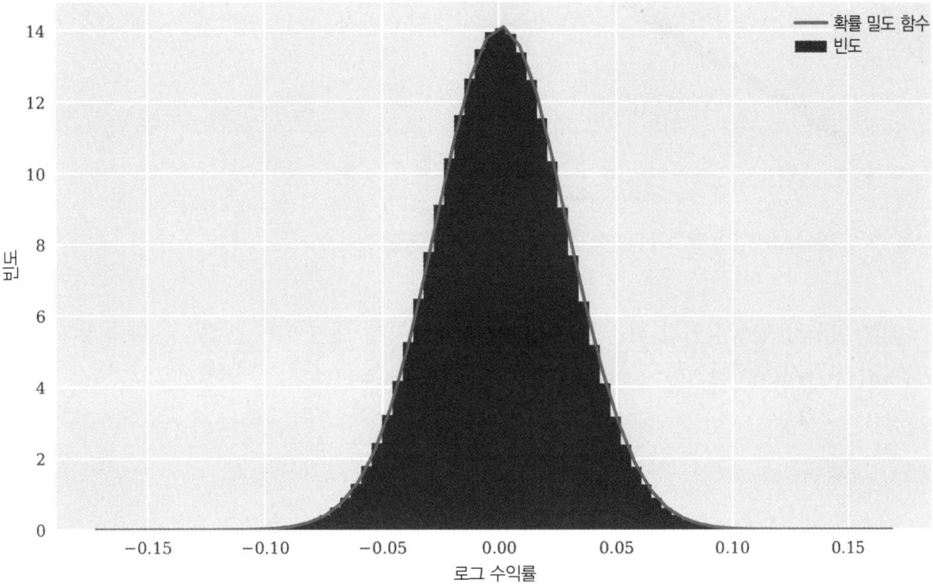

그림 13-2 로그 수익률의 히스토그램과 정규분포의 밀도 함수

이론적인 확률 밀도 함수와 실제 히스토그램을 비교하는 것만이 정규성을 시각적으로 테스트하는 유일한 방법은 아니다. 이른바 분위수 대조도quantile-quantile plot 또는 Q-Q 플롯을 사용할 수도 있다. Q-Q 플롯은 샘플값의 샘플 분위수quantile와 정규분포상의 이론적 분위수를 비교한 것이다. 샘플 데이터가 정규분포를 가진다면 [그림 13-3]에서 보는 것과 같이 대다수 분위수 값의 쌍이 일직선을 이루게 된다.

```
In [18]: sm.qqplot(log_returns.flatten()[::500], line='s')
         plt.xlabel('theoretical quantiles')
         plt.ylabel('sample quantiles');
```

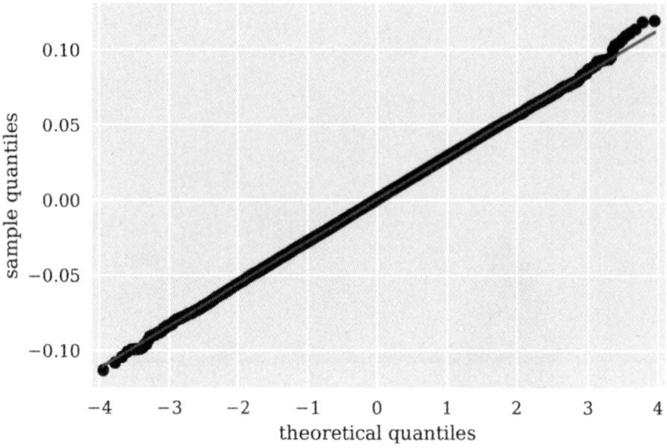

그림 13-3 기하 브라운 운동 로그 수익률의 분위수 대조도(Q-Q 플롯)

시각적 비교가 인상적이긴 하지만 엄밀한 검정 절차를 대체할 수는 없다. 다음에 제시한 `normality_test()` 함수는 세 가지 통계적 검정 결과를 보인다.

왜도 검정(`skewtest()`)

이 검정은 샘플 데이터의 왜도skewness가 정규분포와 일치하는지(0에 가까운 값을 가지는지) 판단한다.

첨도 검정(`kurtosistest()`)

마찬가지로 이 검정은 샘플 데이터의 첨도가 정규분포와 일치하는지(0에 가까운 값을 가지는지) 판단한다.[3]

정규성 검정(`normaltest()`)

이 검정은 다른 두 검정 방법을 조합하여 정규성을 검정한다.

---

3 옮긴이_ 다음과 같은 첨도의 정의에 따르면 정규분포의 첨도는 3이다. 이 책에서는 첨도에서 정규분포의 값인 3을 뺀 초과 첨도(excess kurtosis)를 첨도라고 부르고 있다.

$$Kurt[X] = \frac{\mu_4}{\sigma_4} = \frac{\mathrm{E}\left[(X-\mu)^4\right]}{\left(\mathrm{E}\left[(X-\mu)^2\right]\right)^2}$$

기하 브라운 운동의 로그 수익률에 대한 검사 값은 유의확률이 0.05보다 크므로 정규분포라는 것을 알 수 있다.

```
In [19]: def normality_tests(arr):
             ''' 주어진 데이터 분포의 정규성 검정

             인수
             ==========
             array: ndarray
             통계를 생성할 대상 객체
             '''
             print('Skew of data set %14.3f' % scs.skew(arr))
             print('Skew test p-value %14.3f' % scs.skewtest(arr)[1])
             print('Kurt of data set %14.3f' % scs.kurtosis(arr))
             print('Kurt test p-value %14.3f' % scs.kurtosistest(arr)[1])
             print('Norm test p-value %14.3f' % scs.normaltest(arr)[1])

In [20]: normality_tests(log_returns.flatten())  ❶
         Skew of data set           0.001
         Skew test p-value          0.430
         Kurt of data set           0.001
         Kurt test p-value          0.541
         Norm test p-value          0.607
```

❶ 모든 유의확률이 0.05보다 크다.

마지막으로 만기 값이 로그 정규분포를 이루는지 확인해보자. 로그 함수를 적용하여 데이터를 변환(변환에 의해 정규분포가 되었을 수도 있고 아닐 수도 있다)한 후에 마찬가지로 정규성 검정을 한다. [그림 13-4]는 로그 정규분포를 이루는 만기 값의 분포와 로그 변환을 적용한 이후의 분포를 보이고 있다.

```
In [21]: f, (ax1, ax2) = plt.subplots(1, 2, figsize=(10, 6))
         ax1.hist(paths[-1], bins=30)
         ax1.set_xlabel('index level')
         ax1.set_ylabel('frequency')
         ax1.set_title('regular data')
         ax2.hist(np.log(paths[-1]), bins=30)
         ax2.set_xlabel('log index level')
         ax2.set_title('log data')
```

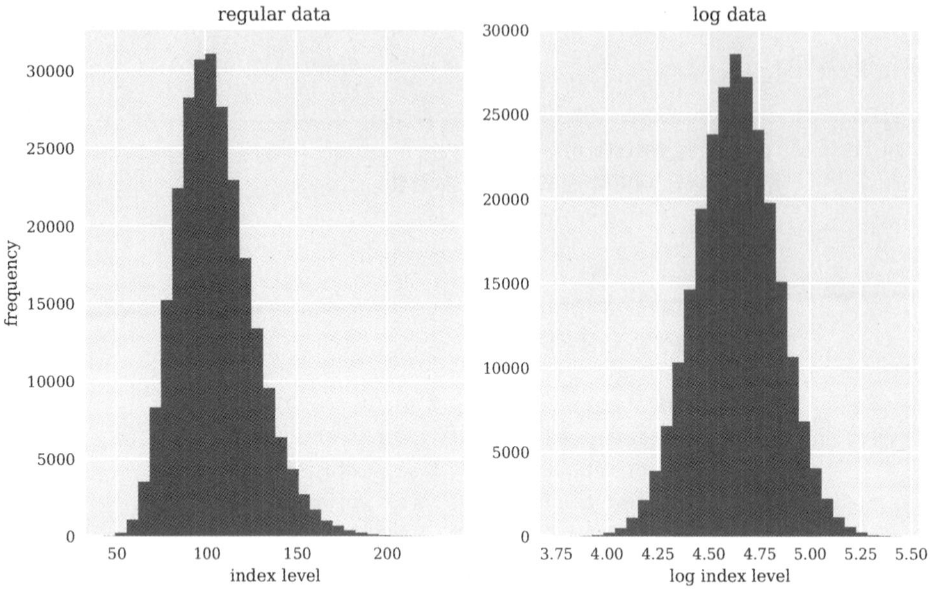

그림 13-4 시뮬레이션된 기하 브라운 운동의 만기 값 히스토그램

자료의 통계치를 보면 예상한 바와 같다. 즉, 평균이 105에 가깝다. 로그 변환한 값은 왜도와 첨도 값이 0에 가까움을 알 수 있다. 이 데이터는 높은 유의확률을 보이고 있으므로 정규분포 가설을 강력하게 뒷받침한다.

```
In [22]: print_statistics(paths[-1])
              statistic          value
         ------------------------------
                   size   250000.00000
                    min       42.74870
                    max      233.58435
                   mean      105.12645
                    std       21.23174
                   skew        0.61116
               kurtosis        0.65182
```

```
In [23]: print_statistics(np.log(paths[-1]))
              statistic           value
         ------------------------------
                   size    250000.00000
                    min         3.75534
                    max         5.45354
                   mean         4.63517
                    std         0.19998
                   skew        -0.00092
               kurtosis        -0.00327

In [24]: normality_tests(np.log(paths[-1]))
         Skew of data set          -0.001
         Skew test p-value          0.851
         Kurt of data set          -0.003
         Kurt test p-value          0.744
         Norm test p-value          0.931
```

[그림 13-5]는 정규분포의 확률 밀도 함수와 실제 히스토그램을 비교하고 있다. 예상대로 일치하는 것을 볼 수 있다.

```
In [25]: plt.figure(figsize=(10, 6))
         log_data = np.log(paths[-1])
         plt.hist(log_data, bins=70, density=True,
                  label='observed', color='b')
         plt.xlabel('index levels')
         plt.ylabel('frequency')
         x = np.linspace(plt.axis()[0], plt.axis()[1])
         plt.plot(x, scs.norm.pdf(x, log_data.mean(), log_data.std()),
                  'r', lw=2.0, label='pdf')
         plt.legend();
```

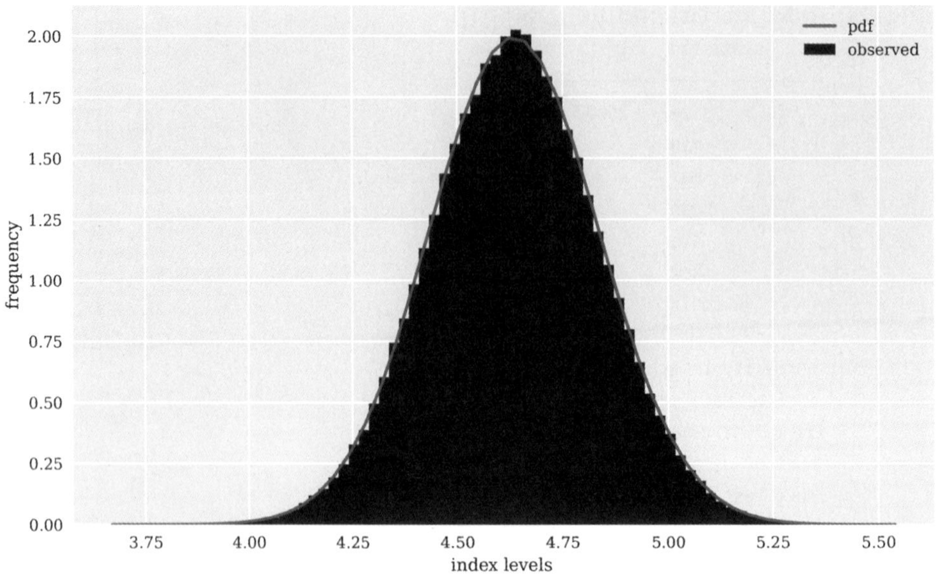

그림 13-5 기하 브라운 운동의 로그값 히스토그램과 정규분포 확률 밀도 함수

[그림 13-6]도 로그 변환한 값이 정규분포임을 뒷받침한다.

```
In [26]: sm.qqplot(log_data, line='s')
         plt.xlabel('theoretical quantiles')
         plt.ylabel('sample quantiles');
```

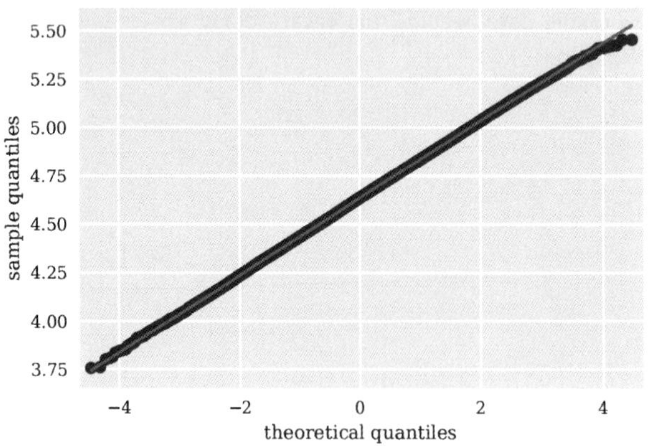

그림 13-6 기하 브라운 운동의 로그 변환값 분위수 대조도

TIP 정규성

증권 수익률에 대한 정규성 가정은 여러 가지 중요한 금융 이론에서 핵심적인 내용이다. 파이썬은 시계열 데이터가 정규분포인지 아닌지 확인하는 효율적인 통계적, 시각적 검정 방법을 제공한다.

13.1.2 현실 자료 분석

이 절에서는 네 종류의 과거 금융 시계열을 분석한다. 두 개는 기술주, 두 개는 ETF다.

- APPL.O: 애플 주가
- MSFT.O: 마이크로소프트 주가
- SPY: SPDR S&P 500 ETF 주가
- GLD: SPDR Gold ETF 주가

데이터 관리 도구는 pandas를 사용한다(8장 참조). [그림 13-7]에서 정규화된 가격을 볼 수 있다.

```
In [27]: import pandas as pd

In [28]: raw = pd.read_csv('../../source/tr_eikon_eod_data.csv',
                           index_col=0, parse_dates=True).dropna()

In [29]: symbols = ['SPY', 'GLD', 'AAPL.O', 'MSFT.O']

In [30]: data = raw[symbols]
         data = data.dropna()

In [31]: data.info()
         <class 'pandas.core.frame.DataFrame'>
         DatetimeIndex: 2138 entries, 2010-01-04 to 2018-06-29
         Data columns (total 4 columns):
         SPY       2138 non-null float64
         GLD       2138 non-null float64
         AAPL.O    2138 non-null float64
         MSFT.O    2138 non-null float64
         dtypes: float64(4)
         memory usage: 83.5 KB

In [32]: data.head()
Out[32]:                SPY      GLD      AAPL.O  MSFT.O
```

```
Date
2010-01-04  113.33  109.80  30.572827  30.950
2010-01-05  113.63  109.70  30.625684  30.960
2010-01-06  113.71  111.51  30.138541  30.770
2010-01-07  114.19  110.82  30.082827  30.452
2010-01-08  114.57  111.37  30.282827  30.660

In [33]: (data / data.iloc[0] * 100).plot(figsize=(10, 6))
```

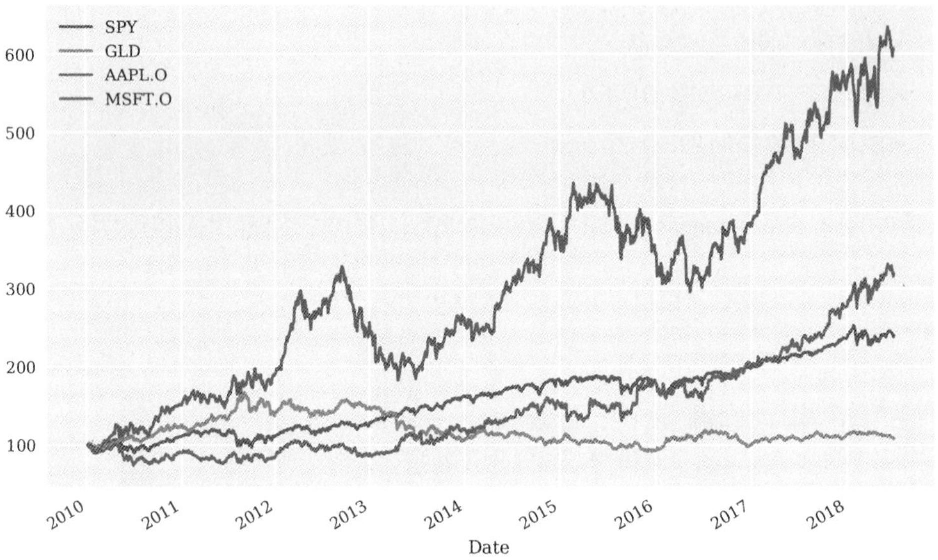

그림 13-7 정규화된 금융 상품 가격 시계열

[그림 13-8]은 금융 상품의 로그 수익률을 히스토그램으로 나타내고 있다.

```
In [34]: log_returns = np.log(data / data.shift(1))
         log_returns.head()
Out[34]:                  SPY       GLD    AAPL.O    MSFT.O
         Date
         2010-01-04       NaN       NaN       NaN       NaN
         2010-01-05  0.002644 -0.000911  0.001727  0.000323
         2010-01-06  0.000704  0.016365 -0.016034 -0.006156
         2010-01-07  0.004212 -0.006207 -0.001850 -0.010389
         2010-01-08  0.003322  0.004951  0.006626  0.006807
```

```
In [35]: log_returns.hist(bins=50, figsize=(10, 8));
```

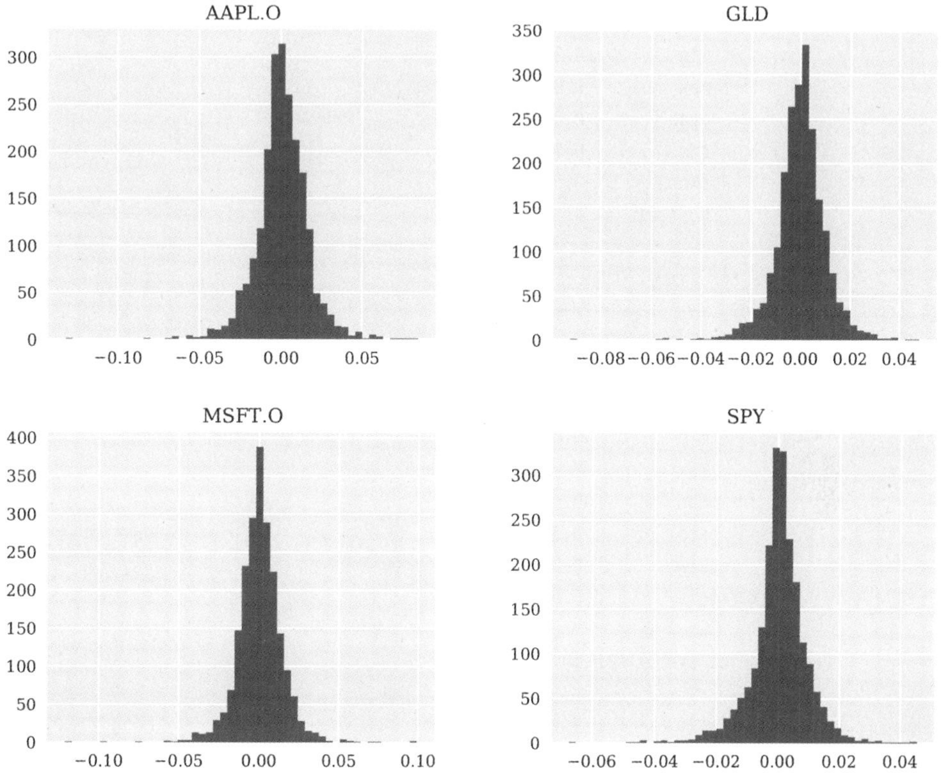

그림 13-8 금융 상품의 로그 수익률 히스토그램

다음 단계로 각각의 시계열에 대한 통계치를 구한다. 첨도값은 모든 시계열 데이터에서 정규분포와 거리가 멀다.

```
In [36]: for sym in symbols:
             print('\nResults for symbol {}'.format(sym))
             print(30 * '-')
             log_data = np.array(log_returns[sym].dropna())
             print_statistics(log_data)  ❶
```

```
Results for symbol SPY
------------------------------
     statistic           value
------------------------------
          size      2137.00000
           min        -0.06734
           max         0.04545
          mean         0.00041
           std         0.00933
          skew        -0.52189
      kurtosis         4.52432

Results for symbol GLD
------------------------------
     statistic           value
------------------------------
          size      2137.00000
           min        -0.09191
           max         0.04795
          mean         0.00004
           std         0.01020
          skew        -0.59934
      kurtosis         5.68423

Results for symbol AAPL.O
------------------------------
     statistic           value
------------------------------
          size      2137.00000
           min        -0.13187
           max         0.08502
          mean         0.00084
           std         0.01591
          skew        -0.23510
      kurtosis         4.78964

Results for symbol MSFT.O
------------------------------
     statistic           value
------------------------------
          size      2137.00000
           min        -0.12103
           max         0.09941
          mean         0.00054
           std         0.01421
```

```
        skew       -0.09117
    kurtosis        7.29106
```

❶ 금융 상품 시계열의 통계치

[그림 13-9]는 S&P 500 ETF의 Q-Q 플롯이다. 샘플 분위수가 직선이 아니므로 정규분포를 이루지 않는다는 것을 명확히 알 수 있다. 왼쪽과 오른쪽 극단에 있는 값들은 선보다 아래나 위에 있다. 달리 말해 이 시계열 데이터는 **팻 테일**fat tail 현상을 보인다. 팻 테일 현상은 분포 양쪽의 이상치outlier들이 정규분포보다 훨씬 더 양수이거나 음수인 경우를 말한다. 마이크로소프트 주가에 대한 [그림 13-10]에서도 같은 결론을 이끌어낼 수 있다. 여기에서도 팻 테일 분포의 증거가 보인다.

```
In [37]: sm.qqplot(log_returns['SPY'].dropna(), line='s')
         plt.title('SPY')
         plt.xlabel('theoretical quantiles')
         plt.ylabel('sample quantiles');

In [38]: sm.qqplot(log_returns['MSFT.O'].dropna(), line='s')
         plt.title('MSFT.O')
         plt.xlabel('theoretical quantiles')
         plt.ylabel('sample quantiles');
```

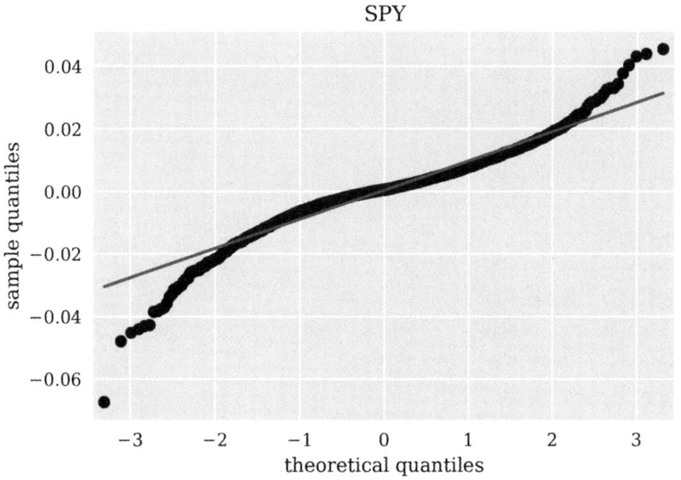

그림 13-9 SPY 로그 수익률의 분위수 대조도

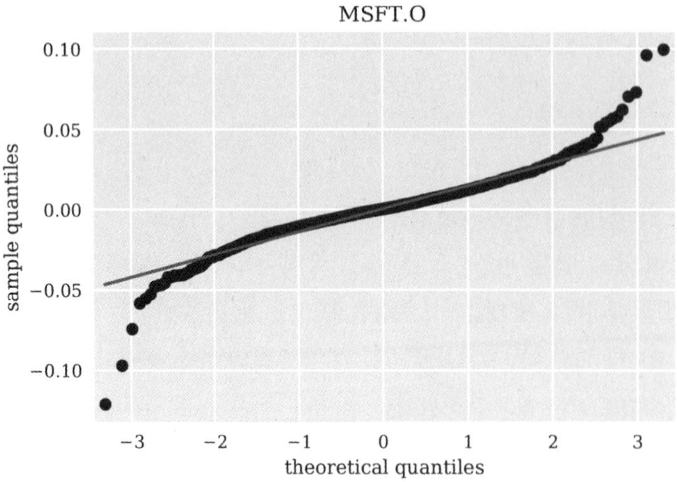

그림 13-10 MSFT.O 로그 수익률의 분위수 대조도

이제 정식 정규성 검정을 할 차례다.

```
In [39]: for sym in symbols:
             print('\nResults for symbol {}'.format(sym))
             print(32 * '-')
             log_data = np.array(log_returns[sym].dropna())
             normality_tests(log_data)  ❶

         Results for symbol SPY
         --------------------------------
         Skew of data set          -0.522
         Skew test p-value          0.000
         Kurt of data set           4.524
         Kurt test p-value          0.000
         Norm test p-value          0.000

         Results for symbol GLD
         --------------------------------
         Skew of data set          -0.599
         Skew test p-value          0.000
         Kurt of data set           5.684
         Kurt test p-value          0.000
         Norm test p-value          0.000
```

```
Results for symbol AAPL.O
-------------------------------
Skew of data set         -0.235
Skew test p-value         0.000
Kurt of data set          4.790
Kurt test p-value         0.000
Norm test p-value         0.000

Results for symbol MSFT.O
-------------------------------
Skew of data set         -0.091
Skew test p-value         0.085
Kurt of data set          7.291
Kurt test p-value         0.000
Norm test p-value         0.000
```

❶ 금융 상품 시계열의 정규성 검정 결과

모든 경우에 대해 유의확률이 0으로 정규분포 가정을 강력하게 기각reject하고 있다. 따라서 주식 시장 수익률이 기하 브라운 운동 모형과 같이 정규분포를 따른다는 가정은 일반적으로 정당화될 수 없으며 팻 테일을 설명하는 점프 확산 모형이나 확률적 변동성 모형과 같은 확장된 모형을 사용해야 한다.

13.2 포트폴리오 최적화

현대 포트폴리오 이론은 금융 이론의 중요한 초석이다. 이 혁신적인 이론으로 해리 마코위츠는 1990년 노벨 경제학상을 수상했다. 이 이론은 오늘날 학교에서 금융 이론으로 가르치고, 실무에서도 (약간 수정하여) 응용되고 있다.[4] 이 절에서는 이 이론의 기초 원리를 설명한다.

코프랜드Copeland, 웨스톤Weston, 샤스트리Shastri의 책 『Financial Theory and Corporate Policy(2005)』의 5장은 현대 포트폴리오 이론과 관련된 훌륭한 수학적 소개 글을 담고 있다. 이전에 설명한 바와 같이 수익률의 정규분포 가정이 이 이론의 근본이다.

4 Markowitz, Harry (1952) : 'Portfolio Selection.' *Journal of Finance*, Vol. 7, pp.77–91 참조

기말 자산 가치 분포의 분산을 묘사하는 데에는 평균과 분산 이외의 다른 어떤 통계치도 필요하지 않다. 만약 투자자가 이차 효용성 함수quadratic utility function가 아닌 특별한 형태의 효용성 함수utility function를 가지고 있지 않다면 수익률을 정규분포로 가정해야 하고, 이 경우 수익률은 평균과 분산만으로 완벽하게 설명할 수 있다.

13.2.1 자료 분석

다음 분석 예제에서도 앞에서 사용한 것과 같은 금융 상품을 사용한다. 현대 포트폴리오 이론의 기본 아이디어는 목표 수익률이 주어졌을 때 포트폴리오 위험을 최소화하거나 일정 위험이 주어졌을 때 포트폴리오 수익률을 극대화하기 위해 보유 주식을 분산diversification하는 것이다. 주식의 수가 많을수록 이러한 분산화 효과를 더 기대할 수 있다. 하지만 기본적인 개념과 효과를 보이는 데는 네 개의 주식으로도 충분하다.

[그림 13-11]은 각 금융 상품의 로그 수익률 분포를 보인다.

```
In [40]: symbols = ['AAPL.O', 'MSFT.O', 'SPY', 'GLD']  ❶

In [41]: noa = len(symbols)  ❷

In [42]: data = raw[symbols]

In [43]: rets = np.log(data / data.shift(1))

In [44]: rets.hist(bins=40, figsize=(10, 8));
```

❶ 포트폴리오 최적화에 사용할 네 개의 금융 상품

❷ 금융 상품의 수

투자할 금융 상품의 공분산행렬covariance matrix은 포트폴리오 선택 과정에서 가장 중요한 정보다. pandas는 스케일링이 적용된 공분산행렬을 계산할 수 있는 내장 메서드를 가지고 있다.

```
In [45]: rets.mean() * 252  ❶
Out[45]: AAPL.O    0.212359
         MSFT.O    0.136648
         SPY       0.102928
         GLD       0.009141
```

```
        dtype: float64

In [46]: rets.cov() * 252  ❷
Out[46]:           AAPL.O    MSFT.O       SPY       GLD
        AAPL.O  0.063773  0.023427  0.021039  0.001513
        MSFT.O  0.023427  0.050917  0.022244 -0.000347
        SPY     0.021039  0.022244  0.021939  0.000062
        GLD     0.001513 -0.000347  0.000062  0.026209
```

❶ 연율화된 평균 수익률

❷ 연율화된 공분산

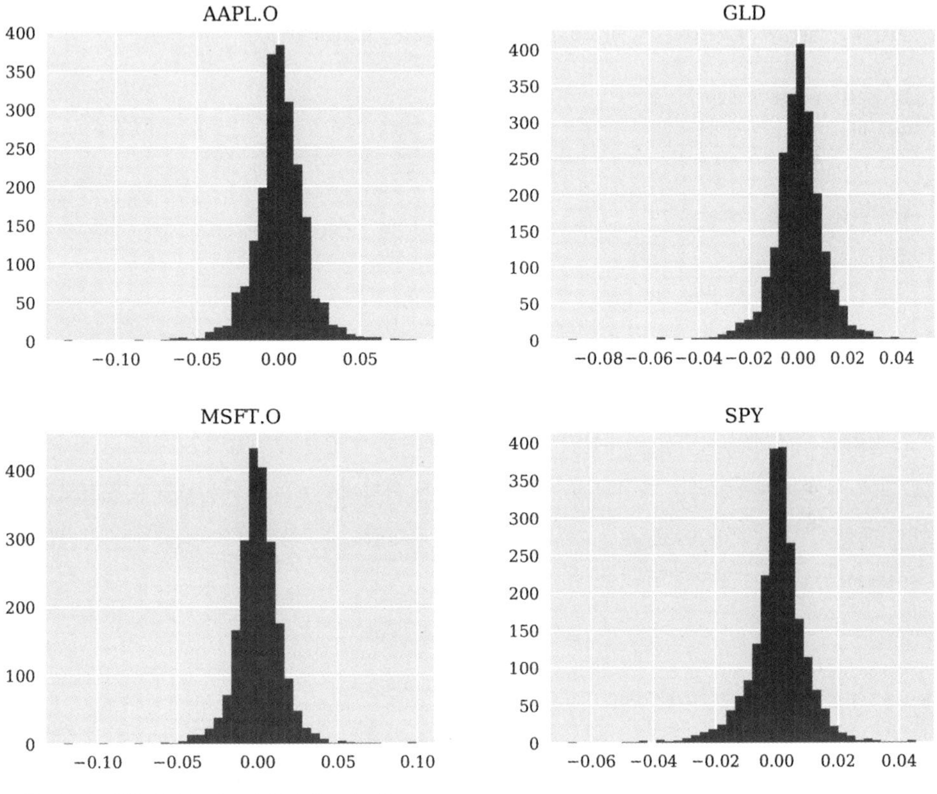

그림 13-11 금융 상품의 로그 수익률 히스토그램

13.2.2 기초 이론

이제부터는 투자자가 매도 포지션을 가질 수 없고 매수 포지션만 가진다고 가정한다. 매수 포지션만 가진다는 것은 투자자가 가진 돈이 모두 자산을 매수하는 데 이용되어야 한다는 것을 의미한다. 예를 들어 만약 자산이 네 개라면 현재 가진 돈의 25%씩 각각의 자산을 매수하는 데 사용될 수 있다. 다음의 코드는 0과 1 사이의 난수를 네 개 생성한 후 이들의 합이 1이 되도록 정규화한다.

```
In [47]: weights = np.random.random(noa)  ❶
         weights /= np.sum(weights)  ❷

In [48]: weights
Out[48]: array([0.07650728, 0.06021919, 0.63364218, 0.22963135])

In [49]: weights.sum()
Out[49]: 1.0
```

❶ 무작위 포트폴리오 비중

❷ 1(100%)로 정규화

이제 각 자산의 비중을 합하면 1이 된다. 즉, $\sum_I w_i = 1$이다. 이 식에서 I는 자산의 수이고 각 자산의 비중 w_i는 $w_i \geq 0$을 만족한다. [수식 13-1]은 개별 증권의 비중이 주어졌을 때 전체 포트폴리오 수익률의 기댓값을 계산한다. 이 기댓값은 과거 평균 수익률이 미래의 기대 수익률에 대한 최선의 예측이라는 가정하에 계산된 값이다. 여기에서 r_i는 정규분포를 이룬다고 가정한 미래의 수익률(벡터)이고, μ_i는 각 자산의 기대 수익률이다. 마지막으로 w^T는 비중 벡터의 전치행렬, μ는 기대 수익률 벡터를 의미한다.

수식 13-1 전체 포트폴리오 수익률 기댓값 공식

$$
\begin{aligned}
\mu_p &= \mathbf{E}\left(\sum_I w_i r_i\right) \\
&= \sum_I w_i \mathbf{E}\left(r_i\right) \\
&= \sum_I w_i \mu_i \\
&= w^T \mu
\end{aligned}
$$

파이썬 코드로 이를 옮기면 다음과 같다. 앞과 마찬가지로 연율화를 위해 252를 곱했다.

```
In [50]: np.sum(rets.mean() * weights) * 252  ❶
Out[50]: 0.09179459482057793
```

❶ 연율화된 포트폴리오 수익률

현대 포트폴리오 이론의 두 번째 목표는 포트폴리오 분산의 기댓값expected portfolio variance이다. 두 증권 사이의 공분산은 $\sigma_{ij} = \sigma_{ji} = \mathbf{E}(r_i - \mu_i)(r_j - \mu_j)$로 정의한다. 단일 증권의 분산은 공분산의 특별한 경우로 $\sigma_i^2 = \mathbf{E}\left((r_i - \mu_i)^2\right)$이다. [수식 13-2]는 각 증권의 비중이 1인 경우 증권 포트폴리오의 공분산행렬이다.

수식 13-2 포트폴리오 공분산행렬

$$\Sigma = \begin{bmatrix} \sigma_1^2 & \sigma_{12} & \cdots & \sigma_{1I} \\ \sigma_{21} & \sigma_2^2 & \cdots & \sigma_{2I} \\ \vdots & \vdots & \ddots & \vdots \\ \sigma_{I1} & \sigma_{I2} & \cdots & \sigma_I^2 \end{bmatrix}$$

포트폴리오 공분산행렬이 있으면 [수식 13-3]과 같이 포트폴리오 분산의 기댓값 공식을 얻을 수 있다.

수식 13-3 포트폴리오 분산의 기댓값 공식

$$\begin{aligned} \sigma_p^2 &= \mathbf{E}\left((r - \mu)^2\right) \\ &= \sum_{i \in I} \sum_{j \in I} w_i w_j \sigma_{ij} \\ &= w^T \Sigma w \end{aligned}$$

이번에도 파이썬과 NumPy의 벡터화 기능으로 이 식을 단 한 줄의 코드로 줄일 수 있다. np.dot() 함수는 두 벡터/행렬의 내적dot product을 구한다. T 혹은 transpose() 메서드는 벡터나 행렬의 전치행렬을 구한다. 포트폴리오 표준편차(변동성)의 기댓값은 $\sigma_p = \sqrt{\sigma_p^2}$ 으로 제곱근을 취하면 된다.

```
In [51]: np.dot(weights.T, np.dot(rets.cov() * 252, weights))  ❶
Out[51]: 0.014763288666485574

In [52]: math.sqrt(np.dot(weights.T, np.dot(rets.cov() * 252, weights)))  ❷
Out[52]: 0.12150427427249452
```

❶ 연율화된 포트폴리오 분산

❷ 연율화된 포트폴리오 변동

TIP 파이썬 언어의 장점

(1장에서 말한 바와 같이) 파이썬 언어를 사용하면 포트폴리오 수익률이나 포트폴리오 분산과 같은 수학적 개념을 효율적으로 실행할 수 있는 벡터화 코드로 쉽게 바꿀 수 있다. 이는 현대 포트폴리오 이론에 대한 앞의 예제에서 확인할 수 있다.

이제 포트폴리오의 평균-분산 선택법에 필요한 도구가 모두 갖춰졌다. 투자자가 가장 관심을 가지는 것은 주어진 증권 집합에서 어떤 위험-수익률 조합이 가능한지 그리고 그 통계적 특성이 무엇인지 알아내는 것이다. 이 계산을 위해 대량의 무작위 포트폴리오 비중 벡터를 생성하는 몬테카를로 시뮬레이션(12장 참조)을 구현해본다. 각각의 시뮬레이션 비중에 대해 수익률과 분산의 기댓값을 기록한다. 코드를 단순화하기 위해 두 개의 함수 port_ret(), port_vol()를 정의한다.

```
In [53]: def port_ret(weights):
             return np.sum(rets.mean() * weights) * 252

In [54]: def port_vol(weights):
             return np.sqrt(np.dot(weights.T, np.dot(rets.cov() * 252, weights)))
```

```
In [55]: prets = []
         pvols = []
         for p in range (2500):  ❶
             weights = np.random.random(noa)  ❶
             weights /= np.sum(weights)  ❶
             prets.append(port_ret(weights))  ❷
             pvols.append(port_vol(weights))  ❷
         prets = np.array(prets)
         pvols = np.array(pvols)
```

❶ 포트폴리오 비중의 몬테카를로 시뮬레이션

❷ 결과 통계치를 리스트 객체에 수집

[그림 13-12]는 몬테카를로 시뮬레이션 결과와 **샤프 지수**Sharpe ratio를 보여준다. 샤프 지수는 다음과 같다.

$$SR \equiv \frac{\mu_p - r_f}{\sigma_p}$$

즉, 무위험 단기 이자율에 대한 포트폴리오의 초과 수익률 기댓값을 포트폴리오의 표준편차 기댓값으로 나눈 값이다. 단순화를 위해 $r_f \equiv 0$이라고 가정하자.

```
In [56]: plt.figure(figsize=(10, 6))
         plt.scatter(pvols, prets, c=prets / pvols,
                     marker='o', cmap='coolwarm')
         plt.xlabel('expected volatility')
         plt.ylabel('expected return')
         plt.colorbar(label='Sharpe ratio');
```

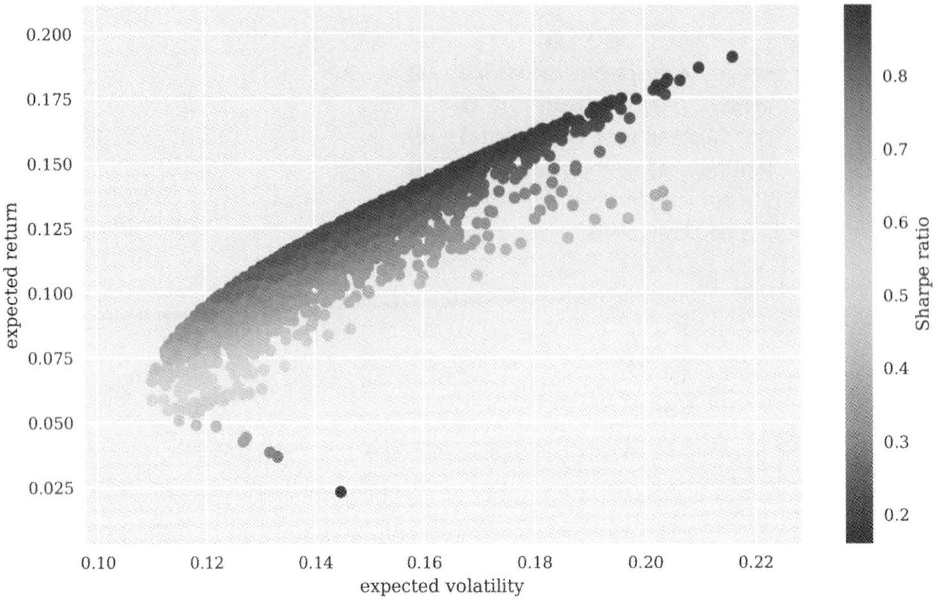

그림 13-12 다양한 무작위 포트폴리오 비중에 대한 수익률과 변동성의 기댓값

[그림 13-12]를 보면 평균과 분산으로 측정했을 때 모든 자산 비중이 좋은 성과를 보이는 것은 아니라는 점을 알 수 있다. 예를 들어 15%라는 고정된 위험 수준에 대해 여러 가지 다른 수익률을 보이는 비중치가 존재한다. 투자자의 관심을 끄는 포트폴리오는 당연히 같은 위험 수준에 대해 최대 수익률을 가지거나 같은 수익률에 대해 최소 위험 수준을 가지는 것이다. 이러한 포트폴리오의 집합을 **효율적 투자선**efficient frontier이라고 한다. 다음 절에서 이것에 대해 설명한다.

13.2.3 포트폴리오 최적화

최적 포트폴리오 계산은 제약 조건하에서의 최적화 문제이므로 `scipy.optimize` 라이브러리의 `sco.minimize()` 함수를 사용하도록 한다. 이 함수는 (부)등호 제약 조건과 변수 범위 제약 조건이 있는 일반적인 경우에 대해 최소화 문제를 계산한다.

우선 샤프 지수를 최대화한다. 샤프 지수를 최대화하려면 샤프 지수의 음숫값을 최소화하면 된다. 제약 조건으로는 모든 입력 변수(주식 비중)의 합이 1이 되어야 한다. `minimize()` 함수

(*http://bit.ly/using_minimize*)로 이를 다음처럼 구현할 수 있다.[5] 주식 비중에 해당하는 입력값의 범위는 0과 1 사이로 제한한다. 이 제약 조건은 다음과 같이 튜플의 튜플 형태로 minimize() 함수에 입력한다.

이제 최적화 함수 호출을 위해 남은 하나의 입력 변수는 주식 비중에 대한 초깃값 리스트다. 다음과 같이 단순하게 균등 배분한다.

```
In [57]: import scipy.optimize as sco

In [58]: def min_func_sharpe(weights):  ❶
             return -port_ret(weights) / port_vol(weights)  ❶

In [59]: cons = ({'type': 'eq', 'fun': lambda x: np.sum(x) - 1})  ❷

In [60]: bnds = tuple((0, 1) for x in range(noa))  ❸

In [61]: eweights = np.array(noa * [1. / noa,])  ❹
         eweights  ❹
Out[61]: array([0.25, 0.25, 0.25, 0.25])

In [62]: min_func_sharpe(eweights)
Out[62]: -0.8436203363155397
```

❶ 최소화할 함수

❷ 등식 제한 조건

❸ 인수 범위값

❹ 균등 비중

함수를 호출하면 최적 입력 변숫값뿐 아니라 다양한 추가 정보를 출력한다. 이 결과를 opts라는 객체에 저장하자. 우리의 주요 관심사는 최적 포트폴리오를 구성하는 것이므로 결과 객체에서 가장 중요한 것은 x값이다.

```
In [63]: %%time
         opts = sco.minimize(min_func_sharpe, eweights,
```

5 파이썬의 참(True)값은 1과 같고 거짓(False)값이 0과 같다는 점을 이용하면 np.sum(x) - 1 대신 np.sum(x) == 1을 쓸 수도 있다.

```
                          method='SLSQP', bounds=bnds,
                          constraints=cons) ❶
        CPU times: user 67.6 ms, sys: 1.94 ms, total: 69.6 ms
        Wall time: 75.2 ms

In [64]: opts ❷
Out[64]:      fun: -0.8976673894052725
        jac: array([ 8.96826386e-05, 8.30739737e-05, -2.45958567e-04,
                1.92895532e-05])
         message: 'Optimization terminated successfully.'
            nfev: 36
             nit: 6
            njev: 6
          status: 0
         success: True
               x: array([0.51191354, 0.19126414, 0.25454109, 0.04228123])

In [65]: opts['x'].round(3) ❸
Out[65]: array([0.512, 0.191, 0.255, 0.042])

In [66]: port_ret(opts['x']).round(3) ❹
Out[66]: 0.161

In [67]: port_vol(opts['x']).round(3) ❺
Out[67]: 0.18

In [68]: port_ret(opts['x']) / port_vol(opts['x']) ❻
Out[68]: 0.8976673894052725
```

❶ 최적화

❷ 최적화 결과

❸ 최적 포트폴리오 비중

❹ 최적 포트폴리오 수익률

❺ 최적 포트폴리오 변동성

❻ 최대 샤프 지수

그다음 포트폴리오 분산을 최소화한다. 이는 변동성을 최소화하는 것과 같다.

```
In [69]: optv = sco.minimize(port_vol, eweights,
                             method='SLSQP', bounds=bnds,
```

```
                          constraints=cons)  ❶

In [70]: optv
Out[70]:      fun: 0.1094215526341138
              jac: array([0.11098004, 0.10948556, 0.10939826, 0.10944918])
          message: 'Optimization terminated successfully.'
             nfev: 54
              nit: 9
             njev: 9
           status: 0
          success: True
               x: array([1.62630326e-18, 1.06170720e-03, 5.43263079e-01,
           4.55675214e-01])

In [71]: optv['x'].round(3)
Out[71]: array([0.   , 0.001, 0.543, 0.456])

In [72]: port_vol(optv['x']).round(3)
Out[72]: 0.109

In [73]: port_ret(optv['x']).round(3)
Out[73]: 0.06

In [74]: port_ret(optv['x']) / port_vol(optv['x'])
Out[74]: 0.5504173653075624
```

❶ 포트폴리오 변동성 최소화

이번에는 포트폴리오가 세 개의 금융 상품만으로 구성된다. 이 비중을 **최소 분산**minimum volatility 혹은 **최소 변동성 포트폴리오**minimum variance portfolio라고 한다.

13.2.4 효율적 투자선

최적 포트폴리오 집합(목표 수익률 수준에 대해 최소 변동성을 가지는 모든 포트폴리오 혹은 목표 위험 수준에 대해 최대 수익률을 가지는 모든 포트폴리오)을 계산하는 방법은 앞의 최적화 방법과 유사하다. 유일한 차이점은 여러 개의 초기 조건을 가지고 반복해야 한다는 점이다.

우리가 취할 방법은 목표 수익률을 고정시키고 그 수익률을 달성하면서 최소의 변동성을 가지는 포트폴리오 비중을 계산하는 것이다. 최적화의 제약 조건은 두 가지다. 목표 수익률 수준이

trets의 값이어야 하고, 포트폴리오 비중의 합은 1이 되어야 한다. 각 비중 변수의 범위 제한은 이전과 같다.

여러 가지 수익률값을 바꿔가면서 작업을 반복한다. 다음 코드에서는 루프 내에서 제한 조건을 변경하고 있다.

```
In [75]: cons = ({'type': 'eq', 'fun': lambda x: port_ret(x) - tret},
                 {'type': 'eq', 'fun': lambda x: np.sum(x) - 1})  ❶

In [76]: bnds = tuple((0, 1) for x in weights)

In [77]: %%time
         trets = np.linspace(0.05, 0.2, 50)
         tvols = []
         for tret in trets:
             res = sco.minimize(port_vol, eweights, method='SLSQP',
                                bounds=bnds, constraints=cons)  ❷
             tvols.append(res['fun'])
         tvols = np.array(tvols)
         CPU times: user 2.6 s, sys: 13.1 ms, total: 2.61 s
         Wall time: 2.66 s
```

❶ 효율적 투자선 제약 조건 2개

❷ 다양한 목표 수익률에 대해 포트폴리오 변동성 최소화

[그림 13-13]은 최적화 결과를 보여준다. 십자 표시는 특정 수익률 목표에 대한 최적 포트폴리오를 나타낸다. 점 표시는 이전에 말한 바와 같이 무작위 포트폴리오다. 두 개의 커다란 별 표시 중 하나는 최소 변동성/분산 포트폴리오(가장 왼쪽의 포트폴리오)이고 다른 하나는 최대 샤프 지수를 가진 포트폴리오다.

```
In [78]: plt.figure(figsize=(10, 6))
         plt.scatter(pvols, prets, c=prets / pvols,
                     marker='.', alpha=0.8, cmap='coolwarm')
         plt.plot(tvols, trets, 'b', lw=4.0)
         plt.plot(port_vol(opts['x']), port_ret(opts['x']),
                  'y*', markersize=15.0)
         plt.plot(port_vol(optv['x']), port_ret(optv['x']),
                  'r*', markersize=15.0)
```

```
plt.xlabel('expected volatility')
plt.ylabel('expected return')
plt.colorbar(label='Sharpe ratio')
```

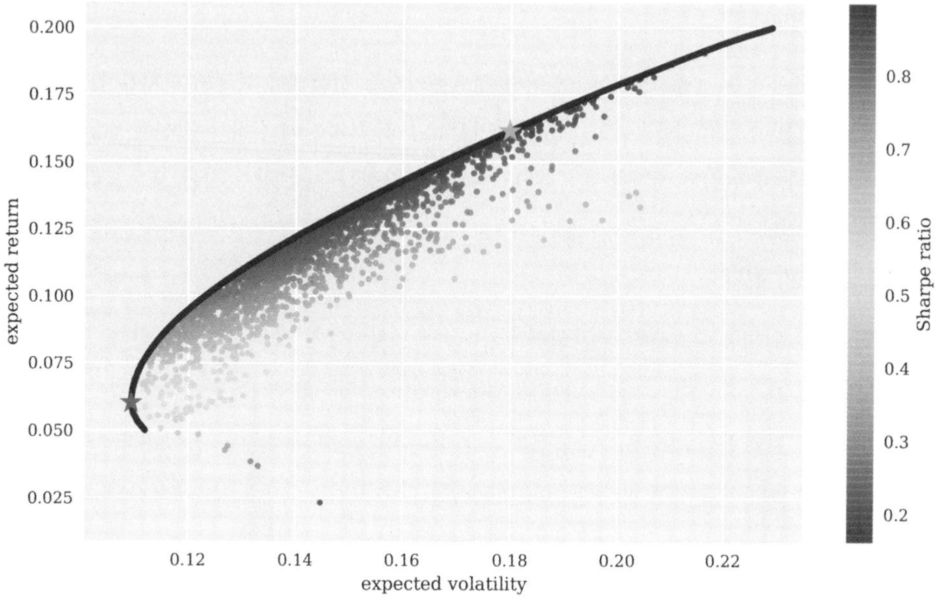

그림 13-13 주어진 수익률에 대한 최소 위험 포트폴리오(효율적 투자선)

효율적 투자선efficient frontier은 모든 최소 분산 포트폴리오보다 수익률이 높은 모든 최적 포트폴리오들로 구성된다. 이 포트폴리오는 특정한 위험 수준에 대해 가장 높은 수익률, 기댓값을 가진다.

13.2.5 자본시장선

주식이나 금 등의 원자재 같은 위험 자산이 아닌 일반적으로 어디서나 구할 수 있고 위험 부담이 없는 투자 기회가 존재한다. 바로 **현금**cash 혹은 **현금 계정**cash account이다. 이상적인 세계에서, 대형 은행의 현금 계정에 있는 돈은 예금보호제도 등으로 보호받고 있기 때문에 위험이 없다고 생각될 수 있다. 이런 무위험 투자의 가장 큰 단점은 수익률이 적거나 거의 제로에 가깝다는 점이다.

그러나 무위험 자산을 같이 고려하면 투자자가 선택할 수 있는 효율적 투자 기회 집합은 크게 늘어난다. 기본 아이디어는 다음과 같다. 우선 위험 자산으로 구성된 효율적 포트폴리오를 결정한 다음 무위험 자산을 추가하는 것이다. 전체 자산에서 무위험 자산에 투자된 비중을 조정하면 무위험 자산과 효율적 포트폴리오 사이에 직선으로 나타나는 위험-수익률 집합 중 하나를 선택할 수 있다.

그럼 수많은 효율적 포트폴리오 중에서 어떤 포트폴리오를 선택해야 최적의 투자를 할 수 있을까? 바로 무위험 자산의 위험-수익률을 지나면서 효율적 투자선에 접하는 접선에 있는 포트폴리오다. 예를 들어 무위험 이자율이 $r_f = 0.01$이라고 가정하자. 우리가 찾는 포트폴리오는 위험-수익률 공간에서 점 $(\sigma_f, r_f) = (0, 0.01)$을 지나면서 효율적 투자선에 접하는 접선에 포함된 포트폴리오가 된다.

이를 계산하기 위해서는 효율적 투자선의 함수 형태 근사와 1차 도함수가 필요하다. **큐빅 스플라인 보간법**cubic spline interpolation은 이처럼 구별 가능한 함수 근사치를 제공한다(11장 참조).

큐빅 스플라인 보간법을 사용하려면 효율적 투자선에 있는 포트폴리오만 뽑아내야 한다. 수치적인 방법으로 효율적 투자선에 대한 연속 미분가능 함수 f(x)와 1차 도함수 df(x)를 정의할 수 있다.

```
In [79]: import scipy.interpolate as sci

In [80]: ind = np.argmin(tvols)  ❶
         evols = tvols[ind:]  ❷
         erets = trets[ind:]  ❷

In [81]: tck = sci.splrep(evols, erets)  ❸

In [82]: def f(x):
             ''' 효율적 투자선 함수 (스플라인 근사) '''
             return sci.splev(x, tck, der=0)
         def df(x):
             ''' 효율적 투자선의 1차 도함수 '''
             return sci.splev(x, tck, der=1)
```

❶ 최소 변동성 포트폴리오의 인덱스

❷ 해당 포트폴리오의 수익률과 변동성

❸ 큐빅 스플라인 보간

우리가 찾는 것은 위험-수익률 공간에서 무위험 자산을 지나면서 효율적 투자선에 접하는 직선을 묘사하는 함수 $t(x) = a + b \cdot x$다. [수식 13-4]에 함수 $t(x)$가 만족해야 할 세 가지 조건을 서술했다.

수식 13-4 자본시장선에 대한 수학적 조건

$$
\begin{aligned}
t(x) &= a + b \cdot x \\
t(0) &= r_f \quad \Leftrightarrow \quad a = r_f \\
t(x) &= f(x) \quad \Leftrightarrow \quad a + b \cdot x = f(x) \\
t'(x) &= f'(x) \quad \Leftrightarrow \quad b = f'(x)
\end{aligned}
$$

효율적 투자선이나 그 도함수에 대한 닫힌 형태의 수식이 없기 때문에 [수식 13-4]의 연립방정식도 수치적으로 풀 수밖에 없다. 이를 풀기 위해 입력 변수 $p = (a,b,x)$가 주어지면 [수식 13-4]의 세 개의 값을 모두 출력하는 파이썬 함수를 정의한다.

`scipy.optimize` 라이브러리의 `sco.fsolve()` 함수와 `equations()` 함수에 들어갈 초기 입력 변수가 있으면 연립방정식을 풀 수 있다. 최적화의 성공 여부가 초기 입력 변수에 의존하기 때문에 초기 입력 변수는 신중하게 골라야 한다. 일반적으로 초기 입력 변수는 시행착오와 추측을 조합하여 결정한다.

```
In [83]: def equations(p, rf=0.01):
             eq1 = rf - p[0]  ❶
             eq2 = rf + p[1] * p[2] - f(p[2])  ❶
             eq3 = p[1] - df(p[2])  ❶
             return eq1, eq2, eq3

In [84]: opt = sco.fsolve(equations, [0.01, 0.5, 0.15])  ❷

In [85]: opt  ❸
Out[85]: array([0.01, 0.84470952, 0.19525391])

In [86]: np.round(equations(opt), 6)  ❹
Out[86]: array([ 0., 0., -0.])
```

❶ 자본시장선 수식

❷ 주어진 초기 조건으로 수식 계산

❸ 최적 인숫값

❹ 방정식 결과가 0

[그림 13-14]에 결과를 시각화했다. 별 표시는 무위험 자산의 위치 (0, $r_f = 0.01$)를 지나면서 효율적 투자선에 접하는 점을 나타낸다.

```
In [87]: plt.figure(figsize=(10, 6))
         plt.scatter(pvols, prets, c=(prets - 0.01) / pvols,
                     marker='.', cmap='coolwarm')
         plt.plot(evols, erets, 'b', lw=4.0)
         cx = np.linspace(0.0, 0.3)
         plt.plot(cx, opt[0] + opt[1] * cx, 'r', lw=1.5)
         plt.plot(opt[2], f(opt[2]), 'y*', markersize=15.0)
         plt.grid(True)
         plt.axhline(0, color='k', ls='--', lw=2.0)
         plt.axvline(0, color='k', ls='--', lw=2.0)
         plt.xlabel('expected volatility')
         plt.ylabel('expected return')
         plt.colorbar(label='Sharpe ratio')
```

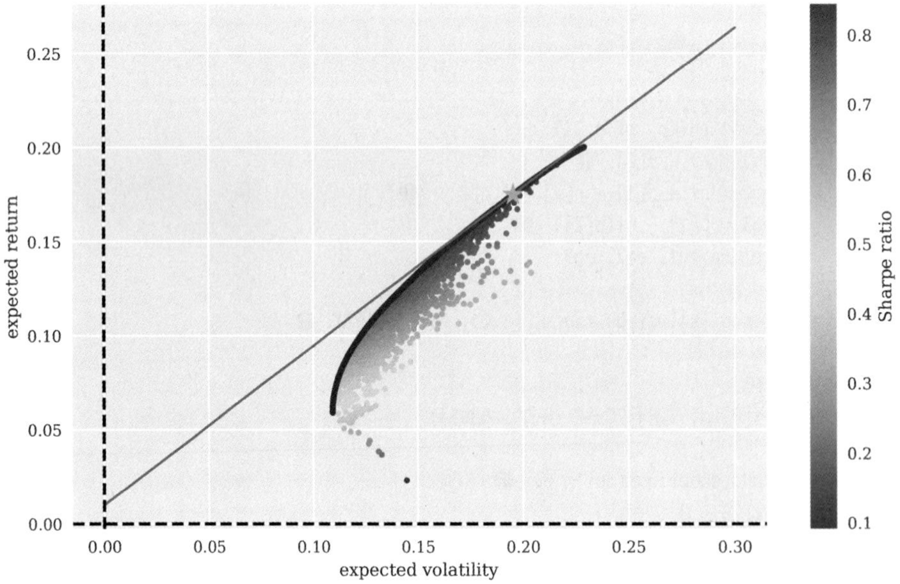

그림 13-14 무위험 이자율이 1%일 때의 자본시장선과 이에 접하는 포트폴리오(별 표시)

(자본시장선에 접하는) 최적 포트폴리오의 비중은 다음과 같다. 자산 중 세 개만 포함되어 있다.

```
In [88]: cons = ({'type': 'eq', 'fun': lambda x: port_ret(x) - f(opt[2])},
                 {'type': 'eq', 'fun': lambda x: np.sum(x) - 1})  ❶
         res = sco.minimize(port_vol, eweights, method='SLSQP',
                            bounds=bnds, constraints=cons)

In [89]: res['x'].round(3)  ❷
Out[89]: array([0.59 , 0.221, 0.189, 0.  ])

In [90]: port_ret(res['x'])
Out[90]: 0.1749328414905194

In [91]: port_vol(res['x'])
Out[91]: 0.19525371793918325

In [92]: port_ret(res['x']) / port_vol(res['x'])
Out[92]: 0.8959257899765407
```

❶ 접하는 포트폴리오([그림 13-14]에서 별 표시)에 대한 제한 조건

❷ 해당 포트폴리오 비중

13.3 베이즈 통계학

최근 금융 분야에서는 베이즈 통계학이 많이 쓰인다. 이 장에서 베이즈 통계학의 모든 개념을 기초부터 설명할 수는 없다. 관심이 있는 독자는 Geweke(2005)의 교과서를 참조하거나 금융 개념을 포함한 Rachev(2008)의 입문서를 참조하면 된다.

13.3.1 베이즈 공식

금융 분야에서는 베이즈 공식을 해석하는 데 **통시적 방법**diachronic interpretation을 사용한다. 즉, 시간이 지남에 따라 시계열의 평균 수익률처럼 관심을 가진 변수나 모수에 대한 새로운 정보를 학습한다는 관점이다. [수식 13-5]에 이 공식을 나타냈다.

수식 13-5 베이즈 공식

$$p(H \mid D) = \frac{p(H) \cdot p(D \mid H)}{p(D)}$$

이 식에서 H는 사건 혹은 가정이고 D는 현실에서 얻은 데이터를 나타낸다.[6]

$p(H)$

사전확률prior probability

$p(D)$

해당 데이터를 얻을 확률. 정규화 상수normalizing constant라고 한다.

$p(D|H)$

가능도likelihood를 의미한다. 가정 H하에서 데이터를 얻을 확률이다.

$p(H|D)$

사후확률posterior probability을 의미한다. 데이터를 얻은 뒤의 확률이다.

간단한 예를 들어보자. 두 개의 상자 B_1, B_2가 있다. 상자 B_1에는 30개의 검은 공과 60개의 붉은 공이 있고 상자 B_2에는 60개의 검은 공과 30개의 붉은 공이 있다. 두 상자 중 하나에서 공 하나를 고른다. 그 공이 검은 공이라고 하자. 다음 두 가정의 확률은 각각 얼마인가? "H_1: 공이 상자 B_1에서 나왔다", "H_2: 공이 상자 B_2에서 나왔다".

공을 고르기 전에는 두 가정의 확률이 같다. 공이 검은색이라는 것을 알게 된 후에는 두 가정을 베이즈 공식에 따라 갱신해야 한다. 우선 H_1부터 살펴보자.

6 베이즈 통계학에 대한 파이썬 기반의 입문서로는 Downey(2013)를 참조한다.

- 사전확률: $p\left(H_1\right)=\frac{1}{2}$

- 정규화 상수: $p\left(D\right)=\frac{1}{2}\cdot\frac{1}{3}+\frac{1}{2}\cdot\frac{2}{3}=\frac{1}{2}$

- 가능도: $p(D \mid H_1)=\frac{1}{3}$

결과적으로 H_1의 확률은 다음과 같다.

$$p(H_1 \mid D)=\frac{\frac{1}{2}\cdot\frac{1}{3}}{\frac{1}{2}}=\frac{1}{3}$$

이는 직관적인 결과와도 일치한다. 상자 B_2에서 검은 공을 꺼낼 확률은 상자 B_1에서 검은 공을 꺼낼 확률보다 두 배 높다. 따라서 검은 공이라고 확인된 이후에는 H_2의 확률이 H_1의 확률의 두 배가 되어야 한다.

13.3.2 베이즈 회귀

PyMC3는 파이썬 생태계에서 제공하는 베이즈 통계 및 확률 프로그래밍을 구현하는 패키지다. 직선 주위의 잡음이 있는 데이터를 모형화하는 다음 예제를 생각해보자.[7] 우선 해당 데이터에 대해 일반 최소 자승 회귀법(11장 참조)을 구현하면 [그림 13-15]에 보인 것과 같다.

```
In [1]: import numpy as np
        import pandas as pd
        import datetime as dt
        from pylab import mpl, plt

In [2]: plt.style.use('seaborn')
        mpl.rcParams['font.family'] = 'serif'
        np.random.seed(1000)
```

7 이 예제는 PyMC3 패키지의 저자인 토머스 위키(Thomas Wiecki)가 고안한 것이다.

```
        %matplotlib inline

In [3]: x = np.linspace(0, 10, 500)
        y = 4 + 2 * x + np.random.standard_normal(len(x)) * 2

In [4]: reg = np.polyfit(x, y, 1)

In [5]: reg
Out[5]: array([2.03384161, 3.77649234])

In [6]: plt.figure(figsize=(10, 6))
        plt.scatter(x, y, c=y, marker='v', cmap='coolwarm')
        plt.plot(x, reg[1] + reg[0] * x, lw=2.0)
        plt.colorbar()
        plt.xlabel('x')
        plt.ylabel('y')
```

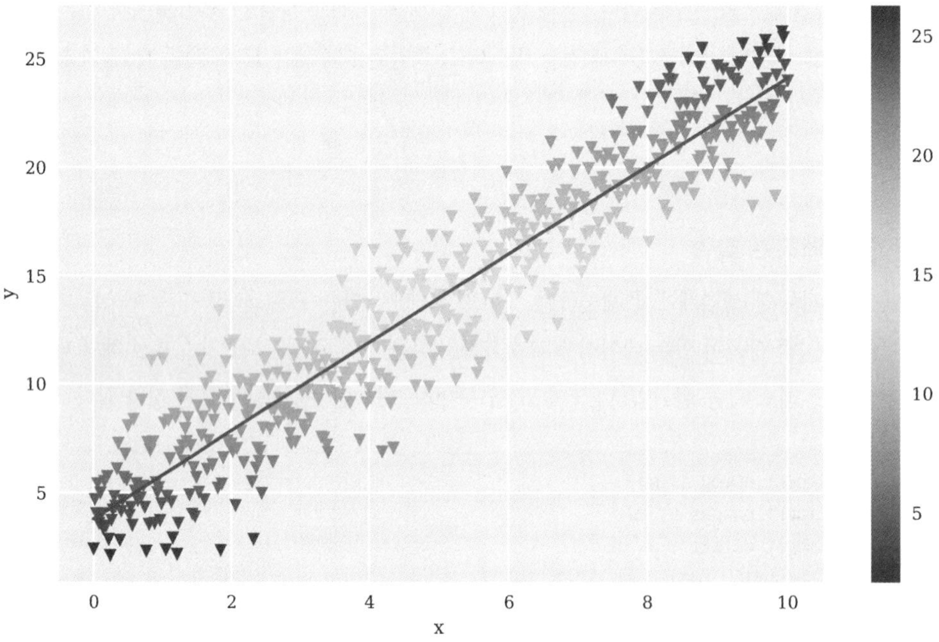

그림 13-15 샘플 데이터와 회귀선

최소 자승 회귀법의 결과는 회귀선의 두 모수(기울기와 절편)에 대한 고정된 값이다. 고차 모수(기울기)가 인덱스값 0이고 절편이 인덱스값 1이다. 데이터에 더해진 잡음 때문에 원래의 모숫값 2와 4를 완벽하게 복원하지는 못했다.

이제는 PyMC3 패키지를 사용하여 베이즈 회귀분석을 한다. 여기서는 모수의 값이 특정한 사전 분포를 따른다고 가정한다. 예를 들어 회귀선의 수식이 $\hat{y}(x) = \alpha + \beta \cdot x$라고 하고 다음과 같이 가정한다.

- α는 평균 0, 표준편차 20인 정규분포다.
- β는 평균 0, 표준편차 10인 정규분포다.

가능도는 평균이 $\hat{y}(x)$인 정규분포, 표준편차가 0부터 10 사이의 균일분포라고 가정한다.

베이즈 회귀분석의 가장 중요한 요소는 마코프체인 몬테카를로 샘플링(*https://en.wikipedia.org/wiki/Markov_chain_Monte_Carlo*)이다.[8] 원리상 이 방법은 앞 절에서 예를 든 것처럼 상자에서 공을 꺼내는 것과 같다. 다만 좀 더 체계적이고 자동화된 방법으로 꺼내는 것뿐이다.

샘플링을 하려면 다음 세 함수를 호출한다.

- find_MAP() 함수는 국소 최대확률값local maximum a posteriori 위치를 사용하여 샘플링 알고리즘의 시작점을 찾는다.
- NUTS() 함수는 주어진 사전확률에 대해 "efficient No-U-Turn Sampler with dual averaging" (NUTS) 알고리즘을 구현한다.
- sample() 함수는 find_MAP() 함수로 찾은 시작점과 NUTS 알고리즘의 최적 스텝 사이즈를 사용하여 만들어진 샘플을 뽑는다.

이 과정을 PyMC3 모형 객체에 넣어서 with문 안에서 실행시킨다.

```
In [8]: import pymc3 as pm

In [9]: %%time
        with pm.Model() as model:
            # model
            alpha = pm.Normal('alpha', mu=0, sd=20)  ❶
            beta = pm.Normal('beta', mu=0, sd=10)  ❶
```

8 책 전체에 걸쳐 설명되고 12장에서 상세하게 분석된 몬테카를로 방법은 이른바 마코프체인이라는 확률 과정값을 생성한다. 이 확률 과정에서 생성되는 값은 현재의 값에만 의존하고 과거 히스토리에는 의존하지 않는다.

```
        sigma = pm.Uniform('sigma', lower=0, upper=10) ❶
        y_est = alpha + beta * x ❷
        likelihood = pm.Normal('y', mu=y_est, sd=sigma,
                               observed=y) ❸
        # inference
        start = pm.find_MAP() ❹
        step = pm.NUTS() ❺
        trace = pm.sample(100, tune=1000, start=start,
                          progressbar=True) ❻
    logp = -1,067.8, ||grad|| = 60.354: 100%|██████████| 28/28 [00:00<00:00,
     474.70it/s]
    Only 100 samples in chain.
    Auto-assigning NUTS sampler...
    Initializing NUTS using jitter+adapt_diag...
    Multiprocess sampling (2 chains in 2 jobs)
    NUTS: [sigma, beta, alpha]
    Sampling 2 chains: 100%|██████████| 2200/2200 [00:03<00:00,
     690.96draws/s]

    CPU times: user 6.2 s, sys: 1.72 s, total: 7.92 s
    Wall time: 1min 28s

In [10]: pm.summary(trace) ❼
Out[10]:
              mean        sd  mc_error  hpd_2.5  hpd_97.5       n_eff      Rhat
    alpha  3.764027  0.174796  0.013177  3.431739  4.070091  152.446951  0.996281
    beta   2.036318  0.030519  0.002230  1.986874  2.094008  106.505590  0.999155
    sigma  2.010398  0.058663  0.004517  1.904395  2.138187  188.643293  0.998547

In [11]: trace[0] ❽
Out[11]: {'alpha': 3.9303300798212444,
          'beta': 2.0020264758995463,
          'sigma_interval__': -1.3519315719461853,
          'sigma': 2.0555476283253156}
```

❶ 사전확률 정의

❷ 선형회귀 지정

❸ 가능도 정의

❹ 최적화 방법으로 시작점 찾기

❺ MCMC 알고리즘 구현

❻ NUTS를 사용하여 사후 샘플 생성

❼ 샘플의 요약 통계치

❽ 첫 번째 샘플의 추정치

세 추정치는 원래의 값 (4, 2, 2)와 비슷하다. 하지만 사후확률분포뿐만 아니라 각 샘플의 추정치 등 여러 가지를 보여준다는 것을 [그림 13-16]에서 알 수 있다. 사후확률분포에서 추정치가 가진 불확실성의 정도를 알 수 있다.

```
In [12]: pm.traceplot(trace, lines={'alpha': 4, 'beta': 2, 'sigma': 2});
```

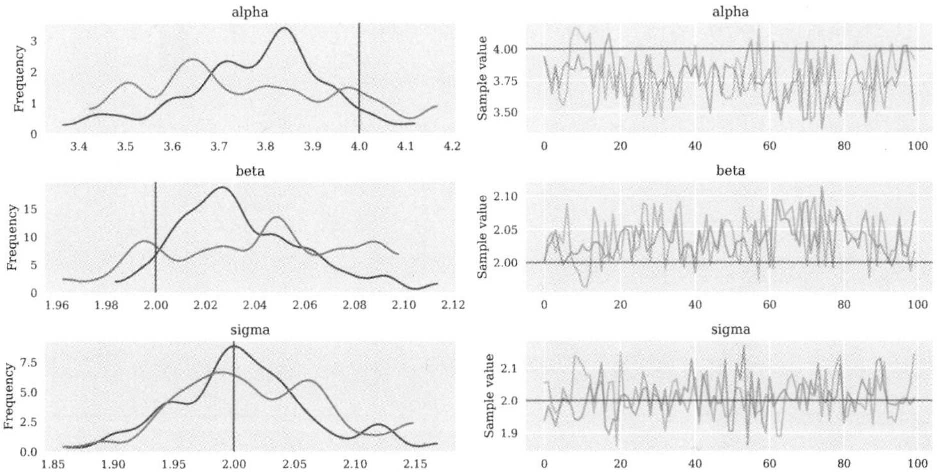

그림 13-16 trace 플롯의 사후확률분포

회귀분석에서 alpha, beta 값만 사용하여 회귀분석선을 그리면 [그림 13-17]과 같다.

```
In [13]: plt.figure(figsize=(10, 6))
         plt.scatter(x, y, c=y, marker='v', cmap='coolwarm')
         plt.colorbar()
         plt.xlabel('x')
         plt.ylabel('y')
         for i in range(len(trace)):
             plt.plot(x, trace['alpha'][i] + trace['beta'][i] * x) ❶
```

❶ 하나의 회귀분석선

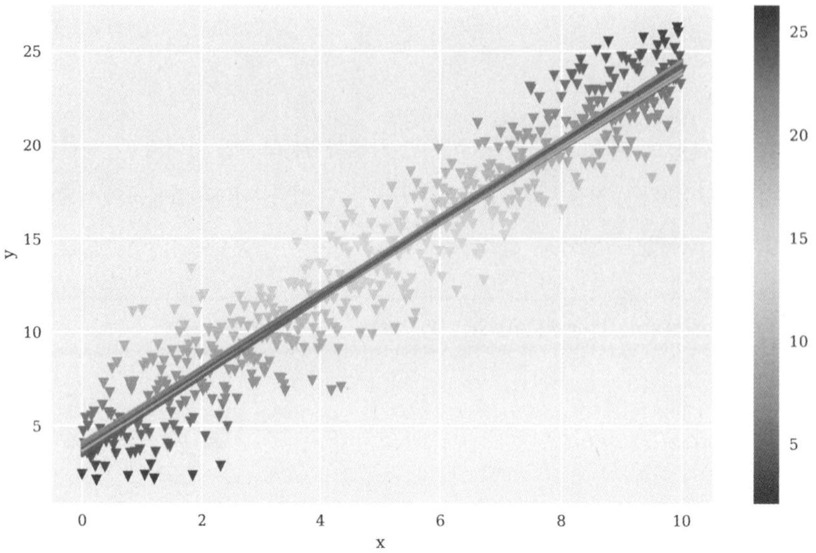

그림 13-17 여러 가지 추정치에 기반한 회귀분석선

13.3.3 두 금융 상품의 회귀분석

가짜 데이터를 사용한 PyMC3 베이즈 회귀분석법을 소개했다. 실제 금융 데이터를 사용하는 것도 이와 비슷하다. 예를 들 것은 두 개의 ETF[exchange traded funds], GLD와 GDX의 금융 시계열 데이터다(그림 13-18).

```
In [14]: raw = pd.read_csv('../../source/tr_eikon_eod_data.csv',
                           index_col=0, parse_dates=True)

In [15]: data = raw[['GDX', 'GLD']].dropna()

In [16]: data = data / data.iloc[0]  ❶

In [17]: data.info()
         <class 'pandas.core.frame.DataFrame'>
         DatetimeIndex: 2138 entries, 2010-01-04 to 2018-06-29
         Data columns (total 2 columns):
         GDX 2138 non-null float64
         GLD 2138 non-null float64
         dtypes: float64(2)
         memory usage: 50.1 KB
```

```
In [18]: data.iloc[-1] / data.iloc[0] - 1  ❷
Out[18]: GDX -0.532383
         GLD 0.080601
         dtype: float64

In [19]: data.corr()  ❸
Out[19]: GDX GLD
         GDX 1.00000 0.71539
         GLD 0.71539 1.00000

In [20]: data.plot(figsize=(10, 6));
```

❶ 시작값을 1로 정규화

❷ 상대적인 성과 계산

❸ 두 금융 상품 간의 상관관계 계산

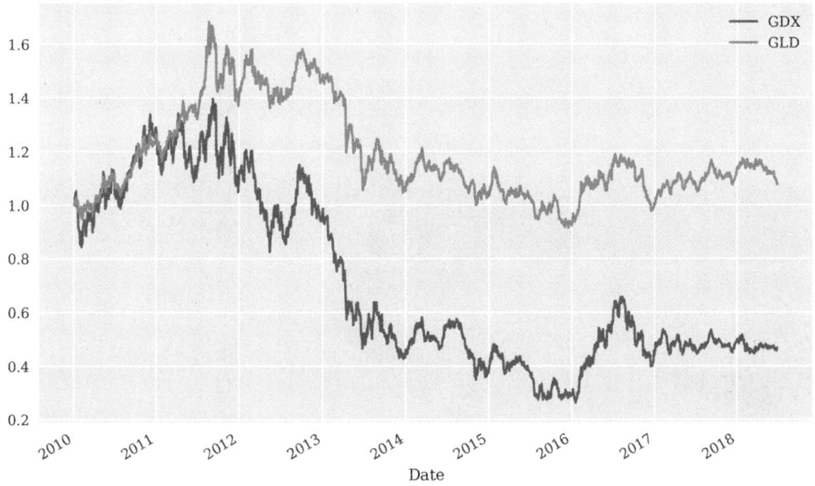

그림 13-18 GLD와 GDX의 정규화된 가격

각각의 데이터 포인트를 하나의 점으로 하여 스캐터 플롯으로 시각화했다. 이렇게 하기 위해 DataFrame의 `DatetimeIndex` 객체를 `matplotlib` 날짜로 변환했다. [그림 13-19]에서 GLD 가격 시계열 데이터와 GDX 데이터의 스캐터 플롯을 날짜마다 색을 달리하면서 시각화하였다.[9]

9 여기에서 모든 시각화는 현실에서 많이 사용하는 수익률이 아니라 정규화된 가격을 사용했다.

```
In [21]: data.index[:3]
Out[21]: DatetimeIndex(['2010-01-04', '2010-01-05', '2010-01-06'],
         dtype='datetime64[ns]', name='Date', freq=None)

In [22]: mpl_dates = mpl.dates.date2num(data.index.to_pydatetime())  ❶
         mpl_dates[:3]
Out[22]: array([733776., 733777., 733778.])

In [23]: plt.figure(figsize=(10, 6))
         plt.scatter(data['GDX'], data['GLD'], c=mpl_dates,
                     marker='o', cmap='coolwarm')
         plt.xlabel('GDX')
         plt.ylabel('GLD')
         plt.colorbar(ticks=mpl.dates.DayLocator(interval=250),
                      format=mpl.dates.DateFormatter('%d %b %y'));  ❷
```

❶ DatetimeIndex 객체를 matplotlib 날짜로 변환

❷ 날짜에 대한 컬러 바 설정

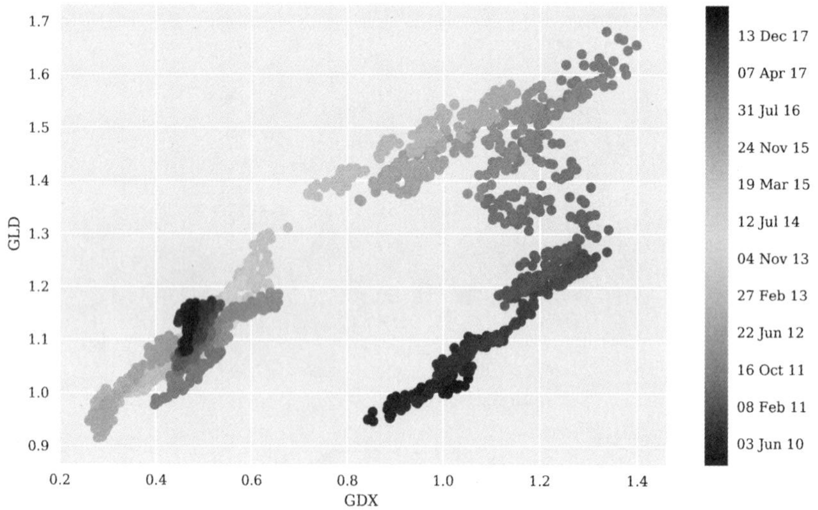

그림 13-19 GLD 가격 대 GDX 가격의 스캐터 플롯

다음 코드는 이 두 개의 시계열에 기반한 베이즈 회귀를 구현하고 있다. 모든 계숫값은 앞에서 했던 예제와 같다. [그림 13-20]은 세 개의 모숫값이 지정한 사전확률을 따른다는 가정하에 MCMC 샘플링 과정에서 나온 결과를 보이고 있다.

```
In [24]: with pm.Model() as model:
             alpha = pm.Normal('alpha', mu=0, sd=20)
             beta = pm.Normal('beta', mu=0, sd=20)
             sigma = pm.Uniform('sigma', lower=0, upper=50)
             y_est = alpha + beta * data['GDX'].values
             likelihood = pm.Normal('GLD', mu=y_est, sd=sigma,
                 observed=data['GLD'].values)
             start = pm.find_MAP()
             step = pm.NUTS()
             trace = pm.sample(250, tune=2000, start=start,
                               progressbar=True)
         logp = 1,493.7, ||grad|| = 188.29: 100%|██████████| 27/27 [00:00<00:00,
          1609.34it/s]
         Only 250 samples in chain.
         Auto-assigning NUTS sampler...
         Initializing NUTS using jitter+adapt_diag...
         Multiprocess sampling (2 chains in 2 jobs)
         NUTS: [sigma, beta, alpha]
         Sampling 2 chains: 100%|██████████| 4500/4500 [00:09<00:00,
          465.07draws/s]
         The estimated number of effective samples is smaller than 200 for some
          parameters.

In [25]: pm.summary(trace)
Out[25]:
```

	mean	sd	mc_error	hpd_2.5	hpd_97.5	n_eff	Rhat
alpha	0.913335	0.005983	0.000356	0.901586	0.924714	184.264900	1.001855
beta	0.385394	0.007746	0.000461	0.369154	0.398291	215.477738	1.001570
sigma	0.119484	0.001964	0.000098	0.115305	0.123315	312.260213	1.005246

```
In [26]: fig = pm.traceplot(trace)
```

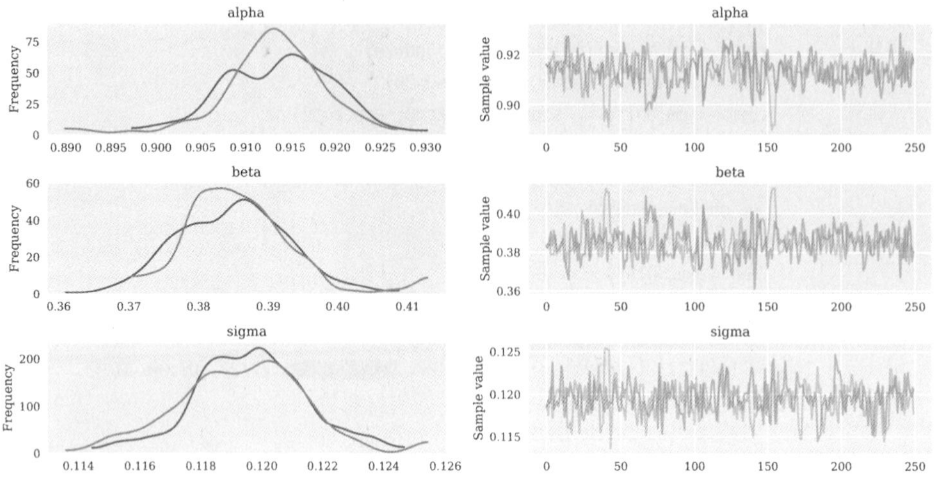

그림 13-20 GDX, GLD 데이터에 대한 사후확률분포와 trace 플롯

[그림 13-21]에는 앞에서 그린 스캐터 플롯의 결과로 나온 회귀분석선들을 추가했다. 모든 회귀분석선이 비슷한 것을 볼 수 있다.

```
In [27]: plt.figure(figsize=(10, 6))
         plt.scatter(data['GDX'], data['GLD'], c=mpl_dates,
                     marker='o', cmap='coolwarm')
         plt.xlabel('GDX')
         plt.ylabel('GLD')
         for i in range(len(trace)):
             plt.plot(data['GDX'],
                      trace['alpha'][i] + trace['beta'][i] * data['GDX'])
         plt.colorbar(ticks=mpl.dates.DayLocator(interval=250),
                      format=mpl.dates.DateFormatter('%d %b %y'));
```

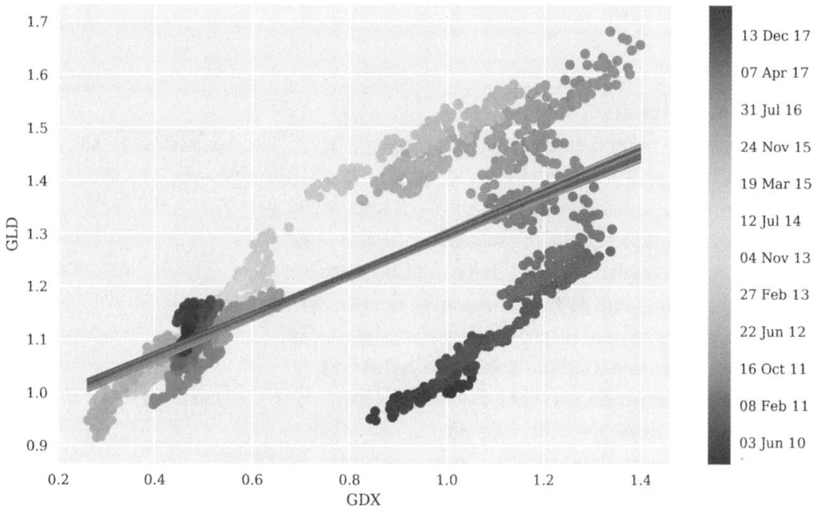

그림 13-21 GDX, GLD 데이터에 대한 복수의 베이즈 회귀분석선

이 그림에서 지금 사용한 회귀분석의 큰 단점을 알 수 있다. 시간에 따른 변화를 고려하지 않는다는 것이다. 즉, 가장 최근의 데이터와 가장 오래된 데이터를 똑같이 취급하고 있다.

13.3.4 시간에 따른 추정치 변화

앞에서 지적했듯이 금융 분야에서 베이즈 방법론은 통시적인 관점에서 유용하다. 즉, 최근에 밝혀진 새로운 데이터를 사용하여 학습하는 회귀분석이나 추정치를 개선하는 것이다.

현재의 예제에 이러한 개념을 추가하기 위해 회귀분석 모수가 단순한 확률 변수가 아니라 시간에 따른 랜덤워크 과정을 따른다고 가정하자. 확률 변수에서 확률 과정(확률 변수의 순열)으로 일반화하는 것이다.

이제 모숫값이 랜덤워크를 따르는 새로운 PyMC3 모형을 정의한다. 그리고 다음과 같이 `alpha`와 `beta`에 대해 랜덤워크 가정을 적용한다. 전체 계산 과정의 효율성을 위해 데이터 50개씩 같은 계수를 공유하도록 한다.

```
In [28]: from pymc3.distributions.timeseries import GaussianRandomWalk

In [29]: subsample_alpha = 50
```

```
        subsample_beta = 50

In [30]: model_randomwalk = pm.Model()
         with model_randomwalk:
             sigma_alpha = pm.Exponential('sig_alpha', 1. / .02, testval=.1)  ❶
             sigma_beta = pm.Exponential('sig_beta', 1. / .02, testval=.1)  ❶
             alpha = GaussianRandomWalk('alpha', sigma_alpha ** -2,
                 shape=int(len(data) / subsample_alpha))  ❷
             beta = GaussianRandomWalk('beta', sigma_beta ** -2,
                 shape=int(len(data) / subsample_beta))  ❷
             alpha_r = np.repeat(alpha, subsample_alpha)  ❸
             beta_r = np.repeat(beta, subsample_beta)  ❸
             regression = alpha_r + beta_r * data['GDX'].values[:2100]  ❹
             sd = pm.Uniform('sd', 0, 20)  ❺
             likelihood = pm.Normal('GLD', mu=regression, sd=sd,
                                    observed=data['GLD'].values[:2100])  ❻
```

❶ 랜덤워크 모수의 사전분포 정의

❷ 랜덤워크 모형

❸ 모수 벡터를 시간 구간만큼 반복

❹ 회귀분석 모형 정의

❺ 표준편차 사전분포

❻ 가능도 정의

단일 확률 변수가 아닌 랜덤워크 과정을 사용해 모형 정의가 더 복잡해졌다. 그러나 MCMC를 사용한 추정 과정은 본질적으로 이전과 동일하다. 전과 같이 모수를 한 번만 추정하는 것이 아니고 1950 / 50 = 39번의 추정 과정이 있기 때문에 계산 부담이 급격히 증가했다.

```
In [31]: %%time
         import scipy.optimize as sco
         with model_randomwalk:
             start = pm.find_MAP(vars=[alpha, beta],
                                 fmin=sco.fmin_l_bfgs_b)
             step = pm.NUTS(scaling=start)
             trace_rw = pm.sample(250, tune=1000, start=start,
                                  progressbar=True)
         logp = -6,657: 2%¦|           ¦ 82/5000 [00:00<00:08, 550.29it/s]
         Only 250 samples in chain.
```

```
        Auto-assigning NUTS sampler...
        Initializing NUTS using jitter+adapt_diag...
        Multiprocess sampling (2 chains in 2 jobs)
        NUTS: [sd, beta, alpha, sig_beta, sig_alpha]
        Sampling 2 chains: 100%|██████████| 2500/2500 [02:48<00:00, 8.59draws/s]

        CPU times: user 27.5 s, sys: 3.68 s, total: 31.2 s
        Wall time: 5min 3s

In [32]: pm.summary(trace_rw).head()  ❶
Out[32]:
                  mean        sd  mc_error   hpd_2.5  hpd_97.5        n_eff  \
    alpha__0  0.673846  0.040224  0.001376  0.592655  0.753034  1004.616544
    alpha__1  0.424819  0.041257  0.001618  0.348102  0.509757   804.760648
    alpha__2  0.456817  0.057200  0.002011  0.321125  0.553173   800.225916
    alpha__3  0.268148  0.044879  0.001725  0.182744  0.352197   724.967532
    alpha__4  0.651465  0.057472  0.002197  0.544076  0.761216   978.073246

                  Rhat
    alpha__0  0.998637
    alpha__1  0.999540
    alpha__2  0.998075
    alpha__3  0.998995
    alpha__4  0.998060
```

❶ 구간별 요약 통계(처음 다섯 개의 값)

회귀분석 결과인 alpha와 beta 모숫값이 시간에 따라 변해가는 것을 추정치 일부와 평균값을 사용하여 [그림 13-22]에 나타냈다.

```
In [33]: sh = np.shape(trace_rw['alpha'])  ❶
         sh  ❶
Out[33]: (500, 42)

In [34]: part_dates = np.linspace(min(mpl_dates),
                                  max(mpl_dates), sh[1])  ❷

In [35]: index = [dt.datetime.fromordinal(int(date)) for
                  date in part_dates]  ❷

In [36]: alpha = {'alpha_%i' % i: v for i, v in
                  enumerate(trace_rw['alpha']) if i < 20}  ❸
```

```
In [37]: beta = {'beta_%i' % i: v for i, v in
                  enumerate(trace_rw['beta']) if i < 20}  ❸

In [38]: df_alpha = pd.DataFrame(alpha, index=index)  ❸

In [39]: df_beta = pd.DataFrame(beta, index=index)  ❸

In [40]: ax = df_alpha.plot(color='b', style='-.', legend=False,
                            lw=0.7, figsize=(10, 6))
         df_beta.plot(color='r', style='-.', legend=False,
                      lw=0.7, ax=ax)
         plt.ylabel('alpha/beta');
```

❶ 모수 추정치 객체의 크기

❷ 구간 개수와 맞는 날짜 리스트 생성

❸ 두 DataFrame 객체에 관련 모수 시계열 수집

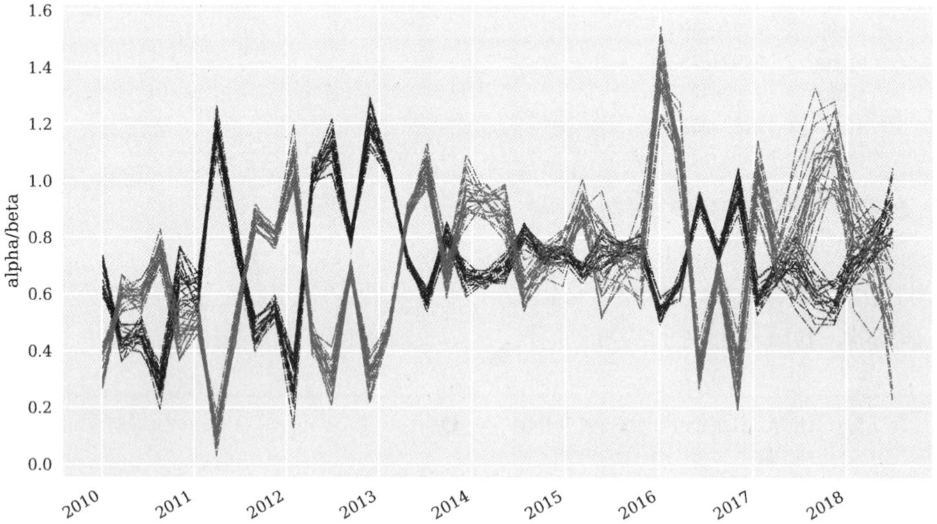

그림 13-22 선택한 모수의 시간에 따른 변화

CAUTION_ 절대적인 가격 데이터와 상대적인 수익률

데이터 주성분 분석을 구현했던 때와 마찬가지로 베이즈 통계 예제에서도 상대적인 (로그) 수익률이 아닌 절대적인 가격 수준을 사용했다. 이러한 방식은 단지 설명을 위한 것으로, 그래프 결과가 보기 쉽고 시각적으로 이해하기 쉽기 때문이다. 실제 금융 애플리케이션에서는 상대적인 수익률 데이터를 사용해야 한다.

[그림 13-23]은 스캐터 플롯을 다시 보여주고 있는데 여기에는 평균 `alpha`, `beta`값을 사용한 39개의 회귀선을 추가했다. 시간이 지나면서 회귀 결과가 (최신 데이터에 맞도록) 갱신되고 있음을 볼 수 있다. 즉, 각 시간 구간은 그 구간만의 회귀 결과를 가진다.

```
In [41]: plt.figure(figsize=(10, 6))
         plt.scatter(data['GDX'], data['GLD'], c=mpl_dates,
                     marker='o', cmap='coolwarm')
         plt.colorbar(ticks=mpl.dates.DayLocator(interval=250),
                      format=mpl.dates.DateFormatter('%d %b %y'))
         plt.xlabel('GDX')
         plt.ylabel('GLD')
         x = np.linspace(min(data['GDX']), max(data['GDX']))
         for i in range(sh[1]):  ❶
             alpha_rw = np.mean(trace_rw['alpha'].T[i])
             beta_rw = np.mean(trace_rw['beta'].T[i])
             plt.plot(x, alpha_rw + beta_rw * x, '--', lw=0.7,
                      color=plt.cm.coolwarm(i / sh[1]))
```

❶ 길이 50인 기간 구간 전체에 대해 회귀선을 플롯

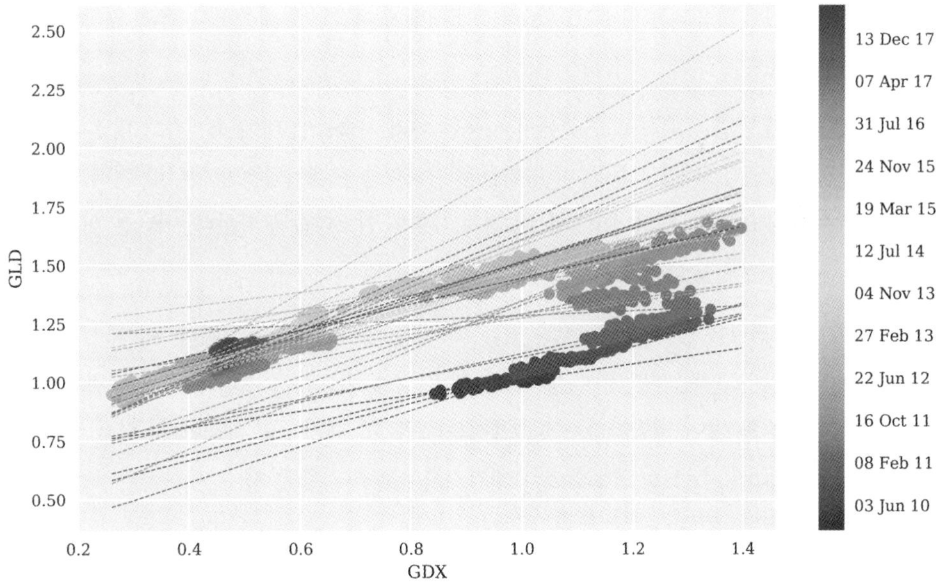

그림 13-23 시간에 따른 회귀선이 추가된 스캐터 플롯

이로써 베이즈 회귀분석과 파이썬이 `PyMC3` 라이브러리로 베이즈 통계를 어떻게 구현하는지 보여주는 이번 절을 마친다(*https://oreil.ly/2PApqqL*). 베이즈 회귀분석은 최근 정량적 금융 분석에서 아주 중요하고 인기 있는 도구의 하나가 되었다.

13.4 머신러닝

다음 인용문처럼 금융과 다른 많은 분야에서 가장 중요한 것은 머신러닝이다.

> 계량경제학은 금융 학계에서 성공하기에는 충분할지 몰라도 현업에서 성공하려면 머신러닝이 필요하다.
>
> — 마르코스 로페즈 데 프라도(2018)Marcos López de Prado

머신러닝은 데이터에서 특정한 관계나 패턴 등을 학습할 수 있는 여러 가지 알고리즘을 포함한다. 이 장 끝의 참고 문헌에서는 머신러닝 방법론과 알고리즘뿐 아니라 구현, 실질적 사용에 대한 여러 가지 수학적이고 통계적인 내용을 담은 도서 목록을 제공한다. 일례로 Alpaydin(2016)은 현업에서 사용되는 다양한 알고리즘에 대해 수학적인 방법을 많이 쓰지 않고도 쉽게 소개하고 있다.

이 절은 실용적인 방법을 택하여 15장에서 사용할 여러 기술들에 대해 소개하고 몇몇 구현 사항에만 초점을 맞춘다. 하지만 물론 이 방법들은 알고리즘 트레이딩뿐만 아니라 여러 가지 다른 금융 분야에서도 쓸 수 있다. 이 장은 두 가지 유형의 알고리즘을 다룬다. 하나는 비지도 학습이고 다른 하나는 지도 학습이다.

파이썬으로 머신러닝을 할 때 가장 인기 있는 패키지는 `scikit-learn`이다. 이 패키지는 광범위한 머신러닝 알고리즘뿐만 아니라 머신러닝 작업에 필요한 전처리나 후처리 과정에 도움이 되는 도구들도 많이 제공한다. 이 절에서는 주로 이 패키지를 사용한다. 딥러닝에서는 `TensorFlow`(*http://tensorflow.org*) 패키지를 사용하기도 한다.

VanderPlas(2016)는 파이썬과 `scikit-learn`에 기반한 여러 가지 머신러닝 알고리즘을 소개한다. Albon(2018)은 주로 파이썬과 `scikit-learn`을 머신러닝에서 사용하는 많은 방법론을 제공한다.

13.4.1 비지도 학습

비지도 학습unsupervised learning은 머신러닝 알고리즘이 사람의 지도 없이도 데이터에서 어떤 인사이트를 발견할 수 있다는 사실에 근거를 두고 있다. 일례가 데이터를 몇 개의 집합(클러스터)으로 분류할 수 있는 k-means 클러스터링 알고리즘이다. 또 다른 예는 가우스 혼합 모형이다.[10]

데이터

scikit-learn 패키지는 여러 유형의 머신러닝 문제를 위한 샘플 데이터 집합을 만들 수 있다. 다음 코드는 *k*-means 클러스터링을 설명하는 샘플 데이터를 만든다.

우선 표준 패키지들을 임포트하고 설정한다.

```
In [1]: import numpy as np
        import pandas as pd
        import datetime as dt
        from pylab import mpl, plt

In [2]: plt.style.use('seaborn')
        mpl.rcParams['font.family'] = 'serif'
        np.random.seed(1000)
        np.set_printoptions(suppress=True, precision=4)
        %matplotlib inline
```

그다음 샘플 데이터를 만든다. [그림 13-24]에 샘플 데이터를 나타냈다.

```
In [3]: from sklearn.datasets.samples_generator import make_blobs

In [4]: X, y = make_blobs(n_samples=250, centers=4,
                          random_state=500, cluster_std=1.25)  ❶

In [5]: plt.figure(figsize=(10, 6))
        plt.scatter(X[:, 0], X[:, 1], s=50);
```

❶ 클러스터링용 데이터 생성(4개의 중심을 가진 250개 데이터)

10 더 많은 비지도 학습 알고리즘에 대해서는 scikit-learn 문서(*http://scikitlearn.org/stable/unsupervised_learning.html*)를 참조한다.

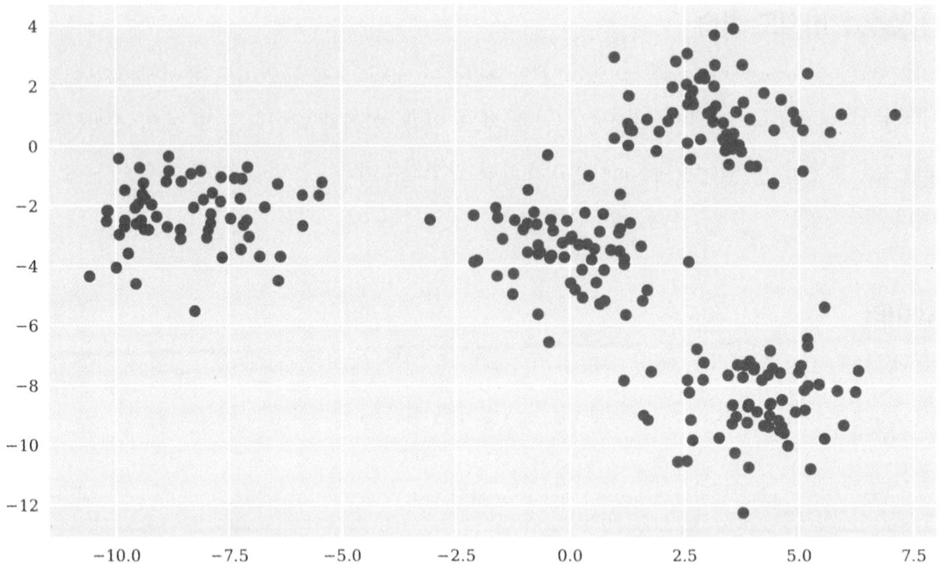

그림 13-24 클러스터링 알고리즘용 샘플 데이터

k-means 클러스터링

scikit-learn이 가진 편리한 기능 중 하나는 여러 가지 알고리즘에 대해 표준화된 API를 제공한다는 것이다. 다음 코드는 *k*-means 클러스터링을 위한 기본 단계를 보여준다. 이는 다른 모형에도 적용할 수 있다.

- 모형 클래스 임포트
- 모형 객체 생성
- 데이터에 모형 객체를 훈련
- 훈련된 모형을 사용하여 일부 데이터에 대한 결과 예측

[그림 13-25]에 결과를 보여준다.

```
In [6]: from sklearn.cluster import KMeans ❶

In [7]: model = KMeans(n_clusters=4, random_state=0) ❷

In [8]: model.fit(X) ❸
Out[8]: KMeans(algorithm='auto', copy_x=True, init='k-means++', max_iter=300,
               n_clusters=4, n_init=10, n_jobs=None, precompute_distances='auto',
               random_state=0, tol=0.0001, verbose=0) ❹
```

```
In [9]: y_kmeans = model.predict(X)  ❺

In [10]: y_kmeans[:12]
Out[10]: array([1, 1, 0, 3, 0, 1, 3, 3, 3, 0, 2, 2], dtype=int32)

In [11]: plt.figure(figsize=(10, 6))
         plt.scatter(X[:, 0], X[:, 1], c=y_kmeans, cmap='coolwarm');
```

❶ scikit-learn에서 모형 클래스 임포트

❷ 인수를 주어 모형 객체 생성. 샘플 데이터에 대한 지식을 사용한다.

❸ 모형 객체를 데이터에 맞게 훈련

❹ 주어진 데이터에 대한 클러스터 예측

❺ 예측된 클러스터 중 일부

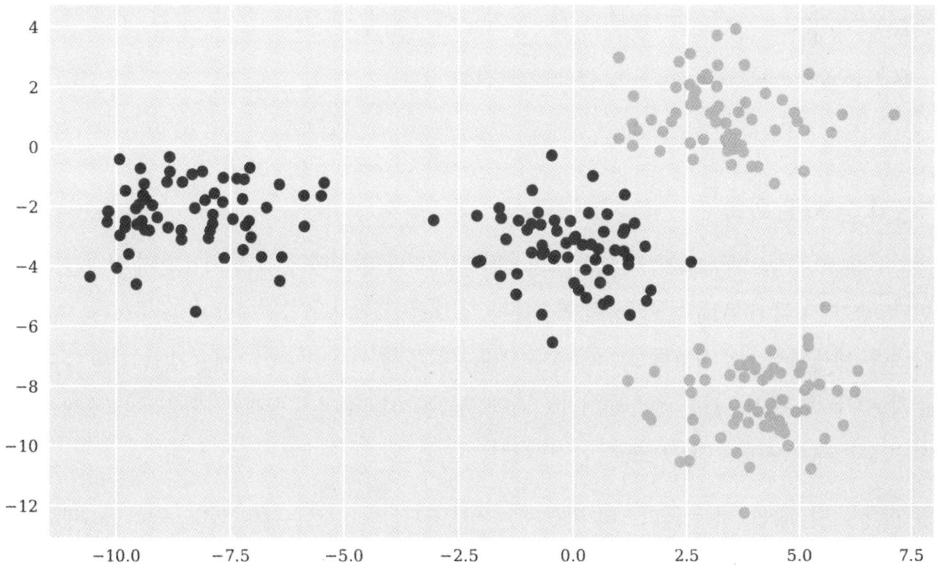

그림 13-25 예제 데이터와 확인된 클러스터

가우스 혼합 모형

클러스터링을 대체할 수 있는 예로 가우스 혼합 모형이라는 것이 있다. 용도, 인수를 주는 방법이 동일하고 결과도 같다.

```
In [12]: from sklearn.mixture import GaussianMixture

In [13]: model = GaussianMixture(n_components=4, random_state=0)

In [14]: model.fit(X)
Out[14]: GaussianMixture(covariance_type='full', init_params='kmeans',
          max_iter=100,
         means_init=None, n_components=4, n_init=1, precisions_init=None,
                random_state=0, reg_covar=1e-06, tol=0.001, verbose=0,
                verbose_interval=10, warm_start=False, weights_init=None)

In [15]: y_gm = model.predict(X)

In [16]: y_gm[:12]
Out[16]: array([1, 1, 0, 3, 0, 1, 3, 3, 3, 0, 2, 2])

In [17]: (y_gm == y_kmeans).all()  ❶
Out[17]: True
```

❶ *k*-means 클러스터링 결과와 가우스 혼합 모형의 결과가 같다.

13.4.2 지도 학습

머신러닝 중 지도 학습supervised learning은 관측된 데이터나 알려진 결과를 이용하여 학습을 지도한다. 즉, 데이터 내부에 머신러닝이 학습해야 할 내용이 이미 포함되어 있다는 뜻이다. 이제부터 보일 예제에서는 추정문제estimation problem보다 분류문제classification problem에 초점을 맞출 것이다. 추정문제는 보통 실숫값을 예측하는 것이지만 분류문제는 주어진 클래스(카테고리) 집합 내에서 특정 클래스(카테고리)를 고르는 작업이다.

앞 절에 보인 예제에서는 클러스터 번호라는 카테고리값을 고르는 것이었다. 클러스터링의 경우에는 알고리즘이 마음대로 레이블을 0, 1, 2, 3과 같이 줄 수 있지만 지도 학습에서는 이러한 레이블이 이미 주어져 있다. 즉, 훈련 단계에서 알고리즘은 주어진 특징의 조합을 사용하여 정확한 레이블을 고르는 방법을 학습하게 되는 것이다. 이 절에서는 다음과 같은 분류 알고리즘의 활용을 설명한다.[11]

---

[11] scikit-learn 패키지에 있는 분류문제용 지도 학습 알고리즘에 대해서는 패키지 문서(*http://scikit-learn.org/stable/supervised_learning.html*)를 참조한다. 대부분의 알고리즘은 분류문제뿐만 아니라 추정문제에도 사용할 수 있다.

- 가우스 나이브 베이즈Gaussian Naive Bayes
- 로지스틱 회귀logistic regression
- 의사결정나무decision tree
- 심층 신경망deep neural network
- 서포트 벡터 머신support vector machine

데이터

scikit-learn은 분류문제에 쓰일 샘플 데이터도 생성할 수 있다. 결과를 시각화하기 위해 샘플 데이터는 두 개의 실숫값과 하나의(0과 1로만 이루어진) 이진 레이블을 가지는 것으로 하자. 다음 코드는 샘플 데이터를 생성하고 그중 일부를 추출했다(그림 13-26).

```
In [18]: from sklearn.datasets import make_classification

In [19]: n_samples = 100

In [20]: X, y = make_classification(n_samples=n_samples, n_features=2,
                                    n_informative=2, n_redundant=0,
                                    n_repeated=0, random_state=250)

In [21]: X[:5]  ❶
Out[21]: array([[ 1.6876, -0.7976],
                [-0.4312, -0.7606],
                [-1.4393, -1.2363],
                [ 1.118 , -1.8682],
                [ 0.0502, 0.659 ]])

In [22]: X.shape  ❶
Out[22]: (100, 2)

In [23]: y[:5]  ❷
Out[23]: array([1, 0, 0, 1, 1])

In [24]: y.shape  ❷
Out[24]: (100,)

plt.figure(figsize=(10, 6))
plt.hist(X);
In [25]: plt.figure(figsize=(10, 6))
         plt.scatter(x=X[:, 0], y=X[:, 1], c=y, cmap='coolwarm');
```

❶ 두 개의 실수 특징값

❷ 하나의 이진수 라벨

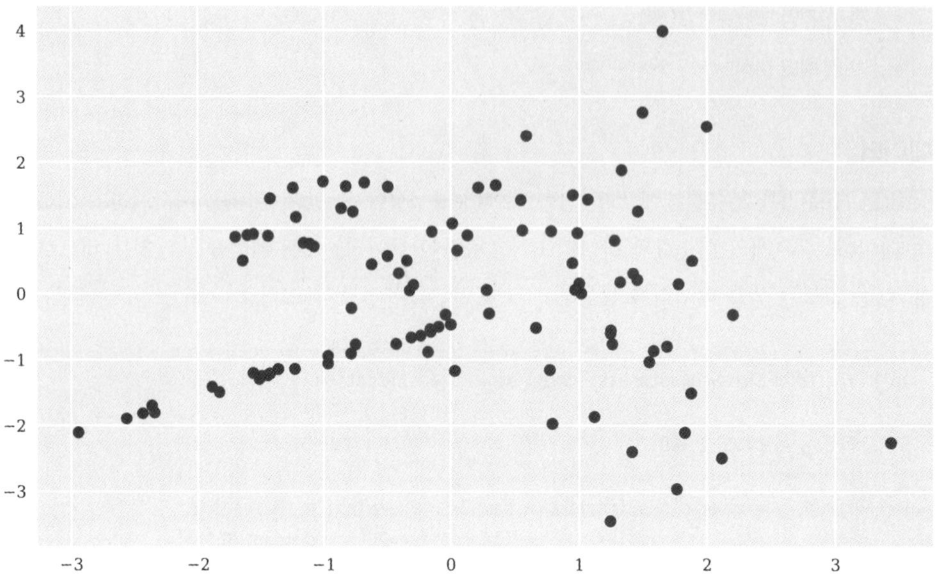

그림 13-26 분류 알고리즘에 사용할 샘플 데이터

가우스 나이브 베이즈

가우스 나이브 베이즈Gaussian naive bayes(GNB)는 클래스가 많은 분류문에 적합한 분류 알고리즘이다. *k*−means 클러스터링에서 사용한 것과 같은 단계를 밟는다.

```
In [26]: from sklearn.naive_bayes import GaussianNB
         from sklearn.metrics import accuracy_score

In [27]: model = GaussianNB()

In [28]: model.fit(X, y)
Out[28]: GaussianNB(priors=None, var_smoothing=1e-09)

In [29]: model.predict_proba(X).round(4)[:5]  ❶
Out[29]: array([[0.0041, 0.9959],
                [0.8534, 0.1466],
                [0.9947, 0.0053],
```

```
             [0.0182, 0.9818],
             [0.5156, 0.4844]])

In [30]: pred = model.predict(X)  ❷

In [31]: pred  ❷
Out[31]: array([1, 0, 0, 1, 0, 0, 1, 1, 1, 0, 0, 0, 0, 0, 1, 1, 0, 1, 0, 1, 1, 0,
               0, 0, 1, 0, 0, 0, 0, 0, 1, 0, 1, 1, 0, 0, 0, 1, 1, 0, 1, 0, 0, 0,
               0, 1, 1, 1, 0, 0, 1, 0, 0, 1, 1, 1, 1, 1, 0, 0, 0, 1, 1, 1, 1, 0,
               0, 0, 1, 0, 0, 1, 1, 1, 1, 1, 1, 0, 0, 1, 0, 0, 0, 1, 0, 0, 0, 1,
               0, 1, 1, 1, 1, 1, 0, 0, 0, 0, 0, 0])

In [32]: pred == y  ❸
Out[32]: array([ True, True, True, True, False, True, True, True, True,
                 True, False, True, True, True, True, True, True, True,
                 True, True, True, True, False, False, False, True, True,
                 True, True, True, True, True, True, False, True, True,
                 True, True, True, True, True, True, True, True, True,
                 True, True, True, True, True, True, False, True, False,
                 True, True, True, True, True, True, True, True, True,
                 True, True, False, True, True, True, True, True, True,
                 True, True, True, True, True, True, False, True, False,
                 True, True, True, True, True, True, True, True, True,
                 True, True, False, True, False, True, True, True, True,
                 True])

In [33]: accuracy_score(y, pred)  ❹
Out[33]: 0.87
```

❶ 훈련 종료 후 알고리즘이 각 클래스에 할당한 확률 표시

❷ 확률에 기반하여 데이터의 이진 클래스 예측

❸ 실제 정답과 예측한 클래스 비교

❹ 정확도 점수 계산

[그림 13-27]에서 GNB로 구한 정답과 오답을 시각화했다.

```
In [34]: Xc = X[y == pred]  ❶
         Xf = X[y != pred]  ❷

In [35]: plt.figure(figsize=(10, 6))
         plt.scatter(x=Xc[:, 0], y=Xc[:, 1], c=y[y == pred],
```

```
                marker='o', cmap='coolwarm')  ❶
plt.scatter(x=Xf[:, 0], y=Xf[:, 1], c=y[y != pred],
                marker='x', cmap='coolwarm')  ❷
```

❶ 정답을 플롯

❷ 오답을 플롯

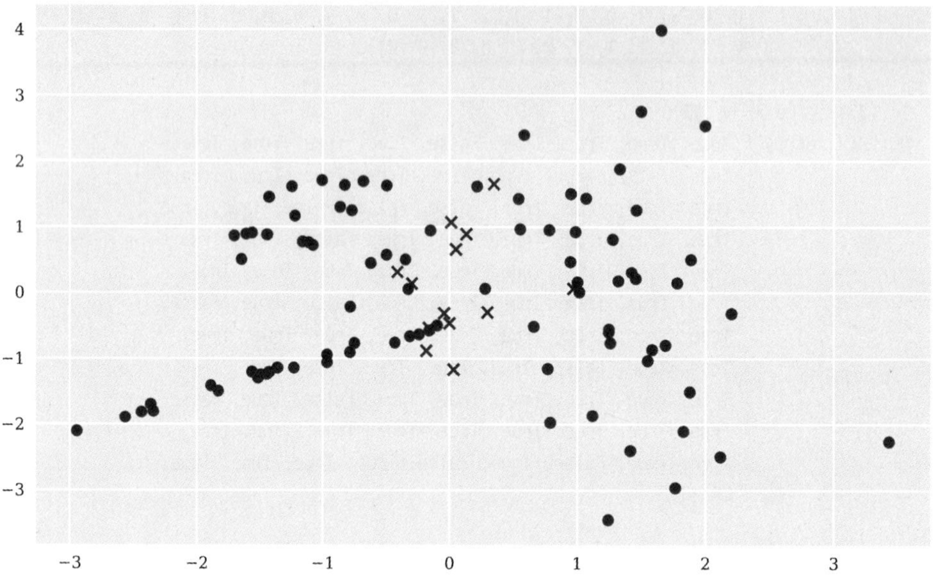

그림 13-27 GNB로 구한 정답(점)과 오답(십자)

로지스틱 회귀

로지스틱 회귀logistic regression(LR)는 빠르고 대규모 확장 가능한 분류 알고리즘이다. 이 문제에 한해서는 GNB보다 더 나은 성능을 보인다.

```
In [36]: from sklearn.linear_model import LogisticRegression

In [37]: model = LogisticRegression(C=1, solver='lbfgs')

In [38]: model.fit(X, y)
Out[38]: LogisticRegression(C=1, class_weight=None, dual=False,
           fit_intercept=True,
```

```
                 intercept_scaling=1, max_iter=100, multi_class='warn',
                 n_jobs=None, penalty='l2', random_state=None, solver='lbfgs',
                 tol=0.0001, verbose=0, warm_start=False)

In [39]: model.predict_proba(X).round(4)[:5]
Out[39]: array([[0.011 , 0.989 ],
                [0.7266, 0.2734],
                [0.971 , 0.029 ],
                [0.04  , 0.96  ],
                [0.4843, 0.5157]])

In [40]: pred = model.predict(X)

In [41]: accuracy_score(y, pred)
Out[41]: 0.9

In [42]: Xc = X[y == pred]
         Xf = X[y != pred]

In [43]: plt.figure(figsize=(10, 6))
         plt.scatter(x=Xc[:, 0], y=Xc[:, 1], c=y[y == pred],
                     marker='o', cmap='coolwarm')
         plt.scatter(x=Xf[:, 0], y=Xf[:, 1], c=y[y != pred],
                     marker='x', cmap='coolwarm');
```

의사결정나무

의사결정나무decision tree(DT)도 확장이 쉬운 분류 알고리즘 중 하나다. 깊이를 1로만 해도 GNB나 LR보다 조금 나은 성능을 보인다(그림 13-28).

```
In [44]: from sklearn.tree import DecisionTreeClassifier

In [45]: model = DecisionTreeClassifier(max_depth=1)

In [46]: model.fit(X, y)
Out[46]: DecisionTreeClassifier(class_weight=None, criterion='gini',
          max_depth=1,
                     max_features=None, max_leaf_nodes=None,
                     min_impurity_decrease=0.0, min_impurity_split=None,
                     min_samples_leaf=1, min_samples_split=2,
         min_weight_fraction_leaf=0.0, presort=False, random_state=None,
                     splitter='best')
```

```
In [47]: model.predict_proba(X).round(4)[:5]
Out[47]: array([[0.08, 0.92],
                [0.92, 0.08],
                [0.92, 0.08],
                [0.08, 0.92],
                [0.08, 0.92]])

In [48]: pred = model.predict(X)

In [49]: accuracy_score(y, pred)
Out[49]: 0.92

In [50]: Xc = X[y == pred]
         Xf = X[y != pred]

In [51]: plt.figure(figsize=(10, 6))
         plt.scatter(x=Xc[:, 0], y=Xc[:, 1], c=y[y == pred],
                     marker='o', cmap='coolwarm')
         plt.scatter(x=Xf[:, 0], y=Xf[:, 1], c=y[y != pred],
                     marker='x', cmap='coolwarm');
```

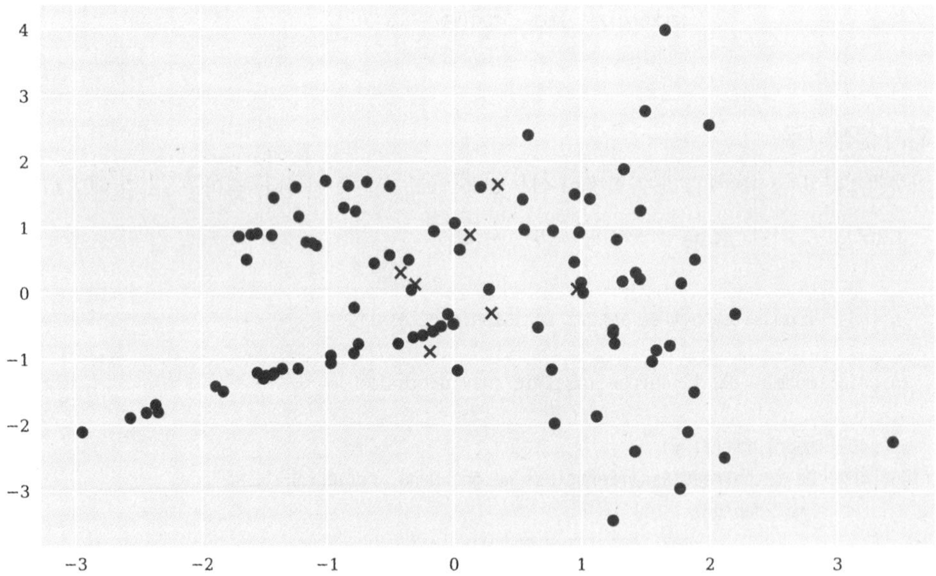

그림 13-28 의사결정나무(깊이 1)로 구한 정답(점)과 오답(십자)

그런데 의사결정나무에서 깊이를 더 증가시키면 완벽한 결과를 얻을 수 있다.

```
In [52]: print('{:>8s} ¦ {:8s}'.format('depth', 'accuracy'))
         print(20 * '-')
         for depth in range(1, 7):
             model = DecisionTreeClassifier(max_depth=depth)
             model.fit(X, y)
             acc = accuracy_score(y, model.predict(X))
             print('{:8d} ¦ {:8.2f}'.format(depth, acc))

            depth ¦ accuracy
         --------------------
                1 ¦     0.92
                2 ¦     0.92
                3 ¦     0.94
                4 ¦     0.97
                5 ¦     0.99
                6 ¦     1.00
```

심층 신경망

심층 신경망deep neural network(DNN)은 가장 강력하면서도 계산 용량을 많이 요구하는 알고리즘으로 추정문제와 분류문제에 모두 사용할 수 있다. 구글이 만든 오픈소스 패키지 Tensorflow는 관련된 여러 가지 성공 스토리로 많은 인기를 얻고 있다.

심층 신경망은 복잡한 비선형 관계를 학습하고 모형화할 수 있다. 그 근원은 1970년대로 거슬러 올라가야만 하드웨어(CPU, GPU, TPU)가 발달하고 대규모로 확장이 가능해진, 여러 가지 수치 알고리즘과 관련된 소프트웨어가 나온 지금에 와서야 실질적으로 사용 가능해졌다.

로지스틱 회귀 같은 다른 머신러닝 알고리즘은 표준 최적화 문제에 적합하지만, 심층 신경망은 데이터에서 나온 결과와 모수들을 비교하는 데 엄청난 양의 반복 작업을 하게 된다. 따라서 딥러닝은 금융수학에서 유러피안 콜 옵션의 가격을 구할 때 10만 번의 반복 시뮬레이션을 하는 몬테카를로 방법에 비교될 만하다. 한편 블랙-숄즈-머튼 옵션 가격결정 공식은 분석적으로 계산할 수 있다.

몬테카를로 시뮬레이션이 금융수학에서 가장 유연하고 강력한 수치적 방법 중 하나인 것은 맞으나 높은 계산량과 대량의 메모리를 요구한다는 단점이 있다. 똑같은 장단점이 딥러닝에도 적용된다. 딥러닝은 다른 머신러닝 알고리즘보다 일반적으로 더 유연하지만 더 큰 계산량을 요구한다.

scikit-learn을 사용한 심층 신경망

본질은 아주 다르지만 `scikit-learn`용 심층 신경망 모형인 `MLPClassifier` 알고리즘 클래스에 대해서도 `scikit-learn`은 동일한 API를 제공한다.[12] 은닉층hidden layer(심층 신경망 모형을 다른 간단한 모형, 예를 들면 선형 회귀분석 등과 차별화하는 중요한 요소)이라 불리는 이 두 가지만 있어도 검증용 데이터에 대해서는 완벽한 결과를 낼 수 있다.

```
In [53]: from sklearn.neural_network import MLPClassifier

In [54]: model = MLPClassifier(solver='lbfgs', alpha=1e-5,
                               hidden_layer_sizes=2 * [75], random_state=10)

In [55]: %time model.fit(X, y)
         CPU times: user 537 ms, sys: 14.2 ms, total: 551 ms
         Wall time: 340 ms
Out[55]: MLPClassifier(activation='relu', alpha=1e-05, batch_size='auto',
          beta_1=0.9, beta_2=0.999, early_stopping=False,
                epsilon=1e-08, hidden_layer_sizes=[75, 75],
                learning_rate='constant',
                learning_rate_init=0.001, max_iter=200, momentum=0.9,
                n_iter_no_change=10, nesterovs_momentum=True, power_t=0.5,
                random_state=10, shuffle=True, solver='lbfgs', tol=0.0001,
                validation_fraction=0.1, verbose=False, warm_start=False)

In [56]: pred = model.predict(X)
         pred
Out[56]: array([1, 0, 0, 1, 1, 0, 1, 1, 1, 0, 1, 0, 0, 0, 1, 1, 0, 1, 0, 1, 1, 0,
                1, 1, 0, 0, 0, 0, 0, 0, 1, 0, 1, 0, 0, 0, 0, 1, 1, 0, 1, 0, 0, 0,
                0, 1, 1, 1, 0, 0, 1, 1, 0, 0, 1, 1, 1, 1, 0, 0, 0, 1, 1, 1, 1, 1,
                0, 0, 1, 0, 0, 1, 1, 1, 1, 1, 1, 0, 1, 1, 1, 0, 0, 1, 0, 0, 0, 1,
                0, 1, 1, 1, 0, 1, 1, 0, 0, 0, 0, 0])

In [57]: accuracy_score(y, pred)
Out[57]: 1.0
```

TensorFlow를 사용한 심층 신경망

`TensorFlow`의 API는 `scikit-learn` 표준과 다르다. 하지만 `DNNClassifier` 클래스 사용법은 거의 같다.

12 더 자세한 인수에 대해서는 다층 퍼셉트론 분류기(multi-layer perceptron classifier)에 대한 문서를 참조한다.

```
In [58]: import tensorflow as tf
         tf.logging.set_verbosity(tf.logging.ERROR)  ❶

In [59]: fc = [tf.contrib.layers.real_valued_column('features')]  ❷

In [60]: model = tf.contrib.learn.DNNClassifier(hidden_units=5 * [250],
                                                n_classes=2,
                                                feature_columns=fc)  ❸

In [61]: def input_fn():  ❹
             fc = {'features': tf.constant(X)}
             la = tf.constant(y)
             return fc, la

In [62]: %time model.fit(input_fn=input_fn, steps=100)  ❺
         CPU times: user 7.1 s, sys: 1.35 s, total: 8.45 s
         Wall time: 4.71 s
Out[62]: DNNClassifier(params={'head':
          <tensorflow.contrib.learn.python.learn ... head._BinaryLogisticHead
          object at 0x1a3ee692b0>, 'hidden_units': [250, 250, 250, 250, 250],
          'feature_columns': (_RealValuedColumn(column_name='features',
          dimension=1, default_value=None, dtype=tf.float32, normalizer=None),),
          'optimizer': None, 'activation_fn': <function relu at 0x1a3aa75b70>,
          'dropout': None, 'gradient_clip_norm': None,
          'embedding_lr_multipliers': None, 'input_layer_min_slice_size': None})

In [63]: model.evaluate(input_fn=input_fn, steps=1)  ❻
Out[63]: {'loss': 0.18724777,
          'accuracy': 0.91,
          'labels/prediction_mean': 0.5003989,
          'labels/actual_label_mean': 0.5,
          'accuracy/baseline_label_mean': 0.5,
          'auc': 0.9782,
          'auc_precision_recall': 0.97817385,
          'accuracy/threshold_0.500000_mean': 0.91,
          'precision/positive_threshold_0.500000_mean': 0.9019608,
          'recall/positive_threshold_0.500000_mean': 0.92,
          'global_step': 100}

In [64]: pred = np.array(list(model.predict(input_fn=input_fn)))  ❻
         pred[:10]  ❻
Out[64]: array([1, 0, 0, 1, 1, 0, 1, 1, 1, 1])

In [65]: %time model.fit(input_fn=input_fn, steps=750)  ❼
```

```
         CPU times: user 29.8 s, sys: 7.51 s, total: 37.3 s
         Wall time: 13.6 s
Out[65]: DNNClassifier(params={'head':
          <tensorflow.contrib.learn.python.learn ... head._BinaryLogisticHead
          object at 0x1a3ee692b0>, 'hidden_units': [250, 250, 250, 250, 250],
          'feature_columns': (_RealValuedColumn(column_name='features',
          dimension=1, default_value=None, dtype=tf.float32, normalizer=None),),
          'optimizer': None, 'activation_fn': <function relu at 0x1a3aa75b70>,
          'dropout': None, 'gradient_clip_norm': None,
          'embedding_lr_multipliers': None, 'input_layer_min_slice_size': None})

In [66]: model.evaluate(input_fn=input_fn, steps=1)  ❽
Out[66]: {'loss': 0.09271307,
          'accuracy': 0.94,
          'labels/prediction_mean': 0.5274486,
          'labels/actual_label_mean': 0.5,
          'accuracy/baseline_label_mean': 0.5,
          'auc': 0.99759996,
          'auc_precision_recall': 0.9977609,
          'accuracy/threshold_0.500000_mean': 0.94,
          'precision/positive_threshold_0.500000_mean': 0.9074074,
          'recall/positive_threshold_0.500000_mean': 0.98,
          'global_step': 850}
```

❶ TensorFlow 로그 출력 설정

❷ 실수 특징값 정의

❸ 모형 객체 생성

❹ 특징 데이터와 레이블 데이터를 다루는 함수

❺ 모형 학습 및 평가

❻ 주어진 특징값에 대해 레이블값 예측

❼ 추가적인 학습 진행. 이전 결과를 시작점으로 사용

❽ 추가 학습 이후에 성능이 향상

이 코드는 TensorFlow의 맛만 본 것뿐이며, 이것은 Alphabet사의 자율주행차 프로젝트와 같이 훨씬 더 많고 심오한 응용 분야에 쓰인다. 특히 TensorFlow를 사용하면 CPU 대신 GPU나 TPU와 같은 특별한 하드웨어를 사용하여 속도를 향상시킬 수 있다는 장점이 있다.

특징 변환

여러 가지 이유로 실숫값 특징을 변환해야 하거나 변환하는 게 더 나은 경우가 있다. 다음 코드는 특징값을 변환하여 시각화하는 코드다. [그림 13-29]에 두 데이터를 비교했다.

```
In [67]: from sklearn import preprocessing

In [68]: X[:5]
Out[68]: array([[ 1.6876, -0.7976],
                [-0.4312, -0.7606],
                [-1.4393, -1.2363],
                [ 1.118 , -1.8682],
                [ 0.0502,  0.659 ]])

In [69]: Xs = preprocessing.StandardScaler().fit_transform(X)  ❶
         Xs[:5]
Out[69]: array([[ 1.2881, -0.5489],
                [-0.3384, -0.5216],
                [-1.1122, -0.873 ],
                [ 0.8509, -1.3399],
                [ 0.0312,  0.5273]])

In [70]: Xm = preprocessing.MinMaxScaler().fit_transform(X)  ❷
         Xm[:5]
Out[70]: array([[0.7262, 0.3563],
                [0.3939, 0.3613],
                [0.2358, 0.2973],
                [0.6369, 0.2122],
                [0.4694, 0.5523]])

In [71]: Xn1 = preprocessing.Normalizer(norm='l1').transform(X)  ❸
         Xn1[:5]
Out[71]: array([[ 0.6791, -0.3209],
                [-0.3618, -0.6382],
                [-0.5379, -0.4621],
                [ 0.3744, -0.6256],
                [ 0.0708,  0.9292]])

In [72]: Xn2 = preprocessing.Normalizer(norm='l2').transform(X)  ❸
         Xn2[:5]
Out[72]: array([[ 0.9041, -0.4273],
                [-0.4932, -0.8699],
                [-0.7586, -0.6516],
```

```
            [ 0.5135, -0.8581],
            [ 0.076 , 0.9971]])

In [73]: plt.figure(figsize=(10, 6))
         markers = ['o', '.', 'x', '^', 'v']
         data_sets = [X, Xs, Xm, Xn1, Xn2]
         labels = ['raw', 'standard', 'minmax', 'norm(1)', 'norm(2)']
         for x, m, l in zip(data_sets, markers, labels):
             plt.scatter(x=x[:, 0], y=x[:, 1], c=y,
                         marker=m, cmap='coolwarm', label=l)
         plt.legend();
```

❶ 특징값을 평균 0, 표준편차 1인 표준정규분포로 변환

❷ 특징값을 최솟값/최댓값 범위로 정해진 구간 분포로 변환

❸ 특징값 하나하나를 (L_1 또는 L_2 놈^{norm} 기준으로) 길이 1이 되도록 변환

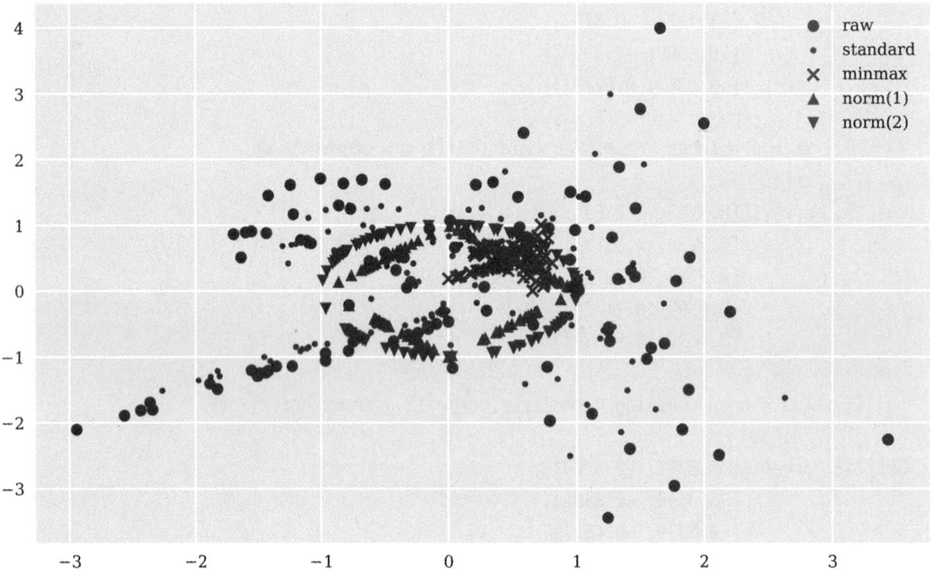

그림 13-29 원본 데이터와 변환된 데이터

패턴인식 작업에서는 실수 특징을 카테고리 특징으로 변환하는 것이 도움이 되거나 필요한 경우가 있다.

이때는 특징을 정해진 개수의 정수(카테고리, 클래스)로 변환한다.

```
In [74]: X[:5]
Out[74]: array([[ 1.6876, -0.7976],
                [-0.4312, -0.7606],
                [-1.4393, -1.2363],
                [ 1.118 , -1.8682],
                [ 0.0502,  0.659 ]])

In [75]: Xb = preprocessing.Binarizer().fit_transform(X)  ❶
         Xb[:5]
Out[75]: array([[1., 0.],
                [0., 0.],
                [0., 0.],
                [1., 0.],
                [1., 1.]])

In [76]: 2 ** 2  ❷
Out[76]: 4

In [77]: Xd = np.digitize(X, bins=[-1, 0, 1])  ❸
         Xd[:5]
Out[77]: array([[3, 1],
                [1, 1],
                [0, 0],
                [3, 0],
                [2, 2]])

In [78]: 4 ** 2  ❹
Out[78]: 16
```

❶ 특징값을 이진값으로 변환

❷ 두 개의 이진값이 가질 수 있는 조합의 수

❸ 특징값을 구간에 따라 카테고리값으로 변환

❹ 두 개의 카테고리 특징값이 가질 수 있는 조합의 수

학습/검사용 데이터 분리: 서포트 벡터 머신

이 책을 읽고 있는 모든 숙련된 머신러닝 연구자나 현업 사용자는 이 절에 나오는 주제에 대해 관심이 있을 것이다. 같은 데이터를 학습, 검사, 예측에 사용하는 문제다. 머신러닝의 품질을 잘 평가하려면 학습에 사용된 데이터와 검사에 사용된 데이터를 다르게 해야 한다. 그래야 현실의 문제를 제대로 풀 수 있다.

scikit-learn은 이러한 방법론을 효율적으로 사용하기 위한 함수를 제공한다. 특히 train_test_split() 함수는 데이터를 무작위화하여 학습용 데이터와 검사용 데이터를 분리한다. 다음 코드는 또 다른 분류 알고리즘인 서포트 벡터 머신support vector machine(SVM)을 사용하는 코드다. 우선 학습용 데이터를 사용하여 모형을 학습시킨다.

```
In [79]: from sklearn.svm import SVC
         from sklearn.model_selection import train_test_split

In [80]: train_x, test_x, train_y, test_y = train_test_split(X, y, test_size=0.33,
                                                              random_state=0)

In [81]: model = SVC(C=1, kernel='linear')

In [82]: model.fit(train_x, train_y)  ❶
Out[82]: SVC(C=1, cache_size=200, class_weight=None, coef0=0.0,
           decision_function_shape='ovr', degree=3, gamma='auto_deprecated',
           kernel='linear', max_iter=-1, probability=False, random_state=None,
           shrinking=True, tol=0.001, verbose=False)

In [83]: pred_train = model.predict(train_x)  ❷

In [84]: accuracy_score(train_y, pred_train)  ❸
Out[84]: 0.9402985074626866
```

❶ 학습용 데이터를 이용하여 모형을 학습

❷ 학습용 데이터의 레이블값 예측

❸ 학습용 데이터의 샘플 내in-sample 정확도 계산

다음 코드와 같이 학습된 모형에 검증용 데이터를 적용하여 검사한다. [그림 13-30]은 검증용 데이터를 사용한 경우의 정답과 오답을 보여주고 있다. 검증용 데이터의 정확도는 예상하다시피 학습용 데이터를 썼을 때보다 나빠진다.

```
In [85]: pred_test = model.predict(test_x)  ❶

In [86]: test_y == pred_test  ❷
Out[86]: array([ True, True, True, True, True, True, True, True, True,
                 True, False, False, False, True, True, True, False, False,
                False, True, True, True, True, True, True, True, True,
```

```
                True, True, True, True, False, True])

In [87]: accuracy_score(test_y, pred_test)  ❷
Out[87]: 0.7878787878787878

In [88]: test_c = test_x[test_y == pred_test]
         test_f = test_x[test_y != pred_test]

In [89]: plt.figure(figsize=(10, 6))
         plt.scatter(x=test_c[:, 0], y=test_c[:, 1],
                     c=test_y[test_y == pred_test],
                     marker='o', cmap='coolwarm')
         plt.scatter(x=test_f[:, 0], y=test_f[:, 1],
                     c=test_y[test_y != pred_test],
                     marker='x', cmap='coolwarm');
```

❶ 검증용 데이터에 기반하여 레이블값 예측

❷ 검증용 데이터에 대한 표본 외[out-of-sample] 정확도 계산

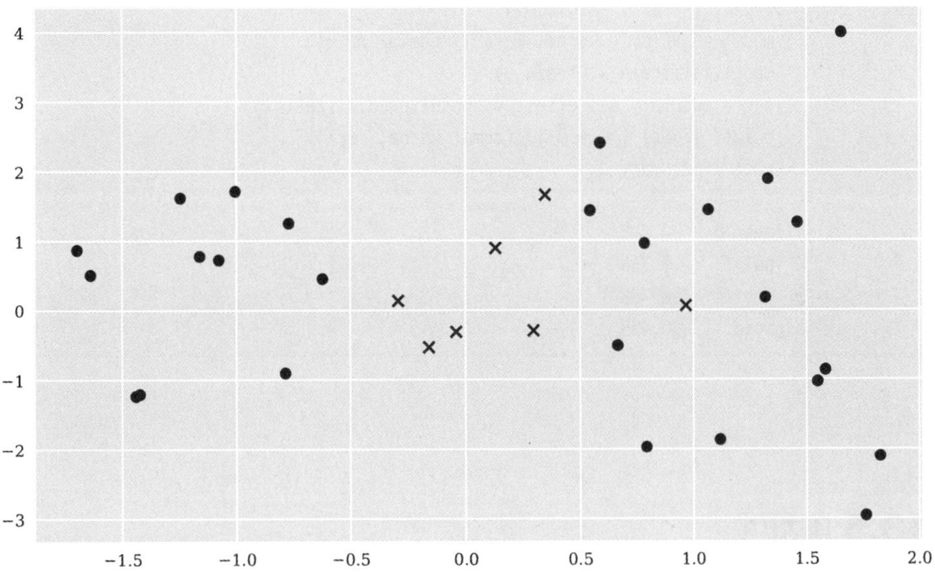

그림 13-30 검증용 데이터에 대한 서포트 벡터 머신 모형의 정답(점)과 오답(십자)

서포트 벡터 머신 분류 알고리즘은 사용하는 커널[kernel]을 선택할 수 있다. 다음 분석 결과에서 보이듯이 문제에 따라서는 커널이 다르면 성능이 달라진다. 이 코드에서는 실숫값 특징을 카테

고리값으로 변환하고 있다.

```
In [90]: bins = np.linspace(-4.5, 4.5, 50)

In [91]: Xd = np.digitize(X, bins=bins)

In [92]: Xd[:5]
Out[92]: array([[34, 21],
                [23, 21],
                [17, 18],
                [31, 15],
                [25, 29]])

In [93]: train_x, test_x, train_y, test_y = train_test_split(Xd, y,
              test_size=0.33, random_state=0)

In [94]: print('{:>8s} | {:8s}'.format('kernel', 'accuracy'))
         print(20 * '-')
         for kernel

In ['linear', 'poly', 'rbf', 'sigmoid']:
              model = SVC(C=1, kernel=kernel, gamma='auto')
              model.fit(train_x, train_y)
              acc = accuracy_score(test_y, model.predict(test_x))
              print('{:>8s} | {:8.3f}'.format(kernel, acc))
            kernel | accuracy
         --------------------
            linear |    0.848
              poly |    0.758
               rbf |    0.788
           sigmoid |    0.455
```

13.5 마치며

통계학은 그 자체로도 중요한 학문이지만 금융공학 및 사회과학 등의 다른 분야에도 없어서는 안 될 도구를 제공한다. 통계학 전부를 하나의 장에서 소개하는 것은 불가능하므로 이 장에서는 현실적인 예제를 기반으로 파이썬과 통계 관련 라이브러리 사용을 설명하는 네 가지 중요한 주제에 초점을 맞추었다.

정규성 검정

금융 시장 수익률에 대한 정규분포 가정은 많은 금융 이론과 응용 분야에 있어 중요하다. 그러나 실제 수익률 데이터는 일반적으로 정규분포가 아니라는 것을 시각적/통계적 방법을 통해 알 수 있다.

포트폴리오 최적화

현대 포트폴리오 이론은 수익률의 평균과 분산/변동성에 초점을 맞춤으로써 금융 분야에서 통계학을 개념적이고 현명하게 사용한 주요 성공 사례로 여겨지고 있다. 분산 투자라는 중요한 개념을 이 이론하에서 멋지게 설명할 수 있다.

베이즈 통계학

앞서 11장에서 소개된 다른 회귀분석 방법의 단점을 극복하는 대안으로서 베이즈 통계(정확하게는 베이즈 회귀분석)의 인기는 계속 상승하고 있다. 관련된 수학과 수식은 복잡하지만 확률 및 분포가 시간에 따라 갱신된다는 기본적인 아이디어는 쉽고 직관적이다.

머신러닝

최근에는 금융 분야에서는 전통적인 통계적 방법 및 기술 이외에도 머신러닝이 확고히 자리매김하고 있다. 이 장에서는 (k-means 클러스터링 등의) 비지도 학습과 (심층 신경망 등의) 지도 학습을 모두 소개하고 특징 변환이나 학습용/검사용 데이터 분리 등 이와 관련된 주제에 대해 설명했다.

13.6 참고 문헌

다음은 이 장과 관련된 유용한 온라인 자료들이다.

- SciPy 통계함수 문서(*http://docs.scipy.org/doc/scipy/reference/stats.html*)
- statsmodels 라이브러리 문서(*http://statsmodels.sourceforge.net/stable/*)
- SciPy 최적화 함수 문서(*http://docs.scipy.org/doc/scipy/reference/optimize.html*)
- PyMC3 패키지 문(*http://docs.pymc.io*)

- scikit-learn 패키지 문서(*http://scikit-learn.org*)

이 장에서 참고할 만한 책은 다음과 같다.

- Albon, Chris (2018). *Machine Learning with Python Cookbook*. Sebastopol, CA: O'Reilly.
- Alpaydin, Ethem (2016). *Machine Learning*. Cambridge, MA: MIT Press.
- Copeland, Thomas, Fred Weston, and Kuldeep Shastri (2005). *Financial Theory and Corporate Policy*. Boston, MA: Pearson.
- Downey, Allen (2013). *Think Bayes*. Sebastopol, CA: O'Reilly.
- Geweke, John (2005). *Contemporary Bayesian Econometrics and Statistics*. Hoboken, NJ: John Wiley & Sons.
- Hastie, Trevor, Robert Tibshirani, and Jerome Friedman (2009). *The Elements of Statistical Learning: Data Mining, Inference, and Prediction*. New York: Springer.
- James, Gareth, et al. (2013). *An Introduction to Statistical Learning—With Applications in R*. New York: Springer.
- López de Prado, Marcos (2018). *Advances in Financial Machine Learning*. Hoboken, NJ: John Wiley & Sons.
- Rachev, Svetlozar, et al. (2008). *Bayesian Methods in Finance*. Hoboken, NJ: John Wiley & Sons.
- VanderPlas, Jake (2016). *Python Data Science Handbook.* Sebastopol, CA: O'Reilly.

현대 포트폴리오 이론에 대해서는 다음 논문을 참조하라.

- Markowitz, Harry (1952). "Portfolio Selection." *Journal of Finance*, Vol. 7, pp. 77–91.

Part IV

알고리즘 트레이딩

4부는 파이썬을 사용한 알고리즘 트레이딩algorithmic trading에 대한 내용이다. 점점 더 많은 플랫폼과 증권 중개업자가 REST API 등을 사용하여 과거 데이터나 실시간 데이터를 받거나 매수 매도 주문을 내는 것을 허용하고 있다. 오랫동안 대형 금융기관의 영역이었던 것이 이제는 개인 알고리즘 트레이더들에게도 열리고 있다. 이 영역에서 파이썬은 프로그래밍 언어로서 그리고 기술 플랫폼으로서 가장 우위를 지키고 있다. 다른 요인보다도 FXCM 외환 캐피털 마켓Forex Capital Markets과 같이 많은 트레이딩 플랫폼이 사용하기 쉬운 파이썬용 REST API를 제공하고 있기 때문이다. 4부는 3개 장으로 구성되어 있다.

Part IV

알고리즘 트레이딩

14장 FXCM 트레이딩 플랫폼

FXCM 트레이딩 플랫폼과 REST API 그리고 `fxcmpy` 패키지를 소개한다.

15장 매매 전략

통계학이나 머신러닝 방법론을 사용하여 알고리즘 트레이딩 전략을 이끌어내는 것에 초점을 맞춘다. 이 장에서는 벡터화된 백테스팅 방법도 보인다.

16장 매매 자동화

자동화된 알고리즘 트레이딩 전략을 배포하는 방법을 살펴본다. 자금관리, 성능 및 위험 백테스팅, 온라인 알고리즘, 배포 등의 주제를 다룬다.

CHAPTER 14

FXCM 트레이딩 플랫폼

> 금융기관은 자신들이 매매를 하고 있다고 말하고 싶어 한다. 솔직해지자.
> 그건 매매가 아니라 도박이다.
>
> – 그레이든 카터Graydon Carter

이번 장에서는 FXCM 트레이딩 플랫폼과 REST 및 스트리밍 API 그리고 `fxcmpy` 파이썬 패키지를 소개한다. FXCM 트레이딩 플랫폼은 개인 고객과 기업 고객들이 다양한 금융 상품을 전통적인 방법뿐만 아니라 API를 통한 프로그래밍 방식으로 매매할 수 있는 서비스를 제공한다. 주 상품은 외환, 주식 기반 CFDcontracts for difference 그리고 원자재다.

CAUTION_ 위험 고지

외환 및 CFD를 이용한 마진 거래는 높은 위험을 안고 있으며 잔고를 초과하는 손실을 입을 수 있으므로 모든 투자자에게 적합한 상품이 아니다. 레버리지는 안 좋은 방향으로 작용할 수 있다. 이 상품들은 개인 및 전문 투자자를 위한 것이다. 독일의 법률 및 규제에 의해 독일에 거주하는 개인 고객은 잔고 전체의 손실이 발생할 수 있으나 잔고를 초과하는 금액은 지불하지 않아도 된다. 시장과 매매에 관련된 모든 위험을 완전히 숙지하고 매매에 앞서 재정적인 상황과 경험 수준을 주의 깊게 고려해야 한다. 모든 의견, 뉴스, 연구보고서, 분석, 가격 및 기타 정보는 일반적인 시장 보고일 뿐 투자 조언이 아니다. 시장 보고는 투자 연구보고서의 독립성을 위한 법적인 사항을 따르지 않으며 발표 전 매매 금지 조항도 따르지 않는다. FXCM과 필자는 이 정보를 사용하여 발생하는 손실에 대해 직간접적으로 어떠한 책임도 지지 않는다.

FXCM의 트레이딩 플랫폼은 소액을 투자하는 개인 투자자들이 알고리즘 트레이딩 전략을 구현할 수 있도록 지원한다.

이 장은 알고리즘 트레이딩 전략을 구현하고 자동화하기 위한 FXCM 매매 API와 `fxcmpy` 파이썬 패키지의 기본적인 기능을 다룬다.

시작하기

이 절에서는 알고리즘 트레이딩용 FXCM REST API를 사용하기 위한 설정 방법을 알아본다.

데이터 받기

이 절에서는 어떻게 금융 데이터를 (틱 데이터 수준까지) 받을 수 있는지 알아본다.

API 다루기

이 절에서는 REST API를 사용하여 과거 데이터와 스트리밍 데이터를 받고 주문을 내거나 계좌 정보를 조회하는 방법을 설명한다.

14.1 시작하기

FXCM API의 자세한 문서는 웹사이트(*https://fxcm.github.io/rest-api-docs*)에서 볼 수 있다. `fxcmpy` 파이썬 패키지를 설치하려면 셸에서 다음 명령을 실행한다.

```
pip install fxcmpy
```

`fxcmpy` 패키지 문서는 웹사이트(*http://fxcmpy.tpq.io*)에서 볼 수 있다. FXCM 트레이딩 API와 `fxcmpy` 패키지를 시작하려면 무료 데모 계정만 있으면 된다(*https://www.fxcm.com/uk/forex-trading-demo/* 참조).[1]

다음 단계는 데모 계정에서 API 토큰token을 생성하는 것이다. 다음 코드로 API에 연결할 수 있다.

1 FXCM 데모 계정은 특정 국가에만 제공된다. 옮긴이_ 현재 한국은 제공되지 않으며 다른 국가로 설정해야 한다.

```
import fxcmpy
api = fxcmpy.fxcmpy(access_token=YOUR_FXCM_API_TOKEN, log_level='error')
```

설정 파일(fxcm.cfg)을 사용하여 API에 연결할 수도 있다. 설정 파일 내용은 다음과 같다.

```
[FXCM]
log_level = error
log_file = PATH_TO_AND_NAME_OF_LOG_FILE
access_token = YOUR_FXCM_API_TOKEN
```

이때는 다음과 같은 코드로 API에 연결한다.

```
import fxcmpy
api = fxcmpy.fxcmpy(config_file='fxcm.cfg')
```

기본적으로 fxcmpy는 데모 서버에 연결한다. 서버 인수를 바꾸면 실매매 서버에 연결할 수도 있다(실매매 계정을 가지고 있는 경우).

```
api = fxcmpy.fxcmpy(config_file='fxcm.cfg', server='demo')  ❶
api = fxcmpy.fxcmpy(config_file='fxcm.cfg', server='real')  ❷
```

❶ 데모 서버 연결

❷ 실매매 서버 연결

14.2 데이터 받기

FXCM은 틱 데이터 등의 과거 가격 데이터에 대한 접근을 허용한다. 다음 절의 설명을 따라하면 2018년 6월의 EUR/USD 환율에 대한 틱 데이터를 FXCM 서버에서 압축 파일 형태로 받을 수 있다. 캔들 데이터를 받는 방법은 그다음 절에서 설명한다.

14.2.1 틱 데이터 받기

FXCM은 다양한 환율에 대해 과거 틱 데이터를 제공한다. `fxcmpy` 패키지를 사용하면 틱 데이터를 아주 쉽게 받을 수 있다. 우선 필요한 패키지를 임포트한다.

```
In [1]: import time
        import numpy as np
        import pandas as pd
        import datetime as dt
        from pylab import mpl, plt

In [2]: plt.style.use('seaborn')
        mpl.rcParams['font.family'] = 'serif'
        %matplotlib inline
```

그다음 틱 데이터를 제공하는 심볼 목록을 확인한다.

```
In [3]: from fxcmpy import fxcmpy_tick_data_reader as tdr

In [4]: print(tdr.get_available_symbols())
        ('AUDCAD', 'AUDCHF', 'AUDJPY', 'AUDNZD', 'CADCHF', 'EURAUD', 'EURCHF',
         'EURGBP', 'EURJPY', 'EURUSD', 'GBPCHF', 'GBPJPY', 'GBPNZD', 'GBPUSD',
         'GBPCHF', 'GBPJPY', 'GBPNZD', 'NZDCAD', 'NZDCHF', 'NZDJPY', 'NZDUSD',
         'USDCAD', 'USDCHF', 'USDJPY')
```

다음은 특정 심볼에 대한 한 주 동안의 틱 데이터를 받는 코드다. 이 코드를 실행하면 150만 개 이상의 데이터를 포함한 `DataFrame` 객체를 얻을 수 있다.

```
In [5]: start = dt.datetime(2018, 6, 25)  ❶
        stop = dt.datetime(2018, 6, 30)  ❶

In [6]: td = tdr('EURUSD', start, stop)  ❶

In [7]: td.get_raw_data().info()  ❷
        <class 'pandas.core.frame.DataFrame'>
        Index: 1963779 entries, 06/24/2018 21:00:12.290 to 06/29/2018
         20:59:00.607
        Data columns (total 2 columns):
        Bid    float64
        Ask    float64
```

```
dtypes: float64(2)
memory usage: 44.9+ MB
```

```
In [8]: td.get_data().info()  ❸
        <class 'pandas.core.frame.DataFrame'>
        DatetimeIndex: 1963779 entries, 2018-06-24 21:00:12.290000 to 2018-06-29
         20:59:00.607000
        Data columns (total 2 columns):
        Bid    float64
        Ask    float64
        dtypes: float64(2)
        memory usage: 44.9 MB

In [9]: td.get_data().head()
Out[9]:
                                    Bid      Ask
        2018-06-24  21:00:12.290   1.1662  1.16660
        2018-06-24  21:00:16.046   1.1662  1.16650
        2018-06-24  21:00:22.846   1.1662  1.16658
        2018-06-24  21:00:22.907   1.1662  1.16660
        2018-06-24  21:00:23.441   1.1662  1.16663
```

❶ 데이터 파일을 받고 압축을 푼 후, 데이터를 DataFrame 객체에 저장

❷ td.get_raw_data() 함수는 데이터가 있는 DataFrame 객체 반환. 인덱스는 아직 문자열 객체다.

❸ td.get_data() 함수는 인덱스가 DatetimeIndex로 변환된 DataFrame 객체 반환

틱 데이터가 DataFrame 객체에 저장되기 때문에 데이터를 선택하고 분석하는 작업이 아주 쉽다. [그림 14-1]은 일부 데이터의 중간가격mid price과 간단한 이동평균을 그린 것이다.

```
In [10]: sub = td.get_data(start='2018-06-29 12:00:00',
                           end='2018-06-29 12:15:00')  ❶

In [11]: sub.head()
Out[11]:
                                      Bid      Ask
         2018-06-29  12:00:00.011  1.16497  1.16498
         2018-06-29  12:00:00.071  1.16497  1.16497
         2018-06-29  12:00:00.079  1.16497  1.16498
         2018-06-29  12:00:00.091  1.16495  1.16498
         2018-06-29  12:00:00.205  1.16496  1.16498

In [12]: sub['Mid'] = sub.mean(axis=1)  ❷
```

```
In [13]: sub['SMA'] = sub['Mid'].rolling(1000).mean()  ❸

In [14]: sub[['Mid', 'SMA']].plot(figsize=(10, 6), lw=0.75);
```

❶ 전체 데이터 중 일부 선택

❷ 매수 가격과 매도 가격의 중간가격 계산

❸ 1000개의 틱을 구간으로 가지는 이동평균 계산

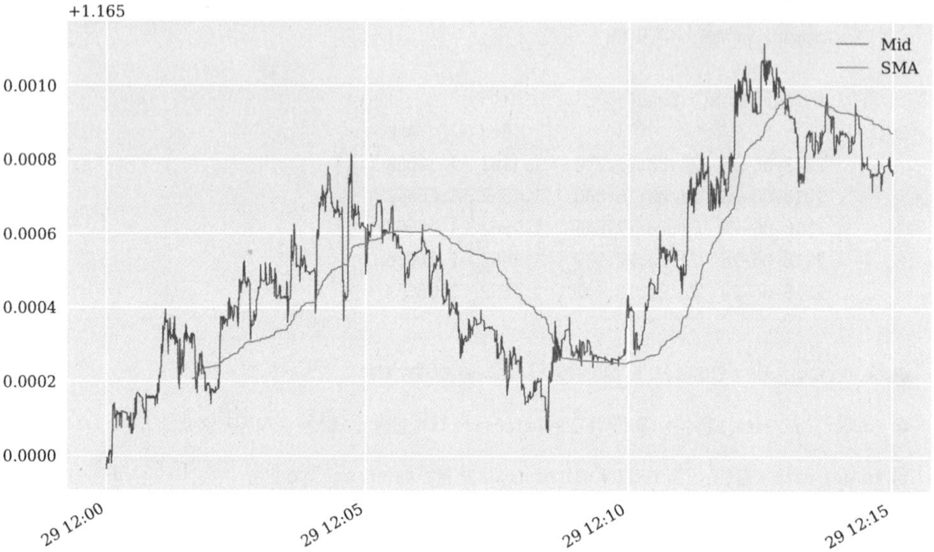

그림 14-1 EUR/USD 환율 중간가격(Mid)과 이동평균선(SMA)

14.2.2 캔들 데이터 받기

FXCM은 과거 캔들 데이터(특정한 기간에 대한 시고저종open, high, low, close 가격 데이터)도 제공한다.

우선 캔들 데이터를 제공하는 심볼 목록을 확인한다.

```
In [15]: from fxcmpy import fxcmpy_candles_data_reader as cdr

In [16]: print(cdr.get_available_symbols())
         ('AUDCAD', 'AUDCHF', 'AUDJPY', 'AUDNZD', 'CADCHF', 'EURAUD', 'EURCHF',
```

```
'EURGBP', 'EURJPY', 'EURUSD', 'GBPCHF', 'GBPJPY', 'GBPNZD', 'GBPUSD',
'GBPCHF', 'GBPJPY', 'GBPNZD', 'NZDCAD', 'NZDCHF', 'NZDJPY', 'NZDUSD',
'USDCAD', 'USDCHF', 'USDJPY')
```

그다음 틱 데이터를 받을 때와 마찬가지로 데이터를 받는다. 차이점은 기간을 지정해야 한다는 점인데 1분은 m1, 1시간은 H1, 하루는 D1으로 표시한다.

```
In [17]: start = dt.datetime(2018, 5, 1)
         stop = dt.datetime(2018, 6, 30)

In [18]: period = 'H1'  ❶

In [19]: candles = cdr('EURUSD', start, stop, period)

In [20]: data = candles.get_data()

In [21]: data.info()
         <class 'pandas.core.frame.DataFrame'>
         DatetimeIndex: 1080 entries, 2018-04-29 21:00:00 to 2018-06-29 20:00:00
         Data columns (total 8 columns):
         BidOpen   1080 non-null float64
         BidHigh   1080 non-null float64
         BidLow    1080 non-null float64
         BidClose  1080 non-null float64
         AskOpen   1080 non-null float64
         AskHigh   1080 non-null float64
         AskLow    1080 non-null float64
         AskClose  1080 non-null float64
         dtypes: float64(8)
         memory usage: 75.9 KB

In [22]: data[data.columns[:4]].tail()  ❷
Out[22]:                      BidOpen BidHigh BidLow BidClose
         2018-06-29 16:00:00 1.16768 1.16820 1.16731 1.16769
         2018-06-29 17:00:00 1.16769 1.16826 1.16709 1.16781
         2018-06-29 18:00:00 1.16781 1.16816 1.16668 1.16684
         2018-06-29 19:00:00 1.16684 1.16792 1.16638 1.16774
         2018-06-29 20:00:00 1.16774 1.16904 1.16758 1.16816

In [23]: data[data.columns[4:]].tail()  ❸
Out[23]:                      AskOpen AskHigh AskLow AskClose
         2018-06-29 16:00:00 1.16769 1.16820 1.16732 1.16771
```

```
2018-06-29 17:00:00 1.16771 1.16827 1.16711 1.16782
2018-06-29 18:00:00 1.16782 1.16817 1.16669 1.16686
2018-06-29 19:00:00 1.16686 1.16794 1.16640 1.16775
2018-06-29 20:00:00 1.16775 1.16907 1.16760 1.16861
```

❶ 기간 설정

❷ 매수가격에 대한 캔들 데이터

❸ 매도가격에 대한 캔들 데이터

마지막으로 종가의 중간가격을 계산하고 두 개의 이동평균선을 그린다(그림 14-2).

```
In [24]: data['MidClose'] = data[['BidClose', 'AskClose']].mean(axis=1) ❶

In [25]: data['SMA1'] = data['MidClose'].rolling(30).mean() ❷
         data['SMA2'] = data['MidClose'].rolling(100).mean() ❷

In [26]: data[['MidClose', 'SMA1', 'SMA2']].plot(figsize=(10, 6));
```

❶ 종가에 대한 매수 매도의 중간가격 계산

❷ 시간 간격이 짧은 구간과 긴 구간의 이동평균선을 각각 계산

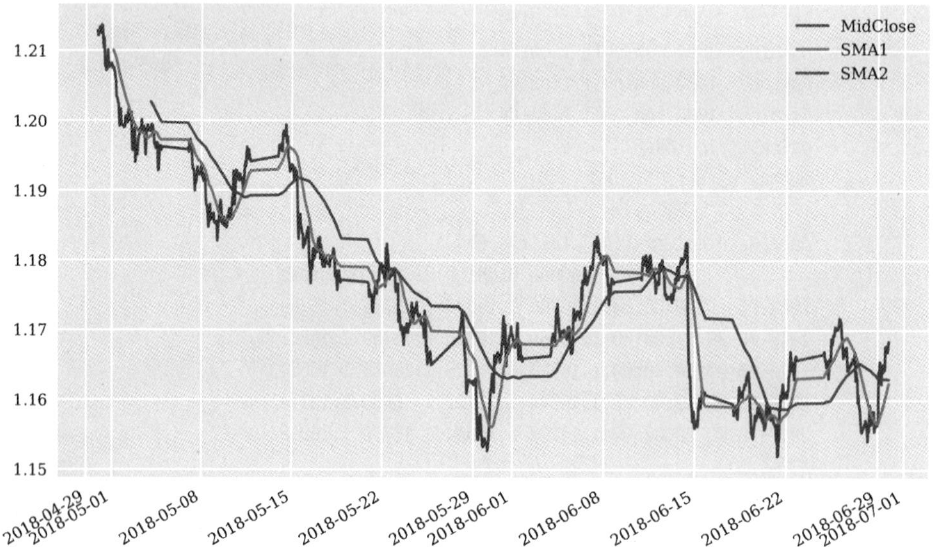

그림 14-2 EUR/USD 환율의 과거 중간 종가 데이터와 두 개의 이동평균선

14.3 API 다루기

앞 절에서는 FXCM 서버에서 과거 틱 데이터를 받는 방법을 살펴봤다. 이 절에서는 API를 사용하여 과거 데이터를 받는 방법을 살펴보기로 한다. 먼저 FXCM API에 연결하는 연결 객체가 필요하다. `fxcmpy` 패키지를 임포트하고 (API 토큰을 사용하여) API에 연결한다. 그다음 어떤 상품에 대한 데이터가 있는지 살펴본다.

```
In [27]: import fxcmpy

In [28]: fxcmpy.__version__
Out[28]: '1.1.33'

In [29]: api = fxcmpy.fxcmpy(config_file='../fxcm.cfg')  ❶

In [30]: instruments = api.get_instruments()

In [31]: print(instruments)
         ['EUR/USD', 'XAU/USD', 'GBP/USD', 'UK100', 'USDOLLAR', 'XAG/USD', 'GER30',
          'FRA40', 'USD/CNH', 'EUR/JPY', 'USD/JPY', 'CHN50', 'GBP/JPY', 'AUD/JPY',
          'CHF/JPY', 'USD/CHF', 'GBP/CHF', 'AUD/USD', 'EUR/AUD', 'EUR/CHF',
          'EUR/CAD', 'EUR/GBP', 'AUD/CAD', 'NZD/USD', 'USD/CAD', 'CAD/JPY',
          'GBP/AUD', 'NZD/JPY', 'US30', 'GBP/CAD', 'SOYF', 'GBP/NZD', 'AUD/NZD',
          'USD/SEK', 'EUR/SEK', 'EUR/NOK', 'USD/NOK', 'USD/MXN', 'AUD/CHF',
          'EUR/NZD', 'USD/ZAR', 'USD/HKD', 'ZAR/JPY', 'BTC/USD', 'USD/TRY',
          'EUR/TRY', 'NZD/CHF', 'CAD/CHF', 'NZD/CAD', 'TRY/JPY', 'AUS200',
          'ESP35', 'HKG33', 'JPN225', 'NAS100', 'SPX500', 'Copper', 'EUSTX50',
          'USOil', 'UKOil', 'NGAS', 'Bund']
```

❶ API 연결

14.3.1 과거 데이터 받기

일단 연결하면 함수 호출 한 번으로 지정한 기간에 대한 데이터를 받을 수 있다. 지정할 수 있는 기간은 다음과 같다. m1, m5, m15, m30, H1, H2, H3, H4, H6, H8, D1, W1, M1. 다음 코드에서 몇 가지 예를 보인다. [그림 14-3]은 EUR/USD 환율의 1분 간격 매도 종가를 나타낸다.

```
In [32]: candles = api.get_candles('USD/JPY', period='D1', number=10)  ❶

In [33]: candles[candles.columns[:4]]  ❶
Out[33]:                      bidopen  bidclose  bidhigh   bidlow
         date
         2018-10-08 21:00:00  113.760  113.219  113.937  112.816
         2018-10-09 21:00:00  113.219  112.946  113.386  112.863
         2018-10-10 21:00:00  112.946  112.267  113.281  112.239
         2018-10-11 21:00:00  112.267  112.155  112.528  111.825
         2018-10-12 21:00:00  112.155  112.200  112.491  111.873
         2018-10-14 21:00:00  112.163  112.130  112.270  112.109
         2018-10-15 21:00:00  112.130  111.758  112.230  111.619
         2018-10-16 21:00:00  112.151  112.238  112.333  111.727
         2018-10-17 21:00:00  112.238  112.636  112.670  112.009
         2018-10-18 21:00:00  112.636  112.168  112.725  111.942

In [34]: candles[candles.columns[4:]]  ❶
Out[34]:                       askopen  askclose  askhigh   asklow  tickqty
         date
         2018-10-08  21:00:00  113.840  113.244  113.950  112.827   184835
         2018-10-09  21:00:00  113.244  112.970  113.399  112.875   321755
         2018-10-10  21:00:00  112.970  112.287  113.294  112.265   329174
         2018-10-11  21:00:00  112.287  112.175  112.541  111.835   568231
         2018-10-12  21:00:00  112.175  112.243  112.504  111.885   363233
         2018-10-14  21:00:00  112.219  112.181  112.294  112.145      581
         2018-10-15  21:00:00  112.181  111.781  112.243  111.631   322304
         2018-10-16  21:00:00  112.163  112.271  112.345  111.740   253420
         2018-10-17  21:00:00  112.271  112.664  112.682  112.022   542166
         2018-10-18  21:00:00  112.664  112.237  112.738  111.955   369012

In [35]: start = dt.datetime(2017, 1, 1)  ❷
         end = dt.datetime(2018, 1, 1)  ❷

In [36]: candles = api.get_candles('EUR/GBP', period='D1',
                                   start=start, stop=end)  ❷

In [37]: candles.info()  ❷
         <class 'pandas.core.frame.DataFrame'>
         DatetimeIndex: 309 entries, 2017-01-03 22:00:00 to 2018-01-01 22:00:00
         Data columns (total 9 columns):
         bidopen     309 non-null float64
         bidclose    309 non-null float64
         bidhigh     309 non-null float64
         bidlow      309 non-null float64
```

```
askopen     309 non-null float64
askclose    309 non-null float64
askhigh     309 non-null float64
asklow      309 non-null float64
tickqty     309 non-null int64
dtypes: float64(8), int64(1)
memory usage: 24.1 KB
```

```
In [38]: candles = api.get_candles('EUR/USD', period='m1', number=250)  ❸

In [39]: candles['askclose'].plot(figsize=(10, 6))
```

❶ 최근 10일에 대한 종가 데이터 받기

❷ 1년 동안의 일간 종가 데이터 받기

❸ 가장 최근의 1분봉 데이터 받기

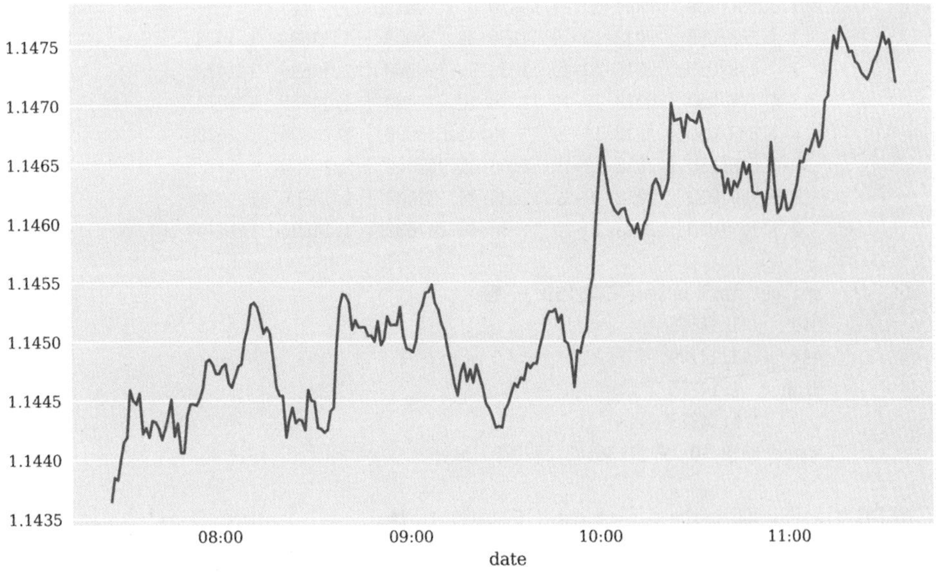

그림 14-3 EUR/USD 환율의 1분 간격 매도 종가

14.3.2 스트리밍 데이터 받기

알고리즘 트레이딩 전략을 백테스팅하려면 과거 데이터가 중요하지만 실제로 매매를 자동화하려면 실시간 스트리밍 데이터를 받을 수 있어야 한다. FXCM API를 사용하면 모든 종목에 대해 실시간 데이터 스트리밍이 가능하다. `fxcmpy` 패키지가 이러한 기능을 제공한다. 실시간 데이터 스트림에 대해 사용자가 지정한 콜백 함수callback function를 쓸 수 있다.

다음은 받은 데이터 중 일부를 출력하는 간단한 콜백 함수와 이를 이용해서 실시간으로 원하는 환율(여기에서는 EUR/USD) 데이터를 받는 것을 보인다.

```
In [40]: def output(data, dataframe):
             print('%3d | %s | %s | %6.5f, %6.5f'
                   % (len(dataframe), data['Symbol'],
                      pd.to_datetime(int(data['Updated']), unit='ms'),
                      data['Rates'][0], data['Rates'][1]))  ❶

In [41]: api.subscribe_market_data('EUR/USD', (output,))  ❷
            1 | EUR/USD | 2018-10-19 11:36:39.735000 | 1.14694, 1.14705
            2 | EUR/USD | 2018-10-19 11:36:39.776000 | 1.14694, 1.14706
            3 | EUR/USD | 2018-10-19 11:36:40.714000 | 1.14695, 1.14707
            4 | EUR/USD | 2018-10-19 11:36:41.646000 | 1.14696, 1.14708
            5 | EUR/USD | 2018-10-19 11:36:41.992000 | 1.14696, 1.14709
            6 | EUR/USD | 2018-10-19 11:36:45.131000 | 1.14696, 1.14708
            7 | EUR/USD | 2018-10-19 11:36:45.247000 | 1.14696, 1.14709

In [42]: api.get_last_price('EUR/USD')  ❸
Out[42]: Bid     1.14696
         Ask     1.14709
         High    1.14775
         Low     1.14323
         Name: 2018-10-19 11:36:45.247000, dtype: float64

In [43]: api.unsubscribe_market_data('EUR/USD')  ❹
            8 | EUR/USD | 2018-10-19 11:36:48.239000 | 1.14696, 1.14708
```

❶ 받은 데이터 일부를 출력하는 콜백 함수

❷ 특정한 실시간 데이터 스트림 수신 시작. 수신 종료 이벤트가 있을 때까지 비동기적으로 데이터가 처리된다.

❸ 수신 중에는 `.get_last_price()` 메서드가 마지막 데이터를 반환

❹ 실시간 데이터 수신 종료

TIP 콜백 함수

콜백 함수는 파이썬 함수를 기반으로 실시간 스트리밍 데이터를 처리하는 유연한 방법이다. 콜백 함수를 사용하면 데이터를 출력하는 간단한 작업부터 온라인 트레이딩 알고리즘을 기반으로 매매 신호를 생성하는 복잡한 작업(16장 참조)까지 모두 가능하다.

14.3.3 주문하기

FXCM API를 쓰면 FXCM 플랫폼에서 제공하는 모든 종류의 주문[2]을 내거나 관리할 수 있다. 하지만 다음 코드에서는 간단한 시장가 매수 매도 주문만 설명할 것이다. 알고리즘 트레이딩을 시작하는 것은 이 정도면 충분하다. 우선 `create_market_buy_order()` 메서드를 호출하여 현재 잔고가 없다는 것을 확인한 다음 매수 잔고를 생성한다.

```
In [44]: api.get_open_positions() ❶
Out[44]: Empty DataFrame
         Columns: []
         Index: []

In [45]: order = api.create_market_buy_order('EUR/USD', 10) ❷

In [46]: sel = ['tradeId', 'amountK', 'currency',
                'grossPL', 'isBuy'] ❸

In [47]: api.get_open_positions()[sel] ❸
Out[47]:      tradeId  amountK currency  grossPL  isBuy
         0  132607899       10  EUR/USD  0.17436   True

In [48]: order = api.create_market_buy_order('EUR/GBP', 5) ❹

In [49]: api.get_open_positions()[sel]
Out[49]:      tradeId  amountK currency  grossPL  isBuy
         0  132607899       10  EUR/USD  0.17436   True
         1  132607928        5  EUR/GBP -1.53367   True
```

❶ 현재 잔고 표시

2 자세한 사항은 문서(*http://fxcmpy.tpq.io*)를 참조한다.

❷ EUR/USD 환율에 대해 100,000 계약 매수 주문[3]

❸ 현재 잔고 표시

❹ 추가 50,000 계약 매수 주문

create_market_buy_order() 함수는 매수 잔고를 새로 만들거나 증가시킬 수 있다. create_market_sell_order() 함수는 매도 잔고를 닫거나 감소시킬 수 있다. 다음 코드에서 보듯이 거래를 종료하는 함수도 있다.

```
In [50]: order = api.create_market_sell_order('EUR/USD', 3)  ❶

In [51]: order = api.create_market_buy_order('EUR/GBP', 5)  ❷

In [52]: api.get_open_positions()[sel]  ❸
Out[52]:      tradeId  amountK currency  grossPL  isBuy
         0  132607899       10  EUR/USD  0.17436   True
         1  132607928        5  EUR/GBP -1.53367   True
         2  132607930        3  EUR/USD -1.33369  False
         3  132607932        5  EUR/GBP -1.64728   True

In [53]: api.close_all_for_symbol('EUR/GBP')  ❹

In [54]: api.get_open_positions()[sel]
Out[54]:      tradeId  amountK currency  grossPL  isBuy
         0  132607899       10  EUR/USD  0.17436   True
         1  132607930        3  EUR/USD -1.33369  False

In [55]: api.close_all()  ❺

In [56]: api.get_open_positions()
Out[56]: Empty DataFrame
         Columns: []
         Index: []
```

❶ EUR/USD 환율 매도 잔고 생성

❷ EUR/GBP 환율 매수 잔고 증가

❸ EUR/GBP 환율은 이제 EUR/USD와 달리 두 개의 매수 잔고가 있다. 두 잔고는 합쳐지지 않는다.

3 환율에 대한 수량은 천 단위다. 계좌별로 레버리지 비율이 다르다(*https://www.fxcm.com/uk/accounts/forex-cfd-leverage/*). 따라서 레버리지 비율에 따라 마진이 달라지게 된다. 필요하다면 이 값을 더 작은 값으로 바꿀 수 있다.

❹ close_all_for_symbol() 함수로 지정한 심볼에 대한 잔고 닫기

❺ close_all() 함수로 모든 잔고 닫기

14.3.4 계좌 정보 조회하기

FXCM API를 사용하면 잔고 정보 이외에도 계좌에 대한 일반적인 정보도 얻을 수 있다. 예를 들어 (여러 개의 계좌가 있을 때) 기본 계좌를 알아내거나 계좌의 마진margin 상황을 볼 수 있다.

```
In [57]: api.get_default_account()  ❶
Out[57]: 1090495

In [58]: api.get_accounts().T  ❷
Out[58]:                                0
         accountId               1090495
         accountName            01090495
         balance                  4915.2
         dayPL                    -41.97
         equity                   4915.2
         grossPL                       0
         hedging                       Y
         mc                            N
         mcDate
         ratePrecision                 0
         t                             6
         usableMargin             4915.2
         usableMargin3            4915.2
         usableMargin3Perc           100
         usableMarginPerc            100
         usdMr                         0
         usdMr3                        0
```

❶ 기본 계좌의 아이디 출력

❷ 계좌의 재정적 상황과 매개변수 출력

14.4 마치며

이번 장에서는 알고리즘 트레이딩을 위한 FXCM의 REST API와 다음 주제를 다루었다.

- API 사용을 위한 기본 설정하기
- 과거 틱 데이터 받기
- 과거 캔들 데이터 받기
- 실시간 스트리밍 데이터 받기
- 매수 및 매도 주문 내기
- 계좌 정보 조회하기

FXCM API와 `fxcmpy` 패키지는 더 많은 기능을 제공한다. 하지만 위와 같은 기능만 알아도 기본적인 알고리즘 트레이딩을 시작하는 데 충분하다.

14.5 참고 문헌

FXCM API와 `fxcmpy` 패키지에 대한 더 자세한 내용은 다음 웹사이트를 참조하기 바란다.

- FXCM API(*https://fxcm.github.io/rest-api-docs*)
- `fxcmpy` 패키지(*http://fxcmpy.tpq.io*)

파이썬을 사용한 알고리즘 트레이딩에 대한 온라인 교육 프로그램에 대해 궁금하다면 웹사이트(*http://certificate.tpq.io*)를 참조하기 바란다.

CHAPTER 15

매매 전략

사람들은 당신이 과거로부터 미래를 예측할 수 있다고 생각할 정도로 바보 같았다.

– 이코노미스트The Economist[1]

이 장은 알고리즘 트레이딩 전략을 벡터화된 방법으로 백테스팅하는 것에 관한 내용이다. 알고리즘 트레이딩 전략algorithmic trading strategy은 사람의 간섭 없이 알고리즘을 기반으로 매수, 매도 혹은 중립 포지션을 취하도록 설계된 모든 종류의 금융 매매 전략을 말한다. 예를 들어 '5분마다 애플 주식의 매수 및 매도를 반복한다'라는 간단한 알고리즘은 이 정의를 만족한다. 이번 장에서는 알고리즘 트레이딩 전략을 파이썬 코드로 표현한다. 파이썬 코드는 새로운 데이터가 주어지면 금융 상품을 매수할지 매도할지 결정한다.

이 장에서 알고리즘 트레이딩 전략의 전반적인 내용을 제공하지는 않는다(알고리즘 트레이딩 전략의 자세한 내용을 알고 싶으면 이 장 마지막의 참고 문헌을 참조하기 바란다). 이번 장에서는 일부 알고리즘 트레이딩 전략에 대한 벡터화된 백테스팅 기술에 초점을 맞춘다. 이런 방식으로 금융 데이터를 저장하는 `NumPy`의 `ndarray` 혹은 `pandas`의 `DataFrame` 객체에 벡터화 연산을 수행하면 매매 전략에 쉽게 적용할 수 있다.[2]

이 장의 또 다른 주제는 머신러닝과 딥러닝 알고리즘을 알고리즘 트레이딩 전략에 적용하는 것이다. 목표는 과거 데이터로 분류 알고리즘을 학습시켜서 미래의 시장 방향을 예측하는 것이

1 출처: 『Does the Past Predict the Future?』 Economist.com, 2009년 11월 23일, 웹사이트 *https://www.economist.com/free-exchange/2009/09/23/does-the-past-predict-the-future*

2 또 다른 방법은 이벤트 기반 백테스팅이다. 여기에서는 새로운 데이터에 대해 반복문을 사용하여 시장에 새 데이터가 도달하는 것을 시뮬레이션한다.

다. 이렇게 하려면 보통은 실숫값인 금융 데이터를 소수의 범주형 값으로 변환해야 한다.[3] 이렇게 하면 알고리즘이 가진 패턴 인식 능력을 활용할 수 있다.

이 장의 각 절에서 다룰 내용은 다음과 같다.

단순 이동평균

단순 이동평균에 기반한 알고리즘 트레이딩 전략과 백테스팅 방법에 초점을 맞춘다.

랜덤워크 가설

랜덤워크 가설을 소개한다.

선형 회귀분석

선형 회귀분석 결과를 이용하여 알고리즘 트레이딩 전략을 이끌어낸다.

클러스터링

이 절에서는 비지도 학습을 이용하여 알고리즘 트레이딩 전략을 유도해본다.

빈도주의 방법론

이 절은 알고리즘 트레이딩에 대한 빈도주의 방법론을 소개한다.

분류 알고리즘

여기에서는 알고리즘 트레이딩을 위한 분류 알고리즘을 살펴본다.

심층 신경망

이 절은 알고리즘 트레이딩에 심층 신경망을 사용하는 방법에 초점을 맞춘다.

3 실수를 다루면 모든 패턴이 유일하거나 희귀해지므로 알고리즘을 학습시켜서 패턴을 찾는 것이 어려워진다.

15.1 단순 이동평균

단순 이동평균에 기반한 매매는 수십 년된 매매 방법이다(Brock의 1992년 논문 참조). 많은 트레이더들이 수동 매매에서 단순 이동평균을 사용하지만 알고리즘 트레이딩에서도 단순 이동평균을 사용할 수 있다. 이 절에서는 단순 이동평균을 사용하는 알고리즘 트레이딩 전략을 벡터화된 방법으로 백테스팅하는 것을 소개한다. 이 장의 내용은 8장의 기술적 분석을 기반으로 한다.

15.1.1 데이터 임포트

우선 필요한 패키지를 임포트한다.

```
In [1]: import numpy as np
        import pandas as pd
        import datetime as dt
        from pylab import mpl, plt

In [2]: plt.style.use('seaborn')
        mpl.rcParams['font.family'] = 'serif'
        %matplotlib inline
```

두 번째 단계로 데이터를 읽고 특정한 하나의 심볼, 여기에서는 애플(AAPL.O) 주식을 선택한다. 이 절의 분석은 일간 데이터를 기반으로 한다. 일중 데이터는 다음 절에서 다룬다.

```
In [3]: raw = pd.read_csv('../../source/tr_eikon_eod_data.csv',
                          index_col=0, parse_dates=True)

In [4]: raw.info()
        <class 'pandas.core.frame.DataFrame'>
        DatetimeIndex: 2216 entries, 2010-01-01 to 2018-06-29
        Data columns (total 12 columns):
        AAPL.O    2138 non-null float64
        MSFT.O    2138 non-null float64
        INTC.O    2138 non-null float64
        AMZN.O    2138 non-null float64
        GS.N      2138 non-null float64
        SPY       2138 non-null float64
```

```
.SPX      2138 non-null float64
.VIX      2138 non-null float64
EUR=      2216 non-null float64
XAU=      2211 non-null float64
GDX       2138 non-null float64
GLD       2138 non-null float64
dtypes: float64(12)
memory usage: 225.1 KB
```

```
In [5]: symbol = 'AAPL.O'

In [6]: data = (
            pd.DataFrame(raw[symbol])
            .dropna()
            )
```

15.1.2 매매 전략

세 번째 단계로 기간을 다르게 설정하여 단순 이동평균을 계산한다. [그림 15-1]에 3개의 시계열을 시각화했다.

```
In [7]: SMA1 = 42
        SMA2 = 252

In [8]: data['SMA1'] = data[symbol].rolling(SMA1).mean()  ❶
        data['SMA2'] = data[symbol].rolling(SMA2).mean()  ❷

In [9]: data.plot(figsize=(10, 6));
```

❶ 단기 이동평균선 계산

❷ 장기 이동평균선 계산

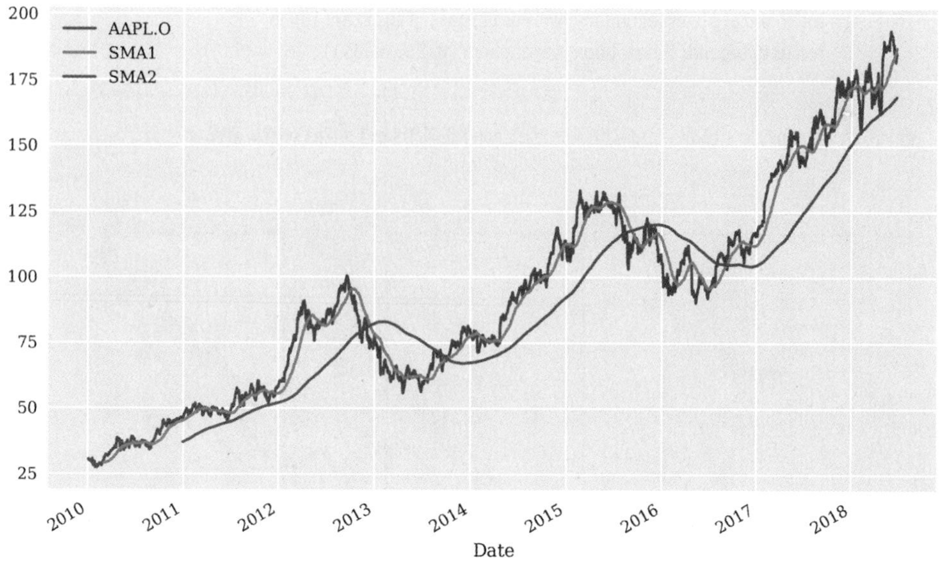

그림 15-1 애플 주가와 두 개의 이동평균선

네 번째로 잔고 포지션을 계산한다. 매매 규칙은 다음과 같다.

- 단기 이동평균선이 장기 이동평균선 위에 있으면 매수 포지션 (= +1)
- 장기 이동평균선이 단기 이동평균선 위에 있으면 매도 포지션 (= -1)[4]

[그림 15-2]에서 잔고 포지션을 볼 수 있다.

```
In [10]: data.dropna(inplace=True)

In [11]: data['Position'] = np.where(data['SMA1'] > data['SMA2'], 1, -1)  ❶

In [12]: data.tail()
Out[12]:              AAPL.O        SMA1        SMA2  Position
         Date
         2018-06-25  182.17  185.606190  168.265556         1
         2018-06-26  184.43  186.087381  168.418770         1
         2018-06-27  184.16  186.607381  168.579206         1
         2018-06-28  185.50  187.089286  168.736627         1
         2018-06-29  185.11  187.470476  168.901032         1
```

4 이와 비슷하게 매수만 하는 전략에서는 매도 포지션 대신 중립 포지션을 가질 수도 있다.

```
In [13]: ax = data.plot(secondary_y='Position', figsize=(10, 6))
         ax.get_legend().set_bbox_to_anchor((0.25, 0.85));
```

❶ np.where(cond, a, b) 함수는 조건이 되는 원소 cond 값이 True면 a, False면 b 출력

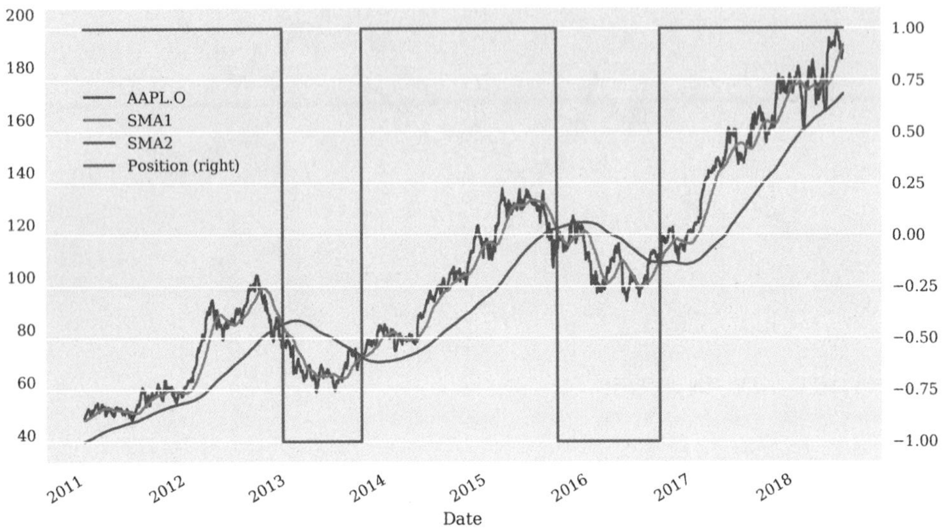

그림 15-2 애플 주가, 두개의 단순 이동평균선, 잔고 포지션

여기까지는 8장의 내용과 같다. 8장에서 다루지 않았던 내용은 이 매매 규칙을 따르면, 즉 알고리즘 트레이딩 전략을 구현하면 단순히 애플 주식을 전 기간 동안 매수하여 들고 있던 것보다 더 나은 성과를 보인다는 것이다. 성과 차이는 두 개의 매도 구간 때문이다.

15.1.3 벡터화된 백테스팅

벡터화된 백테스팅은 다음과 같이 구현한다. 우선 로그 수익률을 계산한다. 그다음 +1 또는 -1로 나타낸 포지션을 수익률에 곱한다. 이렇게 하면 수익률이 양수인 기간은 매수 수익을 얻고 수익률이 음수인 구간은 매도 수익을 얻는다. 마지막으로 원래의 애플 주가와 알고리즘 트레이딩 수익률을 모두 더한 후 지수함수를 적용하면 최종 성과를 계산할 수 있다.

```
In [14]: data['Returns'] = np.log(data[symbol] / data[symbol].shift(1))  ❶

In [15]: data['Strategy'] = data['Position'].shift(1) * data['Returns']  ❷

In [16]: data.round(4).head()
Out[16]:             AAPL.O     SMA1     SMA2  Position  Returns  Strategy
         Date
         2010-12-31  46.0800  45.2810  37.1207         1      NaN       NaN
         2011-01-03  47.0814  45.3497  37.1862         1   0.0215    0.0215
         2011-01-04  47.3271  45.4126  37.2525         1   0.0052    0.0052
         2011-01-05  47.7142  45.4661  37.3223         1   0.0081    0.0081
         2011-01-06  47.6757  45.5226  37.3921         1  -0.0008   -0.0008

In [17]: data.dropna(inplace=True)

In [18]: np.exp(data[['Returns', 'Strategy']].sum())  ❸
Out[18]: Returns     4.017148
         Strategy    5.811299
         dtype: float64

In [19]: data[['Returns', 'Strategy']].std() * 252 ** 0.5  ❹
Out[19]: Returns     0.250571
         Strategy    0.250407
         dtype: float64
```

❶ 애플 주가의 로그 수익률 계산

❷ 포지션 값을 하루 늦추고 로그 수익률을 곱한다. 하루 늦추는 것은 미래 예측을 막기 위한 것이다.[5]

❸ 로그 수익률의 합을 계산한 후 지수함수를 적용하여 절대 성과 계산

❹ 전략과 벤치마크 투자의 연율화된 변동성 계산

이 숫자는 알고리즘 트레이딩 전략이 벤치마크 투자나 애플주식을 그냥 들고 있는 것보다 우수하다는 것을 보인다. 전략의 특성상 연율화된 변동성 값이 같다. 따라서 위험조정 측면에서 보아도 벤치마크 투자보다 뛰어나다는 것을 알 수 있다.

전체 성과를 더 잘 시각화하기 위해 [그림 15-3]에서는 애플 주식과 알고리즘 트레이딩 전략의 성과를 시간에 따라 표시했다.

5 이 알고리즘의 기본 아이디어는 오늘의 시장 데이터에 기반하여 내일의 매수 매도를 결정하는 것이다.

```
In [20]: ax = data[['Returns', 'Strategy']].cumsum(
              ).apply(np.exp).plot(figsize=(10, 6))
         data['Position'].plot(ax=ax, secondary_y='Position', style='--')
         ax.get_legend().set_bbox_to_anchor((0.25, 0.85));
```

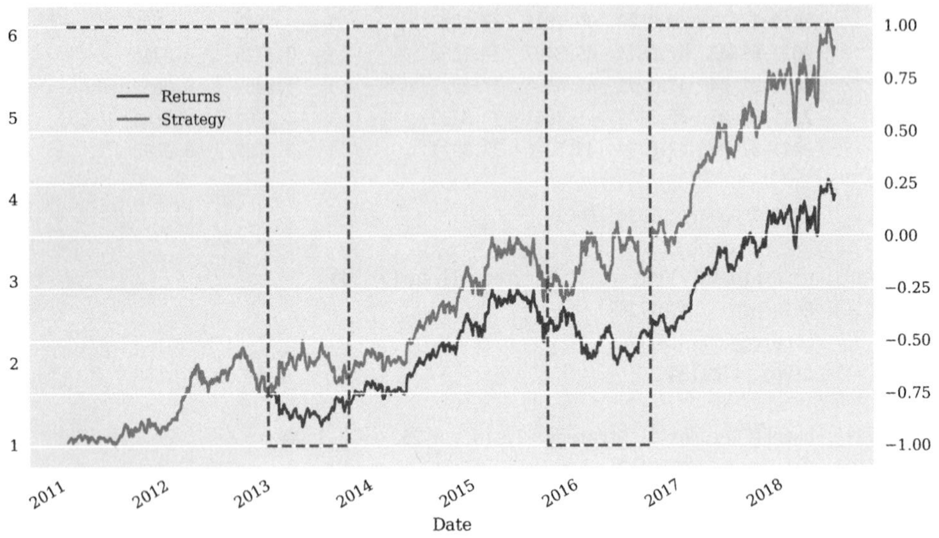

그림 15-3 시간에 따른 애플 주식과 단순 이동평균 기반 매매 전략의 성과

CAUTION_ 단순화 가정

이 절에서 소개한 벡터화된 백테스팅 방법은 몇 가지 단순화 가정에 기반한다. 우선 매매 비용(수수료, 매수-매도 스프레드, 대여 수수료 등)이 포함되어 있지 않다. 매매 빈도가 많지 않은 전략의 경우에는 이런 가정을 정당화할 수 있다. 또한 모든 매매가 하루의 종가로 발생한다고 가정한다. 좀더 현실적인 백테스팅 방법이나 다른 (시장 미시구조적인) 요소들을 고려한 백테스팅 방법도 있을 수 있다.

15.1.4 최적화

이제 자연스럽게 떠오르는 질문은 우리가 고른 값인 SMA1=42, SMA2=252가 옳은 값인가 하는 것이다. 일반적으로 투자자는 당연히 낮은 수익률보다는 높은 수익률을 선호한다. 따라서 해당 기간의 수익률을 최대화하는 최적의 값을 찾고 싶어한다. 이를 위해 여러 가지 값의 조합을 넣어보고 가장 좋은 수익률을 찾는 단순한 방법을 사용해볼 수 있다. 다음 코드는 이를 구현한 것이다.

```
In [21]: from itertools import product

In [22]: sma1 = range(20, 61, 4)  ❶
         sma2 = range(180, 281, 10)  ❷

In [23]: results = pd.DataFrame()
         for SMA1, SMA2 in product(sma1, sma2):  ❸
             data = pd.DataFrame(raw[symbol])
             data.dropna(inplace=True)
             data['Returns'] = np.log(data[symbol] / data[symbol].shift(1))
             data['SMA1'] = data[symbol].rolling(SMA1).mean()
             data['SMA2'] = data[symbol].rolling(SMA2).mean()
             data.dropna(inplace=True)
             data['Position'] = np.where(data['SMA1'] > data['SMA2'], 1, -1)
             data['Strategy'] = data['Position'].shift(1) * data['Returns']
             data.dropna(inplace=True)
             perf = np.exp(data[['Returns', 'Strategy']].sum())
             results = results.append(pd.DataFrame(
                         {'SMA1': SMA1, 'SMA2': SMA2,
                          'MARKET': perf['Returns'],
                          'STRATEGY': perf['Strategy'],
                          'OUT': perf['Strategy'] - perf['Returns']},
                          index=[0]), ignore_index=True)  ❹
```

❶ SMA1 매개변수 설정

❷ SMA2 매개변수 설정

❸ SMA1 매개변수와 SMA1 매개변수 조합

❹ 모든 벡터화된 백테스팅 결과를 DataFrame 객체에 저장

다음 코드는 결과와 모든 백테스팅 중 성능이 좋은 7개의 매개변수 조합을 보여준다. 순위는 알고리즘 트레이딩 전략이 벤치마크 투자를 앞선 정도를 바탕으로 매겨졌다. 벤치마크 투자의 성과가 바뀌는 이유는 SMA2의 매개변수에 따라 전체 투자 기간과 백테스팅에 사용되는 데이터가 달라지기 때문이다.

```
In [24]: results.info()
         <class 'pandas.core.frame.DataFrame'>
         RangeIndex: 121 entries, 0 to 120
         Data columns (total 5 columns):
         SMA1        121 non-null int64
         SMA2        121 non-null int64
         MARKET      121 non-null float64
         STRATEGY    121 non-null float64
         OUT         121 non-null float64
         dtypes: float64(3), int64(2)
         memory usage: 4.8 KB

In [25]: results.sort_values('OUT', ascending=False).head(7)
Out[25]:      SMA1  SMA2    MARKET  STRATEGY       OUT
         56     40   190  4.650342  7.175173  2.524831
         39     32   240  4.045619  6.558690  2.513071
         59     40   220  4.220272  6.544266  2.323994
         46     36   200  4.074753  6.389627  2.314874
         55     40   180  4.574979  6.857989  2.283010
         70     44   220  4.220272  6.469843  2.249571
         101    56   200  4.074753  6.319524  2.244772
```

이런 단순 최적화 방법을 따르면 최적의 매개변수는 SMA1=40, SMA2=190이다. 이때 성과는 벤치마크 투자를 약 230% 앞선다. 하지만 이 결과는 사용된 데이터에 심하게 의존하는 값이므로 과최적화overfitting되어 있을 가능성이 높다. 좀 더 엄밀한 방법은 학습용 데이터를 사용하여 최적화하고 검증용 데이터를 사용하여 검사하는 방법이다.

CAUTION_ 과최적화

일반적으로 알고리즘 트레이딩 전략의 최적화나 학습은 과최적화 현상이 발생하기 쉽다. 과최적화는 매개변수가 학습에 사용된 데이터에만 최적화되고 실제로 사용할 다른 데이터에 대해서는 최적화되지 않은 것을 말한다.

15.2 랜덤워크 가설

앞절에서는 알고리즘 트레이딩 전략을 백테스팅하는 효율적인 도구로서 벡터화된 백테스팅을 소개했다. 하나의 금융 시계열, 여기에서는 애플 주식의 일간 주가에 대해 하나의 전략을 백테스팅하여 성과가 벤치마크 투자보다 나아지는 것도 알 수 있었다.

하지만 이 결과는 랜덤워크 가설random walk hypothesis(RWH)이 예측하는 결과에 위배된다. 랜덤워크 가설에서 예측 방법론은 나은 성과를 보일 수 없다. 랜덤워크 가설에 따르면 금융 시장에서 가격은 연속적인 시간에서의 랜덤워크, 즉 방향성이 없는 브라운 운동이다. 방향성이 없는 브라운 운동에서 미래의 기댓값은 현재의 값과 같다.[6] 따라서 내일의 주가에 대한 최고의 예측값은 오늘의 가격이다. 랜덤워크 가설의 결론은 다음 인용문과 같이 요약할 수 있다.

> 오랫동안 경제학자, 통계학자, 금융 분야의 교사들은 주가의 움직임에 대한 모형을 개발하고 검증하는 데 관심을 가져왔다. 이러한 연구의 결과 중 한 가지 중요한 것이 랜덤워크 이론이다. 이 이론은 주가의 움직임을 예측하거나 묘사하는, 학계 바깥에서 인기 있는 방법론들이 모두 틀렸다고 의심한다. 만약 랜덤워크 이론이 현실을 정확하게 반영한다면 기술적 분석이나 차트 분석가들의 분석은 아무런 가치가 없는 게 된다.
>
> – 유진 파마Eugene F. Fama(1965)

랜덤워크 가설은 효율적 시장 가설efficient markets hypothesis(EMH)과도 일치한다. 효율적 시장 가설은 쉽게 이야기하자면 시장의 현재 가격이 모든 정보를 반영하고 있다고 본다. '모든 정보'를 어떻게 정의하는가에 따라 약weak 효율적 또는 강strong 효율적 시장 가설로 나뉠 수 있다. 수학적 혹은 프로그래밍 목적에서 효율성의 정의는 다음 인용문으로 설명할 수 있다.

> 만약 어떤 정보 집합 *S*에 기반하여 매매할 때 수익을 얻을 수 없다면 시장은 이 정보 집합 *S*에 대해서 효율적이다.
>
> – 마이클 젠슨Michael Jensen(1978)

파이썬을 사용하여 랜덤워크 가설을 증명하는 방법은 다음과 같다. 주가의 과거 시계열 데이터를 사용하여 며칠, 예를 들어 5일 **느려진**lagged 시계열을 만든다. 그다음 이 느려진 시계열 주가를 기반으로 회귀분석을 사용하여 실제 주가를 예측할 수 있는지 검사한다. 즉 어제의 주가로 4일 뒤의 주가를 예측할 수 있는지 알아보는 것이다.

6 랜덤워크와 브라운 운동에 대한 수학적이고 깊은 내용은 Baxter and Rennie(1996)를 참조한다.

다음 코드는 이 아이디어를 S&P 500 주가지수의 일간 데이터에 적용한 것이다.

```
In [26]: symbol = '.SPX'

In [27]: data = pd.DataFrame(raw[symbol])

In [28]: lags = 5
         cols = []
         for lag in range(1, lags + 1):
             col = 'lag_{}'.format(lag)  ❶
             data[col] = data[symbol].shift(lag)  ❷
             cols.append(col)  ❸

In [29]: data.head(7)
Out[29]:                .SPX    lag_1    lag_2    lag_3    lag_4    lag_5
         Date
         2010-01-01      NaN      NaN      NaN      NaN      NaN      NaN
         2010-01-04  1132.99      NaN      NaN      NaN      NaN      NaN
         2010-01-05  1136.52  1132.99      NaN      NaN      NaN      NaN
         2010-01-06  1137.14  1136.52  1132.99      NaN      NaN      NaN
         2010-01-07  1141.69  1137.14  1136.52  1132.99      NaN      NaN
         2010-01-08  1144.98  1141.69  1137.14  1136.52  1132.99      NaN
         2010-01-11  1146.98  1144.98  1141.69  1137.14  1136.52  1132.99

In [30]: data.dropna(inplace=True)
```

❶ (현재 lag 값에 대해) 느려진 데이터의 열 레이블

❷ (현재 lag 값에 대해) 느려진 데이터 버전 생성

❸ 열 레이블 집합

NumPy를 사용하여 선형 회귀분석을 구현하는 것은 쉽다. 최적 회귀분석 매개변수를 보면 예측에 있어서 가장 중요한 값은 lag_1이고 그 값은 1에 가깝다. 다른 4개의 값은 0에 가깝다. [그림 15-4]에 각 회귀분석 매개변수를 시각화했다.

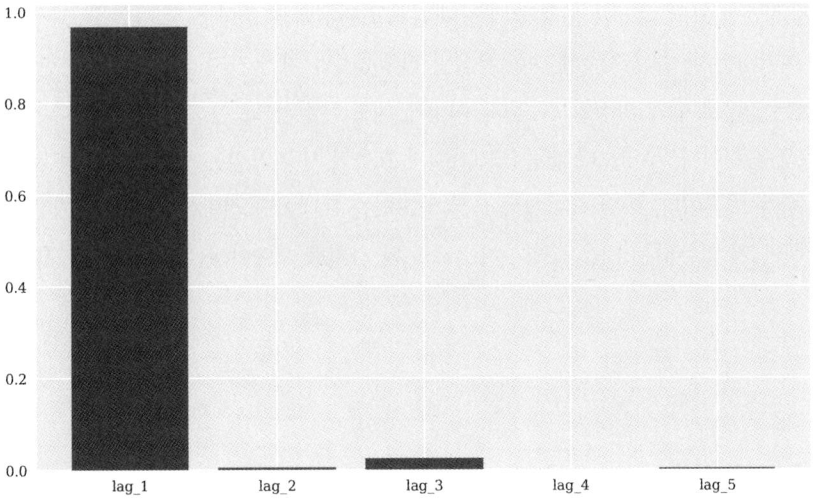

그림 15-4 가격 예측을 위한 최적 회귀분석 매개변수

회귀분석으로 예측한 값을 원래의 S&P 500 주가지수와 비교한 [그림 15-5]를 보면 예측 역할을 하는 것은 `lag_1`뿐이라는 것을 알 수 있다. 시각적으로 말하면 예측선은 원래의 데이터를 하루 늦춘 것에 지나지 않는다.

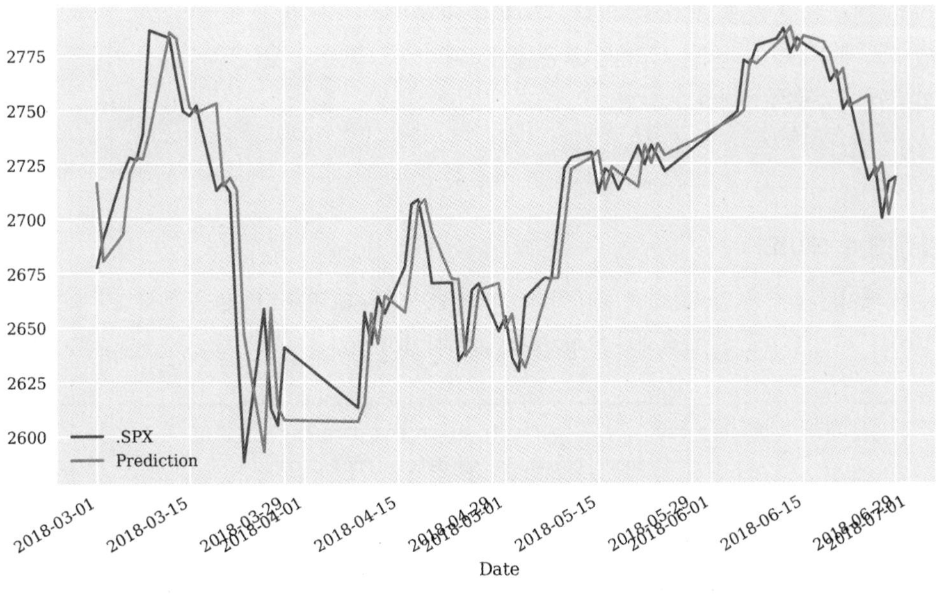

그림 15-5 S&P 500 주가지수와 선형 회귀분석으로 예측한 값

결론적으로 이 절에서 보인 간단한 분석 결과는 랜덤워크 가설과 효율적 시장 가설을 모두 지지하고 있다. 여기서는 한 가지 지수에 대한 분석만 진행했지만 여러 가지 상품이나 다양한 지연값을 사용하는 경우로 쉽게 확장할 수 있다. 이렇게 해도 본질적으로는 같은 결과가 나온다는 것을 알 수 있을 것이다. 무엇보다 랜덤워크 가설과 효율적 시장 가설은 방대한 실증적 지지를 받고 있는 금융 이론이다. 이런 의미에서 모든 알고리즘 트레이딩 전략은 랜덤워크 가설이 일반적으로 적용되지 않는다는 것을 증명하여 스스로의 가치를 보여야 한다. 물론 쉽지 않은 일이다.

15.3 선형 회귀분석

이 절에서는 과거의 로그 수익률을 기반으로 시장의 방향성을 예측하는 데 선형 회귀분석을 적용한다. 여기에서는 두 가지 특징값만 사용한다. 첫 번째 특징값은 시계열상의 하루 전 로그 수익률이고 두 번째 특징값은 이틀 전 로그 수익률이다. 로그 수익률은 가격과 달리 정상stationary 상태이므로 통계나 머신러닝 알고리즘을 적용할 수 있다.

지연 수익률을 사용하는 기본 아이디어는 과거의 수익률로 미래 수익률을 예측할 수 있다는 점이다. 예를 들어 이틀 연속 하락하면 다음 날은 상승하는 (평균회귀) 패턴이 있을 수도 있다. 반대로 계속하여 하락하는 (모멘텀 혹은 추세) 패턴이 있을 수도 있다. 회귀분석 기술을 응용하면 이런 추론을 정량화할 수 있다.

15.3.1 데이터

우선 데이터 집합을 임포트하여 준비한다. [그림 15-6]은 EUR/USD 환율의 로그 수익률 분포이다. 이 값들은 다음 코드에서 특징값이자 레이블값이 된다.

```
In [3]: raw = pd.read_csv('../../source/tr_eikon_eod_data.csv',
                          index_col=0, parse_dates=True).dropna()

In [4]: raw.columns
Out[4]: Index(['AAPL.O', 'MSFT.O', 'INTC.O', 'AMZN.O', 'GS.N', 'SPY', '.SPX',
               '.VIX', 'EUR=', 'XAU=', 'GDX', 'GLD'],
```

```
             dtype='object')

In [5]: symbol = 'EUR='

In [6]: data = pd.DataFrame(raw[symbol])

In [7]: data['returns'] = np.log(data / data.shift(1))

In [8]: data.dropna(inplace=True)

In [9]: data['direction'] = np.sign(data['returns']).astype(int)

In [10]: data.head()
Out[10]:               EUR=    returns  direction
         Date
         2010-01-05  1.4368  -0.002988         -1
         2010-01-06  1.4412   0.003058          1
         2010-01-07  1.4318  -0.006544         -1
         2010-01-08  1.4412   0.006544          1
         2010-01-11  1.4513   0.006984          1

In [11]: data['returns'].hist(bins=35, figsize=(10, 6));
```

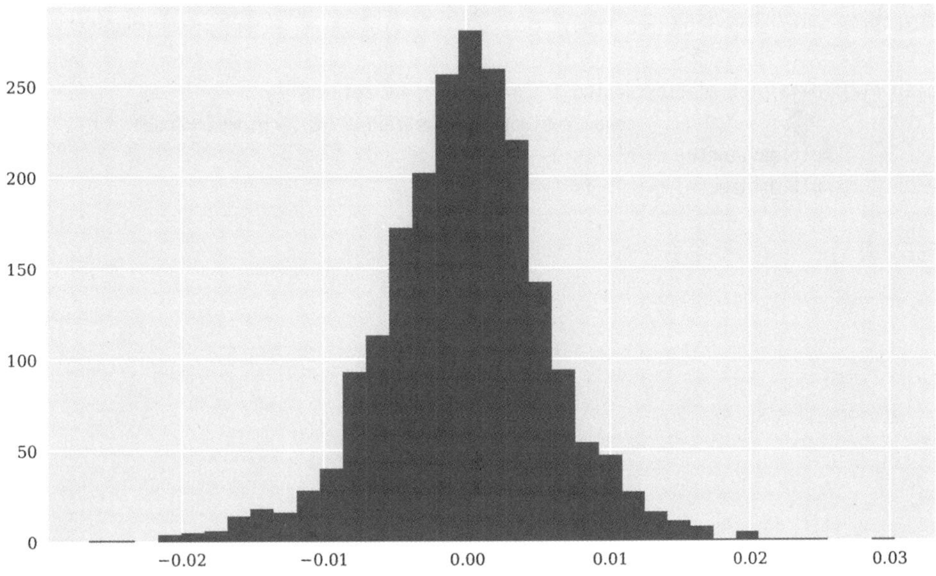

그림 15-6 EUR/USD 환율의 로그 수익률 히스토그램

두 번째는 로그 수익률을 지연시켜 특징 데이터를 생성한다. [그림 15-7]에서 원래의 수익률 데이터와 함께 확인할 수 있다.

```
In [12]: lags = 2

In [13]: def create_lags(data):
             global cols
             cols = []
             for lag in range(1, lags + 1):
                 col = 'lag_{}'.format(lag)
                 data[col] = data['returns'].shift(lag)
                 cols.append(col)

In [14]: create_lags(data)

In [15]: data.head()
Out[15]:                EUR=   returns  direction     lag_1     lag_2
         Date
         2010-01-05  1.4368 -0.002988         -1       NaN       NaN
         2010-01-06  1.4412  0.003058          1 -0.002988       NaN
         2010-01-07  1.4318 -0.006544         -1  0.003058 -0.002988
         2010-01-08  1.4412  0.006544          1 -0.006544  0.003058
         2010-01-11  1.4513  0.006984          1  0.006544 -0.006544

In [16]: data.dropna(inplace=True)

In [17]: data.plot.scatter(x='lag_1', y='lag_2', c='returns',
                           cmap='coolwarm', figsize=(10, 6), colorbar=True)
         plt.axvline(0, c='r', ls='--')
         plt.axhline(0, c='r', ls='--');
```

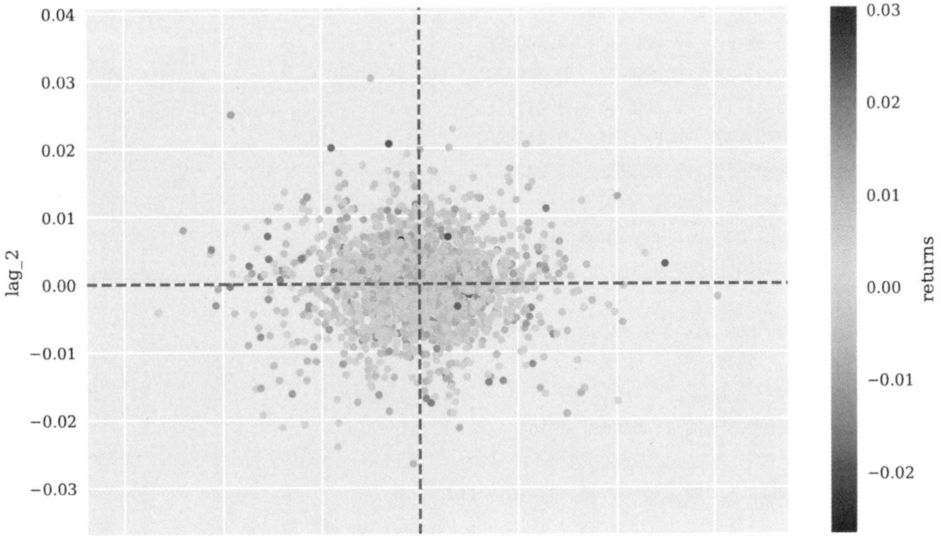

그림 15-7 특징 데이터와 레이블 데이터의 스캐터 플롯

15.3.2 회귀분석

데이터가 준비되면 선형 회귀분석을 적용하여 데이터 간의 잠재적 선형 관계를 학습하고 특징값에 기반하여 시장 움직임을 예측한다. 그리고 이러한 예측값을 사용하여 매매 전략을 백테스팅한다. 이때 두 가지 기본적인 방법론을 사용할 수 있다. 로그 수익률을 종속변수로 사용하거나 로그 수익률의 방향을 종속변수로 사용하는 것이다. 예측 결과인 방향을 +1 또는 -1이라는 숫자로 바꿀 수 있기 때문에 어떤 경우든 예측 결과의 형식은 달라지지 않는다.

```
In [18]: from sklearn.linear_model import LinearRegression  ❶

In [19]: model = LinearRegression()  ❶

In [20]: data['pos_ols_1'] = model.fit(data[cols],
                                       data['returns']).predict(data[cols])  ❷

In [21]: data['pos_ols_2'] = model.fit(data[cols],
                                       data['direction']).predict(data[cols])  ❸

In [22]: data[['pos_ols_1', 'pos_ols_2']].head()
```

```
Out[22]:             pos_ols_1  pos_ols_2
         Date
         2010-01-07  -0.000166  -0.000086
         2010-01-08   0.000017   0.040404
         2010-01-11  -0.000244  -0.011756
         2010-01-12  -0.000139  -0.043398
         2010-01-13  -0.000022   0.002237

In [23]: data[['pos_ols_1', 'pos_ols_2']] = np.where(
             data[['pos_ols_1', 'pos_ols_2']] > 0, 1, -1)  ❹

In [24]: data['pos_ols_1'].value_counts()  ❺
Out[24]: -1    1847
          1     288
         Name: pos_ols_1, dtype: int64

In [25]: data['pos_ols_2'].value_counts()  ❺
Out[25]:  1    1377
         -1     758
         Name: pos_ols_2, dtype: int64

In [26]: (data['pos_ols_1'].diff() != 0).sum()  ❻
Out[26]: 555

In [27]: (data['pos_ols_2'].diff() != 0).sum()  ❻
Out[27]: 762
```

❶ scikit-learn의 선형 회귀분석 기능을 사용

❷ 로그 수익률을 직접 사용하여 회귀분석하는 경우

❸ 로그 수익률의 방향을 사용하여 회귀분석하는 경우

❹ 실숫값을 +1, -1로 변환

❺ 두 방법론이 다른 방향을 가리킨다.

❻ 하지만 두 방법 모두 다수의 매매로 이어진다.

방향을 예측하는 벡터화된 백테스팅을 적용하여 매매 전략의 성과를 판단할 수 있다. 이 단계에서는 분석을 할 때 다음 두 가지 단순화 가정을 한다. 한 가지는 거래 비용이 들지 않는다는 것이고 다른 한 가지는 학습 및 검증에 같은 데이터를 사용한다는 것이다. 이런 가정하에 회귀분석을 기반으로 한 두 전략의 성과는 패시브 벤치마크 투자의 성과보다 높다. 방향을 학습한 전략은 평균적으로 양의 수익률을 보인다(그림 15-8).

```
In [28]: data['strat_ols_1'] = data['pos_ols_1'] * data['returns']

In [29]: data['strat_ols_2'] = data['pos_ols_2'] * data['returns']

In [30]: data[['returns', 'strat_ols_1', 'strat_ols_2']].sum().apply(np.exp)
Out[30]: returns        0.810644
         strat_ols_1    0.942422
         strat_ols_2    1.339286
         dtype: float64

In [31]: (data['direction'] == data['pos_ols_1']).value_counts()  ❶
Out[31]: False    1093
         True     1042
         dtype: int64

In [32]: (data['direction'] == data['pos_ols_2']).value_counts()  ❶
Out[32]: True     1096
         False    1039
         dtype: int64

In [33]: data[['returns', 'strat_ols_1', 'strat_ols_2']].cumsum(
             ).apply(np.exp).plot(figsize=(10, 6));
```

❶ 바른 예측과 틀린 예측의 개수

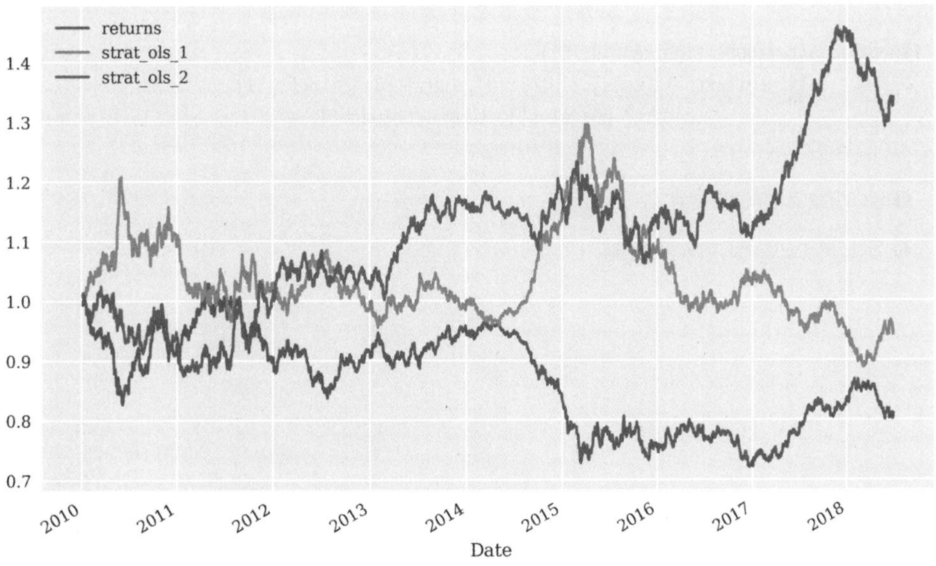

그림 15-8 EUR/USD 환율과 회귀분석 기반 매매 전략의 성과

15.4 클러스터링

이 절에서는 13장에서 소개한 *k*-means 클러스터링을 시계열 데이터에 적용하여 매매 전략을 수립하는 데 사용할 클러스터를 만들어본다. 기본 아이디어는 알고리즘이 시장의 움직임을 예측할 수 있는 특징값의 클러스터를 식별하는 것이다.

다음 코드는 방금 사용된 두 특징값에 *k*-means 알고리즘을 적용하는 것이다. [그림 15-9]에서 두 개의 클러스터를 확인할 수 있다.

```
In [34]: from sklearn.cluster import KMeans

In [35]: model = KMeans(n_clusters=2, random_state=0)  ❶

In [36]: model.fit(data[cols])
Out[36]: KMeans(algorithm='auto', copy_x=True, init='k-means++', max_iter=300,
             n_clusters=2, n_init=10, n_jobs=None, precompute_distances='auto',
             random_state=0, tol=0.0001, verbose=0)

In [37]: data['pos_clus'] = model.predict(data[cols])

In [38]: data['pos_clus'] = np.where(data['pos_clus'] == 1, -1, 1)  ❷

In [39]: data['pos_clus'].values
Out[39]: array([-1, 1, -1, ..., 1, 1, -1])

In [40]: plt.figure(figsize=(10, 6))
         plt.scatter(data[cols].iloc[:, 0], data[cols].iloc[:, 1],
                     c=data['pos_clus'], cmap='coolwarm');
```

❶ 알고리즘으로 클러스터 선택

❷ 클러스터 값으로 매수 매도 방향 선택

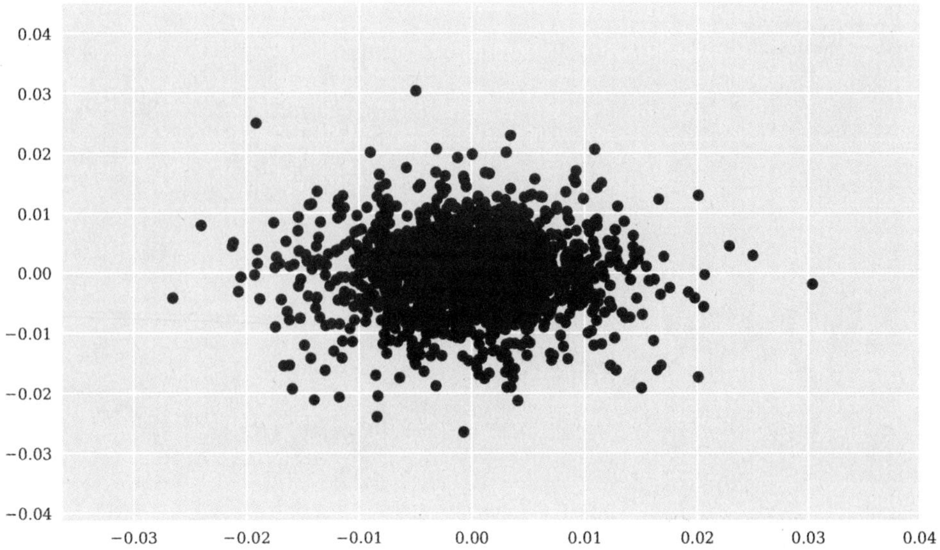

그림 15-9 k-means 알고리즘으로 파악한 두 개의 클러스터

물론 이 방법은 너무 임의적이다. 무엇보다 알고리즘이 추구하는 목표가 제대로 명시되지 않았다. 그럼에도 성과는 패시브 벤치마크 투자보다 좋다(그림 15-10).

비지도 학습 방법이고 올바른 예측을 나타내는 **히트 비율**hit ratio값이 50%가 되지 않는다는 점에 유의하기 바란다.

```
In [41]: data['strat_clus'] = data['pos_clus'] * data['returns']

In [42]: data[['returns', 'strat_clus']].sum().apply(np.exp)
Out[42]: returns       0.810644
         strat_clus    1.277133
         dtype: float64

In [43]: (data['direction'] == data['pos_clus']).value_counts()
Out[43]: True     1077
         False    1058
         dtype: int64

In [44]: data[['returns', 'strat_clus']].cumsum(
             ).apply(np.exp).plot(figsize=(10, 6));
```

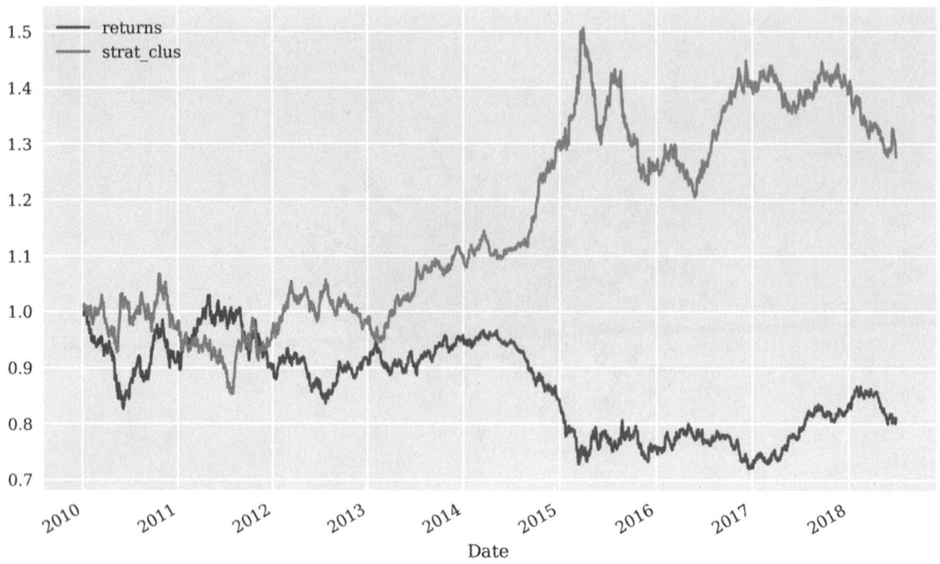

그림 15-10 EUR/USD 환율과 k-means 기반 매매 전략의 성과

15.5 빈도주의 방법론

복잡한 알고리즘이나 기술이 아니더라도 단순히 빈도만 사용하여 금융 시장의 방향을 예측하는 방법을 구현할 수 있다. 이를 위해 과거 시장의 방향을 두 개의 이진수 조합으로 표현한다. 이렇게 하면 특징값은 4가지의 이진수 조합으로 나타낼 수 있다. ((0, 0), (0, 1), (1, 0), (1, 1)).

pandas의 데이터 분석 기능을 사용하면 다음과 같이 쉽게 구현할 수 있다.

```
In [45]: def create_bins(data, bins=[0]):
             global cols_bin
             cols_bin = []
             for col in cols:
                 col_bin = col + '_bin'
                 data[col_bin] = np.digitize(data[col], bins=bins)  ❶
                 cols_bin.append(col_bin)

In [46]: create_bins(data)
```

```
In [47]: data[cols_bin + ['direction']].head()  ❷
Out[47]:            lag_1_bin lag_2_bin direction
         Date
         2010-01-07         1         0        -1
         2010-01-08         0         1         1
         2010-01-11         1         0         1
         2010-01-12         1         1        -1
         2010-01-13         0         1         1

In [48]: grouped = data.groupby(cols_bin + ['direction'])
         grouped.size()  ❸
Out[48]: lag_1_bin  lag_2_bin  direction
         0          0          -1           239
                                0             4
                                1           258
                    1          -1           262
                                1           288
         1          0          -1           272
                                0             1
                                1           278
                    1          -1           278
                                0             4
                                1           251
         dtype: int64

In [49]: res = grouped['direction'].size().unstack(fill_value=0)  ❹

In [50]: def highlight_max(s):
             is_max = s == s.max()
             return ['background-color: yellow' if v else '' for v in is_max]  ❺

In [51]: res.style.apply(highlight_max, axis=1)  ❺
Out[51]: <pandas.io.formats.style.Styler at 0x1a194216a0>
```

❶ 특징값을 주어진 bins 인수로 디지털화

❷ 디지털화된 특징값과 레이블값

❸ 특징값 조합에 따른 시장 움직임 빈도

❹ DataFrame 객체가 빈도 열을 가지도록 변환

❺ 가장 빈도가 높은 특징값 조합

주어진 빈도 데이터를 사용하면 세 가지 특징값 조합은 시장의 하락을 나타내고 다른 한 가지 특징값 조합은 시장의 상승을 나타내는 것을 알 수 있다. [그림 15-11]은 매매 전략으로 만든 결과다.

```
In [52]: data['pos_freq'] = np.where(data[cols_bin].sum(axis=1) == 2,-1,1)  ❶

In [53]: (data['direction'] == data['pos_freq']).value_counts()
Out[53]: True     1102
         False    1033
         dtype: int64

In [54]: data['strat_freq'] = data['pos_freq'] * data['returns']

In [55]: data[['returns', 'strat_freq']].sum().apply(np.exp)
Out[55]: returns       0.810644
         strat_freq    0.989513
         dtype: float64

In [56]: data[['returns', 'strat_freq']].cumsum(
             ).apply(np.exp).plot(figsize=(10, 6));
```

❶ 찾아낸 빈도를 매매 전략으로 구현

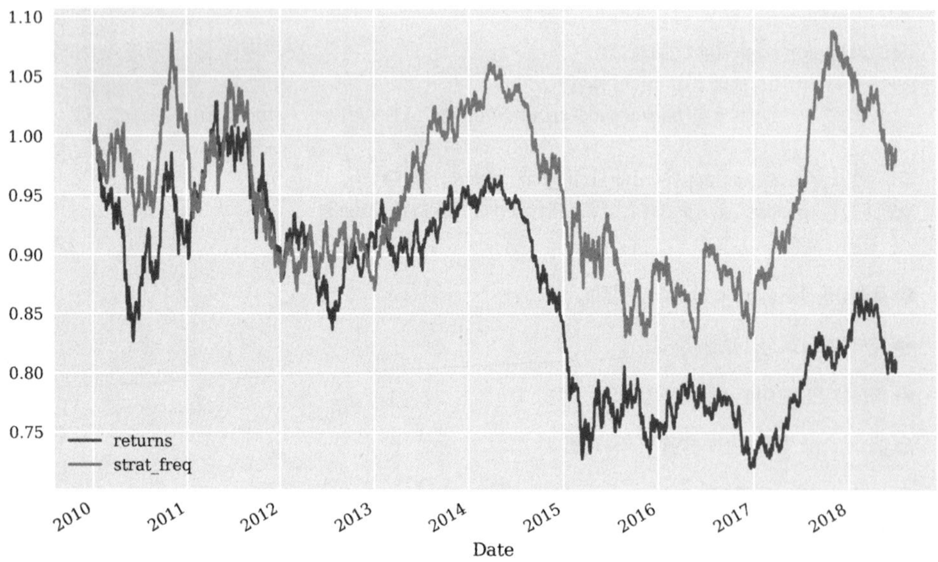

그림 15-11 EUR/USD 환율과 빈도 기반 매매 전략의 성과

15.6 분류 알고리즘

이 절에서는 13장에서 소개한 분류 알고리즘을 금융 시장에서의 가격 방향 예측 문제에 적용한다. 앞 절의 예제와 배경지식을 기반으로 로지스틱 회귀, 가우스 나이브 베이즈 그리고 서포트 벡터 머신 방법을 적용하는 것은 어렵지 않다.

15.6.1 두 개의 이진수 특징

우선 이진수 특징값에 기반하여 모델을 학습시키고 결과로 나온 포지션 정보를 받는다.

```
In [57]: from sklearn import linear_model
         from sklearn.naive_bayes import GaussianNB
         from sklearn.svm import SVC

In [58]: C = 1

In [59]: models = {
             'log_reg': linear_model.LogisticRegression(C=C),
             'gauss_nb': GaussianNB(),
             'svm': SVC(C=C)
             }

In [60]: def fit_models(data):  ❶
             mfit = {model: models[model].fit(data[cols_bin], data['direction'])
                     for model in models.keys()}

In [61]: fit_models(data)

In [62]: def derive_positions(data):  ❷
             for model in models.keys():
                 data['pos_' + model] = models[model].predict(data[cols_bin])

In [63]: derive_positions(data)
```

❶ 모든 모델을 학습시키는 함수

❷ 학습된 모델에서 포지션 정보를 받는 함수

그다음 학습 결과로 나온 매매 전략에 벡터화된 백테스팅을 적용한다. [그림 15-12]에 성과를 표시했다.

```
In [64]: def evaluate_strats(data):  ❶
             global sel
             sel = []
             for model in models.keys():
                 col = 'strat_' + model
                 data[col] = data['pos_' + model] * data['returns']
                 sel.append(col)
             sel.insert(0, 'returns')

In [65]: evaluate_strats(data)

In [66]: sel.insert(1, 'strat_freq')

In [67]: data[sel].sum().apply(np.exp)  ❷
Out[67]: returns           0.810644
         strat_freq        0.989513
         strat_log_reg     1.243322
         strat_gauss_nb    1.243322
         strat_svm         0.989513
         dtype: float64

In [68]: data[sel].cumsum().apply(np.exp).plot(figsize=(10, 6));
```

❶ 결과로 나온 매매 전략을 평가하는 함수

❷ 몇몇 전략은 같은 성과를 보인다.

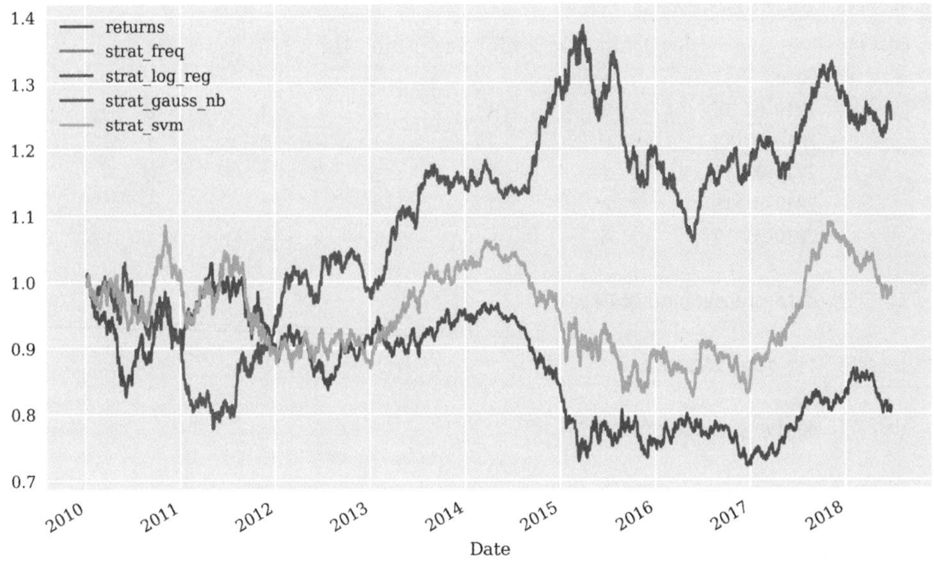

그림 15-12 EUR/USD 환율과 (두 개의 이진수 특징을 사용한) 분류 기반 매매 전략의 성과

15.6.2 다섯 개의 이진수 특징

전략의 성능을 향상시키기 위해 다음 코드는 이진수 특징값을 두 개가 아닌 다섯 개 사용한다. 특히 서포트 벡터 기반 전략의 성능이 향상되었다(그림 15-13). 반면에 로지스틱 회귀와 가우스 나이브 베이즈 기반 전략은 성능이 나빠졌다.

```
In [69]: data = pd.DataFrame(raw[symbol])

In [70]: data['returns'] = np.log(data / data.shift(1))

In [71]: data['direction'] = np.sign(data['returns'])

In [72]: lags = 5  ❶
         create_lags(data)
         data.dropna(inplace=True)

In [73]: create_bins(data)  ❷
         cols_bin
Out[73]: ['lag_1_bin', 'lag_2_bin', 'lag_3_bin', 'lag_4_bin', 'lag_5_bin']
```

```
In [74]: data[cols_bin].head()
Out[74]:             lag_1_bin  lag_2_bin  lag_3_bin  lag_4_bin  lag_5_bin
         Date
         2010-01-12          1          1          0          1          0
         2010-01-13          0          1          1          0          1
         2010-01-14          1          0          1          1          0
         2010-01-15          0          1          0          1          1
         2010-01-19          0          0          1          0          1

In [75]: data.dropna(inplace=True)

In [76]: fit_models(data)

In [77]: derive_positions(data)

In [78]: evaluate_strats(data)

In [79]: data[sel].sum().apply(np.exp)
Out[79]: returns           0.805002
         strat_log_reg     0.971623
         strat_gauss_nb    0.986420
         strat_svm         1.452406
         dtype: float64

In [80]: data[sel].cumsum().apply(np.exp).plot(figsize=(10, 6));
```

❶ 다섯 개의 과거 로그 수익률을 사용

❷ 실숫값을 이진수로 변환

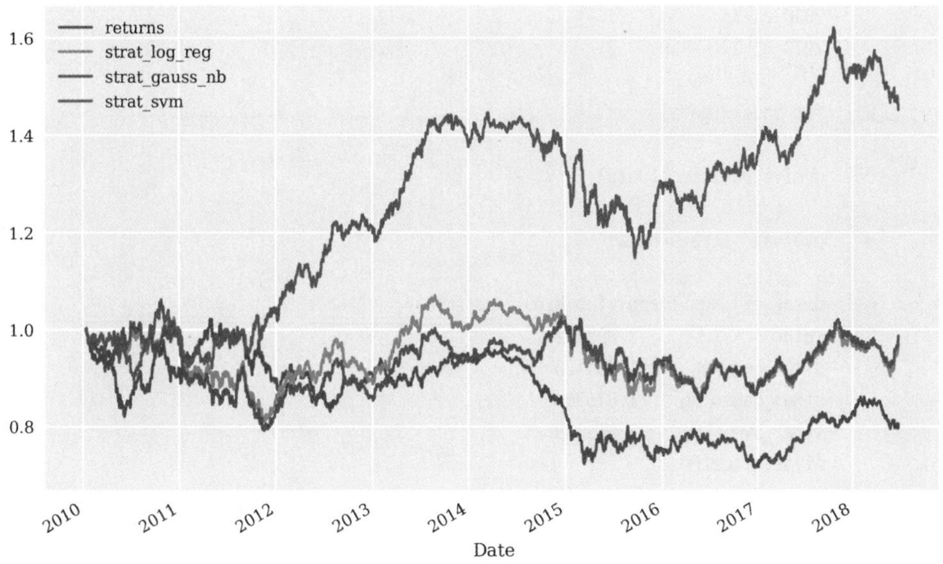

그림 15-13 EUR/USD 환율과 (다섯 개의 이진수 특징을 사용한) 분류 기반 매매 전략의 성과

15.6.3 다섯 개의 디지털 특징

다음 코드는 과거 로그 수익률의 1차 모멘트와 2차 모멘트를 기반으로 특징 데이터를 디지털화한다. 이렇게 하면 모든 분류 알고리즘 기반 전략의 성능이 향상되지만 여전히 서포트 벡터 머신 기반 전략의 성능 향상이 가장 월등하다(그림 15-14).

```
In [81]: mu = data['returns'].mean()  ❶
         v = data['returns'].std()  ❷

In [82]: bins = [mu - v, mu, mu + v]  ❸
         bins  ❸
Out[82]: [-0.006033537040418665, -0.00010174015279231306, 0.005830056734834039]

In [83]: create_bins(data, bins)

In [84]: data[cols_bin].head()
Out[84]:             lag_1_bin  lag_2_bin  lag_3_bin  lag_4_bin  lag_5_bin
         Date
         2010-01-12          3          3          0          2          1
         2010-01-13          1          3          3          0          2
         2010-01-14          2          1          3          3          0
```

```
        2010-01-15          1          2          1          3          3
        2010-01-19          0          1          2          1          3

In [85]: fit_models(data)

In [86]: derive_positions(data)

In [87]: evaluate_strats(data)

In [88]: data[sel].sum().apply(np.exp)
Out[88]: returns            0.805002
         strat_log_reg      1.431120
         strat_gauss_nb     1.815304
         strat_svm          5.653433
         dtype: float64

In [89]: data[sel].cumsum().apply(np.exp).plot(figsize=(10, 6));
```

❶ 로그 수익률의 평균

❷ 로그 수익률의 표준편차

❸ 특징값 디지털화

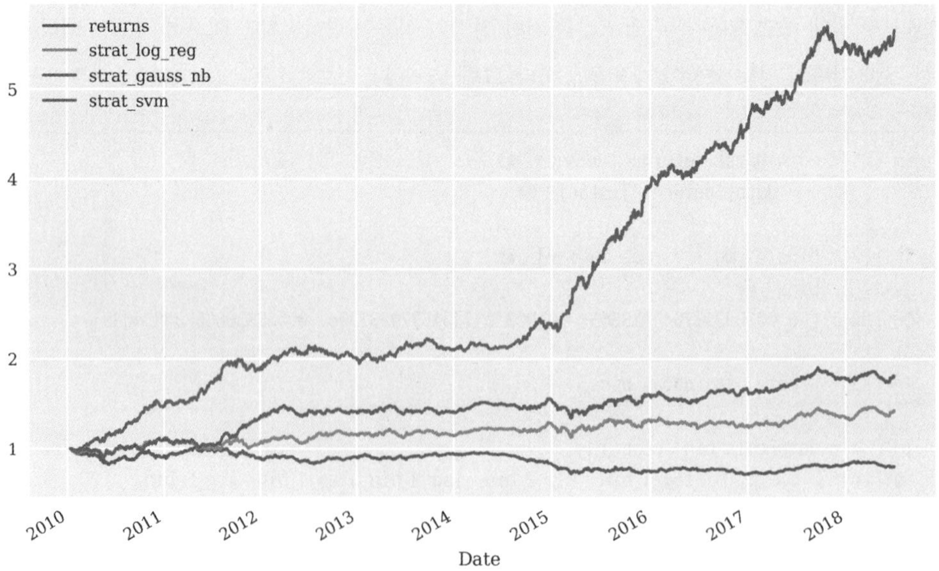

그림 15-14 EUR/USD 환율과 (두 개의 디지털 특징을 사용한) 분류 기반 매매 전략의 성과

NOTE_ 특징값의 유형

이번 장에서는 과거의 수익률을 이진화하거나 디지털화하여 특징값으로 사용하고 있다. 이 값들은 금융 시계열 자체에서 뽑을 수 있기 때문에 편의상 사용한 것이다. 하지만 실제 응용에서는 다양한 데이터 소스를 사용하여 특징 데이터를 뽑는다. 거시경제지표, 회사의 금융지표, 뉴스 기사 등 다른 시계열 데이터나 통계치가 사용될 수 있다. 이 주제에 대한 더 깊은 논의는 López de Prado(2018)를 참조한다. **tsfresh**(***https://github.com/blue-yonder/tsfresh***) 패키지와 같이 시계열에서 자동으로 특징을 추출해주는 파이썬 패키지도 있다.

15.6.4 연속적 학습-검증 분리

다음 코드에서는 분류 알고리즘의 성능을 제대로 평가하기 위해 연속적 학습-검증 분리sequential train-test split를 구현한다. 기본 아이디어는 시뮬레이션 시에도 특정 시점까지의 데이터만 사용하여 머신러닝 알고리즘을 학습하는 것이다. 실제 매매에서 알고리즘은 지금까지 보지 못한 데이터를 맞닥뜨리게 되는데 이 시점에서 알고리즘은 가치를 증명할 수 있어야 한다. 예제의 경우에는 모든 알고리즘이 패시브 벤치마크 투자를 상회하는 성능을 보이지만 로지스틱 회귀와 가우스 나이브 베이즈 알고리즘은 실제로 양의 절대 수익을 얻지 못했다(그림 15-15).

```
In [90]: split = int(len(data) * 0.5)

In [91]: train = data.iloc[:split].copy()  ❶

In [92]: fit_models(train)  ❶

In [93]: test = data.iloc[split:].copy()  ❷

In [94]: derive_positions(test)  ❷

In [95]: evaluate_strats(test)  ❷

In [96]: test[sel].sum().apply(np.exp)
Out[96]: returns           0.850291
         strat_log_reg     0.962989
         strat_gauss_nb    0.941172
         strat_svm         1.020519
         dtype: float64

In [97]: test[sel].cumsum().apply(np.exp).plot(figsize=(10, 6));
```

❶ 학습용 데이터를 사용하여 모든 분류 알고리즘을 학습시킨다.

❷ 검증용 데이터를 사용하여 모든 분류 알고리즘을 검사한다.

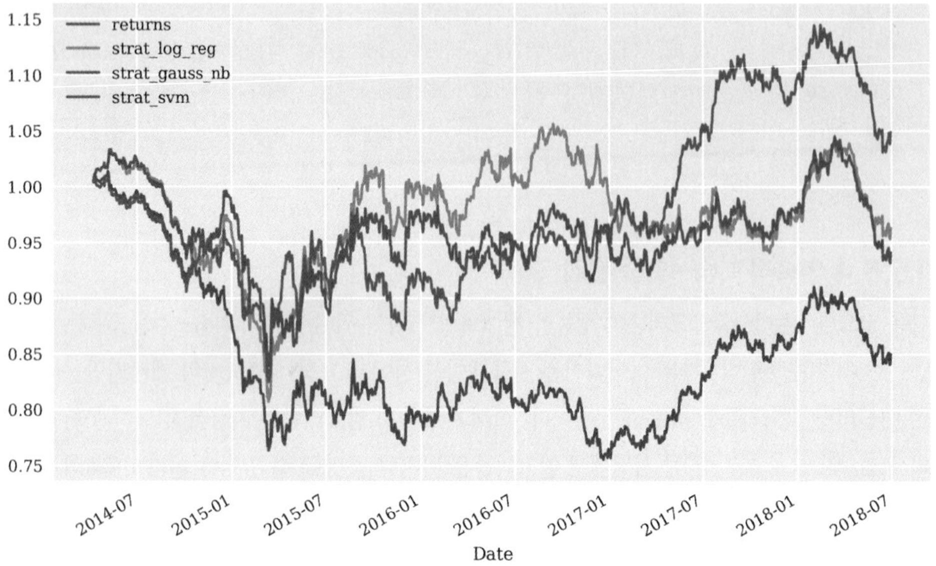

그림 15-15 EUR/USD 환율과 분류 기반 매매 전략의 성과(연속적 학습-검증 분리)

15.6.5 무작위 학습-검증 분리

지금까지 분류 알고리즘을 학습하고 검증하는 데 이진수나 디지털화된 특징값 데이터를 사용했다. 기본 아이디어는 특징값 패턴이 미래의 시장 움직임을 예측할 때 맞추는 비율을 50% 이상으로 만들기 위한 것이다. 여기에는 시간이 지나도 과거의 패턴이 유지된다는 가정이 포함되어 있다. 따라서 학습에 사용하는 데이터와 검증에 사용하는 데이터 간에 큰 차이가 있어서는 안 된다. 하지만 시간적 순서는 달라질 수 있다.

학습-검증 분리를 무작위로 할 수도 있다. 이 경우에도 학습에 사용하는 데이터와 검증에 사용하는 데이터가 다르므로 현실을 반영할 수 있다. 이 방식은 과거 서포트 벡터 머신의 성능을 검증할 때 쓰였던 것이다. 이 방식을 사용해도 여전히 서포트 벡터 머신이 가장 높은 성능을 보인다(그림 15-16).

```
In [98]: from sklearn.model_selection import train_test_split

In [99]: train, test = train_test_split(data, test_size=0.5,
                                        shuffle=True, random_state=100)

In [100]: train = train.copy().sort_index()  ❶

In [101]: train[cols_bin].head()
Out[101]:             lag_1_bin  lag_2_bin  lag_3_bin  lag_4_bin  lag_5_bin
          Date
          2010-01-12          3          3          0          2          1
          2010-01-13          1          3          3          0          2
          2010-01-14          2          1          3          3          0
          2010-01-15          1          2          1          3          3
          2010-01-20          1          0          1          2          1

In [102]: test = test.copy().sort_index()  ❶

In [103]: fit_models(train)

In [104]: derive_positions(test)

In [105]: evaluate_strats(test)

In [106]: test[sel].sum().apply(np.exp)
Out[106]: returns           0.878078
          strat_log_reg     0.735893
          strat_gauss_nb    0.765009
          strat_svm         0.695428
          dtype: float64

In [107]: test[sel].cumsum().apply(np.exp).plot(figsize=(10, 6));
```

❶ 학습용 데이터와 검증용 데이터를 복사한 후 시간 순서로 다시 정렬한다.

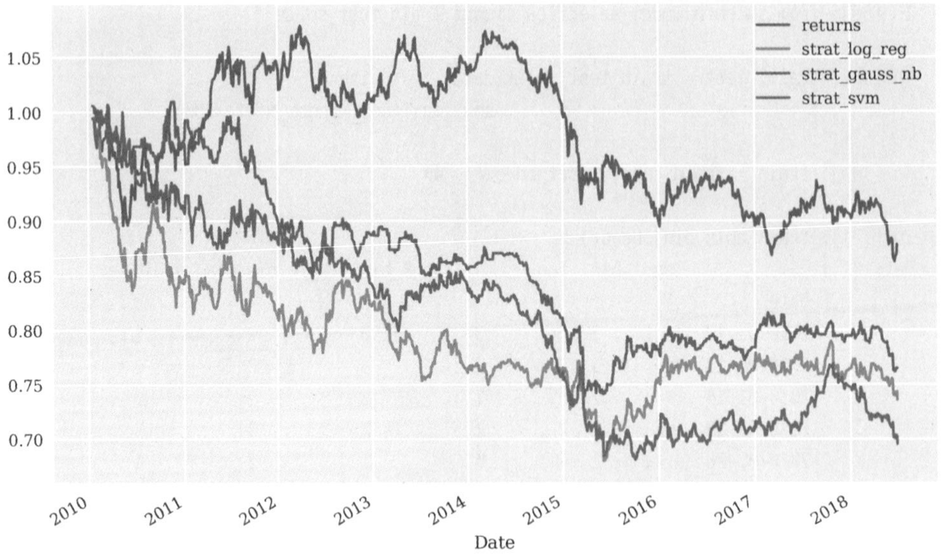

그림 15-16 EUR/USD 환율과 분류 기반 매매 전략의 성과(무작위 학습-검증 분리)

15.7 심층 신경망

심층 신경망은 사람의 뇌 기능을 흉내 내는 것으로 하나의 (특징) 입력층, 하나의 (레이블) 출력층 그리고 여러 개의 은닉층으로 이루어져 있다. 복수의 은닉층이 있어야 심층 신경망이라고 할 수 있다. 은닉층은 보다 복잡한 관계를 학습하고 더 많은 유형의 문제를 풀 수 있다. 심층 신경망을 사용하면 머신러닝이 아니라 **딥러닝**deep learning이라고 한다. 이 분야에 대해서는 제롱Géron(2017) 및 깁슨Gibson, 패터슨Patterson(2017)의 참고 문헌을 참조한다.

15.7.1 scikit-learn을 사용한 심층 신경망

이 절에서는 13장에서 소개한 `scikit-learn`의 `MLPClassifier` 알고리즘을 적용한다. 우선 디지털화된 특징값을 사용하여 전체 데이터를 학습하고 검증한다. 이 알고리즘은 표본 내in-sample 성능이 아주 뛰어나고 심층 신경망이 가진 강력한 힘을 보여준다(그림 15-17). 비현실적으로 뛰어난 성능은 지나친 과최적화overfitting를 암시한다.

```
In [108]: from sklearn.neural_network import MLPClassifier

In [109]: model = MLPClassifier(solver='lbfgs', alpha=1e-5,
                                hidden_layer_sizes=2 * [250],
                                random_state=1)

In [110]: %time model.fit(data[cols_bin], data['direction'])
          CPU times: user 16.1 s, sys: 156 ms, total: 16.2 s
          Wall time: 9.85 s
Out[110]: MLPClassifier(activation='relu', alpha=1e-05, batch_size='auto', beta_1=0.9,
                        beta_2=0.999, early_stopping=False, epsilon=1e-08,
                        hidden_layer_sizes=[250, 250], learning_rate='constant',
                        learning_rate_init=0.001, max_iter=200, momentum=0.9,
                        n_iter_no_change=10, nesterovs_momentum=True, power_t=0.5,
                        random_state=1, shuffle=True, solver='lbfgs', tol=0.0001,
                        validation_fraction=0.1, verbose=False, warm_start=False)

In [111]: data['pos_dnn_sk'] = model.predict(data[cols_bin])

In [112]: data['strat_dnn_sk'] = data['pos_dnn_sk'] * data['returns']

In [113]: data[['returns', 'strat_dnn_sk']].sum().apply(np.exp)
Out[113]: returns          0.805002
          strat_dnn_sk    35.156677
          dtype: float64

In [114]: data[['returns', 'strat_dnn_sk']].cumsum().apply(
              np.exp).plot(figsize=(10, 6));
```

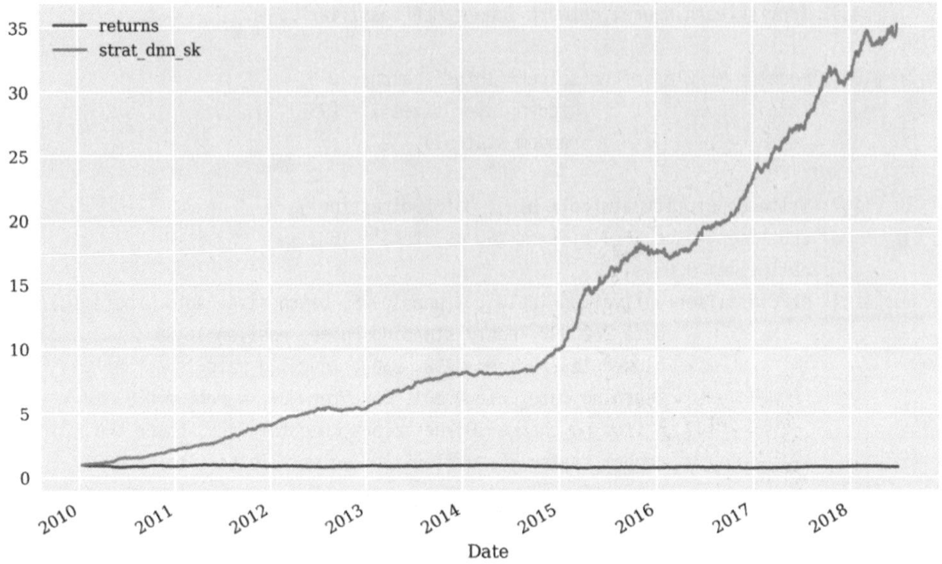

그림 15-17 EUR/USD 환율과 심층 신경망 기반 매매 전략의 (표본 내) 성과

심층 신경망의 과최적화를 막기 위해 무작위 학습-검증 분리를 적용한다. 이 알고리즘은 패시브 벤치마크 투자 성과를 능가하고 절대 수익을 달성한다(그림 15-18). 하지만 그 결과는 이제 더 현실적으로 보인다.

```
In [115]: train, test = train_test_split(data, test_size=0.5,
                                         random_state=100)

In [116]: train = train.copy().sort_index()

In [117]: test = test.copy().sort_index()

In [118]: model = MLPClassifier(solver='lbfgs', alpha=1e-5, max_iter=500,
                         hidden_layer_sizes=3 * [500], random_state=1)  ❶

In [119]: %time model.fit(train[cols_bin], train['direction'])
          CPU times: user 2min 26s, sys: 1.02 s, total: 2min 27s
          Wall time: 1min 31s
Out[119]: MLPClassifier(activation='relu', alpha=1e-05, batch_size='auto', beta_1=0.9,
                 beta_2=0.999, early_stopping=False, epsilon=1e-08,
                 hidden_layer_sizes=[500, 500, 500], learning_rate='constant',
                 learning_rate_init=0.001, max_iter=500, momentum=0.9,
```

```
                    n_iter_no_change=10, nesterovs_momentum=True, power_t=0.5,
                    random_state=1, shuffle=True, solver='lbfgs', tol=0.0001,
                    validation_fraction=0.1, verbose=False, warm_start=False)

In [120]: test['pos_dnn_sk'] = model.predict(test[cols_bin])

In [121]: test['strat_dnn_sk'] = test['pos_dnn_sk'] * test['returns']

In [122]: test[['returns', 'strat_dnn_sk']].sum().apply(np.exp)
Out[122]: returns         0.878078
          strat_dnn_sk    1.242042
          dtype: float64

In [123]: test[['returns', 'strat_dnn_sk']].cumsum(
              ).apply(np.exp).plot(figsize=(10, 6));
```

❶ 은닉층의 개수와 은닉 유닛의 수를 증가

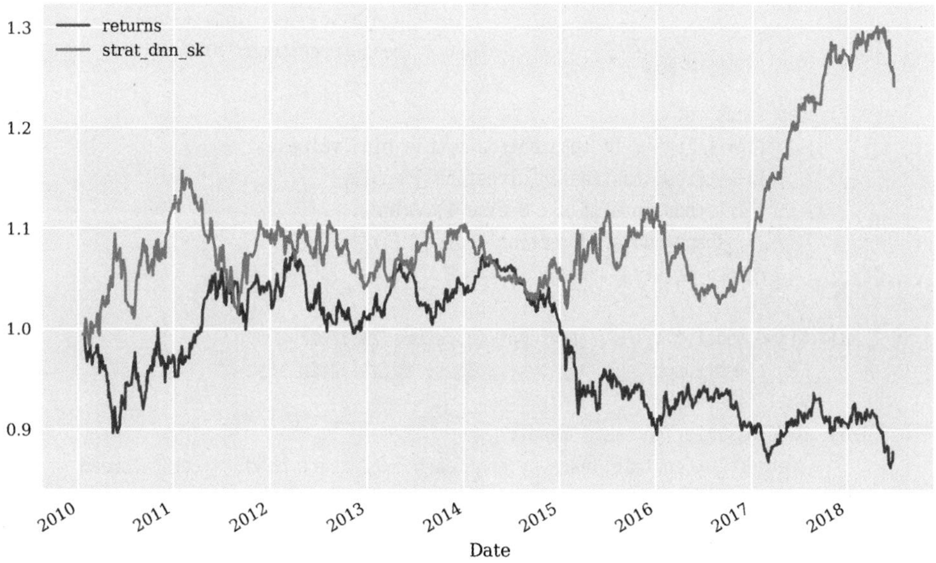

그림 15-18 EUR/USD 환율과 심층 신경망 기반 매매 전략의 성과(무작위 학습–검증 분리)

15.7.2 TensorFlow를 사용한 심층 신경망

TensorFlow[7]는 가장 유명한 딥러닝 라이브러리다. 구글에서 개발하고 다양한 머신러닝 문제에 사용된다. Zedah, Ramsundar(2018)에서는 TensorFlow를 사용한 딥러닝을 심도 있게 다룬다. scikit-learn과 마찬가지로 TensorFlow의 DNNClassifier 알고리즘을 사용하면 13장에서 소개했던 것처럼 쉽게 알고리즘 트레이딩 전략을 유도할 수 있다. 학습용 데이터와 검증용 데이터는 앞의 예제와 같다. 우선 모델을 학습시킨 뒤 표본 내 성능을 살펴보면 패시브 벤치마크 투자의 성능을 훨씬 뛰어넘는 것을 볼 수 있다(그림 15-19). 마찬가지로 심하게 과최적화되어 있다는 뜻이다.

```
In [124]: import tensorflow as tf
          tf.logging.set_verbosity(tf.logging.ERROR)

In [125]: fc = [tf.contrib.layers.real_valued_column('lags', dimension=lags)]

In [126]: model = tf.contrib.learn.DNNClassifier(hidden_units=3 * [500],
                                                 n_classes=len(bins) + 1,
                                                 feature_columns=fc)

In [127]: def input_fn():
              fc = {'lags': tf.constant(data[cols_bin].values)}
              la = tf.constant(data['direction'].apply(
                  lambda x: 0 if x < 0 else 1).values,
                  shape=[data['direction'].size, 1])
              return fc, la

In [128]: %time model.fit(input_fn=input_fn, steps=250)  ❶
          CPU times: user 2min 7s, sys: 8.85 s, total: 2min 16s
          Wall time: 49 s
Out[128]: DNNClassifier(params={'head':
          <tensorflow.contrib.learn.python.learn.estimators.head._MultiClassHead
          object at 0x1a19acf898>, 'hidden_units': [500, 500, 500],
          'feature_columns': (_RealValuedColumn(column_name='lags', dimension=5,
          default_value=None, dtype=tf.float32, normalizer=None),), 'optimizer':
          None, 'activation_fn': <function relu at 0x1161441e0>, 'dropout':
          None, 'gradient_clip_norm': None, 'embedding_lr_multipliers': None,
          'input_layer_min_slice_size': None})
```

7 옮긴이_ 이 책에서는 TensorFlow 1.12 버전을 사용한다. 따라서 예제 코드는 TensorFlow 2.0 버전 이상에서 실행할 수 없다.

```
In [129]: model.evaluate(input_fn=input_fn, steps=1)  ❷
Out[129]: {'loss': 0.6879357, 'accuracy': 0.5379925, 'global_step': 250}

In [130]: pred = np.array(list(model.predict(input_fn=input_fn)))  ❷
          pred[:10]  ❷
Out[130]: array([0, 0, 0, 0, 0, 1, 0, 1, 1, 0])

In [131]: data['pos_dnn_tf'] = np.where(pred > 0, 1, -1)  ❸

In [132]: data['strat_dnn_tf'] = data['pos_dnn_tf'] * data['returns']

In [133]: data[['returns', 'strat_dnn_tf']].sum().apply(np.exp)
Out[133]: returns         0.805002
          strat_dnn_tf    2.437222
          dtype: float64

In [134]: data[['returns', 'strat_dnn_tf']].cumsum(
                      ).apply(np.exp).plot(figsize=(10, 6));
```

❶ 학습 시간이 길다.

❷ 이진 예측값 (0, 1)

❸ ❷를 시장 포지션 (-1, +1)으로 변환한다.

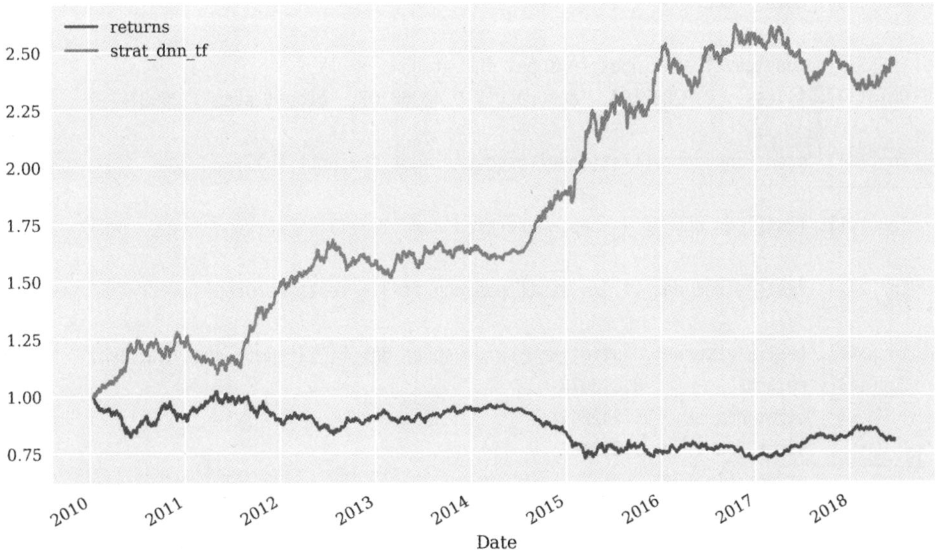

그림 15-19 EUR/USD 환율과 Tensorflow를 사용한 심층 신경망 기반 매매 전략의 (표본 내) 성과

다음 코드는 좀 더 현실성 있는 알고리즘 트레이딩 전략의 성능을 얻기 위해 무작위 학습-검증 분리를 구현한 것이다. 기대한 바와 같이 표본 외 성능은 나빠진다(그림 15-20). 또한 구체적인 매개변수가 주어졌을 때 TensorFlow의 DNNClassifier는 scikit-learn의 MLPClassifier를 사용했을 때보다 몇 퍼센트 낮은 성능을 보인다.

```
In [135]: model = tf.contrib.learn.DNNClassifier(hidden_units=3 * [500],
                                                  n_classes=len(bins) + 1,
                                                  feature_columns=fc)

In [136]: data = train

In [137]: %time model.fit(input_fn=input_fn, steps=2500)
          CPU times: user 11min 7s, sys: 1min 7s, total: 12min 15s
          Wall time: 4min 27s
Out[137]: DNNClassifier(params={'head':
           <tensorflow.contrib.learn.python.learn.estimators.head._MultiClassHead
           object at 0x116828cc0>, 'hidden_units': [500, 500, 500],
           'feature_columns': (_RealValuedColumn(column_name='lags', dimension=5,
           default_value=None, dtype=tf.float32, normalizer=None),), 'optimizer':
           None, 'activation_fn': <function relu at 0x1161441e0>, 'dropout':
           None, 'gradient_clip_norm': None, 'embedding_lr_multipliers': None,
           'input_layer_min_slice_size': None})

In [138]: data = test

In [139]: model.evaluate(input_fn=input_fn, steps=1)
Out[139]: {'loss': 0.82882184, 'accuracy': 0.48968107, 'global_step': 2500}

In [140]: pred = np.array(list(model.predict(input_fn=input_fn)))

In [141]: test['pos_dnn_tf'] = np.where(pred > 0, 1, -1)

In [142]: test['strat_dnn_tf'] = test['pos_dnn_tf'] * test['returns']

In [143]: test[['returns', 'strat_dnn_sk', 'strat_dnn_tf']].sum().apply(np.exp)
Out[143]: returns         0.878078
          strat_dnn_sk    1.242042
          strat_dnn_tf    1.063968
          dtype: float64

In [144]: test[['returns', 'strat_dnn_sk', 'strat_dnn_tf']].cumsum(
                ).apply(np.exp).plot(figsize=(10, 6));
```

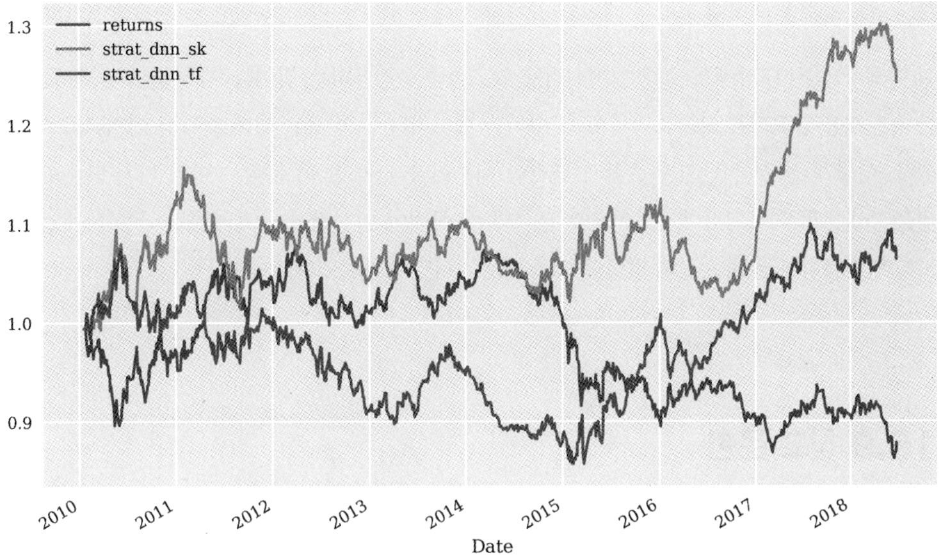

그림 15-20 EUR/USD 환율과 TensorFlow를 사용한 심층 신경망 기반 매매 전략의 성과(무작위 학습-검증 분리)

> **CAUTION_ 성능 결과에 대해**
>
> 지금까지 벡터화된 백테스팅 방법으로 구한 여러 가지 알고리즘 트레이딩 전략의 성능은 단지 설명을 위한 것일 뿐이다. 해당 결과는 거래 비용이 없다는 단순화된 가정 이외에도 여러 가지 매개변수에 의존한다. 또한 백테스팅에 사용한 EUR/USD 환율 데이터의 수도 매우 적다. 이 절의 핵심은 현업에서 사용할 수 있는 알고리즘 트레이딩 전략을 만드는 것이 아니라 여러 가지 머신러닝 알고리즘을 다양한 방법으로 금융 데이터에 적용하는 방법을 설명하는 데 있다. 다음 장에서는 더 현실적인 주제를 다룬다.

15.8 마치며

이 장은 알고리즘 트레이딩 전략과 벡터화된 백테스팅에 기반하여 그 성능을 판단하는 내용이다. 우선 잘 알려져 있고 수십 년간 사용된 간단한 알고리즘 트레이딩 전략인 두 개의 단순 이동평균선을 이용한 전략부터 시작했다. 이 전략을 기반으로 `NumPy`와 `pandas`의 벡터화 기능을 사용하여 벡터화된 백테스팅 방법을 설명했다.

또한 선형 회귀분석을 통해 실제 금융 시계열 데이터를 기반으로 랜덤워크 가설을 설명했다.

모든 알고리즘 트레이딩 전략은 랜덤워크 가설에 대해 해당 전략이 우월함을 증명해야 한다.

이 장의 핵심은 13장에서 소개한 머신러닝 알고리즘을 적용하는 것이다. 대부분의 알고리즘은 분류 문제용 알고리즘으로 과거의 로그 수익률 데이터나 그 변형된 형태를 특징 데이터로 사용했다. 이렇게 한 것은 단지 단순함과 편리함 때문이었다. 또한 이 분석은 여러 가지 단순화 가정을 기반으로 이루어졌다. 그 이유는 분석의 주 목적이 머신러닝 알고리즘을 금융 시계열 데이터에 적용하여 금융 시장의 방향을 예측하는 것이었기 때문이다.

15.9 참고 문헌

이 장에서 참고한 논문은 다음과 같다.

- Brock, William, Josef Lakonishok, and Blake LeBaron (1992). "Simple Technical Trading Rules and the Stochastic Properties of Stock Returns." *Journal of Finance*, Vol. 47, No. 5, pp. 1731 – 1764.
- Fama, Eugene (1965). "Random Walks in Stock Market Prices." Selected Papers, No. 16, Graduate School of Business, University of Chicago.
- Jensen, Michael (1978). "Some Anomalous Evidence Regarding Market Efficiency." *Journal of Financial Economics*, Vol. 6, No. 2/3, pp. 95 – 101.

이 장의 주제와 관련된 금융 전문 서적은 다음과 같다.

- Baxter, Martin, and Andrew Rennie (1996). *Financial Calculus*. Cambridge, England: Cambridge University Press.
- Chan, Ernest (2009). *Quantitative Trading*. Hoboken, NJ: John Wiley & Sons.
- Chan, Ernest (2013). *Algorithmic Trading*. Hoboken, NJ: John Wiley & Sons.
- Chan, Ernest (2017). *Machine Trading*. Hoboken, NJ: John Wiley & Sons.
- López de Prado, Marcos (2018). *Advances in Financial Machine Learning*. Hoboken, NJ: John Wiley & Sons.

이 장의 주제와 관련된 기술 서적은 다음과 같다.

- Albon, Chris (2018). *Machine Learning with Python Cookbook*. Sebastopol, CA: O'Reilly.
- Géron, Aurélien (2017). *Hands-On Machine Learning with Scikit-Learn and Tensorflow*. Sebastopol, CA: O'Reilly.
- Gibson, Adam, and Josh Patterson (2017). *Deep Learning*. Sebastopol, CA O'Reilly.
- VanderPlas, Jake (2016). *Python Data Science Handbook*. Sebastopol, CA: O'Reilly.
- Zadeh, Reza Bosagh, and Bharath Ramsundar (2018). *TensorFlow for Deep Learning*. Sebastopol, CA: O'Reilly.

파이썬을 사용한 알고리즘 트레이딩 교육 프로그램에 관심이 있다면 다음 웹사이트를 참조하기 바란다.

- *http://certificate.tpq.io*

CHAPTER 16

매매 자동화

> 사람들은 컴퓨터가 너무 똑똑해져서 세상을 지배할까봐 걱정하지만 진짜 문제는 컴퓨터가 너무 바보 같다는 것이고 이미 세상을 지배하고 있다.
>
> – 페드로 도밍고스Pedro Domingos

과거 데이터와 실시간 데이터를 받을 수 있고 매수 매도 주문을 낼 수도 있으며 계좌 정보를 조회할 수도 있는 트레이딩 플랫폼이 갖추어졌다. 시장의 방향을 예측하기 위한 알고리즘 트레이딩 전략을 유도하는 여러 가지 방법들도 소개했다. 이제 어떤 내용이 나올까 궁금할 것이다. 어떻게 이 모든 것들을 하나로 통합하여 자동화할 수 있을까? 이 질문은 쉽게 답할 수 있는 것이 아니다. 하지만 이번 장에서는 이 문제와 관련된 중요한 주제들을 소개한다. 이번 장에서는 하나의 알고리즘 트레이딩 전략을 자동화하여 배포하는 것을 가정한다. 이렇게 하면 자금 관리 및 위험 관리 측면에서 문제가 단순해진다.

이 장에서는 다음과 같은 주제를 다룬다.

자금 관리

이 절에서는 전략의 특성과 가용 자금에 따라 매매의 규모를 결정하는 켈리 기준Kelly criterion에 대해 설명한다.

머신러닝 기반 매매 전략

알고리즘 트레이딩 전략에 대한 확신을 가지려면 전략을 성능이나 위험 특성 측면에서 철저하게 백테스팅해야 한다. 15장에서 소개한 머신러닝 분류 알고리즘에 기반한 전략을 예제로 사용한다.

온라인 알고리즘

알고리즘 트레이딩 전략을 사용하여 자동매매를 하려면 실시간 스트리밍 데이터에 맞게 동작하는 온라인 알고리즘으로 변환해야 한다.

기반구조와 배포

자동화된 알고리즘 트레이딩 전략을 강인하고 신뢰성 있게 운용하려면 클라우드 서비스에 배포하는 것이 가용성, 성능, 보안 면에서 권장할 만하다.

로깅과 모니터링

로그 시스템은 자동매매 전략을 배포 중에 과거 상황이나 특정한 이벤트를 분석하는 데 중요한 역할을 한다. 소켓 커뮤니케이션을 통한 모니터링은 원격에서 실시간으로 이벤트를 감지할 수 있도록 한다.

16.1 자금 관리

알고리즘 트레이딩에서 중요한 질문은 전체 가용 자금 중에서 어느 정도의 자금을 어떤 알고리즘 트레이딩 전략에 할당하는가다. 이 질문에 대한 답은 알고리즘 트레이딩을 통해 얻고자 하는 목표에 따라 달라진다. 대부분의 개인이나 금융기관은 **장기 자산의 최대화**가 가장 그럴듯한 목표라는 것에 동의할 것이다. 이 목표가 바로 에드워드 소프Edward Thorpe가 투자를 위한 켈리 기준Kelly criterion을 만들 때의 목표다. 이 내용은 로탠도와 소프의 1992년 논문에 자세히 나와있다.

16.1.1 이항 분포에서 켈리 기준

투자를 위한 켈리 기준 이론을 소개하는 흔한 방법은 동전 던지기 문제 혹은 이를 일반화한 이항 분포로 설명하는 것이다. 여기에서도 같은 방법을 따른다. 도박사가 아주 부유한 은행이나 카지노를 대상으로 동전 던지기 게임을 한다고 가정해보자. 앞면이 나올 확률 p가 다음과 같다고 가정한다.

$$\frac{1}{2} < p < 1$$

뒷면이 나올 확률은 다음과 같다.

$$q = 1 - p < \frac{1}{2}$$

도박사는 $b > 0$이라는 금액을 걸 수 있다. 만약 도박사가 이기면 같은 금액을 받게 되고 도박사가 지면 이 금액을 모두 잃는다. 도박사는 앞면이 나온다는 쪽에 건다고 가정한다. 따라서 한 번 던졌을 때 도박사가 받는 돈의 기댓값 B는 다음과 같다.

$$\mathbf{E}\left[B\right] = p \cdot b - q \cdot b = \left(p - q\right) \cdot b > 0$$

돈을 무한대로 가진 위험 중립적인 도박사는 기댓값으로 받는 금액을 늘리기 위해 가능한 많은 돈을 걸 것이다. 하지만 금융 시장에서의 매매는 단발성 도박이 아니라 반복 시행이다. 도박사가 처음 가진 돈을 c_0라고 하고 i번째 날에 베팅하는 돈을 b_i라고 한다. 두 번째 날의 자금은 처음 도박이 성공했는가 성공하지 않았는가에 따라 $c_0 + b_1$이 될 수도 있고 $c_0 - b_1$이 될 수도 있다. 이때 n번 반복한 도박의 기댓값은 다음과 같다.

$$\mathbf{E}\left[B^n\right] = c_0 + \sum_{i=1}^{n} \left(p - q\right) \cdot b_i$$

고전 경제학 이론에서 위험 중립적이고 기대효용성을 최대화하려는 도박사는 이 수식의 값을 최대화하고 싶을 것이다. 단발성 도박처럼 남아 있는 금액을 모두 도박에 거는 것이 기댓값을 가장 크게 한다는 것을 쉽게 보일 수 있다. 하지만 이렇게 하면 한 번만 손실이 나도 모든 돈을 잃고 (돈을 무한대로 빌릴 수 없다면) 망하게 된다. 따라서 이 전략은 장기 자산을 최대화하는 전략이 아니다.

남아 있는 돈을 모두 도박에 걸면 갑작스러운 파산에 이를 수 있고 아무것도 걸지 않으면 돈을 잃을 일도 없지만 얻을 수도 없다. 켈리 기준은 남아 있는 돈 중에서 걸어야 할 돈의 최적 비율 f^*를 찾는 것이다.

$n = h + t$라고 가정한다. 여기에서 h는 동전을 n번 던져서 앞면이 나온 횟수, t는 뒷면이 나온 횟수를 뜻한다. 이렇게 n번 던졌을 때 남아 있는 돈은 다음과 같다.

$$c_n = c_0 \cdot (1+f)^h \cdot (1-f)^t$$

이 상황에서 장기적으로 자산을 최대화하려면 한 번의 도박당 기하평균 수익률을 최대화해야 한다.

$$\begin{aligned} r^g &= \log\left(\frac{c_n}{c_0}\right)^{1/n} \\ &= \log\left(\frac{c_0 \cdot (1+f)^h \cdot (1-f)^t}{c_0}\right)^{1/n} \\ &= \log\left((1+f)^h \cdot (1-f)^t\right)^{1/n} \\ &= \frac{h}{n}\log(1+f) + \frac{t}{n}\log(1-f) \end{aligned}$$

이 문제는 기대 평균을 최대화하는 최적 f를 고르는 것과 같다. $\mathbf{E}[h] = n \cdot p$와 $\mathbf{E}[t] = n \cdot q$를 이용하면 다음 식을 얻을 수 있다.

$$\begin{aligned} \mathbf{E}[r^g] &= \mathbf{E}\left[\frac{h}{n}\log(1+f) + \frac{t}{n}\log(1-f)\right] \\ &= \mathbf{E}\left[p\log(1+f) + q\log(1-f)\right] \\ &= p\log(1+f) + q\log(1-f) \\ &\equiv G(f) \end{aligned}$$

이제 1차 미분 조건에 따라 위 식을 최대화하는 최적 비율 f^*를 찾는다. 1차 미분은 다음과 같다.

$$\begin{aligned} G'(f) &= \frac{p}{1+f} - \frac{q}{1-f} \\ &= \frac{p - pf - q - qf}{(1+f)(1-f)} \\ &= \frac{p - q - f}{(1+f)(1-f)} \end{aligned}$$

1차 미분 조건에서 최적 비율은 다음과 같다.

$$G'(f) \overset{!}{=} 0 \Rightarrow f^* = p - q$$

만약 이 값이 진짜 최적이라면 한 번의 도박마다 $f^* = p - q$ 비율만큼의 돈을 거는 것이 최적이다. 만약 $p = 0.55$이면 $f^* = 0.55 - 0.45 = 0.1$이다. 즉 한 번에 거는 돈의 최적 비율은 10%다.

다음 파이썬 코드는 이 개념을 시뮬레이션으로 구현한다. 우선 필요한 패키지를 임포트하고 설정한다.

```
In [1]: import math
        import time
        import numpy as np
        import pandas as pd
        import datetime as dt
        import cufflinks as cf
        from pylab import plt

In [2]: np.random.seed(1000)
        plt.style.use('seaborn')
        %matplotlib inline
```

동전을 100번 던지는 행위를 50회 반복해보자. 이를 실행하는 파이썬 코드는 쉽게 만들 수 있다.

```
In [3]: p = 0.55  ❶

In [4]: f = p - (1 - p)  ❷

In [5]: f  ❷
Out[5]: 0.10000000000000009

In [6]: I = 50  ❸

In [7]: n = 100  ❹
```

❶ 앞면이 나올 확률

❷ 켈리 기준에 따른 최적 비율

❸ 반복 횟수

❹ 동전을 던지는 횟수

파이썬 코드에서 중요한 부분은 이 가정에 따라 시뮬레이션을 하는 run_simulation() 함수다. [그림 16-1]은 시뮬레이션 결과다.

```
In [8]: def run_simulation(f):
            c = np.zeros((n, I))  ❶
            c[0] = 100  ❷
            for i in range(I):  ❸
                for t in range(1, n):  ❹
                    o = np.random.binomial(1, p)  ❺
                    if o > 0:  ❻
                        c[t, i] = (1 + f) * c[t - 1, i]  ❼
                    else:  ❽
                        c[t, i] = (1 - f) * c[t - 1, i]  ❾
            return c

In [9]: c_1 = run_simulation(f)  ❿

In [10]: c_1.round(2)
Out[10]: array([[100.  , 100.  , 100.  , ..., 100.  , 100.  , 100.  ],
                [ 90.  , 110.  ,  90.  , ..., 110.  ,  90.  , 110.  ],
                [ 99.  , 121.  ,  99.  , ..., 121.  ,  81.  , 121.  ],
                ...,
                [226.35, 338.13, 413.27, ..., 123.97, 123.97, 123.97],
                [248.99, 371.94, 454.6 , ..., 136.37, 136.37, 136.37],
                [273.89, 409.14, 409.14, ..., 122.73, 150.01, 122.73]])

In [11]: plt.figure(figsize=(10, 6))
         plt.plot(c_1, 'b', lw=0.5)  ⓫
         plt.plot(c_1.mean(axis=1), 'r', lw=2.5);  ⓬
```

❶ 시뮬레이션 결과를 저장할 ndarray 객체 생성

❷ 시작 자금을 100으로 고정

❸ 반복을 위한 외부 반복문

❹ 동전 던지기를 위한 내부 반복문

❺ 동전 던지기 시뮬레이션

❻ 만약 1(앞면)이 나오면

❼ 돈을 받는다.

❽ 만약 0(뒷면)이 나오면

❾ 돈을 잃는다.

❿ 시뮬레이션 실행

⓫ 50개의 시계열 플롯

⓬ 50개의 시계열 평균 플롯

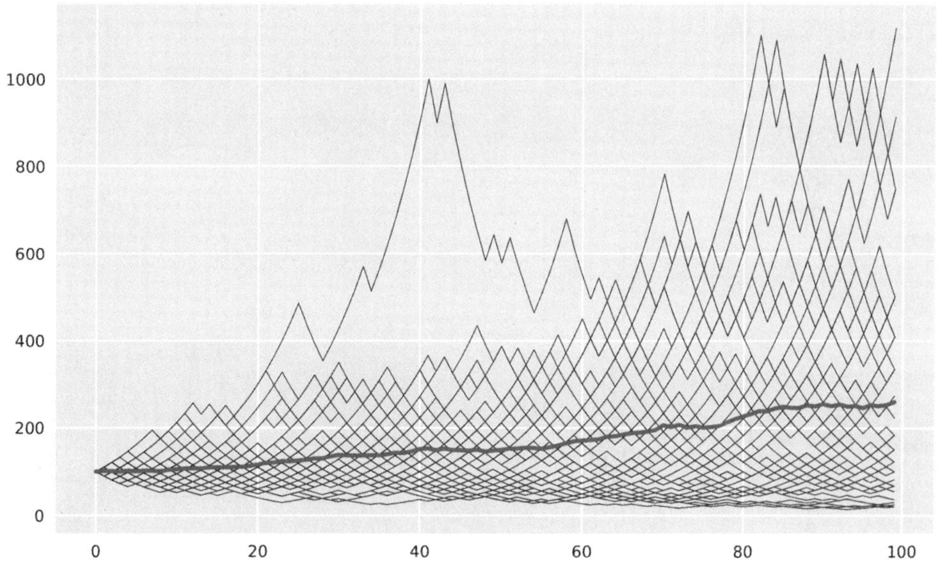

그림 16-1 100번의 동전 던지기를 50회 반복한 시계열(붉은 선 = 평균)

다음 코드는 여러 가지 f값에 대해 위 시뮬레이션을 반복한 것이다. [그림 16-2]에서 보듯이 비율이 너무 낮으면 평균 수익률이 낮아진다. 비율이 높아지면 최종 자산이 증가할 수도 있지만($f = 0.25$) 오히려 더 감소할 수도 있다($f = 0.5$). 두 경우 모두 비율 f가 높아서 변동성이 크게 증가한다.

```
In [12]: c_2 = run_simulation(0.05)  ❶

In [13]: c_3 = run_simulation(0.25)  ❷
```

```
In [14]: c_4 = run_simulation(0.5)  ❸

In [15]: plt.figure(figsize=(10, 6))
         plt.plot(c_1.mean(axis=1), 'r', label='$f^*=0.1$')
         plt.plot(c_2.mean(axis=1), 'b', label='$f=0.05$')
         plt.plot(c_3.mean(axis=1), 'y', label='$f=0.25$')
         plt.plot(c_4.mean(axis=1), 'm', label='$f=0.5$')
         plt.legend(loc=0);
```

❶ f = 0.05인 경우의 시뮬레이션

❷ f = 0.25인 경우의 시뮬레이션

❸ f = 0.5인 경우의 시뮬레이션

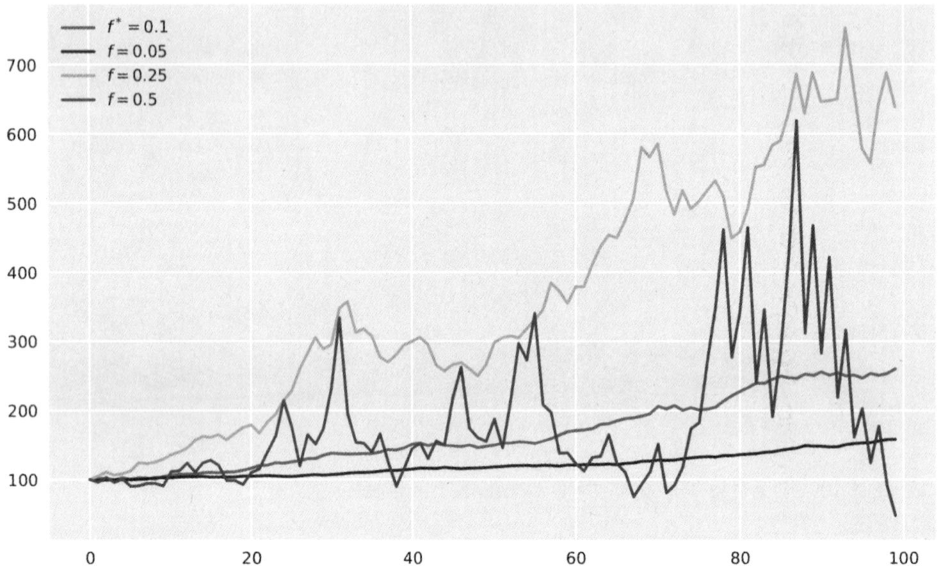

그림 16-2 여러 가지 비율에 대한 평균 자산

16.1.2 주식과 지수에 대한 켈리 기준

이제 주식이나 지수를 생각해보자. 이항 분포와 마찬가지로 1년 후에 두 가지 값만 있다고 가정한다. 하지만 주식 기대수익률과 변동성 모형을 반영한다.[1] 우선 다음과 같이 가정한다.

1 자세한 설명은 Hung(2010)을 참조한다.

$$P\left(r^S = \mu + \sigma\right) = P\left(r^S = \mu - \sigma\right) = \frac{1}{2}$$

여기에서 $\mathbf{E}\left[r^S\right] = \mu > 0$는 1년 후의 기대수익률이고 $\sigma > 0$는 수익률의 표준편차(변동성)다. 1년을 기준으로 하면 자산은 다음과 같이 증가한다.

$$c(f) = c_0 \cdot \left(1 + (1 - f) \cdot r + f \cdot r^S\right)$$

이 식에서 r은 주식에 투자하지 않은 현금에 대한 고정 단기 이자율이다. 기하 수익률 평균을 최대화하는 것은 다음 항을 최대화하는 것이다.

$$G(f) = \mathbf{E}\left[\log \frac{c(f)}{c_0}\right]$$

이제 1년에 n개의 매매일이 있고 각각의 i번째 날에 대해 다음 식이 성립한다고 하자.

$$P\left(r_i^S = \frac{\mu}{n} + \frac{\sigma}{\sqrt{n}}\right) = P\left(r_i^S = \frac{\mu}{n} - \frac{\sigma}{\sqrt{n}}\right) = \frac{1}{2}$$

변동성은 매매일수의 제곱근에 비례한다. 이 가정하에서 1년 후의 자산은 다음과 같아진다.

$$c_n(f) = c_0 \cdot \prod_{i=1}^{n} \left(1 + (1 - f) \cdot \frac{r}{n} + f \cdot r_i^S\right)$$

이제 주식 투자에서 장기 자산을 최대화한다.

$$\begin{aligned} G_n(f) &= \mathbf{E}\left[\log \frac{c_n(f)}{c_0}\right] = \mathbf{E}\left[\sum_{i=1}^{n} \log\left(1 + (1 - f) \cdot \frac{r}{n} + f \cdot r_i^S\right)\right] \\ &= \frac{1}{2}\sum_{i=1}^{n} \log\left(1 + (1 - f) \cdot \frac{r}{n} + f \cdot \left(\frac{\mu}{n} + \frac{\sigma}{\sqrt{n}}\right)\right) + \log\left(1 + (1 - f) \cdot \frac{r}{n} + f \cdot \left(\frac{\mu}{n} - \frac{\sigma}{\sqrt{n}}\right)\right) \\ &= \frac{n}{2}\log\left(\left(1 + (1 - f) \cdot \frac{r}{n} + f \cdot \frac{\mu}{n}\right)^2 - \frac{f^2\sigma^2}{n}\right) \end{aligned}$$

테일러 급수 전개를 사용하거나

$$G_n(f) = r + (\mu - r) \cdot f - \frac{\sigma^2}{2} \cdot f^2 + \mathcal{O}\left(\frac{1}{\sqrt{n}}\right)$$

매매일이 무한하다고 가정하면 다음과 같아진다.

$$G_\infty(f) = r + (\mu - r) \cdot f - \frac{\sigma^2}{2} \cdot f^2$$

최적 비율 f^*는 위 식을 1차 미분하여 찾을 수 있다.

$$f^* = \frac{\mu - r}{\sigma^2}$$

즉, 주식의 기대수익률에서 무위험 이자율을 뺀 초과 기대수익률을 분산으로 나눈 값이 된다. 이 수식은 샤프 지수(13.2절 "포트폴리오 최적화" 참조)와 비슷해 보이지만 다르다.

실제 데이터에 이 공식을 적용하면 주식 투자 전략에 사용할 수 있는 레버리지를 구할 수 있다. 매매 전략은 단순히 S&P 500 지수를 매수하여 보유하는 것이라고 하자. 시뮬레이션을 위해 기본 데이터를 읽고 몇 가지 통계치를 계산한다.

```
In [16]: raw = pd.read_csv('../../source/tr_eikon_eod_data.csv',
                           index_col=0, parse_dates=True)

In [17]: symbol = '.SPX'

In [18]: data = pd.DataFrame(raw[symbol])

In [19]: data['returns'] = np.log(data / data.shift(1))

In [20]: data.dropna(inplace=True)

In [21]: data.tail()
Out[21]:                .SPX   returns
         Date
         2018-06-25  2717.07 -0.013820
         2018-06-26  2723.06  0.002202
         2018-06-27  2699.63 -0.008642
         2018-06-28  2716.31  0.006160
         2018-06-29  2718.37  0.000758
```

해당 기간 동안 S&P 500 지수의 통계적 특성을 적용하면 최적 비율은 약 4.5가 된다. 다시 말해 1달러의 주식에 대해 4.5달러를 투자한다는 의미의 레버리지 4.5를 사용하는 것이 켈리 기준에서 최적이라는 뜻이다. 켈리 기준은 다른 조건이 동일하다면 변동성이 낮고 초과 수익률이 높을수록 레버리지를 높이는 것이 좋다는 결론을 보여준다.

```
In [22]: mu = data.returns.mean() * 252  ❶

In [23]: mu  ❶
Out[23]: 0.09898579893004976

In [24]: sigma = data.returns.std() * 252 ** 0.5  ❷

In [25]: sigma  ❷
Out[25]: 0.1488567510081967

In [26]: r = 0.0  ❸

In [27]: f = (mu - r) / sigma ** 2  ❹

In [28]: f  ❹
Out[28]: 4.4672043679706865
```

❶ 연율화된 수익률 계산

❷ 연율화된 변동성 계산

❸ 무위험 이자율을 0으로 설정

❹ 전략에서 투자할 최적의 켈리 비율 계산

다음 코드는 켈리 기준에서 구한 최적 레버리지 비율을 시뮬레이션한다. 단순화와 비교를 위해 최초의 자산 가치는 1로 최초 투자 금액은 $1 \cdot f^*$로 설정한다. 투자한 금액의 성과에 따라 전체 투자 금액을 계속 조절한다. 손실이 있으면 금액이 줄고 수익이 나면 금액이 증가한다. 전체 자산과 지수 자체를 비교하여 [그림 16-3]에 나타냈다.

```
In [29]: equs = []

In [30]: def kelly_strategy(f):
             global equs
             equ = 'equity_{:.2f}'.format(f)
```

```
            equs.append(equ)
            cap = 'capital_{:.2f}'.format(f)
            data[equ] = 1  ❶
            data[cap] = data[equ] * f  ❷
            for i, t in enumerate(data.index[1:]):
                t_1 = data.index[i]  ❸
                data.loc[t, cap] = data[cap].loc[t_1] * \
                                    math.exp(data['returns'].loc[t])  ❹
                data.loc[t, equ] = data[cap].loc[t] - \
                                    data[cap].loc[t_1] + \
                                    data[equ].loc[t_1]  ❺
                data.loc[t, cap] = data[equ].loc[t] * f  ❻

In [31]: kelly_strategy(f * 0.5)  ❼

In [32]: kelly_strategy(f * 0.66)  ❽

In [33]: kelly_strategy(f)  ❾

In [34]: print(data[equs].tail())
                     equity_2.23 equity_2.95 equity_4.47
         Date
         2018-06-25     4.707070    6.367340    8.794342
         2018-06-26     4.730248    6.408727    8.880952
         2018-06-27     4.639340    6.246147    8.539593
         2018-06-28     4.703365    6.359932    8.775296
         2018-06-29     4.711332    6.374152    8.805026

In [35]: ax = data['returns'].cumsum().apply(np.exp).plot(legend=True,
                                                       figsize=(10, 6))
         data[equs].plot(ax=ax, legend=True);
```

❶ 초깃값을 1로 하여 새로운 열 생성

❷ 초깃값을 f^*로 하여 새로운 열 생성

❸ 이전 값에 대한 DatetimeIndex 값 선택

❹ 수익률로 새로운 자금 포지션 계산

❺ 수익률을 사용하여 자산 가격 재계산

❻ 새로운 자산 포지션과 고정된 비율을 사용하여 자산 가격 재계산

❼ 원래 켈리 기준의 절반인 경우

❽ 원래 켈리 기준의 1/3인 경우

❾ 원래 켈리 기준

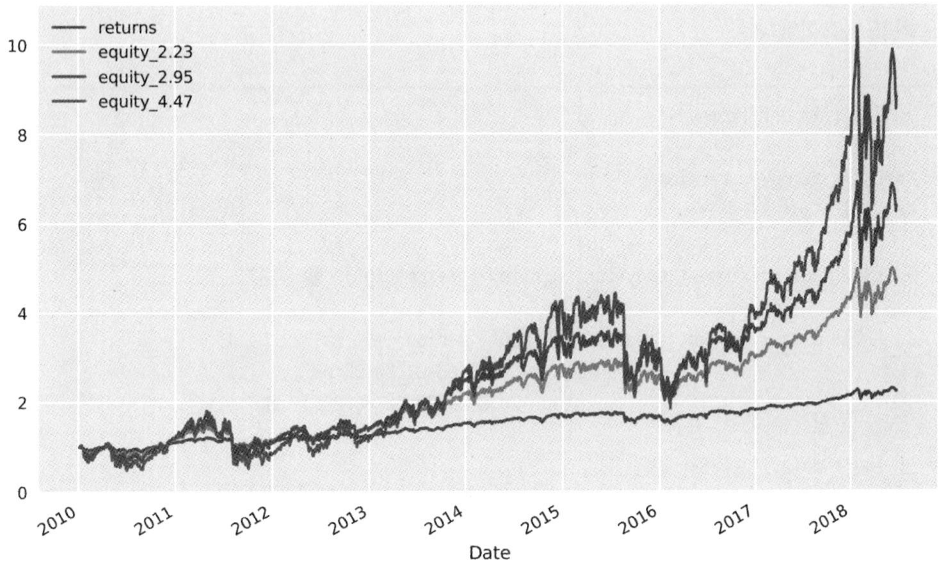

그림 16-3 S&P 500 지수와 여러 가지 켈리 기준에 따른 누적 성과

[그림 16-3]에서 보듯이 최적의 켈리 기준 레버리지를 적용하면 자산의 변동성이 크게 증가한다. 레버리지가 클수록 변동성도 커지기 때문이다. 따라서 실제로는 켈리 기준보다 적게, 예를 들어 켈리 기준의 절반 정도(위 예제에서는 2.23)를 사용한다. 켈리 레버리지를 줄일수록 위험이 줄어드는 것을 [그림 16-3]에서 볼 수 있다.

16.2 머신러닝 기반 매매 전략

14장에서 FXCM 트레이딩 플랫폼과 REST API 그리고 `fxcmpy` 파이썬 패키지를 소개했다. 이 절에서는 FXCM REST API로 얻은 과거 데이터와 시장의 방향을 예측하는 머신러닝 방법론을 결합하여 EUR/USD 환율에 대한 알고리즘 트레이딩 전략을 백테스팅한다. 이번 백테스팅도 벡터화된 방법을 사용하지만 이번에는 매수 매도 스프레드를 거래 비용으로 감안하기로 한다. 또한 15장에서 소개했던 일반적인 벡터화된 백테스팅에 더하여 매매 전략의 위험 특성에 대해 더 심도 있는 분석을 해본다.

16.2.1 벡터화된 백테스팅

이번 백테스팅은 일중 데이터, 좀 더 정확하게는 5분봉을 기반으로 한다. 다음 코드는 FXCM REST API로 한 달 전체에 대한 5분봉을 얻는다. [그림 16-4]에 전체 기간에 대해 중간가격 종가를 시각화했다.

```
In [36]: import fxcmpy

In [37]: fxcmpy.__version__
Out[37]: '1.1.33'

In [38]: api = fxcmpy.fxcmpy(config_file='../fxcm.cfg') ❶

In [39]: data = api.get_candles('EUR/USD', period='m5',
                                start='2018-06-01 00:00:00',
                                stop='2018-06-30 00:00:00') ❶

In [40]: data.iloc[-5:, 4:]
Out[40]:                      askopen  askclose   askhigh   asklow  tickqty
         date
         2018-06-29 20:35:00  1.16862   1.16882   1.16896  1.16839      601
         2018-06-29 20:40:00  1.16882   1.16853   1.16898  1.16852      387
         2018-06-29 20:45:00  1.16853   1.16826   1.16862  1.16822      592
         2018-06-29 20:50:00  1.16826   1.16836   1.16846  1.16819      842
         2018-06-29 20:55:00  1.16836   1.16861   1.16876  1.16834      540

In [41]: data.info()
         <class 'pandas.core.frame.DataFrame'>
         DatetimeIndex: 6083 entries, 2018-06-01 00:00:00 to 2018-06-29 20:55:00
         Data columns (total 9 columns):
         bidopen     6083 non-null float64
         bidclose    6083 non-null float64
         bidhigh     6083 non-null float64
         bidlow      6083 non-null float64
         askopen     6083 non-null float64
         askclose    6083 non-null float64
         askhigh     6083 non-null float64
         asklow      6083 non-null float64
         tickqty     6083 non-null int64
         dtypes: float64(8), int64(1)
         memory usage: 475.2 KB

In [42]: spread = (data['askclose'] - data['bidclose']).mean() ❷
```

```
        spread ❷
Out[42]: 2.6338977478217845e-05

In [43]: data['midclose'] = (data['askclose'] + data['bidclose']) / 2 ❸

In [44]: ptc = spread / data['midclose'].mean() ❹
         ptc ❹
Out[44]: 2.255685318140426e-05

In [45]: data['midclose'].plot(figsize=(10, 6), legend=True);
```

❶ API 연결 및 데이터 수집

❷ 매수 매도 스프레드 평균 계산

❸ 매수 종가와 매도 종가의 중간가격 계산

❹ 평균 스프레드와 평균 중간가격에서 평균 매매 비용 계산

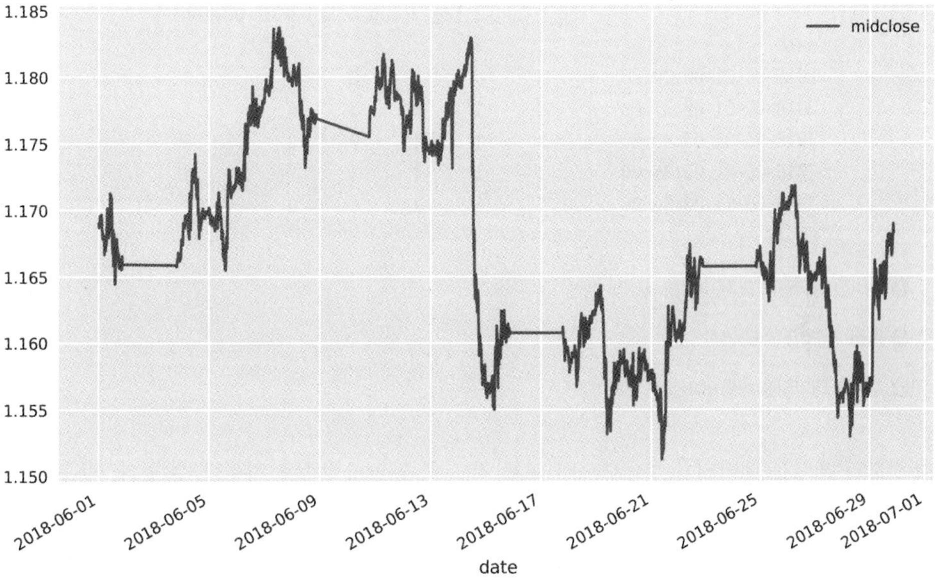

그림 16-4 EUR/USD 환율(5분봉)

머신러닝 기반 전략은 이진화된 과거 수익률을 기반으로 한다. 다른 말로 하면 다음날 상승할지 하락할지 여부를 과거의 상승 및 하락 패턴에서 학습한다는 뜻이다. 입력으로 사용할 특징 데이터는 0 또는 1로, 예측하고자 하는 시장 방향은 +1과 −1로 레이블링한다.

```
In [46]: data['returns'] = np.log(data['midclose'] / data['midclose'].shift(1))

In [47]: data.dropna(inplace=True)

In [48]: lags = 5

In [49]: cols = []
         for lag in range(1, lags + 1):
             col = 'lag_{}'.format(lag)
             data[col] = data['returns'].shift(lag)  ❶
             cols.append(col)

In [50]: data.dropna(inplace=True)

In [51]: data[cols] = np.where(data[cols] > 0, 1, 0)  ❷

In [52]: data['direction'] = np.where(data['returns'] > 0, 1, -1)  ❸

In [53]: data[cols + ['direction']].head()
Out[53]:                      lag_1 lag_2 lag_3 lag_4 lag_5 direction
         date
         2018-06-01 00:30:00      1     0     1     0     1         1
         2018-06-01 00:35:00      1     1     0     1     0         1
         2018-06-01 00:40:00      1     1     1     0     1         1
         2018-06-01 00:45:00      1     1     1     1     0         1
         2018-06-01 00:50:00      1     1     1     1     1        -1
```

❶ 주어진 날짜만큼 과거 수익률 데이터 생성

❷ 특징값을 이진수로 변환

❸ 수익률 데이터를 방향 레이블로 변환

특징값과 레이블 데이터가 주어졌으니 이제 지도 학습 알고리즘을 적용할 수 있다. 다음 코드에서는 scikit-learn 머신러닝 패키지의 분류용 서포트 벡터 머신 알고리즘을 사용했다. 이 코드는 연속적 학습-검증 분리 방법으로 알고리즘 트레이딩 전략을 학습시키고 검증한다. 모델의 정확도는 학습 데이터에서 50%를 약간 넘고 검증 데이터에서 조금 더 높다. 금융 관점에서 정확도 지표 대신에 예측에 성공한 매매의 비율인 히트 비율을 사용할 수도 있다. 히트 비율이 50%를 넘기 때문에 켈리 기준에서 보았을 때 랜덤워크 가설보다는 수익 가능성이 더 있다고 할 수 있다.

```
In [54]: from sklearn.svm import SVC
         from sklearn.metrics import accuracy_score

In [55]: model = SVC(C=1, kernel='linear', gamma='auto')

In [56]: split = int(len(data) * 0.80)

In [57]: train = data.iloc[:split].copy()

In [58]: model.fit(train[cols], train['direction'])
Out[58]: SVC(C=1, cache_size=200, class_weight=None, coef0=0.0,
         decision_function_shape='ovr', degree=3, gamma='auto', kernel='linear',
           max_iter=-1, probability=False, random_state=None, shrinking=True,
           tol=0.001, verbose=False)

In [59]: accuracy_score(train['direction'], model.predict(train[cols]))  ❶
Out[59]: 0.5198518823287389

In [60]: test = data.iloc[split:].copy()

In [61]: test['position'] = model.predict(test[cols])

In [62]: accuracy_score(test['direction'], test['position'])  ❷
Out[62]: 0.5419407894736842
```

❶ 학습용 데이터를 사용한 표본 내 정확도

❷ 검증용 데이터를 사용한 표본 외 정확도

히트 비율은 금융거래에서 성공의 한 면만 보여주고 있다. 또 다른 중요 지표는 매매 전략에서의 거래 비용과 중요 매매를 잘 했는지 여부다.[2] 따라서 지금까지의 벡터화된 백테스팅 방법은 단지 매매 전략을 정성적으로 평가하는 것일 뿐이다. 다음 코드는 평균 매수 매도 스프레드에 의한 일정 비율의 거래 비용을 감안했다. [그림 16-5]는 거래 비용을 감안했을 때와 감안하지 않았을 때의 알고리즘 트레이딩 전략의 성과를 패시브 벤치마크 투자와 비교하고 있다.

```
In [63]: test['strategy'] = test['position'] * test['returns']  ❶
```

2 시장이 크게 움직일 때 매매를 잘했는지 여부는 투자나 매매 성과에서 가장 중요하다. 이 점은 [그림 16-5]와 [그림 16-7]에서도 볼 수 있는데 매매 전략이 크게 움직일 때 잘못 예측하면 전략 성과에 큰 손실이 남는다.

```
In [64]: sum(test['position'].diff() != 0)  ❷
Out[64]: 660

In [65]: test['strategy_tc'] = np.where(test['position'].diff() != 0,
                                        test['strategy'] - ptc,  ❸
                                        test['strategy'])

In [66]: test[['returns', 'strategy', 'strategy_tc']].sum(
             ).apply(np.exp)
Out[66]: returns        0.999324
         strategy       1.026141
         strategy_tc    1.010977
         dtype: float64

In [67]: test[['returns', 'strategy', 'strategy_tc']].cumsum(
             ).apply(np.exp).plot(figsize=(10, 6));
```

❶ 머신러닝 기반의 알고리즘 트레이딩 전략의 로그 수익률 계산

❷ 포지션 방향을 기반으로 매매 전략에서의 매매 횟수 계산

❸ 매매가 발생할 때마다 그에 비례하는 거래 비용을 그 날의 로그 수익률에서 제외

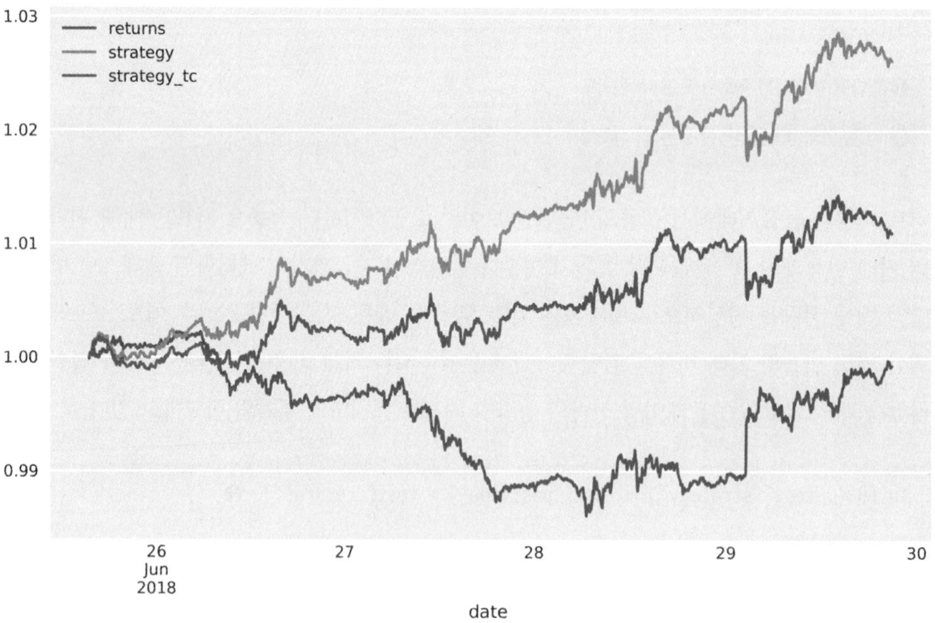

그림 16-5 EUR/USD 환율과 알고리즘 트레이딩 전략의 성과

CAUTION_ 벡터화된 백테스팅의 한계

지금까지의 벡터화된 백테스팅은 현실에 가깝게 테스트를 하는 데 한계가 있다. 예를 들어 매매할 때마다 고정된 거래 비용을 감안하지 않는다. 대신에 대략적으로 매매 규모에 비례하는 평균적인 거래 비용을 감안할 수는 있다. 하지만 이렇게 하는 것은 일반적으로 정확하지 않다. 더 높은 정밀도가 필요하다면 각각의 분봉에 대해 명시적인 반복을 사용하는 **이벤트 기반의 백테스팅**을 적용해야 한다.

16.2.2 최적 레버리지

매매 전략의 로그 수익률이 있으면 평균과 분산을 계산해서 켈리 기준에 따른 최적의 레버리지를 유도할 수 있다. 다음 코드에서는 평균과 분산을 연율화하여 계산한다. 하지만 같은 값을 사용하기 때문에 연율화로 인해서 최적 레버리지가 바뀌지는 않는다.

```
In [68]: mean = test[['returns', 'strategy_tc']].mean() * len(data) * 12  ❶
         mean
Out[68]: returns       -0.040535
         strategy_tc    0.654711
         dtype: float64

In [69]: var = test[['returns', 'strategy_tc']].var() * len(data) * 12  ❷
         var
Out[69]: returns        0.007861
         strategy_tc    0.007837
         dtype: float64

In [70]: vol = var ** 0.5  ❸
         vol
Out[70]: returns        0.088663
         strategy_tc    0.088524
         dtype: float64

In [71]: mean / var  ❹
Out[71]: returns        -5.156448
         strategy_tc    83.545792
         dtype: float64

In [72]: mean / var * 0.5  ❺
Out[72]: returns       -2.578224
```

```
strategy_tc    41.772896
dtype: float64
```

❶ 연율화된 평균 수익률

❷ 연율화된 분산

❸ 연율화된 변동성

❹ 켈리 기준에 따른 최적 레버리지

❺ 절반 켈리half Kelly 기준에 따른 최적 레버리지

절반 켈리 기준을 사용하면 이 매매 전략의 최적 레버리지는 약 40이다. FXCM과 같이 환율과 CFD 등의 금융 상품을 취급하는 대부분의 증권사나 중개업자는 이 정도 레버리지를 개인에게도 허용한다.[3] [그림 16-6]에서는 레버리지 비율을 다르게 적용했을 때 거래 비용을 감안한 매매 전략의 성과를 보여주고 있다.

```
In [73]: to_plot = ['returns', 'strategy_tc']

In [74]: for lev in [10, 20, 30, 40, 50]:
             label = 'lstrategy_tc_%d' % lev
             test[label] = test['strategy_tc'] * lev  ❶
             to_plot.append(label)

In [75]: test[to_plot].cumsum().apply(np.exp).plot(figsize=(10, 6));
```

❶ 여러 가지 레버리지 비율로 전략 스케일링

3 레버리지가 증가하면 매매 전략과 관련된 위험도 같이 증가한다. 투자자는 관련된 위험 고지와 법률을 주의 깊게 읽어야 한다. 백테스팅 결과가 좋게 나왔다고 해서 미래의 성과가 보장되지는 않는다. 모든 결과는 프로그래밍 방법과 분석 방법을 설명하기 위해 보여준 것뿐이다. 독일과 같은 일부 국가에서는 개인에게 적용되는 레버리지 비율이 금융 상품마다 다르게 제한될 수 있다.

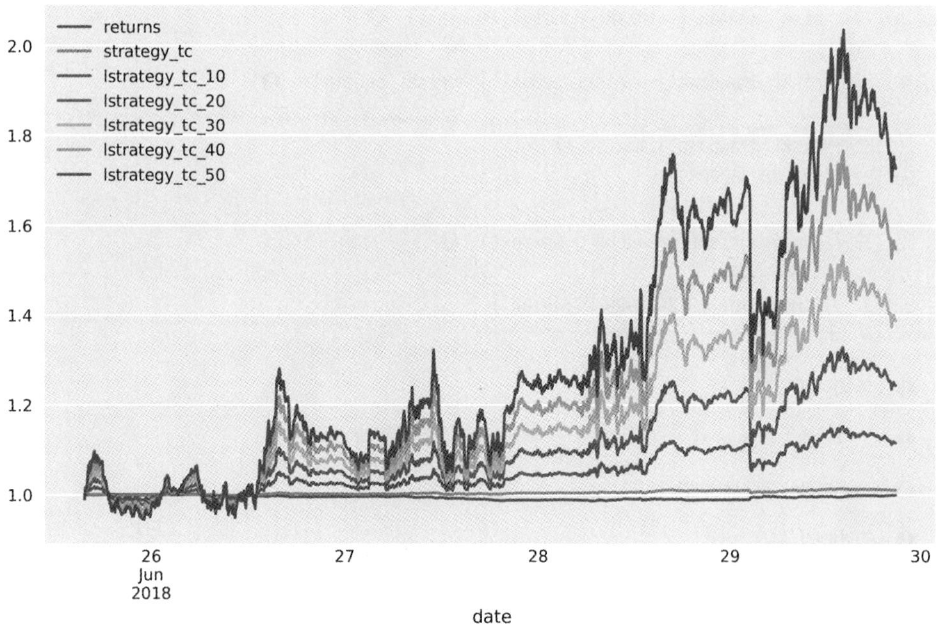

그림 16-6 레버리지 비율에 따른 알고리즘 트레이딩 전략의 성과

16.2.3 위험 분석

레버리지 비율의 증가는 매매 전략과 관련된 위험을 증가시키므로 더 심도 있는 위험 분석이 필요하다. 다음 위험 분석에서는 레버리지 비율이 30이라고 가정한다. 우선 **최대손실낙폭**maximum drawdown과 **최장손실구간**longest drawdown period을 계산한다. 최대손실낙폭은 가장 최근의 최대 수익 시점에서 떨어진 최대의 손실을 말하고 최장손실구간은 가장 최근의 최대 수익 수준까지 되돌아가는 데 필요한 시간을 말한다. 이 분석에서는 레버리지가 30이므로 최초의 자본 수준이 3,333이고 포지션 수준이 100,000이라고 가정했다. 또한 전략 실행 중에 성과가 어떻게 되든 자본을 더 넣거나 빼지 않는다고 가정한다.

```
In [76]: equity = 3333  ❶

In [77]: risk = pd.DataFrame(test['lstrategy_tc_30'])  ❷

In [78]: risk['equity'] = risk['lstrategy_tc_30'].cumsum(
             ).apply(np.exp) * equity  ❸
```

```
In [79]: risk['cummax'] = risk['equity'].cummax()  ❹

In [80]: risk['drawdown'] = risk['cummax'] - risk['equity']  ❺

In [81]: risk['drawdown'].max()  ❻
Out[81]: 781.7073602069818

In [82]: t_max = risk['drawdown'].idxmax()  ❼
         t_max  ❼
Out[82]: Timestamp('2018-06-29 02:45:00')
```

❶ 최초 자본금

❷ 로그 수익률 시계열

❸ 최초 자본금을 곱해서 스케일링

❹ 누적 최댓값

❺ 손실낙폭

❻ 최대손실낙폭

❼ 발생 시점

기술적으로 새로운 최고점에서 최대손실낙폭은 0이다. 손실구간은 두 개의 최댓값 사이의 기간이다. [그림 16-7]에서는 최대손실낙폭과 최장손실구간을 보여주고 있다.

```
In [83]: temp = risk['drawdown'][risk['drawdown'] == 0]  ❶

In [84]: periods = (temp.index[1:].to_pydatetime() -
                    temp.index[:-1].to_pydatetime())  ❷

In [85]: periods[20:30]  ❷
Out[85]: array([datetime.timedelta(seconds=68700),
                datetime.timedelta(seconds=72000),
                datetime.timedelta(seconds=1800), datetime.timedelta(seconds=300),
                datetime.timedelta(seconds=600), datetime.timedelta(seconds=300),
                datetime.timedelta(seconds=17400),
                datetime.timedelta(seconds=4500), datetime.timedelta(seconds=1500),
                datetime.timedelta(seconds=900)], dtype=object)

In [86]: t_per = periods.max()  ❸
```

```
In [87]: t_per  ❸
Out[87]: datetime.timedelta(seconds=76500)

In [88]: t_per.seconds / 60 / 60  ❹
Out[88]: 21.25

In [89]: risk[['equity', 'cummax']].plot(figsize=(10, 6))
         plt.axvline(t_max, c='r', alpha=0.5);
```

❶ 손실낙폭이 0이 되는 지점 찾기

❷ 최대 지점 사이의 시간 계산

❸ 최장손실구간 계산(초 단위)

❹ 시간 단위 변환

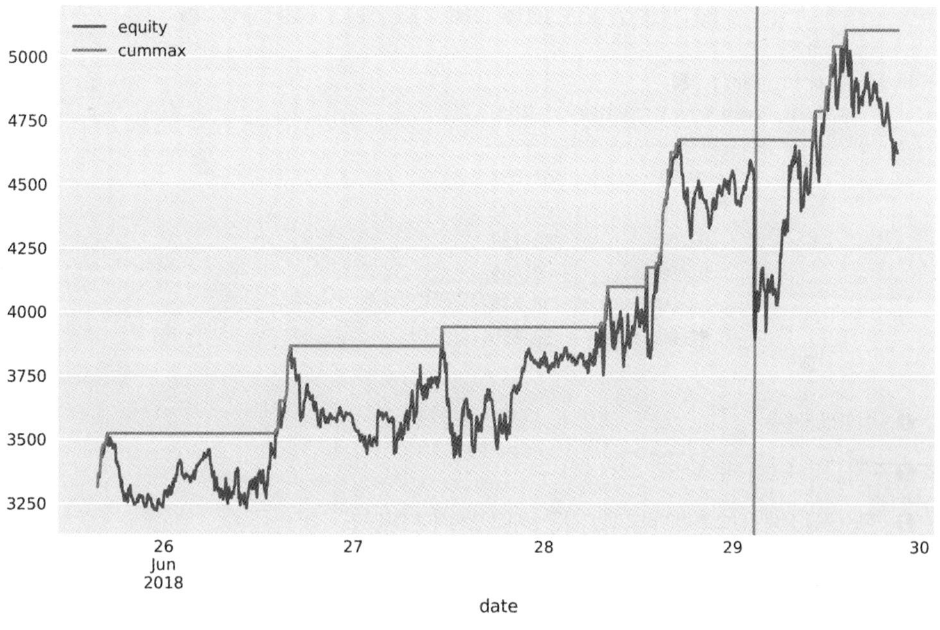

그림 16-7 최대손실낙폭 시점(세로선)과 최장손실구간(가로선)

또 하나의 중요한 위험 지표는 VaR[value-at-risk]값이다. VaR값은 특정 기간 내에 특정 확률로 발생할 수 있는 최대 손실을 금액으로 나타낸 것이다.

다음 코드는 다양한 신뢰수준에 대한 레버리지 매매 전략의 자본금 수익률에 기반하여 VaR값을 유도한 것이다. 기간은 5분봉의 길이로 고정했다.

```
In [91]: import scipy.stats as scs

In [92]: percs = np.array([0.01, 0.1, 1., 2.5, 5.0, 10.0])  ❶

In [93]: risk['returns'] = np.log(risk['equity'] /
                                  risk['equity'].shift(1))

In [94]: VaR = scs.scoreatpercentile(equity * risk['returns'], percs)  ❷

In [95]: def print_var():
             print('%16s %16s' % ('Confidence Level', 'Value-at-Risk'))
             print(33 * '-')
             for pair in zip(percs, VaR):
                 print('%16.2f %16.3f' % (100 - pair[0], -pair[1]))  ❸

In [96]: print_var()  ❸
         Confidence Level    Value-at-Risk
         ---------------------------------
                    99.99          400.854
                    99.90          175.932
                    99.00           88.139
                    97.50           60.485
                    95.00           45.010
                    90.00           32.056
```

❶ 사용할 신뢰수준

❷ 주어진 신뢰수준에 따른 VaR값 계산

❸ 신뢰수준을 신뢰구간으로 변환하고 VaR값을 양수로 변환하여 출력

마지막으로 다음 코드는 원래의 DataFrame 객체를 리샘플링하여 한 시간 단위의 VaR값을 계산한 것이다. 실질적으로 각 신뢰구간에 대한 VaR값은 증가했다.

```
In [97]: hourly = risk.resample('1H', label='right').last()  ❶

In [98]: hourly['returns'] = np.log(hourly['equity'] /
                                    hourly['equity'].shift(1))
```

```
In [99]: VaR = scs.scoreatpercentile(equity * hourly['returns'], percs)  ❷
In [100]: print_var()
          Confidence Level    Value-at-Risk
          ---------------------------------
                     99.99          389.524
                     99.90          372.657
                     99.00          205.662
                     97.50          186.999
                     95.00          164.869
                     90.00          101.835
```

❶ 5분봉에서 1시간 간격으로 리샘플링

❷ 리샘플링된 데이터의 VaR값 재계산

16.2.4 모형 객체 보존

일단 백테스팅, 레버리지 분석, 위험 분석 결과에서 알고리즘 트레이딩 전략이 통과되었으면 나중에 사용하기 위해 이 매매 전략 객체를 보존해야 한다. 보존된 객체는 전략 내용을 내포하고 있다.

```
In [101]: import pickle

In [102]: pickle.dump(model, open('algorithm.pkl', 'wb'))
```

16.3 온라인 알고리즘

지금까지 테스트한 트레이딩 알고리즘은 오프라인 알고리즘이었다. 이 알고리즘은 문제를 풀기 위해 필요한 데이터가 완벽하게 주어져 있다고 가정하고 만든 것이다. 여기서 주어진 문제는 이진화된 특징값과 레이블링된 시장 방향을 사용하여 서포트 벡터 머신 기반의 알고리즘을 학습시키는 것이다. 실제로 이 트레이딩 알고리즘을 금융 시장에 배포할 때는 데이터가 조각조각 도착하게 되고 이 값을 기반으로 시장 방향을 예측해야 한다. 이 절에서는 이전 절에서 보존했던 모형 객체를 사용하여 실시간 환경에 적용한다.

오프라인 트레이딩 알고리즘 코드를 온라인 트레이딩 알고리즘으로 바꿀 때는 다음과 같은 점에 주의해야 한다.

틱 데이터

틱 데이터는 실시간으로 도착하고 실시간으로 처리되어야 한다.

리샘플링

틱 데이터는 트레이딩 알고리즘에서 주어진 봉 간격에 맞게 리샘플링해야 한다.

예측

트레이딩 알고리즘은 주어진 시간 이후의 시장 방향을 예측해야 한다.

주문

현재의 포지션 정보와 알고리즘에 의한 시장 예측이 주어지면 포지션 정보에 맞게 주문이 나가야 한다.

앞 장의 14.3.2절 '스트리밍 데이터 받기'에서 FXCM REST API를 사용하여 실시간으로 틱 데이터 받는 법을 설명했다. 기본적인 방법은 시장 데이터 스트림 수신을 신청하고 데이터를 처리할 콜백 함수를 넘기는 것이다.

우선 보존했던 트레이딩 알고리즘을 다시 로드한다. 이 알고리즘이 우리가 사용할 트레이딩 로직이다. 트레이딩 알고리즘이 매매하는 동안 포지션을 출력하는 보조 함수를 정의하면 유용하다.

```
In [103]: algorithm = pickle.load(open('algorithm.pkl', 'rb'))

In [104]: algorithm
Out[104]: SVC(C=1, cache_size=200, class_weight=None, coef0=0.0,
          decision_function_shape='ovr', degree=3, gamma='auto',
          kernel='linear', max_iter=-1, probability=False,
          random_state=None, shrinking=True, tol=0.001, verbose=False)

In [105]: sel = ['tradeId', 'amountK', 'currency', 'grossPL', 'isBuy']  ❶
```

```
In [106]: def print_positions(pos):
              print('\n\n' + 50 * '=')
              print('Going {}.\n'.format(pos))
              time.sleep(1.5)  ❷
              print(api.get_open_positions()[sel])  ❸
              print(50 * '=' + '\n\n')
```

❶ 출력할 DataFrame 열

❷ 실행될 때까지 대기

❸ 현재 포지션 출력

온라인 알고리즘을 정의하고 시작하기 전에 몇 가지 매개변수를 설정하자.

```
In [107]: symbol = 'EUR/USD'  ❶
          bar = '15s'  ❷
          amount = 100  ❸
          position = 0  ❹
          min_bars = lags + 1  ❺
          df = pd.DataFrame()  ❻
```

❶ 매매할 상품 심볼

❷ 리샘플링할 봉 간격. 테스트를 위해 실제보다 짧게 설정한다.

❸ 매매 수량

❹ 초기 포지션

❺ 첫 번째 예측에 사용될 리샘플링된 봉의 최소 개수

❻ 리샘플링된 데이터에 사용할 빈 DataFrame 객체

다음은 트레이딩 알고리즘을 실시간으로 바꾸는 automated_strategy() 콜백 함수다.

```
In [108]: def automated_strategy(data, dataframe):
              global min_bars, position, df
              ldf = len(dataframe)  ❶
              df = dataframe.resample(bar, label='right').last().ffill()  ❷
              if ldf % 20 == 0:
                  print('%3d' % len(dataframe), end=',')
```

```python
        if len(df) > min_bars:
            min_bars = len(df)
            df['Mid'] = df[['Bid', 'Ask']].mean(axis=1)
            df['Returns'] = np.log(df['Mid'] / df['Mid'].shift(1))
            df['Direction'] = np.where(df['Returns'] > 0, 1, -1)
            features = df['Direction'].iloc[-(lags + 1):-1]  ❸
            features = features.values.reshape(1, -1)  ❹
            signal = algorithm.predict(features)[0]  ❺

            if position in [0, -1] and signal == 1:  ❻
                api.create_market_buy_order(
                    symbol, amount - position * amount)
                position = 1
                print_positions('LONG')

            elif position in [0, 1] and signal == -1:  ❼
                api.create_market_sell_order(
                    symbol, amount + position * amount)
                position = -1
                print_positions('SHORT')

        if len(dataframe) > 350:  ❽
            api.unsubscribe_market_data('EUR/USD')
            api.close_all()
```

❶ 틱 데이터가 있는 DataFrame 객체의 길이

❷ 정의된 봉 길이에 맞게 틱 데이터 리샘플링

❸ 모든 과거 데이터 중 필요한 부분 선택

❹ 예측 모형에 맞는 형태로 변환

❺ 예측값 출력(+1 또는 -1)

❻ 매수 포지션 조건

❼ 매도 포지션 조건

❽ 매매를 중지하거나 완료하는 조건

16.4 기반구조와 배포

실제 자금을 사용하여 자동화된 알고리즘 트레이딩 전략을 실행할 때는 적절한 기반구조가 필요하다. 기반구조는 다음과 같은 조건을 갖추어야 한다.

신뢰성

알고리즘 트레이딩 전략을 배포할 기반구조는 99.9% 이상의 고가용성high availability을 가지고 있어야 하며 (자동 백업, 드라이브 및 웹 연결의 다중화 등) 여러 가지 신뢰성 기준을 만족해야 한다.

성능

처리하는 데이터의 양과 알고리즘이 사용하는 계산량에 따라서 기반구조는 충분한 CPU 코어, 메모리, 디스크 용량을 가지고 있어야 한다. 또한 네트워크 속도도 충분히 빨라야 한다.

보안

운영체제와 애플리케이션은 강력한 패스워드와 SSL 암호화로 보호되어야 한다. 하드웨어 또한 화재나 수해 혹은 인가되지 않은 물리적 접근으로부터 보호되어야 한다.

전문적 데이터 센터나 클라우드 서비스를 이용하면 기본적으로 이러한 조건을 만족시킬 수 있다. 대형 금융기관일수록 이러한 물리적 기반구조에 대한 투자는 충분히 정당화된다.

개발이나 테스트 관점에서는 디지털오션DigitalOcean의 가장 작은 서비스인 Droplet 서비스로 충분히 시작할 수 있다. 집필 시점에 Droplet 서비스는 한 달에 5달러 수준이다. 사용료는 시간 단위로 지불되고 몇 분이면 서버를 생성할 수 있으며 서비스를 종료하는 데도 몇 초면 된다.[4]

디지털오션에서 Droplet 서비스를 생성하는 방법은 앞에서 설명했다(2.4절 '클라우드 인스턴스 사용법' 참고). 그 때 사용한 배시 스크립트를 조금만 바꾸면 개인적으로 필요한 설정을 할 수 있다.

4 디지털오션에서 새 계정을 생성할 때 다음 링크를 사용하면 보너스 10달러를 받을 수 있다. *http://bit.ly/do_sign_up*.

CAUTION_ 운용상의 위험

자동화된 알고리즘 트레이딩 전략을 (데스크탑이나 노트북 같은) 개인 컴퓨터에서 개발 및 테스트할 수도 있지만 실제로 자금을 사용하는 전략에서는 적절하지 않다. 예를 들어 인터넷 연결이 끊어져서 예기치 못한 데이터 손실이 발생할 수도 있다. 이렇게 되면 실시간 틱 데이터의 누락으로 인해 의도치 않은 매매가 발생할 수도 있다.

16.5 로깅과 모니터링

필요한 파이썬 패키지가 모두 설치되어 있고 주피터 노트북이 안전하게 동작하고 있는 원격 서버(클라우드 인스턴스 혹은 대여한 서버)에 자동화된 알고리즘 트레이딩 전략이 배포된다고 가정하자. 알고리즘 트레이더가 하루 종일 서버에 로그인해서 스크린을 바라보고 있지 않으려면 무엇이 더 필요할까?

이때 중요한 두 가지는 로깅과 실시간 모니터링이다. 바로 이 절에서 설명할 내용이다.

로깅은 나중에 검사할 수 있도록 각종 정보와 이벤트를 디스크에 저장해놓는 것이다. 소프트웨어 개발과 배포에서 일반적으로 사용하는 표준 절차다. 하지만 여기에서는 금융 측면에 초점을 맞춰 중요한 데이터를 나중에 분석하거나 조사하는 데 사용한다. 소켓 커뮤니케이션을 사용한 실시간 모니터링도 중요하다. 클라우드에서 배포가 이루어지더라도 중요한 금융 정보는 소켓을 통해 지속적으로 개인용 컴퓨터에서 처리되고 있어야 한다.

이 장 마지막에 첨부한 16.7.1절 '자동화된 매매 전략', 스크립트에서는 16.3절 '온라인 알고리즘'에서 강조했던 모든 요소를 구현해놓았다. 이 스크립트는 보존해 놓은 알고리즘 객체를 원격 서버에 배포할 수 있는 형태로 구현했다. 또한 소켓 커뮤니케이션용 `ZeroMQ` 라이브러리를 사용하여 로깅 및 모니터링 기능도 추가했다. 이 스크립트 다음에 추가한 16.7.2절 '전략 모니터링'이라는 짧은 스크립트를 같이 사용하면 원격 서버의 활동을 실시간으로 모니터링할 수도 있다.

'자동화된 매매 전략' 스크립트가 실행되면 다음과 같은 로그 메시지가 소켓을 통해 전달된다.

```
2018-07-25 09:16:15.568208
===================================================================
NUMBER OF BARS: 24
===================================================================
MOST RECENT DATA
                         Mid   Returns Direction
2018-07-25 07:15:30 1.168885 -0.000009        -1
2018-07-25 07:15:45 1.168945  0.000043         1
2018-07-25 07:16:00 1.168895 -0.000051        -1
2018-07-25 07:16:15 1.168895 -0.000009        -1
2018-07-25 07:16:30 1.168885 -0.000017        -1
===================================================================
features: [[ 1 -1 1 -1 -1]]
position: -1
signal:   -1
2018-07-25 09:16:15.581453
===================================================================
no trade placed
****END OF CYCLE***

2018-07-25 09:16:30.069737
===================================================================
NUMBER OF BARS: 25
===================================================================
MOST RECENT DATA
                         Mid   Returns Direction
2018-07-25 07:15:45 1.168945  0.000043         1
2018-07-25 07:16:00 1.168895 -0.000051        -1
2018-07-25 07:16:15 1.168895 -0.000009        -1
2018-07-25 07:16:30 1.168950  0.000034         1
2018-07-25 07:16:45 1.168945 -0.000017        -1
===================================================================
features: [[-1 1 -1 -1 1]]
position: -1
signal:   1
2018-07-25 09:16:33.035094
===================================================================
===================================================
Going LONG.
   tradeId amountK currency grossPL isBuy
0 61476318     100  EUR/USD      -2  True
===================================================
****END OF CYCLE***
```

'전략 모니터링' 스크립트를 실행시키면 로컬 컴퓨터에서 실시간으로 정보를 받아 처리한다. 물론 필요에 따라 데이터를 조절할 수 있다.[5] 예를 들어 스크립트가 실행되는 동안에 데이터를 저장할 `DataFrame` 객체를 생성할 수 있다. 또한 스크립트가 손실이나 이익 목표와 같은 요소를 포함하도록 프로그래밍 방식으로 설정하는 것도 가능하다. FXCM 트레이딩 API를 사용하면 더 복잡한 형태의 주문 유형을 사용할 수도 있다.

CAUTION_ 모든 종류의 위험 고려하기

환율이나 CFD를 매매하는 것은 다양한 금융 위험을 동반한다. 따라서 이러한 상품 매매를 알고리즘 트레이딩 전략으로 구현하는 것도 추가적인 위험을 동반할 수 있다. 매매나 실행 로직에 결함이 있거나 소켓 커뮤니케이션, 지연된 검색, 틱 데이터 손실 등과 관련된 기술적인 문제가 있을 수도 있다. 따라서 매매 전략을 실행하기 전에 이와 관련된 모든 시장 위험, 집행 위험, 실행 위험, 기술적 위험 등을 모두 찾아서 평가하고 해결해야 한다. 이 장에서 보여준 모든 코드는 단지 기술적 설명을 위한 것일 뿐이다.

16.6 마치며

이 장에서는 시장의 방향을 예측하는 머신러닝 분류 알고리즘에 기반한 자동화된 알고리즘 트레이딩 전략의 배포에 대해 설명했다. (켈리 기준에 따른) 자금 관리, 성능 및 위험 평가를 위한 벡터화된 백테스팅 방법, 적절한 기반구조와 배포 기준 그리고 로깅 및 모니터링에 대해서도 설명했다.

이 장의 주제는 복잡하고 알고리즘 트레이딩을 실제로 하기 위해서는 다양한 기술이 필요하다. 한편 FXCM에서 제공하는 것처럼 알고리즘 트레이딩용 REST API를 사용할 수 있다면 자동화 작업을 단순화할 수 있다. 틱 데이터를 받는 부분이나 주문을 내는 부분에서 `fxcmpy`와 같은 파이썬 패키지를 사용할 수 있기 때문이다. 이 외에도 운영 및 기술 위험 등을 줄일 수 있는 요소를 추가로 고려해야 한다.

5 두 스크립트 사이에서 행해지는 소켓 커뮤니케이션은 암호화되어 있지 않아서 웹상에서 평문을 주고받는다. 따라서 보안상 위험이 있을 수 있다.

16.7 파이썬 스크립트

16.7.1 자동화된 매매 전략

다음은 알고리즘 트레이딩 전략을 자동화된 방식으로 로깅과 모니터링까지 포함하여 구현한 파이썬 스크립트다.

```
#
# FXCM 온라인 알고리즘, 로깅, 모니터링을 위한
# 자동화된 머신러닝 기반의 매매 전략
#
# Python for Finance, 2nd ed.
# (c) Dr. Yves J. Hilpisch
#
import zmq
import time
import pickle
import fxcmpy
import numpy as np
import pandas as pd
import datetime as dt

sel = ['tradeId', 'amountK', 'currency', 'grossPL', 'isBuy']
log_file = 'automated_strategy.log'

# 저장된 알고리즘 객체를 로드한다.
algorithm = pickle.load(open('algorithm.pkl', 'rb'))

# ZeroMQ를 사용한 소켓 통신을 설정한다.
context = zmq.Context()
socket = context.socket(zmq.PUB)

# 모든 IP 주소에 대해 소켓 통신이 가능하게 한다.
socket.bind('tcp://0.0.0.0:5555')

def logger_monitor(message, time=True, sep=True):
    ''' 사용자의 로그 및 모니터 함수
    '''
    with open(log_file, 'a') as f:
        t = str(dt.datetime.now())
        msg = ''
        if time:
            msg += '\n' + t + '\n'
```

```
        if sep:
            msg += 66 * '=' + '\n'
            msg += message + '\n\n'
        # 소켓을 통해 메시지를 보낸다.
        socket.send_string(msg)
        # 로그 파일에 메시지를 쓴다.
        f.write(msg)

def report_positions(pos):
    ''' 포지션 데이터를 출력, 로그, 송신
    '''
    out = '\n\n' + 50 * '=' + '\n'
    out += 'Going {}.\n'.format(pos) + '\n'
    time.sleep(2) # 주문 실행까지 대기
    out += str(api.get_open_positions()[sel]) + '\n'
    out += 50 * '=' + '\n'
    logger_monitor(out)
    print(out)

def automated_strategy(data, dataframe):
    ''' 매매 로직을 포함하는 콜백 함수
    '''
    global min_bars, position, df
    # 틱 데이터 리샘플링
    df = dataframe.resample(bar, label='right').last().ffill()

    if len(df) > min_bars:
        min_bars = len(df)
        logger_monitor('NUMBER OF TICKS: {} | '.format(len(dataframe)) +
                       'NUMBER OF BARS: {}'.format(min_bars))
        # 데이터 전처리와 특징 준비
        df['Mid'] = df[['Bid', 'Ask']].mean(axis=1)
        df['Returns'] = np.log(df['Mid'] / df['Mid'].shift(1))
        df['Direction'] = np.where(df['Returns'] > 0, 1, -1)
        # 관련 있는 포인트 선택
        features = df['Direction'].iloc[-(lags + 1):-1]
        # 형태 변형
        features = features.values.reshape(1, -1)
        # 신호 발생 (+1 or -1)
        signal = algorithm.predict(features)[0]
        # 중요 금융 정보를 기록하고 송신
        logger_monitor('MOST RECENT DATA\n' +
                       str(df[['Mid', 'Returns', 'Direction']].tail()),
                       False)
```

```
        logger_monitor('features: ' + str(features) + '\n' +
                       'position: ' + str(position) + '\n' +
                       'signal: ' + str(signal), False)

        # 매매 로직
        if position In [0, -1] and signal == 1: # 매수할 것인가?
            api.create_market_buy_order(
                symbol, size - position * size) # 매수 주문
            position = 1 # 포지션을 매수로 전환
            report_positions('LONG')

        elif position In [0, 1] and signal == -1: # 매도할 것인가?
            api.create_market_sell_order(
                symbol, size + position * size) # 매도 주문
            position = -1 # 포지션을 매도로 전환
            report_positions('SHORT')
        else:  # 매매하지 않음
            logger_monitor('no trade placed')

        logger_monitor('****END OF CYCLE***\n\n', False, False)

    if len(dataframe) > 350: # 중단 조건
        api.unsubscribe_market_data('EUR/USD')  # 데이터 스트림 수신 중단
        report_positions('CLOSE OUT')
        api.close_all() # 모든 포지션 정리
        logger_monitor('***CLOSING OUT ALL POSITIONS***')

if __name__ == '__main__':
    symbol = 'EUR/USD'  # 매매할 상품코드
    bar = '15s'  # 단위 시간
    size = 100  # 1000 단위 포지션 크기
    position = 0  # 초기 포지션
    lags = 5  # 특징 데이터를 만들기 위한 지연 횟수
    min_bars = lags + 1  # 리샘플링된 DataFrame의 최소 길이
    df = pd.DataFrame()
    # 설정 파일 위치
    api = fxcmpy.fxcmpy(config_file='../fxcm.cfg')
    # 콜백 함수를 사용하기 위한 메인 비동기 루프
    api.subscribe_market_data(symbol, (automated_strategy,))
```

16.7.2 전략 모니터링

다음은 소켓 커뮤니케이션을 통해 자동화된 알고리즘 트레이딩 전략을 원격 모니터링할 수 있는 파이썬 스크립트다.

```
#
# 소켓 통신을 통해 FXCM 전략 모니터링을 하기 위한
# 자동화된 머신러닝 기반의 매매 전략
#
# Python for Finance, 2nd ed.
# (c) Dr. Yves J. Hilpisch
#
import zmq

# ZeroMQ를 사용한 소켓 통신 설정
context = zmq.Context()
socket = context.socket(zmq.SUB)

# 원격 위치의 IP 주소 설정
socket.connect('tcp://REMOTE_IP_ADDRESS:5555')

# 모든 메시지를 받도록 소켓 설정
socket.setsockopt_string(zmq.SUBSCRIBE, '')

while True:
    msg = socket.recv_string()
    print(msg)
```

16.8 참고 문헌

다음은 이 장의 내용과 관련된 논문이다.

- Rotando, Louis, and Edward Thorp (1992). "The Kelly Criterion and the Stock Market." *The American Mathematical Monthly*, Vol. 99, No. 10, pp. 922–931.
- Hung, Jane (2010). "Betting with the Kelly Criterion." *http://bit.ly/betting_with_kelly*.

파이썬을 사용한 알고리즘 트레이딩 교육 프로그램에 관심이 있다면 다음 웹사이트를 참조하라.

- *http://certificate.tpq.io*.

Part V

파생상품 분석

5부에서는 몬테카를로 시뮬레이션에 기반한 작지만 강력한 옵션 및 파생상품 가격결정 애플리케이션 개발을 다룬다.[1] 최종 목표는 다음 요소를 모두 갖춘 DX^Derivatives analytiX^라는 파이썬 클래스, 즉 가격결정 라이브러리를 개발하는 것이다.

모형화 할인을 위한 단기 이자율을 모형화할 수 있다. 유러피안 옵션 및 아메리칸 옵션, 그 기초 자산의 위험 요소와 관련 환경 모두 모형화할 수 있다. 다양하게 연관된 기초 자산을 가지는 다수의 옵션으로 구성된 포트폴리오도 모형화가 가능하다.

시뮬레이션 기하 브라운 운동, 점프 확산 그리고 제곱근 확산까지 모든 위험 요소를 상관 여부와 관계없이 동시에 일관된 방법으로 시뮬레이션할 수 있다.

가치 평가 위험 중립 가치 평가 방법에 의해 임의의 최종 페이오프를 가지는 유러피안 옵션과 아메리칸 옵션을 평가할 수 있다. 또한 통합되고 일관된 방법에 의해 이러한 옵션으로 이루어진 포트폴리오도 평가할 수 있다.

위험 관리 행사 유형이나 기초 자산의 위험 요소에 관계없이 중요한 민감도(옵션/파생상품의 델타 및 베가 등)를 추정할 수 있다.

활용 이 패키지를 사용하여 DAX 30 주가지수를 기초 자산으로 하는 매매되지 않는 아메리칸 옵션 포트폴리오를 시장과 일관된 방식으로 평가하고 관리할 수 있다.

이 라이브러리의 전체 버전은 복합한 다중 위험 요인 파생상품에 대한 모형화, 가격결정, 위험 관리 그리고 트레이딩 북 관리까지 할 수 있다.

1 옵션 매매 및 이와 관련된 시장 분석 그리고 이른바 그릭(greek) 분석을 이용한 옵션 위험 관리에 대해서는 Bittman(2009)을 참조한다.

Part V

파생상품 분석

17장 가치 평가 프레임워크

이론적인 면과 기술적인 면을 모두 다룬다. 이론적으로는 자산 가격결정 기본 정리와 위험 중립 가치 평가 방법론이 핵심이다. 기술적으로는 위험 중립 할인과 시장 환경을 위한 파이썬 클래스를 보인다.

18장 금융 모형 시뮬레이션

기하 브라운 운동, 점프 확산, 그리고 제곱근 확산 과정에 기반한 위험 요인의 시뮬레이션에 관한 내용이다. 이를 위한 일반적 클래스와 세 가지 특수 클래스에 대해 이야기한다.

19장 파생상품 가치 평가

단일 기초 자산 위험 요인을 가지는 유러피안 또는 아메리칸 행사 유형의 파생상품 가치 평가 방법을 소개한다. 또 라이브러리를 만들기 위한 하나의 일반 클래스와 두 개의 특수 클래스를 보인다. 일반 클래스는 옵션 유형에 관계없이 델타와 베가를 추정할 수 있도록 한다.

20장 포트폴리오 가치 평가

상관관계가 있을 수 있는 복수의 기초 자산을 가지는 파생상품들로 이루어진 복잡한 포트폴리오의 가치 평가에 대한 것이다. 파생상품 모형을 위한 간단한 클래스 그리고 일관성 있는 포트폴리오 가치 평가를 위한 좀 더 복잡한 클래스를 보인다.

21장 시장 기반 가치 평가

지금까지 만든 DX 패키지를 사용하여 DAX 30 주가지수에 대한 옵션 포트폴리오를 평가하고 관리해본다.

CHAPTER 17

가치 평가 프레임워크

> 복리는 시대를 통틀어 가장 위대한 수학적 발견이다.
>
> – 알버트 아인슈타인Albert Einstein

이번 장에서는 DX 패키지 개발에 필요한 프레임워크를 제공하고 기본적인 개념들을 소개한다. 우선 자산 가치 평가 및 시뮬레이션에 필수적인 이론인 자산 가격결정 기본 정리를 간단하게 살펴본다. 다음으로 **날짜 조작**date handling과 **위험 중립 할인**risk-neutral discounting의 기본 개념을 소개한다. 가장 간단한 고정 단기 이자율의 경우를 다루지만 더 복잡하고 현실적인 모형도 쉽게 라이브러리에 추가할 수 있다. 또한 **시장 환경**market environment 개념도 소개한다. 이는 가치 평가에 필요한 각종 상수, 리스트 그리고 커브curve들을 모아놓은 것으로 이후의 장에서 개발할 다른 클래스 생성 시 필요한 것들이다.

다음은 이번 장에서 설명할 것들이다.

자산 가격결정 기본 정리

라이브러리 개발의 이론적 배경이 되는 자산 가격결정 기본 정리를 소개한다.

위험 중립 할인

옵션이나 기타 파생상품에서 미래 페이오프의 위험 중립 할인을 위한 클래스를 개발한다.

시장 환경

단일 상품이나 여러 상품으로 구성된 포트폴리오의 가치 평가를 위한 시장 환경을 관리하는 클래스를 개발한다.

17.1 자산 가격결정 기본 정리

자산 가격결정 기본 정리fundamental theorem of asset pricing는 현대 금융 이론 및 금융수학의 근간을 이루는 훌륭한 정리다.[1] 자산 가격결정 기본 정리의 핵심은 **마틴게일 측도**martingale measure라는 개념이다. 이는 할인된 위험 요인에서 실제 증가율drift을 제거한 확률 측도다. 다시 말해 모든 위험 요인은 위험 프리미엄을 포함한 실제 시장 이자율을 무시하고 무조건 고정된 무위험 단기 이자율에 따라 증가한다.

17.1.1 간단한 예제

간단하게 위험 자산인 '주식'과 무위험 자산인 '채권'을 하루 동안 보유한다고 생각해보자. 채권의 가격은 오늘 10달러이고 내일도 10달러이다(이자율 0). 주식의 가격은 오늘 10달러이지만 내일은 60%의 확률로 20달러가 될 수도 있고, 40%의 확률로 0달러가 될 수도 있다. 채권의 무위험 수익은 0이고, 주식의 기대 수익률은 $\frac{0.6 \cdot 20 + 0.4 \cdot 0}{10} - 1 = 0.2$, 즉 20%이다. 이 값이 주식이 제공하는 '위험에 대한 보상', 즉 위험 프리미엄risk premium이다.

이제 행사가가 15달러인 콜 옵션을 생각해보자. 주식의 가격이 이전과 같은 확률로 20달러로 오르거나 0달러로 떨어질 수 있는 경우에 이 계약은 60%의 확률로 5달러를 벌거나 40%의 확률로 0달러를 벌 수 있으므로 콜 옵션의 공정가격에 대해 같은 방법으로 기댓값을 구한다면 $0.6 \cdot 5 = 3$달러다.

하지만 옵션 가격결정에 적용할 수 있는 다른 방법이 있다. 포트폴리오와 헤지 거래[2]를 통해 옵

1 관련된 수학적인 세부 사항에 대해서는 Delbaen, Schachermayer의 책(2004)을 참조한다. 이산 시간의 경우에 한하여 더 간략한 소개를 원하면 Hilpisch(2015) 책 4장을 참조하면 된다.

2 옮긴이_ 헤지(Hedge) 거래는 기존에 보유하고 있는 자산과 수익률 특성이 반대인 자산을 추가로 매입하여 전체 위험을 없애는 거래를 말한다. 완벽한 헤지 거래를 하면 실질적으로 자산을 보유하지 않은 것과 같아진다. 예를 들어, 자산을 매수하는 금액보다 헤지 거래 금액이 적다면 자산을 매수하고 헤지 거래를 함으로써 두 금액의 차이만큼 수익을 확정할 수 있다.

션과 동일한 페이오프payoff[3]를 복제하는 방법이다. 예를 들어 주식을 0.25주만 사면 옵션의 페이오프를 정확히 복제할 수 있다(60%의 확률로 주식 가격이 오르면 0.25 · 20 = 5달러). 주식 0.25주의 가격은 3달러가 아닌 2.5달러이다. 따라서 실제 확률 측도를 사용하면 옵션을 고평가하게 된다.

어떻게 된 것일까? 실제 확률 측도를 보면 주식이 가진 위험(100% 수익 또는 100% 손실)에 대해 20%의 위험 프리미엄을 주고 있으며 이 자체는 분산하거나 헤지할 수 없는 '실제' 위험이다. 그러나 옵션의 페이오프에 대해서는 이를 위험 없이 복제할 수 있는 포트폴리오가 존재한다. 즉, 옵션을 매도한 사람의 입장에서 이를 완벽하게 헤지할 수 있다는 뜻이다.[4]

그러면 기댓값을 구하는 방식으로 콜 옵션 가격을 계산할 수는 없을까? 물론 가능하다. 하지만 그러기 위해서는 위험 자산인 주식이 무위험 단기 이자율(이 경우에는 0)과 같은 기대 수익률을 가지도록 확률 자체의 값을 바꾼다. 기댓값을 0으로 만들기 위해서는 (마틴게일) 확률 측도를 50% 상승, 50% 하락으로 변경해야 한다.

$$\frac{0.5 \cdot 20 + 0.5 \cdot 0}{10} - 1 = 0$$

이제 옵션 페이오프를 새로운 확률로 계산하면 0.5 · 5 + 0.5 · 0 = 2.5 달러라는 공정가격을 얻을 수 있다.

17.1.2 일반적인 결과

이 방법의 장점은 조건이 아무리 복잡해도, 즉 연속적인 시간 모델링이나 복수의 위험 자산, 복잡한 파생상품 페이오프가 있는 경우에도 모두 적용 가능하다는 점이다.

이산 시간 조건에서 가장 일반적인 시장 모형은 다음과 같다.[5]

- 유한 상태 공간 Ω

---

3 옮긴이_ 페이오프(payoff)는 계약의 조건에 따라 최종적으로 얻게 되는 수익 구조 또는 수익을 말한다. 본문의 경우 콜 옵션의 페이오프는 20달러가 되면 20 − 15 = 5달러를 받고, 15달러 이하면 돈을 받지 못한다.

4 옵션을 2.5달러에 팔고 주식 0.25주를 2.5달러에 사는 전략을 사용한다. 주어진 가정하에서는 전체 포트폴리오의 가치가 어떤 경우에도 변하지 않는다.

5 확률의 개념에 대해서는 Williams(1991)의 책을 참조한다.

- 필트레이션 filtration $\mathbb{F}$
- $\wp(\Omega)$에서 정의된 0이 아닌 확률 측도 P
- 만기 시간 $T \in \mathbb{N}, T < \infty$
- K+1개의 증권에 대한, 양의 가격 프로세스 집합 $\mathbb{S} \equiv \left\{ \left(S_t^k \right)_{t \in \{0, ..., T\}} : k \in \{0, ..., K\} \right\}$

이 경우, 일반 시장 모형은 다음과 같은 기호로 표시한다.

$\mathscr{M} = \{(\Omega, \wp(\Omega), \mathbb{F}, P), T, \mathbb{S}\}$

이러한 일반 시장 모형하에서 자산 가격결정 기본 정리는 다음과 같다.[6]

일반 시장 모형 $\mathscr{M}$에서 자산 가격결정 기본 정리에 따르면 다음 명제는 모두 동치다.

- 시장 모형 $\mathscr{M}$에 차익거래 기회가 존재하지 않는다.
- P-동치 마틴게일 측도 집합 $\mathbb{Q}$의 원소가 존재한다.
- 일관된 선형 가격 시스템의 집합 $\mathbb{P}$의 원소가 존재한다.

(옵션, 파생상품, 선물, 선도, 스왑 등의) 조건부 청구권의 가격을 결정하는 데 있어 이 정리가 중요하다는 점은 다음의 보조 정리에서 알 수 있다.

> 시장 모형 $\mathscr{M}$에 차익거래 기회가 없으면 (옵션, 기타 파생상품 등) 어떠한 종류의 복제 가능한 조건부 청구권 V^T에 대해서도 유일한 가격 V^0가 존재한다. 이 가격은 다음 조건을 만족한다.
>
> $$\forall Q \in \mathbb{Q} : V_0 = \mathbf{E}_0^Q \left(e^{-rT} V_T \right)$$
>
> 이 식에서 e^{-rT}은 고정 단기 이자율 r로 계산된 위험 중립 할인율이다.

이 결과는 위 정리의 중요성을 잘 설명해준다. 그리고 도입부의 예제에서 보인 간단한 논리가 더 일반적인 시장 모형으로 확장될 수 있음을 보여준다.

6 Delbaen and Schachermayer(2004)를 참조한다.

마틴게일 측도가 쓰이므로 이러한 가치 평가 방식은 '**마틴게일 방법**martingale approach'이라고 불린다. 또한 마틴게일 측도에서는 모든 위험 자산이 무위험 단기 이자율에 따라 증가하기 때문에 '**위험 중립 가치 평가 방법**risk-neutral valuation approach'이라고도 불린다. 수치 계산 관점에서는 단순히 모든 위험 요인이 위험 중립적인 단기 이자율에 따라 증가한다고만 하면 되기 때문에 두 번째 용어가 더 적당하다고 볼 수 있다. 이제 우리는 가치 계산을 위해 실제 확률 측도를 다룰 필요가 없다. 이러한 이론이 우리가 이제부터 적용할 이론적 결과나 구현하게 될 기술적 방식의 기저에 깔려 있다.

마지막으로 일반 시장 모형에서의 시장 완전성market completeness에 대해 고려한다.

> 만약 시장에 차익거래 기회가 없고 (옵션, 기타 파생상품 등의) 모든 조건부 청구권이 복제 가능하다면 그 시장 모형 $\mathscr{M}$ 은 **완전**complete하다고 한다.
>
> 시장 모형 $\mathscr{M}$ 에 차익거래 기회가 없다고 가정하자. 그 시장 모형이 완전한 경우는 $\mathbb{Q}$의 원소가 하나밖에 없는 경우와 동치다. 즉, 하나의 유일한 P-동치 마틴게일 측도만이 존재한다.

이로써 우리가 알아야 할 이론적인 배경은 모두 다뤘다. 지금까지 설명한 개념과 기호, 정의나 결과에 대해 더 자세히 알고 싶다면 Hilpisch(2015)의 4장을 참조하기 바란다.

17.2 위험 중립 할인

위험 중립 할인은 위험 중립 가치 평가 방법의 핵심이다. 따라서 먼저 위험 중립 할인을 위한 파이썬 클래스를 작성하기로 한다. 하지만 그 전에 가치 계산에서 필요한 날짜 다루는 방법을 자세히 알아보자.

17.2.1 날짜 모형과 조작

할인을 하기 위해서는 우선 날짜에 대한 모형이 있어야 한다([부록 A] 참조). 가치 계산 시에는 보통 현재 날짜와 일반적 시장 모형의 만기 날짜 T 사이의 기간을 몇 개의 이산 구간으로 나누어야 한다. 이러한 구간은 균일할 수도 있고(모든 구간이 같은 길이를 가진다) 균일하지 않을 수도 있다(구간의 길이가 다를 수도 있다). 가치 평가용 라이브러리는 구간의 길이가 균일하지 않은 일반적인 경우를 다룰 수 있어야 한다. 그러면 더 간단한 균일 시간은 자동으로 포함된다. 이제 우리는 가장 짧은 구간이 '하루one day'라고 가정하고 날짜 리스트를 다루도록 한다. 이 말은 (날짜뿐만 아니라) 시간까지 다루어야 하는 일중intraday 이벤트에 대해서는 신경 쓰지 않는다는 뜻이다.[7]

날짜 리스트를 만들기 위한 방법은 기본적으로 두 가지가 있다. 하나는 (파이썬의 `datetime` 객체로 표현되는) 구체적인 날짜로 리스트를 만드는 방법이고, 다른 하나는 (이론적으로 많이 사용되는 방법으로) '1년year fraction'을 기준으로 할 때의 비율로 리스를 만드는 방법이다.

일단 필요한 패키지를 임포트한다.

```
In [1]: import numpy as np
        import pandas as pd
        import datetime as dt

In [2]: from pylab import mpl, plt
        plt.style.use('seaborn')
        mpl.rcParams['font.family'] = 'serif'
        %matplotlib inline

In [3]: import sys
        sys.path.append('../dx')
```

예를 들어, 다음의 날짜 및 비율 표현 방식은 같은 의미다.

```
In [4]: dates = [dt.datetime(2020, 1, 1), dt.datetime(2020, 7, 1),
                 dt.datetime(2021, 1, 1)]

In [5]: (dates[1] - dates[0]).days / 365.
Out[5]: 0.4986301369863014

In [6]: (dates[2] - dates[1]).days / 365.
Out[6]: 0.5041095890410959

In [7]: fractions = [0.0, 0.5, 1.0]
```

7 시간 요소를 더하는 일은 사실 어렵지 않다. 하지만 설명을 간단하게 하기 위해 여기에서는 다루지 않았다.

이 두 가지는 사실 완벽하게 같지는 않다. 왜냐하면 1년 기준 비율로 나타내면 날짜 경계인 오전 0시에 맞추기 힘들기 때문이다. 1년을 50으로 나누는 경우를 생각해보라. 때로는 날짜 리스트에서 연 비율로 변환할 필요가 있다. get_year_deltas() 함수가 이 작업을 수행한다.

```
#
# DX 패키지
#
# 프레임 - 도움말 함수
#
# get_year_deltas.py
#
# Python for Finance, 2nd ed.
# (c) Dr. Yves J. Hilpisch
#
import numpy as np

def get_year_deltas(date_list, day_count=365.):
    ''' 날짜 벡터를 연수(year fraction)으로 환산
   초기 날짜는 0이 된다.

    인수
    ==========
    date_list: list or array
        datetime 객체 모음
    day_count: float
        1년의 날짜 수
        (다양한 날짜 관례를 적용하기 위함)

    반환값
    =======
    delta_list: array
        연수
    '''

    start = date_list[0]
    delta_list = [(date - start).days / day_count
        for date in date_list]
    return np.array(delta_list)
```

이 함수는 다음과 같이 사용할 수 있다.

```
In [8]: from get_year_deltas import get_year_deltas

In [9]: get_year_deltas(dates)
Out[9]: array([0.        , 0.49863014, 1.00273973])
```

단기 이자율 모형에서는 이러한 방식이 확실히 더 유용하다.

17.2.2 고정 단기 이자율

단기 이자율 할인의 가장 간단한 경우, 즉 단기 이자율이 시간에 따라 변하지 않는 경우에 초점을 맞춰보자. 블랙-숄즈-머튼 모형Black-Scholes-Merton(1973), 머튼 모형Merton(1976), 콕스-로스-루빈스타인 모형Cox-Ross-Rubinstein(1979)과 같은 많은 옵션 가격결정 모형들이 이 가정을 사용한다.[8] 옵션 가격결정에서는 항상 연속 할인continuous discounting을 가정한다. 연속 할인의 경우 오늘부터 미래의 날짜 t까지의 고정 이자율 r로 인한 할인율은 $D_0(t)=e^{-rt}$으로 주어진다. 물론 모형의 만기 T에는 $D_0(t)=e^{-rT}$가 될 것이다. t와 T 모두 연 비율로 표현된 숫자임에 주의한다.

할인율은 만기 T를 가지는 **단위 무이표채**unit zero-coupon bond의 현재 t 시점의 가치로 해석할 수 있다.[9] 두 날짜 t, s가 주어지면 $(t \geq s \geq 0)$ 시점 t에서 s까지의 할인율은 다음과 같이 계산된다.

$$D_s(t) = D_0(t) / D_0(s) = e^{-rt} / e^{-rs} = e^{-rt} \cdot e^{rs} = e^{-r(t-s)}$$

다음 코드는 이러한 할인 과정을 파이썬 코드로 구현한 클래스다.[10]

```
#
# DX 라이브러리
#
# 프레임 - 고정 단기 이자 할인 클래스
#
```

8 예를 들어 단기 옵션의 경우에는 대부분 이러한 가정을 만족한다.

9 무이표채는 만기 시에 이자가 없이 액면금액만 주어지는 채권이다. 단위 무이표채는 액면금액이 곧 화폐금액인 1인 가상의 무이표채다.

10 6장에서 파이썬 객체지향 프로그래밍을 소개했다. 이번 장과 이후의 장에서는 클래스 이름을 짓는 데 있어서 표준 PEP 8 이름 짓기 관례를 의도적으로 무시했다. PEP 8은 파이썬 클래스 이름을 '대문자 표기법(CapWords)' 또는 '낙타 표기법(CamelCase)' 형식으로 사용하기를 추천하지만 '클래스 문서화가 잘 되고 주로 호출에 사용될 때'에는 함수 이름 관례를 클래스에도 사용할 수 있기 때문이다.

```python
# constant_short_rate.py
#
# Python for Finance, 2nd ed.
# (c) Dr. Yves J. Hilpisch
#
from get_year_deltas import *

class constant_short_rate(object):
    ''' 고정 단기 이자 할인을 위한 클래스

    속성
    ==========
    name: string
        객체의 이름
    short_rate: float (positive)
        고정 할인율

    메서드
    =======
    get_discount_factors:
        연수나 datetime 객체의 list/array가 주어졌을 때 할인율 계산
    '''

    def __init__(self, name, short_rate):
        self.name = name
        self.short_rate = short_rate
        if short_rate < 0:
            raise ValueError('Short rate negative.')
            # 최근의 시장 현실에서는 가능할 수도 있음

    def get_discount_factors(self, date_list, dtobjects=True):
        if dtobjects is True:
            dlist = get_year_deltas(date_list)
        else:
            dlist = np.array(date_list)
        dflist = np.exp(self.short_rate * np.sort(-dlist))
        return np.array((date_list, dflist)).T
```

dx.constant_short_rate 클래스의 사용은 아래의 간단한 예로 알 수 있다. 결과는 datetime 객체와 이에 대응하는 할인율을 가지는 2차원 ndarray 객체다. 이 클래스와 csr 객체는 1년 기준 비율도 출력할 수 있다.

```
In [10]: from constant_short_rate import constant_short_rate

In [11]: csr = constant_short_rate('csr', 0.05)

In [12]: csr.get_discount_factors(dates)
Out[12]: array([[datetime.datetime(2020, 1, 1, 0, 0), 0.9510991280247174],
                [datetime.datetime(2020, 7, 1, 0, 0), 0.9753767163648953],
                [datetime.datetime(2021, 1, 1, 0, 0), 1.0]], dtype=object)

In [13]: deltas = get_year_deltas(dates)
         deltas
Out[13]: array([0.        , 0.49863014, 1.00273973])

In [14]: csr.get_discount_factors(deltas, dtobjects=False)
Out[14]: array([[0.        , 1.        ],
               [0.49863014, 0.97537672],
               [1.00273973, 0.95109913]])
```

앞으로 이 클래스와 객체는 다른 클래스에서 필요한 모든 할인 연산을 담당한다.

17.3 시장 환경

시장 환경market environment 객체는 기타 데이터와 파이썬 객체의 모음을 가리킨다. 이렇게 추상화된 시장 환경 객체를 만들어 놓으면 다양한 연산을 수행하고 모형의 일관성을 유지하는 데 도움이 된다.[11]

시장 환경은 주로 다음과 같은 데이터와 파이썬 객체를 담는 세 개의 사전으로 구성되어 있다.

상수

예를 들어 모형 매개변수나 옵션 만기일 등을 말한다.

리스트

위험 자산 모형 객체의 리스트와 같이 일반적으로 어떤 객체의 모음을 말한다.

11 Fletcher and Gardner(2009)를 참조한다. 여기에서는 시장 환경을 광범위하게 사용했다.

커브

할인에 사용되는 객체, 예를 들어 constant_short_rate 객체 등을 말한다.

다음 코드에 dx.market_environment 클래스를 보이고 있다. 사전 객체의 사용법은 3장을 참조한다.

```
#
# DX 패키지
#
# 프레임 - 시장 환경 클래스
#
# market_environment.py
#
# Python for Finance, 2nd ed.
# (c) Dr. Yves J. Hilpisch
#

class market_environment(object):
    ''' 가치 평가에 필요한 시장 환경을 모델링하기 위한 클래스

    속성
    ==========
    name: string
        시장 환경의 이름
    pricing_date: datetime object
        시장 환경의 날짜

    메서드
    =======
    add_constant:
        (모델 인수 등의) 상수 추가
    get_constant:
        상숫값 출력
    add_list:
        (기초상품 등의) 리스트 추가
    get_list:
        리스트 출력
    add_curve:
        (이자율 커브 등의) 시장 커브 추가
    get_curve:
```

```
    시장 커브 출력
add_environment:
    상수, 리스트, 커브 등의 전체 시장 환경을 추가하거나 덮어쓰기
'''

def __init__(self, name, pricing_date):
    self.name = name
    self.pricing_date = pricing_date
    self.constants = {}
    self.lists = {}
    self.curves = {}

def add_constant(self, key, constant):
    self.constants[key] = constant

def get_constant(self, key):
    return self.constants[key]

def add_list(self, key, list_object):
    self.lists[key] = list_object

def get_list(self, key):
    return self.lists[key]

def add_curve(self, key, curve):
    self.curves[key] = curve

def get_curve(self, key):
    return self.curves[key]

def add_environment(self, env):
    # 값이 존재하는 경우 덮어쓰기
    self.constants.update(env.constants)
    self.lists.update(env.lists)
    self.curves.update(env.curves)
```

dx.market_environment 클래스는 특별한 사항이 없지만 객체 사용법을 설명하기 위해 간단한 예제를 살펴보겠다.

```
In [15]: from market_environment import market_environment

In [16]: me = market_environment('me_gbm', dt.datetime(2020, 1, 1))

In [17]: me.add_constant('initial_value', 36.)

In [18]: me.add_constant('volatility', 0.2)

In [19]: me.add_constant('final_date', dt.datetime(2020, 12, 31))

In [20]: me.add_constant('currency', 'EUR')

In [21]: me.add_constant('frequency', 'M')

In [22]: me.add_constant('paths', 10000)

In [23]: me.add_curve('discount_curve', csr)

In [24]: me.get_constant('volatility')
Out[24]: 0.2

In [25]: me.get_curve('discount_curve').short_rate
Out[25]: 0.05
```

이 코드는 일반적인 저장용 클래스의 사용법을 보여준다. 실제 애플리케이션에서는 파이썬 객체와 시장 데이터를 모아서 `dx.market_environment` 객체에 넣는다. 그다음 `ex.market_environment` 객체에 저장된 데이터와 객체를 다른 클래스로 전달한다.

객체지향 모형의 장점은 예를 들어 `dx.constant_short_rate` 객체 등을 여러 시장 환경 객체에 넣을 수 있다는 것이다(6장 참조). 만약 하나의 객체가 갱신되면, 예를 들어 단기 이자율이 달라지면 그 할인율 클래스 객체를 가진 모든 `dx.market_environment` 객체가 자동으로 갱신된다.

CAUTION_ 유연성

이 절에서 소개한 시장 환경은 옵션과 파생상품, 이들로 구성된 포트폴리오 가치 평가에 필요한 수량 및 입력 데이터를 모형화하고 저장할 수 있는 유연한 도구다. 하지만 이러한 유연성은 실행 시 위험 요소가 될 수 있다. 클래스를 초기화할 때 엉뚱한 데이터나 객체를 넣을 수 있기 때문이다. 이렇게 되면 정상적으로 초기화되지 않는다. 따라서 실제 코드에서는 잘못된 경우를 탐지할 수 있도록 여러 가지 확인 절차를 추가해야 한다.

17.4 마치며

이 장에서는 옵션과 기타 파생상품을 몬테카를로 시뮬레이션 방식으로 가치 평가할 수 있는 파이썬 라이브러리를 개발하기 위해 필요한 프레임워크를 제공했다. 우선 간단한 예와 함께 자산 가격결정 기본 정리를 소개하고 이산 시간에서의 일반적 시장 모형에 대한 중요한 결과들도 살펴보았다.

또 자산 가격결정 기본 정리를 응용한 위험 중립 할인을 위한 파이썬 클래스도 개발했다. constant_short_rate 클래스는 파이썬 datetime 객체나 1년 기준 비율을 사용한 날짜 리스트를 사용하여 할인율(단위 무이표채의 현재 가치)을 계산한다.

이 장의 마지막에서는 모형화, 시뮬레이션, 가치 평가 그리고 기타 다른 목적으로 관련 데이터를 수집하기 위한 market_environment 클래스를 살펴보았다.

이후의 임포트 과정을 간단하게 하기 위해 다음과 같이 dx_frame.py라는 래퍼wrapper 모듈을 만들기로 한다.

```
#
# DX 분석 패키지
#
# 프레임 함수 & 클래스
#
# dx_frame.py
#
# Python for Finance, 2nd ed.
# (c) Dr. Yves J. Hilpisch
#
import datetime as dt

from get_year_deltas import get_year_deltas
from constant_short_rate import constant_short_rate
from market_environment import market_environment
```

다음과 같은 import 문장 하나로 프레임워크 요소들을 한번에 임포트할 수 있다.

```
import dx_frame
```

모든 파이썬 모듈과 이를 임포트하는 `__init__.py` 파일을 하위 디렉터리에 넣는 방법도 있다. 예를 들어 모든 모듈을 `dx`라는 디렉터리에 넣고 다음과 같이 임포트 작업을 수행하는 파일을 만든다. 이 파일의 이름에 주의한다.

```
#
# DX 패키지
# 패키지 파일
# __init__.py
#
import datetime as dt

from get_year_deltas import get_year_deltas
from constant_short_rate import constant_short_rate
from market_environment import market_environment
```

이 경우에는 다음과 같은 명령으로 임포트할 수 있다.

```
from dx import *
```

또는 다음과 같이 임포트할 수 있다.

```
import dx
```

17.5 참고 문헌

이번 장에서 다룬 주제들에 대한 참고 문헌은 다음과 같다.

- Bittman, James (2009). *Trading Options as a Professional*. New York: McGraw Hill.
- Delbaen, Freddy and Walter Schachermayer (2004). *The Mathematics of* Arbitrage. Berlin, Heidelberg: Springer-Verlag.
- Fletcher, Shayne and Christopher Gardner (2009). *Financial Modelling in Python. Chichester*, England: Wiley Finance.

- Hilpisch, Yves (2015). *Derivatives Analytics with Python*. Chichester, England: Wiley Finance. `http://derivatives-analytics-with-python.com`.
- Williams, David (1991). *Probability with Martingales*. Cambridge, England: Cambridge University Press.

이 장에서 언급한 모형에 대한 연구 논문은 18장 참고 문헌을 살펴보기 바란다.

CHAPTER 18

금융 모형 시뮬레이션

과학의 목적은 분석이나 묘사가 아니라 이 세상에 대한 쓸모 있는 모형을 만드는 것이다.

– 에드워드 드 보노Edward de Bono

12장에서 파이썬과 NumPy를 사용한 확률 과정의 몬테카를로 시뮬레이션 기법을 소개했다. 이번 장에서는 그 기법을 응용하여 DX 패키지의 핵심이 되는 시뮬레이션 클래스를 구현한다. 여기에서는 널리 사용되고 있는 몇 가지 확률 과정만 살펴보기로 한다. 이 장은 다음과 같은 절로 구성되어 있다.

난수 생성

이 절에서는 분산 감소 기법을 사용하여 표준정규분포 난수를 생성하는 함수를 개발한다.[1]

일반적인 시뮬레이션 클래스

이 절에서는 일반적인 시뮬레이션 클래스를 개발한다. 특별한 시뮬레이션 클래스들은 이 일반적 시뮬레이션 클래스에서 기본적인 속성과 메서드를 상속받는다.

기하 브라운 운동 모형

기하 브라운 운동Geometric Brownian Motion(GBM)은 옵션 가격결정에 대한 블랙과 숄즈의 연구(1973)에서 처음 소개되었고, 이 책에서도 몇 번 사용되었다.

1 여기서 이야기하는 난수는 일반적으로 의사 난수(pseudo-random)를 말한다.

금융 시장의 현실에 대한 실증적 연구와 정확히 일치하지 않는다는 단점에도 옵션이나 기타 파생상품 가치 평가 목적으로 가장 널리 사용되는 확률 과정이다.

점프 확산 모형

머튼(1976)에 의해 도입된 점프 확산 모형은 기하 브라운 운동 모형에 로그 정규분포를 따르는 점프 요인을 추가한 것이다. 이 모형을 사용하면 종종 큰 가격 점프의 가능성이 있는 단기 외가격out-of-the-money 옵션 등을 고려하는 것이 가능해진다. 기하 브라운 운동 모형은 이러한 외가격 옵션의 시장 가치를 점프 확산 모형만큼 만족스럽게 설명하지 못한다.

제곱근 확산 모형

콕스-잉거솔-로스(1985)에 의해 도입된 제곱근 확산 모형은 이자율이나 변동성과 같이 평균-회귀 특성을 보이는 변수의 모형에 사용된다. 평균-회귀 특성 이외에도 항상 양의 값을 가지는 특성을 보인다.

이 장에서 소개한 모형의 시뮬레이션에 대해 더 자세히 알고 싶으면 Hilpisch(2015)를 참조한다. 힐피시의 책에서는 특히 머튼의 점프 확산 모형에 대해 완전한 케이스 연구를 포함하고 있다.

18.1 난수 생성

난수 생성은 몬테카를로 시뮬레이션의 핵심 작업이다.[2] 12장에서는 파이썬과 `numpy.random` 등의 서브패키지를 사용하여 여러 가지 확률 분포에 대한 난수 생성 방법을 알아보았다.

이번 장의 프로젝트에서는 표준정규분포 난수가 가장 중요하기 때문에 이를 생성하는 `sn_random_numbers()` 함수를 만들어놓을 필요가 있다.

2 난수 생성은 Glasserman(2004)의 2장을 참조한다.

```
#
# DX 패키지
#
# 프레임 - 난수 생성
#
# sn_random_numbers.py
#
# Python for Finance, 2nd ed.
# (c) Dr. Yves J. Hilpisch
#
import numpy as

def sn_random_numbers(shape, antithetic=True, moment_matching=True,
                      fixed_seed=False):
    ''' 표준정규분포 (의사)난수 형태의 ndarray 객체를 반환한다.

    인수
    ==========
    shape: tuple (o, n, m)
        (o, n, m) 형태의 배열 생성
    antithetic: Boolean
        대조 변수(antithetic variate) 생성
    moment_matching: Boolean
        1차 및 2차 모멘트 정합
    fixed_seed: Boolean
        seed 값 수정 인수

    반환값
    =======
    ran: (o, n, m) array of (pseudo)random numbers
    '''
    if fixed_seed:
        np.random.seed(1000)
    if antithetic:
        ran = np.random.standard_normal((shape[0], shape[1], shape[2] // 2))
        ran = np.concatenate((ran, -ran), axis=2)
    else:
        ran = np.random.standard_normal(shape)
    if moment_matching:
        ran = ran - np.mean(ran)
        ran = ran / np.std(ran)
    if shape[0] == 1:
        return ran[0]
    else:
        return ran
```

이 함수에 쓰인 **대조 변수**와 **모멘트 정합**moment matching이라는 분산 감소 테크닉은 12장에서 설명한 바 있다.[3] 이 함수의 사용법은 단순하다.

```
In [26]: from sn_random_numbers import *

In [27]: snrn = sn_random_numbers((2, 2, 2), antithetic=False,
                                  moment_matching=False, fixed_seed=True)
         snrn
Out[27]: array([[[-0.8044583 ,  0.32093155],
                 [-0.02548288,  0.64432383]],

                [[-0.30079667,  0.38947455],
                 [-0.1074373 , -0.47998308]]])

In [28]: round(snrn.mean(), 6)
Out[28]: -0.045429

In [29]: round(snrn.std(), 6)
Out[29]: 0.451876

In [30]: snrn = sn_random_numbers((2, 2, 2), antithetic=False,
                                  moment_matching=True, fixed_seed=True)
         snrn
Out[30]: array([[[-1.67972865,  0.81075283],
                 [ 0.04413963,  1.52641815]],

                [[-0.56512826,  0.96243813],
                 [-0.13722505, -0.96166678]]])

In [31]: round(snrn.mean(), 6)
Out[31]: -0.0

In [32]: round(snrn.std(), 6)
Out[32]: 1.0
```

이 함수는 이후 시뮬레이션 클래스의 핵심 역할을 하게 된다.

3 Glasserman(2004)의 4장에서 여러 가지 분산 감소 테크닉에 대한 개요와 자세한 이론을 설명한다.

18.2 일반적인 시뮬레이션 클래스

6장에서 소개한 객체지향 모형은 클래스의 속성과 함수 상속을 가능하게 한다. 우리가 시뮬레이션 클래스를 제작할 때도 이 기능을 사용할 것이다. 우선 모든 시뮬레이션 클래스가 공통으로 가지는 속성과 메서드를 포함하는 일반적인 시뮬레이션 클래스를 만드는 것부터 시작할 수 있다. 우선 다음과 같은 세 가지 속성만 제공하는 시뮬레이션 클래스와 객체를 만들어보자.

name
시뮬레이션 모형의 이름에 대한 문자열 객체 str

mar_env
dx.market_environment 객체

corr
객체가 상관관계correlated인지 아닌지를 알려주는 플래그flag bool

여기에서도 알 수 있듯이 market_environment 클래스의 역할은 시뮬레이션과 가치 평가에 필요한 모든 데이터와 객체를 한 번에 제공하는 것이다. 이 클래스의 메서드는 다음과 같다.

generate_time_grid()
이 메서드는 시뮬레이션에 사용된 날짜의 시간 그리드를 생성한다. 모든 시뮬레이션 클래스에서 같은 작업을 한다.

get_instrument_values()
모든 시뮬레이션 클래스는 시뮬레이션된 증권 가치(주가, 원자재 가격, 변동성 등)를 담은 ndarray 객체를 반환해야 한다.

일반적인 모델 시뮬레이션을 위한 코드는 다음과 같다. 메서드 내부에서 각 모형에 대한 클래스가 제공하는 self.generate_path 등의 다른 메서드를 호출하기도 한다. 여기에 대한 자세한 내용은 실제 시뮬레이션 클래스를 구현할 때 명확히 알 수 있을 것이다. 우선 베이스 클래스를 보자.

```
#
# DX 패키지
#
# 시뮬레이션 클래스 - 베이스 클래스
#
# simulation_class.py
#
# Python for Finance, 2nd ed.
# (c) Dr. Yves J. Hilpisch
#
import numpy as np
import pandas as pd


class simulation_class(object):
    ''' 시뮬레이션 클래스의 기본 메서드 제공

    속성
    ==========
    name: str
        객체의 이름
    mar_env: instance of market_environment
        시뮬레이션을 위한 시장 환경 데이터
    corr: bool
        다른 모델 객체와 상관성이 있으면 True

    메서드
    =======
    generate_time_grid:
        시뮬레이션을 위한 시간 그리드 반환
    get_instrument_values:
        현재 상품 가치(배열)를 반환
    '''
    def __init__(self, name, mar_env, corr):
        self.name = name
        self.pricing_date = mar_env.pricing_date
        self.initial_value = mar_env.get_constant('initial_value')
        self.volatility = mar_env.get_constant('volatility')
        self.final_date = mar_env.get_constant('final_date')
        self.currency = mar_env.get_constant('currency')
```

```python
        self.frequency = mar_env.get_constant('frequency')
        self.paths = mar_env.get_constant('paths')
        self.discount_curve = mar_env.get_curve('discount_curve')
        try:
            # 만약 mar_env가 time_grid 객체를 가지고 있는 경우
            self.time_grid = mar_env.get_list('time_grid')
        except:
            self.time_grid = None
        try:
            # 만약 특별한 날짜가 있는 경우 추가
            self.special_dates = mar_env.get_list('special_dates')
        except:
            self.special_dates = []
        self.instrument_values = None
        self.correlated = corr
        if corr is True:
            # 위험 요소가 서로 상관관계가 있는 경우
            self.cholesky_matrix = mar_env.get_list('cholesky_matrix')
            self.rn_set = mar_env.get_list('rn_set')[self.name]
            self.random_numbers = mar_env.get_list('random_numbers')

    def generate_time_grid(self):
        start = self.pricing_date
        end = self.final_date
        # pandas date_range 함수
        # 주기가 평일인 경우 'B', 주간인 경우 'W', 월간인 경우 'M'
        time_grid = pd.date_range(start=start, end=end,
                                  freq=self.frequency).to_pydatetime()
        time_grid = list(time_grid)
        # time_grid에 시작일, 종료일, 특별한 날짜 추가
        if start not in time_grid:
            time_grid.insert(0, start)
            # 리스트에 시작일이 없으면 추가
        if end not in time_grid:
            time_grid.append(end)
            # 시작일에 종료일이 없으면 추가
        if len(self.special_dates) > 0:
            # 모든 특별한 날짜 추가
            time_grid.extend(self.special_dates)
            # 중복 제거
            time_grid = list(set(time_grid))
            # 리스트 정렬
            time_grid.sort()
        self.time_grid = np.array(time_grid)
```

```
    def get_instrument_values(self, fixed_seed=True):
        if self.instrument_values is None:
            # 상품 가치가 없는 경우에 초기 시뮬레이션 시작
            self.generate_paths(fixed_seed=fixed_seed, day_count=365.)
        elif fixed_seed is False:
            # fixed_seed 값이 False인 경우 초기 시뮬레이션 재시작
            self.generate_paths(fixed_seed=fixed_seed, day_count=365.)
        return self.instrument_values
```

market_environment 객체를 파싱하는 부분은 초기화 시에 호출되는 __init__() 특수 메서드 안에 있다. 코드를 간단히 하기 위해 더 자세한 검증은 구현하지 않았다. 예를 들어 다음 구문은 실제로 discount_curve가 할인 커브 객체인지 아닌지는 확인하지 않는다. 따라서 어떤 시뮬레이션 클래스에 dx.market_environment 객체를 넘길 때는 주의를 기울여야 한다.

```
self.discount_curve = mar_env.get_curve('discount_curve')
```

[표 18-1]에 모든 시뮬레이션에 공통적으로 필요한 market_environment 객체의 요소를 모아놨다.

표 18-1 모든 시뮬레이션에 필요한 market_environment 객체의 요소

요소 이름	자료형	필수 여부	설명
initial_value	Constant	Yes	pricing_date 초깃값
volatility	Constant	Yes	확률 과정의 변동성 계수
final_date	Constant	Yes	시뮬레이션 만기
currency	Constant	Yes	사용 화폐
frequency	Constant	Yes	날짜의 빈도, pandas의 빈도 인수 기준
paths	Constant	Yes	시뮬레이션 경로의 수
discount_curve	Curve	Yes	dx.constant_short_rate 객체
time_grid	List	No	관련된 날짜의 시간 그리드(포트폴리오의 경우)
random_numbers	List	No	난수 배열(상관관계가 있는 객체의 경우)
cholesky_matrix	List	No	숄레스키 행렬(상관관계가 있는 객체의 경우)
rn_set	List	No	관련된 난수 집합의 포인터 사전 객체

시뮬레이션 객체에서 상관관계에 관련된 부분은 다음 장에서 설명한다. 이번 장에서는 상관관계가 없는 단일 확률 과정에 초점을 맞춘다. 마찬가지로 포트폴리오와 관련된 `time_grid` 옵션도 추후에 설명하도록 한다.

18.3 기하 브라운 운동 모형

기하 브라운 운동 모형은 [수식 18-1]에 나타난 형태의 확률 과정이다(12장의 [수식 12-2]에서 자세히 설명하였으니 참조하기 바란다). 이 확률 과정은 동치인 마틴게일 측도 하에서 움직인다고 가정하므로 증가율이 무위험 고정 단기 이자율 r로 고정되어 있다(17장 참조).

수식 18-1 기하 브라운 운동 모형의 확률 미분방정식

$$dS_t = rS_t dt + \sigma S_t dZ_t$$

[수식 18-2]는 시뮬레이션을 위해 확률 미분방정식에 오일러 이산화를 적용한 결과다(자세한 내용은 12장의 [수식 12-3] 참조). 17장에서 소개한 일반적 시장 모형 $\mathscr{M}$과 같은 이산 시간 시장 모형을 사용하면 시뮬레이션 시간은 $0 < t_1 < t_2 < \cdots < T$와 같다.

수식 18-2 기하 브라운 운동 모형을 시뮬레이션하기 위한 차분방정식

$$S_{t_{m+1}} = S_{t_m} \exp\left(\left(r - \frac{\sigma^2}{2}\right)\left(t_{m+1} - t_m\right) + \sigma\sqrt{t_{m+1} - t_m}\, z_t\right)$$
$$0 \le t_m < t_{m+1} \le T$$

18.3.1 시뮬레이션 클래스

다음은 기하 브라운 운동 모형을 위한 클래스다.

```python
#
# DX 패키지
#
# 시뮬레이션 클래스 - 기하 브라운 운동 모형
#
# geometric_brownian_motion.py
#
# Python for Finance, 2nd ed.
# (c) Dr. Yves J. Hilpisch
#
import numpy as np

from sn_random_numbers import sn_random_numbers
from simulation_class import simulation_class


class geometric_brownian_motion(simulation_class):
    ''' 블랙-숄즈-머튼 기하 브라운 운동 모형에 기반한 시뮬레이션 경로 생성 클래스

    속성
    ==========
    name: string
        객체 이름
    mar_env: instance of market_environment
        시뮬레이션을 위한 시장 환경
    corr: Boolean
        다른 시뮬레이션 모델 객체와 상관성이 있으면 True

    메서드
    =======
    update:
        인숫값 갱신
    generate_paths:
        시장 환경이 주어지면 몬테카를로 경로를 반환
    '''

    def __init__(self, name, mar_env, corr=False):
        super(geometric_brownian_motion, self).__init__(name, mar_env, corr)

    def update(self, initial_value=None, volatility=None, final_date=None):
        if initial_value is not None:
            self.initial_value = initial_value
        if volatility is not None:
            self.volatility = volatility
```

```
        if final_date is not None:
            self.final_date = final_date
        self.instrument_values = None

    def generate_paths(self, fixed_seed=False, day_count=365.):
        if self.time_grid is None:
            # 제너릭 시뮬레이션 클래스 메서드
            self.generate_time_grid()
        # 시간 그리드의 날짜 개수
        M = len(self.time_grid)
        # 경로 개수
        I = self.paths
        # 경로 시뮬레이션을 위한 ndarray 초기화
        paths = np.zeros((M, I))
        # initial_value 값으로 첫날을 채움
        paths[0] = self.initial_value
        if not self.correlated:
            # 상관성이 없는 경우 난수 생성
            rand = sn_random_numbers((1, M, I),
                                     fixed_seed=fixed_seed)
        else:
            # 상관성이 있는 경우 주어진 시장 환경의 난수 객체를 사용
            rand = self.random_numbers
        short_rate = self.discount_curve.short_rate
        # 확률 과정의 단기 이자율 사용
        for t in range(1, len(self.time_grid)):
            # 관련된 난수 집합에서 올바른 시간 구간을 선택
            if not self.correlated:
                ran = rand[t]
            else:
                ran = np.dot(self.cholesky_matrix, rand[:, t, :])
                ran = ran[self.rn_set]
            dt = (self.time_grid[t] - self.time_grid[t - 1]).days / day_count
            # 두 날짜 사이의 연수 차이 계산
            paths[t] = paths[t - 1] * np.exp((short_rate - 0.5 *
                                              self.volatility ** 2) * dt +
                                              self.volatility * np.sqrt(dt) * ran)
        # 해당 날짜의 시뮬레이션 값 생성
        self.instrument_values = paths
```

이 경우에 dx.market_environment 객체는 [표 18-1]에서 보인 데이터와 객체만, 즉 최소한의 요소만 가지고 있다.

update() 메서드는 이름 그대로 선택된 모형의 매개변수를 갱신한다. generate_paths() 메서드는 좀 복잡해서 이해를 돕기 위해 많은 주석을 코드에 포함시켰다. generate_paths()가 복잡해진 이유는 다른 모형 시뮬레이션 객체와의 상관관계를 처리하기 위해서다. 이 부분은 20장에서 명확하게 설명한다.

18.3.2 사용 예

IPython 세션에서 기하 브라운 운동 시뮬레이션 클래스를 어떻게 사용하는지 알아보자. 우선 필수 요소들을 가진 dx.market_environment 객체를 생성해야 한다.

```
In [33]: from dx_frame import *

In [34]: me_gbm = market_environment('me_gbm', dt.datetime(2020, 1, 1))

In [35]: me_gbm.add_constant('initial_value', 36.)
         me_gbm.add_constant('volatility', 0.2)
         me_gbm.add_constant('final_date', dt.datetime(2020, 12, 31))
         me_gbm.add_constant('currency', 'EUR')
         me_gbm.add_constant('frequency', 'M')  ❶
         me_gbm.add_constant('paths', 10000)

In [36]: csr = constant_short_rate('csr', 0.06)

In [37]: me_gbm.add_curve('discount_curve', csr)
```

❶ 월의 마지막 날을 기준으로 한다.

그다음 작업할 모형 시뮬레이션 객체를 생성한다.

```
In [38]: from geometric_brownian_motion import geometric_brownian_motion

In [39]: gbm = geometric_brownian_motion('gbm', me_gbm)  ❶

In [40]: gbm.generate_time_grid()  ❷

In [41]: gbm.time_grid  ❸
Out[41]: array([datetime.datetime(2020, 1, 1, 0, 0),
                datetime.datetime(2020, 1, 31, 0, 0),
```

```
            datetime.datetime(2020, 2, 29, 0, 0),
            datetime.datetime(2020, 3, 31, 0, 0),
            datetime.datetime(2020, 4, 30, 0, 0),
            datetime.datetime(2020, 5, 31, 0, 0),
            datetime.datetime(2020, 6, 30, 0, 0),
            datetime.datetime(2020, 7, 31, 0, 0),
            datetime.datetime(2020, 8, 31, 0, 0),
            datetime.datetime(2020, 9, 30, 0, 0),
            datetime.datetime(2020, 10, 31, 0, 0),
            datetime.datetime(2020, 11, 30, 0, 0),
            datetime.datetime(2020, 12, 31, 0, 0)], dtype=object)

In [42]: %time paths_1 = gbm.get_instrument_values()  ❹
         CPU times: user 21.3 ms, sys: 6.74 ms, total: 28.1 ms
         Wall time: 40.3 ms

In [43]: paths_1.round(3)  ❹
Out[43]: array([[36.   , 36.   , 36.   , ..., 36.   , 36.   , 36.   ],
                [37.403, 38.12 , 34.4  , ..., 36.252, 35.084, 39.668],
                [39.562, 42.335, 32.405, ..., 34.836, 33.637, 37.655],
                ...,
                [40.534, 33.506, 23.497, ..., 37.851, 30.122, 30.446],
                [42.527, 36.995, 21.885, ..., 36.014, 30.907, 30.712],
                [43.811, 37.876, 24.1  , ..., 36.263, 28.138, 29.038]])

In [44]: gbm.update(volatility=0.5)  ❺

In [45]: %time paths_2 = gbm.get_instrument_values()  ❺
         CPU times: user 27.8 ms, sys: 3.91 ms, total: 31.7 ms
         Wall time: 19.8 ms
```

❶ 시뮬레이션 객체 생성

❷ 시간 그리드 생성

❸ 시간 그리드. 첫 날짜가 추가된다.

❹ 매개변수에 따른 경로 시뮬레이션

❺ 변동성 매개변수를 바꾸어 시뮬레이션 반복

[그림 18-1]에서 서로 다른 두 파라미터에 대한 10개의 시뮬레이션 경로를 확인할 수 있다. 변동성을 증가시킨 효과를 시각적으로 보여준다.

```
In [46]: plt.figure(figsize=(10, 6))
         p1 = plt.plot(gbm.time_grid, paths_1[:, :10], 'b')
         p2 = plt.plot(gbm.time_grid, paths_2[:, :10], 'r-.')
         l1 = plt.legend([p1[0], p2[0]],
                         ['low volatility', 'high volatility'], loc=2)
         plt.gca().add_artist(l1)
         plt.xticks(rotation=30);
```

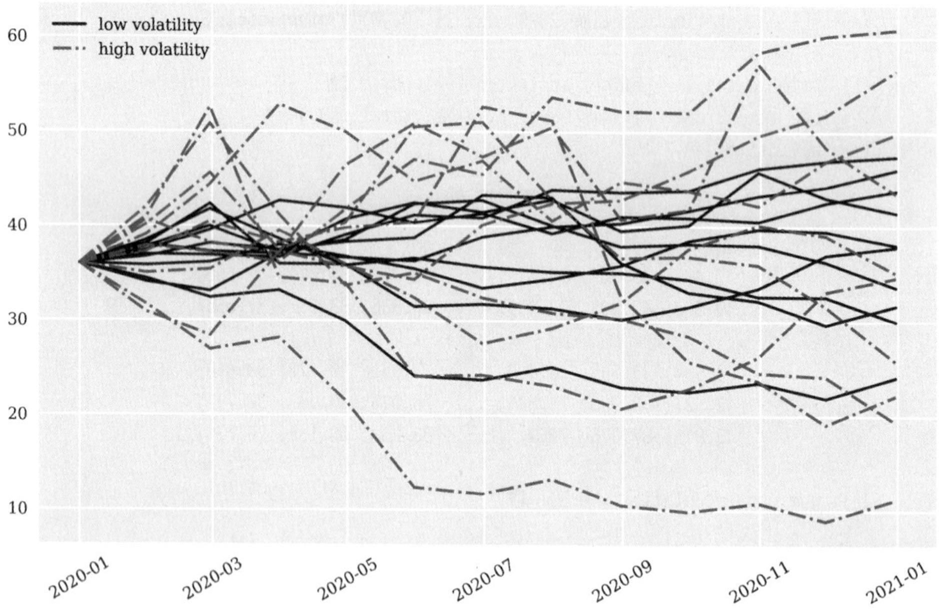

그림 18-1 기하 브라운 운동 시뮬레이션 클래스의 시뮬레이션 경로

TIP 시뮬레이션 벡터화

12장에서 살펴보았듯이 NumPy와 pandas를 사용한 벡터화 방법은 간결하고 성능이 좋은 시뮬레이션 코드를 만드는 데 적당하다.

18.4 점프 확산 모형

dx.geometric_brownian_motion 클래스에 대한 배경지식이 있다면 머튼의 점프 확산 모형 클래스를 만드는 것은 어렵지 않다. [수식 18-3]은 점프 확산 모형에 대한 확률 미분방정식이다(매개변수와 변수의 의미는 12장의 [수식 12-8] 참조).

수식 18-3 머튼의 점프 확산 모형에 대한 확률 미분방정식

$$dS_t = \left(r - r_J\right) S_t dt + \sigma S_t dZ_t + J_t S_t dN_t$$

시뮬레이션을 하려면 [수식 18-4]에 있는 것처럼 오일러 이산화Euler discretization를 해야 한다(이산화에 대한 자세한 내용은 12장의 [수식 12-9] 참조).

수식 18-4 머튼의 점프 확산 모형에 대한 오일러 이산화

$$S_{t_{m+1}} = S_{t_m}\left(\exp\left(\left(r - r_J - \frac{\sigma^2}{2}\right)\left(t_{m+1} - t_m\right) + \sigma\sqrt{t_{m+1} - t_m}\, z_t^1\right) + \left(e^{\mu_J + \delta z_t^2} - 1\right) y_t\right)$$

$$0 \le t_m < t_{m+1} \le T$$

18.4.1 시뮬레이션 클래스

다음은 dx.jump_diffusion 시뮬레이션 클래스에 대한 파이썬 코드다. 이제 코드 내용이 익숙할 것이다. 모형은 다르지만 구조나 메서드는 이전과 같다.

```
#
# DX 패키지
#
# 시뮬레이션 클래스 - 점프 확산 모형
#
# jump_diffusion.py
#
# Python for Finance, 2nd ed.
# (c) Dr. Yves J. Hilpisch
```

```
#
import numpy as np

from sn_random_numbers import sn_random_numbers
from simulation_class import simulation_class


class jump_diffusion(simulation_class):
    ''' 머튼 (1976) 점프 확산 모형에 기반한 시뮬레이션 경로를 생성하는 클래스

    속성
    ==========
    name: str
        객체 이름
    mar_env: instance of market_environment
        시뮬레이션용 시장 환경 데이터
    corr: bool
        다른 모델 객체와 상관성이 있으면 True

    메서드
    =======
    update:
        인숫값 갱신
    generate_paths:
        시장 환경이 주어지면 몬테카를로 경로 반환
    '''
    def __init__(self, name, mar_env, corr=False):
        super(jump_diffusion, self).__init__(name, mar_env, corr)
        # 추가 인수 필요
        self.lamb = mar_env.get_constant('lambda')
        self.mu = mar_env.get_constant('mu')
        self.delt = mar_env.get_constant('delta')

    def update(self, initial_value=None, volatility=None, lamb=None,
               mu=None, delta=None, final_date=None):
        if initial_value is not None:
            self.initial_value = initial_value
        if volatility is not None:
            self.volatility = volatility
        if lamb is not None:
            self.lamb = lamb
        if mu is not None:
            self.mu = mu
        if delta is not None:
```

```
            self.delt = delta
        if final_date is not None:
            self.final_date = final_date
        self.instrument_values = None

    def generate_paths(self, fixed_seed=False, day_count=365.):
        if self.time_grid is None:
            # 제너릭 시뮬레이션 클래스 메서드
            self.generate_time_grid()
        # 시간 그리드의 날짜 개수
        M = len(self.time_grid)
        # 경로 개수
        I = self.paths
        # 경로 시뮬레이션을 위한 ndarray 초기화
        paths = np.zeros((M, I))
        # initial_value 값으로 첫날을 채움
        paths[0] = self.initial_value
        if self.correlated is False:
            # 상관성이 없으면 난수 생성
            sn1 = sn_random_numbers((1, M, I),
                                    fixed_seed=fixed_seed)
        else:
            # 상관성이 있으면 주어진 시장 환경의 난수 객체를 사용
            sn1 = self.random_numbers

        # 점프 요소를 위한 표준정규분포 난수 생성
        sn2 = sn_random_numbers((1, M, I),
                                fixed_seed=fixed_seed)
        rj = self.lamb * (np.exp(self.mu + 0.5 * self.delt ** 2) - 1)

        short_rate = self.discount_curve.short_rate
        for t in range(1, len(self.time_grid)):
            # 관련된 난수 집합에서 올바른 시간 위치를 선택
            if self.correlated is False:
                ran = sn1[t]
            else:
                # 포트폴리오에서 상관관계가 있는 경우
                ran = np.dot(self.cholesky_matrix, sn1[:, t, :])
                ran = ran[self.rn_set]
            dt = (self.time_grid[t] - self.time_grid[t - 1]).days / day_count
            # 두 날짜 사이의 연수 계산
            poi = np.random.poisson(self.lamb * dt, I)
            # 점프 요소를 위한 포아송 분포 난수 생성
            paths[t] = paths[t - 1] * (
```

```
                np.exp((short_rate - rj -
                        0.5 * self.volatility ** 2) * dt +
                       self.volatility * np.sqrt(dt) * ran) +
                (np.exp(self.mu + self.delt * sn2[t]) - 1) * poi)
        self.instrument_values = paths
```

그러나 dx.market_environment 객체에 포함된 요소는 달라져야 한다. [표 18-1]에서 보인 일반적인 클래스에서 필요한 요소뿐만 아니라 [표 18-2]에 표시된 세 가지 요소, 즉 점프 요인의 로그 정규분포 매개변수인 lambda, mu, delta가 추가로 필요하다.

표 18-2 dx.jump_diffusion 클래스에 필요한 market_environment 객체의 요소

요소 이름	자료형	필수 여부	설명
lambda	Constant	Yes	점프 강도(확률)
mu	Constant	Yes	점프 크기의 기댓값
delta	Constant	Yes	점프 크기의 표준편차

점프 요인을 포함한 경로를 생성하기 위해서는 추가로 난수가 필요하다. generate_paths() 함수에서 추가로 필요한 난수가 생성되는 부분에 주석을 달아놓았다. 포아송 분포 난수의 생성에 대해서는 12장을 참조한다.

18.4.2 사용 예

다음 세션에서 dx.jump_diffusion 시뮬레이션 클래스를 사용하는 방법을 설명한다. 앞 절의 기하 브라운 운동 객체에서 정의한 dx.market_environment 객체가 기본이 된다.

```
In [47]: me_jd = market_environment('me_jd', dt.datetime(2020, 1, 1))

In [48]: me_jd.add_constant('lambda', 0.3)  ❶
         me_jd.add_constant('mu', -0.75)  ❶
         me_jd.add_constant('delta', 0.1)  ❶

In [49]: me_jd.add_environment(me_gbm)  ❷
```

```
In [50]: from jump_diffusion import jump_diffusion

In [51]: jd = jump_diffusion('jd', me_jd)

In [52]: %time paths_3 = jd.get_instrument_values()  ❸
         CPU times: user 28.6 ms, sys: 4.37 ms, total: 33 ms
         Wall time: 49.4 ms

In [53]: jd.update(lamb=0.9)  ❹

In [54]: %time paths_4 = jd.get_instrument_values()  ❺
         CPU times: user 29.7 ms, sys: 3.58 ms, total: 33.3 ms
         Wall time: 66.7 ms
```

❶ dx.jump_diffusion 객체용 세 개의 매개변수

❷ 현재 환경에 추가

❸ 기본 매개변수로 경로 시뮬레이션

❹ 점프 강도 매개변수 증가

❺ 새로운 매개변수로 경로 시뮬레이션

[그림 18-2]에서 높은 점프 강도와 낮은 점프 강도를 사용한 두 가지 시뮬레이션 경로를 각각 비교했다. 그림에서 두 가지 경우를 쉽게 파악할 수 있다.

```
In [55]: plt.figure(figsize=(10, 6))
         p1 = plt.plot(gbm.time_grid, paths_3[:, :10], 'b')
         p2 = plt.plot(gbm.time_grid, paths_4[:, :10], 'r-.')
         l1 = plt.legend([p1[0], p2[0]],
                         ['low intensity', 'high intensity'], loc=3)
         plt.gca().add_artist(l1)
         plt.xticks(rotation=30);
```

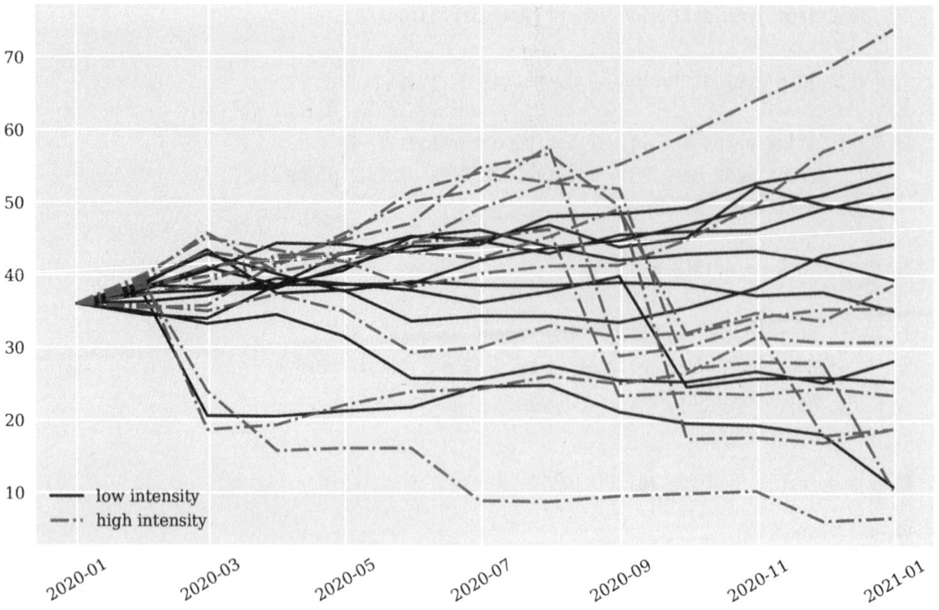

그림 18-2 점프 확산 시뮬레이션 클래스의 시뮬레이션 경로

18.5 제곱근 확산 모형

세 번째로 시뮬레이션할 확률 과정은 단기 이자율을 확률적으로 모형화한 콕스-잉거솔-로스 제곱근 확산 모형이다. 이 확률 과정은 [수식 18-5]에 확률적 미분방정식으로 나타냈다(12장의 [수식 12-4]에 자세한 설명이 있다).

수식 18-5 제곱근 확산 과정의 확률적 미분방정식

$$dx_t = \kappa\left(\theta - x_t\right)dt + \sigma\sqrt{x_t}\,dZ_t$$

이 방정식을 이산화하면 [수식 18-6]과 같다(12장의 [수식 12-5]를 참조하거나 다른 이산화 방식인 [수식 12-6]을 참조한다).

수식 18-6 제곱근 확산 과정의 오일러 이산화(full truncation 방식)

$$\tilde{x}_{t_{m+1}} = \tilde{x}_{t_m} + \kappa\left(\theta - \tilde{x}_s^+\right)\left(t_{m+1} - t_m\right) + \sigma\sqrt{\tilde{x}_s^+}\sqrt{t_{m+1} - t_m}z_t$$

$$x_{t_{m+1}} = \tilde{x}^{`}_{t_{m`1}}$$

18.5.1 시뮬레이션 클래스

다음은 `dx.square_root_diffusion` 시뮬레이션 클래스를 위한 파이썬 코드다. 모형 수식과 이산화 방식의 차이 이외에는 이전의 두 가지 클래스와 동일하다.

```
#
# DX 패키지
#
# 시뮬레이션 클래스 - 제곱근 확산 모형
#
# square_root_diffusion.py
#
# Python for Finance, 2nd ed.
# (c) Dr. Yves J. Hilpisch
#
import numpy as np

from sn_random_numbers import sn_random_numbers
from simulation_class import simulation_class

class square_root_diffusion(simulation_class):
    ''' Cox-Ingersoll-Ross(1985) 제곱근 확산 모형에 기반한 시뮬레이션 경로 생성

    속성
    ==========
    name : string
        객체 이름
    mar_env : instance of market_environment
        시뮬레이션용 시장 환경 데이터
    corr : Boolean
        다른 모형 객체와 상관성이 있는 경우 True
```

```
    메서드
    =======
    update :
        인숫값 갱신
    generate_paths :
        시장 환경이 주어지면 몬테카를로 경로 반환
    '''

    def __init__(self, name, mar_env, corr=False):
        super(square_root_diffusion, self).__init__(name, mar_env, corr)
        # 추가 인수 필요
        self.kappa = mar_env.get_constant('kappa')
        self.theta = mar_env.get_constant('theta')

    def update(self, initial_value=None, volatility=None, kappa=None,
               theta=None, final_date=None):
        if initial_value is not None:
            self.initial_value = initial_value
        if volatility is not None:
            self.volatility = volatility
        if kappa is not None:
            self.kappa = kappa
        if theta is not None:
            self.theta = theta
        if final_date is not None:
            self.final_date = final_date
        self.instrument_values = None

    def generate_paths(self, fixed_seed=True, day_count=365.):
        if self.time_grid is None:
            self.generate_time_grid()
        M = len(self.time_grid)
        I = self.paths
        paths = np.zeros((M, I))
        paths_ = np.zeros_like(paths)
        paths[0] = self.initial_value
        paths_[0] = self.initial_value
        if self.correlated is False:
            rand = sn_random_numbers((1, M, I),
                                     fixed_seed=fixed_seed)
        else:
            rand = self.random_numbers

        for t in range(1, len(self.time_grid)):
```

```
            dt = (self.time_grid[t] - self.time_grid[t - 1]).days / day_count
            if self.correlated is False:
                ran = rand[t]
            else:
                ran = np.dot(self.cholesky_matrix, rand[:, t, :])
                ran = ran[self.rn_set]

            # 풀 트렁케이션 오일러 이산화
            paths_[t] = (paths_[t - 1] + self.kappa *
                         (self.theta - np.maximum(0, paths_[t - 1, :])) * dt +
                         np.sqrt(np.maximum(0, paths_[t - 1, :])) *
                         self.volatility * np.sqrt(dt) * ran)
            paths[t] = np.maximum(0, paths_[t])
        self.instrument_values = paths
```

다음 [표 18-3]에서 이 클래스를 위한 두 가지 `market_environment` 객체의 요소를 확인할 수 있다.

표 18-3 dx.square_root_diffusion 클래스용 market_environment 객체의 요소

요소 이름	자료형	필수 여부	설명
kappa	Constant	Yes	평균 회귀계수
theta	Constant	Yes	확률 과정의 장기 평균

18.5.2 사용 예

`dx.square_root_diffusion` 시뮬레이션 클래스의 사용법을 간단하게 살펴보자. 마찬가지로 `market_environment` 객체가 필요하다. 여기에서는 예제로 변동성(지수) 확률 과정을 모형화한다.

```
In [56]: me_srd = market_environment('me_srd', dt.datetime(2020, 1, 1))  ❶

In [57]: me_srd.add_constant('initial_value', .25)
         me_srd.add_constant('volatility', 0.05)
         me_srd.add_constant('final_date', dt.datetime(2020, 12, 31))
         me_srd.add_constant('currency', 'EUR')
         me_srd.add_constant('frequency', 'W')
```

```
        me_srd.add_constant('paths', 10000)

In [58]: me_srd.add_constant('kappa', 4.0)
         me_srd.add_constant('theta', 0.2)
In [59]: me_srd.add_curve('discount_curve', constant_short_rate('r', 0.0)) ❷

In [60]: from square_root_diffusion import square_root_diffusion

In [61]: srd = square_root_diffusion('srd', me_srd)  ❸

In [62]: srd_paths = srd.get_instrument_values()[:, :10]  ❹
```

❶ dx.square_root_diffusion 객체용 추가 매개변수

❷ discount_curve 객체가 디폴트로 필요하지만 시뮬레이션에서는 필요하지 않다.

❸ 객체 생성

❹ 경로 시뮬레이션 및 10개 선택

[그림 18-3]에서 시뮬레이션 경로가 평균적으로 0.2로 가정한 (점선으로 표시한) 장기 평균 theta 값으로 회귀하는 특성을 볼 수 있다.

```
In [63]: plt.figure(figsize=(10, 6))
         plt.plot(srd.time_grid, srd.get_instrument_values()[:, :10])
         plt.axhline(me_srd.get_constant('theta'), color='r',
                     ls='--', lw=2.0)

         plt.xticks(rotation=30);
```

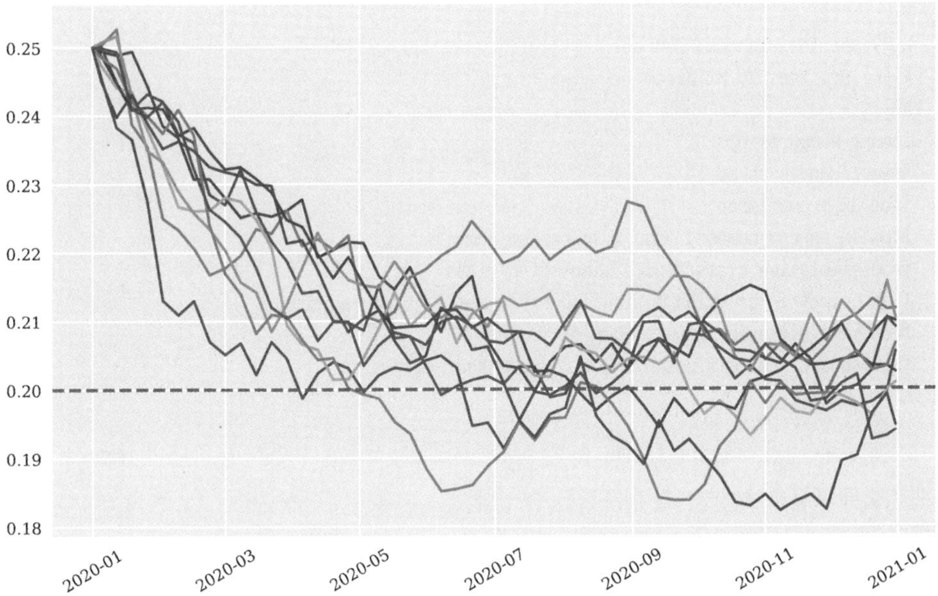

그림 18-3 제곱근 확산 시뮬레이션 클래스의 시뮬레이션 경로(점선 = 장기 평균 theta 값)

18.6 마치며

이 장에서는 세 가지의 확률 과정, 즉 기하 브라운 운동, 점프 확산, 제곱근 확산 과정의 시뮬레이션을 위한 도구와 클래스를 개발했다. 우선 표준정규분포 난수를 생성하는 함수를 만들고 다음으로 일반적인 확률 과정 모형 시뮬레이션을 위한 기반 클래스를 도입했다. 이를 토대로 세 가지 특별한 시뮬레이션 클래스를 개발하고 각각의 클래스 사용법을 알아보았다.

이후의 임포트를 편리하게 하기 위해 다음과 같이 `dx_simulation.py`라는 래퍼 모듈을 만들기로 한다.

```
#
# DX 패키지
#
# 시뮬레이션 함수 & 클래스
#
# dx_simulation.py
```

```
#
# Python for Finance, 2nd ed.
# (c) Dr. Yves J. Hilpisch
#
import numpy as np
import pandas as pd
from dx_frame import *
from sn_random_numbers import sn_random_numbers
from simulation_class import simulation_class
from geometric_brownian_motion import geometric_brownian_motion
from jump_diffusion import jump_diffusion
from square_root_diffusion import square_root_diffusion
```

이전에 만든 래퍼 모듈 dx_frame.py와 마찬가지로 이 모듈을 이용하면 하나의 import 문장으로 모든 시뮬레이션 코드를 임포트할 수 있다.

```
from dx_simulation import *
```

dx_simulation.py를 임포트하면 내부적으로 dx_frame.py의 임포트 코드도 모두 가져오기 때문에 지금까지 개발한 모든 것을 한 번에 임포트할 수 있다. dx 디렉터리의 __init__ 파일도 같은 방식으로 변경한다.

```
#
# DX 패키지
# 패키지 파일
# __init__.py
#
import numpy as np
import pandas as pd
import datetime as dt

# frame
from get_year_deltas import get_year_deltas
from constant_short_rate import constant_short_rate
from market_environment import market_environment

# simulation
from sn_random_numbers import sn_random_numbers
from simulation_class import simulation_class
from geometric_brownian_motion import geometric_brownian_motion
```

```
from jump_diffusion import jump_diffusion
from square_root_diffusion import square_root_diffusion
```

18.7 참고 문헌

이 장에서 다룬 주제들에 대한 참고 문헌은 다음과 같다.

- Glasserman, Paul (2004). *Monte Carlo Methods in Financial Engineering*. New York: Springer.
- Hilpisch, Yves (2015). *Derivatives Analytics with Python*. Chichester, England: Wiley Finance.

이 장에서 언급된 모형에 대한 연구 논문은 다음과 같다.

- Black, Fischer, and Myron Scholes (1973). "The Pricing of Options and Corporate Liabilities." *Journal of Political Economy*, Vol. 81, No. 3, pp. 638–659.
- Cox, John, Jonathan Ingersoll, and Stephen Ross (1985). "A Theory of the Term Structure of Interest Rates." *Econometrica*, Vol. 53, No. 2, pp. 385–407.
- Merton, Robert (1973). "Theory of Rational Option Pricing." *Bell Journal of Economics and Management Science*, Vol. 4, pp. 141–183.
- Merton, Robert (1976). "Option Pricing When the Underlying Stock Returns Are Discontinuous." *Journal of Financial Economics*, Vol. 3, No. 3, pp. 125–144.

CHAPTER 19

파생상품 가치 평가

파생상품은 거대하고 복잡한 주제다.

— 저드 그레그Judd Gregg

옵션과 파생상품의 가치 평가는 오랫동안 월스트리트에서 로켓 사이언티스트로 일컫는, 물리학 또는 고등 수학이 요구되는 분야에서 박사학위를 가진 사람들의 영역이었다. 그러나 몬테카를로 시뮬레이션과 같이 수치적 방법에 의한 모형이 활용되면서 차츰 이론적 모형 자체에 대한 복잡성이 줄어들고 있다.

특히 **유러피안 행사 방식**European exercise, 즉 특별히 정해진 날짜에만 행사exercise가 가능한 옵션 또는 파생상품의 경우가 그렇다. **아메리칸 행사 방식**American exercise, 즉 미리 정해진 기간 동안 항상 행사가 가능한 옵션이나 파생상품은 아직도 조금 평가 방법이 복잡하다. 이번 장에서는 아메리칸 옵션을 몬테카를로 방식으로 가치 평가할 때 필요한 **최소 자승 몬테카를로**Least-Squares Monte Carlo(LSM) 방법을 소개한다.

이번 장의 구조는 18장과 유사하다. 우선 일반적인 가치 평가 클래스를 소개하고 유러피안 행사 방식과 아메리칸 행사 방식에 특화된 두 가지 클래스를 제공한다. 일반적인 가치 평가 클래스는 옵션의 가장 중요한 그릭인 델타Delta와 베가Vega를 수치적으로 추정하는 메서드를 포함한다. 따라서 가치 평가 목적뿐 아니라 위험 관리 목적으로도 중요하다.

이 장은 다음과 같이 구성되었다.

일반적인 가치 평가 클래스

이 절에서는 다음 절에서 상속할 일반적인 가치 평가 클래스를 소개한다.

유러피안 행사 방식

이 절에서는 유러피안 행사 방식 옵션과 파생상품 가치 평가 클래스를 다룬다.

아메리칸 행사 방식

이 절에서는 아메리칸 행사 방식 옵션과 파생상품 가치 평가 클래스를 다룬다.

19.1 일반적인 가치 평가 클래스

일반적인 시뮬레이션 클래스를 만들 때와 마찬가지로 몇 가지(이 경우에는 네 가지) 입력만 받는 객체를 만든다.

`name`

시뮬레이션 모형의 이름에 대한 문자열 객체

`underlying`

기초 자산을 나타내는 시뮬레이션 클래스의 이름

`mar_env`

`dx.market_environment` 객체

`payoff_func`

옵션/파생상품의 페이오프 함수를 포함한 파이썬 문자열

이 클래스는 다음과 같은 세 가지 메서드를 가진다.

update()

선택된 가치 평가 매개변수(속성)의 값을 갱신하는 메서드

delta()

옵션/파생상품의 델타 값을 계산하는 메서드

vega()

옵션/파생상품의 베가 값을 계산하는 메서드

DX 패키지에 대한 배경지식이 있다면 여기에서 제시하는 일반적인 가치 평가 클래스에 대한 부가적인 설명이 거의 필요 없을 것이다. 필요한 설명은 적절한 위치에 주석으로 포함했다. 이후에도 필요하면 다시 이 코드의 일부를 보여줄 것이다.

```
#
# DX 패키지
#
# 가치 평가 - 베이스 클래스
#
# valuation_class.py
#
# Python for Finance, 2nd ed.
# (c) Dr. Yves J. Hilpisch
#


class valuation_class(object):
    ''' 단일 인수 가치 평가를 위한 기반 클래스

    속성
    ==========
    name: str
        객체 이름
    underlying: instance of simulation class
        단일 위험 요인을 모델링하는 객체
    mar_env: instance of market_environment
        가치 평가용 시장 환경 데이터
    payoff_func: str
```

```
    파이썬 문법으로 된 파생상품 페이오프
    예: 'np.maximum(maturity_value - 100, 0)'
    여기에서 maturity_value는 기초 자산의 만기 값을 나타내는 NumPy 벡터
    예: 'np.maximum(instrument_values - 100, 0)'
    여기에서 instrument_values는
    기초 자산의 전체 시간/경로 그리드 값을 나타내는 NumPy 행렬

메서드
=======
update:
    선택된 가치 평가 인수를 갱신
delta:
    파생상품의 델타를 반환
vega:
    파생상품의 베가를 반환
'''

def __init__(self, name, underlying, mar_env, payoff_func=''):
    self.name = name
    self.pricing_date = mar_env.pricing_date
    try:
        # 행사가는 반드시 필요하지는 않다.
        self.strike = mar_env.get_constant('strike')
    except:
        pass
    self.maturity = mar_env.get_constant('maturity')
    self.currency = mar_env.get_constant('currency')
    # 시뮬레이션 객체의 할인 커브와 시뮬레이션 인수
    self.frequency = underlying.frequency
    self.paths = underlying.paths
    self.discount_curve = underlying.discount_curve
    self.payoff_func = payoff_func
    self.underlying = underlying
    # 기초 자산의 만기와 가치 평가일 제공
    self.underlying.special_dates.extend([self.pricing_date,
                                          self.maturity])

def update(self, initial_value=None, volatility=None,
           strike=None, maturity=None):
    if initial_value is not None:
        self.underlying.update(initial_value=initial_value)
    if volatility is not None:
        self.underlying.update(volatility=volatility)
    if strike is not None:
```

```
            self.strike = strike
        if maturity is not None:
            self.maturity = maturity
            # 새로운 만기일 추가
            if maturity not in self.underlying.time_grid:
                self.underlying.special_dates.append(maturity)
                self.underlying.instrument_values = None

    def delta(self, interval=None, accuracy=4):
        if interval is None:
            interval = self.underlying.initial_value / 50.
        # 전향 차분 근사화
        # 수치적인 델타의 좌측값 계산
        value_left = self.present_value(fixed_seed=True)
        # 기초 자산의 우측값 계산
        initial_del = self.underlying.initial_value + interval
        self.underlying.update(initial_value=initial_del)
        # 수치적인 델타의 우측값 계산
        value_right = self.present_value(fixed_seed=True)
        # 시뮬레이션 객체의 초깃값 리셋
        self.underlying.update(initial_value=initial_del - interval)
        delta = (value_right - value_left) / interval
        # 수치 오류 정정
        if delta < -1.0:
            return -1.0
        elif delta > 1.0:
            return 1.0
        else:
            return round(delta, accuracy)

    def vega(self, interval=0.01, accuracy=4):
        if interval < self.underlying.volatility / 50.:
            interval = self.underlying.volatility / 50.
        # 전향 차분 근사화
        # 수치적인 베가의 좌측값 계산
        value_left = self.present_value(fixed_seed=True)
        # 변동성의 우측값
        vola_del = self.underlying.volatility + interval
        # 시뮬레이션 객체 갱신
        self.underlying.update(volatility=vola_del)
        # 수치적인 베가의 우측값 계산
        value_right = self.present_value(fixed_seed=True)
        # 시뮬레이션 객체의 변동성 값 리셋
        self.underlying.update(volatility=vola_del - interval)
```

```
vega = (value_right - value_left) / interval
return round(vega, accuracy)
```

dx.valuation_class 클래스의 작업 중 하나는 그릭 계산이다. 이 부분은 자세하게 살펴보아야 한다. 옵션의 현재 가치를 나타내는 함수 $V(S_0, \sigma_0)$가 연속 미분 가능하다고 가정하자. 이 옵션의 **델타**delta는 기초 자산의 현재 가치 S_0에 대한 이 함수의 일차 미분으로 정의한다. 수식으로 표현하면 다음과 같다.

$$\Delta = \frac{\partial V(\cdot)}{\partial S_0}$$

12장과 이번 장 다음 절에 나오는 몬테카를로 가치 계산법으로 계산한 수치(값)가 $\bar{V}(S_0, \sigma_0)$라고 가정하자. [수식 19-1]은 옵션의 델타에 대한 수치다.[1] 이 수식은 일반적인 가치 계산용 클래스 구현에서 delta() 메서드다. 이 메서드는 주어진 매개변수에 대한 몬테카를로 추정치를 반환하는 present_value() 메서드가 존재한다고 가정한다.

수식 19-1 옵션 델타 수치 계산

$$\bar{\Delta} = \frac{\bar{V}(S_0 + \Delta S, \sigma_0) - \bar{V}(S_0, \sigma_0)}{\Delta S}, \ \Delta S > 0$$

비슷한 방법으로 현재 가치를 현재의 (순간) 변동성으로 일차 미분한 값을 **베가**vega로 정의한다. 마찬가지로 옵션 가치를 몬테카를로 방식으로 계산할 수 있다는 가정하에 [수식 19-2]를 사용하면 베가를 수치적으로 계산할 수 있다. 이를 valuation_class 클래스에서 vega() 메서드로 구현했다.

수식 19-2 옵션 베가 수치 계산

$$\mathbf{V} = \frac{\bar{V}(S_0, \sigma_0 + \Delta\sigma) - \bar{V}(S_0, \sigma_0)}{\Delta\sigma}, \ \Delta\sigma > 0$$

---

1 몬테카를로 시뮬레이션에서 그릭을 수치적으로 추정하는 자세한 방법은 Glasserman의 책 7장을 참조한다. 여기에서는 전향 차분법(forward-difference schemes)을 사용하므로 옵션 시뮬레이션과 가치 평가를 한 번만 더 하면 된다. 예를 들어 중앙 차분법을 사용하면 옵션 가치 평가를 두 번 더 해야 한다.

델타와 베가는 미분 가능한 함수나 몬테카를로 방법으로 계산한 옵션 값이 존재한다는 가정하에 계산한다. 이 방식을 사용하면 정확한 정의를 모르더라도 몬테카를로 방법으로 구한 값을 수치적으로 미분할 수 있다.

19.2 유러피안 행사 방식

우리가 일반적인 가치 평가 클래스에서 구현할 첫 번째 경우는 유러피안 행사 방식이다. 이를 위해서 다음과 같은 몬테카를로 기반의 옵션 가치 평가 방법을 사용한다.

1. 기초 자산의 위험 요인 S에 대한 위험 중립 측도 하에서 옵션 만기 T의 기초 자산을 I번 반복하여 시뮬레이션한다.

   $$\bar{S}_T(i),\ i \in \{1, 2, ..., I\}$$

2. 시뮬레이션된 각각의 기초 자산에 대해 옵션의 페이오프 h_T를 계산한다.

   $$h_T\left(\bar{S}_T(i)\right),\ i \in \{1, 2, ..., I\}$$

3. 다음 식을 사용하여 옵션의 현재 가치에 대한 몬테카를로 추정치를 구한다.

   $$\bar{V}_0 \equiv e^{-rT} \frac{1}{I} \sum_{i=1}^{I} h_T\left(\bar{S}_T(i)\right)$$

19.2.1 가치 평가 클래스

다음 코드는 앞 절과 같은 방법으로 present_value() 메서드를 구현한 클래스다. 추가로 시뮬레이션 경로와 해당 경로에서의 옵션 페이오프를 출력하는 generate_payoff() 메서드를 포함한다. 따라서 몬테카를로 방식의 기반이 된다.

```
#
# DX 패키지
#
# 가치 평가 - 유러피안 행사 클래스
```

```
#
# valuation_mcs_european.py
#
# Python for Finance, 2nd ed.
# (c) Dr. Yves J. Hilpisch
#
import numpy as np
from valuation_class import valuation_class

class valuation_mcs_european(valuation_class):
    ''' 단일 요인 몬테카를로 시뮬레이션을 사용한 임의의 페이오프를 가진
    유러피안 옵션 가치 평가 클래스

    메서드
    =======
    generate_payoff:
        경로와 페이오프 함수가 주어지면 페이오프 계산
    present_value:
        몬테카를로 추정기를 사용한 현재 가치 계산
    '''

    def generate_payoff(self, fixed_seed=False):
        '''
        인수
        ==========
        fixed_seed: bool
        가치 평가에 고정된 시드값을 사용
        '''
        try:
            # 행사가는 반드시 필요하지는 않다.
            strike = self.strike
        except:
            pass
        paths = self.underlying.get_instrument_values(fixed_seed=fixed_seed)
        time_grid = self.underlying.time_grid
        try:
            time_index = np.where(time_grid == self.maturity)[0]
            time_index = int(time_index)
        except:
            print('Maturity date not in time grid of underlying.')
        maturity_value = paths[time_index]
        # 전체 경로의 평균값
        mean_value = np.mean(paths[:time_index], axis=1)
        # 전체 경로의 최댓값
```

```
        max_value = np.amax(paths[:time_index], axis=1)[-1]
        # 전체 경로의 최솟값
        min_value = np.amin(paths[:time_index], axis=1)[-1]
        try:
            payoff = eval(self.payoff_func)
            return payoff
        except:
            print('Error evaluating payoff function.')

    def present_value(self, accuracy=6, fixed_seed=False, full=False):
        '''
        인수
        ==========
        accuracy: int
            반환 결과의 자릿수
        fixed_seed: bool
            가치 평가에 고정된 시드값을 사용
        full: bool
            현재 가치에 대한 전체 1차원 배열 반환
        '''
        cash_flow = self.generate_payoff(fixed_seed=fixed_seed)
        discount_factor = self.discount_curve.get_discount_factors(
            (self.pricing_date, self.maturity))[0, 1]
        result = discount_factor * np.sum(cash_flow) / len(cash_flow)
        if full:
            return round(result, accuracy), discount_factor * cash_flow
        else:
            return round(result, accuracy)
```

generate_payoff() 메서드는 옵션 페이오프 정의에 사용되는 특별한 객체를 제공한다.

- strike: 옵션 행사가
- maturity_value: 옵션 만기에서 기초 자산의 시뮬레이션 값에 대한 1차원 배열 객체
- mean_value: 현재 날짜부터 만기까지의 전체 경로상의 기초 자산 가격의 평균
- max_value: 전체 경로상의 기초 자산 가격의 최댓값
- min_value: 전체 경로상의 기초 자산 가격의 최솟값

마지막 세 가지 속성은 아시안Asian(또는 룩백lookback) 옵션을 다룰 때 유용하다.

> **TIP 유연한 페이오프**
>
> 유러피안 행사 방식 옵션과 파생상품의 가치 평가에서는 임의의 페이오프 함수를 정의할 수 있도록 유연한 방식을 취하고 있다. 이렇게 하면 (옵션의 경우) 조건부 행사나 (선도계약의 경우) 무조건부 행사 모두를 모형화할 수 있다. 또한 룩백 옵션 등의 이색exotic 옵션도 포함시킬 수 있다.

19.2.2 사용 예

dx.valuation_mcs_european 클래스 사용법을 가장 잘 설명할 수 있는 방법은 실제 사용 예를 보여주는 것이다. 그런데 가치 평가 클래스를 사용하려면 우선 옵션의 기초 자산에 대한 시뮬레이션 객체가 필요하다. 18장에서 구현한 dx.geometric_brownian_motion 클래스를 사용하여 기초 자산을 모형화한다.

```
In [64]: me_gbm = market_environment('me_gbm', dt.datetime(2020, 1, 1))

In [65]: me_gbm.add_constant('initial_value', 36.)
         me_gbm.add_constant('volatility', 0.2)
         me_gbm.add_constant('final_date', dt.datetime(2020, 12, 31))
         me_gbm.add_constant('currency', 'EUR')
         me_gbm.add_constant('frequency', 'M')
         me_gbm.add_constant('paths', 10000)

In [66]: csr = constant_short_rate('csr', 0.06)

In [67]: me_gbm.add_curve('discount_curve', csr)

In [68]: gbm = geometric_brownian_motion('gbm', me_gbm)
```

시뮬레이션 객체 이외에도 옵션 자체를 위한 만기, 화폐 등의 시장 환경 정보도 필요하다. 추가로 행사가도 넣었다.

```
In [69]: me_call = market_environment('me_call', me_gbm.pricing_date)

In [70]: me_call.add_constant('strike', 40.)
         me_call.add_constant('maturity', dt.datetime(2020, 12, 31))
         me_call.add_constant('currency', 'EUR')
```

여기에서 중요한 요소는 문자열로 구현된 페이오프 함수로, 파이썬 eval() 함수를 사용하여 계산한다. 유러피안 옵션을 가치 평가하기 때문에 $h_T = \max(S_T - K, 0)$와 같은 페이오프를 사용한다. 여기에서 S_T는 기초 자산의 만기 가치이고, K는 행사가다. 파이썬과 NumPy에서 모든 시뮬레이션 값은 벡터 형태로 저장한다.

```
In [71]: payoff_func = 'np.maximum(maturity_value - strike, 0)'
```

이제 필요한 요소를 추가하여 valuation_mcs_european 클래스의 객체를 만든다. 가치 평가 객체만 있으면 원하는 값은 메서드 호출로 계산할 수 있다.

```
In [72]: from valuation_mcs_european import valuation_mcs_european

In [73]: eur_call = valuation_mcs_european('eur_call', underlying=gbm,
                                 mar_env=me_call, payoff_func=payoff_func)

In [74]: %time eur_call.present_value()  ❶
         CPU times: user 14.8 ms, sys: 4.06 ms, total: 18.9 ms
         Wall time: 43.5 ms
Out[74]: 2.146828

In [75]: %time eur_call.delta()  ❷
         CPU times: user 12.4 ms, sys: 2.68 ms, total: 15.1 ms
         Wall time: 40.1 ms
Out[75]: 0.5155

In [76]: %time eur_call.vega()  ❸
         CPU times: user 21 ms, sys: 2.72 ms, total: 23.7 ms
         Wall time: 89.9 ms
Out[76]: 14.301
```

❶ 유러피안 콜 옵션의 현재 가치 추정

❷ 옵션의 델타 값을 추정. 콜 옵션의 경우 델타는 양수

❸ 옵션의 베가 값을 추정. 콜 옵션과 풋 옵션 모두 베가는 양수

가치 평가용 객체를 만든 다음에는 현재 가치나 그릭에 대한 더 복잡한 분석도 쉽게 수행할 수 있다. 다음 코드는 기초 자산의 가격이 34유로에서 46유로까지 변할 때 옵션의 가치와 델타, 베가를 계산한 것이다. 결과는 [그림 19-1]과 같다.

```
In [77]: %%time
         s_list = np.arange(34., 46.1, 2.)
         p_list = []; d_list = []; v_list = []
         for s in s_list:
             eur_call.update(initial_value=s)
             p_list.append(eur_call.present_value(fixed_seed=True))
             d_list.append(eur_call.delta())
             v_list.append(eur_call.vega())
         CPU times: user 374 ms, sys: 8.82 ms, total: 383 ms
         Wall time: 609 ms

In [78]: from plot_option_stats import plot_option_stats

In [79]: plot_option_stats(s_list, p_list, d_list, v_list)
```

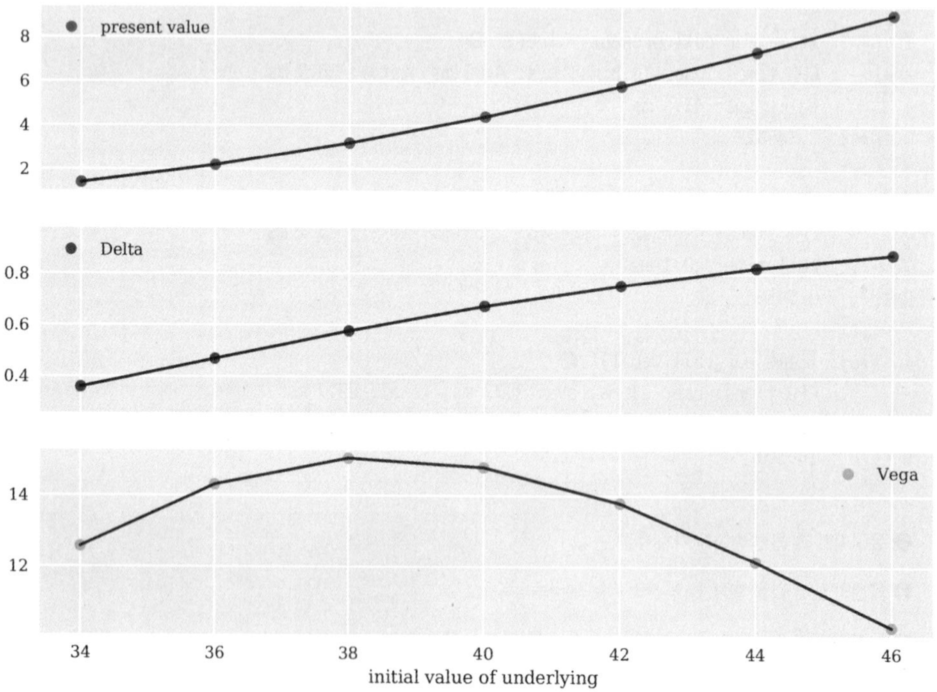

그림 19-1 유러피안 콜 옵션의 현재 가치, 델타, 베가 추정치

시각화에는 `plot_option_stats()` 함수를 사용했다.

```
#
# DX 패키지
#
# 가치 평가 - 플롯 옵션 통계
#
# plot_option_stats.py
#
# Python for Finance, 2nd ed.
# (c) Dr. Yves J. Hilpisch
#
import matplotlib.pyplot as plt

def plot_option_stats(s_list, p_list, d_list, v_list):
    ''' 여러 가지 기초 자산 값에 대한 옵션의 가격, 델타, 베가를 플롯

    인수
    ==========
    s_list: array or list
        기초 자산의 초깃값 집합
    p_list: array or list
        현재 가치
    d_list: array or list
        델타값
    v_list: array or list
        베가값
    '''
    plt.figure(figsize=(10, 7))
    sub1 = plt.subplot(311)
    plt.plot(s_list, p_list, 'ro', label='present value')
    plt.plot(s_list, p_list, 'b')
    plt.legend(loc=0)
    plt.setp(sub1.get_xticklabels(), visible=False)
    sub2 = plt.subplot(312)
    plt.plot(s_list, d_list, 'go', label='Delta')
    plt.plot(s_list, d_list, 'b')
    plt.legend(loc=0)
    plt.ylim(min(d_list) - 0.1, max(d_list) + 0.1)
    plt.setp(sub2.get_xticklabels(), visible=False)
    sub3 = plt.subplot(313)
    plt.plot(s_list, v_list, 'yo', label='Vega')
    plt.plot(s_list, v_list, 'b')
    plt.xlabel('initial value of underlying')
    plt.legend(loc=0)
```

DX 패키지를 사용하면 내부적으로는 복잡한 수치 계산을 하지만 옵션 계산 수식이 없더라도 쉽게 옵션 가치 평가 및 분석이 가능하다. 이 방식은 간단한 페이오프뿐만 아니라 복잡한 페이오프를 가진 옵션에도 적용된다. 다음과 같이 일반 옵션과 아시안 페이오프가 합쳐진 경우를 생각하자.

그 밖의 것은 일반 옵션과 같다. [그림 19-2]를 보면 기초 자산이 행사가 40으로 다가갈수록 델타는 1이 되어감을 볼 수 있다. 기초 자산이 증가할수록 옵션의 가치도 증가한다.

```
In [80]: payoff_func = 'np.maximum(0.33 * '
         payoff_func += '(maturity_value + max_value) - 40, 0)'  ❶

In [81]: eur_as_call = valuation_mcs_european('eur_as_call', underlying=gbm,
                                 mar_env=me_call, payoff_func=payoff_func)

In [82]: %%time
         s_list = np.arange(34., 46.1, 2.)
         p_list = []; d_list = []; v_list = []
         for s in s_list:
             eur_as_call.update(s)
             p_list.append(eur_as_call.present_value(fixed_seed=True))
             d_list.append(eur_as_call.delta())
             v_list.append(eur_as_call.vega())
         CPU times: user 319 ms, sys: 14.2 ms, total: 333 ms
         Wall time: 488 ms

In [83]: plot_option_stats(s_list, p_list, d_list, v_list)
```

❶ 페이오프는 만기에서의 값과 경로 중 최댓값에 의존한다.

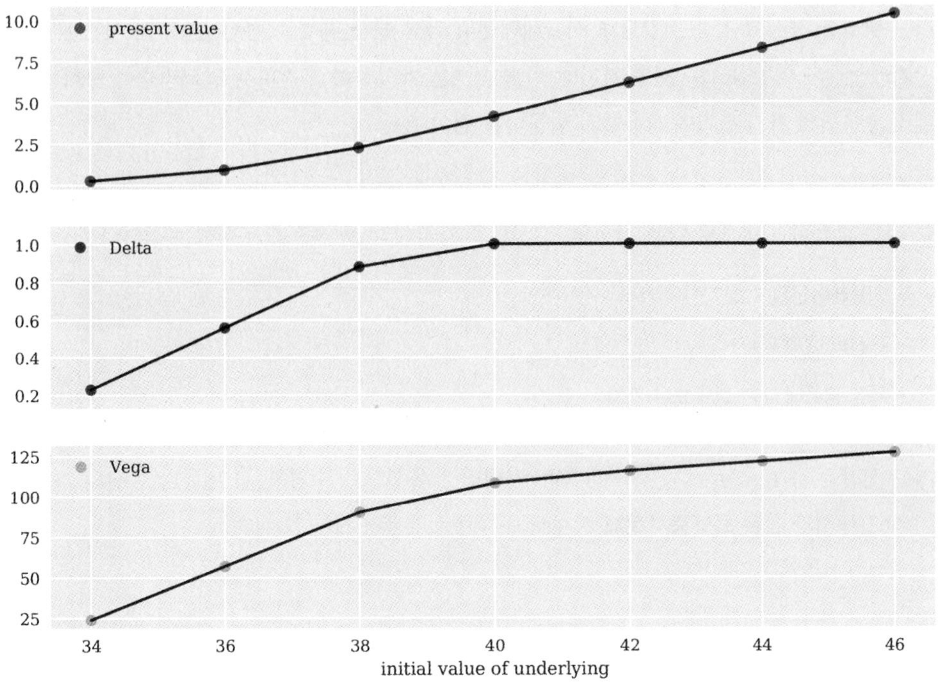

그림 19-2 유러피안-아시안 콜 옵션의 현재 가치, 델타, 베가 추정값

19.3 아메리칸 행사 방식

아메리칸 옵션이나 버뮤다 옵션의 가치 평가는 유러피안 옵션보다 훨씬 복잡하다.[2] 따라서 가치 평가 클래스를 구현하기 전에 필요한 가치 평가 이론을 소개하도록 한다.

19.3.1 최소 자승 몬테카를로

콕스-로스-루빈스타인(1979)은 이항 모형을 사용하여 유러피안 옵션과 아메리칸 옵션을 같은 프레임워크 상에서 간단하게 수치 계산할 수 있는 방법을 제시했다. 롱스태프-슈바르

2 아메리칸 행사 방식은 고정된 기간(최소한 매매일 이상)의 어느 시점에서나 행사가 가능한 방식이다. 버뮤다 행사 방식은 개별적인 행사 날짜에 행사가 가능한 옵션을 말한다. 아메리칸 옵션은 버뮤다 옵션으로 간략화하여 수치 계산할 수도 있다. 행사 가능한 날짜가 무한하게 증가하면 아메리칸 옵션으로 수렴한다.

츠 Longstaff-Schwartz 모형(2001)은 몬테카를로 시뮬레이션 방식으로 아메리칸 옵션의 가치를 평가하는 방법을 제시했다. 몬테카를로 시뮬레이션의 가장 큰 문제점은 전진 알고리즘이기 때문에 만기에서부터 역방향으로 보유 가치 continuation value 를 계산하여 후진하는 알고리즘을 구하는 아메리칸 옵션의 가치 평가에 사용하기 힘들다는 점이다.

롱스태프-슈바르츠 모형의 가장 큰 특징은 최소 자승 회귀법 ordinary least-squares regression 을 사용하여 다음 값들을 기반으로 같은 시점의 모든 보유 가치 continuation value 를 추정하는 점이다.[3]

- 시뮬레이션된 기초 자산의 가격
- 옵션의 내재 가치
- 특정 경로에 대한 실제 보유 가치

이산 시간 $0 < t_1 < t_2 < \ldots < T$에서 (아메리칸 옵션으로 수렴하는) 버뮤다 옵션의 가치는 [수식 19-3]과 같은 **최적 중지 문제** optimal stopping problem 로 주어진다.[4]

수식19-3 버뮤다 옵션에 대한 이산 시간 최적 중지 문제

$$V_0 = \sup_{\tau \in \{0, t_1, t_2, \ldots, T\}} e^{-r\tau} \mathbf{E}_0^Q \left(h_\tau \left(S_\tau \right) \right)$$

[수식 19-4]에서는 시간 $0 \leq t_m < T$에서의 아메리칸 옵션의 보유 가치를 보이고 있다. 보유 가치란 위험 중립 측도에서 시간 $V_{t_{m+1}}$에서의 아메리칸 옵션 가치에 대한 위험 중립 기댓값을 말한다.

수식 19-4 아메리칸 옵션의 보유 가치

$$C_{t_m}(s) = e^{-r(t_{m+1}-t_m)} \mathbf{E}_{t_m}^Q \left(V_{t_{m+1}} \left(S_{t_{m+1}} \right) \mid S_{t_m} = s \right)$$

---

3 이런 이유로 이 알고리즘을 최소 자승 몬테카를로(Least-Squares Monte Carlo, LSM)라고 부르기도 한다.

4 일반적인 아메리칸 옵션 가치 평가와 회귀분석 기반 방법에 대한 자세한 이론은 Kohler(2010)의 책을 참조한다.

시간 t_m에서의 아메리칸 옵션 가치 V_{t_m}은 [수식 19-5]와 같다. 즉, 행사가 되지 않은 경우의 기대 페이오프(보유 가치)와 즉각 행사할 경우의 페이오프(내재 가치) 중에서 큰 값이 된다.

수식 19-5 특정 시간에서의 아메리칸 옵션의 가치

$$V_{t_m} = \max\left(h_{t_m}(s),\ C_{t_m}(s)\right)$$

[수식 19-5]에서 내재 가치는 쉽게 계산할 수 있다. 보유 가치의 값을 계산하는 것은 약간 복잡하다. 롱스태프-슈바르츠의 모형은 [수식 19-6]으로 표시한 바와 같이 회귀분석을 이용하여 이 값을 근사한다. 여기에서 i는 현재 시뮬레이션 경로를 뜻하고, D는 회귀분석에 사용되는 기저 함수basis function의 수, α^*는 최적 회귀 매개변수, b_d는 d번째 기저 함수의 값이다.

수식 19-6 보유 가치의 회귀 기반 근사

$$\bar{C}_{t_m,\ i} = \sum_{d=1}^{D} \alpha^*_{d,\ t_m} \cdot b_d\left(S_{t_m,\ i}\right)$$

최적 회귀 매개변수는 [수식 19-7]에 제시된 최소 자승 회귀 문제의 답을 뜻한다. 여기에서 $Y_{t_m,\ i} \equiv e^{-r(t_{m+1}-t_m)} V_{t_{m+1},\ i}$는 경로 i에 대한 시간 t_m에서의 보유 가치를 뜻한다.

수식 19-7 최소 자승 회귀 문제

$$\min_{\alpha_{1,\ t_m},\ \dots,\ \alpha_{D,\ t_m}} \frac{1}{I} \sum_{i=1}^{I} \left(Y_{t_m,\ i} - \sum_{d=1}^{D} \alpha_{d,\ t_m} \cdot b_d\left(S_{t_m,\ i}\right) \right)^2$$

이로써 몬테카를로 방식을 사용하여 아메리칸 옵션의 가치를 평가하는 수학적 기반이 완성되었다.

19.3.2 가치 평가 클래스

다음 코드에 아메리칸 옵션 또는 파생상품의 가치를 평가하는 클래스를 제시한다. present_value 메서드에 LSM 알고리즘을 구현하기 위한 **최적 결정 단계**optimal decision step라는 중요한 단계가 있다(주석으로 표시하였다). 이 결정에 따라 LSM 알고리즘은 내재 가치와 실제 보유 가치 중에서 하나를 선택하게 된다.[5]

```
#
# DX 패키지
#
# 가치 평가 - 아메리칸 행사방식 클래스
#
# valuation_mcs_american.py
#
# Python for Finance, 2nd ed.
# (c) Dr. Yves J. Hilpisch
#
import numpy as np

from valuation_class import valuation_class

class valuation_mcs_american(valuation_class):
    ''' 단일 요인 몬테카를로 시뮬레이션을 사용한
    임의의 페이오프를 가진 아메리칸 옵션의 가치 평가 클래스

    메서드
    =======
    generate_payoff:
        경로와 페이오프 함수가 주어지면 페이오프 계산
    present_value:
        롱스태프-슈바르츠 (2001) 방법에 따른 현재 가치 반환
    '''

    def generate_payoff(self, fixed_seed=False):
        '''
        인수
        ==========
        fixed_seed:
            가치 평가용 고정 시드값 사용
        '''
```

5 Hilpisch(2015)의 책 6장을 참조한다.

```python
        try:
            # 행사가는 반드시 필요하지는 않다.
            strike = self.strike
        except:
            pass
        paths = self.underlying.get_instrument_values(fixed_seed=fixed_seed)
        time_grid = self.underlying.time_grid
        time_index_start = int(np.where(time_grid == self.pricing_date)[0])
        time_index_end = int(np.where(time_grid == self.maturity)[0])
        instrument_values = paths[time_index_start:time_index_end + 1]
        payoff = eval(self.payoff_func)
        return instrument_values, payoff, time_index_start, time_index_end

    def present_value(self, accuracy=6, fixed_seed=False, bf=5, full=False):
        '''
        인수
        ==========
        accuracy: int
            결과 반환값의 자릿수
        fixed_seed: bool
            가치 평가에 고정 시드값 사용
        bf: int
            회귀용 기저함수의 개수
        full: bool
            현재 가치의 전체 1차원 배열 반환
        '''
        instrument_values, inner_values, time_index_start, time_index_end = \
            self.generate_payoff(fixed_seed=fixed_seed)
        time_list = self.underlying.time_grid[
            time_index_start:time_index_end + 1]
        discount_factors = self.discount_curve.get_discount_factors(
            time_list, dtobjects=True)
        V = inner_values[-1]
        for t in range(len(time_list) - 2, 0, -1):
            # 주어진 시간 구간의 할인율 유도
            df = discount_factors[t, 1] / discount_factors[t + 1, 1]
            # 회귀분석 단계
            rg = np.polyfit(instrument_values[t], V * df, bf)
            # 경로별 보유가치 계산
            C = np.polyval(rg, instrument_values[t])
            # 추가적인 의사결정 단계
            # 조건을 만족하는 경우 (내재 가치 > 회귀 보유가치)
            # 이 경우에는 내재가치 선택, 그렇지 않으면 보유가치 선택
            V = np.where(inner_values[t] > C, inner_values[t], V * df)
```

```python
    df = discount_factors[0, 1] / discount_factors[1, 1]
    result = df * np.sum(V) / len(V)
    if full:
        return round(result, accuracy), df * V
    else:
        return round(result, accuracy)
```

19.3.3 사용 예

예제를 통해 dx.valuation_mcs_american 클래스의 사용 방법을 알아보자. 이 예제는 아메리칸 옵션의 가치 평가에 대한 롱스태프와 슈바르츠(2001) 논문 [표 1]에서 표시한 예와 같다. 기초 자산의 초기 매개변수는 다음과 같다.

```python
In [84]: me_gbm = market_environment('me_gbm', dt.datetime(2020, 1, 1))

In [85]: me_gbm.add_constant('initial_value', 36.)
         me_gbm.add_constant('volatility', 0.2)
         me_gbm.add_constant('final_date', dt.datetime(2021, 12, 31))
         me_gbm.add_constant('currency', 'EUR')
         me_gbm.add_constant('frequency', 'W')
         me_gbm.add_constant('paths', 50000)

In [86]: csr = constant_short_rate('csr', 0.06)

In [87]: me_gbm.add_curve('discount_curve', csr)

In [88]: gbm = geometric_brownian_motion('gbm', me_gbm)

In [89]: payoff_func = 'np.maximum(strike - instrument_values, 0)'

In [90]: me_am_put = market_environment('me_am_put', dt.datetime(2020, 1, 1))

In [91]: me_am_put.add_constant('maturity', dt.datetime(2020, 12, 31))
         me_am_put.add_constant('strike', 40.)
         me_am_put.add_constant('currency', 'EUR')
```

다음 단계는 수치적인 가정에 기반한 가치 평가 객체를 만드는 것이다. 아메리칸 풋 옵션 계산은 같은 유형의 유러피안 옵션 계산보다 시간이 더 걸린다. 경로의 수나 가치 계산 빈도가 증가한 것뿐 아니라 후행 작업 및 회귀분석 단계로 인해 알고리즘 자체가 더 복잡하기 때문이다. 계산 결과는 논문에 나온 값인 4.478에 가깝다.

```
In [92]: from valuation_mcs_american import valuation_mcs_american

In [93]: am_put = valuation_mcs_american('am_put', underlying=gbm,
         mar_env=me_am_put, payoff_func=payoff_func)

In [94]: %time am_put.present_value(fixed_seed=True, bf=5)
         CPU times: user 1.57 s, sys: 219 ms, total: 1.79 s
         Wall time: 2.01 s
Out[94]: 4.472834
```

LSM 몬테카를로 방식의 한계로 인해 계산값은 실제 아메리칸 옵션 가치의 하방 한곗값이 된다.[6] 따라서 계산값이 실제의 옵션 가치보다 낮아질 것으로 예상할 수 있다.

또 다른 방법으로 상방 한곗값도 구할 수 있다.[7] 이를 같이 사용하면 실제 아메리칸 옵션 가치에 대한 구간을 정의할 수 있다.

원래 논문의 [표 1]에 있는 모든 아메리칸 옵션의 가치를 재계산해보자. 이를 위해 가치 평가 객체를 중첩 반복문과 결합한다. 가장 안쪽 반복문에서 그 다음 매개변수 값으로 매개변수를 갱신한다.

```
In [95]: %%time
         ls_table = []
         for initial_value in (36., 38., 40., 42., 44.):
             for volatility in (0.2, 0.4):
                 for maturity in (dt.datetime(2020, 12, 31),
                                  dt.datetime(2021, 12, 31)):
                     am_put.update(initial_value=initial_value,
                                   volatility=volatility,
                                   maturity=maturity)
                     ls_table.append([initial_value,
                                      volatility,
                                      maturity,
                                      am_put.present_value(bf=5)])
```

6 이러한 이유로 보유 가치의 회귀분석에 기반한 최적 행사 결정을 준최적(suboptimal)이라고 한다.

7 상방 한계를 구하는 알고리즘과 파이썬 구현에 대해서는 Hilpisch(2015)의 책 6장을 참조한다.

```
CPU times: user 41.1 s, sys: 2.46 s, total: 43.5 s
Wall time: 1min 30s
```

```
In [96]: print('S0 ¦ Vola ¦ T ¦ Value')
         print(22 * '-')
         for r in ls_table:
             print('%d ¦ %3.1f ¦ %d ¦ %5.3f' %
                   (r[0], r[1], r[2].year - 2019, r[3]))
         S0 ¦ Vola ¦ T ¦ Value
         ----------------------
         36 ¦ 0.2 ¦ 1 ¦ 4.447
         36 ¦ 0.2 ¦ 2 ¦ 4.773
         36 ¦ 0.4 ¦ 1 ¦ 7.006
         36 ¦ 0.4 ¦ 2 ¦ 8.377
         38 ¦ 0.2 ¦ 1 ¦ 3.213
         38 ¦ 0.2 ¦ 2 ¦ 3.645
         38 ¦ 0.4 ¦ 1 ¦ 6.069
         38 ¦ 0.4 ¦ 2 ¦ 7.539
         40 ¦ 0.2 ¦ 1 ¦ 2.269
         40 ¦ 0.2 ¦ 2 ¦ 2.781
         40 ¦ 0.4 ¦ 1 ¦ 5.211
         40 ¦ 0.4 ¦ 2 ¦ 6.756
         42 ¦ 0.2 ¦ 1 ¦ 1.556
         42 ¦ 0.2 ¦ 2 ¦ 2.102
         42 ¦ 0.4 ¦ 1 ¦ 4.466
         42 ¦ 0.4 ¦ 2 ¦ 6.049
         44 ¦ 0.2 ¦ 1 ¦ 1.059
         44 ¦ 0.2 ¦ 2 ¦ 1.617
         44 ¦ 0.4 ¦ 1 ¦ 3.852
         44 ¦ 0.4 ¦ 2 ¦ 5.490
```

다음은 롱스태프와 슈바르츠 논문의 [표 1]을 간략하게 재현한 것이다. 계산한 값은 원래 논문의 값과 매우 유사하다. 경로의 수를 두 배로 늘리는 등 일부 매개변수는 원래의 논문과 다른 값이 쓰였다.

마지막으로 아메리칸 옵션의 그릭을 추정하는 것도 형식상으로는 유러피안 옵션과 같다. 이 방법이 이항 모형과 같은 다른 수치 계산 방법보다 우수한 점 중 하나다.

```
In [97]: am_put.update(initial_value=36.)
         am_put.delta()
Out[97]: -0.4631
```

```
In [98]: am_put.vega()
Out[98]: 18.0961
```

TIP 최소 자승 몬테카를로

롱스태프-슈바르츠의 최소 자승 몬테카를로 알고리즘은 아메리칸 혹은 버뮤다 행사 특징을 가진 옵션이나 복잡한 파생상품을 가치 평가할 수 있는, 수치적으로 효율적인 방법이다. 최소 자승 회귀법 단계에서는 수치 해석에 기반하여 최적 행사 전략을 근사할 수 있다. 최소 자승 회귀법은 고차 데이터를 쉽게 다룰 수 있기 때문에 파생상품 가치 평가가 유연해진다.

19.4 마치며

이번 장에서는 몬테카를로 시뮬레이션에 기반하여 유러피안 옵션과 아메리칸 옵션의 가치를 수치적으로 계산했다. 우선 valuation_class라는 일반적인 가치 평가 클래스를 도입했다. 이 클래스는 가치 평가에 사용된 시뮬레이션 객체(위험 요인, 확률 과정)와는 무관하게 두 가지 유형의 옵션에 대해 중요한 그릭(델타, 베가)을 추정할 수 있도록 했다.

일반적인 가치 평가 클래스를 기반으로 valuation_mcs_european 클래스와 valuation_mcs_american 클래스라는 두 가지 특별 클래스를 만들었다. 유러피안 옵션의 가치 평가를 위한 클래스는 단순하게 17장에서 소개한 위험 중립 가치 평가 방법을 수치적 기댓값 계산법(11장에서 소개된 몬테카를로 적분)과 결합한 것이다.

아메리칸 옵션의 가치 평가를 위한 클래스는 회귀분석 기반의 가치 평가 알고리즘이 필요하다. 아메리칸 옵션의 가치를 평가하려면 최적 행사 결정이 필요하기 때문에 알고리즘이 이론적으로나 수치적으로 좀 더 복잡해진다. 하지만 구현된 present_value() 메서드는 여전히 단순한 형태를 가지고 있다.

따라서 DX 파생상품 분석 라이브러리에서 사용한 방식이 도움이 되는 것을 볼 수 있다. 별 어려움 없이 다음과 같은 특징을 지니는 여러 가지 옵션을 평가할 수 있다.

- 단일 위험 요인
- 유러피안 또는 아메리칸 행사
- 임의의 페이오프

추가로 이러한 옵션들에 대해 두 가지 중요한 그릭 값도 계산할 수 있었다. 앞으로의 임포트 작업을 간단하게 하기 위해 이전과 같이 래퍼 모듈을 사용한다. 모듈의 이름은 dx_valuation.py 이다.

```
#
# DX 패키지
#
# 가치 평가 클래스
#
# dx_valuation.py
#
# Python for Finance, 2nd ed.
# (c) Dr. Yves J. Hilpisch
#
import numpy as np
import pandas as pd

from dx_simulation import *
from valuation_class import valuation_class
from valuation_mcs_european import valuation_mcs_european
from valuation_mcs_american import valuation_mcs_american
```

dx 디렉터리 안의 __init__.py 파일은 다음처럼 바뀐다.

```
#
# DX Package
# packaging file
# __init__.py
#
import numpy as np
import pandas as pd
import datetime as dt

# frame
from get_year_deltas import get_year_deltas
from constant_short_rate import constant_short_rate
from market_environment import market_environment
from plot_option_stats import plot_option_stats

# simulation
from sn_random_numbers import sn_random_numbers
from simulation_class import simulation_class
```

```
from geometric_brownian_motion import geometric_brownian_motion
from jump_diffusion import jump_diffusion
from square_root_diffusion import square_root_diffusion

# valuation
from valuation_class import valuation_class
from valuation_mcs_european import valuation_mcs_european
from valuation_mcs_american import valuation_mcs_american
```

19.5 참고 문헌

이번 장에서 다룬 주제들에 대한 참고 문헌은 다음과 같다.

- Glasserman, Paul (2004). *Monte Carlo Methods in Financial Engineering*. New York: Springer.
- Hilpisch, Yves (2015). *Derivatives Analytics with Python*. Chichester, England, Wiley Finance. http://derivatives-analytics-with-python.com/.

이 장에서 언급된 모형에 대한 연구 논문은 다음과 같다.

- Cox, John, Jonathan Ingersoll, and Stephen Ross (1979). "Option Pricing: A Simplified Approach." *Journal of Financial Economics*, Vol. 7, No. 3, pp. 229–263.
- Kohler, Michael (2010). "A Review on Regression-Based Monte Carlo Methods for Pricing American Options." In Luc Devroye et al. (eds.): *Recent Developments in Applied Probability and Statistics*. (pp. 37–58). Heidelberg: Physica-Verlag.
- Longstaff, Francis, and Eduardo Schwartz (2001). "Valuing American Options by Simulation: A Simple Least Squares Approach." *Review of Financial Studies*, Vol. 14, No. 1, pp. 113–147.

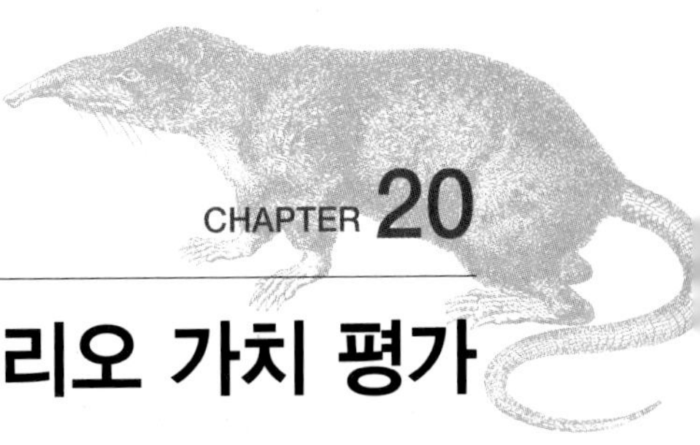

CHAPTER 20

포트폴리오 가치 평가

가격은 당신이 지불하는 것이고, 가치는 당신이 얻는 것이다.

– 워렌 버핏Warren Buffet

이제 DX 파생상품 분석 패키지를 만들기 위한 방법론과 그 장점을 잘 알게 되었을 것이다. 몬테카를로 시뮬레이션만을 수치적 방법으로 사용함으로써 전체 분석 패키지를 다음과 같이 모듈화할 수 있었다.

할인

위험 중립 할인과 관련된 작업은 `dx.constant_short_rate` 객체가 한다.

관련 데이터

관련된 데이터, 매개변수 그리고 다른 입력값은 복수의 `dx.market_environment` 객체에 저장된다.

시뮬레이션 객체

기초 자산 등의 위험 요인은 다음 세 가지 시뮬레이션 클래스 중 하나의 객체로 모형화한다.

- `geometric_brownian_motion`
- `jump_diffusion`
- `square_root_diffusion`

가치 평가 객체

옵션과 파생상품은 다음 두 가지 가치 평가 클래스 중 하나의 객체로 가치를 평가한다.

- `valuation_mcs_european`
- `valuation_mcs_american`

마지막으로 한 가지 빠진 것이 있다. 옵션과 파생상품으로 구성된 복잡한 **포트폴리오**에 대한 가치 평가다. 이를 위해 다음과 같은 것들이 필요하다.

중복 금지

기초 자산 등의 모든 위험 요인은 복수의 가치 평가 객체가 사용되더라도 한 번만 모형화되어야 한다.

상관관계

위험 요인 간의 상관관계가 고려되어야 한다.

포지션

예를 들어 옵션 포지션은 복수 개의 같은 옵션을 가질 수도 있다.

원칙적으로는 시뮬레이션 객체와 가치 평가 객체에 별도의 화폐를 지정할 수 있지만 포트폴리오에서는 모두 하나의 화폐로 평가된다고 가정하자. 이렇게 하면 환율이나 환위험을 고려하지 않아도 되므로 포트폴리오 안에서 가치들을 합하는 작업이 간단해진다.

이번 장에서는 두 개의 새로운 클래스를 소개한다. 하나는 파생상품 포지션을 모형화하는 것이고, 다른 하나는 파생상품 포트폴리오를 모형화하고 가치 평가하기 위한 것이다.

이 장은 다음과 같은 절로 구성되어 있다.

파생상품 포지션

단일 파생상품 포지션을 모형화하는 클래스를 소개한다.

파생상품 포트폴리오

다수의 파생상품 포지션을 가치 평가하는 핵심 클래스를 소개한다.

20.1 파생상품 포지션

원칙적으로 **파생상품 포지션**derivatives position은 하나의 가치 평가 객체와 금융 상품 수량을 결합시킨 것에 지나지 않는다.

20.1.1 클래스

다음 코드는 파생상품 포지션을 모형화하는 클래스다. 이 클래스는 주로 데이터와 객체를 담는 역할을 한다. 또한 `get_info()`라는 메서드를 제공하는데 이는 데이터나 객체에 저장된 다른 객체의 정보를 출력하는 역할을 한다.

```
#
# DX 패키지
#
# 포트폴리오 - 파생상품 포지션 클래스
#
# derivatives_position.py
#
# Python for Finance, 2nd ed.
# (c) Dr. Yves J. Hilpisch
#


class derivatives_position(object):
    ''' 파생상품 포지션 모델링 클래스

    속성
    ==========
    name: str
        객체 이름
    quantity: float
        포지션을 구성하는 자산/파생상품의 개수
```

```
    underlying: str
        파생상품의 자산/위험 요인 이름
    mar_env: instance of market_environment
        valuation_class의 상수, 리스트, 커브 데이터
    otype: str
        사용할 가치 평가 클래스
    payoff_func: str
        파생상품의 페이오프 문자열

    메서드
    =======
    get_info:
        파생상품 포지션 정보 출력
    '''

    def __init__(self, name, quantity, underlying, mar_env,
                 otype, payoff_func):
        self.name = name
        self.quantity = quantity
        self.underlying = underlying
        self.mar_env = mar_env
        self.otype = otype
        self.payoff_func = payoff_func

    def get_info(self):
        print('NAME')
        print(self.name, '\n')
        print('QUANTITY')
        print(self.quantity, '\n')
        print('UNDERLYING')
        print(self.underlying, '\n')
        print('MARKET ENVIRONMENT')
        print('\n**Constants**')
        for key, value in self.mar_env.constants.items():
            print(key, value)
        print('\n**Lists**')
        for key, value in self.mar_env.lists.items():
            print(key, value)
        print('\n**Curves**')
        for key in self.mar_env.curves.items():
            print(key, value)
        print('\nOPTION TYPE')
        print(self.otype, '\n')
        print('PAYOFF FUNCTION')
        print(self.payoff_func)
```

파생상품 포지션을 정의하려면 다음과 같은 정보가 필요한데 대부분 가치 평가 객체에 있는 것들이다.

`name`

포지션 이름을 나타내는 문자열

`quantity`

옵션/파생상품의 수량

`underlying`

위험 요인의 시뮬레이션 객체

`mar_env`

`dx.market_environment` 객체

`otype`

`European` 또는 `American` 문자열

`payoff_func`

파이썬 문자열 `str`로 표시한 페이오프

20.1.2 사용 예

다음 세션에서는 이 클래스의 사용 방법을 설명한다. 그전에 중요한 정보 중 하나인 시뮬레이션 객체를 완전하지는 않더라도 정의해야 한다. 여기에서는 앞 장에서 사용한 수치 예를 그대로 사용하기로 한다.

```
In [99]: from dx_valuation import *

In [100]: me_gbm = market_environment('me_gbm', dt.datetime(2020, 1, 1))  ❶
```

```
In [101]: me_gbm.add_constant('initial_value', 36.) ❶
          me_gbm.add_constant('volatility', 0.2) ❶
          me_gbm.add_constant('currency', 'EUR') ❶

In [102]: me_gbm.add_constant('model', 'gbm') ❷
```

❶ 기초 자산용 dx.market_environment 객체

❷ 모형의 유형을 지정

비슷한 방법으로 파생상품 포지션을 정의하는데 이때는 완벽한 dx.market_environment 객체가 필요하지는 않다. 빠진 정보는 추후 포트폴리오 가치 평가 시에 시뮬레이션 객체가 만들어질 때 제공하면 된다.

```
In [103]: from derivatives_position import derivatives_position

In [104]: me_am_put = market_environment('me_am_put', dt.datetime(2020, 1, 1)) ❶

In [105]: me_am_put.add_constant('maturity', dt.datetime(2020, 12, 31)) ❶
          me_am_put.add_constant('strike', 40.) ❶
          me_am_put.add_constant('currency', 'EUR') ❶

In [106]: payoff_func = 'np.maximum(strike - instrument_values, 0)' ❷

In [107]: am_put_pos = derivatives_position(name='am_put_pos',
                                            quantity=3,
                                            underlying='gbm',
                                            mar_env=me_am_put,
                                            otype='American',
                                            payoff_func=payoff_func) ❸

In [108]: am_put_pos.get_info()
          NAME
          am_put_pos

          QUANTITY
          3

          UNDERLYING
          gbm

          MARKET ENVIRONMENT
```

```
**Constants**
maturity 2020-12-31 00:00:00
strike 40.0
currency EUR

**Lists**

**Curves**

OPTION TYPE
American

PAYOFF FUNCTION
np.maximum(strike - instrument_values, 0)
```

❶ 파생상품용 `dx.market_environment` 객체

❷ 파생상품의 페이오프 함수

❸ `derivatives_position` 객체 생성

20.2 파생상품 포트폴리오

포트폴리오 관점에서 관련된 시장은 가치 평가 대상인 파생상품과 파생상품 포지션뿐만 아니라 관련된 위험 요인(기초 자산), 그 사이의 상관관계로 구성된다. 이론적으로는 17장에서 정의한 일반적인 시장 모형 $\mathscr{M}$을 다루며, 그와 관련된 자산 가격결정 기본 원리를 사용한다.[1]

20.2.1 클래스

다음은 자산 가격결정 기본 원리에 기반하여 복수의 관련 위험 요인과 파생상품 포지션을 고려하는 복잡한 포트폴리오의 가치 평가 클래스다. 이 클래스는 기능을 구현한 부분에 비교적 자세한 주석을 추가했다.

1 여기에서 사용하는 방법론은 상품별 가치 평가가 아닌 전역 가치 평가라고 불린다. 자세한 내용은 Risk Magazine의 Albanese, Gimonet, and White (2010a) 논문을 참조하기 바란다.

```
#
# DX 패키지
#
# 포트폴리오 - 파생상품 포트폴리오 클래스
#
# derivatives_portfolio.py
#
# Python for Finance, 2nd ed.
# (c) Dr. Yves J. Hilpisch
#
import numpy as np
import pandas as pd

from dx_valuation import *

# 위험 요인 모델링용 모델
models = {'gbm': geometric_brownian_motion,
          'jd': jump_diffusion,
          'srd': square_root_diffusion}

# 가능한 행사 유형
otypes = {'European': valuation_mcs_european,
          'American': valuation_mcs_american}


class derivatives_portfolio(object):
    ''' 파생상품 포지션 포트폴리오 가치 평가를 위한 클래스

    속성
    ==========
    name: str
        객체 이름
    positions: dict
        포지션의 딕셔너리
    val_env: market_environment
        가치 평가용 시장 환경
    assets: dict
        자산에 대한 시장 환경 딕셔너리
    correlations: list
        자산 간의 상관계수
    fixed_seed: bool
        고정 난수 시드값 사용

    메서드
    =======
```

```
get_positions:
    단일 포트폴리오 포지션 정보 출력
get_statistics:
    포트폴리오 통계치 DataFrame 객체 반환
'''

def __init__(self, name, positions, val_env, assets,
             correlations=None, fixed_seed=False):
    self.name = name
    self.positions = positions
    self.val_env = val_env
    self.assets = assets
    self.underlyings = set()
    self.correlations = correlations
    self.time_grid = None
    self.underlying_objects = {}
    self.valuation_objects = {}
    self.fixed_seed = fixed_seed
    self.special_dates = []
    for pos in self.positions:
        # 가장 빠른 시작일 결정
        self.val_env.constants['starting_date'] = \
            min(self.val_env.constants['starting_date'],
                positions[pos].mar_env.pricing_date)
        # 관련된 최신 날짜 결정
        self.val_env.constants['final_date'] = \
            max(self.val_env.constants['final_date'],
                positions[pos].mar_env.constants['maturity'])
        # 추가할 모든 기초 자산 수집
        self.underlyings.add(positions[pos].underlying)

    # 시간 그리드 생성
    start = self.val_env.constants['starting_date']
    end = self.val_env.constants['final_date']
    time_grid = pd.date_range(start=start, end=end,
                              freq=self.val_env.constants['frequency']
                              ).to_pydatetime()
    time_grid = list(time_grid)
    for pos in self.positions:
        maturity_date = positions[pos].mar_env.constants['maturity']
        if maturity_date not in time_grid:
            time_grid.insert(0, maturity_date)
            self.special_dates.append(maturity_date)
    if start not in time_grid:
```

```
    time_grid.insert(0, start)
if end not in time_grid:
    time_grid.append(end)
# 중복 요소 제거
time_grid = list(set(time_grid))
# 시간 그리드의 날짜 정렬
time_grid.sort()
self.time_grid = np.array(time_grid)
self.val_env.add_list('time_grid', self.time_grid)

if correlations is not None:
    # 상관계수 사용
    ul_list = sorted(self.underlyings)
    correlation_matrix = np.zeros((len(ul_list), len(ul_list)))
    np.fill_diagonal(correlation_matrix, 1.0)
    correlation_matrix = pd.DataFrame(correlation_matrix,
                                      index=ul_list, columns=ul_list)
    for i, j, corr in correlations:
        corr = min(corr, 0.999999999999)
        # 상관계수 행렬 계산
        correlation_matrix.loc[i, j] = corr
        correlation_matrix.loc[j, i] = corr
    # 숄레스키 행렬 계산
    cholesky_matrix = np.linalg.cholesky(np.array(correlation_matrix))

    # 각각의 기초 자산에 사용되는 난수 배열을 결정하기 위한 딕셔너리
    rn_set = {asset: ul_list.index(asset)
              for asset in self.underlyings}

    # 상관관계가 있는 경우 모든 기초 자산에 사용될 난수 배열
    random_numbers = sn_random_numbers((len(rn_set),
                                        len(self.time_grid),
                                        self.val_env.constants['paths']),
                                        fixed_seed=self.fixed_seed)

    # 모든 기초 자산에 공통적으로 사용되는 가치 평가 환경 추가
    self.val_env.add_list('cholesky_matrix', cholesky_matrix)
    self.val_env.add_list('random_numbers', random_numbers)
    self.val_env.add_list('rn_set', rn_set)

for asset in self.underlyings:
    # 자산의 시장 환경 선택
    mar_env = self.assets[asset]
    # 시장 환경에 가치 평가 환경 추가
```

```
            mar_env.add_environment(val_env)
            # 적절한 시뮬레이션 클래스 선택
            model = models[mar_env.constants['model']]
            # 시뮬레이션 객체 초기화
            if correlations is not None:
                self.underlying_objects[asset] = model(asset, mar_env,
                                                       corr=True)
            else:
                self.underlying_objects[asset] = model(asset, mar_env,
                                                       corr=False)

        for pos in positions:
            # 적절한 가치 평가 클래스 선택
            val_class = otypes[positions[pos].otype]
            # 적절한 시장 환경을 선택하여 가치 평가 환경 추가
            mar_env = positions[pos].mar_env
            mar_env.add_environment(self.val_env)
            # 가치 평가 클래스 초기화
            self.valuation_objects[pos] = \
                val_class(name=positions[pos].name,
                          mar_env=mar_env,
                          underlying=self.underlying_objects[
                            positions[pos].underlying],
                          payoff_func=positions[pos].payoff_func)

    def get_positions(self):
        ''' 포트폴리오의 모든 파생상품 포지션 정보를 얻어내는 메서드 '''

        for pos in self.positions:
            bar = '\n' + 50 * '-'
            print(bar)
            self.positions[pos].get_info()
            print(bar)

    def get_statistics(self, fixed_seed=False):
        ''' 포트폴리오 통계 제공 '''
        res_list = []
        # 포트폴리오 내의 모든 포지션에 대해 반복
        for pos, value in self.valuation_objects.items():
            p = self.positions[pos]
            pv = value.present_value(fixed_seed=fixed_seed)
            res_list.append([
                p.name,
                p.quantity,
```

```
            # 단일 상품의 모든 현재 가치 계산
            pv,
            value.currency,
            # 현재 가치와 수량의 곱
            pv * p.quantity,
            # 포지션 델타 계산
            value.delta() * p.quantity,
            # 포지션 베가 계산
            value.vega() * p.quantity,
        ])
    # 모든 결괏값을 가진 pandas DataFrame 생성
    res_df = pd.DataFrame(res_list,
                          columns=['name', 'quant.', 'value', 'curr.',
                                   'pos_value', 'pos_delta', 'pos_vega'])
    return res_df
```

NOTE_ 객체지향

`dx.derivatives_portfolio` 클래스는 6장에서 언급한 객체지향의 다양한 장점을 설명하고 있다. 처음 보면 복잡한 파이썬 코드처럼 보이지만 이 클래스가 푸는 금융공학 문제는 아주 복잡한 것이고 여러 가지 목적에도 사용할 수 있는 유연성을 가졌다. 파이썬 클래스의 객체지향 프로그래밍을 사용하지 않고 이 모든 것을 얻는 것은 상상하기 힘들다.

20.2.2 사용 예

DX 분석 라이브러리를 사용하면 모형화 기능은 고수준에서의 시뮬레이션 클래스와 가치 평가 클래스의 조합에 지나지 않는다. 가능한 조합은 여섯 가지다.

```
models = {'gbm' : geometric_brownian_motion,
          'jd'  : jump_diffusion,
          'srd': square_root_diffusion}
otypes = {'European' : valuation_mcs_european,
          'American' : valuation_mcs_american}
```

다음 세션에서 이 중 두 가지 파생상품을 조합해서 포트폴리오에 넣도록 한다.

우선 앞 절에서 생성한 gbm과 am_put_pos 객체로 derivatives_position 클래스를 만들어 본다. derivatives_position 클래스 사용 설명을 위해 추가적인 기초 자산과 옵션 포지션도 추가한다. 우선 dx.jump_diffusion 객체부터 생성한다.

```
In [109]: me_jd = market_environment('me_jd', me_gbm.pricing_date)

In [110]: me_jd.add_constant('lambda', 0.3) ❶
          me_jd.add_constant('mu', -0.75)
          me_jd.add_constant('delta', 0.1)
          me_jd.add_environment(me_gbm)  ❷

In [111]: me_jd.add_constant('model', 'jd')  ❸
```

❶ 점프 확산 모형 매개변수 추가

❷ GBM 매개변수 추가

❸ 포트폴리오 가치 평가에 필요

두 번째로 새로운 시뮬레이션 객체에 기반하여 유러피안 콜 옵션을 만든다.

```
In [112]: me_eur_call = market_environment('me_eur_call', me_jd.pricing_date)

In [113]: me_eur_call.add_constant('maturity', dt.datetime(2020, 6, 30))
          me_eur_call.add_constant('strike', 38.)
          me_eur_call.add_constant('currency', 'EUR')

In [114]: payoff_func = 'np.maximum(maturity_value - strike, 0)'

In [115]: eur_call_pos = derivatives_position(name='eur_call_pos',
                                             quantity=5,
                                             underlying='jd',
                                             mar_env=me_eur_call,
                                             otype='European',
                                             payoff_func=payoff_func)
```

포트폴리오 관점에서 필요한 시장 정보는 기초 자산과 포지션 정보다. 이제 기초 자산 간의 상관관계를 모형화하자. 일단 이 부분에서는 기초 자산 간의 상관관계를 포함하지 않는다. derivatives_portfolio 객체를 만들기 위한 마지막 과정은 포트폴리오에 필요한 dx.market_environment 객체를 만드는 것이다.

```
In [116]: underlyings = {'gbm': me_gbm, 'jd' : me_jd}  ❶
          positions = {'am_put_pos' : am_put_pos,
                       'eur_call_pos' : eur_call_pos}  ❷

In [117]: csr = constant_short_rate('csr', 0.06)  ❸

In [118]: val_env = market_environment('general', me_gbm.pricing_date)
          val_env.add_constant('frequency', 'W')
          val_env.add_constant('paths', 25000)
          val_env.add_constant('starting_date', val_env.pricing_date)
          val_env.add_constant('final_date', val_env.pricing_date)  ❹
          val_env.add_curve('discount_curve', csr)  ❸

In [119]: from derivatives_portfolio import derivatives_portfolio

In [120]: portfolio = derivatives_portfolio(name='portfolio',
                                            positions=positions,
                                            val_env=val_env,
                                            assets=underlyings,
                                            fixed_seed=False)  ❺
```

❶ 관련된 위험 요인

❷ 관련된 포트폴리오 포지션

❸ 포트폴리오 가치 평가에 필요한 할인 객체

❹ final_date를 아직 알지 못하므로 일단 pricing_date로 지정

❺ derivatives_portfolio 객체 생성

이제 가치 평가 클래스의 위력을 보자. 방금 정의한 derivatives_portfolio 객체에 대해 다양한 통계치를 계산할 수 있다. 각 포지션의 가치, 델타, 베가의 합도 쉽게 계산할 수 있다. 이 포트폴리오는 (거의 중립이지만) 양의 델타와 양의 베가를 가진다.

```
In [121]: %time portfolio.get_statistics(fixed_seed=False)
          CPU times: user 4.68 s, sys: 409 ms, total: 5.09 s
          Wall time: 14.5 s
Out[121]:
```

	name	quant.	value	curr.	pos_value	pos_delta	pos_vega
0	am_put_pos	3	4.458891	EUR	13.376673	-2.0430	31.7850
1	eur_call_pos	5	2.828634	EUR	14.143170	3.2525	42.2655

```
In [122]: portfolio.get_statistics(fixed_seed=False)[
              ['pos_value', 'pos_delta', 'pos_vega']].sum()  ❶
Out[122]: pos_value 27.502731
          pos_delta 1.233500
          pos_vega 74.050500
          dtype: float64

In [123]: portfolio.get_positions()  ❷
          ...

In [124]: portfolio.valuation_objects['am_put_pos'].present_value()  ❸
Out[124]: 4.453187

In [125]: portfolio.valuation_objects['eur_call_pos'].delta()  ❹
Out[125]: 0.6514
```

❶ 단일 포지션 가치의 합계

❷ 이 메서드를 호출하면 모든 포지션을 길게 출력한다.

❸ 단일 포지션 현재 가치의 추정치

❹ 단일 포지션 델타의 추정치

이 파생상품 포트폴리오 가치 계산은 위험 요인 간의 상관관계가 없다고 가정하고 이루어졌다. 두 개의 시뮬레이션 경로(그림 20-1)를 선택하여 조사해보면 이 사실을 알 수 있다.

```
In [126]: path_no = 888
          path_gbm = portfolio.underlying_objects[
              'gbm'].get_instrument_values()[:, path_no]
          path_jd = portfolio.underlying_objects[
              'jd'].get_instrument_values()[:, path_no]

In [127]: plt.figure(figsize=(10,6))
          plt.plot(portfolio.time_grid, path_gbm, 'r', label='gbm')
          plt.plot(portfolio.time_grid, path_jd, 'b', label='jd')
          plt.xticks(rotation=30)
          plt.legend(loc=0)
```

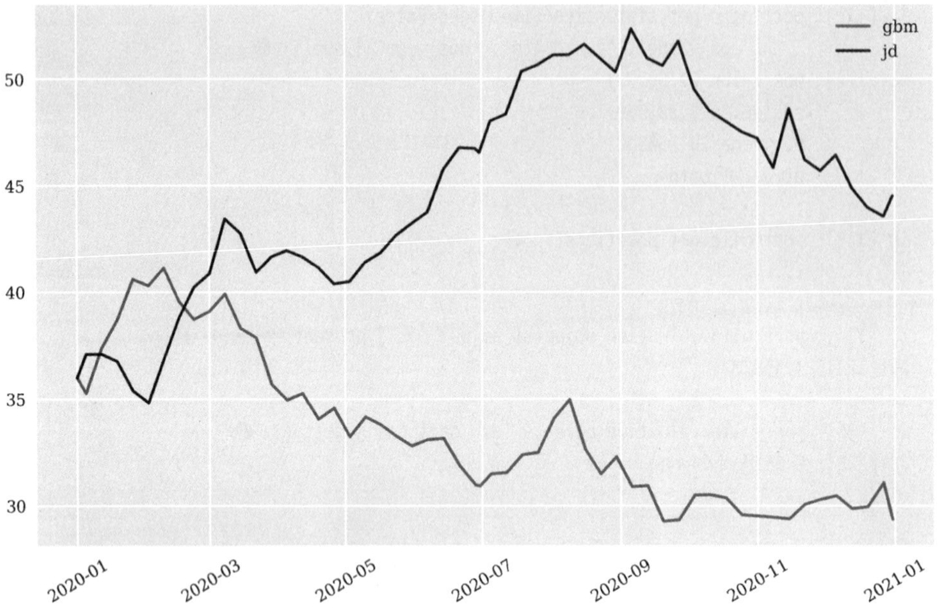

그림 20-1 상관관계가 없는 위험 요인(두 개의 샘플 경로)

이제 두 위험 요인이 상관관계를 가지는 경우를 보자. 이 정보를 추가해서 새로운 derivatives_portfolio 객체를 생성한다. 이 경우 포트폴리오의 각 포지션 가치에는 영향이 없다.

```
In [128]: correlations = [['gbm', 'jd', 0.9]]

In [129]: port_corr = derivatives_portfolio(name='portfolio',
                                            positions=positions,
                                            val_env=val_env,
                                            assets=underlyings,
                                            correlations=correlations,
                                            fixed_seed=True)

In [130]: port_corr.get_statistics()
Out[130]:
```

	name	quant.	value	curr.	pos_value	pos_delta	pos_vega
0	am_put_pos	3	4.458556	EUR	13.375668	-2.0376	30.8676
1	eur_call_pos	5	2.817813	EUR	14.089065	3.3375	42.2340

하지만 이면에서는 상관관계가 발생하고 있다. 두 개의 경로를 택하여 시각적으로 살펴보자. [그림 20-2]에서 두 개의 위험 요인이 같이 움직이고 있는 것을 볼 수 있다.

```
In [131]: path_gbm = port_corr.underlying_objects['gbm'].\
                     get_instrument_values()[:, path_no]
          path_jd = port_corr.underlying_objects['jd'].\
                     get_instrument_values()[:, path_no]

In [132]: plt.figure(figsize=(10, 6))
          plt.plot(portfolio.time_grid, path_gbm, 'r', label='gbm')
          plt.plot(portfolio.time_grid, path_jd, 'b', label='jd')
          plt.xticks(rotation=30)
          plt.legend(loc=0);
```

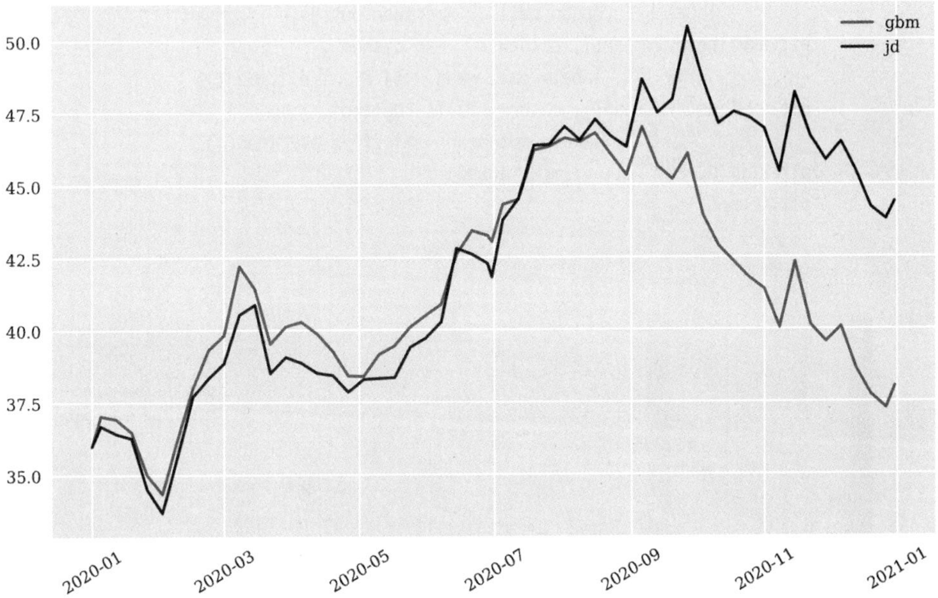

그림 20-2 상관관계가 높은 위험 요인(두 개의 샘플 경로)

마지막으로 포트폴리오의 현재 가치에 대한 분포를 수치적으로 살펴보기로 한다. 이러한 조사는 분석적 해법이나 이항트리 옵션 가치 계산 모형 등의 방법론에서는 불가능하다. 매개변수 `full=True`로 하고 현재 가치를 계산해서 각 옵션 포지션의 현재 가치를 모두 구해본다.

```
In [133]: pv1 = 5 * port_corr.valuation_objects['eur_call_pos'].\
                     present_value(full=True)[1]
          pv1
Out[133]: array([ 0.        , 39.71423714, 24.90720272, ..., 0.        ,
                  6.42619093,  8.15838265])
```

```
In [134]: pv2 = 3 * port_corr.valuation_objects['am_put_pos'].\
                      present_value(full=True)[1]
          pv2
Out[134]: array([21.31806027, 10.71952869, 19.89804376, ..., 21.39292703,
                 17.59920608,  0.        ])
```

우선 두 포지션의 분포를 비교한다. 두 포지션의 페이오프 형상은 [그림 20-3]과 같다. 여기에서 x, y축을 읽기 쉽게 변형한 것에 주의한다.

```
In [135]: plt.figure(figsize=(10, 6))
          plt.hist([pv1, pv2], bins=25,
                   label=['European call', 'American put']);
          plt.axvline(pv1.mean(), color='r', ls='dashed',
                      lw=1.5, label='call mean = %4.2f' % pv1.mean())
          plt.axvline(pv2.mean(), color='r', ls='dotted',
                      lw=1.5, label='put mean = %4.2f' % pv2.mean())
          plt.xlim(0, 80); plt.ylim(0, 10000)
          plt.legend();
```

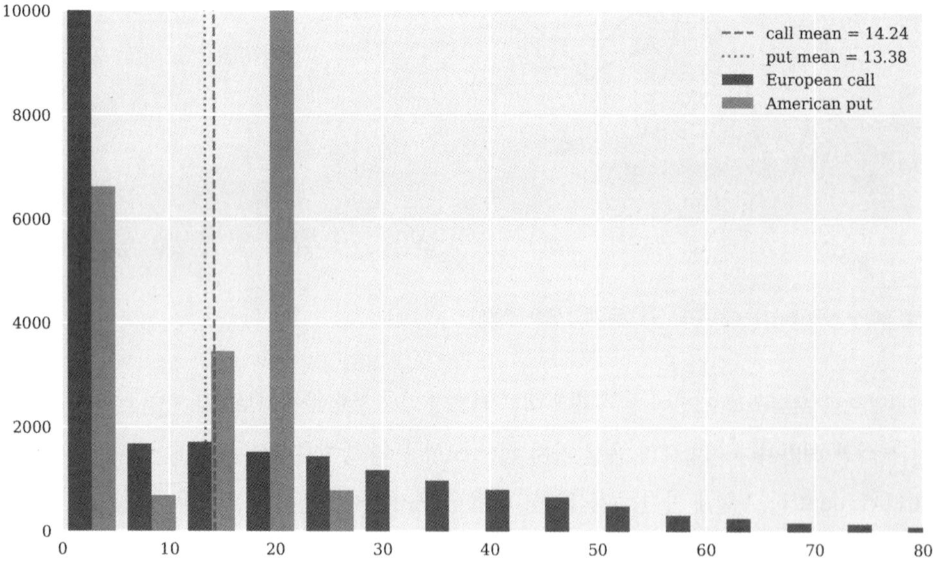

그림 20-3 두 포트폴리오 포지션의 현재 가치의 빈도 분포

[그림 20-4]는 포트폴리오 현재 가치의 분포다. 콜 옵션과 풋 옵션을 결합하여 효과들이 서로 상쇄된 것을 볼 수 있다.

```
In [136]: pvs = pv1 + pv2
          plt.figure(figsize=(10, 6))
          plt.hist(pvs, bins=50, label='portfolio');
          plt.axvline(pvs.mean(), color='r', ls='dashed',
                      lw=1.5, label='mean = %4.2f' % pvs.mean())
          plt.xlim(0, 80); plt.ylim(0, 7000)
          plt.legend();
```

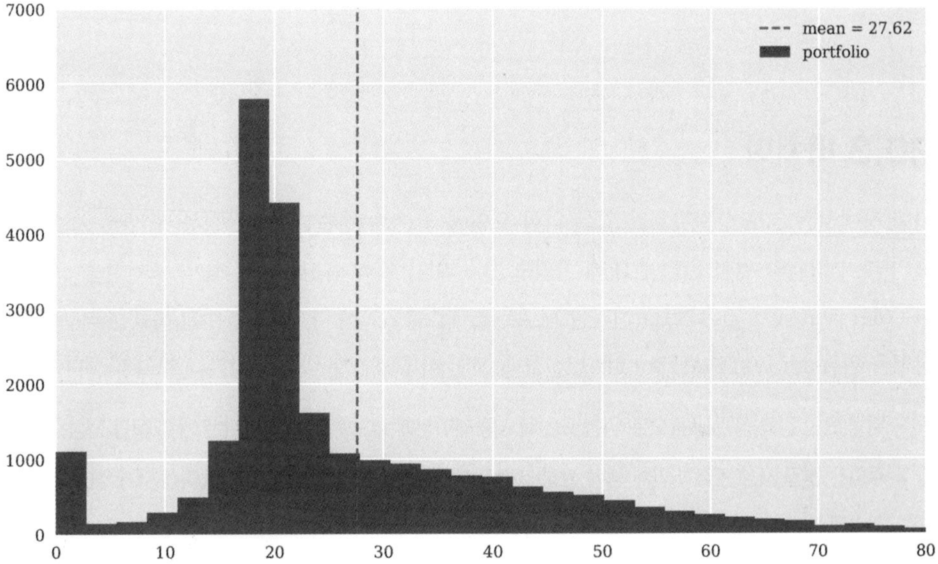

그림 20-4 포트폴리오 현재 가치의 빈도 분포

현재 가치의 표준편차로 측정했을 때 위험 요인 간의 상관관계가 바뀌면 포트폴리오의 위험에 어떤 영향을 미칠까? 상관관계를 가지는 포트폴리오의 통계에서 이를 쉽게 살펴볼 수 있다.

```
In [137]: pvs.std() ❶
Out[137]: 16.723724772741118

In [138]: pv1 = (5 * portfolio.valuation_objects['eur_call_pos'].
                  present_value(full=True)[1])
```

```
         pv2 = (3 * portfolio.valuation_objects['am_put_pos'].
                    present_value(full=True)[1])
         (pv1 + pv2).std()
Out[138]: 21.80498672323975  ❷
```

❶ 상관관계가 있는 포트폴리오 가치의 표준편차

❷ 상관관계가 없는 포트폴리오 가치의 표준편차

상관관계가 증가하면 평균값은 거의 그대로이지만(수치적인 오차는 무시한다) 전체 포트폴리오의 위험이 크게 감소하는 것을 볼 수 있다. 다시 말하지만 이러한 계산은 다른 포트폴리오 계산 방법론으로는 불가능하다.

20.3 마치며

이번 장에서는 서로 상관관계가 있는 위험 요인에 의존하는 복수의 파생상품 포지션 포트폴리오의 가치 평가와 위험 관리에 대해 살펴보았다. 이를 위해 옵션/파생상품의 포지션을 모형화하는 derivatives_position이라는 새로운 클래스를 도입했다. 그러나 주된 목표는 더 복잡한 작업을 위한 derivatives_portfolio 클래스다. 이 클래스는 다음과 같은 정보를 다룬다.

- 위험 요인 간의 상관관계(모든 위험 요인의 시뮬레이션에 필요한 하나의 일관된 난수 집합 생성)
- 주어진 단일 시장 환경과 가치 평가 환경 그리고 파생상품 포지션에 대한 시뮬레이션 객체 생성
- 관련된 위험 요인, 파생상품 포지션을 포함한 모든 가정에 기반하여 포트폴리오 통계 생성

이번 장의 예제들은 DX 패키지와 derivatives_portfolio 클래스로 다룰 수 있는 간단한 파생상품 포트폴리오만 보여준다. DX 패키지를 확장하면 확률론적 변동성 모형과 같은 더 복잡한 파생상품 모형이나 유러피안 바스켓 옵션, 아메리칸 최대 콜 옵션 등 복수 위험 요인에 의존하는 복수-위험 가치 평가가 가능하다. 현 단계에서는 모형화를 모듈화하거나 자산 가격결정 기본 원리를 적용하는 일반적인 가치 평가 프레임워크를 사용하였으며 위험 요인의 중복 제거나 위험 요인 간의 상관관계를 적용하여 가치와 그릭을 계산했다.

다음은 DX 분석 패키지의 모든 요소를 모아 하나의 import 명령으로 읽을 수 있도록 하는 래퍼 모듈이다.

```
#
# DX 패키지
#
# 모든 컴포넌트
#
# dx_package.py
#
# Python for Finance, 2nd ed.
# (c) Dr. Yves J. Hilpisch
#
from dx_valuation import *
from derivatives_position import derivatives_position
from derivatives_portfolio import derivatives_portfolio
```

dx 디렉터리에 들어갈 `__init__.py` 파일은 다음과 같다.

```
#
# DX Package
# packaging file
# __init__.py
#
import numpy as np
import pandas as pd
import datetime as dt

# 프레임
from get_year_deltas import get_year_deltas
from constant_short_rate import constant_short_rate
from market_environment import market_environment
from plot_option_stats import plot_option_stats

# 시뮬레이션
from sn_random_numbers import sn_random_numbers
from simulation_class import simulation_class
from geometric_brownian_motion import geometric_brownian_motion
from jump_diffusion import jump_diffusion
from square_root_diffusion import square_root_diffusion

# 가치 평가
from valuation_class import valuation_class
from valuation_mcs_european import valuation_mcs_european
from valuation_mcs_american import valuation_mcs_american
```

```
# 포트폴리오
from derivatives_position import derivatives_position
from derivatives_portfolio import derivatives_portfolio
```

20.4 참고 문헌

앞 장에서 말한 바와 같이 Glasserman의 책(2004)은 금융공학 및 응용 분야에서 몬테카를로 시뮬레이션을 사용하기 위한 훌륭한 참고 서적이다. 몬테카를로 알고리즘의 파이썬 구현에 대해서는 Hilpisch의 책(2015)을 참고한다.

- Glasserman, Paul (2004). *Monte Carlo Methods in Financial Engineering*. New York: Springer.
- Hilpisch, Yves (2015). *Derivatives Analytics with Python*. Chichester, England, Wiley Finance. http://derivatives-analytics-with-python.com.

하지만 몬테카를로 시뮬레이션을 사용하여 복잡한 파생상품 포트폴리오 가치 평가를 중복이 없고 일관되게 작업한 자료는 그다지 많지 않다. 예외적으로 Albanese, Gimonet, White의 논문(2010a)은 개념적인 관점에서 잘 정리되어 있는 짧은 논문이다. 같은 저자들이 발표한 백서에는 좀 더 자세한 내용이 있다.

- Albanese, Claudio, Guillaume Gimonet, and Steve White (2010a). "Towards a Global Valuation Model." *Risk Magazine*, Vol. 23, No. 5, pp. 68–71.
- Albanese, Claudio, Guillaume Gimonet, and Steve White (2010b). "Global Valuation and Dynamic Risk Management." Working paper. http://bit.ly/global_valuation.

CHAPTER 21

시장 기반 가치 평가

우리는 극심한 변동성에 직면하고 있다.

–카를로스 고슨Carlos Ghosn

파생상품 분석에서 중요한 작업은 유동성이 부족한 옵션이나 파생상품을 시장 기반으로 평가하는 것이다. 이를 위해 가격결정 모형을 거래되는 옵션의 시장 호가에 맞게 보정하고 이렇게 보정된 모형을 사용하여 거래되지 않는 옵션의 가격을 결정한다.[1]

이번 장에서는 앞에서 순서대로 개발한 DX 패키지를 사용하여 예제를 제시하고, 시장 기반 가격결정을 할 수 있다는 것을 보인다. 예제는 30개의 독일 주식으로 구성된 블루칩 주가지수인 DAX 30 주가지수와 이 지수를 기초 자산으로 하는 유러피안 콜/풋 옵션을 사용한다.

이 장은 다음과 같은 절로 구성되어 있다.

옵션 데이터

DAX 30 주가지수와 이 지수를 기초 자산으로 하여 매매되는 유러피안 옵션에 대한 데이터, 두 가지 데이터가 필요하다.

---

1 자세한 내용은 Hilpisch(2015)를 참조한다.

모형 보정

거래되지 않는 옵션을 시장에 맞게 가치 평가하려면 우선 선택한 모형을 거래되는 옵션 호가에 맞추어 보정해서 각 매개변수가 시장 가격을 최대한 비슷하게 재현할 수 있도록 해야 한다.

포트폴리오 가치 평가

DAX 30 주가지수와 시장에 맞게 보정된 모형을 사용하여 거래되지 않는 옵션의 가치를 평가한다. 또한 포트폴리오 수준에 맞는 중요한 위험 측도도 추정한다. 이 장에서 사용된 지수와 옵션 데이터는 톰슨 로이터 데이터 API를 사용하여 구했다.

21.1 옵션 데이터

우선 다음과 같이 필요한 패키지를 임포트하고 설정을 완료한다.

```
In [1]: import numpy as np
        import pandas as pd
        import datetime as dt

In [2]: from pylab import mpl, plt
        plt.style.use('seaborn')
        mpl.rcParams['font.family'] = 'serif'
        %matplotlib inline

In [3]: import sys
        sys.path.append('../')
        sys.path.append('../dx')
```

21.4절에 제시된 파이썬 코드를 사용하여 데이터 파일을 만들고 pandas로 옵션 데이터를 읽어 처리한다. 날짜 정보는 pd.Timestamp 객체가 되도록 한다.

```
In [4]: dax = pd.read_csv('../../source/tr_eikon_option_data.csv',
                          index_col=0)  ❶

In [5]: for col In ['CF_DATE', 'EXPIR_DATE']:
            dax[col] = dax[col].apply(lambda date: pd.Timestamp(date))  ❷
```

```
In [6]: dax.info()  ❸
        <class 'pandas.core.frame.DataFrame'>
        Int64Index: 115 entries, 0 to 114
        Data columns (total 7 columns):
        Instrument    115 non-null object
        CF_DATE       115 non-null datetime64[ns]
        EXPIR_DATE    114 non-null datetime64[ns]
        PUTCALLIND    114 non-null object
        STRIKE_PRC    114 non-null float64
        CF_CLOSE      115 non-null float64
        IMP_VOLT      114 non-null float64
        dtypes: datetime64[ns](2), float64(3), object(2)
        memory usage: 7.2+ KB

In [7]: dax.set_index('Instrument').head(7)  ❸
Out[7]:
                    CF_DATE  EXPIR_DATE  PUTCALLIND  STRIKE_PRC  CF_CLOSE \
    Instrument
    .GDAXI           2018-04-27         NaT         NaN         NaN  12500.47
    GDAX105000G8.EX 2018-04-27  2018-07-20        CALL     10500.0   2040.80
    GDAX105000S8.EX 2018-04-27  2018-07-20         PUT     10500.0     32.00
    GDAX108000G8.EX 2018-04-27  2018-07-20        CALL     10800.0   1752.40
    GDAX108000S8.EX 2018-04-26  2018-07-20         PUT     10800.0     43.80
    GDAX110000G8.EX 2018-04-27  2018-07-20        CALL     11000.0   1562.80
    GDAX110000S8.EX 2018-04-27  2018-07-20         PUT     11000.0     54.50

                  IMP_VOLT
    Instrument
    .GDAXI             NaN
    GDAX105000G8.EX  23.59
    GDAX105000S8.EX  23.59
    GDAX108000G8.EX  22.02
    GDAX108000S8.EX  22.02
    GDAX110000G8.EX  21.00
    GDAX110000S8.EX  21.00
```

❶ pd.read_csv() 명령으로 데이터를 읽는다.

❷ 날짜 정보가 있는 두 개의 열을 처리한다.

❸ 결과로 나온 DataFrame 객체

다음 코드는 DAX 30 지수를 변수에 저장하고 두 개의 새로운 DataFrame 객체를 생성한다.

하나는 콜 옵션 다른 하나는 풋 옵션용이다. [그림 21-1]에서 콜 옵션 시장 호가와 내재 변동성을 확인할 수 있다.[2]

```
In [8]: initial_value = dax.iloc[0]['CF_CLOSE']  ❶

In [9]: calls = dax[dax['PUTCALLIND'] == 'CALL'].copy()  ❷
        puts = dax[dax['PUTCALLIND'] == 'PUT '].copy()  ❷

In [10]: calls.set_index('STRIKE_PRC')[['CF_CLOSE', 'IMP_VOLT']].plot(
             secondary_y='IMP_VOLT', style=['bo', 'rv'], figsize=(10, 6));
```

❶ 주가지수를 initial_value 변수로 할당한다.

❷ 콜 옵션과 풋 옵션 데이터를 두 개의 새로운 DataFrame 객체로 분리한다.

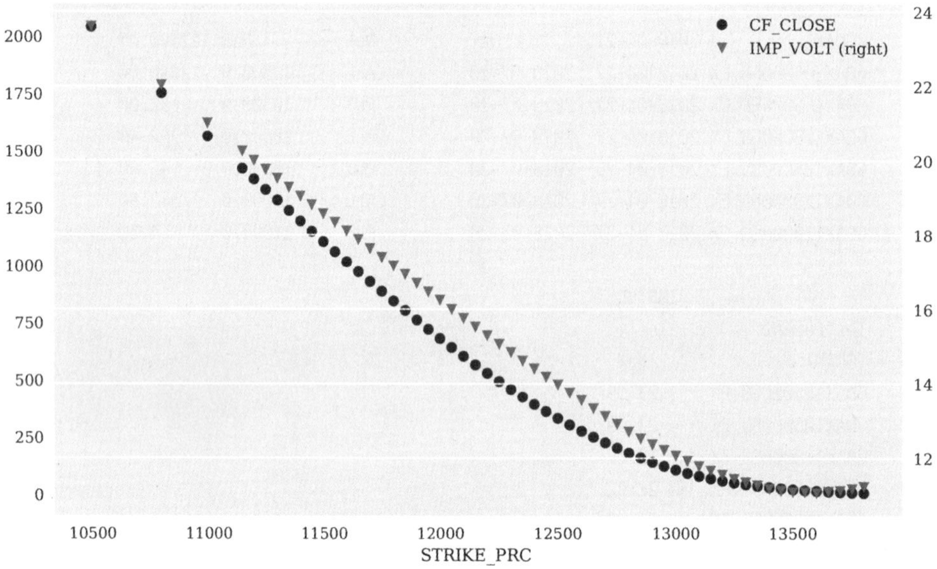

그림 21-1 DAX 30 주가지수를 기초 자산으로 하는 유러피안 콜 옵션의 시장 호가와 내재 변동성

[그림 21-2]는 풋 옵션의 시장 호가와 내재 변동성을 보이고 있다.

---

2 옵션의 **내재 변동성**(implied volatility)은 주어진 옵션 호가와 블랙-숄즈-머튼 공식을 사용하여 구한 옵션 가치가 같도록 하는 변동성 값을 말한다.

```
In [11]: ax = puts.set_index('STRIKE_PRC')[['CF_CLOSE', 'IMP_VOLT']].plot(
             secondary_y='IMP_VOLT', style=['bo', 'rv'], figsize=(10, 6))
         ax.get_legend().set_bbox_to_anchor((0.25, 0.5));
```

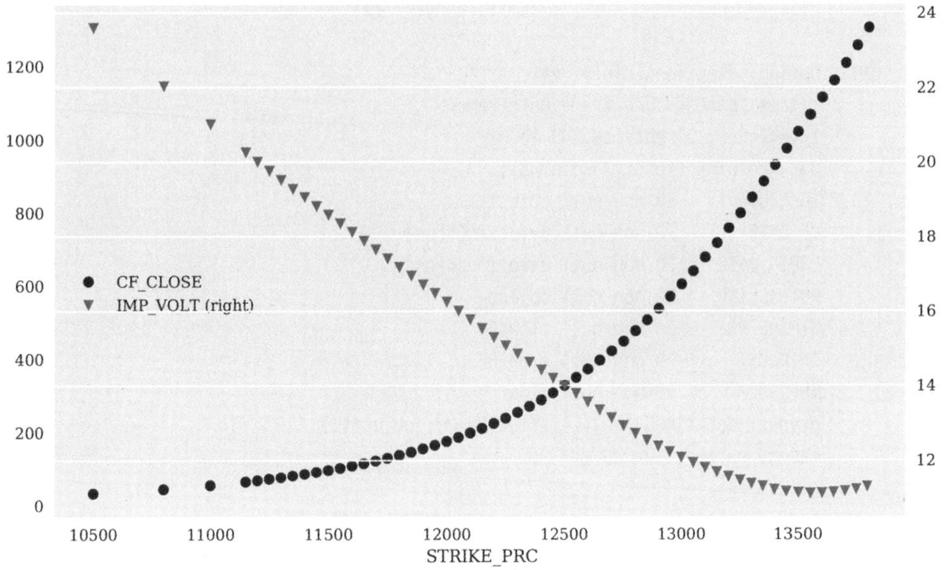

그림 21-2 DAX 30 주가지수를 기초 자산으로 하는 유러피안 풋 옵션의 시장 호가와 내재 변동성

21.2 모형 보정

이 절에서는 관련된 시장 데이터를 선택하고 DAX 30 지수를 기초 자산으로 하는 유러피안 옵션을 모형화하며 보정 절차를 구현한다.

21.2.1 시장 데이터

모형 보정은 우리가 구할 수 있는 옵션 시장 호가 데이터에 기반한다.[3] 이를 위해 다음과 같은 코드로 행사가가 현재 지수 수준에 근접한 유러피안 콜 옵션 데이터만 선택한다(그림 21-3).

3 자세한 내용은 Hilpisch (2015) 11장을 참조한다.

즉, 지나치게 내가격이거나 외가격인 옵션은 선택하지 않는다.

```
In [12]: limit = 500 ❶

In [13]: option_selection = calls[abs(calls['STRIKE_PRC'] - initial_value)
                                   < limit].copy() ❷

In [14]: option_selection.info() ❸
         <class 'pandas.core.frame.DataFrame'>
         Int64Index: 20 entries, 43 to 81
         Data columns (total 7 columns):
         Instrument    20 non-null object
         CF_DATE       20 non-null datetime64[ns]
         EXPIR_DATE    20 non-null datetime64[ns]
         PUTCALLIND    20 non-null object
         STRIKE_PRC    20 non-null float64
         CF_CLOSE      20 non-null float64
         IMP_VOLT      20 non-null float64
         dtypes: datetime64[ns](2), float64(3), object(2)
         memory usage: 1.2+ KB

In [15]: option_selection.set_index('Instrument').tail() ❸
Out[15]:
                    CF_DATE EXPIR_DATE PUTCALLIND STRIKE_PRC CF_CLOSE \
  Instrument
  GDAX128000G8.EX 2018-04-27 2018-07-20       CALL    12800.0    182.4
  GDAX128500G8.EX 2018-04-27 2018-07-20       CALL    12850.0    162.0
  GDAX129000G8.EX 2018-04-25 2018-07-20       CALL    12900.0    142.9
  GDAX129500G8.EX 2018-04-27 2018-07-20       CALL    12950.0    125.4
  GDAX130000G8.EX 2018-04-27 2018-07-20       CALL    13000.0    109.4

                   IMP_VOLT
  Instrument
  GDAX128000G8.EX    12.70
  GDAX128500G8.EX    12.52
  GDAX129000G8.EX    12.36
  GDAX129500G8.EX    12.21
  GDAX130000G8.EX    12.06

In [16]: option_selection.set_index('STRIKE_PRC')[['CF_CLOSE','IMP_VOLT']].plot(
             secondary_y='IMP_VOLT', style=['bo', 'rv'], figsize=(10, 6));
```

❶ 행사가가 현재 지수 수준에 근접한 파생상품을 선택하도록 제한 값 설정(행사가 조건)

❷ 제한 값에 기반하여 보정에 쓰일 유러피안 콜 옵션을 선택

❸ 보정에 사용될 DataFrame 객체

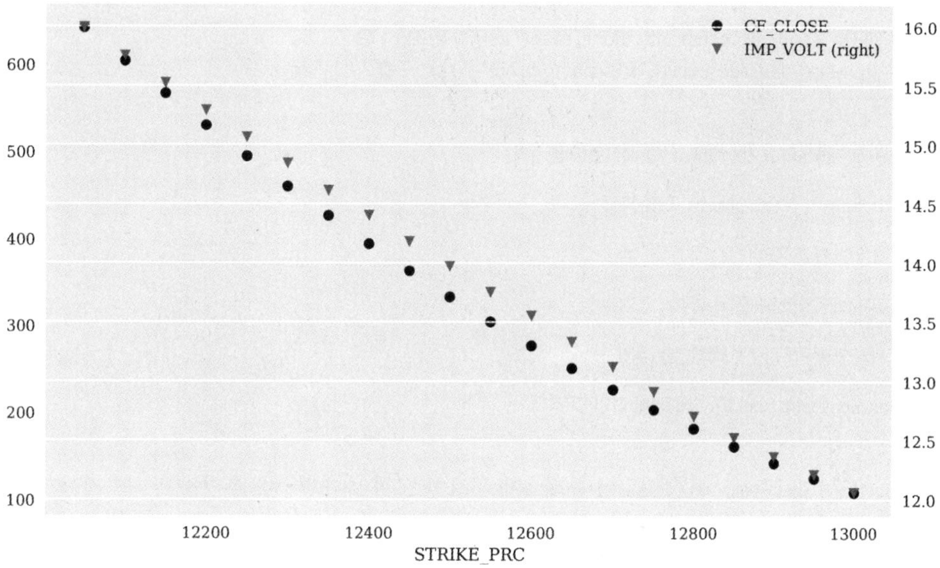

그림 21-3 모형 보정에 사용될 DAX 30 기반 유러피안 콜 옵션

21.2.2 옵션 모형

관련된 시장 데이터를 정의한 후에는 DX 패키지를 사용하여 유러피안 콜 옵션을 모형화한다.

이전 장의 예제와 마찬가지로 DAX 30 지수를 모형화할 dx.market_environment 객체를 정의한다.

```
In [17]: import dx

In [18]: pricing_date = option_selection['CF_DATE'].max()  ❶

In [19]: me_dax = dx.market_environment('DAX30', pricing_date)  ❷

In [20]: maturity = pd.Timestamp(calls.iloc[0]['EXPIR_DATE'])  ❸

In [21]: me_dax.add_constant('initial_value', initial_value)  ❹
         me_dax.add_constant('final_date', maturity)  ❹
```

```
         me_dax.add_constant('currency', 'EUR')  ❹

In [22]: me_dax.add_constant('frequency', 'B')  ❺
         me_dax.add_constant('paths', 10000)  ❺

In [23]: csr = dx.constant_short_rate('csr', 0.01)  ❻
         me_dax.add_curve('discount_curve', csr)  ❻
```

❶ 주어진 옵션의 초기 날짜와 가격 계산 날짜를 정의

❷ dx.market_environment 객체 생성

❸ 옵션 만기일 정의

❹ 기본적인 모형 매개변수 추가

❺ 시뮬레이션과 관련된 매개변수 추가

❻ dx.constant_short_rate 객체 정의 및 추가

다음 코드는 dx.jump_diffusion 클래스에 필요한 모형 매개변수를 추가하고 시뮬레이션 객체를 생성한다.

```
In [24]: me_dax.add_constant('volatility', 0.2)
         me_dax.add_constant('lambda', 0.8)
         me_dax.add_constant('mu', -0.2)
         me_dax.add_constant('delta', 0.1)

In [25]: dax_model = dx.jump_diffusion('dax_model', me_dax)
```

유러피안 콜 옵션 예제처럼 DAX 30 주가지수의 현재 수준에 맞게 행사가를 설정하여 매개변수를 맞춘다. 이렇게 하면 몬테카를로 시뮬레이션을 사용한 첫 번째 가치 평가를 할 수 있다.

```
In [26]: me_dax.add_constant('strike', initial_value)
         me_dax.add_constant('maturity', maturity)  ❶

In [27]: payoff_func = 'np.maximum(maturity_value - strike, 0)'  ❷

In [28]: dax_eur_call = dx.valuation_mcs_european('dax_eur_call',
                                 dax_model, me_dax, payoff_func)  ❸

In [29]: dax_eur_call.present_value()  ❹
Out[29]: 654.298085
```

❶ 행사가를 initial_value 값에 맞춘다.

❷ 유러피안 콜 옵션의 페이오프 함수를 정의

❸ 가치 평가 객체를 생성

❹ 시뮬레이션을 사용하여 가치 평가

비슷한 방법으로 DAX 30 지수를 기초 자산으로 하는 모든 관련 유러피안 콜 옵션에 대한 가치 평가 객체를 정의할 수 있다. 바꿔야 할 매개변수는 행사가뿐이다.

```
In [30]: option_models = {}  ❶
         for option in option_selection.index:
             strike = option_selection['STRIKE_PRC'].loc[option]  ❷
             me_dax.add_constant('strike', strike)  ❷
             option_models[strike] = dx.valuation_mcs_european(
                                     'eur_call_%d' % strike,
                                     dax_model,
                                     me_dax,
                                     payoff_func)
```

❶ 가치 평가 객체를 사전 객체에 모은다.

❷ 관련된 행사가를 선택하여 dx.market_environment 객체를 재정의한다.

calculate_model_values() 함수는 이제 관련 옵션에 대한 가치 평가 객체를 기반으로 주어진 모형 매개변수 p0를 입력으로 받아서 모든 옵션에 대한 가치를 반환할 수 있다.

```
In [32]: def calculate_model_values(p0):
             ''' 모든 관련된 옵션 가치를 반환

             인수
             ===========
             p0: tuple/list
                 카파, 세타, 변동성

             반환값
             =======
             model_values: dict
                 모델 값을 가진 딕셔너리
             '''
             volatility, lamb, mu, delta = p0
```

```
        dax_model.update(volatility=volatility, lamb=lamb,
                         mu=mu, delta=delta)
        return {
                strike: model.present_value(fixed_seed=True)
                for strike, model in option_models.items()
        }

In [33]: calculate_model_values((0.1, 0.1, -0.4, 0.0))
Out[33]: {12050.0: 611.222524,
          12100.0: 571.83659,
          12150.0: 533.595853,
          12200.0: 496.607225,
          12250.0: 460.863233,
          12300.0: 426.543355,
          12350.0: 393.626483,
          12400.0: 362.066869,
          12450.0: 331.877733,
          12500.0: 303.133596,
          12550.0: 275.987049,
          12600.0: 250.504646,
          12650.0: 226.687523,
          12700.0: 204.550609,
          12750.0: 184.020514,
          12800.0: 164.945082,
          12850.0: 147.249829,
          12900.0: 130.831722,
          12950.0: 115.681449,
          13000.0: 101.917351}
```

함수 calculate_model_values()는 다음 절의 보정 절차에서 사용된다.

21.2.3 보정 절차

옵션 가격결정 모형의 보정은 일반적으로 볼록convex 최적화 문제다. 보정에서 가장 널리 사용되는 목적함수는 옵션 모형의 가치와 시장 호가 사이의 평균 제곱 오차mean-squared error(MSE)다.[4] N 개의 옵션과 각 옵션에 대한 모형 그리고 시장 호가가 있다고 하자. 옵션 가치 모형을 시장 호가에 맞추는 보정 문제를 수식으로 표현하면 [수식 21-1]과 같다.

4 보정 절차의 목적함수를 정의하는 다른 방법에 대해서는 Hilpisch(2015) 11장을 참조한다.

여기에서 C_n^*와 C_n^{mod}는 각각 n번째 옵션의 시장 가격과 모형 가치다. p는 옵션 모형에 입력으로 제공되는 매개변수 집합이다.

수식 21-1 모형 보정을 위한 평균 제곱 오차

$$\min_p \frac{1}{N}\sum_{n=1}^{N}\left(C_n^* - C_n^{mod}\left(p\right)\right)^2$$

파이썬 함수 mean_squared_error()는 이러한 모형 보정 방식을 구현한 함수다. 전역 변수 i는 매개변수 객체와 MSE 값의 출력을 제어하기 위해 쓰인다.

```
In [34]: i = 0
         def mean_squared_error(p0):
             ''' 모형과 시작 가치의 제곱 평균 오차를 반환

             인수
             ===========
             p0: tuple/list
                 카파, 세타, 변동성

             반환값
             =======
             MSE: float
                 평균 제곱 오차
             '''
             global i
             model_values = np.array(list(
                     calculate_model_values(p0).values()))  ❶
             market_values = option_selection['CF_CLOSE'].values  ❷
             option_diffs = model_values - market_values  ❸
             MSE = np.sum(option_diffs ** 2) / len(option_diffs)  ❹
             if i % 75 == 0:
                 if i == 0:
                     print('%4s %6s %6s %6s %6s --> %6s' %
                           ('i', 'vola', 'lambda', 'mu', 'delta', 'MSE'))
                 print('%4d %6.3f %6.3f %6.3f %6.3f --> %6.3f' %
                       (i, p0[0], p0[1], p0[2], p0[3], MSE))
             i += 1
             return MSE
```

```
In [35]: mean_squared_error((0.1, 0.1, -0.4, 0.0))  ❺
            i    vola  lambda      mu   delta -->      MSE
            0   0.100   0.100  -0.400   0.000 --> 728.375
Out[35]: 728.3752973715275
```

❶ 모형 가치 추정

❷ 시장 호가 선택

❸ 모형 가치와 시장 호가의 차이를 계산

❹ 평균 제곱 오차 계산

❺ 매개변수에 대한 목적함수의 값

11장에서는 보정 과정을 구현하는 데 쓰이는 두 함수 spo.brute()와 spo.fmin()를 소개했다. 우선 네 개의 모형 매개변수 값 범위에 기반하여 전역 최소화를 한다. 그 결과는 최적의 매개변수 조합이 된다.

```
In [36]: import scipy.optimize as spo

In [37]: %%time
         i = 0
         opt_global = spo.brute(mean_squared_error,
                                ((0.10, 0.201, 0.025), # 변동성 범위
                                 (0.10, 0.80, 0.10), # 점프 강도의 범위
                                 (-0.40, 0.01, 0.10), # 평균 점프 크기의 범위
                                 (0.00, 0.121, 0.02)), # 점프 변동성의 범위
                                finish=None)
            i    vola  lambda      mu   delta --> MSE
            0   0.100   0.100  -0.400   0.000 --> 728.375
           75   0.100   0.300  -0.400   0.080 --> 5157.513
          150   0.100   0.500  -0.300   0.040 --> 12199.386
          225   0.100   0.700  -0.200   0.000 --> 6904.932
          300   0.125   0.200  -0.200   0.100 --> 855.412
          375   0.125   0.400  -0.100   0.060 --> 621.800
          450   0.125   0.600   0.000   0.020 --> 544.137
          525   0.150   0.100   0.000   0.120 --> 3410.776
          600   0.150   0.400  -0.400   0.080 --> 46775.769
          675   0.150   0.600  -0.300   0.040 --> 56331.321
          750   0.175   0.100  -0.200   0.000 --> 14562.213
          825   0.175   0.300  -0.200   0.100 --> 24599.738
          900   0.175   0.500  -0.100   0.060 --> 19183.167
```

```
 975   0.175   0.700   0.000   0.020 --> 11871.683
1050   0.200   0.200   0.000   0.120 --> 31736.403
1125   0.200   0.500  -0.400   0.080 --> 130372.718
1200   0.200   0.700  -0.300   0.040 --> 126365.140
CPU times: user 1min 45s, sys: 7.07 s, total: 1min 52s
Wall time: 1min 56s
```

```
In [38]: mean_squared_error(opt_global)
Out[38]: 17.946670038040985
```

opt_global 값은 중간 결과일 뿐이다. 이 값을 시작점으로 사용하여 국소 최적화를 한다. 주어진 매개변수 값에 대해 opt_local 값이 특정 수준을 만족하는 국소 최적화 값이 된다.

```
In [39]: %%time
         i = 0
         opt_local = spo.fmin(mean_squared_error, opt_global,
                              xtol=0.00001, ftol=0.00001,
                              maxiter=200, maxfun=550)
   i    vola  lambda       mu   delta -->    MSE
   0   0.100   0.200  -0.300   0.000 --> 17.947
  75   0.098   0.216  -0.302  -0.001 -->  7.885
 150   0.098   0.216  -0.300  -0.001 -->  7.371
Optimization terminated successfully.
         Current function value: 7.371163
         Iterations: 100
         Function evaluations: 188
CPU times: user 15.6 s, sys: 1.03 s, total: 16.6 s
Wall time: 16.7 s

In [40]: i = 0
         mean_squared_error(opt_local)  ❶
   i    vola  lambda       mu   delta -->   MSE
   0   0.098   0.216  -0.300  -0.001 -->  7.371
Out[40]: 7.371162645265256

In [41]: calculate_model_values(opt_local)  ❷
Out[41]: {12050.0: 647.428189,
          12100.0: 607.402796,
          12150.0: 568.46137,
          12200.0: 530.703659,
          12250.0: 494.093839,
          12300.0: 458.718401,
          12350.0: 424.650128,
```

```
 12400.0: 392.023241,
 12450.0: 360.728543,
 12500.0: 330.727256,
 12550.0: 302.117223,
 12600.0: 274.98474,
 12650.0: 249.501807,
 12700.0: 225.678695,
 12750.0: 203.490065,
 12800.0: 182.947468,
 12850.0: 163.907583,
 12900.0: 146.259349,
 12950.0: 129.909743,
 13000.0: 114.852425}
```

❶ 최적 매개변수 값에 대한 평균 제곱 오차

❷ 최적 매개변수 값을 이용한 모형 가치

이제 최적 매개변수 값에 대한 모형의 가치와 시장 호가를 비교해보자. 오차는 두 값의 차이와 시장 호가와의 편차 백분율로 계산한다.

```
In [42]: option_selection['MODEL'] = np.array(list(calculate_model_values(
                                             opt_local).values()))
         option_selection['ERRORS_EUR'] = (option_selection['MODEL'] -
                                        option_selection['CF_CLOSE'])
         option_selection['ERRORS_%'] = (option_selection['ERRORS_EUR'] /
                                       option_selection['CF_CLOSE']) * 100

In [43]: option_selection[['MODEL', 'CF_CLOSE', 'ERRORS_EUR', 'ERRORS_%']]
Out[43]:         MODEL  CF_CLOSE  ERRORS_EUR  ERRORS_%
         43 647.428189     642.6    4.828189  0.751352
         45 607.402796     604.4    3.002796  0.496823
         47 568.461370     567.1    1.361370  0.240058
         49 530.703659     530.4    0.303659  0.057251
         51 494.093839     494.8   -0.706161 -0.142716
         53 458.718401     460.3   -1.581599 -0.343602
         55 424.650128     426.8   -2.149872 -0.503719
         57 392.023241     394.4   -2.376759 -0.602627
         59 360.728543     363.3   -2.571457 -0.707805
         61 330.727256     333.3   -2.572744 -0.771900
         63 302.117223     304.8   -2.682777 -0.880176
         65 274.984740     277.5   -2.515260 -0.906400
         67 249.501807     251.7   -2.198193 -0.873338
```

```
69  225.678695      227.3   -1.621305 -0.713289
71  203.490065      204.1   -0.609935 -0.298841
73  182.947468      182.4    0.547468  0.300147
75  163.907583      162.0    1.907583  1.177520
77  146.259349      142.9    3.359349  2.350839
79  129.909743      125.4    4.509743  3.596286
81  114.852425      109.4    5.452425  4.983935

In [44]: round(option_selection['ERRORS_EUR'].mean(), 3) ❶
Out[44]: 0.184

In [45]: round(option_selection['ERRORS_%'].mean(), 3) ❷
Out[45]: 0.36
```

❶ 가격으로 계산한 평균 오차

❷ 백분율로 계산한 평균 오차

[그림 21-4]는 오차와 가치 평가 결과를 보여준다.

```
In [46]: fix, (ax1, ax2, ax3) = plt.subplots(3, sharex=True, figsize=(10, 10))
         strikes = option_selection['STRIKE_PRC'].values
         ax1.plot(strikes, option_selection['CF_CLOSE'], label='market quotes')
         ax1.plot(strikes, option_selection['MODEL'], 'ro', label='model values')
         ax1.set_ylabel('option values')
         ax1.legend(loc=0)
         wi = 15
         ax2.bar(strikes - wi / 2., option_selection['ERRORS_EUR'], width=wi)
         ax2.set_ylabel('errors [EUR]')
         ax3.bar(strikes - wi / 2., option_selection['ERRORS_%'], width=wi)
         ax3.set_ylabel('errors [%]')
         ax3.set_xlabel('strikes');
```

NOTE_ 보정 속도

시장 데이터에 대해 옵션 가치 평가 모형을 보정하는 데는 수백에서 수천 개의 옵션 값을 계산할 필요가 있다. 따라서 보통은 해석적인 공식을 사용한다. 여기에서는 몬테카를로 시뮬레이션만 사용하고 있기 때문에 계산량이 해석적인 공식을 사용할 때보다 많다. 그럼에도 불구하고 이 과정은 보통의 노트북에서 그렇게 오래 걸리지는 않는다. 병렬화 기술을 사용하면 보정 속도를 더 빠르게 할 수 있다.

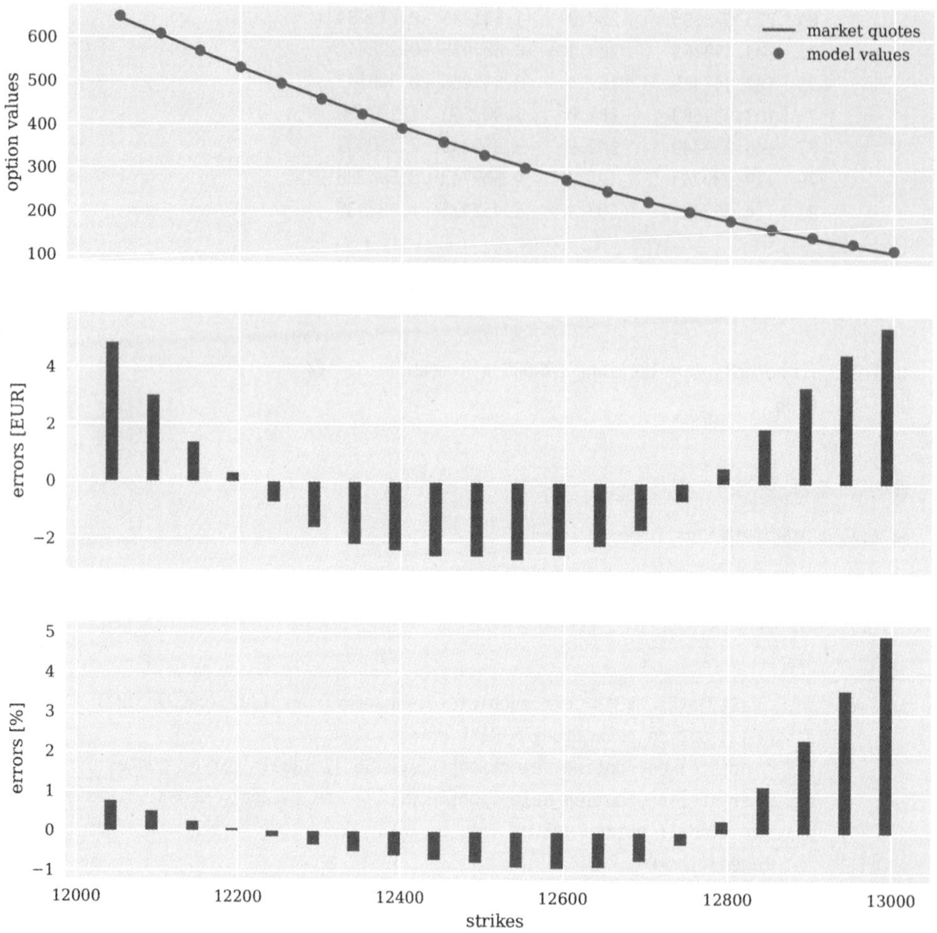

그림 21-4 보정 후의 모형 가치와 시장 호가의 오차

21.3 포트폴리오 가치 평가

금융 시장의 현실, 즉 많이 거래되는 옵션의 시장 호가를 반영하여 보정된 모형이 있으면 거래되지 않는 옵션이나 파생상품의 가치도 평가할 수 있다. 보정에 의해 최적화된 매개변수를 통해 올바른 위험 중립 마틴게일 측도를 모형에 넣을 수 있기 때문이다. 이 측도에 기반하여 자산 가격결정의 기본 정리를 적용하면 보정에 사용된 파생상품 이외의 어떤 파생상품의 가치도 측정할 수 있다.

이 절에서는 DAX 30 지수를 기초 자산으로 하는 아메리칸 풋 옵션 포트폴리오를 가정한다. 거래소에서 거래되는 옵션 중에는 이러한 옵션이 없다. 단순화를 위해 포트폴리오에 있는 아메리칸 풋 옵션의 만기가 보정에 사용된 유러피안 콜 옵션의 만기와 같다고 가정하자. 행사가도 마찬가지라고 가정한다.

21.3.1 옵션 포지션 모형

우선 기초 자산인 DAX 30 주가지수의 위험 요인에 대한 시장 환경은 보정 절차에서 얻은 최적 매개변수로 모형화할 수 있다.

```
In [47]: me_dax = dx.market_environment('me_dax', pricing_date)
         me_dax.add_constant('initial_value', initial_value)
         me_dax.add_constant('final_date', pricing_date)
         me_dax.add_constant('currency', 'EUR')

In [48]: me_dax.add_constant('volatility', opt_local[0])  ❶
         me_dax.add_constant('lambda', opt_local[1])  ❶
         me_dax.add_constant('mu', opt_local[2])  ❶
         me_dax.add_constant('delta', opt_local[3])  ❶

In [49]: me_dax.add_constant('model', 'jd')
```

❶ 보정 결과로 얻은 매개변수를 추가한다.

그다음 옵션 포지션과 이에 연동된 환경을 정의하고 별도의 사전 객체에 저장한다.

```
In [50]: payoff_func = 'np.maximum(strike - instrument_values, 0)'

In [51]: shared = dx.market_environment('share', pricing_date)  ❶
         shared.add_constant('maturity', maturity)  ❶
         shared.add_constant('currency', 'EUR')  ❶

In [52]: option_positions = {}
         option_environments = {}
         for option in option_selection.index:
             option_environments[option] = dx.market_environment(
                 'am_put_%d' % option, pricing_date)  ❷
```

```
        strike = option_selection['STRIKE_PRC'].loc[option]  ❸
        option_environments[option].add_constant('strike', strike)  ❸
        option_environments[option].add_environment(shared)  ❹
        option_positions['am_put_%d' % strike] = \
                    dx.derivatives_position(
                        'am_put_%d' % strike,
                        quantity=np.random.randint(10, 50),
                        underlying='dax_model',
                        mar_env=option_environments[option],
                        otype='American',
                        payoff_func=payoff_func)  ❺
```

❶ 모든 옵션 환경의 근간이 되는 dx.market_environment 객체 정의

❷ 아메리칸 풋 옵션용 dx.market_environment 객체 생성 및 저장

❸ 옵션 행사가 매개변수 정의 및 저장

❹ 옵션용 환경에 dx.market_environment 객체 값을 복사

❺ 임의의 값으로 dx.derivatives_position 객체 정의

21.3.2 옵션 포트폴리오

아메리칸 풋 옵션으로 구성된 포트폴리오의 가치를 평가하려면 가치 평가 환경이 필요하다. 이 환경은 포지션 값 및 위험 통계를 추정하기 위한 중요한 매개변수를 포함한다.

```
In [53]: val_env = dx.market_environment('val_env', pricing_date)
         val_env.add_constant('starting_date', pricing_date)
         val_env.add_constant('final_date', pricing_date)  ❶
         val_env.add_curve('discount_curve', csr)
         val_env.add_constant('frequency', 'B')
         val_env.add_constant('paths', 25000)

In [54]: underlyings = {'dax_model' : me_dax}  ❷

In [55]: portfolio = dx.derivatives_portfolio('portfolio', option_positions,
                                              val_env, underlyings)  ❸

In [56]: %time results = portfolio.get_statistics(fixed_seed=True)
         CPU times: user 1min 5s, sys: 2.91 s, total: 1min 8s
         Wall time: 38.2 s
```

```
In [57]: results.round(1)
Out[57]:             name  quant.  value curr.  pos_value  pos_delta   pos_vega
         0   am_put_12050      33  151.6   EUR     5002.8       -4.7   38206.9
         1   am_put_12100      38  161.5   EUR     6138.4       -5.7   51365.2
         2   am_put_12150      20  171.3   EUR     3426.8       -3.3   27894.5
         3   am_put_12200      12  183.9   EUR     2206.6       -2.2   18479.7
         4   am_put_12250      37  197.4   EUR     7302.8       -7.3   59423.5
         5   am_put_12300      37  212.3   EUR     7853.9       -8.2   65911.9
         6   am_put_12350      36  228.4   EUR     8224.1       -9.0   70969.4
         7   am_put_12400      16  244.3   EUR     3908.4       -4.3   32871.4
         8   am_put_12450      17  262.7   EUR     4465.6       -5.1   37451.2
         9   am_put_12500      16  283.4   EUR     4534.8       -5.2   36158.2
         10  am_put_12550      38  305.3   EUR    11602.3      -13.3   86869.9
         11  am_put_12600      10  330.4   EUR     3303.9       -3.9   22144.5
         12  am_put_12650      38  355.5   EUR    13508.3      -16.0   89124.8
         13  am_put_12700      40  384.2   EUR    15367.5      -18.6   90871.2
         14  am_put_12750      13  413.5   EUR     5375.7       -6.5   28626.0
         15  am_put_12800      49  445.0   EUR    21806.6      -26.3  105287.3
         16  am_put_12850      30  477.4   EUR    14321.8      -17.0   60757.2
         17  am_put_12900      33  510.3   EUR    16840.1      -19.7   69163.6
         18  am_put_12950      40  544.4   EUR    21777.0      -24.9   80472.3
         19  am_put_13000      35  582.3   EUR    20378.9      -22.9   66522.6

In [58]: results[['pos_value','pos_delta','pos_vega']].sum().round(1)
Out[58]: pos_value     197346.2
         pos_delta       -224.0
         pos_vega     1138571.1
         dtype: float64
```

❶ `final_date` 매개변수는 포트폴리오의 옵션 중 가장 마지막 만기일로 재설정된다.

❷ 포트폴리오의 아메리칸 풋 옵션은 모두 기초 자산인 DAX 30 주가지수의 위험 요인을 가진다.

❸ `dx.derivatives_portfolio` 객체를 생성한다.

가치 평가 과정이 몬테카를로 시뮬레이션에 기반하고 있고 아메리칸 옵션의 경우에는 최소 자승 몬트카를로 알고리즘을 써야 하기 때문에 모든 통계를 추정하는 데는 시간이 좀 걸릴 수 있다. 우리는 옵션 포지션이 아메리칸 풋 옵션 매수뿐이므로 포트폴리오의 델타는 음수이고 베가는 양수가 된다.

21.4 파이썬 코드

다음은 로이터 Eikon 데이터 API를 사용하여 독일 DAX 30 주가지수와 옵션 데이터를 가져오는 코드다.

```
In [1]: import eikon as ek ❶
        import pandas as pd
        import datetime as dt
        import configparser as cp

In [2]: cfg = cp.ConfigParser() ❷
        cfg.read('eikon.cfg') ❷
Out[2]: ['eikon.cfg']

In [3]: ek.set_app_id(cfg['eikon']['app_id']) ❷

In [4]: fields = ['CF_DATE', 'EXPIR_DATE', 'PUTCALLIND',
                  'STRIKE_PRC', 'CF_CLOSE', 'IMP_VOLT'] ❸

In [5]: dax = ek.get_data('0#GDAXN8*.EX', fields=fields)[0] ❹

In [6]: dax.info() ❹
        <class 'pandas.core.frame.DataFrame'>
        RangeIndex: 115 entries, 0 to 114
        Data columns (total 7 columns):
        Instrument    115 non-null object
        CF_DATE       115 non-null object
        EXPIR_DATE    114 non-null object
        PUTCALLIND    114 non-null object
        STRIKE_PRC    114 non-null float64
        CF_CLOSE      115 non-null float64
        IMP_VOLT      114 non-null float64
        dtypes: float64(3), object(4)
        memory usage: 6.4+ KB

In [7]: dax['Instrument'] = dax['Instrument'].apply(
            lambda x: x.replace('/', '')) ❺

In [8]: dax.set_index('Instrument').head(10)
```

```
Out[8]:                  CF_DATE EXPIR_DATE PUTCALLIND STRIKE_PRC CF_CLOSE \
        Instrument
        .GDAXI            2018-04-27       None       None        NaN 12500.47
        GDAX105000G8.EX  2018-04-27 2018-07-20       CALL    10500.0  2040.80
        GDAX105000S8.EX  2018-04-27 2018-07-20        PUT    10500.0    32.00
        GDAX108000G8.EX  2018-04-27 2018-07-20       CALL    10800.0  1752.40
        GDAX108000S8.EX  2018-04-26 2018-07-20        PUT    10800.0    43.80
        GDAX110000G8.EX  2018-04-27 2018-07-20       CALL    11000.0  1562.80
        GDAX110000S8.EX  2018-04-27 2018-07-20        PUT    11000.0    54.50
        GDAX111500G8.EX  2018-04-27 2018-07-20       CALL    11150.0  1422.50
        GDAX111500S8.EX  2018-04-27 2018-07-20        PUT    11150.0    64.30
        GDAX112000G8.EX  2018-04-27 2018-07-20       CALL    11200.0  1376.10

                         IMP_VOLT
        Instrument
        .GDAXI                NaN
        GDAX105000G8.EX     23.59
        GDAX105000S8.EX     23.59
        GDAX108000G8.EX     22.02
        GDAX108000S8.EX     22.02
        GDAX110000G8.EX     21.00
        GDAX110000S8.EX     21.00
        GDAX111500G8.EX     20.24
        GDAX111500S8.EX     20.25
        GDAX112000G8.EX     19.99

In [9]: dax.to_csv('../../source/tr_eikon_option_data.csv')  ❻
```

❶ Eikon 파이썬 패키지 임포트

❷ Eikon 데이터 API 로그인 설정

❸ 읽어들일 데이터 필드 정의

❹ 2018년 7월 만기 옵션 데이터

❺ 옵션 이름의 슬래시 기호 대치

❻ 데이터를 CSV 파일로 출력

21.5 마치며

이번 장에서는 DX 분석 패키지를 사용하여 독일 DAX 30 주가지수를 기초 자산으로 하고 시장에서 거래되지 않는 아메리칸 옵션 포트폴리오의 가치를 평가하는 대규모의 현실적인 예제를 살펴보았다. 이 장에서 다루는 세 가지 중요한 작업은 모든 종류의 실제 파생상품 분석과 관련되어 있음을 알 수 있다.

데이터 취득

현재의 정확한 시장 데이터는 모든 파생상품 모형화 및 가치 평가의 기본이 된다. 기초 자산이 되는 지수뿐만 아니라 거래되고 있는 옵션 데이터도 필요하다.

모형 보정

거래되지 않는 옵션과 파생상품을 시장과 일치하는 가격으로 평가하거나 관리하고 헤지하려면 적절한 모형을 옵션 시장 호가에 맞게 보정해야 한다. 여기에서 선택한 모형은 점프 확산 모형으로 주가지수를 모형화할 때 적절하다. 모형의 자유도가 세 개(점프 강도 람다, 점프 크기의 기댓값 뮤, 점프 크기의 변동성)뿐이지만 보정 결과는 아주 좋다.

포트폴리오 가치 평가

시장 데이터와 보정된 모형에 기반하여 DAX 30 지수를 기초 자산으로 하는 아메리칸 풋 옵션 포트폴리오의 중요 통계 값(포지션, 가치, 델타, 베가)을 추정했다.

이 장의 사용 예제는 DX 패키지의 유연성과 강력함을 보여준다. DX 패키지는 파생상품 분석에 필요한 주요 작업을 가능하게 해준다. 또한 이 패키지의 접근 방식과 구조는 유러피안 옵션에 대한 블랙-숄즈-머튼 해석적 공식와 같은 벤치마크에 비견될 만하다. 일단 가치 평가 객체만 정의하면 마치 해석적 공식을 사용하는 것처럼 이 객체를 쓸 수 있다. 물론 내부에서는 계산량이 많고 메모리를 많이 소비하는 알고리즘이 사용되고 있다.

21.6 참고 문헌

이전 장과 마찬가지로 다음 책이 이 장의 여러 주제, 특히 옵션 가치 평가의 보정과 관련하여 좋은 참고 문헌이 될 수 있다.

- Hilpisch, Yves (2015). *Derivatives Analytics with Python*. Chichester, England: Wiley Finance.

파생상품 포트폴리오에 대한 일관적인 가치 평가 및 관리와 관련해서는 20장의 참고 문헌을 참조한다.

APPENDIX A

날짜와 시간

다른 과학 분야와 마찬가지로 금융 분야에서도 날짜와 시간이 중요한 역할을 한다. 부록에서는 파이썬 프로그래밍에서 날짜와 시간을 다루는 방법을 소개한다. 관련된 모든 내용을 완벽하게 포함할 수 없으므로 날짜와 시간 정보를 모델링하는 파이썬 환경의 주요한 내용들만 소개한다.

A.1 파이썬

파이썬 표준 라이브러리의 `datetime` 모듈(*https://docs.python.org/3/library/datetime.html*)을 사용하면 날짜와 시간에 관련된 중요한 작업을 구현할 수 있다.

```
In [1]: from pylab import mpl, plt
        plt.style.use('seaborn')
        mpl.rcParams['font.family'] = 'serif'
        %matplotlib inline

In [2]: import datetime as dt

In [3]: dt.datetime.now()  ❶
Out[3]: datetime.datetime(2018, 10, 19, 15, 17, 32, 164295)

In [4]: to = dt.datetime.today()  ❶
        to
Out[4]: datetime.datetime(2018, 10, 19, 15, 17, 32, 177092)
```

```
In [5]: type(to)
Out[5]: datetime.datetime

In [6]: dt.datetime.today().weekday()  ❷
Out[6]: 4
```

❶ 시스템의 날짜와 시간을 반환

❷ 요일을 숫자로 반환(월요일=0)

datetime 객체를 자유롭게 정의할 수도 있다.

```
In [7]: d = dt.datetime(2020, 10, 31, 10, 5, 30, 500000)  ❶
        d
Out[7]: datetime.datetime(2020, 10, 31, 10, 5, 30, 500000)

In [8]: str(d)  ❷
Out[8]: '2020-10-31 10:05:30.500000'

In [9]: print(d)  ❸
        2020-10-31 10:05:30.500000

In [10]: d.year  ❹
Out[10]: 2020

In [11]: d.month  ❺
Out[11]: 10

In [12]: d.day  ❻
Out[12]: 31

In [13]: d.hour  ❼
Out[13]: 10
```

❶ 사용자가 지정한 datetime 객체

❷ 문자열 표현

❸ 출력

❹ 년도

❺ 월

❻ 일

❼ 시간

이 객체를 변환하거나 분할하는 것도 가능하다.

```
In [14]: o = d.toordinal()  ❶
         o
Out[14]: 737729

In [15]: dt.datetime.fromordinal(o)  ❷
Out[15]: datetime.datetime(2020, 10, 31, 0, 0)

In [16]: t = dt.datetime.time(d)  ❸
         t
Out[16]: datetime.time(10, 5, 30, 500000)

In [17]: type(t)
Out[17]: datetime.time

In [18]: dd = dt.datetime.date(d)  ❹
         dd
Out[18]: datetime.date(2020, 10, 31)

In [19]: d.replace(second=0, microsecond=0)  ❺
Out[19]: datetime.datetime(2020, 10, 31, 10, 5)
```

❶ 숫자로 변환

❷ 숫자에서 변환

❸ time 컴포넌트 분할

❹ date 컴포넌트 분할

❺ 선택한 값을 0으로 설정

datetime 객체를 산술 연산(예 : 두 객체의 차이)하면 timedelta 객체가 나온다.

```
In [20]: td = d - dt.datetime.now()  ❶
         td
Out[20]: datetime.timedelta(days=742, seconds=67678, microseconds=169720)

In [21]: type(td)  ❷
Out[21]: datetime.timedelta
```

```
In [22]: td.days
Out[22]: 742

In [23]: td.seconds
Out[23]: 67678

In [24]: td.microseconds
Out[24]: 169720

In [25]: td.total_seconds()  ❸
Out[25]: 64176478.16972
```

❶ 두 datetime 객체의 차이

❷ 결과는 timedelta 객체

❸ 차이를 초 단위로 계산

datetime 객체를 다른 형태로 변환하거나 문자열 객체로부터 datetime 객체를 생성하는 여러 가지 방법이 있다. 자세한 내용은 datetime 모듈의 문서를 참조한다. 여기에서는 몇 가지 예만 들도록 한다.

```
In [26]: d.isoformat()  ❶
Out[26]: '2020-10-31T10:05:30.500000'

In [27]: d.strftime('%A, %d. %B %Y %I:%M%p')  ❷
Out[27]: 'Saturday, 31. October 2020 10:05AM'

In [28]: dt.datetime.strptime('2017-03-31', '%Y-%m-%d')  ❸
Out[28]: datetime.datetime(2017, 3, 31, 0, 0)  ❸

In [29]: dt.datetime.strptime('30-4-16', '%d-%m-%y')
Out[29]: datetime.datetime(2016, 4, 30, 0, 0)

In [30]: ds = str(d)
         ds
Out[30]: '2020-10-31 10:05:30.500000'

In [31]: dt.datetime.strptime(ds, '%Y-%m-%d %H:%M:%S.%f')  ❸
Out[31]: datetime.datetime(2020, 10, 31, 10, 5, 30, 500000)
```

❶ ISO 형식 문자열 표현

❷ 문자열 표현을 위한 템플릿

❸ 템플릿에 기반하여 문자열을 datetime 객체로 변환

now() 및 today() 함수 외에도 UTC[Universal Time, Greenwich Mean Time](GMT)의 정확한 날짜 및 시간 정보를 제공하는 utcnow() 함수가 있다. 이는 필자가 있는 위치의 시간대인 중앙유럽 일광 절약 표준시(서머타임[Central European Time, CET 또는 CEST])와 1시간 또는 2시간 차이가 난다.

```
In [32]: dt.datetime.now()
Out[32]: datetime.datetime(2018, 10, 19, 15, 17, 32, 438889)

In [33]: dt.datetime.utcnow()  ❶
Out[33]: datetime.datetime(2018, 10, 19, 13, 17, 32, 448897)

In [34]: dt.datetime.now() - dt.datetime.utcnow()  ❷
Out[34]: datetime.timedelta(seconds=7199, microseconds=999995)
```

❶ UTC 기준의 시각

❷ 자신의 시간대 시각과 UTC 시각의 차이를 반환

datetime 모듈이 제공하는 또 하나의 클래스는 tzinfo로 utcoffset(), dst(), tzname() 메서드를 제공하는 시간대 처리 클래스다. UTC 및 CEST 시간대의 정의는 다음과 같다.

```
In [35]: class UTC(dt.tzinfo):
             def utcoffset(self, d):
                 return dt.timedelta(hours=0)  ❶
             def dst(self, d):
                 return dt.timedelta(hours=0)  ❶
             def tzname(self, d):
                 return 'UTC'

In [36]: u = dt.datetime.utcnow()

In [37]: u
Out[37]: datetime.datetime(2018, 10, 19, 13, 17, 32, 474585)

In [38]: u = u.replace(tzinfo=UTC())  ❷
```

```
In [39]: u
Out[39]: datetime.datetime(2018, 10, 19, 13, 17, 32, 474585, tzinfo=<__main__.UTC
         object at 0x11c9a2320>)

In [40]: class CEST(dt.tzinfo):
             def utcoffset(self, d):
                 return dt.timedelta(hours=2)  ❸
             def dst(self, d):
                 return dt.timedelta(hours=1)  ❸
             def tzname(self, d):
                 return 'CEST'

In [41]: c = u.astimezone(CEST())  ❹
         c
Out[41]: datetime.datetime(2018, 10, 19, 15, 17, 32, 474585,
          tzinfo=<__main__.CEST object at 0x11c9a2cc0>)

In [42]: c - c.dst()  ❺
Out[42]: datetime.datetime(2018, 10, 19, 14, 17, 32, 474585,
          tzinfo=<__main__.CEST object at 0x11c9a2cc0>)
```

❶ UTC 시간의 경우 시간차 없음

❷ replace 함수로 tzinfo 객체 교체

❸ CEST 시간대 정의

❹ UTC 시간을 CEST 시간으로 변환

❺ 변환된 datetime 객체의 DST Daylight Saving Time(일광 절약 시간) 시간

세계 중요 지역의 시간대를 구현해놓은 pytz(*http://pytz.sourceforge.net*)라는 파이썬 패키지도 있다.

```
In [43]: import pytz

In [44]: pytz.country_names['US']  ❶
Out[44]: 'United States'

In [45]: pytz.country_timezones['BE']  ❷
Out[45]: ['Europe/Brussels']

In [46]: pytz.common_timezones[-10:]  ❸
```

```
Out[46]: ['Pacific/Wake',
          'Pacific/Wallis',
          'US/Alaska',
          'US/Arizona',
          'US/Central',
          'US/Eastern',
          'US/Hawaii',
          'US/Mountain',
          'US/Pacific',
          'UTC']
```

❶ 단일 국가

❷ 단일 시간대

❸ 자주 사용되는 시간대

pytz를 쓰면 사용자가 tzinfo 객체를 정의할 필요가 없다.

```
In [47]: u = dt.datetime.utcnow()

In [48]: u = u.replace(tzinfo=pytz.utc)  ❶

In [49]: u
Out[49]: datetime.datetime(2018, 10, 19, 13, 17, 32, 611417, tzinfo=<UTC>)

In [50]: u.astimezone(pytz.timezone('CET'))  ❷
Out[50]: datetime.datetime(2018, 10, 19, 15, 17, 32, 611417, tzinfo=<DstTzInfo
          'CET' CEST+2:00:00 DST>)

In [51]: u.astimezone(pytz.timezone('GMT'))  ❷
Out[51]: datetime.datetime(2018, 10, 19, 13, 17, 32, 611417, tzinfo=<StaticTzInfo
          'GMT'>)

In [52]: u.astimezone(pytz.timezone('US/Central'))  ❷
Out[52]: datetime.datetime(2018, 10, 19, 8, 17, 32, 611417, tzinfo=<DstTzInfo
          'US/Central' CDT-1 day, 19:00:00 DST>)
```

❶ pytz로 tzinfo 정보를 설정

❷ datetime 객체를 다른 시간대로 변형

A.2 NumPy

NumPy도 날짜와 시간 정보를 다루는 기능을 제공한다.

```
In [53]: import numpy as np

In [54]: nd = np.datetime64('2020-10-31')  ❶
         nd
Out[54]: numpy.datetime64('2020-10-31')

In [55]: np.datetime_as_string(nd)  ❶
Out[55]: '2020-10-31'

In [56]: np.datetime_data(nd)  ❷
Out[56]: ('D', 1)

In [57]: d
Out[57]: datetime.datetime(2020, 10, 31, 10, 5, 30, 500000)

In [58]: nd = np.datetime64(d)  ❸
         nd
Out[58]: numpy.datetime64('2020-10-31T10:05:30.500000')

In [59]: nd.astype(dt.datetime)  ❹
Out[59]: datetime.datetime(2020, 10, 31, 10, 5, 30, 500000)
```

❶ 문자열에서 생성

❷ 데이터에 대한 메타정보

❸ datetime 객체에서 생성

❹ datetime 객체로 변환

해당 객체를 만드는 다른 방법은 문자열로 연, 월, 주기 정보 등을 주는 것이다. 일 정보가 생략되면 해당 월의 첫 번째 일로 생성한다. 리스트 객체를 이용하여 ndarray를 만드는 것도 가능하다.

```
In [60]: nd = np.datetime64('2020-10', 'D')
         nd
Out[60]: numpy.datetime64('2020-10-01')
```

```
In [61]: np.datetime64('2020-10') == np.datetime64('2020-10-01')
Out[61]: True

In [62]: np.array(['2020-06-10', '2020-07-10', '2020-08-10'], dtype='datetime64')
Out[62]: array(['2020-06-10', '2020-07-10', '2020-08-10'], dtype='datetime64[D]')

In [63]: np.array(['2020-06-10T12:00:00', '2020-07-10T12:00:00',
                   '2020-08-10T12:00:00'], dtype='datetime64[s]')
Out[63]: array(['2020-06-10T12:00:00', '2020-07-10T12:00:00',
                '2020-08-10T12:00:00'], dtype='datetime64[s]')
```

np.arange() 함수를 사용하여 일정 기간의 날짜를 생성할 수도 있다. 주기를 다르게 할 수도 있다.

```
In [64]: np.arange('2020-01-01', '2020-01-04', dtype='datetime64')  ❶
Out[64]: array(['2020-01-01', '2020-01-02', '2020-01-03'], dtype='datetime64[D]')

In [65]: np.arange('2020-01-01', '2020-10-01', dtype='datetime64[M]')  ❷
Out[65]: array(['2020-01', '2020-02', '2020-03', '2020-04', '2020-05',
                '2020-06', '2020-07', '2020-08', '2020-09'],
               dtype='datetime64[M]')

In [66]: np.arange('2020-01-01', '2020-10-01', dtype='datetime64[W]')[:10]  ❸
Out[66]: array(['2019-12-26', '2020-01-02', '2020-01-09', '2020-01-16',
                '2020-01-23', '2020-01-30', '2020-02-06', '2020-02-13',
                '2020-02-20', '2020-02-27'], dtype='datetime64[W]')

In [67]: dtl = np.arange('2020-01-01T00:00:00', '2020-01-02T00:00:00',
                         dtype='datetime64[h]')  ❹
         dtl[:10]
Out[67]: array(['2020-01-01T00', '2020-01-01T01', '2020-01-01T02',
                '2020-01-01T03', '2020-01-01T04', '2020-01-01T05', '2020-01-01T06',
                '2020-01-01T07', '2020-01-01T08', '2020-01-01T09'],
               dtype='datetime64[h]')

In [68]: np.arange('2020-01-01T00:00:00', '2020-01-02T00:00:00',
                   dtype='datetime64[s]')[:10]  ❺
Out[68]: array(['2020-01-01T00:00:00', '2020-01-01T00:00:01',
                '2020-01-01T00:00:02', '2020-01-01T00:00:03',
                '2020-01-01T00:00:04', '2020-01-01T00:00:05',
                '2020-01-01T00:00:06', '2020-01-01T00:00:07',
                '2020-01-01T00:00:08', '2020-01-01T00:00:09'],
               dtype='datetime64[s]')
```

```
In [69]: np.arange('2020-01-01T00:00:00', '2020-01-02T00:00:00',
                   dtype='datetime64[ms]')[:10]  ❻
Out[69]: array(['2020-01-01T00:00:00.000', '2020-01-01T00:00:00.001',
                '2020-01-01T00:00:00.002', '2020-01-01T00:00:00.003',
                '2020-01-01T00:00:00.004', '2020-01-01T00:00:00.005',
                '2020-01-01T00:00:00.006', '2020-01-01T00:00:00.007',
                '2020-01-01T00:00:00.008', '2020-01-01T00:00:00.009'],
               dtype='datetime64[ms]')
```

❶ 일 주기

❷ 월 주기

❸ 주 주기

❹ 시간 주기

❺ 초 주기

❻ 밀리초 주기

날짜 및 시간이나 시계열 데이터를 그리는 것은 약간 어렵다. `matplotlib` 패키지는 표준 `datetime` 객체만 지원하기 때문이다. NumPy의 `datetime64` 정보는 다음 코드와 같이 파이썬 표준 `datetime` 정보로 변환해야 한다. 결과는 [그림 A-1]과 같다.

```
In [70]: import matplotlib.pyplot as plt
         %matplotlib inline

In [71]: np.random.seed(3000)
         rnd = np.random.standard_normal(len(dtl)).cumsum() ** 2

In [72]: fig = plt.figure(figsize=(10, 6))
         plt.plot(dtl.astype(dt.datetime), rnd)  ❶
         fig.autofmt_xdate();  ❷
```

❶ datetime 정보를 *x*축 데이터로 설정

❷ *x*축의 datetime 틱 레이블을 자동 형식 변환

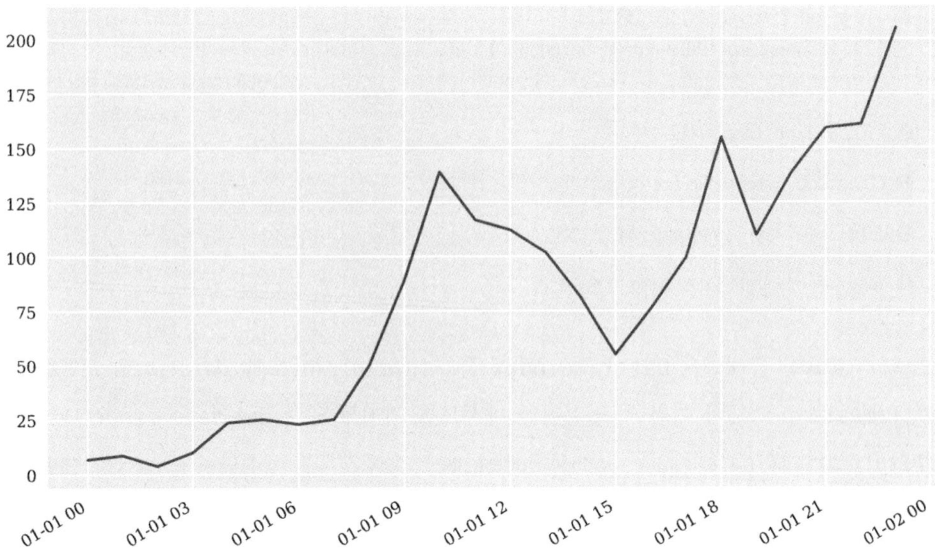

그림 A-1 *x*축 틱 레이블 자동 형식 변환 결과

A.3 pandas

pandas 패키지는 어느 정도 시계열 데이터를 염두에 두고 설계되었다. 따라서 이 패키지는 날짜와 시간 정보를 효율적으로 다루기 위한 DatetimeIndex 클래스(*http://bit.ly/timeseries_doc* 문서 참조) 등을 제공한다.

pandas는 datetime 및 datetime64 객체의 대체제인 Timestamp 객체를 도입했다.

```
In [73]: import pandas as pd

In [74]: ts = pd.Timestamp('2020-06-30')  ❶
         ts
Out[74]: Timestamp('2020-06-30 00:00:00')

In [75]: d = ts.to_pydatetime()  ❷
         d
Out[75]: datetime.datetime(2020, 6, 30, 0, 0)

In [76]: pd.Timestamp(d)  ❸
Out[76]: Timestamp('2020-06-30 00:00:00')
```

```
In [77]: pd.Timestamp(nd)  ❹
Out[77]: Timestamp('2020-10-01 00:00:00')
```

❶ 문자열을 Timestamp 객체로 변환

❷ Timestamp 객체를 datetime 객체로 변환

❸ datetime 객체를 Timestamp 객체로 변환

❹ datetime64 객체를 Timestamp 객체로 변환

또 다른 중요한 클래스는 DatetimeIndex 클래스(*http://bit.ly/datetimeindex_doc*)로 Timestamp 객체와 여러 가지 유용한 메서드를 가지고 있다. pd.date_range() 함수(*http://bit.ly/date_range_doc*)로 DatetimeIndex 객체를 생성할 수도 있다(자세한 내용은 8장 참조). 일반적인 변형 방법은 다음과 같다.

```
In [78]: dti = pd.date_range('2020/01/01', freq='M', periods=12)  ❶
         dti
Out[78]: DatetimeIndex(['2020-01-31', '2020-02-29', '2020-03-31', '2020-04-30',
                        '2020-05-31', '2020-06-30', '2020-07-31', '2020-08-31',
                        '2020-09-30', '2020-10-31', '2020-11-30', '2020-12-31'],
                       dtype='datetime64[ns]', freq='M')

In [79]: dti[6]
Out[79]: Timestamp('2020-07-31 00:00:00', freq='M')

In [80]: pdi = dti.to_pydatetime()  ❷
         pdi
Out[80]: array([datetime.datetime(2020, 1, 31, 0, 0),
                datetime.datetime(2020, 2, 29, 0, 0),
                datetime.datetime(2020, 3, 31, 0, 0),
                datetime.datetime(2020, 4, 30, 0, 0),
                datetime.datetime(2020, 5, 31, 0, 0),
                datetime.datetime(2020, 6, 30, 0, 0),
                datetime.datetime(2020, 7, 31, 0, 0),
                datetime.datetime(2020, 8, 31, 0, 0),
                datetime.datetime(2020, 9, 30, 0, 0),
                datetime.datetime(2020, 10, 31, 0, 0),
                datetime.datetime(2020, 11, 30, 0, 0),
                datetime.datetime(2020, 12, 31, 0, 0)], dtype=object)

In [81]: pd.DatetimeIndex(pdi)  ❸
```

```
Out[81]: DatetimeIndex(['2020-01-31', '2020-02-29', '2020-03-31', '2020-04-30',
                        '2020-05-31', '2020-06-30', '2020-07-31', '2020-08-31',
                        '2020-09-30', '2020-10-31', '2020-11-30', '2020-12-31'],
                       dtype='datetime64[ns]', freq=None)

In [82]: pd.DatetimeIndex(dtl) ❹
Out[82]: DatetimeIndex(['2020-01-01 00:00:00', '2020-01-01 01:00:00',
                        '2020-01-01 02:00:00', '2020-01-01 03:00:00',
                        '2020-01-01 04:00:00', '2020-01-01 05:00:00',
                        '2020-01-01 06:00:00', '2020-01-01 07:00:00',
                        '2020-01-01 08:00:00', '2020-01-01 09:00:00',
                        '2020-01-01 10:00:00', '2020-01-01 11:00:00',
                        '2020-01-01 12:00:00', '2020-01-01 13:00:00',
                        '2020-01-01 14:00:00', '2020-01-01 15:00:00',
                        '2020-01-01 16:00:00', '2020-01-01 17:00:00',
                        '2020-01-01 18:00:00', '2020-01-01 19:00:00',
                        '2020-01-01 20:00:00', '2020-01-01 21:00:00',
                        '2020-01-01 22:00:00', '2020-01-01 23:00:00'],
                       dtype='datetime64[ns]', freq=None)
```

❶ 12개월 정보

❷ DatetimeIndex 객체를 ndarray 객체와 datetime 객체로 변환

❸ ndarray 객체와 datetime 객체를 DatetimeIndex 객체로 변환

❹ datetime64 ndarray 객체를 DatetimeIndex 객체로 변환

pandas 패키지는 날짜와 시간 정보를 제대로 그릴 수 있다(그림 A-2 및 8장 참조).

```
In [83]: rnd = np.random.standard_normal(len(dti)).cumsum() ** 2

In [84]: df = pd.DataFrame(rnd, columns=['data'], index=dti)

In [85]: df.plot(figsize=(10, 6));
```

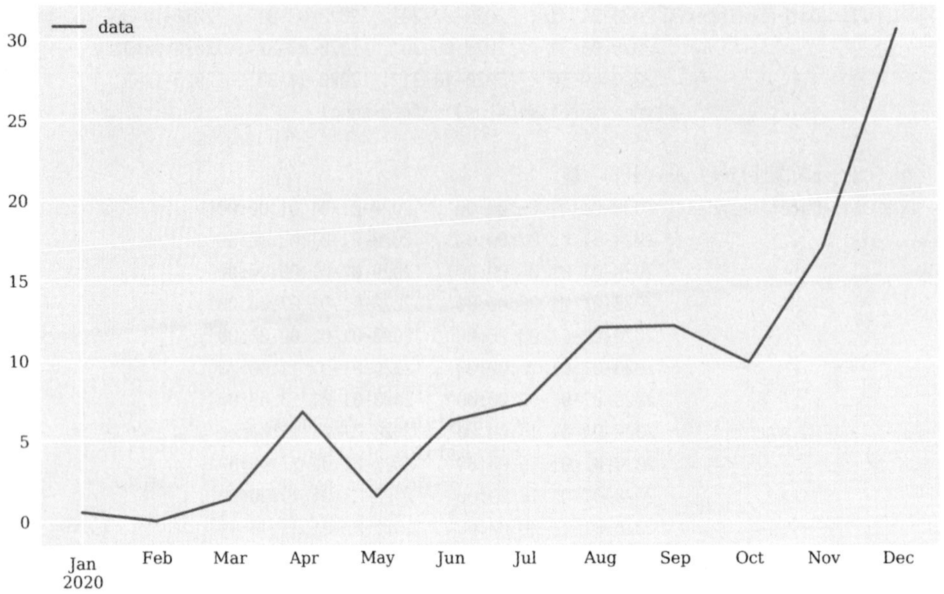

그림 A-2 시간 레이블이 자동 변환된 pandas 플롯

pandas 패키지는 시간대를 다루기 위한 pytz 패키지와도 잘 통합되어 있다.

```
In [86]: pd.date_range('2020/01/01', freq='M', periods=12,
                       tz=pytz.timezone('CET'))
Out[86]: DatetimeIndex(['2020-01-31 00:00:00+01:00', '2020-02-29 00:00:00+01:00',
                        '2020-03-31 00:00:00+02:00', '2020-04-30 00:00:00+02:00',
                        '2020-05-31 00:00:00+02:00', '2020-06-30 00:00:00+02:00',
                        '2020-07-31 00:00:00+02:00', '2020-08-31 00:00:00+02:00',
                        '2020-09-30 00:00:00+02:00', '2020-10-31 00:00:00+01:00',
                        '2020-11-30 00:00:00+01:00', '2020-12-31 00:00:00+01:00'],
                       dtype='datetime64[ns, CET]', freq='M')

In [87]: dti = pd.date_range('2020/01/01', freq='M', periods=12, tz='US/Eastern')
         dti
Out[87]: DatetimeIndex(['2020-01-31 00:00:00-05:00', '2020-02-29 00:00:00-05:00',
                        '2020-03-31 00:00:00-04:00', '2020-04-30 00:00:00-04:00',
                        '2020-05-31 00:00:00-04:00', '2020-06-30 00:00:00-04:00',
                        '2020-07-31 00:00:00-04:00', '2020-08-31 00:00:00-04:00',
                        '2020-09-30 00:00:00-04:00', '2020-10-31 00:00:00-04:00',
                        '2020-11-30 00:00:00-05:00', '2020-12-31 00:00:00-05:00'],
                       dtype='datetime64[ns, US/Eastern]', freq='M')
```

```
In [88]: dti.tz_convert('GMT')
Out[88]: DatetimeIndex(['2020-01-31 05:00:00+00:00', '2020-02-29 05:00:00+00:00',
                        '2020-03-31 04:00:00+00:00', '2020-04-30 04:00:00+00:00',
                        '2020-05-31 04:00:00+00:00', '2020-06-30 04:00:00+00:00',
                        '2020-07-31 04:00:00+00:00', '2020-08-31 04:00:00+00:00',
                        '2020-09-30 04:00:00+00:00', '2020-10-31 04:00:00+00:00',
                        '2020-11-30 05:00:00+00:00', '2020-12-31 05:00:00+00:00'],
                       dtype='datetime64[ns, GMT]', freq='M')
```

APPENDIX B

블랙-숄즈-머튼 옵션 클래스

B.1 클래스 정의

다음은 블랙-숄즈-머튼 모형에 의한 유러피안 콜 옵션의 클래스 정의다. 이 코드는 12장 마지막에 보인 파이썬 스크립트 함수의 클래스 기반 구현 방법이다.

```
#
# 블랙-숄즈-머튼 모형에 의한 유러피안 콜 옵션 가치 산정
# 베가와 내재 변동성 계산 포함
# -- 클래스 기반 구현
#
from math import log, sqrt, exp
from scipy import stats


class bsm_call_option(object):
    ''' 블랙-숄즈-머튼 모형에 의한 유러피안 콜 옵션 클래스

    속성
    ==========
    S0: float
        초기 주가
    K: float
        행사가
    T: float
        만기(연 단위)
    r: float
        단기 무위험 이자율
```

```
    sigma: float
        변동성

    메서드
    =======
    value: float
        콜 옵션의 현재 가치 반환
    vega: float
        콜 옵션의 베가 반환
    imp_vol: float
        주어진 가격에 대한 내재 변동성 반환
    '''

    def __init__(self, S0, K, T, r, sigma):
        self.S0 = float(S0)
        self.K = K
        self.T = T
        self.r = r
        self.sigma = sigma

    def value(self):
        ''' 옵션 가치 반환
        '''
        d1 = ((log(self.S0 / self.K) +
               (self.r + 0.5 * self.sigma ** 2) * self.T) /
              (self.sigma * sqrt(self.T)))
        d2 = ((log(self.S0 / self.K) +
               (self.r - 0.5 * self.sigma ** 2) * self.T) /
              (self.sigma * sqrt(self.T)))
        value = (self.S0 * stats.norm.cdf(d1, 0.0, 1.0) -
                 self.K * exp(-self.r * self.T) * stats.norm.cdf(d2, 0.0, 1.0))
        return value

    def vega(self):
        ''' 옵션 베가 반환
        '''
        d1 = ((log(self.S0 / self.K) +
               (self.r + 0.5 * self.sigma ** 2) * self.T) /
              (self.sigma * sqrt(self.T)))
        vega = self.S0 * stats.norm.pdf(d1, 0.0, 1.0) * sqrt(self.T)
        return vega

    def imp_vol(self, C0, sigma_est=0.2, it=100):
        ''' 주어진 가격에 대한 내재 변동성 반환
```

```
        '''
        option = bsm_call_option(self.S0, self.K, self.T, self.r, sigma_est)
        for i in range(it):
            option.sigma -= (option.value() - C0) / option.vega()
        return option.sigma
```

B.2 클래스 사용

이 클래스는 주피터 노트북에서 다음과 같이 사용할 수 있다.

```
In [1]: from bsm_option_class import *

In [2]: o = bsm_call_option(100., 105., 1.0, 0.05, 0.2)
        type(o)
Out[2]: bsm_option_class.bsm_call_option

In [3]: value = o.value()
        value
Out[3]: 8.021352235143176

In [4]: o.vega()
Out[4]: 39.67052380842653

In [5]: o.imp_vol(C0=value)
Out[5]: 0.2
```

이 옵션 클래스를 사용하여 여러 가지 행사가와 만기에 대한 옵션의 가치와 베가를 시각화할 수 있다. 해석적인 옵션 가치 산정 공식이 있어서 좋은 점 중의 하나다. 다음 파이썬 코드는 여러 가지 행사가-만기 조합에 대해 옵션 통계 값을 계산한다.

```
In [6]: import numpy as np
        maturities = np.linspace(0.05, 2.0, 20)
        strikes = np.linspace(80, 120, 20)
        T, K = np.meshgrid(strikes, maturities)
        C = np.zeros_like(K)
        V = np.zeros_like(C)
        for t in enumerate(maturities):
```

```
        for k in enumerate(strikes):
            o.T = t[1]
            o.K = k[1]
            C[t[0], k[0]] = o.value()
            V[t[0], k[0]] = o.vega()
```

우선 옵션 가치부터 보자. [그림 B-1]은 유리피안 콜 옵션의 가치 곡면을 나타낸다.

```
In [7]: from pylab import cm, mpl, plt
        from mpl_toolkits.mplot3d import Axes3D
        mpl.rcParams['font.family'] = 'serif'
        %matplotlib inline

In [8]: fig = plt.figure(figsize=(12, 7))
        ax = fig.gca(projection='3d')
        surf = ax.plot_surface(T, K, C, rstride=1, cstride=1,
                    cmap=cm.coolwarm, linewidth=0.5, antialiased=True)
        ax.set_xlabel('strike')
        ax.set_ylabel('maturity')
        ax.set_zlabel('European call option value')
        fig.colorbar(surf, shrink=0.5, aspect=5);
```

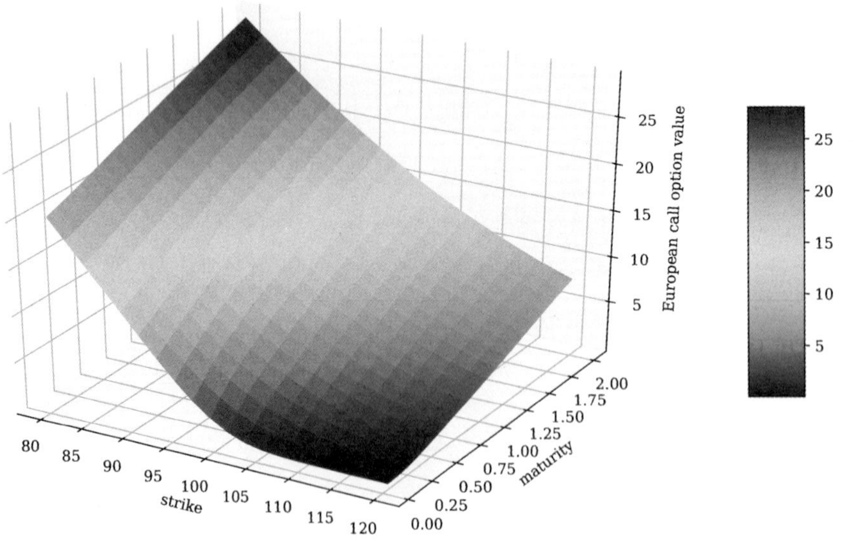

그림 B-1 유러피안 콜 옵션의 가치 곡면

이제 옵션 베가를 보자. [그림 B-2]는 유러피안 콜 옵션의 베가 곡면을 나타낸다.

```
In [9]: fig = plt.figure(figsize=(12, 7))
        ax = fig.gca(projection='3d')
        surf = ax.plot_surface(T, K, V, rstride=1, cstride=1,
                    cmap=cm.coolwarm, linewidth=0.5, antialiased=True)
        ax.set_xlabel('strike')
        ax.set_ylabel('maturity')
        ax.set_zlabel('Vega of European call option')
        fig.colorbar(surf, shrink=0.5, aspect=5);
```

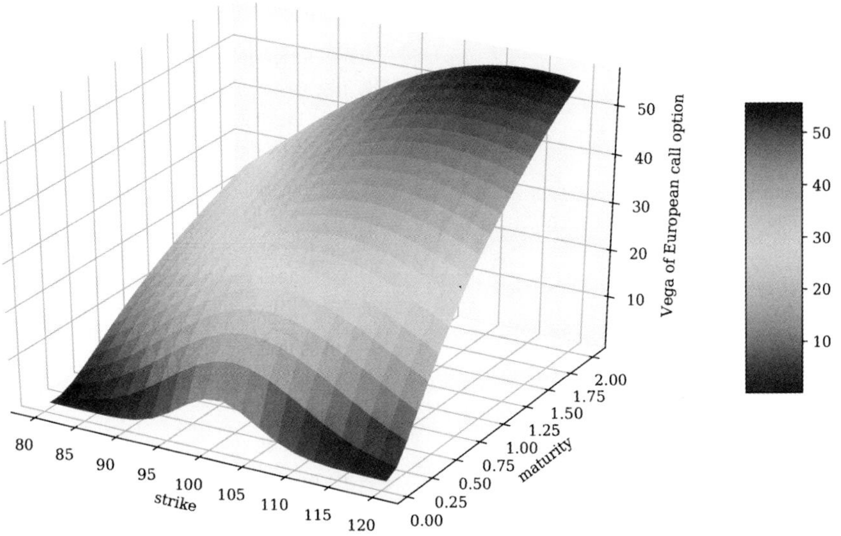

그림 B-2 유러피안 콜 옵션의 베가 곡면

INDEX

INDEX

INDEX